श्री राम अश्वमेध यज्ञ

श्री राम अश्वमेध यज्ञ

लेखक
श्री बाबा मधुसूदन दास

पुनर्लेखन व संपादन
श्री रामाजी शर्मा

प्राचार्य, सेवा निवृत

राघवेन्द्र / आरती शर्मा
ग्वालियर

श्री राम अश्वमेध यज्ञ

प्रथम संस्करण : 2018

प्रकाशकः
राघवेन्द्र / आरती शर्मा
I–13 चेतकपुरी, लशकर,
ग्वालियर – 474001 (मध्य प्रदेश)
दूरभाष – +91 9957161441
ई. मेल – adrraghvendra.sharma@gmail.com

मुद्रकः
नाईस प्रिन्टिंग प्रेस, गाजियाबाद (यू. पी.)

प्राप्ति स्थानः
एम एल बी डी हैल्थ
41 यू.ए. बंगलो रोड, जवाहर नगर
दिल्ली – 110007
ई. मेल – mail@mlbdhealth.com
दूरभाष – (011) 2385 1985

श्री राम अश्वमेध यज्ञ की रचना वि० संवत् 1830 के लगभग बाबा मधुसूदन दास ने ग्राम फुक, जिला भिण्ड, मध्यप्रदेश में रहकर की।

इसके पुनर्लेखन का कार्य बाबा के वंशज श्री रामाजी शर्मा, प्राचार्य, सेवा निवृत ने संवत् 2074 में किया।

बाबा की बेटी डा० आरती शर्मा एवं दामाद डा० राघवेन्द्र शर्मा ने प्रकाशन का कार्य अपने हाथों में लेकर संपन्न कराया।

।।श्री गणे भााय नमः।।

दोहाः– बंदि प्रथम गुरू पदस रज, निज सिर धरि सुखु पाइ।
त्रिविधि ताप तम दहन कह, दिनकर सरिस सुमाइ।।
निज देसिक गुरू कंज पद, बंदन करहु सप्रीति।
बिनु प्रयास जिनकी कृपा, महा मोह दल जीति।।
प्रनमि सकल गुरू पद कमल, पुनि पति राज कृपाल।
जिनके पद बंदन करत, मिटत सकल भव जाल।।
बंदि परा कु ा चरण जुग, सुर तरू सरिस सुभाय।
सुमिरहु मुनि पद कमल जुग, सरनागत सुख दाय।।
राम मिश्र पद प्रनवि कर, कमल नयन पद कंज।
नाथ मुनीसहि बंदि पुनि, सठ गंजन भव भंज।।
सकल गननि सिरमोर, श्री वि व केसन कृपाल।
जिनके सुमिरनते कटै, मिटहि महाभव जाल।।
श्री मन्नारायण प्रिय, जगत जननि सुखमूल।
तिहिके पद पंकज भजहु, हरन सकल श्रम सूल।।
श्रीनिवास करूना यतन, सरनागत पर नेह।
बंदहु तिनिके पद कमल, संतत सहित सनेह।।
विमलग्यान आनन्द निधि, निर्मल फटिक समान।
हय ग्रीव पद भजहु मैं, बेद त्रै अस्थान।।

भलोकः– अ वमेघ कथा दिव्यंगायेति मुंनि पुंगवः।
श्रणोति श्रद्धया युक्तं सर्व पापै प्रमुच्यते।।

सोरठाः– श्री गोविंदवर दास, जिन्हि प्रापति बैभव कियो।
तिन्ह मोहि कीन्ह प्रकाा, बरनहु रघुबर मख कथा।।

चौपाईः– सिय रघुपति पद कंज पुनीता, प्रथमहि बंदन करहु सप्रीता।
मृदु मंजुल सुन्दर सब भांती, ससि कर सरिस सुभग नरव पाती।
प्रनत कल्पतरू तरू सब ओरा, दहन अग्य तम जनुचित चोरा।।
त्रिविधि कलुश कुंजर गन घोरा, जग प्रन मान सरिस कम रोरा।।
चिंतत सुकृत बार मनुलाई, संजम रहित परम पद दाई।

अंकुस कंज कुलिस जवरेखा, राजत ललित उदार विसेशा।

दो.:– अस रघुपति पद कंजगुनि, परिहरि आन उपाय।
करहु ढिठाई एक अब, छमहु संत समुदाय।।१।।

चौ.:– जिहि विधि जग्य कीन्ह रघुनाथा।
बरनन करन चहौ सोइ गाथा।।
मसक चहै जिमि नभ कर पारा।
मोर मनोरथ तिमि संसारा।।
जन विचारि रघुवं ा विभूशन.।
निज दिस निरखि प्रनत दुखदूशन।।
करिहै पूरन आस निदाना।
भंजन करि मम दूशन नाना।।
प्रथम बुमाई कहौ निज नामा।
संबत् दे ा ग्याति पुनि ग्रामा।।
मधु हरि दास नाम यह मोरा।
गौतम बं ा जन्म मति थोरा।।
भानु सुता सुर सरित मक्तारा।
पावन दे ा विदित संसारा।।
नगर इश्टिका पुरी सुहावन।
निकट कलिद सुता बहे पावन।।

दोहा:– संवत वसु द ा सत गनहु पुनि नभ तीस मिलाइ।
बिदित मास आशाढ़खि पाकस सुखद वनाइ।।

चौ.:– भाुक्ल पक्ष तिथि द्वोज सहाई।
जीव बार सुभ मगंल दाई।।
हर्शण जोग पुनर्बसु रिक्षा।
प्रकटी प्रभुजस वरनन इक्षा।।
श्री रामानुज कूट मभारी।
कीन्ह कथा आरंम्भ बिचारी।।
जिहि बिधि व्यास सूत सन गावा।
श्री अनंत मुनि बरहि सुनावा।।
तिमि मैं निज मति के अनुसारा।

बरनहु रघुपति चरित उदारा।।
कबित विचार न जानहु एकू।
भेद पंगु अत गदि अनेकू।।
पवन जीह करन हित भाई।
ब्रनहु प्रभु कीरति संशदाई।।
भाि ा सुरसीर मराल पय फेनू।
अमल अंनत गुनी छवि देनू।।

दो.:– सूत परा ार तनय कर, तिहि विधि मासंवाद।
प्रथमहिं बरनहु सो कथा, सीता राम प्रसाद।।३।।

चौ.:– एक समय मुनि ब्यास कृपाला।
निज आसन आसीन दयाला।।
सूत महामति सब सुख दाई।
तिन्ह सन प्र न कीन्ह अस जाई।।
कहहु नाथ तुम दीन दयाला।
कीन्ही मो पर कृपा रसाला।।
तुम प्रभु रघुपति चरित बखाना।
सूत सुखद सुचि सुधा समाना।।
सो सुनि भएऊ मोहि सुखभारी।।
अब प्रभु पूछहुँ कहहु बिचारी।।
किहि बिधि जग्य कीन्ह रघुबीरा।
कहहु बुभाइ मोहि मति धीस।।
सुनि बर प्र न हरशि मुनिराई।
सुमिरिस मन महँ श्री रघुराई।।
बोले मुनिबर गिरा सुहाई।
सुनहु सूत मैं कहहुं बुमाई।

दोहाः– एक समय श्री सेस सनू, बात्सायन, मुनिराज।
विमल चरित रघुनाथ कर, पूछा सब सुशसाज।।४।।

चौ.:– सोइसंवाद कहों समुभाई।
सुनहु तात तुम मन चितलाई।।

जोरि पागि जुग सीस नवाई।
बोले बात्सायन मुनि राई।।
सेस असेस कथा तुम बरनी।
जगत सुजनि पालनि अघ हरनी।।
धरनि अकास केरि बिस्तारा।
से सब बरनेऊ करि प्रभुन्यारा।।
ज्योति चक्र आदि सब भेदा।
बरनऊ नाथ हरन भ्रम खेदा।।
महादादिकगुण श्रश्टि विभागा।
बरनहु सहित सकल अनुरागा।।
नाना राज चरित तुम गाबा।
रबि बंसिनि कह सुजस सुनाबा।।
तिहिकुल मंह श्री राम उदारा।
प्रकटे आपु हरनमुवि भारा।।
तिन कर चरित कहा, तुम गाई।
तामंह एक कहौ, समुझाई।।

दोः– कथा सूक्ष्म हयमेध की, तुम बरनी यहनाथ।
कहहु सीहत विस्तार प्रभु, कीह मुनि नायऊ माथ।।५।।

चौ.:– जासु श्रवण सुमिरन के कीन्हे।
चिंतत कहत महा अघ छीन्हे।।
जाके सुनत संत मन माहीं।
मुदित होंहि नहिं ह्रदय अघाहीं।
सुनि मुनि के बर बचन रसाला।
बोले अहिपति परम कृपाला।।
धनि धनि तुम मुनि बर विज्ञानी, असमति तव किमि कहहु बखानौ।
श्री रघुवर पद पदम परागा, भमर सुरस मन तव अनुरागा।
संत समागम सम जग माहीं, मुनिवर कहहिं कछू सुख नाहीं।
जिनके संग सुनहु मुनिराई, रघुवर कथा हमहि सुखदाई।
बात्सायन सुनु बचन रसाला, मोपर कीन्ही कृपा बिसाला।

दो.:– श्री रघुवर चरनन विशै, दीनौ सुमिरन मोहि।

हे मुनिबर विज्ञान निधि, सकि प्र ंसिका तोहि।।६।।

चौः– सुर नर असुर कीट मनि जाला, प्रभु पद आरति करहि रसाला।
रावनारि जसु उदधि अपारा, ब्रह्मादिक लहि सकै न पारा।
मंद बुद्धि मम मसक समाना, गा चहि पार बिना जल जाना।
जो पै कृपा राम कै होई, पार लहै मुनि बर सम सोई।
तदपि कहौं निज मति अनुकूला, रघुवर सुजसु हरन श्रम सूला।
जिमि अनंत नभ सुनहु मुनीसा, खग सब उड़हि सहित निज ईसा।
पाकमथाइ सकल मुनि कोई, कै सौऊ प्रबल गगन चर होई।
अस विचारि रघुपति गुण गाथा, बरनहु सुमति जथा मुनि नात्था।

दोः– राम चरित सत कोटि जग, अति पुनीत सुख दानि।
जिहिमुनि की जैसी प्रकृति, तिहि तस करेऊ बखानि।।७।।

चौ.ः–मुनिबर सावधान सुनि बानी, कथासनातन कहों बखानी।
निर्मल करै मोरि मति कैसे, करै निर्मली जल सुचितै ते।
सूत सुनहु अस कहि अहिनाथा, लागे करनध्यान रघुनाथा।
ध्यान मध्य तब ह्रदय विचारी, ग्यान दृश्टि सब चरित निहारी।
राम चरित देखेऊ ऊर माहीं, भये मगन पुनि पुनि पुलकाहीं।
गद गद गिरा हर्श उर आबा, बुंद सहस्त्र नयन जल छावा।
हर्श बिबस मुख बचन न आबा, तब मन मँह प्रभु पद सिर नावा।
सावधान मन करि श्री सेसा, लागे बरनन कथा असेसा।

दौः– असुभ हरनि मंगल करनि, सकल लोक सुखदानि।
सावधान है सुनहु मुनि, मैं अब कहौ बखानि।।८।।

चौ.ः–सुर नर असुर सवनि सुखदाई, लंकेसुर हति श्री रघुराई।
राबन बंस सहित संहारा, सुनत सकल जगभयेऊ सुखारा।
नाक नटिन निजनिज छविपाई, सुखितभई सव दुखन बिहाई।
इन्द्र आदि सुरगण सब आये, जहाँ राम सुख धाम सुहाये।
आइ सबनि सादर सिर नाये, प्रनत सरिस तिन बचन सुहाये।
अस्तुति करि सुरभवन सिधाऐ, राम विभीशन निकट बुलाये।
धर्म निपुन ता कह प्रभु चीन्हा, लंके सुर विधि बतू तिह कीन्हा।

सीता सहित बहुरि रघुराई, पुश्पक जान चढ़े सुखपाई।

दौ.:– सीता लशन कपीस पुनि, अंगदादि हनुमान।
सहित विभीशन मुदित मन चढ़े जान भगवान।।६।।

चौ.:– चलत विमान कुला हलभयेऊ, राम दुर्ग देखत सुख लहेऊ।
भग्न कंगूरनबंदन बारा, मर्दित देखे भबन अपारा।
विपिन असोक दिखि रघुबीरा, मूर्छित भए हरन भव भीरा।
सावधान उठि बेठि कृपाला, देखा सिंसुप बृक्ष बिसाला।
तिहि वन मध्य निसाचरि देखी, पवनतनय भय त्रशित बिसेखी।
सीतहि समरभूमि दर साबा, निजपुर कह पुनि जान चलाबा।
ब्रंह्मादिक सुर साजि बिमाना, अस्तुति करहि बजाइ निसाना।
मुदित देवगन वर्शहि फूला, नाचहिं नाक नटी सुख भूला।

दौ.:– बरनत गुन ब्रह्मादि सुर, चले कौसिलाधीस।
बाट दिखा बत सबहि प्रभु, मधुसूदन के ईस।।१०।।

चौ.:– नाना तीर्थ मुनिनि के धामा, सादर सियहि दिखायहु रामा।
मुनिपति नी मुनि पुत्र मुनीसा, सीतहि दरसाबत सुर ईसा।
जंहतह प्रथम बास प्रभु कीन्हा, लखन समेत तिनहिं प्रभु चीन्हा।
इहि बिधि सकल बास दरसाये, अवधि समीप तवहि चलि आये।
तिहि तट नंदीग्राम अनूपा, वसहिभरत जिहि थल तप रूपा।
धर्म समेति प्रजहि नित पाला, बंधु विरोध ह्रदय अति साला।
कृस सरीर दुख अतिमन माहीं, बल कल बसन अपर कछु नाहीं।

दो.:– बंधु विरह ब्याकुल भरत, नैननि में जल जात।
कबहुकि बारि अकारकरि, नहिं फलादि कछुखात।।११।।(3)

चौ.:– दिन दिन प्रति रघुपति गुन गाथा, प्रमुदित सुनहिं जोरि जुग हाथा।
प्रातःइभानु उदय अबलोकी, जोरि पानि करि विनय ससोकी।
प्रेम सहित करि दंड प्रनामा, बोले भरत सकल सुख धामा।
जगत नयन सुरपति भगवाना, सुत अनुमान हरहु दुख नाना।
जगत पूज्य रघुकुल मम हेतू, बन कह गए धर्म श्रुति सेतू।

जनक सुता सुकुमारि समेता, वन बीथिन बिचरहि मम हेता।
पुश्प सयन नहि सियहि सुहाई, आतप देखि बिकल हैजाई।
सो सिय मम हित लागि दिनेसा, घोर बननि में कीन प्रबेसा।
जोसिय राजबृंद नहिं देखी, कालरूप मीलिनी सो पेशी।
मधुअन हित करयन जो जोई, बृक्षन के फल जाचति सोई।

दो.:– रघुबर बल्लभ भरत उठि, प्रात प्रात इहि तीति।
दुखित देखि कुल द्रबहु प्रभु, बिनती करहु सप्रीति।।१२।।

चौ.:– सचिव सुमंत आदि समदरसी, नीति निपुन भास्त्रनि मति परसी।
सुनहु बचन मम सचिव सयाना, निज अमागि किमि करहु बखाना।
मो सम अधम न कोऊ संसारा, जिहि लगि राम बनहिं पगुधारा।
मश ऊभाग अघ ओघ मलीना, दलहुराम पद करि मन लीना।
धन्य सुमित्रा पति पद सेवी, सती सिरोमनि निजकुल देवी।
तसुतनय लछिमन बड़भागी, रघुबर चरण कमल अनुरागी।
इहिबिधि रघबर विरह विहाला, नन्दिग्राम बसि बितबत काला।
भरत ग्राम जब रघुपति देखा, बंधु बिरह उरभएऊ बिसेशा।

दो.:– रघुबर भरत मिलाप सुभ, सुनु मुनीस मनलाय।
कहत सुनत समुम्नत हृदय, तापत्रय नसि जाय।।१३।।
इति श्री पद्यपुराणे पाताल खण्डे, सेस बात्सायन संम्वादे मधुसूदन दास
कृते रघुनाथस्य भरत बास **नन्दि ग्राम द निो नाथ प्रथमो अध्याय**।।१।।

दो.:– लशन जानकी सहित प्रभु, राजत कीस समाज।
अति आतुर आवहि चले, बंधु मिलन के काज।।

चौ.:– भरत बास मिरखत रघुबीरा, पुलकगातभए सिथिल सरीरा।
गद गद गिरा बचन नहिं आवा, बन्धु मिलाप माहि मन छावा।
अति लालसा बरनि नहि जाई, भरत चरित सुमिरत रघुराई।
धर्म धुरंधर बंधुहि जानी, बोले राम सकल सुश सानी।
सुनु हनुमान सकल बलरासी, कहत बचन रद भए प्रकासी।
ससि समान दुति बरनि न जाई, जन उर तिमिर हरन मुनिराई।
सुनहु तात मम गिरा सुहाई, बेगिहि कहहु भरत सन जाई।

सहयो वियोग मोर बहु काला, अस कहि वैहैवल भए कृपाला।

दो.:– मम वियोग ब्याकुलभरत, कृस सरीर सुनु तात।
सीस जटा बल कल बसन, नैननिते जल जात।।१।।

चौ.:– नहिं फलादि कछु भोजन करहीं, हठ बस सोक हृदय में धरहीं।
परतिय जिनके मात समाना, कंचन लोह सरिस अनुमाना।
पालहि प्रजहि पुत्रइव ताता, सकल धर्म चिंतक जिमिभ्राता।
ममवियोग दुख अनल समाना, दहहि सरीर सुनहु हनुमाना।
मो अगाध मनु बारि समाना, सोचहु बेगि तात मम प्राना।
सियालशन सह आयेऊ रामा, अस कहि तिनहि देहु अभिरामा।
सहित विभीशन अरू सुग्रीवा, जान चढ़े आवत बल सीवा।
यह संदे ा कहहु तुम जाई, मम आगमन बन्धु सुखदाई।

दो.:– रघुपति बचन विनीत सुनि, चले तुरत कपि राज।
नंदी ग्राम प्रवे ा करि, जहाँ भरत तप साज।।२।।

चौ.:– सचिव समाज भरत कँह देखा, राम विरह ऊर दुखित बि ाशा।
तिहि समाज रघुपति गुण श्रेनी, बरनत भरत सकल सुख देनी।
श्री रघुबर पद पदम परागा, निर्भर प्रेम भरत मन लागा।
करि प्रनाम कपि भरतहि देखा, मूरति बंत धर्म जनु पेंशा मे।
वहुरि बिलोकि भरत छवि कैसी, वि व भाान्ति जनुतनु धरि बैसी।
भरत कपीसहि आबत देखी, उठे बेगि उर हर्श बिसेशी।
स्वागत पूछि कहा सुनुभाई, सानुज सिया कुसल रघुराई।
अइसै वदतभरत कपि पाही, सुखद नयन भुज फरकत जाही।

दो.:– कपिहि बिलोकत भरत उर, सोक जनित दुख भाग।
हर्श विव ाभा सिथिल तन, करहि नयन जल त्याग।।३।।

चौ.:– देखि भरत गति बिकल कपीसा, कहन लाग संदे ा मुनीसा।
सीता सहित लशन रघुबीरा, आए निकट सुनहुभति धीरा
प्रभु आगमन सुनत गा दूशा, मृतक उठे जिमि पाइपियूशा।
जो सुख भरतहिभा मुनिराई, सहसानन तिहि सकहि न गाई।

कहत बुभाइ सूत तो पाही, मोमति परसि सकति तिहि नाहीं।
कहेउ राम आगम सुख साजू देहु कहा कपि तो कँह आजू।
जन्म प्रजंत दास मैं तोरा, होहिन सन्मुख कपि मन मोरा।
प्रभु संदे ा सुनाएउ मोही, किहि बिधि तात प्रसंसो तोही।

दो.:– मंत्रिनि सहित वसिश्ठि कर, अर्थ लाभ हरशाइ।
चले भरत रघुनाथ पह, आगे करि कपि राइ।।४।।

चौ.:– पुश्पक जान चढ़े रघुबीरा, देखत भए भरत मति धीरा।
उभय ओर सिय लशन विराजै, ब्रह्मत्दिक पुश्पांजलि साजै।
देखिराम छवि भरत जुड़ाने, पुलकित रोक रोम हरशाने।
उहाँ कृपानिधि भरतहिं देखा, रहित जान उर दुखित वि ेशा।
ज़टा मुकुट बल कल कोपीना, कृस सरीर जन मुनिकर लीना।
सहित समाज भरत इहि वेशा, देखि रामभए बिकल वि ेशा।
बहुरि बंधु लखि राम उदारा, सोचहि दृगरथ विभव अपारा।
राज राज द ारथ बड़ भागी, उठहि सुरे ा देखिजिहिं लागी।

दो.:– तासु तनय आबत भरत, बिना जान मुनि बेश।
जो दुख लहेऊ न मैं बिपिन, सो इन इहि थल देश।।५।।

चौ.:– अहह बंधु मम प्रान पियारा, बिपति सही मो लगि अपारा।
मो आगमन सुनत हरशाये, सहित समाज आपु चलि आये।
सहित बसिश्ठ निकट लखि भ्राता, कहत सवहि सनजन सुखदाता।
लशन विभीशन आदि कपीसा, पूज्यमान कौसला धीसा।
भूतल जाम प्रेरि रघुबीरा, विरह विवस भा सिथिल सरीरा।
तुरत विमान तजो तिहिं काला, बंधु बंधु कहि दीन दयाला।
बहुरिबन्धु कहि बंधु कृपाला, हर्श विवस द्रग श्रवहि विसाला।
सुरगन सहित प्रभुहि अबलोकी, कीन्ह दण्डवत् भरत ससोकी।
श्रवहि नयन जल बिकल अति, देखि भरत गति राम।
दीन बन्धु प्रभु बंधुप्रति, आपुन कीन्ह प्रनाम।।६।।

चौ.:– दोउ भुजभरि भैटहि रघुबीरा, हर्श सोक बस सिथल सरीरा।
राम उठाव भरत नहिं उठही, बहुत भाँति करूनातन करही।

सुनुमुनीस पदगहि अनुरागी, उठहिं न भरत मानि हत भागी।
सुनहुबिनय रघुनाथ उदारा, दुराचार मैं दुश्ट अगारा।
अघ समूह मैं सुनहु कृपाला, रामचन्द्र तुम दीन दयाला।
महाबाहु करूना सुख सागर, कृपा करहु प्रभु लखि खल आगर।
अस कहि भरत रहै अरगाई, करि मुख सील न भजीक रघुराई।

दो.:–जोरिउ भेकर र्हाबस, बिहबल बदन विशेश।
देखि बन्धुगति कृपानिधि, कीन्हि कृपा अलेखि।।

चौ.:–सानुज भरतहिं भेटि कृपाला, पुनि सुमंत कह मिलतहि काला ।।
सादर स्वागत कह भगवाना, मिल करि सबहि दीन्ह सुख नाना।।
बहुरि कृपानिधि भरत समेता, पु पक यान चढे सुख देता।।
भरत सिया कर दर्शन दीन्हा, बंधु प्रिया सुचि मन मह चीन्हा।।
अत्र निन्या के पुनि सम जानी, कुंमज नारि सरिस अनुमानी ।।
मातु छिमहु अपराध अपारा, दुराचार रत खल मै भारा।।
पति देवता सिरोमन माता, सकल सिद्धि दायक जन त्राता।।

दो.:–स्वागत सादर पूछि सिय, दै असीस हरशाइ।
सुफल होउ मन कामना, सुनि हर्शे दोउ भाइ।।८।।क
सहित समाज विमान चढ़ि, कृपासिन्धु रघुनाथ।
आये द्विन महँ अवधितट, सुर गावत गुन गाथ।।८।।ख
इति श्री पद्मपुराणे पाताल खण्डे सेस वात्सायन सम्वादे मधुसूदनदास कृते राजधानी **द र्नो नाम द्वितीयोध्यायः।।२।।**

दो.:–अब तीसर अध्याय महँ, हुइ है कथा रसाल।
करिहें अबध प्रवे ा प्रभु, दलि सबके दुख जाल।।

चौ.:–बात्सायन सुनु कथा रसाला, अबधि विलोकि राम तिहिं काला।
संतत नित्य जीव जहँ रहही, प्राकृत गुन बाधा नहिं करही।
बहुत काल बिछुरी प्रभु जानी, अति लालसा ह्रदयमहँ आनी।
सुनहु सूत अब कथा सुहाई, कहहिं सुमंत सन भरत बड़ाई।

जाहु सुमंत सहित तुम ताता, रचवाबहु रचना सुख दाता।
करहु नगर महँ यह सुधि जाई, आवत सिया सहित दोउभाई।
प्रति मन्दिर निकरावहु भाई, रचना अति बिचित्र सुखदाई।
पुनि वीथिन प्रति मन हरशाई, चन्दनादि छिरकावहु जाई।

दो.:– सुमन सुगन्धित भार बहु, बिछबाबहु तिन माहिं।
दृश्ट रूश्ट पुश्ट नर मुदित हे, नृप मारग महँ जाहि।।१।।

चौ.:– ध्वज पताक तोरन बहुभाँती, चित्रत करहु जाहि ग्रह पाती।
अजिर सम्हारहु सब बिधि जाई, सिंधुर मनि के चौक पुराई।
ध्वजाधराबहु ग्रह प्रति कैसे, धन घमंड महँ हरधनु जैसे।
देखततिनहिं बली मुख जाहीं, मुदित होत पुनि पुनि पुल काहीं।
ग्रहपतिपुर के चारिहुओरा, घन इव लखि नाचहि बन मोरा।
सैल समान मत्त गज राजा, गेरू कादि रचि सजहु समाजा।
मन गति हरन तुरग सुभसीला, लाजहिं अमर बाजि लखि लीला।

दो.:– तिन्हहिं सम्हारहु बिबिधि बिधि, सुनहु सचिव भति धीर।
सहसनि कन्या सुमुखि सुचि, सजि नव सप्त सरीर।।२।।

चौ.:– गजनि चढ़ावहु तिन्हहिं सम्हारी, मुक्तागन बर्शहिं सुकुमारी।
आवहि विप्र थारगहि पानी, हरद दवू धरि मंगल खानी।
सुभग सुवसिनि साजि आरती, करहिं राम पर मुदित वारती।अ.३पे.६
कौसिल्या रघुवीर वियोगा, दुखित महा त्यागे सब भोगा।
कृससरीर मुख बचन न आबै, राम दरस बिनु कछु नहिं भावै।
ता कहुँ राम संदे ा सुनाबहु, बहुरि तात रचना रचबाबहु।
अति बिचित्र रचना रच बाई, मोर संदे ा सबहिं समुझाई।
सहित समाज साज सब साजा, आबहु बेगि तात करि काजा।

सोरठा.:– सुनत सचिव हरशाइ तुरत गए श्री अबधमँह।
कहेऊ सबहि समुझाइ, रचनाकरहु विचित्र अति।।३।।

चौ.:– पुनि रघुपति आगमन सुनावा, सुनि सबके उर आनन्द छाबा।
प्रभु आगमन महोत्सव भारी, रचहु सकल पुरजन सुबिचारी।

सीता सहित लशन रघुराई, हरशित आबहि जन सुख दाई।
प्रथम विरह बस सुनि मुनिराई, तजे भोग सुख सबनि बनाई।
नाना ब्रत संजम तिन्ह कीन्हे, राम दरसि लगि सुतनि न चीन्हे।
बिबिधि भोग सुख सबनि बिहाये, प्रभुहिं विपिन लखि मनहिं न भाये।
ते सब मुदित भए मुनिराई, सुनहु बिचित्र कथा मनु लाई।
वेद विसारद विप्र सुजाना, कुस मुद्रिका पहिरि सुख माना।

छन्दः— कुस मुद्रिका कर पहिरि विप्र सुजान आनन्द सो भरे।
सा जै सुधौती विमल कटि मँह थार मंगल कर धरे।।
छत्री चले सजि अस्त्र सस्त्रनि सूर रन मँह बाँकुरे।
बर बैस्य धनद समान अमरन बसन सजि प्रभु लगि जुरे।।

सो.:— विप्र भक्ति लवलीन, परिचर्या महिं निपुन अति।
करहिं न श्रुति पथ छीन, चलेसूद्र रघुनाथहित।।४।।

चौ.:— जे जे नृत्य कार पुर माँहीं, राम दरस लगि सजि सजि जाहीं।
निज निज साजु साजि मुनिराई, हरशित चले बरनि नहिं जाई।
भरत संदेस मानि हरशाई, कौतुक बिपुल करत सुख दाई।
आये प्रजा लोग मन भाई, सुनहु सूत अब कथा सुहाई।
अबधि प्रवे ा कीन्ह रघुबीरा, प्रमुदित हृदय हरन भव भीरा।
रचना निरखत जन सुख दाता, है प्रसन्न मन पुलकित गाता।
कपि समुह हरशित नभ बाटा, चले जात निरखत पुरहाटा।

छन्द:— पुर हाट निरखत मनुज तनु धरि, भोभ नहिं बरनत बनैं।
सुनु सूत तव प्रभु चढ़े सिविका, निरखि सुर दुंदुभिहनै।।
सीता समेति बिलोकि परिजन, सहित पुरजन मन गनै।

सो.:— प्रमुदित सीताराम, चले जात श्री अबधि मँह।
निरखत सुन्दर धाम, अति बिचित्र रचना अपर।।५।।

चौ.:— सुन्दर बन्दन बार पताका, मोहै देखि न अस मन काका।
कौतुक विपुल होहिं मग माहीं, जन समूह प्रमुदित अति ताहीं।
उत्सव हेत साजि सब भूशन, करहिं आइ दरसन दुख दूशन।

बीना प्रनवभेरि सहनाई, बजहिं मृदंग निसान बनाई।
झालरि झांझि आदि जे बाजे, बजहिं द्धार प्रति प्रभुहित साजे।
सोभा भवन राम सुख पावहिं, मागध सूत बंदि गुन गावहिं।
जै रघुबर जै रघुकुल भूशन, जै दसरथ सुत दुश्ट विदूशन।
जयति जयति जग नायक रामा, अगम चरित वेदनि कर धामा।

छ.:– अति अगम चरित न वेद जानहिं सुनि मुनीस कथा भली।।
पुर की सब कन्या गर्जान पर चढ़ि जलज गन वरशत चली।।
सब द्वार द्वारनि करहि आरति निरीश छवि हरशी अली।
मानहु प्रभात बिलोकि दिनकर उदय पंकज की कली।।

दो.:– जयति बचन सुनि नगर जन, हरशित ह्रदय अपार।
तिनकीतिय मंदि रनि पर, गावहिं मंगल चार।।६।।

चौ.:– पुलक सरीर सकल नर नारी, दरस लागि तन दिसा बिसारी।
राम राज मारग तहँ जाहीं, रूचिर बाट निरशत जहँ ताहीं।
नव पल्लव प्रसून बहु भारा, चंदन पंकसु बाट ममारा।
तहँ पर नारि झरोखनि लागी, राम दरस हित अनरागी।
सीता सहित राम छबि देखी, कहहिं परस पर बचन विसेशी।
धन्य सखी बे भील कुमारी, जिन रघुबर छबि बिपिन निहारी।
निज सुभाग्य तरू प्रगटेऊ नीका, पाये दरस भाव ते जीका।
धन्य भील कन्या सखि बेई, दिन प्रति लहहिं राम छबि तेई।

दो.:– भीर भमर रघुबंस मनि, जलज नैन छबिधाम।
बिनु श्रम दरसन लहहिं नित, सखि उन समणा नहिं वाम।।

चौ.:– ब्रह्मादिक सुर विपुल उपाई, करहिं दरस लगि मुनि समुदाई।
पाइन सकहि सुनहु सखि सोऊ, सोहतसिया सहित प्रभु दोऊ।
भरि लोचन छवि लेउ निहारी, सो है कोटि बदन सुख कारी।
मंद मंद मुसिक्यात कृपाला, देखि सखी छवि बड़ी बि ाला।
अधर अरून बंधूक लजावहि, तिन बिच दसन महा छवि पाबहि।

अस कहि प्रभुहिं बिलोकनि लागी, तनम न बचन रूप रस पागी।
तिनकी प्रीति जानि मन माहीं, प्रभु कृतज्ञ चितए तिन पाहीं।
कमल नयन मुसिक्यात दयाला, कृपा कटाक्ष करहिं तिहि काला।

दो.:– अखिल लोक गुरू कृपानिधि, चित बत करत निहाल।
हरश जननि ग्रह चलेउ तब, प्रभु मुनिबर तिहि काल।।८।।क
तृतीय अध्याय इति अ. चतुर्थ प्रारम्भ

दो.:– सूत सुनहु इहि भाँति पुनि, बात्सायन मुनिनाथ।
जोरि उभय कर सेस सन, बोले पद धरि माथ।।८।।ख

चौ.:– धरा धरन भुज कोस कृपाला, संसय हरन नाथ इहि काला।
रघुपति विपिन गये बिन जाना, राखे जननि कबन बिधि प्राना।
मलिन चित्त ब्याकुल दिन राती, सुत वियोग बस कछु न सुहाती।
छीन सरीर हृदय दुख मानी, सुनि सुत आगम किमि हरशानी।
कहा भए तिहिं सभय कृपाला, चिंन्ह द ा सब कहहु दयाला।
सुनत सुमुखि प्रति सुत आगमना, कहा कहेऊ प्रभु जननी बचाना।
यह मम संसय हरहु कृपाला, बुद्धिमान अहि नाथ दयाला।
करहु उदय रघुपति गुन गाथा, दलि संसय मोहि करहु सनाथा।

दो.:– अग्रनीय द्विज बरनहु, बात्सायन मुनिराज।
सुखद प्र न जो कीन्ह तुम, सुनहु सकल सुख साज।।६।।

चौ.:– सुनु मुनीस मनथिरू करि अपना, भाशहु तुमहित सुंदर रचना।
सुमुख बचन पंकज ते जाता, रामागमन अमृत सम ताता। पृ.8 प्रा.
प्रिय तवियत थकि रहेउ सरीरा, विध्वज भई सुनहु मुनि धीरा।
चित्तभ्रम भयेउ कि स्वप्न विधाता, मैं मति मंद कहा यह बाता।
मैं यह भाग्य सकल दुख खानी, सुमिरेउ मोहि राम कह जानी।
राम दरस मो कह जग माहीं, दुर्लभ सब बिधि संसय नाहीं।
पूरब हम तप कीन्ह विसाला, पाएउ सुत बीते काला।
पुनि कछु पाप भएउ अतिभारी, गएउ विपिन सुत कह महतारी।

दो.:– कहहु सुमुश सीता सहित, कुसल लशन रघुवीर।

विचरहिं वन में दुखित अति, मोहि किमि सुमिरहि धीर।।१०।।

चौ.:– अस कहि रोदन करहिं अपारा, सुमिर सुमिर सुत चरित अपारा।
बिरह विवस ब्याकुल महतारी, निज पराव नहिं ह्रदय सम्हारी।
सुमुश देखि ब्याकुल अति माता, कर निज अंबर बीजन बाता।
सावधान भइ जननि बहोरी, कहेउ सुबदन बचन कर जोरी।
आनन्द ह्रदय बढावन हारे, सचिव सोइ वर बचन उचारे।
सावधान है देखहु माता, आए भवन राम सुख दाता।
लशन जानकी सहित कृपाला, ठाढ़ी जननि मुदित तिहि काला।
देहु असीस मतु सुखपाई, मुदित होय दख देह बिहाई।

दो.:– सुनत सचिव के वचनप्रिय, उर आनंद अधिकान।
सो सुख सुनि मुनि राज मैं, नहिं करि सको बखाना।।११।।

चौ.:– सुत आगम सुनि आँगन आई, हरश विवस पुल कावलि छाई।
विहल तन द्रग वारि विमोचै, राम दरस लगि मन मँह सोचै।
तिहि अवसर सिविका चढ़ि रामा, केकइ भवन गए सुखधामा।
भरत समेति दंडवत कीन्हा, सकुच विवस तिहि उतरू न दीन्हा।
मलिन वदन करि अति पछिताई, चिंता वदन रहा अर गाई।
रविकुल केतु उभय कर जोरी, मातु बिलोकि विनय सुनु मोरी।
जननि प्रबोधन गिरा सुहाई, बोले राम स्वजन सुख दाई।
तव प्रसाद जननी रन महीं, बधे निसाचन मम कृत नाहीं।

दो.:– सुनहु मातु मैं विपन बसि, तव आयसु प्रतिपाल।
अब कह अज्ञा करहु तुम, बेगि करहु इहि काल।।१२।।

चौ.:– मोते भयेऊ कवन अघ भारी, हेरहु मोहिन तनय बिचारी।
भरत समेति परसि सिर पानी, देहु असीस, मातु सुख मानी।
रघुपति बचन सुनत मुनि राई, दीन्ह असीस सकुच सिरनाई।
इहि बिधि भरत मातु सनमानी, चले सुमित्रा ग्रह सुखाशानी।
पुरूशोत्तम रघुबर तिहिंकाला, निरखि मातु कह बचन रसाला।
कर दंडवत हिये हरशाई, कृपा सिंधु प्रभु जन सुखदाई।

लशन समेति राम कहँ देखा, उठि जननी मन हर्श विसेशा।
चिरंजीव कहि बारं बारा, सुनि असीस वर राम उदारा।

दो.:– परेसुमित्रा चरनगहि, राम भाइ तिहिकाल।
मिलि सप्रेम रघुवं ामनि, बोले बचन रसाल।।१३।।

चौ.:– किहि बिधि कहों लशन गुन माता, मो लगि सहि बन आतप वाता।
जँह जँह परेऊ महादुख भारी, तँह तहँ इनि मोहि लीन्ह उबारी।
इनसम बुद्धिमान नहि माता, मो कँह सर्वकाल सुख दाता।
मातु दसानन सुर दुख दाई, हरी सिया इक अबसर पाई।
अति अगम्य लंका ले गयेऊ, लशन बाहुबल प्रापति भयेऊ।
देउ असीस लशन कँह माई, परसहु सीस सुकर सुशदाई।
अस कहि करि प्रनाम कर जोरी, कौसिल्या ग्रह चले बहोरी।
देव समूह सहित रघुबीरा, गये मातु ग्रह प्रभु रनधीरा।

दो.:– देखी मातु प्रसन्न अति, निज दरसन की चाह।
तुरत छांड़ि प्रभु पालकी, परे हरशि पद माँह।।१४।।

चौ.:– विह्वल चित्त बचननहिं आवा, ललकि ह्वदे सुत कंठ लगाबा।
पुनि पुनि मिलहि मातुभरि, अंका, पारस लहेऊ मनहुँ अति रंका।
मातहिं मिलि सुख पाव कृपाला, पुनि जननी निरशी तिहिं काला।
छीन सरीर हर्श उर छाबा, गद् गद् गिरा कंठ रूकि आबा।
लोचन श्रवहिं तप्त जलधारा, बिरह बिहात अकधि अनुसारा।
भूपराउबिनु दुखित बिलोकी, मीलन बसन तन छीन ससोकी।
निज सनेह बस देखि अधीरा, कहेऊ राम जननी धरि धीरा।
समय बिलोकि सोक तजि माता, अस कहि बोले जन सुख दाता।
बहुत काल मैं तुम सिव काई, कीन न सो अघक्षमिहहु माई।

दो.:– भाग्य हीन मैं मातु सुनु, करहु कवन बिधि सेव।
छमहुँ सकल अघ मंद लखि सुनि बिलखे द्विज देव।।१५।।

चौ.:– जे सुत मात पिता सिव काई, करहिं न मोह विवस सुनुमाई।

ते जग कीट सरस जग मांहीं, अंत काल अपि नर्कहि जाहीं।
पितु आयसु मैं बन कहँ गयेऊ, दुसह दुश्य बारिधि महँ परेऊ।
कृपा तुम्हार पार मैं भयेऊ, अब पद निरशि सकल सुख लहेऊ।
मातु हरी द ामुख बैदेही, तुम्हरी कृपा बध्यौ मैं तेही।
जनक सुता कहँ प्रापत भयेऊ, तुम्हरी कृपा सकल दुख दहेऊ।
पतिव्रता सब कहँ सुख दाई, सो सिय तव चरननि महँ माई।
तनमन वचन तात मन लाई, देउ असीस मातु हरशाई।

दो.:– सुनि सुत बचन विलोकि सिय, हरसी आ ाश दीन।
पतिव्रता सिर मौर मनि, ह्वदय लाइ तव लीन्ह।।१६।।

चौ.:– निजपति सहित राजु वहुकाला, करहुसीयेदलि विपति वि ाला।
होहि पुत्र दुइ सब सुख दाई, बंस पवित्र करन सुख दाई।
तो सम स्वपति परायन नारी, सुनु सिय नहीं भुवन दस चारी।
पतिहित लगि निज सुखन बिसारी, देखि दुखित मोहि अचरजु भारी।
आपु सहित निज पितु कुल पावन, कीन्ह राम पद सेइ सुहावन।
कोटिन भात्रु करहि का ताके, पतिव्रता वर भामिनि जाके।
बन्धु समेत कुसल रघुराई, आये तुव प्रताप कह माई।
दै असीस कहि बचन रसाला, पुनि अरगाइ रही तिहि काला।

दो.:– सुनत सासु के प्रिय बचन, उर आनंद अधिकान।
श्रवहिं नयन जल पुलकित, निज पर कछू न जान।।१७।।

चौ.:– भरत सरल चित मन हरशाई, रामहिं राज समर्पहु जाही।
बुद्धिमान दिनकर कुल केतू, सकल राजु दै कीन्हेऊ हेतू।
मंत्रिनि देखि भरत की रीती, गणक मंत्रि बित बोलि सप्रीती।
सुखद महूर्त पूछि तिहि काला, करन हेत रामहि भुव पाला।
सुभ नक्षत्र भाुभ दिन मनि जानी, मंगल द्रव्य राजहित आनी।
बिधि ब्रत रामहिं कीन्ह नरेसा, सुखित भए सुर सिद्ध सुरेसा।
तब मंत्रिनि लै मृग पति छाला, सप्त दीप लिखि अवनि बिसाला।
राम अबधि राजहि दरसाई, सुखित भये सब बिपति बिहाई।

छन्द.:– तजि विपत्ति तिहि दिन ते सुजन मन मुदित है बिचरहिं मही।

भए दुखित खल सब ओर तें मुनिराज प्रति अहि पति कही।।
मन बचन कर्म बिहाय छल पति भक्ति रत अबला सही।
नर नारि नाम प्रताप ते सब भाँति नहि अब गति लही।।

सोरठा:– देव दनुज नर नाग, निसिचर किंन्नर जच्छ अहि।
सकल सहित अनुराग, सिर धरि प्रभु आइसु करहि।।१८।।

चौ:– पर उपकार निरत सब लोगा, करहिं कर्म प्रभु प्रापति योगा।
निज निज धर्म निरत नर नारी, संतत मुदित रहहिं सुबिचारी।
पन्डित सब नास्तिक नहिं कोऊ, धनद समान रंक अति सोऊ।
मारूत मंद बहि सब काला, प्रभु डर डरपत हृदय बिसाला।
ऊँन बसन पहिरहिं नर नारी, सकै उडाइन आइ सुधारी।
श्री रघुनाथ कृपा मुनि राई, जड़ जंगम सब मुदित बनाई।
सकृंत काल व्यापहि नहिं काहू, नित नव पुर मँह होहि उछाहू।
भ्रातनि सहित राम भगवाना, दिन प्रति गुरू सेवा करनामा।

सोरठा:– मुनि बसिश्ठ लखि रीति, अति प्रसन्न निस दिन रहैं।
देहिं असीस सप्रीति, मधुसूदन प्रभु भक्ति बस।।१६।।
इति श्री पद्मपुराणे पाताल खण्डे सेस वात्सायन सम्वादे मधुसूदन दास कृते **श्री रघुनाथ राज्याभिशे को नाम चतुर्थ अध्याय(४)**

दो:– सूत अनूप कथा सुनहु, सावधान धरि का न।
सुर अस्तुति करिहै महा, कुंभज आगम जान।।

चौ:– मुनिबर सुनि रामहिं भूपाला, सकल अमर आए तिहि काला।
बिगत त्रास प्रमुदित मन माँहीं, निरखि राम छबि द्रग न अघाहीं।
रावन बध सुनि भा सुख भारी, पुलकि गात अस्तुति अनुसारी।
सावधान सुनु मुनि बर बानी, अस्तुति करन लगे सुरग्यानी।
जय दिन कर कुलमंडन रामा, सदा प्रनत जन अदति अभिरामा।
करूना उदधि प्रकृति पर नाथा, सदा सुतंत्र विदित श्रुति गाथा।
खल बन दहन अग्य तम भानू, कोहादिक यन पवन निदानू।
जयति जयति जय रमा निबासू, सकल जगत उर करन प्रकासू।पृ.10प्र.

छन्द:– जय दासरथे सुर ताप हरं, जय दानव वं ा विनास करम्।
जय देव बधू दुखि देनदलं, दनुजेन्द्र बध्यौ निज बाहु बलम्।
यह कीरति जे कबि गान करै, भव बंधन ते प्रभु पार परै।
जग संभव पालन ना ा कंर, बिन लीलहि सोजन दुख्खहरम।
जय जन्म जरादिक दुख पर, बलबान निसाचर नास करम।
जय धर्म धुरंधर न्याय तंर, प्रभु प्राकृत दोश निते रहितम्।
जय देव सिरोमनि मोद करं, तव नाम असोसनि पात हरम्।
पद पंकज की रज पाइ प्रभो, नर नारि भई तन दिव्य भभो।

छन्द:– रघुनाथ तव पद कंज सिव जल जात जातऊ भव ध्याबहीं।
जनभजहिं संतत मुदित मन, मनभावतो फल पावहीं।।
ते चरन हम रघुवं ामिनि जुत चिंन्ह मन मँह ल्यावहीं।
सनकादि नारद सिद्ध चारण जस निरंतर गावहीं।
हे नाथ जब जब मदन मोहन रू॰ जग में धरत हौ।
करि सुखित तब तब मोहि प्रभु अघ ओघतै उद्धरत हौ।।
खल बढ़हि जब जब धरनिपै दलि तिनहिं आनन्द करत हौ।
अवतार धरिधरि कृपाल तब तब जननि के दुख हरत हौ।।

दो:– अज अव ई वर बिभ निज, इच्छा मय तव नाथ।
अमृत सरिस अवनी बिशै, हे प्रभु तव गुन गाथ।।१।।

चौ:– तुम्हरे चरित सकल अघ हारी, गाबहिं नारदादि उरगारी।
अहो ईस तुव गुन गन पाती, दुर्लभ मनुजनि कँह सग भाँती।
अस कीरति जग मँह बिस्तारी, पुनि जै हौ निजु धाम खरारी।
आदि अनादि अमर वपुधारी, सिर किरीट उर हार बिहारी।
काम कोटि छबि जीवन हारे, तुम प्रभु कीन्है देव सुखारे।
तुव पद कमल संभु नित भजहीं, उरधरि बिशय प्रकृति गुन दहहीं।
इहि बिधि ब्रह्मादिक मुनि राई, अस्तुति कीन्ह सुरनि हरशाई।
पुनि द ामुख बध गुनि मन माँही, बिगत मान सुर प्रनवत ताहीं।

दो:– सुनि सुर विनय प्रसन्न हुइ, गुनागार रघुनाथ।
बोले बचन रसाल लखि, दरस नवाये माथ।।२।।

चौ.:– सुनहु सत्रु बरू देहु बिसाला, दुर्लभ दनुज यच्छ दिग पाला।
कहहिं देवगन सुनहु कृपाला, हमसब बिधि पूरन इहि काला।
सदा दुखद रिपु रावन मारा, पूरन भए नाथ इक बारा।
तदपि नाथ जो तुम वर देहू, मागै हम दीजै करि नेहू।
जब जब हमहिं असुर दुख देहीं, धरि अवतार बधौ तव तैहीं।
एव मस्तु तव कहि रघुबीरा, बोले पुनि भंजन भव भीरा।
सुनहु देव सादर मम बानी, तुम जो अस्तुति कीन्ह बखानी।
अद्भुत गुन मिश्रित जसु मोरा, पठइ प्रात ते छुटि भव घोरा।

दो.:– पढ़ै सुनै जे मुदित मन, सुनहु देव जग माहिं।
तिनको सपने हुये नही अघ, विपति पराभव नाहिं।।३।।

चौ.:– ब्याधि दरिद्र कबहु नहिं होई, मम पद भक्ति अबसि कर जोई।
आंनद मगन रहै नित तेई, पठि है प्रेम सहित सुर जेई।
अस कहि राम रहै अरगाई, भूप सिरोमनि जन सुखदाई।
तव सबसुर प्रभु पद सिरू नाई, निज निज लोक गये हरशाई।
इहि बिधि सुर अस्तुति मैं गाई, अब सुनि राम राज मुनिराई।
भ्रातनि पर करि सुत सम प्रीती, पालहिं प्रजहि पुत्र की रीती।
अखिल लोक पति नृप ता देखी, अलप मृत्यु नहिं सपनैहु लेशी।
रोग पराभव होहि न काहू, बैर रहित जन छूटहि लाहू।

दो.:– संतत सब तरू फलनि सों, भूमि रहे नियराइ।
जन पूरन परिवार जुत, मुदित रहे मुनिराइ।।४।।

चौ.:– पति वियोग दुख तिय नहिं लहहीं, प्रभु मन कथन दिवस निसि करहीं।
परगुन दोश कबहु नहि देखी, सपनेऊ मन करि पाप न पेशी।
संतत रघुनायक भय मानी, करहि न कलुश कर्म मन बानी। पृ.११प्रा.
राम मुखार बिंद अब लोकी, रहें सदा जन मुदित असोकी।
सकल लोक करूना मय भयेऊ, बिनुश्रम राम राज जग लहेऊ।
रिशि मुनि मुदित रहै दिन राती, हाटक भूशन सह सब भाँती।
प्रमुदित रहहिं सदा पुर बासी, बिमल धर्म पथ परम प्रकासी।
संतत अबनि कृ ी जुत राजै, हारनि वसि किसान तिहि काजै।

दो.:– श्री रघुपति के राज मँह, घर प्रति मंगल बास।
सकल अन्न त्रन अपर मिति, गोधन विपुल बिलास।।५।।

चौ.:– राम राज मँह सुर संकेतू, अगनित लसहिं सुनहु मुनि केतू।
अग्य थंम अरू रूचिर विमाना, ग्राम ग्राम पुर राजत नाना।
बृक्ष सकल फल दायक भयेऊ, सरबर नलिन सहित छबि लउऊ।
सुचि जल सहित सरित जल बहई, दंभ रहित संतत जन रहही।
धन करि सब समान भ्रम करही, बरन आचरन मो लखि परही।
पंडित सकल सरल चित भएऊ, नारिन बिशै चपलता लहेऊ।
सरितनि बिशै कुटिलता भासी, नर नारिन मत्सरता नासी।
तमगुन रहित सकल जनभएऊ, एक रजनि बिनु अहिपति कहेऊ।

दो.:– नर नारिन में लखि परै, रजगुनहत सब लोग।
धन मद परिहरि सकल जन, करहिं देव गति भोग।।६।।

चौ.:– अनय मात्र रथ मँह मुनिराई, बिकल सकल जन रहै सदाई।
फरस कुठार विजन लखि दंडा, नहिं जीवनि पर त्रासु प्रचंडा।
भानु मुखी आतप मँह लेखी, नरनि त्रास नहिं आँखिनि देखी।
विशय मध्य द्रग कोऊन देई, रघुपति रूप नयन भरि लेई।
नहि अभक्ष्य न सेवन कर कोई, प ा बध दुख्ख लहै न कोई।
दुरबलता तिय कटि मँह देखी, जढ़ता जल बिनु अनत न पेशी।
जन कठोर जग भएऊ न कोई, सो नि चै तिय उर मत जोई।
कुश्ट मात्र ओशदि जग माँही, नरनि बिशै सपनैऊ मुनि नाहीं।

दो.:– छिद्र मननि बिनु अपर नहिं, सूत सूरनन माहिं।
दया भाव जन दुरति अति, भय कर कंपित नाहिं।।७।।

चौ.:– नरनिहिं काम रहै दिन राती, अघ रदिद्र, दुख गा सब भांती।
सकल बस्तु परि पूरन लोगा, राम कृपा करि प्रापति भोगा।
इम मद मत्त अपर नहिं कोई, जुद्ध मात्र जल बीचिनि होई।
दान दीनता कितहु न देखी, तीक्षनता काँटिन मँह लेशी।
गुन परित्याग चाप बिच मानहुँ, दिढ़ बंधन पुस्तक महिं जानहुँ।

नेह त्याग दुश्टनि मँह देखा, नहिं सज्जननि बिशै मुनिपेशा।
इहि बिधि राम प्रजा प्रति पाला, धर्म सिंधु दुश्टनि कहँ काला।
ग्यारह वर्श सहस श्री रामा, राजधर्म जुत करि सुख धार्मा।

दो.:– क्षुद्र रजक के बचन सुनि, सिया त्याग प्रभु कीन।
तिहि बिनु धर्म समेत हरि, पुर बासिन सुखदीन।।८।।

चौ.:– एक समय रघुबीर कृपाला, समा मध्य राजहि नर पाला।
तिहि अबसर कुंभज मुनि आए, रिशि कुल तिलक श्रुतिनि मँह गाए।
लीलहिं सो सोख्यो बारीसा, आबत देखि कौसला धीसा।
सहित वि ाश्ठ उठे तिहि काला, अर्घ पाद्य दिय दीन दयाला।
आसन बैठे श्री भग बाना, पुनि पूछत भए कृपानिधाना।
तुम सब जीवनि प्रद अभिरामा, होमुनि ब्रह्मचर्य तप धामा।
जगत पूज्य सब बिधि अनुमानी, पुनि पुनि स्वागत करि धनुपानी।

दो.:– तुम्हारौ दरसन पाइ मैं, सुनहु महा मुनि राइ।
अति पावन भा आज ही, सहित कुटुम समुदाय।।६।।
इति श्री पद्म पुराणे पाताल खण्डे सेस वात्सायन सम्वादे मधुसूदन दास कृते रामास्व **मेध अगस्त आगमनो पंचमोध्याय(५)**

दो.:– बेद त्रेई में निपुन तुम, सुनहु महा मुनिधीर।
तुम्हरे तप में विघ्न कर, नहिंन अवनि तल बीर।।
चौ.:– मुनि वर भाग्य वंत तव नारी, पती ब्रता निज धर्म सवारी।
पति ब्रता जाकै तिय होई, सपनेहु दुश्ट होइ नहिं सोई। पृ12 प्रा.
महाभाग्य प्रभु धर्म स्वरूपा, दया सिंधु वदि वचन अनूपा।
हम गहस्थ लघु आश्रम वासी, विशयासक्त सुनहु सुख रासी।
तव आगमन सदा सुखदाई, हम कँह दुर्लभ सुनि मुनिराई।
आयसु कहा करहु मोहि स्वामी, संतत मैं तुम्हार अनुगामी।
तप बल तुम परि पूरन कामा, जद्यपि कछु कहिये सुखधामा।
कृपा सिंधु मोहि करहु सनाथा, अस कहि रघुवर नाएऊ माथा।

दो.:– सुनि मुनीस इहि भाँति कहि, जगदी वर रघुनाथ।
बोले कुंभज बचन बर, जोरि सरोरूह हाथ।।१।।

चौ.:– वि व नाथ तुम दीन दयाला, सुनहुस्वामि मम बचन रसाला।
ब्रंह्मादिक कौ दरसु तुम्हारा, दुर्लभ संतत इहि संसारा।
अस तव दरस पाइ भगवाना, भूप सिरोमनि कृपा निधाना।
नाथ सनाथ भएऊ मैं आजू, पुनि बोले प्रमुदित रिशि राजू।
राबन सकल देव दुख दाई, भले बध्यौ प्रभु सहित सहाई।
सुखित देवगन देखेउ आजू, बहुरि विभीशन प्रापति राजू।
हे रघुबर तव दरसन कीन्है, दुस्कृत कौशहि देतै छीन्है।
अस कहि कुँभज पुनि अरगानै, राम दरस लहि पुनि हरशानै।

दो.:– विह्लल भए बिलोकि छवि, तिहि अबसर रिशिनाथ।
सावधान सरवग्य लखि, बोले प्रभु धरि माथ।।२।।

चौ.:– मुनि तुम त्रकालग्य पर लोका, दलहु नाथ मम संसय सोका।
कहहु सहित बिस्तार कृपाला, मुनि नायक तुम दीन दयाला।
रावन कुंभकरन दोउ बीरा, मलिन बुद्धि संतत रनधीरा।
कवन ग्याति तिनिकी मुनि ग्यानी, मैं जिहिं बध्यौ समर खल जानी।
देव दनुज किनि सावर माहीं, कवन वंस कहियै मुनि पाहीं।
त्रकालग्य मुनि सब तुम जानहुँ, कहहु सकलमहि निज अनुमानहुँ।
जो मैं कहहुँ करहु मुनि सोई, संसय भंग मोर जिमि होई।
इहि बिधि बचन सुनत प्रभुकेरे, मुनि अगस्ति बोले हरि प्रेरे।

दो.:– भूप सिरोमनि सुनहु अब, चतुरानन जगमूल।
तिहि सुत भये पुलस्ति मुनि, हरन सकल श्रम सूल।।३।।

चौ.:– वि ुश्रुवा भए सुत तासू, कृतबेदनि मँह अति जस जासू।
पतिब्रता तिनकै दुइ नारी, मंदाकिनि कै कसि सुख कारी।
मन्दाकिन सुत भएऊ कुबेरा, लोक पाल सम सुख तिहि केरा।
ि ाव प्रसाद लंका तिहि पाई, केकसि कथा सुनहु रघुराई।
बिद्युत माल सुता तिहि जानहुँ, तासु तनय सुत तीनि बखानहुँ।
रावन कुंभकरन जग जाना, अपर विभीशन साधु सुजाना।
नि ाचर जठर जन्म तिनि केरा, दिवस अंत संध्या की बेरा।

रावन कुंभकरन दोउ पापी, सुनहु राम देवनि पर तापी।

दो.:– एक समय प्रभु जान चढ़ि, धनद चले पितु पास।
तोरन धुजा पताक जुत, पुश्पक परम प्रकास।।४।।

चौ.:– तब चलि आएउ निज पितु पासा, सहित गये मन परम हुलासा।
परत चरन विहबल होइ गएऊ, निरखि पुत्र पितु आसिस दयेऊ।
अस्तुति करन लाग पुनि सोई, मोसम आजु धन्य नहिं कोई।
सुदिन भाग्य फल प्रापति भयेऊ, तुव पद देखि तात दुख दहेऊ।
अहो जनक तव चरणहिं देखी, पावनता जन लहेउ विसेशी।
इहि बिधि करि अस्तुति पितु केरी, प्रमुदितभामन पिता घनेरी।
पुत्र सनेह सीलता देखी, हर्शे विश्रक श्रवा विसेशी।
रावन लखि कुबेर प्रभुताई, पूछतुभा मातहि सिरूनाई।

दो.:– देव जच्द दनुजनि विशै, कहो मातु यह कौन।
जो ममपितु पद बंदि पुनि, हरशि गयो निजभौन।।५।।

चौ.:– महाभाग्य निधि विभव निकेता, प्रमुदित मन यह सेन समेता।
कवन सुकृत फल कहु महतारी, चलेऊ विमान मरूत गति हारी।
विपन वाटिका बाग विकासा, सुखद सुथल जिहि मध्य प्रकांसा।
पुनिबर बचन सुनत सुत केरे, क्रोध वंत ह्रे नयन तरेरे।
पुनि बोली केकसि तिहि काला, रे सुत सुनु मम बचन रसाला।
सिक्षा करहु अग्य तो पाही, ब्रथा वर्श तुव वीतत जाही।
मन्दाकिनी तनय तिहि जानहु, पावन करब वंस निज मानहु।
तिहि निज वंस उजागर कीन्हा, सव विधि मातपितहि सुख दीन्हा।

दो.:– भएउ कीट मम उदरतें, तन पोशक मतिमंद।
खरहि ग्यान जिमि भारकर, तिमि तुव सब दुख दंद।।६।।

चौ.:– उदर भरहु कै सोबहु जाई, देखउ खर इव तोइ सदाई।पृ१३प्रा.
निसि मँह सोवहु जगहु बिहाना, यह मैं तुव पुरि   ारथ जाना।
देखहुतिहि तप बल सिव तोशा, करहिं लंक नृप तागत दोशा।
धन्य भाग जननी जग तासू, सील बंत गुन निधि सुत जासू।

इहि बिधि क्रोध बचन सब बोली, सुनत दसानन कीमति डोली।
निज पुरूशारथ हृदय सम्हारा, जननी सौं तव बचन उचारा।
सुनहु मातु मम बचन उदारा, रतन गर्भ है तू संसारा।
तीनि पुत्र हम रतन समाना, धनद कीट कहँ कहा बखाना।

दो.:– कहँ लंका कर राजु लघु, कहाँ अलप अति सेन।
मन उत्साह बड़ाइ कै, सुनु माता मम बेन।।७।।

चौ.:– बिन सहाइ करि हौं मैं सोई, माता काहूँ करी न होई।
सकल भुवन करि हौं बस अपने, जननी सोक करहु जिनि सपने।
करहु घोर तप बिधि सुख दाई, अन्न उदक निद्रहि बिसराई।
इतना करहु न तो सुनु माता, लगहि मोहि अघ निजु पितु माता।
इहि प्रकार सुनियै रघुराई, कीन्ह प्रतिज्ञा तीनिहु मुनीसा।
भ्रातनि सहित गएउ दस सीसा, घोर विपिन गिरि गुहा मुनीसा।
पुनि बोले अगस्ति मुनिराई, सुनहु राम निज जन सुखदाई।
करहि घोर तप सो बन माहीं, अन्न फलादि खात कछु नाहीं।

दो.:– पद अकास सिर धरनिधर, रवि सन्मुख कर जोरि।
बरश सहस दस लागि जिन, कीन्हसि तप मति थोरि।।८।।
इति श्री पद्म पुराणे पाताल खण्डे वात्सायन सम्वादे, मधुसूदन दासकृते, **रावन प्रतिज्ञा बर्ननो नामशश्टमो अध्याय(६)**

दो.:– सुनहु सूत रघुनाथ सन, श्री कुंभज मुनिनाथ।
लगे कहन तिहि असुर की, तप समेत सब गाथा।

चौ.:– इहि प्रकार सुनु दीन दयाला, कुंभकरन तप कीन्ह विसाला।
तीसर बंधु विभीशन नामा, कीन परम तप सुनु सुखधामा।
अखिल लोक नाइक भगवाना, श्रीपति पद मँह तिहि सुख माना।
देवाधिप विरंचि जग ईसा, आए तहाँ कौसिलाधीसा।
हुइ प्रसन्न ता कँह बर दीन्हा, लोक चतुर्दस नाइक कीन्हा।
छीन सरीर देखि तिहि केरा, सब बिधि सुभग कीन्ह तिहि बेरा।
निरखत प्रीति ताहि बरू दीन्हा, पुनि निज भवन गवन विधि कीन्हा।
सकलवि व अपनै बस जानी, तब भाशेउ दसमुख अभिमानी।

दो.:– मातु बचन गुनि कोपि उर, तब धाये दस सीस।
बर बस भिरेऊ कुबेर सन, सुनहु कौसलाधीस।।१।।

चौ.:– बुद्धिमान धर्मग्य यक्ष पति, बिनु प्रयास तिहि जीति महामति।
पुश्पक सहित लंक गढ़ लीन्हा, हठ करि ताहि त्रास बहु दीन्हा।
वि व सकल अपनी करि राखी, सुरनि जीति मन मैं अतिभाशी।
विप्र वं ा तिहि अमित अजारे, मुनि कुल मूलनि तै संघारे।
अज इंद्रादि दुखित तव भएऊ, करि बिचार बिधि के पुर गएऊ।
निरखि विधातहि कीन्ह प्रनामा, अस्तुति अमितकरी लै नामा।
बिधिहि प्रसन्न कीन्ह तिहि काला, निज वानी करि सुनि मुनिपाला।
तब देवनि प्रति कहेऊ बिधाता, किहि कारन तुम ब्याकुल गाता।

दो.:– अज वाणी सुनि सुरन तब, विपति बरनि बिलखाइ।
जिहि बिधि रावन दीन्ह दुख, सो सब कहेऊ बनाइ।।२।।

चौ.:– विधि तव मन मँह कीन्ह बिचारा, लै सुर संग बहुरि पगु धारा।
पहुँचे तव गिर बर कैलासू, देखि सितिहि कर परम प्रकासू।
चित्र बिचित्र देखि सुरताही, बिस्मित मति नहिं सक अबगाही।
स्वारथ निपुन मुख्य सुर ईसा, करि प्रानामा कहि जय गवरीसा।
हे भव नील कंठ सिव सर्बा, करहिं प्रनाम देव गंधर्वा।
थूल सूक्ष्म तव रूप अनेका, किमि बरनहु मैं अति अबिबेका।
सुनि सुर बिनय संभु तिहि काला, नंदी सौ कहि बचन रसाला।

दो.:– जाहु बेगि आरत अमर, लाबहु बेगि बुलाइ।
सिव संकेत प्रवेस किय, सुरगन जुत हरशाई।।३।।
चौ.:– निरखि गेह विस्मय सुरभयेऊ, पुनि संकर दस्सन तिन लएऊ।
कोटिन गन करि मुख सो सेवा, नगन विरूप कुटिल भय देवा।
धूसर जटिल कपाली ब्याली, छीन पीन दुर्मुख भय साली।
सुर समेति बन्दे सिव चरना, थिर हुइ बिधि तिन कर दुख वरना।
सुरनि देखियौ निपट बिहाला, करहु कृपा सिव दीन दयाला।
रावन बध उपाय उर धरहु, संभु सुरन कहँ निर्भय करहू।
दैत्य सोक सुनि जुत सिव बानी, सुरनि समेत चले मुनि ग्यानी।

पहुँचे छीर सिन्धु के तीरा, अस्तुति करि प्रभु मुलकि सरीरा।प.१४प्रा.

छन्दतोटकः– जय माधव देव दया करियै, जय जानि प्रभो दुख को हरियै।।
जय दासनि के दुख दोश हरं, करूना करि हेरहु पाहि जनं।।
हम आरत है सब भाँति प्रमो, असुराधिप ताड़न कीन प्रभो।।

सोरठाः– इहि प्रकार मुनि नाथ, देव पुकारेउ असुर भय।
पुनि तिन नाएउ माथ, करहु कृपा मर्दन असुर।।४।।

चौ.ः–अमर विनय सुनियै असुरारी, हरहु बेगि दुख ह्दय बिचारी।
बोले बचन जलद अनुहारी, सुनत देव दुख नासेउ भारी।
सिव अज भाक्र सुनहु मम बानी, करों बेगि तव दुख की हानी।
रावनभय तुम कों दुख भारा, सो मैं हरि हौं धरि अवतारा।
अबध पुरी रवि वंस उदारा, दान जग्य नृप करि एकधारा।
विन प्रयास पालहि नृपधरनी, जग्य थली राजहि सुख करनी।
विद्यमान दसरथ तिहिं माँही, विभव अपार पुत्र कोउ नाहीं।
भूप सिरोमनि पालहि धरनी, अति समर्थ राजहि निजु करनी।

दो.ः– सो नृप श्रिंगी रिशिहि सन, कीन प्रार्थना जाइ।
करहि जग्य निज पुत्र हित, हरशित आयसु पाइ।।६।।

चौ.ः– प्रथम मोहि उन तप करि जाचा, तासु मनोरथ करिहौ सांचा।
पतिब्रता नृप कै तिय तीनी, जानहु प्रथम जाचना कीनी।
सुनहु देव मैं चारि प्रकारा, हुइहौं तिनि तैं धरि अवतारा।
राम लशन पुनि भरत सत्रुहन, सकल अंस जुत सुनहु देवगन।
सैन कुटंब सहित दससीसा, बेगि उधारहु सुर नर ईसा।
तुमहू अंसनि सौं जगमाहीं, बानर रीछ होउ जँह ताहीं।
सुनि मुनीस्त अस कहि भगवाना, पुनि अरगाइ रहे सुखमाना।
सुनत देवगन श्री मुख बचना, हरशे जानि गये दुख अपना।

दो.ः– प्रभु आइस सुर सीसधरि, निज निज अंस सम्हारी।
भये भालु कपि अबनितल, सुनहु राम ते झारि।।७।।

चौ.:– श्रीपति देवे सुर विभु जोई, भूप सिरोमनि तुम हौ सोई।
बुद्धिमान ऐ वर्य निधाना, तुम तै परै नाथ नहिं आना।
भरत लशन रिपुदहन उदारा, तुम्हरे अंसनि तै अवतारा।
दस कंधर सुरगन दुख दाई, सो तुम्हार सेबक रघुराई।
प्रथम बैर सीता तिहि हरेऊ, बध्यौ ताहि तुम जग जस लहऊ।
जाति ब्रह्म राक्षस तिहि जानहुँ, मुनि पुलस्ति नाती उर मानहुँ।
अति दारून सब जग दुख दाई, दसकंधर सुनियै रघुराई।
मृतक जानि जग भएउ सुखारी, कृपा सिंधु तव बध्यौ बिचारी।

दो.:– विप्र वंस तापस सकुल, तीरथ मख समुदाइ।
श्रुति सुर दानव आदि जग, सुखित भये रघुराइ।।८।।

चौ.:– तुम्हरे राज मध्य रघुबीरा, बीती सकल जननि की पीरा।
जो तुम पूछा मोहि रघुराई, सकल कथा मैं तुमहि सुनाई।
रावन जन्म मरन मैं गावा, निज मति के अनुसार सुनावा।
रावनारि इहि बिधि सुनिवानी, मलिनभएऊ उर अति दुख मानी।
बचन न आव बिकल भंये भारी, कंठ सूख बहि लोचन बारी।
कंपि गात भूतल महि परेऊ, अखिल लोकपति मूर्छित भएऊ।
विप्र वंस सुनि धीरज त्यागा, निपट आप कहँ मानि अभागा।
अस बिचारि तन दसा भुलाई, जिमि अहि मनि बिहीन बिक लाई।

दो.:– बात्सायन रघुवं ा मनि, द्वज बध मिस माहिं।
अ वमेध मख चाह किय, संतन हित मन माहिं।।६।।
इति श्री पद्म पुराणे पातालखंडे सेस बात्सायन संवादे मधु सूदनदास कृते
रावन वध श्रवणो सप्तमोध्याय(७)

दो.:– सुनि अशटम अध्याय की, कथा सूत हरशाइ।
निरखि विकल रघुराइ कहँ, उपदेसेउ मुनिराइ।। पृ. १५ प्रा.

चौ.:– बात्सायन संवादे अब कथा सुहाबनि, अतिपुनीत अघ ओघ नसाबनि।
ब्रह्म रूप तुम हो रघुबीरा, सकल धर्म रक्षकभतिधीरा।
भूप सिरोमनि मूर्छित देखी, मुनि अगस्त भए बिकल बिसेशी।
तब सम्हरि निज भुज सुख दाई, परसराम वपू कहि मनिराई।
तजहु बेगि रघुनाथ गलानी, तुम खल दहन वि व सुखसनी।

सत्य सनातन जग आधारा, सकल भूत महँ तुव बिस्तारा।
कवन हेत तुम मूर्छित भएऊ, दुश्ट दल न लगि प्रभु तन लयेऊ।
सुनि मुनि बचन उठे रघुबीरा, नयन श्रवत जल सिथिल सरीरा।

दो.:– बिलखि वदन बोले बचन रघुकुल रवि अति दीन।
कुंभज मैं द्वज दोश तै, धर्म विमुखता कीन।।१।।

चौ.:– देखहु मोर ग्यान मुनिराई, अति विमूढ़ दुरगति अधिकाई।
काम बिबस मैं अपारा, विप्र वंस कहँ कीन्ह संहारा।
नृप इक्ष्वकु वंस में जेते, भए कलंकित मो करितेते।
अरहन दान जोग द्विज जेई, घोर सरनि मैं मारेउ जेई।
कोन कोन लोकनि में जैहों, कुंभी पाक आदि दुख सैहों।
तीरथ जिते सकल जगमाहीं, मो तारन कहँ समरथ नाहीं।
वेदमूर्ति तप दान अपारा, द्वज द्रोही कहँ सकि न उवारा।
विप्र वंस जिन्ह कोपित कीन्हा, तिनहिं दुख्ख जम दूतनि दीन्हा।

दो.:– सकल धर्म कर मूल श्रुति, तास मूल द्विज सोई
मारे वंस समेति ते, कवन लोक मोहि होइ।।२।।

चौ.:– कवन कर्म करिवे अघ मोई, जिहि प्रकार मंगल अति होई।
अस कहि करि विलाप श्रीरामा, ब्रथा बिलाप करत रघुबीरा।
तुमहि बिप्र बध लगहिन स्वामी, धरि अवतार बघो अति कामी।
तुम गुरूशोत्तम ईस प्रकृति पर, साक्षी सर्वकाल जन सुख कर।
वि व श्रजहु पालहु पुनि हरहु, त्रकालग्य संतत सुख करहु।
प्राकृत गुन तें रहित कृपाला, दिव्य गुननि जुत दीन दयाला।
सदा सुतंत्र रहहु भगवाना, ब्रथा सोक मनमें प्रभु माना।

दो.:– सुरपान विप्रादि बध, त्रिया चोर अघ घोर।
नासहिं छिन महँ कलुश सब, नाम जपत प्रभु तोर।।३।।
चौ.:– जनक सुता तव रमा सरूपा, सुमिरन कृत छूटहिं भव कूपा।
रावन तुव सेवक भगवान, जय अरू विजय प्रसिद्धि पुराना।
सनकादि तिन दीनी श्रापा, पाई असुर देह तिहिं पापा।
तापर परम अनुग्रह कीन्हा अधम जानि तिहि निज पद दीन्हा।

यह जिय जानि सोच परिहरहू, कृपासिंधु उर धीरज धरहू।
इहि बिधि बचन सुने श्रीरामा, गद्‌गद् सुर बोले सुखधामा।
उभय प्रकार पाप श्रुति भाशा, ज्ञान अज्ञान भेद श्रुति राखा।
ग्यान पाप जानै तै जानो, अन जानै अग्यानी मानो।

दो.:– जानि पाप जे करि है, बिनु जानै नहिं जाहि।
करत जोपि अग्यान तै, तोऊ पाइ श्रुति माहि।।४।।

चौ.:– मैं अघ कीन्ह अग्य मुनिराई, करै उपाय बेगि नसि जाई।
कहहु बुझाइ बेगि मुनि सोई, जिहि बिधि ब्रह्म पाप क्षय होई। पृ१५ अ.
दान जग्य तीरथ सिव काई, कहा करौं कहियै मुनिराई।
जिहि बिधि विमल कीर्ति मम होई, सकल वि व पावन कर सोई।
विप्र बधादि पाप जिहि लागे, सुजस मोर सुनतहि अघ भागे।
इहि बिधि वचन कहत श्रीरामा, तिनि प्रति बोले मुनि तपधामा।
सुर नर असुर कीट पद नावहिं, मनहुँ राम तव आरति गावहिं।
ब्रह्म पाप नासन मम बचना, राम सुनहु सुनहु सुन्दर सोइ रचना।

दो.:– अ व मेघ जग करत जे, तासु कलुश नसि जाइ।
ता तैं तुम जग्यहिं करौ, सकल लोक सुखदाइ।।५।।

चौ.:– अवसि जग्य कीजै रघुराई, समध सैन बल तुम अधिकाई।
पूर्व दलीप कीन्ह कृत एहा, महाराज सुनु सहित सनेहा।
प्रथम कीन्ह मख सत सुर राई, अमर असुर तिहि कर सिव काई।
पुनि मनु सगर मरूत ब्रत कीन्हा, नहुश तनय करि सुर पुर लीना।
तुम सामर्थ करहु प्रभु सोई, आइसु करहि बन्धु मुख जोई।
इहि प्रकार सुनि मुनिवर बानी, रघुबर द्विज बधतें भय मानी।
सकल जग्य बिधि कहहु कृपाला, करहु सीस धरि मैं इहि काला।
तुम उदार सब भाँति मुनीसा, पुनि पुनि कहहिं कौसलाधीसा।

दो.:– गुरजन दीन बिलोकि जन, कृपा करहिं निरहेत।
अस अनुमान मुनीस वर, बरनहु नेह समेत।।६।।

इति श्री पदम पुराणे पाताल खण्डे सेस वात्सायन सम्बादे मधुसूदनदास कृते,
रघुनाथस्य अगस्त उपदे ा बर्ननो अश्टमोध्याय।(८)

दो.:– चहियै मख कहँ अ व कस, किहि विधि पूजन तासु।
पुनि कृत अरि समरथ सकल, मो कहँ करहु प्रकासु।।

चौ.:– तव बोले अगस्ति मुनिराई, सुनहु राम निज प्र न सुहाई।
गंगा जल समान वपु होई, अरू बरन श्रुत स्यामल होई।
पीत पूंछ सुभ लखन जामैं, उचैश्रवा समान गुन तामैं।
सर्व गंम्य सतत हुइ जाई, जग्य तुरग जानहु प्रभु ताई।
अति पुनीत बै ाख मास महँ, राका दिवस मध्य पूजिय तिहँ।
कनक पत्र तिहि सिर सजिरामा, बल बैभव समेति निज नामा।
जतन समेति छोरि अहि ताही, प्रबल सेन संग रहाही सदाही।
बल गर्वित हय बाँधहि जोई, जीतहि ताहि सैन तव सोई।

दो.:– भ्रमहिं अवनि तल वर्श भरि, निज मति के अनुसार।
तव लगि तुम इहि बिधि रहो, सुनियै राम उदार।।१।।

चौ.:– विधि सौ नियमादिक तुम करहू, ब्रह्मचर्य है मृग तुच धरहू।
जग्य अबधि लगि अक्ष्य दाना, देहु दीन जौकह भगबाना।
अन्न अनेक देहु सव काहू, कृपन आदि जै आबै ताहू।
दान अनेक रिशिन कह देहू, विमल कीर्ति तुम इहि विधि लेहू।
जग्य करम इहि बिधि अनुसरहू, दलि अघ सत्र विमल जस करहू।
सव बिधि तुम समर्थ रघुबीरा, नि चय जग्य करहु मति धीरा।
अस सुनि बौले कृपा निधाना, मुनि नायक तुम परम सुजाना।
सुभ लच्छिन लच्छिन हय सोई, तुरग सार देखिय प्रभु जोई।

दो.:– मधुसूदन प्रभु बचन सुनि, करूनानिधि मुनिनाथ।
चले बिलोकन जग्य हय, श्री रघुबर के साथ।।२।। पृ. १६ मध्य

चौ.:– साला मध्य वाजि बहु देखे, अति बिचित्र मनबेग बिसेशे।
सबल पीन सुभ्झ लच्छिन राजे, वरून अ व कुल मन मँह भ्राजे।

कहूंक अरून तुरंग, बरूथा, कितहूं स्याम करन के जूथा।
कतहूं रूकम प्रभा अति देहा, कहूं सुनील वरन तन येहा।
नाना वरन तुरंग मुनि देखे, अति विस्मय मन भय विसशे।
तुरग सकल पुनि वर जोहै, राम कीर्ति जनु तनुधरि सोहै।
अपर बाजि साला मै गएऊ, मख लायक हय देखत भएऊ।

छप्पय:– मख जोग अति हय रूचिर देखे सत सहस्त्रनि को गनै।
तन पुलकि विसमय विवस है मुनि वाजि निरशहिं सुख सनै।
श्रुति स्याम रंग समान तन मुख अरून बरनत नहिं बनै।
अति पीन पूँछ पुनीत मधुसूदन सुलच्छन करि बनै।

छन्द:– मुनि राज पुनिवर वाजि निरखि, विमल घन इव सोहही।
मनु वेग लाजहिं गुननि भ्राजहिं, विमल छविजुत सोहही।
सब अस्व कीरति पुंज लखि रघुनाथ प्रति कुंभज कहा।
तव तुरग अमित अनूप प्रभु मख जोग छवि बारिधि महा।

सो:– सुनहु राम रघुराय, तुम्हरे अस्व बिलोकि द्रग।
त्रपतन होत वनाइ, उपमा मैं किहि बिधि कहों।।२।।

चौ:– महाराज तुम कहँ मुनिगावै, सुर नर सीस असुर सब नावै।
मख विस्तार सहित प्रभु कीजे, अति पावन कीरति जग लीजै।
इन्द्र कीन्ह जिहिं बिधि मख नाना, अरि बधि इमि जिमि तमनि नमाना।
तिहि प्रकार तुम भात्रु हारहु, मख करि क्षिति तल जस बिस्तारहु।
भूरि भोग पुनि करहु कृपाला, सुनि हरशे अति दीन दयाला।
जग्य पदारथ सकल मगाए, ि ल्प कार जुत जन लै आए।
मुनिगन सहित तबहिं रघुबीरा, सरजू तीर गए मतिधीरा।
तहँमुनि आयसु सीस चढ़ाबा, कनक सीर निज हाथ चलाबा।

दो:– सोधी अवनि जग्य लगि, जोजन चारि प्रमान।
अति बिचित्र रचना रची, मंडप बिपुल बितान।।४।।

चौ:– बिधिवत कुंड रचे तिन माहीं, मख लग जोनि सहित चलि ताहीं।

रतन बिचित्र बिपुल जुत सोई, सोभै बरनि सकै नहिं कोई।
मुनिबर महाभाग तपरासी, श्री वसिश्ठ रचि सुकर प्रकासी।
वेद स्मृति भाासन अनुकूला, रचे जग्य थल सब सुख मूला।
तब वसिश्ठ निज ि श्य बुलाए, जाउ मुनिन ग्रह सकल सिखाए।
रघुबर अ व मेघ मख ठाना, चलहु कृपा करि नीति निधाना।
गुरू पद बन्दि रिशिन ग्रह गएऊ, जग्य कथा तिन सन सब कहेऊ।
सुनत सकल मुनि आनदछाए, अति लालसा दरस लगि आए।

दो.:– आये नारद असित पुनि, पर वत कपिल मुनीस।
जात करन अरू अंगिरा, ब्यास अरिश्ट रिशीस।।५।।

चौ.:– आए अत्र महा मुनि ग्यानी, सुक हारीत आदि विज्ञानी।
जाग वल्क रिशि कुल मुनि आये, रामहि निरखि नयन जलछाये।
वामदेव आए मुनिराई, मश रघुनाथ हेत हरशाई।
आबत देखि तिनहि रघुबीरा, पूजन कीन्ह महा मति धीरा।
मुनि प्रति कुसल पूछि श्रीरामा, अर्घ पाद्य आसन विश्रामा।
पुनिपर धेनु बसन मनिभूशन, कंचनादि दीनै दुख दूशन।
जथा जोग दीनै सब काहू, अति उदार प्रभु सहित उछाहु।
धरम धुरंधर मुनि समुदाई, जुरे तहाँ सुनियै मुनिराई।
धर्म निरूपन तिहि थल होई,बरनाश्रम संवत् लै सोई।

दो.:– सुनि अहिपति के बचन अस, बात्सायन मुनिनाथ।
प्रमुदित मन पूछत भए, नाइ चरन महि माथ।।६।।

चौ.:– कवन धर्म बार्ता तहँ होई, अद्भुत कथा कहो मुनि सोई।
साधु सकल लोकनि हित जानी, बरनी धर्म कथा सुख ानी।
बात्सायन सुनु राम कृपाला, मुनिनि देखि बोले तिहि काला।
हेमुनि गन मो कहँ तुम जानो, बरनाश्रम सब धर्म बखानो।
तेमुनि धर्म कहहिं प्रभु पाहीं, कहो सुनो तुम संसय जाहीं।
कहहि रिशीस सुनहु भगवाना, हम बरनहिं निजमति अनुमाना।
उचित सदा विप्रनि कह एहा, पूजहि तव पद सहित सनेहा।
संतत बेद पाठ रत होई, अब सो भेद सुनहु प्रभु सोई।

दो.:—बिगत रजोगुण होइ बड़, सोपि जती बत होइ।
रज मैं जो मति लखि परै, तो ग्रहस्थ भव सोइ।।७।।

चौ.:— कहौ ग्रहस्थ धर्म समुदाई, बात्सायन सुनु निज मति लाई।
रितु बिनु रति सपनैहु नहिं करही, श्रुति कह परम धर्म यह अहई।
अथवा तिय तिहि की गति जानी, देहि ताहि रति सुनि मुनि ग्यानी।
दिवस गवन कीजै नहिं कबहूँ, पित्र श्राद्ध पर्वनि मै तबहूँ।
करय मोह बस जो अघ कोई, धर्म आपुवल नासहि सोई।
रितु बिनु रति रहि पै नहिं जेई, निज नारी सन सुनि मुनि तेई।
सदा ब्रह्म चारी नर बेई, धर्म निपुन जानहु प्रभु तेई।
सोरह रजनि रहै रितु नारी, प्रथम चारि दिन देइ बिसारी।

दो.:— समदिन मै जो करै रति, तौ सुत भव अनुमानि।
विशम दिवस अभिगमन तै, सुता प्रकट तिहि जानि।।८।।

चौ.:— मृग ओ मघा मूल खल रिक्षा, इनै विहाय करै तिय इक्षा।
इहि विधि रहै सुत जेई, पावन भाग्य बान मुनि तेई।
पावन कुल कन्या जे दैही, मोह विवस है जो कछु लेही।
सुता मोल कीन्है अघ जोई, अबसि होइ तिनिकौ प्रभु सोई।
बनिज भूप सेवा सुख दाई, श्रुति पर त्याग आदि रघुराई।
मंद व्याह कुल धर्मनि त्यागे, बंस नास मह देर न लागे।
आयौ अतिथ देखि निज गेहा, पूजहि दान मान जुत नेहा।
सुरभी दान पुन्य ते लहहीं, बेद पुरान नाथ अस कहहीं।

दौ.:— अतिथि बिमुख जिहि गेहते, जेहि सुनहु रघुनाथ।
पुन्य सकल तिहि जन्मके, दलहहिं अस श्रुतिगाथ।।९।।

चौ.:— जो वाले वि व देव नाहि करही, ते मल मूत्र उदरूभरि लेही।
ाश्टम तै लघु अपनहि सपनै, अश्टम मद मासन नहि सपनै।
रघुबर यह प्रसंग सुनि लीजै, चतुर्दसी महँ छौर न कीजै।
रजवंती त्यागिय सब काला, कर अन असन संग लै बाला। पृ१८ पृा.
उभय बसन बिनु स्नान न कीजै, असन करत तिय दरस न लीजै।
बदन मरूत सन अन सन बारै, नगिन नारि नहिं कबहुँ निहारै।

बैसानर पद सौ नहिं परसै, प्राननि में हिंसा नहिं दरसै।
आदि अन्त दोउ संध्यनि माहीं, भूलिउ असन करिय प्रभुनाहीं।

दो.:– धेनु चुखावत कहिय नहिं, मधबा धनुहिं न देख।
मिश्रत औदन सार करि, पावन असन विसेशा।

चौ.:– निसि में दधि भोजन परि हरियै, पति ब्रता सन वादन करियै।
परि पूरन भोजन निसि माहीं, सपन विशै करियै प्रभुनाहीं।
गीत बाद्य सब बिधि परिहरियै, प्रभु सुमिरत निज कर्म।
कांस पात्र सन पद नहिं धोवै, असुभ सरीर कवहू नहिं सो बै।
क्षेत्र विवस उद्दिश्ट नहिं लेई, अरू पर बसन न सपने सेई।
पाद त्रान नहि लेइ पराई, भगन पात्र तजि असन सदाई।
असन सजल पद करइन काई, मलिन पात्र पुनि देइ बिहाई।
महा उचिशट माहिं नहिं जैबै, सोबत खल कबहून जगावै।

दो.:– मनुज प्र ांसा करिय नहि, तजि आतम उपचार।
पुनि मानिनि कह दंडवत्, करये नराम उदार।।११।।

चौ.:– जीव मात्र में समता राखै, मरम छेद के बचन न भाशै।
होइ ग्रहस्थ इहि विधि करि कर्मा, पुनि लहि वान प्रस्त कर धर्मा।
सपितु नारि वा नारि विहाई, विगत रजोगुण मन हर ाई।
ग्रेही जनज` परम सुजाना, इहि पथ चलहिं विगत मद माना।
कछुक काल बीतै रघुराई, तव पद लहै अर्वास श्रुति गाई।
रिशिनि धर्म ये सब बिधि भाशे, सुनतराम मन में अभिलाशे।
इहि बिधि बरनाश्रम जे चलिहै, सुनहु राम ते नहिं भव परिहै।
कहेउ धर्म लखि स्वामि सनेहा, सदा उचित ग्रेहिर्नि मत एहा।

दो.:– मधु सूदन इहि भाँति सुनि, श्री रघुबर ग्रह धर्म।
जद्यपि जानहिं तदपि उर, मानहिं आनद पर्म।।१२।।
इति श्री पद्म पुराणे पाताल खंडे सेस वात्सायन सम्वादे, मधुसूदन पास कृते **सर्व धर्म निरूपनो नाय नवमोध्याय(६)**

दो.:– इहि दसमे अध्याय महं, है है कथा अनूप।

हय पालन हित अनुज कहुँ, सिखवहि रघुकुल भूप।।

चौ.:– सूत सुनहु रधुपति गुन गाथा, वात्सायन प्रति कहि अहि नाथा।
इहि विधि मुनि सब धर्म बखाने, रघुपति सुनै जदीप मन जाने।
कछुक दिवस इहि भांति गमाए, तब लगि रितु वसंत चलि आए।
जग्य क्रिया आदिक सव कमी, करहिं भूप मुनि निज निज धर्मा।
मुनि व ाश्ठ कुंभज विज्ञानी, मख अवसर मन महँ पहिचानी।
अखिल लोक पति श्री रघुबीरा, तिनसन कहि वसिश्ठ मतिधीरा।
राम चन्द्र अवसर सोइ आवा, जिहि कारन मख साज सजावा।
छोड़िय अ व जगत हित लागी, महाराज तुम अति बड़ भागी।

दो.:– अस कहि मुनि रघुनाथ सन, सव मश वस्तु मंगाइ।
बिधिबत पुनि करूनायतन, पूजे विप्र बुलाइ।।१।।

चौ.:– दीन कृपन अंधन कहदाना, देहि जथा बिधि करि सनमाना।
जनक सुता कंचन की संगा, लै करि बृत उर धरहु अभंगा।
महि सोवहु धारहु पट धर्मा, तजहु भोग जुत ग्रेहनि कर्मा।
मृग तुच सृंग दंड समुदाई, मेखल अजिन घरहु रघुराई।
अपर जग्य कर साजहु साजा, सत्य बचन सुनि कै रघुराजा।
मुनिहि प्रसंसि बहुरि रघुबीरा, कहे लशन सन वचन गंभीरा।
सुनहु लशन मम बचन उदारा, करहु बेगि नहिं ल्यावहु वारा।
जतन समेति सकल विधि साजी, आनहुतात जग्यहित बाजी।

दो.:– सुनी रघुवर के वचन प्रिय, रामानुज वर वीर।
तुरत बुलादो सेन सहिं बोले, गरा गंभीर।।२।।

चौ.:– सुनहु काल जित बचन रसाला, आयसु कीन्ह राम नृप पाला।
सजहु सेन कालहु परभारी, बल प्रताप जुत अंग सम्हारी।
मानी नृप सिर छेदन हारी, चारि अंग सम रचो विचारी।
गज रथ तुरग चरन चर नाना, अस्त्र सस्त्र बल होइ समाना।
अ व अवनि मारूत गति हारी, चलहि माल तरंग अनुहारी।
चढ़त सूत सब आयुद्ध धारी, रोश करत पर जूथनि हारी।
अ व समूह रच्यौ इहि भांती, अपर सुनहु कृतज्ञ आराती।

सैल समान करी मतवारे, मद च्चुवावत रन भय कारे।

दो.:– गज समूह इहि भाँति के, सजवाबहु हरशाइ।
अस्त्र सस्त्र सजि विविधि बिधि, चढ़ै सूर समुदाइ।।३।।

चौ.:– चतुर महावत तिनि सिर माहीं, तीछन अंकुस मारत जाहीं।
नाना मनि कंचन रथ साजे, पौन बेग पर हय जुत राजे।
रथी सूर तिन माहिं चढ़ाई, अस्त्र सस्त्र महँ निपुन बनाई।
पर दल दलन हार वर जोधा, सारथ सहित चतुर सव क्रोधा।
इहि बिधि रथ समूह सजि आनो, अपर सुनो मैं तुमहिं बखानो।
पद चर अस्त्र सस्त्र कर लीने, समर माहिं जे पर दल छीने।
इहि बिधि सेन साजि वहुभांती, ल्यावहु अ व समन आराती।
लशन बचन इहि बिधि सुनिकाना, सजी चमू सेनापति नाना।

छंद:–सुनि लशन वचन पुनि मख तुरग सब विधि साजही।
मनि रूचिर जलज बिसाल माल अनेक उर मँह भ्राजही।।
छबिधाम यह हिय माहि अति सुन्दर हमेल विराजही।
सोभा सदन श्रुति स्याम लघु अति ललित रोम विमाहही।।१।।
बहु चिंन्हत बाजि साजे इहिभांति लखि सुर मोहही।
उडुराज सम दुति वदन की मनि बसन अंगनि सोहही।।
पुनि विमल चामर छत्र छबि जुत हय चलत नर जोहही।।२।।

सो.:– प्रबल चमू चहु ओर, चली जाति हय मध्यकर।
भएउ कुलाहल घोर, पूरि रहयो नभ अवनि तल।।४।।

चौ.:– देव भजहि बिधि निज निज नाथा, जिमि हय भजि जन मानि सनाथा।पृ१६म.
गज रथ पद चर तुरग समेता, चली चमू सूरनि सुख देता।
सेनापति कर आइसु पाइ, घटा टोप हुइ जाति सुहाई।
चलत चमू कोलाहल भएऊ, दुंदुभि बीन आदि पुर बजेऊ।
सोरब सुनि गिरि कंपन लागे, थरहरात मंदिर भय पागे।
छुटे बाजि विरहि पुर माहीं, कौतुक देखि बीर हरशाहीं।
सुनि सुनि सकल नगर नर नारी, मोहित हौहिं चरित्र निहारी।

रथ समूह निकसे मग माहीं, चक्र परस महं सहि सक नाहीं।

दो.:– घटा टोप गज जूथ तहँ, चलत भए मुनि राइ।
रूक्यो अबनि तल प्रवल रज, छाय रहहु नभ मांहि।।१५।।

चौ.:– आक पत्र अरू छत्र समूहा, व्यापित भएऊ सेन के जूहा।
तिनकी ओर न भानु लखाई, चमू नाथ रचि आसु चलाई।
गर्जहिं तर्जहिं बीर अपारा, रन द्वांकुरे जान सव मारा।
रघुपति जग्य हेत सव बीरा, अस्त्र सस्त्र सजि हरशितधीरा।
भांति अनेक फल्लता करही, पुर नर नारिन के मनअप हरही।
इहि विधि चले जात मग माहीं, कौतुक निरखै जन जहं ताहीं।
मृग मदादि तन राग अपारा, सुमन माल जुत बीर उदारा।
नाना मनि मुकटादिक साजै, विमल सरीर बसन बर राजै।

दो.:– सूर सकल सजि बिबिध विधि, प्रभु आइसु सिर धारि।
चाले तुरंगम संग लखि, रघुबर मखश हित कारि।।६।।

चौ.:– कोउ धनुपास खर्ग कर लीनै, अस्त्र सस्त्र मंह पर्म प्रवीनै।
तुरंग खुरन रज उड़ी अपारा, अवनि अकास न परहि विचारा।
इहि बिधि मंद मंद सव सेना, आई जहाँ राम मख अयना।
मख तुरगं जब रघुपति देखा, भएऊ ह्रदय आनंद विसेशा।
गुरू वि ाश्ठ सन कहेउ कृपाला, पूजहु अ व जाइ इहि काला।
मंडप मध्य कुंड बिधि नाना, रचे जग्य हित सेस बखाना।

दो.:– बेद स्मृति महं निपुन अति, श्री वसिश्ट मुनि नाथ।
मख आचरन कीन प्रभु, सुनि मुनीस सुचि गात।।७।।

चौ.:– कुंभज मुनि विधि कीन्ह विचारी, देखि तपो निधि चतुर खरारी।
रित्पुज बालमीक रिशि भएऊ, मश अधिकार सकल तिन लएऊ।
अश्ट द्वार रचि मंडप माहीं, मनि विरचित तोरन लसि ताहीं।
दुइ दुइ विप्र द्वार पर राजे, वेद मंत्र युत मंगल साजे।
देवल असित महा रिशि राई, पूरर्ब द्वार मह लसित बनाई।
दक्षिन द्वार आदि कस्यप मुनि, सोभित सब विधि वेद मंत्र गुनि।
जातकर्न जाबालि उदारा, सोहत है पि चम दिसि द्वारा।

अत्तर द्वार महा मुनि सोहै, द्वज एकत मश की बिधि जोहै।
यह विधि चारत्रो दिसा वखानी, सोई विधि विदिसनि मुनि ग्यानी।

दो.:– इहि प्रकार करि द्वार विधि, दिशिन थपे हरशाइ।
सहित अगस्त वसिश्ठ मुनि, पुनि हय राज मगाइ।।८।।

चौ.:– वेद बिधान सहित मुनि नाहा, हय पूजन आरंभ रचि ताँहा।
सुभग बसन भूशन सजि साला, अति विचित्र रचि थार विसाला।
अच्छत हरद गंध बहु जाती, पूजहिं तुरग नारि बहु भाँती।
पुनि आरती कीन्ह विधि नाना, अगर धूप दै वेद बिधाना।
प्रभु आयसु धीर सिर सुख मानी, नाचहि अवनि नटी छबि छानी।
इहि बिधि पूजेउ तुरग अनूपा, चंदन चारू गंध जुत धूपा।
ललित लिलार मध्य तिहि केरी, चर्चित छबि समेति मुनि हेरी।
कंचन पत्र महा छबि खानी, बांध्यो तुरग सीस मुनि ग्यानी।

दो.:– तव वसिश्ठ तिहि पत्र पर, लिखन लगे हरशाइ।
प्रभु प्रताप बल सुजस जुत, सुनु मुनीस मन लाई।।९।।

चौ.:– रवि कुल धुज कला प्रवीना समर सत्रु गन करन विहीना।
देव दनुज मुनि मौल समेता, नवहि सदा पद निज निज हेता।
तासु तनय अरि दर्प विहारी, राम चन्द्र रघुकुल धनुधारी।
महाभाग वर वीर सिरोमनि, अति उदार वल पुंज अग्रमनि।
तासु मात कौसल नृप कंन्या, रतन गर्भ करना अतिधंन्या।
जिहि तै राम रतन जग भएऊ, सुरनि रंजि तिन अरिगन हयेऊ।
तिनि अव अ व मेध जग ठाना, विप्र वचन उरमानि प्रमाना।
तिनि मारो खल रावन घोरा, सो अघभानि तुरग यह छोरा।

दो.:– तिहि के रच्छन हेत लगि, दीनी चमू अपार।
लवनांतक श्री सत्रहन, ताप्रति पालन हार।।१०।।

चौ.:– तिनि के संग सेन चतुरंगा, प्रवल वीर रन करहि अंभगा।
जो छत्री आपुहि बर मानो, बल प्रताप जुत रन गत जानो।
धनु विद्या मानी पुनि बीरा, दुर्मद हम समान नहिं धीरा।
ते यह तुरग धरहु वल धारा, कनक पत्र कहँ बाचि विचारा।

मन इव वेग काम सम सोभा, रत्न मालभूशित चित छोभा।
हठ असि तुरग बाधि है जोई, रिपुसूदन तिहि कर वध होई।
निजु वल सत्र समन हय लैहै, मानिन कहँ दारून दुख दै है।
इहि विधि श्री वसिश्ठ मुनि नाथा, लिखि राम भुज वल की गाथा।

दो.:– स्वर्ण पत्र सिर साजि हय, भूशित कीन्ह बनाय।
पवन सरिस जव चपल अति, सर्ब गम्य सुख दाइ।।११।।

चौ.:– हय छोरन विचार तव कीन्हा, हरशित ह्वदय वसिश्ठ प्रवीना।
तव रिपु सूदन प्रति रघुवीरा, कहे नीति जुत वचन गम्भीरा।
जाहु तात हय पालन काजा, होउ वाट महँ मंगल साजा।
अवनि विजै करिहौ सवभाती, तुवभुज मह गुन रिपु आराती।
जे रन माहिं चढ़ै भट भारी, तिनहि वधौ संग्राम प्रचारी।
सेन समेति बाजिं प्रति पालहु, सन्मुख लरहु चढ़ै जो कालहु।
सोवत वसन विगत भय भीता, भृश्ट बुद्धि तजि सुनु मम नीता।
समर डरपि सरनागत आवै, राखहु तिन्हहि तात श्रुति गावै।

दो.:– विरथिनि सों रथ चढ़ि समर, मन वच कर्म विहाइ।
विमलदत्त पुनि अ व सत, भय आतुर समुदाइ।।३२।।

चौ.:– बधै मोह वस इन कह जोई, नि चय नर्क जाइ सुनु सोई।
परधन विश सन मानहुभाई, तजहु नारि सवभाँति पराई।
नीच संग सव विधि परिहरहू, साधु समागम संतत करहु।
छत्री वृद्ध चढ़े रन माहीं, प्रथम प्रहार तात करि नाही।
पूज्य बंत पूजा मति नासहु, मो आयसु निज ह्वदय प्रकासहु। पृ.२१प्रा.
प्रजा सेन पर करूना राखहु, सत्य बचन तजि मृशा न भाशहु।
विप्र धेनु वैशणव जुत धर्मा, करहु प्रनाम छाड़ि सव कर्मा।
जो इहि विधि चलि हौ तुम ताता, तौ मंगल है है मग जाता।

दौ.:– अखिल लोक पति स्वयम हरि, जग व्यापक बर गात।
तास रूप वैभव अवनि, विचरत है सुनु ताता।।१३।।

चौ.:– महा विशणुहमु सव के उरवासी, साछी वपुधरि ह्रदय प्रकासी।
संतत भजहि तिनहि छल त्यागी, ते हरि रूप परम वड़भागी।
सकल काम तजि सुनु ममभ्राता, तिनि कर दरसु करहु मग जाता।
जे निज पर कछु ह्रदय न जानै, सत्र मित्र सपनै नहिं मानै।
तिनके दरस करै छिन माहीं, अखिल पाप नसि संसय नाहीं।
अवसि दरस तिनि कर तुम की जौ, दलि दुख जाल पर्म सुख लीजौ।
वैशणम विप्र जिनहिं प्रिय ताता, ते बैकुंठ जीव जग जाता।
निज नाते सन प्रीति बढ़ाबे, गुप्त रहै नहिं जगहिं लखावे।

दो.:– संतत हरि हरि नाम लहि, ह्रदय विशणु वपुधारि।
सेवहि सदा प्रसाद कहँ, प्रेम समेति बिचारि।।१४।।

चौ.:– इहि विधि चले सुपच वर होई, नि चयै साधु मोहि प्रिय सोई।
वेद पढ़हि नित जगरति नाहीं, सदा पर्म पथ सोधत जाहीं।
तिनकहुं कीजहु दण्ड प्रनामा, सकल भांति तजि आपन कामा।
जे हरि हर अज सेवक जीवा, गत विरोध चल निजुनिजु सीवा।
पुनि श्री गंग गौरि भजि जेई, इहिप्रकार नहिं खल ता सेई।
ते पावन सरीर संसारा, उत्तम जीव नीति आगारा।
तिनहिं स्वर्ग वासी अनुमानौ, इहि विधि तात चिन्हपहि चजौ।
वात्सायन मुनि सुनि मन लाई, संत चिंन्ह अगिनित श्रुति गाई।

दो.:– तुम सव बरनै कछुक मैं, अपर सुनहु हरशाइ।
पूज नीय जग संत सव, हरि समान श्रुति गाइ।।१५।।

चौ.:– रिपुसूदन प्रति पुनि रघुवीरा, सिखवन करहिं महामति धीरा।
दुखित जीव सरनागत देखी, अभय दान जे देहि विसेशी।
नारायन आश्रत जो रहही, परमभावते जे जग चरही।
पुनि जिहि नाम लेत छि नमाहीं, घोर कलुश रासै नसि जाहीं।
तिनके जुगल चरन जल जाता, संततध्यान मगन जे भ्राता।
साधु सिरोमनि ते जग माहीं, कहै वेद बुध संससय नाहीं।
पुनि सव विधि इन्द्री जिनि जीती, ह्रदय सुमिरि श्री पतिहि सप्रीती।
तिन कर कर प्रनाम जग जेइ, जन्म प्रजंत होहिं सुचि तेई।

दो.:– अव सुनु मन वच कर्म उद, परि हरियौ पर वाम।
तोनि चय इहि अवनि तल,०है है कीरति धाम।।१६।।क
यह मम सुनि आयसु करहु, तात सहित अनुराग।
विन प्रयास हरि पद लहहु, होइ यही वड़ भाग।।१६।।ख
इति श्री पद्म पुराणे पाताल खण्डे सेस वात्सायन संवादे मधुसूदन दास कृते **सत्र हन सिखावर्ननो नाम द ाध्याय(१०)**

सो.:– है है कथा अनूप, एकादस अध्याय महँ।
सुमटनि के रन रूप, हय मोचन कौ आदि दै।।

चौ.:– पुनि वोले अहिराज कृपाला, सुनु मुनीस अव कथा रसाला।
श्री रघुवर खल वधन प्रवीना, इहि विधि बंधुहि सिख वन दीना।
पुनि प्रभु सकल वीर अवलोकी, वोले गिरा गंभीर असोकी।
रिपुसूदन हय पालन हेता, पठवहु मैं अव सुनहु सचेता।
को अस सूर जाइ तिन ऊपर, रहे निदेस तासु सब भूपर।
चढ़िहें नृप सजि सेन बंधुपर, रक्षा करिअस कवन बीर वर।
सो उठि हरशि लेउ मम बीरा, होइ कुसल रन मह मतिधीरा।
भरत तनय पुस्कल सुनि बानी, उठै हरशि अति सै भटमानी।

दो.:– बंदि राम पद जुग कमल, प्रेम सहित तिहि काल।
लेकर बीरा वीरतव, बोले बचन रसाल।।१।।

चौ.:– मैं आयुध धरि निकटहुँ स्वामी, रहि हौ रिपुसूदनउ नमामी।
तव प्रताप ते राम उदारा, विन श्रम जीतहु अवनि अपारा।
कारन मात्र नाथ यह सेना, जीतहि तुव प्रताप सुख यैना।
सुर नर असुर आदि जग वीरा, तुव प्रताप जीतहु रन धीरा। पृ.२२प्रा.
तुम सरवग्य प्रनत हितकारी, लै हौ मम विक्रमहि निहारी।
अवसि जांउ रिपुसूदन संगा, सव प्रकार करि हौं रिपु भंगा।
तव प्रताप हय पालहु नाथा, अस कहि पुस्कल नाएउ माथा।
धन्य धन्य कहि कृपा निधाना, पुनि विलोकि चितवत हनुमाना।

दो.:– सुनहु पवन सुत वचन मम, सादर हिय हरशाइ।

तुव प्रसाद कंटक रहित, पाएउ राज वनाइ।।२।।

चौ.:– उतरेउ सिंधु सिया मैं पाई, तुव प्रसाद सुनियै कपिराई।
मम आइसु उर में सुतधारी, वुधि वल पालहु सेन विचारी।
रिपुसूदन मम वन्धु पियारा, सेवहु मोसम जनि उदारा।
जहँ जहँ ग्यान भूल मम भ्राता, तहँ तहँ तुम सिखवहु मम जाता।
सुनि अस महा वचन प्रभु केरा, कीन्ह दंडवत प्रभु मुख हेरा।
सुनत वचन कह कृपा निधाना, जामवंत कपि राज सुजाना।
बीर सिरोमनि तुम वलवाना, रिपुसूदन संग करौपयाना।
गवय मयंद वालिसुत बीरा, सतवल पच्छिक अतिरनधीरा।

दो.:– सुनहु नील लन अपर भट, तुव वल उदधि अपार।
हय पालन हित सजहु सव, अभिमत बुधि उदार।।३।।

चौ.:– मनिहाटक मय भूशन करहू, कवच टोप सस्त्रादिक धरहू।
इहि बिधि सजहु वेगि कहरामा, सचिव सुमंत वोलि लै नामा।
सुनि निदे ा आतुर चलि आए, तव बोले प्रभु बचन सुहाए।
सचिव सिरोमनि कहों बुझाई, को समरथ हय पालन जाई।
सुनि बर वचन सचिव हरशाई, बोलेउ प्रभु सन गिरा सुहाई।
सुनहु सकल निजभट भगवाना, निज निज के मैं करौ वखाना।
नृपति प्रताप अग्रवल धामा, नील रत्न लक्ष्मीनिधि नामा।
रिपु तापन अग्रास भुवाला, अपर सस्त्र चेता महि पाला।

दो.:– इन सवके वल कहहु मैं, सुनहु राम रनधीर।
नील रत्न कौ देखियै, महारथी बर बीर।।४।।

चौ.:– लच्छ वीर सन यह रन मंडै, निजु दलरक्ष तासु दल खंडै।
दस अक्षोहनि इनके संगा, महावीर रन करहिं अभंगा।
आयसु करहु नाथ इन पाहीं, पालन वाजि राज कह जाहीं।
भूप प्रताप अग्र कह देखहु, महासत्रु नासन मन लेखहु।
उभय बाहु सो मारय वाना, अस्त्र सस्त्र विद्या सव जाना।
अक्षोहनी बीस इनि संगा, माहा सूर जानहु सव अंगा।
आयसु देहु इनहि रघुनाथा, रहै सदा रिपुसूदन साथा।

देखौ लक्ष्मी निधिहि कृपाला, भूप मौलि मनि वीर विसाला।

दो.:– विधि कह कीन प्रसन्न इन, प्रथम महातप साध।
तिहि प्रसाद रघुवं ामनि, विद्या पढ़ी अगाप।।५।।

चौ.:– विधि सर पास सत्य इशघोरा, गरूड़वान सहि अस्थ कठोरा।
ब्रह्म वान मघवासर भारी, नकुल मयूर अस्त्र भय कारी।
मरूत कुलिस पर वत सरचंडा, अनल वान इव सलिल अखंडा।
मंत्रनि सहित अवधि पुर आए, समन पृवृत्य करन समुदाए।
अक्षोहनी एक भय कारी, रहै सर्वकालहु पर भारी।
आयसु देहु इनहि रघुवीरा, साजि सत्रुघन जुत संगवीरा।
देखहु रिपुतापनहि कृपाला, सव आयुश मह निपुन विसाला।
रिपुकुल नासन इन कह जानहु, सूर सिरोमनि मन पहि चानहु।

दो.:– इनि कह आइसु देउ प्रभु, सैन सहित हरशाइ।
रहै सदारिपु दहन सँग, तिन सचु सीस चढ़ाइ।।६।।

चौ.:– नृप उग्रास आदि महिपाला, अस्त्र सस्त्र में कुसल नृपाला।
दीजिय सव कंह आयसु नाथा, वेगि जाहिं हय वर के साथा।
सुनत सचिव के वचन सुहाए, कृपासिंधु मन में सुख पाए।
पुनि सवभूपनि आयसु दीन्हा, कहि निजु वचन सुखित सव कीन्हा।
तेसव सुनि प्रभु के प्रिय वचना, अति सै मगन भए लखि चरना।पृ.२३प्रा.
छुधित समर रस के सब वीरा, रन दुर्भद अति सै रन धीरा।
कवच टोप सिर आयुध धारी, चले सूर पद वंदि खरारी।
जहं रिपुसूदन सेन सुहाई, गए वहाँ नृपनन समुदाइ।।७।।

दो.:– सुनि मुनीस रघु वंसमनि, तिहि अवसर हरशाइ।
वेद विदित विधि सोधि करि, पूजे रिशि समुदाइ।।७।।

चौ.:– प्रथमहि श्री वि ाश्ठ कहुँरामा, पूजन करहिं सकल सुखधामा।
ऐरावत समान गज एका, दएऊ गुरहिं तव सहित विबेका।
तुरग मनोजव एक सम्हारी, मनि भूशित करि दीन्ह विचारी।
मनि हाटक भय स्यंदन साजी, जोरे चारि मनोहर बाजी।

सकल वस्तु परिपूरित कीन्ही, आचारज कहँ रघुवर दीन्ही।
एक लच्छिमनि कीनेउ दाना, मुक्ताहल सत तुला प्रमाना।
विद्रुम सहस तुल्य कर दाना, सहित उछाह कीन्ह भगवाना।
ग्राम एक वहुजन समुदाई, कृ ी भवन सम्पति वहु ताई।

दो.:– प्रभु उदार इहिभांति कर, दीन्ह वसिश्ठहि दान।
रित्वज होता आदि कर, इमि कीन्हेउ सन मान।।८।।

चौ.:– दान भूरि सवकों दै रामा, पुनि विधिवत् करि दंड प्रनामा।
तव मुनि सव प्रसन्न अति भएऊ, प्रभुहिं असीस विबिध विधि दएऊ।
कन्यादान बहुत बिधि कीन्हे, महि गज अ व अनेकनि दीन्हे।
हाटक तिल मुक्ताहल नाना, अन्न छीर दै करि सन माना।
अभय दानभीतन कहँ दीन्हे, इक्षा दान सवनि कौ कीन्हे।
अन्न सकल भोगनि जुत दएऊ, देह देह धन अस प्रभु कहेऊ।
इहि प्रकर सवकौ दै दाना, पुनि हय मेघ जग्य तिन ठाना।
तिहि अवसर रामानुज बीरा, जननी भवन गएऊ मति धीरा।

दो.:– पद वंदन करि जननि के, बोले मन हरशाइ।
हय रक्षनहित जाउ मैं, आयसु दीजै माइ।।९।।

चौ.:– तुम्हरी कृपा अवनितल जीती, पुनि वंदहु पद आनिसप्रीती।
तव वोली जननी हरशाता, जाहु पुत्र मंगल मग जाता।
रिपुगन जिति आसु मम ताता, कुसल समेति भैटिअहु माता।
पुस्कल महावीर वलवाना, रामचन्द्र सेवा विधि जाना।
रक्षा करहु तात तिंह केरी, जद्यपिसूर तदपि सिसु हेरी।
करियौ जतन पुत्र तुम सोई, जातै मोहि सोक नहिं होई।
अस कहि मातु रही अरगाई, तव रिपुदह कहा सिरूनाई।
तव प्रताप सत्वर मैं माता, पुस्कल सहित आइ कुसलाता।

दो.:– तुव विलोकि कै मातु मैं, तुव पद सव सुख मूल।
अस कहि कीन्ह प्रनाम पुनि, चले सत्र प्रति सूल।।१०।।

चौ.:– सरजू तीर जग्य थल जहंवा, हरशित रिपुसूदन गए तहँवा।

मुनि समाज सोहै रघुवीरा, जग्य वेश वरधरै सरीरा।
इहि तिधि निरखि राम छविधागा, प्रेम सहित करि दंड प्रनामा।
पुनि बोले रिपुसदन बानी, सुनहु राम सोभा सुशशानी।
हयपालन हित आयसु देहू, सुनि वोले प्रभु सहित सनेहू।
जाहु तात तुम मन हरशाई, मग मह मंगल होउ सदाई।
बालक नारि मत्र परिहरहू, सजग सत्रु सनमुख तुम लरहू।
जनक तनय लक्ष्मीनिधि नामा, चपल नयन हंसिकहि प्रति रामा।

दो.:– सुनहु राम अज्जानभुज, सकल धर्म की खानि।
तुम इनिको सिक्षा दई, बंस रीति पहिचानि।।११।

चौ.:– पुनि वोले प्रभु सों हसि वानी, सुनत बिनीत हास्य रस सानी।
रिपुसूदन कहँ जो कछु कहऊ, तिहि पथ चलत इनहि जस लएऊ।
बंस उचित भ्राता कर कर्मा, पाइये मुक्ति करै यह कर्मा।
भूप सिरोमनि तुम यह भाशा, बध इन विप्र वेद मत राखा।
सो तुव जनक भली विधि जाना, बध्यो अवनि तव एक्कहि वाना।
पुनि तुम्हारि कीरति जगमाहीं, को अस जीव जानि जो नाहीं।
नारि अवध्य विदित संसारा, हती ताड़िका सुजठ तुम्हारा। पृ.२४ प्रा.
लछिमन सुजस सकल जग जाना, सूपनशा कीनी विनु काना।

दो.:– महाराज इहिभाँति करि, तुव आयस सिरधारि।
करिहै रिपुसूदन अवसि, निजु कुल रीति विचारि।

चौ.:– सुनि अस वचन राम मुसिकाई, वोले गिरा गंभीर सुहाई।
तुव विग्यान संत सम दरसी, भव वंधन छोरन मति परसी।
इतना पुर सारथ तुम माहीं, छत्र धर्म पथ जानत नाहीं।
अस्त्र सस्त्र को विद जे वीरा, जानहि रन गति ते रनधीरा।
पर दुख देन कुपथ प्रिय जिनही, अवसिभूप वर मारहिं तिनही।
सुनत सभासद प्रभु के वचना, हंसे हास्य रस की लखि रचना।
पुनि कुंभज विधिवत हय पूजा, जिहि सम सुभग अ व नहिं दूजा।
मुनि वसिश्ठ कुंभज विग्यानी, वाजि साज सुत मंत्र वखानी।

दो.:– परसि पानि सोता सुतन, विजय हेत हरशाइ।
निज लीला जुत अ वपति, भ्रमहु अवनि तल जाइ।।१३।।

चौ.:– छोरहि तुमहि जग्य हित लागी, अवनि विचरि आवहु वड़भागी।
अस कहि बाजिराज कहं छोरा, संग सूर आयुध धरि घोरा।
प्राची दिस महँ कीन्ह प्रवेसा, अवनि चमू दिस चले नरेसा।
अवनि सिन्धु भूधर डगमगेऊ, दिसि कुंजर कंपन सव लगेऊ।
अहिपति सीस नएउ तिहि काला, पुनि सम्हारि धरि अवनि विसाला।
दिसा प्रकासित भई अपारा, छिति तल महँ सोभा विस्तारा।
रिपुसूदन पाछे सव पवना, सहित सुगंध मंद करि गमना।
फरकहि दच्छित बाहु विसाला, मानहु मंगल करहि रसाला।

दो.:– सूर सिरो मनि भरत सुत, तिहि अवसर मुनिराज।
विदा होन हित भवन जुत, गएउ महा वल साज।।१४।।

चौ.:– निरखेउ गेह सुभग सव भाँती, सोहति तहाँ सखिन की पांती।
पति देवता कांति वति नामा, निज लालसा सहित लखि वामा।
विधुवदनी सुंदर तारासी, भूशित सव विधि पर्म प्रकासी।
तासु समीप गएउ वलवीरा, पुनि वोले अति गिरा गंभीरा।
रिपुसूदन रक्षा हित लागी, पठवहि मोहि राम बड़ भागी।
जाहु वाल मैं सुनु मनु लाई, करियौ जननि टहलहरशाई।
तासु प्रसाद सदा तुम लेहू, मुनि पतिनिन सन करहु सनेहू।
तिन अपराध कवहुँ नहिं कीजौ, सेवा करिसुंदर जस लीजो।

दो.:– तपस मुद्र मन जानियौ, कुंभ जादि वरनारि।
तिनिको सव विधि सेइओ, मन वच कर्म विचारि।।१५।।
इति श्री पद्मपुराणे पाताल खण्डे सेस वात्सायन सम्वादे मधुसूदन दास कृते
हय मोचनो नाम एकाद ामोध्याय.(११)

दो.– सुनि मुनीस इहि विधि कहेउ, पुस्कल वचन रसाल।
पर्म नीति पागे महा, सुखद सर्व सब काल।।

चौ.:– सुनि वर वचन स्वामि तन देखी, प्रमुदित उर हंसि वोलि विसेशी।
रन में जाय विजय तुम करहू, रिपुसूदन रक्षा तुम करहू।
प्रति पालहु हय जतन विचारी, श्री रघुवर आयसु अनुसारी।
मैं दासी जद्यपि प्रिया नाथा, वसहु ह्रदय जानहु पिय ताता।
अवसि समर सुमिरियौ जिनि मोही, करै चिंत मन विजय न होई।
करियो नाथ जतन करि सोई, जिहि विधि इहाँ हँसी नहिं होई।
सूर सिरोमनि राजिव नयना, सुनहु कंत विनती जुत वयना।
मुहि उर्मिला सहित उर वाऊ, हसहिन तिय कर हति लै नाऊ।

दो.:– जो भजि हौ रन भीत है, तौ कुल तिय मुसिकाई।
मोसन कहि है भीरू की, नारि ह्रदय हरशाइ।।१।।

चौ.:– अग्र नीय तुम वीरनि माहीं, पालहु तुरग सजग पति ताहीं।
कार्मुक भाव्द करहु रन चंडा, सुनत होइ रिपु दल श्रुति खण्डा
लै करि वान कंत कर माहीं, रिपु दल विकल करहु जहं ताहीं।
जिहि प्रकार कुल भूशित होई, कंत जतन जुत करियौ सोई।
रिपुसूदन संग जाहु कृपाला, मन मै मंगल होउ विसाला।
यह धनु सुभग लेहु कर माहीं, जासु घोश सुनि रफ विकलाईं।
अक्षय तून सजहु सुखपाई, नास करन रिपुगन समुदाई।
कवच अभेद कुलिस अनुसारी, लेहुन हतन साजि छविकारी।

दो.:– सीस त्रान अवतंस जुत, मनिहाठक मय नाहि।
लेहु हरशि उर सजहु सिर, वहु सोभा जिहि माहि।।२।। पृ २५प्रा.

चौ.:– यह विधि बचन कहति पति पाहीं, निरखि स्वामि छवि तन पुल काहीं।
सुनि तिय बचन हरशि मन माहीं, बोलेउ महावीर तिहि पाहीं।
कांति वती जिहि विधि तुम भाशा, तैसैइ करिय ह्रदय लखि राशा।
वीर नारि तुम सन सव कहि है, तुव कीरति सुनि जन जस लहि है।
भामिनि कवच मुकट जव दीन्हा, चापतून अक्षय सजि लीन्हा।
बसन विभूशनादि सव साजे, अपर सस्त्र पर पूरन भ्राजे।
पुस्कल सुमट सिरोमनि बीरा, अस्त्र सस्त्र बिद्याजुतधीरा।
सोभितभएउ उहाँ तिहि काला, सूर माल अबधरैउ विसाला।

दो.:– कस्तूरी चंदन अगर, सुमन गंध समुदाय।
चरचित उर बहु सुमन की, माला जुत छबिपाय।।३।।

चौ.:– पति सिगार कीन्ह इहि रीती, पुनि तिह आरति कीन्ह सप्रीती।
छबि विलोकि मुक्ताहल वरशी, करि द्रग सजल भैटिपति परशी।
पुनि पुस्कल लखि नेह नवीना, बिबिधि भाँति परितोशन कीना।
सव प्रकार संसय तजु वाला, करिहौ तुव मुख बचन रसाला।
असकहि बीर बाल समुझाई, पुनिरथ चढ़े हृदय हरशाई।
चले बहोरि सैन संग गाढ़ी, इक टक बाल लशैखै ग्रह ठाढ़ी।
पति देवता हृदय धरि धीरा, अब सुम कथा सुनहु मुनि बीरा।
जनम भवन पुस्कल तव गएऊ, मात पितहि लखि पद सिर नएऊ।

दो.:– निरखि जननि पितु प्रेम वस, अस्तुति कीन्ह विसाल।
देहु रजाइसु हरशि उर, पुनि कह बचन रसाल।।४।।

चौ.:– करियौ सदा राम सखुताता, मालनीय लछिमन प्रिय भ्राता।
अस कहि बंदि मातु पितु चरना, पुनि सचु पाइ कीन्ह तव गमना।
महावीर निजु दल समुदाई, पहुँचे रिपुसूदन कट काई।
महाराज रिपुनासन वासा, निजर्स्यिदन तव कीन्ह प्रकासा।
गजरथ तुरग चढ़े तव बीरा, अस्त्र सस्त्र पूजित रनधीरा।
रिपुसूदन आइसु अनुसारी, चली चमू हय कीन्ह अगारी।
प्रथमहिपांचल कर देसा, पुनि उत्तर कर कीन्ह प्रवेसा।
श्री बिसाल देखी तिन माही, सोभा अमित बरनि नहिं जाही।

दो.:– जिहि जिहि देसनि तुरग वर, गएउ कटक समुदाइ।
तहँ तहँ प्रभु कीरति विमल, सुनी सुनहु मुनि राइ।।५।।

चौ.:– रावनादि वध मुक्तउधारन सुनेउ तहाँ जग्यादिक कारन।
प्रभु कीरति विस्तारहि लोगा, पावन सकल, परम पद जोगा।
तिन कीरति जु सत्रु हन देखी, प्रमुदित मन मै भएउ विसेशी।
बिविध माल रत्नादिक दीनै, वसन विभव दे पूरन कीनै।
इहि विधि महाराज रिपुसूदन, सवहि दीन दिनकर कुल भूशन।
अति तेजसि सुमति मंत्री वर, रघुवर भक्त सकल विद्या पर।

रिपुसूदन आइस अनुसारी, बुद्धिमान बड़नीति बिचारी।
रिपु कुल दहन संग मग माहीं, अमित चमूजुत हरशित जाहीं।

दो.:– नगर ग्राम दे ानि विशै, चल्यौ जात हय राइ।
बांधि सकै कोऊ नहीं, श्री रघुवीर प्रभाइ।।६।।

चौ.:– तिन दे ानि के विपुल भुवाला, महा सूर वल तेज विसाला।
गज रथ तुरग चरन चर नाना, सजि सजि चमू सिंधु अनुमाना।
वहुधन मनि गन जलज अपारा, भै रस जोइ सवनि पग धारा।
रिपुसूदनहि मिले ते आई, पुनि सब बोलहिं गिरा सुहाई।
पुत्र कलत्र राजधन धामा, नाथन मम जानहुँ श्री रामा।
सुनि रिपुसूदन गिरा सुहाई, सौपहि तिनहि राज समुदाई।
इहि बिधि मिलहिं भूप सब आई, होहि संग ते सुनु मुनिराई।
हय समेति कम करि रघुरजू, अहि छत्रापुर सहित समाजू।

दो.:– आएउ तिहि तट सुनहु मुनि, ग्राम सकल सुख धाम।
नाना जन संकुलित तहँ, पतिव्रता सव वाम।।७।।

चौ.:– विप्र वेद जुत राजहि जहँवा, रतन खचित थल देखिय तहँवा।
हाटक मानिय गोपुर सो है, सुभग नारि निरशत मन मो है।
विधु बदनी रंभा छबि हारी, करक बरन लीला संचारी।
निज निज धर्म निरत सव लोगा, भाँति अनेक करहिं तंह भोगा।
मनहु कुबेर नगर के बासी, इहि प्रकार तहँ विभव प्रकासी।
विचरहि तहाँ सूर धनुधारी, अस्त्र सस्त्र विद्या अनुसारी।
कोटिन भट अस नृप सिव काई, करहि सदा उद कपट बिहाई।
असवर नगर दूरि तै देखा, कोट निकट उद्यान वि ेशा।

दो.:– देवदारू, पुंभाग पुनि, नाग तिलक तहँ जूह।
चंपक पाटल आदि दै, मंदारादि समूह।।८।।

चौ.:– अमित असोक रसाल समेता, कोविदार तहँ आनन्द देता।
जंबु कंदब पनस तरू रूशा, पुनि प्रमाल जुत साज वरूशा।

ताल तमाल मालिका सो है, जुही निंब मदितादिक सो है।
मौल सिरी अगिनित छबि देही, अवर बृक्ष जुत मन हरि लेही।
भूप सिरोमनि रिपुकुल हारी, निरखत भए बिनहि सुखकारी।
सुमटन सहित तुरग तहँ गएऊ, जिहि थल सुखद सुतरू निर्मयेऊ।
देवभुवन अद्‌भुत तहँ देखा, अति विचित्र मनि रचित विसेशा।
अमर सिवाला इक छबिरासी, मनहु संभुगन सिशर प्रकासी।

दो:– कनक थंम राजहि विसद, निरखत चित्त चुराइ।
देखि सत्रुहन हरशि उर, पूछत सुमंत बुझाइ।।६।।

चौ:– सचिव सुमंत कहौ समुझाई, इहाँ कौन सुर की प्रभुताई।
पूज्य कवन सुर मंदिर माहीं, सो सव कहौ तात मोहि पाहीं।
सुनत सचिव सरवग्य सुवचना, कहेउ हर्शि लखि मँदिर रचना।
कामद देवीइहि थल राजै, वि व जननि निजु जनहित भ्राजै।
जा के दरस करै जगमाहीं, प्रापति सिद्धि होइ दुःख जाहीं।
देव दनुज आश्रम इहि जानौ, अर्थादिक दाता अनुमानौ।
प्रथम सुमुद नृप नै तप कीन्हा, इन हित लागि कश्ट तन दीन्हा।
हुइ प्रसन्न वरू ताहि प्रकासा, तब तै इहि थल कीन निवासा।

दो:– नृप दुख नासनहेत लगि, पुनि तिहि कर उद्धार।
तासु प्रीति लगि वासु किय, वंदन करहु उदार।।१०।।पृ.२६ म.

चौ:– सुनत सचिव के वचन सुहाए रिपुसूदन आनद उर छाए।
पुनि बोले सुमंत सन बानी, कहौ कामदा कथा बखानी।
इहिपुर नृपति सुमुद इहि नामा, कीन प्रबल तप तिहि किहि कामा।
कामद स्ववस कीन किहि रीती, कहौ जथा मति सचिव सप्रीती।
सुनि रिपुसूदन की वर बानी, कीन्ह सचिव तव कथा बखानी।
प्रथम सुमुद नृप सत्रुनि मारा, लीनैउ राज सहित भण्डारा।
सो गिलनि मुनि ह्रदय अपारा, गे हिमि गिरि पर तपहि बिचारा।
सुर समूह करि सोभित सोई, विमल तीर्थ जहँ रिशिगन जोई।

दो:– तप आरंभ तहँ कीन्ह नृप, हरशित मन रघुराज।
तीन वर्श इक चरन करि, ठाढ़ रहा निजु काज।।११।।

चौ.:– घ्रान अग्र जोरे चश दोऊ, ठानेउ तप करि सकै न कोऊ।
हृदै ध्याव कामद जग माई, सूखे परन पत्र इव खाई।
परम उग्र दारून तप साधा, गनै न एक अंग मन बाधा।
तीनि वर्श भरि सीतल काला, कीन्ह वास जलमह महिपाला।
पंच अगिनि भरि संवत् तीनी, महावीर इहि बिधि तप कीनी।
पुनि त्रै वर्श पवन उर रोकी, करइध्यान कामद गद सोकी।
कामद विना कछू नहिं देखे, संवत अश्टादस इहि लैशै।

दो.:– देखि घोर तप सक्त उर, कंपित भएउ वनाइ।
मनमथ सकल समाज जुत, आदर कीन्ह वुलाइ।।१२।।

चौ.:– गर्भित महा मदन मन माहीं, अज सिव वल कछु मानत नाहीं।
तिन प्रति वोले वासव बचना, करहु सखा मो लगि निजु रचना।
सुमुद नरे ा घोर तप करही, मो पद लैन हेत अनुसरही।
करहु भंग तिहि कर तपु जाई, तुव वल वसहु सखा इव राई।
अस सुनि मदन गर्म जुत भारी, जग विजई तव गिरा उचारी।
नाथ सुमुद नृप केतिक वाता, जीतहुँ एक निमिश महँ जाता।
कहा तुच्छ तप तासु बखाना, मम प्रभाउ सुनियै निज काना।
महा ब्रह्म चारिनि तप भंगा, छिन महँ करहु भूप किहि अंगा।

दो.:– मम सर बल ससि विकल हुइ, तारा सन रति कीन्ह।
तुमहु रिशी तिय गमन किये, घोर श्राप जहँ लीन्ह।।१३।।

चौ.:– वि वामित्र मैनका साथा, बिवस भए प्रसिद्ध यह गाथा।
तजहु सुरे ा सोच बल मोरै, जीतहुँ सुमुद हेत लगि तोरै।
मैं सेवक तुम्हार सब भाँति, जीतन साल सकल आराती।
इहि विधि करि वासव परितोशा, आएउ हेम कूंट जुत रोशा।
संग बंसत अपछरा नाना, सुमुद समीप आव बलवाना।
तहँ बंसत कीन्ह निर्माना, बृक्ष फूल फल जुत भए नाना।
केकी सुक कल कंठ समेता, बोलन लगै बिहंग वर जेता।
भ्रमर करहिं गंजार सुहाई, सुनि सुनि काम अमित हरशाई।

दो.:– मंद मंद मारूत बहै सीतल गंध समेत।
दक्षिन कर माला परसि, आवति करति अचेत।।१४।।

चौ.:– अगर लवंग सुगंध सुहाई, ल्यावहि पवन सुनहु रघुराई।
इहि प्रकार सोभा तहँ ठानी, रंभारिक आई हरशानी।
निज निज सखी समाज बनाई, सुमुद निकट आईं सचुपाई।
किन्नर सुर इव गीत रसाल, गान करन लागी तिहि काला।
प्रनव मृदंग बीन कर ताला, सहित तरंग बजा बहि बाला।
सुनत गान जागेउ महिपाला, देखा अद्‌भुत चरित विसाला।
पुनि तिन लखिभूपति मति भागी, बिबिध कटाच्छ करन सब लागी।
तव मनमथ अतिसय रिस कीन्हा, पाछे आइ कुसुम सर लीन्हा।

दो.:– सर ताड़न लखि अपछरा, धरि नृप चरन उछंग।
करि कटाच्छ चापन लगी, दरसावहिं निज अंग।।१५।।

चौ.:– कोउ गावहिं कोउ नृत्य करहीं, कोउ कटाक्ष करि नृप मन हरहीं।
नाक नटी नृप सन बहु माया, करि मन छोम कीन्ह रघुराया।
नृपति धीर अति सै मन जाना, तप नासनहित इन छल ठाना।
अवसि सुरे ा काम पठबाबा, तिहि तप तै मन मोर चलावा।
परम धीर इंद्री जित भूपा, अस गुनि बोला बचन अनूपा।
को तुम कहहु कवन थल ग्रेहा, किहि कारन असि कीन्ह सनेहा।
अति अद्‌भुत दरसन मोहि दीन्है, जो मुनीस बहु तप करि चीन्है।
अहो भाग्य मम भा इहि काला, लघु तप लखि दिय दरसु विसाला।

दो.:– तुम्हरे दरसन अगम अति, जानै सब संसार।
मधुसूदन नृप चतुर वर, इहि विधि वचन उचार।।१६।।

इति श्री पद्म पुराणे पातालखण्डे सेस वसत्सायन सम्वोद, मधुसूदन दास कृते **कामादेवी वर्नमो नाय द्धाद ा**

अध्याय(१२)

दो.:– सुनि तापस नृप के बचन, रंभादिक हरशानि।

नानाभाव दिखाइ पुनि, बोली मीठी वैन।

चौः– अहो कंत हम सब बर नारी, आईं तुम तप फल अनुसारी।
करहुभोग तप त्यागहु स्वामी, जानहु हमहिं आपु अनुगामी।
यह अपछरा घ्रताची नामा, चंपक वरन सुभग वर वामा।
विसद कपूर गंध मुख आबे, महाभाग देखहु मुसिक्यावै।
रूचिर सरीर उरज छबिधामा, कंत तुमहि जाचति यह वामा।
मुनि इहि लागि करहिं तपभारी, तेऊ न जाकौ सकइ निहारी।
तजि दुखभूल तपहिं अब स्वामी, रमन करहु लखि निजु अनुगामी।
अब तुमकंत बिलोकहु मोही, सुर तर सुमन माल जुत सोही।

दो.:– केलिकरन में निपुन अति, करहु रमन मम साथ।
चढ़ि विमान गिरि मेरू पर, भोग करावहु नाथ।।१।।

चौ.:– सुंदर छबि जो धन तन राजै, निरखहु यह तिलोत्तमा भ्राजे।
संतत सिर पर चामर ढारै, गंग प्रवाह तुल्य वपु धारै।
काम कथा सुंदर बहुभांती, बरनैउ तुम सन यह दिन राती।
अमरन कहँ दुर्लभ्ज्ञ यह जानौ, अधरामृत पीजै सुख मानौ।
चढ़ि विमान हम सबनि समेता, विहरहु नंद नादि सुख देता।
महाधीर नृप सब सुनि बानी, करि बिचार मन में असि जानी।
मम तप लागि विघन इनि साधा, कियै सनेह होइ बड़ि बाधा।
अस बिचारि मन में नृप धीरा, तिन सन बोले बचन गंभीरा।

दो.:– बसहु सदा मम ह्वदय तुम, जगत जननि के रूप।
मैं चिंतो जिहि हेतु लगि, तिह दिय दरस अनूप।।२।।

चौ.:– पुनि तुम मंद स्वर्ग सुखगावा, तुच्छ पुन्य फल बेद बताबा।
मम स्वमिनि भो भक्ति बिलोकी, सोइ वरू दै करि करहि असोकी।पृ.२८ प्रा.
सत्य लोक अज जिहि भजिपावा, जन आरति भंजन मुनि गावा।
दे है बरू मो कह सुनु सोई, आनद रूप सदा रहै जोई।
कह नन्दन गिरि कंचन मंदा, कहा अमृत दानव दुख कंदा।
स्वल्प पुंन्यकर यह सब भोगा, अंत काल दायक भव रोगा।
सुनि अस बचन मदन तिहि काला, कीन्ह कोप तव ह्वदय बि ाला।

पाँचहु बान श्रवन लगि तानी, हनेउ महीप पीठ लगि ग्यानी।

दो.:– काम क्रोध लखि अपछरनि, करहिं कटाक्ष अपार।
कोउ नाचहिं काउ गान करि, कोउ परिरंभ विचारि।।३।।

चौ.:– सकल कला मनमथ नृप पाहीं, कीन्ह कोप करि ब्यापेउ नाहीं।
तव खिसियाइ इंद्र पह गएऊ, सकल प्रसंग सुनावत भएऊ।
सुनि सुरे ा अति सय पावा, तव हरिसन निज विनय जनावा।
सुमुद कथा सुनियै रघुराई, कामद पद मह निपुन बनाई।
विशय विगत नृप कों अनुमानी, ह्वै प्रसन्न तव प्रकट भवानी।
सिंह चढ़ी कर अंकुस पासा, धनुश वान असि सहित प्रकासा।
जग पावनि तव नृपहि निहारी, काटिभानु दुति निजु तन धारी।
वसन विभूशन धरै रसाला, अस छबि निरखि हरशि हिय वाला।

दो.:– मंद मंद मुसिक्याति पुनि, सिर पर परसति पानि।
वहु विधि भूप प्रनाम किय, मुदित हृदय पहिचानि।।४।।

चौ.:– स्वारथ निपुन भूप रघुराई, अस्तुति करहि भूप समुदाई।
गद गद कंठ हरश उर छावा, तिहि सव नैन नीरूभरि आबा।
पुनिभुवाल निज दसा सम्हारी, सीस नाइ अस्तुति अनुसारी।
जयति महादेवी सुखदाई, सेव्य मान निजु जानि सदाई।
ब्रह्म रूद्र इंद्रादिक नाना, सेवहिं चरन करहिं नितध्याना।
धारनि सक्ति धरनि तुम माई, वन समुद्र परवत समुदाई।
तुम्हरौ रूप सकल संसारा, तपहि भानु नित तोरप्रचारा।
रसन देहि महि पुनि लै करही, सो तुम्हारा आइसु परिहरही।

दो.:– अंतर बाहिर ब्यापि करि, अनल सवहि सुख देहि।
महादेवि सो करहि तव, जब तुम्हार सचु लेहि।।५।।

चौ.:– सुर नर असुर सकल हरशाई, नावहि तुव चरणनि सिरू माई।
तुव भगवान विशणु की माया, जग पालनि विद्या सुख दाया।
वि व सृजहि आदिक तुम करहू, मुहि जन जानि दुसह दुख हरहू।
दुर्लभ दरसु सुरनि कहँ तोरा, पाएउ आज भाग्य बड़ मोरा।

तुव पद सरन विना नहिं मोरै, अस कहि पुनि बोले कर जोरै।
पुज वहु मोर मनोरथ माता, तुम विराटतै पूरब जाता।
रिपुसूदन नृप की सुनिवानी, भई, मगन जग मातु भवानी।
निरखि विपुल तपु पुनि कृस गाता, मागु मागु वर कहि हरशाता।

दो.:– अस सुनि बोले सुमुद नृप, अरिहत नृपता देहु।
दीजै रति चरननि विशै, पुनि तुम करहु सनेहु

चौ.:–अक्षय मुक्ति अवसि मोहि दीजै, निजु जन जानि काजु यह कीजै।
सुनि नृप की बर गिरा सुहाई, तब वोली कामद हरशाई।
कंटक रहित राज नृप तोरा, हुइ है सत्य बचन सुनु मोरा।
पति देवता सुभग सुखधामा, मिलि है तोहि नृपति अस वामा।
अजय सत्र करि कबहु न होई, सुनहु मुक्ति कारन सुत सोई।
आगै रघुकुल मनि श्री रामा, रावन बध करिहै सुख धामा।
करिहै जग्य तासु बध मानी, तुव समीप ऐहै ले सेनी।

सोरठा.:–सकल राज धन धाम, सुत कलत्र आदिक सबै।
तजि महीप निजु काम, मिलियौ जाइ अव य तुम।।७।।

चौ.:– पुनि निजु सेन सकल लै संगा, तिनिके साथ भ्रमहु सब अंगा।
करि महि विजय सहित रघुराई, रिपुसूदन संग मन हरशाई।
करहु प्रवे ा अवधि इहि भाँति, जहँ वस राम लशन आराती।
सिव ब्रह्मादि भजहि पद जासू, करियौ दर ा तात तुम तासू।
तिनकी सरनागत जव करिहौ, हुइहौ मुक्ति प्रकृति परि हरिहौ।
जोगिनि को दुर्लभ गति जोई, नि चय तात मिलहि सुनु सोई।
तब लगि नृपति करहु तुम राजू, जब लगि हरि आबै सुख साजू।
करियौ सरन त्यागि सब कामा, पुनि जैहौ महीप पर धामा।

दो.:– अस कहि अंतर हितभई, कामाख्या हरशाइ।
पुनि महीप सब सत्रु बधि, लीनौ राजु छिड़ाइ।।८।।

चौ.:– अहि छत्रापुर यह सुखशाजू, सोइ नृप सुमुद करे यहाँ राजू।
संग चमू चतुरंग अपारा, समरथ पुनि मल बान उदारा।

कामद बचन समुझि रघुराजा, यह नृप सुमुद पकरि है बाजा।
आगम पुर समीप सुनु तोरा, पुनि मन समुझि राम मख घोरा।
भूप सिरोमनि सो हरशाई, सहित समाज जग्य हय राई।
मिलि है तुमहि विगत अभिमाना, पुनि करि है सेवा बिधि नाना।
श्री रघुनाथ प्रताप न आना, सुमति कीन्ह इहि भाँति बखाना।
सुमुद नरेस केर सुनि गाथा, सुनु मुनीस बोले रघुनाथा।

सोरठाः–सुमुद ग्यान आगार, साधु साधु पुनि साधु तुम।
कीन्ही कृपा अपार , अस कहि हरशेउ सत्रुहन।।६।।

चौः– सुमुद कथा अब करहु बखाना, सुनहु सूत विग्यान निधाना।
सुख आसीन सदा भूपाला, परिजन गननि सदा तिहि काला।
सेवहि विपुल भूप कर जोरै, धर्म सील लखि ताहि निहोरै।
भूसुर वेद निपुन वहुजूथा, पुनि कुबेर सम बै य बरूथा।
मन बच कर्म भूप सिवकाई, करहिं सकल सुनियै मुनिराई।
अंभ नाय पुनि न्याय प्रवीना, भूसुर देहिं असीस नवीना। पृ.२६ म.
पालहि प्रजा सेल जुत धर्मा, संतत करहि वेद के कर्मा।
इहि बिधि सभा मध्य महिपाला, विद्यमान युत सोह विसाला।

दोः– तिहि अवसर हय देखि इक, दूत गयौ नृप पास।
बार बार पद वंदि पुनि, करहि सुबचन प्रकास।।१०।।

चौः– हेम पत्र जुत तुरग अनूपा, आबा पुर समीप सुख रूपा।
नाथ न मैं जानहुँ कछु भेदा, करहिं सूर बहु ताकी सेवा।
सेवक चतुर बोलि तिहि काला, बोले बचन हरशि महिपाला।
कवन नरेस केर वह बाजा, सत्वर खबीर करहु मम काजा।
तव पद बंदि जाइ छिन माहीं, ले सब खबरि आव नृप पाहीं।
कीन्ह निवेदन सकल प्रसंगा, सुनत मात्र पुलके सब अंगा।
रघुनायक मख तुरग बिचारी, प्रेम विवस तन दसा बिसारी।
सावधान हुइ पुनि महिपाला, बोला सब सन बचन रसाला।

दोः–धुज पताक तोरन सहित, वहुमंगल समुदाइ।

पुरजन बिचरहु नगर सब, बिबिधि भाँति हरशाइ।।११।।

चौ.:– संपति विपुल सहित संकेता, करहु जाहि मम आप सहेता।
कन्या सभग सहस्त्रनि नाना, सब बिधि भूशित करहु सुजाना।
गज आरूढ़ होंइ सब तेई, वर्शहिं मुक्ताहलगन सोई।
पुरजन निज निज साजहु साजा, मिलन चलहु रिपुसूदन राजा।
इहि बिधि सब कहु आइसु दीन्हा, सहित कुटुंब गमन नृप कीन्हा।
इहाँ सत्रुहन सहित समाजा, पुरतै आवत देखेउ राजा।
विपुल करी स्यंदन हय गाजै, अमित पालिकी पद चर छाजै।
चित्र बिचित्रित चमू बनाई, आवत मिलन सुमुद हरशाई।

दो.:– इहि प्रकार मन मुदित हुइ, पुनि सत्वर पहिपाल।
रामानुज पद कमल महँ, परेउ आइ तिहि काल।।१२।।

चौ.:– जोरि पानि बोलेउ पुनिराजा, महाराज तुम पूरन काजा।
निरखि आजु तव पद सुखदाई, भयौ धन्य अब मैं रघुराई।
यह मम राज कोश परिवारा, मनि मानि कग्रह विभव अपारा।
सो यह सकल नाथ निज मानहु, मो कहँ निजु अनुचरकरि जानहु।
कामाख्या पूरब मोहि कहेऊ, सो सुनि मग जोवत हय रहेऊ।
देवी बचन सत्य भए आजू, आएउ तुरग सहित रघुराजू।
सब मम नगर बिलोकहु स्वामी, करहु कृतरथ लखि अनुगामी।
प्रति पालहु मो वंस कृपाला, महाराज तुम दीन दयाला।

छंद.:–महाराज दीन दयाल कहि गजराज तुरत मगाएऊ।
सुर राज सम वर गात सोभासदन बिरूचि बनाएऊ।।प.३०प्रा.
करि विनय श्री रिपुदलन पुस्कल सहित चढ़ि छबि पाएऊ।
तब कहेउ हनहुनिसान मधुसूदन बहुरि सुख छबि छाएऊ।।

दो.:– प्रनवभेरि वीना सहित, हनै निसान अपार।
रनसिंधा आदिक तहाँ, बाजे एकही बार।। १३।।क

सोरठा.:–वरशहिं जलज अपार, कन्या सुंदर गज चढ़ी।

गावहि मंगल चार, तिहि अवसर आनन्द जुत।।१३।।ख पृ३० प्रा.

चौ.:– वासवादि पद सेवन जोगा, सो रिपुसूदन मग जुत लोगा।
मंद मंद आनंद समेता, पहुँचे नगर माहिं सुख देता।
सव विधि ग्राम अनूपम देखा, मनमह आनद भएउ विसेशा।
जग्य तुरग पुनि सुमट अपारा, वहु गज रथ पालिकी नगारा।
सहित समाज सहित नृप रानी, महाराज कह मंदिर आनी।
बिधिवत् अर्घादिक तव दीन्है, वहु प्रकार पूजन तिन्ह कीन्है।
चारि प्रकार असन समुदाई, अमिय सरिस कीन्है मुनिराई।
अति आनद जुत सकल जिमाए, जथा जोग तिन वस्त्र दिवाए।

दो.:– राज कोस परिवार पुनि, सकल साज समुदाइ।
कीन्ह समर्पन रामहित, सुमुद ह्रदय हरशाइ।।१४।।
इति श्री पद्म पुराणे पाताल खण्डे सेस बात्सायन सम्वादे मधुसूदन दास कृते भात्रुघन सहि छत्रपुर प्रवेसनो नाम **त्रयोद ाेध्याय(१३)**

दो.:– वात्सायन रिपुदहन कौ, कीन्ह प्रसन्न बनाइ।
पुनि नरे ा रघुनाथ की, कुसल पूछि हरशाइ।।

चौ.:– कहौ कृपाल कुसल श्रीरामा, अखिल लोक नाइक सुख धामा।
भगतनहित लीन्हेउ अवतारा, मोहि उधारन हार उदारा।
धन्य अवध वासी नर नारी, जे नित प्रभु मुख कमल निहारी।
महा अनंद सुमुद्र अपारा, संततही जे करत बिहारा।
जाहिं सरन है हो मैं जवहीं, मुक्ति होइ मोकहुँ तँह अवधी।
पुनि मम राज कोश समुदाई, अवसि पवित्र करहिं रघुराई।
कामद प्रथम कहेउ समझाई, रामहि निरखि बंस समुदाई।
हुइ है मुक्ति अवसि तिहि काला, सोइ अवसर अब दीन दयाला।

दो.:– प्रेम सहित सुनि सुमुद के, बचन ह्रदय हरशाइ।
तव वरनो श्री राम गुन, सकल कुसल जुतभाइ।।१।।

चौ.:– पुनि निसि तीनि वास तहँ कीन्हा, भाँति अनेक नृपहि सुख दीन्हा।
रिपुसूदन तव गमन विचरा, सो लखि सुमुद महीप उदारा।

तुरत पुत्र कह दीन्है राजू, पुनि महीप सजि भेंटि समाजू।
रामानुज पुस्कल जुत जहँबा, सुमुद हरशि उर आएउ तहँबा।
सहित सहर्श बस पुनि इहि भाशी, सकल भेंट आगै पुनि राखी।
महाराज रिपुसूदन केरी, सब बिधि कृपा दुश्टि उर हेरी।
सबनि विभूशन रतन अपारा, बहु बिधि मनिधनभूप उदारा।
रिपुसूदन परिचारक जेते, बिबिध भाँति पहिराए तेते।
महाराज पुनि कीन्ह पयाना, संग चमू चतुरंगनि नाना।

दो.:– कोटिन गज रथ तुरग पुनि, पदचर गर्जत जाहिं।
रिपुसूदन पुस्कल सुमुद, सचिव सहित तिन माहिं।।२।।पृ.३०अ.

चौ.:– हसत परसपर सहित समाजा, अभय जाहि मन महँ सब राजा।
इहि बिधि प्रभु प्रताप सब बीरा, पहुचे जाय पय खनी तीरा।
आगै चल्यौ जाइ मश बाजा, तिहि पाछै सब सैन समाजा।
महाराज रिपुदहन उदारा, संग चमू चतुरंग अपारा।
चले जाहि प्रमुदित तिनि पाछै, मुनि संकेत बिलोकत आछै।
तप निधान मुनिजन तिन माहीं, बरनै राम सुजस थल ताहीं।
रिपुसूदन आनंद समेता, सुनत जाहि मग सुनु मुनि केता।
अद्भुत चमू निरखि तिहि काला, कहै मुनीस्वर बचन रसाला।

दौ.:– बुद्धि वान हरि जातु हय, हयरच्छहि बलबाल।
हरि सब हरि के भक्त है, हरि वर चढ़ै सुजान।।३।।

चौ.:– इहि बिधि सुनत मुनिन की बानी, रिपुसूदन अति सै सुखमानी।
भए प्रेम बस धर्म धुरंधर, पुनि मुनि सदन विलोके सुंदर।
पावन करन सील सब काला, मुनि समूह श्रुति पढ़हि रसाला।
जाकै सुनै संत मन माहीं, सकल अंमगल तुरत नसाहीं।
अग्नि होत्र अगिनित सुखमूला, करहि महा मुनि श्रुति अनुकूला।
जिनके धूम सकल नभ माहीं, ब्यापि रहयौ इव घन जहँ ताहीं।
जगत थंम अगनित जह जो है, जीव बैर हति लखिमन मो है।
सहित सनेह सिंघ बन माहीं, धेनु समूह चरावन जाहीं।

दो.:– विगत त्रास भूशक सदा, सोवहि अंक बिलार।

पुनि मयूर अहि निकुल जुत, देखे करत बिहार।।४।।

चौ.:– गजहरि एक संग मत कोहा, बिचरहि तिहि थल निरखत मोहा।
सपनैहु बैर करहि नहि कोई, मुनिनि प्रताप बिशमता खोई।
बिगत त्रास बिचरहिं चहुपासा, सुह्रद भाव जुत परम हुलासा।
बिपुल मुनिनि निजु हितनि निवारी, राखी करन हेत आगारी।
पसु सब चरहि तिनहि भय त्यागै, बरजहि रिशि मुनि तदपि न भागै।
सुरभी ऐन कुंभ समधारै, नंदनिधेनु सरिस समु हारै।
ते निज खुरनि उड़ावहि धूरी, पावनि करनि सुमंगल भूरी।

दो.:– महाराज श्री सत्रघन, अस आश्रम मग देखि।
सचिव सिरोमनि सुमत सन, बोले बचन विसेशि।।५।।

चौ.:– कहहुतात यह सुचि अस्थाना, बसहि प्रथम मुनि कवन सुजाना।
बैर विहाय जंतुइहि ठाई, बिचरहि प्रमुदित सकल सदाई।
पुनि अनेक राजहि मुनि बृंदा, कहहु कथा सुभ पावनि कंदा।
तिनकी कथा सुनत मम गाता, है है पावन बरनहु ताता।
रिपुसूदन के बचन सुहांए, सुनि सुमंत के मन अतिभाए।
पुनि बोले अति गिरा रसाला, महाराज सुनियै इहि काला।
चिमन नाम मुनिबर तपरासी, तिन कर यह अस्थान प्रकासी।
पुनि तिनके तपबल अधिकाई, भए जीव सब सुह्रद बनाई।

दो.:– मुनि अनेक पतिनिनि सहित, राजहि इहि बन माहि।
भजहि निरंतर चिमन कह, निसिदिन प्रमुदित जाहि।।६।।

चौ.:– प्रथमहि इन मुनि नै रघुराजा, मनुमहीप के जग्य समाजा।
तहाँ जिहमु मद गंजन कीन्हा, जग्य भाग सुर वैधनि दीन्हा।
सोइ मुनि चिमन इहाँमतिधीरा, राजहि मनु श्रुति धरै सरीरा।
अस सुनि सुमत केरि बरबानी, चिमन चरित मिश्रत सुशदानी।
सकल प्रंसग सहित अनुरागा, पूछहिं रिपुसूदन बड़भागा।
कहहु सुमति अ वनी कुमारा, वैद्य कर्म मै निपुन अपारा।
तिन सुर पंगति में मख भागा, किहि बिधि लहेउ अचंमौ लागा।
मधवा कवन पाप तह कीन्हा, जिहि लगि चिमन दंड वह दीन्हा।

दो.:– यह सब कथा बुझाइ, मो सन बरनहु सुमति तुम।
सुनि बोलेउ हरशाइ, महाराज तुम धन्य तुम।।७।।

चौ.:– अब सोइ कथा कहौं समुझाई, रामानुज सुनियौ मनुलाई।
मुनि भृगु बिदित सकल संसारा, संध्या समय प्रथम इक बारा।
समद लैन हित बन में गएऊ, तिहि अवसर मुनि ग्रह दुःख भएऊ।
दमन नाम निसिचर अति घोरा, गर्जत भाशत बचन कठोरा।
भृगु संकेत आव तिहि काला, महा बली भय देतु कराला।
मुनि तिय जुत भगिगा किहि ओरा, पुनि पुनि जलपीह बचन कठोरा।
बैसानर ताकी भय मानी, दीन्ह बताइ मुनी वर रानी।
गर्भवती अघ रहित बनाई, पकरि लीन्ह खलता कह धाई।

दो.:– अतिब्याकुल रोदन करहि, कुरच सरिस तिहि काल।
हे भृगु पति हे नाथ अब, रक्षा करहु कृपाला।।८।।पृ.३२प्रा.

चौ.:– इहि बिधि करत विलाप अपारा, लिये जाइ पकरै खल भारा।
पुनि पुनि दुश्ट बचन जो कहई, संती सिरोमनि भय बस सहई।
दारून जासु बिबस तिहि काला, उदर गर्भ गत भयौ नृपाला।
बैसानर सम तासु सरीरा, भयौ भर्ग अति सै मति धीरा।
परत अवनि तल श्राप कठोरा, देत भयौ लखि खल की ओरा।
होइ भस्म दुरमति अभिमानी, साधु सतावन अबगुन खानी।
मात दुखित करि मंगल मूला, चहइ नीच हुइ श्रुति प्रति कूला।
सुनत श्राप भा भस्म सरीरा, सुनियै महाराज मति धीरा।

दो.:– तब मुनि तिय है अनमनी, पुनि सुत लीन्ह उठाइ।
आई निज मन्दिर विशै, कंपित गात बनाइ।।

चौ.:– तव लगि आए भृगु तप धामा, सब बिधि चिमन देखि निजुवामा।
अतल पात्र महँ ग्रहनी चीन्हा, करि अति कोप श्राप मुनि दीना।
होउ सरब भच्छी संसारा, सत्य श्राप यह बन्हि हमारा।
सुनि भृगु बचन अनल अकुलाई, महा दीन हुइ बिनय सुनाई।
श्राप अनुग्रह करहु कृपाला, सुनि बोले प्रभु दीन दयाला।

सकल भच्छि होइहौ जग माहीं, रहि हौ सुचि अघ ब्यापहि नाहीं।
इहि बिधि मुनि तप तेज निधाना, अनल प्रतोशि दीन्ह सुखु नाना।
जाति कर्म पुनि निज सुत केरी, बिधिवत सकल करै श्रुति हेरी।

दो.:– गर्भ पतन तै जन्म गुनि, धरयौ चिमन अस नाम।
दिन दिन प्रति सुत बढ़ै इमि, जिमि उडपति छबिधाम।।१०।।

चौ.:– कछुक काल इहि भाँति विहाई, भए चिमन विग्यान बनाई।
पुनि तप हेत करन ग्रह त्यागी, चलै मुदित मन परम बिरागी।
जग पावन रेवा तट गयेऊ, सिश्यनि सहित निरखि तप लएऊ।
पुनि तिहि थल तप कीन्ह अपारा, दस सहस्त्र संवत बृतधारा।
जमी रेनु उड़ि उड़ि तन ऊपर, कुधर खंड सम सो है भूधर।
आसन पर किंसुक तरू नाना, प्रगट भए मुनि सुनहु सुजाना।
पुनि अहि बिल विरचित तन माहीं, बसहि मर्म जानत कछु नाहीं।
मृग गन देह खुजावहि आई, मुनि तप मगन न कछू जनाई।

दो.:– इहि प्रकार मुनि तप करै, सुनहु महा महिपाल।
अब मैं मनुसर जाति की, बरनहु कथा रसाल।।११।।क

चौ.:– एक समै मनु भूप उदारा, मन में तीरथ गमन बिचारा।
सेन कुटुंव साज सजबाई, रेवा तीर गएउ हरशाई।।११।।ख
मंज्जन कीन्ह तहाँ श्रुति रीती, सुर पितरनि जल दीन सप्रीती।
विप्रनि दान बिबिध बिधि दीन्हे, महा प्रसन्न सकल ते कीन्हे।
तहँ नृप सुता सखिनि समुदाई, हाटक भूशन सजे बनाई।
निरखत फिरे विपन चहु पासा, निज सोभा कर करति प्रकासा।
जिहि थल चिमन करै तप भारी, बेलि वृक्ष तन ऊपर भारी।
तहँ मनु सुता सखिनि समुदाई, बेलि विसाल बिलोकी जाई।

दो.:– इक टक चख निरखति भई, तिनि मग हुइ रघुराज।
विन जाने कु ा पानि गहि, भ्रम बस डारि अकाज।।१२।।

चौ.:– कुस के लगत रूधिर बहि आवा, निरखि भूप कन्या दुख पावा।

सोच विव ा मन में पछिताई, अति समीत पुनि निज थल आई।
जननि जनक रान कीन्ह दुरावा, छिन छिन महा सोच अधिकावा।
गिरि कानन समुद्र समुदाई, धरनि कंप तव भा रघुराई।
उल्का पात होहिं दिन माहीं, पुनि दिसि विदिस धूम्र भा ताहीं।
रवि पारस बैठे तिहि काला, रोवहि दिवस उनूक कराला।
बहु गज तुरग काल बस भएऊ, पुनि धन रतन नास हुइ गएऊ।
कलह परस पर होहि अपारा, चिमन पाप कृत फल उजिआरा।

दो.:– अरू विलोकि उतपात सव, भय बस भएउ मलीन।
पुनि बोले निज सचिव सन, मुनि अघ काहू कीन्ह।।१३।।

चौ.:– पुनिधरि ध्यान देखि महिपाला, सुता पाप जिन्ह कीन्ह कराला।
महा दुखित हुइ सेन समेता, गएउ जहाँ तहँ मुनिकुल केता।
तप निधान मुनिवर कह देखी, कीन्ह दंडवत भूप विसेशी।
बोले चिमन दीन तिहि काला, छमहु पाप अव दीन दयाला। पृ.३३प्रा.
मुनिकुल तिलक कृपानिज करहू, जन उन मान दुसह दुख हरहू।
हुइ प्रसन्न तव चिमन कृपाला, बोले नृप सन बचन रसाला।
तुम्हरी सुता चक्षु मम फोरा, तातेभएउ उपद्रव घोरा।
सोइ निज सुता देहु जो मोही, मंगल सकल होहिं तव तोही।

दो.:– तब ही सव उतपात नृप, नसि जै है इकबार।
सुनत चिमन के बचन उर, दु:खित भएउ अपार।।१४।।क
रूप सील गुन आगरी, सोइ निज सुता बुलाइ।
दीनी बिधिबत चिमन कह, भूप हृदय विलशाइ।।१४।।ख

सोरठा.:–भए नास उतपात, पुनिमहीप निजु सेन जुत।
बंदि चरन जल जात, आएउ ब्याकुल नगर मह।।१४।।ग
इति श्री पद्म पुराणे पाताल खण्डे सेस वात्सायन संवादे मधुसूदन दास कृते **चिमन स्थापने नाय चतुर्द ोध्याय(अ.१४).**

दो.:– वात्सायन पुनि चिमन रिशि, भूप सुता कह पाइ।
छाड़ि घोर तप आश्रमहि, जात भएउ हरशाइ।।

चौ.:– तदपि चिमन तै नयन विहीना, महा जठर हत तप बल छीना।
तदपि भूप कन्या रघुराई, सेवन करै ह्रदय हरशाई।
जिमि हरिजन हरिभजि सव काला, तिमि सेवहि मुनि पद सोइ बाला।
मनगति जानि करहि सोइ काजा, परम भाव जुत तजि सव लाजा।
सची सक्र पद सेबहि जैसै, मुनिहि भजै प्रमुदित सो तै सै।
सव लक्षन संपन्न कुमारी, सुभग सरीर सकल मनुहारी।
सोइ फल मूल अंबु आहारा, करहि कंत आइसु अनुसारा।
पति सेवा विनु अपरन ज्ञाना, पुनि जीवन हित मै सुख माना।

दो.:– काम क्रोध मद लोभ पुनि, आलस मोह विहाइ।
सेवहि संतत चिमन कह, दंभादिकनि नसाइ।।१।।

चौ.:– मन वच कर्म रहै इहि भाँति, जात न जानहि दिन अरू राती।
सर सत संवत लगि इहि रीती, कीन सेवहत काम सप्रीती।
एक समय अ वनी कुमारा, मुनि के आश्रम में पगु धारा।
आए देखि तिनहि निजुधामा, पूजा करन लगी सोइ बामा।
स्वागत कहि अरघादिक दीन्है, महा प्रसन्न चिमन तिहि कीन्है।
निरखि प्रीति अ वनी कुमारा, बोले तिहिसन बचन उदारा।
मागहु वर सर जाति कुमारी, तो सम धन्य न अवनि मझारी।
तिनहि प्रसन्न देखि महिपाला, बुद्धि वान सो बाल विसाला।

दो.:– पति इच्छा लगि कीन वन, वर चाहन हित बाल।
पुनि बोली तिनि सुरनिसौ, जौ तुम भए दयाल।।२।।

चौ.:– तो मम पति के नैन नवीना, करहु देव वर परम प्रवीना।
ताके वचन सुनत रघुराई, बोले अमर बैध हरशाई।
पति देवता बचन सुनु मोरे, जो इक काज करहि पति तोरे।
सुर पंगति मह मश करि भागा, प्रथमहि देहिं सहित अनुरागा।
तो द्रग नवल करहि इहि काला, सुनि वोले मुनि पती विसाला।
तुम सुरवर लायक मश भागा, दै हौ अवसि सहित अनुरागा।
सुनि सुर बैद्य ह्रदय हरशाई, वोले मुनिसन गिरा सुहाई।
सिद्धि रचित यह सर सुखदाई, मंजन करहु सकल दुख जाई।

दो.:– उठे चिमन यह वचन सुनि, महा वृद्ध तन छीन।
चलहि उताइल स्वास अति, कप कपात वल हीन।।३।।

चौ.:– करि वहु कश्ट गएउ सर माहीं, मज्जन करत ह्रदय हरशाई।
पुनि सुर बैध तहीं चलि गएऊ, चिमन सहित मंजत तव भएऊ।
तीन्यौ जन धरि सुभग सरीरा, करि मंजन निकसे मतिधीरा।
मदन सद्रस छवि तियनि निहारी, कुंडल कनक बसन तनधारी।
दिव्य माल आदिक सव सोहै, दिन कर अनिल तेज जुत मोहै।
रूप सील बय तेज समाना, निरखि बाल तहि पति पहिचाना।
भ्रम वस सरन गई पति पाही, पति हित विनय कीन्ह वहु ताही।
पति देवता निरखि हरशाई, तुरत चिमन कहँ दीन बताई।

सोरठा.:–पुनि रिशि आयसु पाइ, चढ़ि विमान सुर बैध तब।
जातभए हरशाई, जग्य भाग की आस तब।।४।।

चौ.:– इहाँ चिमन वर कीन्ह बिचारा, करी सेव मनु सुता अपारा।
अमित दया लागी उर माहीं, प्रेम विवस बोले तिहि पाहीं।
मैं प्रसन्न तो पर इहि काला, परम भक्ति लखि सेवविसाला।
जग में निज तनु परम पिआरा, सो मम हित लगि तुम न निहारा।
अव सुनि भूप सुता हरशाई, बचन परम प्रिय आनद दाई।
तप समाधि विद्या जुत ग्याना, प्रभु प्रसाद मम कृतजें नाना।
तिनके फल सव तै वस कीन्हे, मम सेवा करि दढ़ मनु दीन्हे।
दुर्लभ भूपनि कौ सुख जेइ, करहु भोग प्रमुदित हुइ तेई।

दो.:– मम तप वलतें दिव्य सुख, करहु बाल हरशाइ।
निपुन भोग माया विशै, मुनि अस कहि अरगाइ।।५।।

चौ.:– वचन उदार सुनत पति केरे, लज्जित होइ वोली कर जोरे।पृ.३४प्रा.
तुम समर्थ मुनिकुल मनि स्वामी, त्रकालग्य प्रभु अंतर जामी।
तदपि कहौ कछु बचन कृपाला, जो पूछहु करि दया विसाला।
नारिन को जग मै यह जोगा, एकहु बार स्वामि सन भोगा।
कीजियै अबसि वेद यह गावा, कृपा सिन्धु सोइ समय सुहावा।
रिपुसूदन मुनि सुनि तिय बचना, तपबल लगे रचन बर रचना।

रूचिर विमान सदा सुखदाई, विपुल रंग मनि रचेउ बनाई।
दिव्य सकल कामद सब काला, सर्ब रत्न जुत सोह बिसाला।

छन्द:–सो सर्व रत्न समेति सोभित जान तहिं बर्नत बनै।
नाना पदारथ सहित पुनि मनि खंभ राजहि अतिधनै।
पय फेन सम अबदात निबिधि विचित्र बसन बिछे तहाँ।
बहु रंग ध्वज तोरन पताका अनेक सुन्दर रचि तहाँ।।१।।

छन्द:– पुनि माल फूलनि की विचित्र सुगंध अलि जुत भ्राजहीं।
मनि जलज हेम विसाल अंग अगनित सुभग तहँ राजहीं।।
वहु रंग रंगनि के दुकूल अनेक अद्भुत सोहहीं।
रचना अनूप रची तहाँ लखि अमर सिल्प विमोहहीं।।२।।

छन्द:–सुभ महल मरकत मनिन के पर जंक बिपुल बिराजहीं।
उडराज सम सित तुल्य सोभा सदन छबि जुत साजहीं।।
तह दिव्य विद्रुम वेदिका पुनि देहरी अगिनित लसै।३

सोरठा:– हाटक मनिमय धाम, अति सुंदर विरचे तहाँ।
वन सर वर आराम, सोभा मैं किहि विधि कहौ।

दो:– हंस कीर कोकिल जहाँ, पारवता समुदाइ।
निज प्रतिविंव विलोकि सव, कुंजत अति सुखपाइ।।६।।

चौ:–कितउ बिहार कितहु विश्रामा, भिन्न भिन्न विरचे मुनिधामा।
रूचिर जान पुनि मुनिवर देखा, मन मह विस्मय भएउ विसेशा।
अस विमान लखि भूप कुमारी, भई ह्रदै नहि नैक सुखारी।
तव मुनि त्रिकालग्य अस जाना, छीन देह लखि तिय दुख माना।
पुनि वोले वर गिरा सुहाई, सुनहु वाल निज मन हरशाई।
सुभग सरोवर यह सुख मूला, मंजन करहु जाइ श्रम सूला।
पुनि प्रमुदित हुइ चढ़हु विमाना, करहुभोग सम्पति सुख नाना।
सुनि अस वचन उठी नृप कन्या, पति देवता अवनि तल धन्या।

दो.:– मलिन वसन पुनि छीन तन, पंक रहीं लपटाइ।
भए केस बांधे कै जटा, सुनहु महा मुनिराइ।।७।।

चौ.:– तब सर बर तिहि कीन्हा प्रवेसा, पति आइस उर प्रेम विसेशा।
मंजन करत बारि विच देखा, हेम मननि कृत भवन विसेशा।
एक सहस कन्या तहं राजै, निज छबि सौ मनमय तिय लाजै।
वय किसोर सुभ लच्छिन रासी, कंज गंध तन करहि प्रकासी।
ते सब भूप सुता कह देखी, जोरि पानि पुनि उठिय विसेशी।
बोलै बचन बिनीत बिचारी, स्वामिनि हम किंकरी तुम्हारी।
आइसु कहा करौ इहि काला, सोइ अनुसार रहै हम बाला।
इहि कहि प्रीति बड़ाई, पुनि विधिवत् अस्नान कराई।

दो.:– अति विचित्र नूतन बसन, अंग अंग सजे वनाइ।
दिव्य विभूशन सकलपुनि, परिहराए हरशाई।।८।।

चौ.:– मधुर अन्न सुन्दर जल पाना, कर बाये भोजन बिधि नाना।
पुनि मधु दीन ताहि मन भावा, भुकर मनोहर फिरि दरसावा।
इहि प्रकार मश करि सिव काई, प्रेम सहित निजु विनय सुनाई।
तिहि अवसर लै मुकुर रसाला, देखन लगी रूप निजु वाला।
विपन माल मुक्ताहल भारा, सोभा अमित मनिन की धारा।
ससि सम बदन कंबु अस ग्रीवा, अपर अंग देखेउ छबि सीवा।
दिव्य वसन बिचित्र सुखदाई, सकल विभूशन सजे बनाई।
बिबिध गंध तन चर्चित देखी, रति हू तै छबि लखी विसेशी।

दो.:– तन मन मै निज नाथ करि, सुमिरन करि रघुराज।
जातभई पुनि सखिन जुत, जहाँ चिमन सुख साज।।६।।

चौ.:– विद्याधर सहसा सुख रासी, इन विच आपुहि देखि प्रकासी।
मुनि कौ जोग निपुन पुनि देखी, मन महँ संका कीन्ह विसेशी।
तब मुनि तिय मन की जानी, सखियनि सहित यान पर आनी।
चिमन तियनि जुत राजहि कैसे, उडगन सहित चन्द्रमा जैसे।
कुला चलेंद्र सिखर सुखरासी, रितु बंसततह सदा प्रकासी।
तिहि थल झिरना झरहिं अपारा, लोक पाल जहँ करहि बिहारा।

करहिं सिद्ध जन मुदित निवासा, तहाँ चिमन मुनि सहित हुलासा।
बिहरत फिरहिं तियनि सुखदाई, नाना बिधि सुनियै रघुनाई।

दो.:– पुश्प भद्र बन आदि दै, बै कुंभक सुख साज।
नंदन बृंदारक विपन, जहाँ भोग सव भ्राज।।१०।।क

सोरठा.:–मान सुहृद सुखधाम, चैत्ररथादिक विपन सब।
मुनि बिहरै जुत बाम, विपुल काल लगि जान चढ़ि।।१०।।ख
इति श्री पद्म पुराणे पाताल खण्डे सेस वात्सायन सम्वादे मधुसूदन दास कृते
चिमनस्य तप योगवर्ननोपंचाद ोध्याय(१५)

दो.:– सूत सुनहु इहिभांति मुनि, सकल अवनि तल माहि।
चढ़ि विमान बिहरत भए, सत संवत् लगि ताहि।।

चौ.:– प्रिया मनोरथ पूरन जाना, पुनि मुनीस तप मै मन आना।
सकल बिहार छाड़ि मतिधीरा, अब तप करहि सुमिर रघुबीरा।
करन लाग मुनि तप हरशाई, इहि आश्रम सुनियै रघुराई।
बिगत बैर खग मृग सब चरही, परम सनेह परस पर करही।
सकल सिश्य श्रुति मध्य प्रवीना, सेवहि पद मन करि लव लीना।
तप समूह विग्यान निकेता, बसहि इहाँ मुनि गननिं समेता।
महाराज अब कथा सुहाई, करहु बखान सुनहु मन लाई।
एक समय सर जात भुआला, रच्यौ सुरनि हित जग्य रसाला।

दो.:– तहाँ प्रथम मनु चिमन हित, सचिव दीन पठवाइ।
सुता सहित मुनिनाथ कहँ, ल्याएउ नगर बुलाइ।।१।।

चौ.:– मुनिहि सुता जुत आवत देखा, अनल भान तै तेज विसेशा।
भूप मलिन हुइ वंदन कीन्हा, भैटि सुता नहिं आसिश दीन्हा।
महा दुखित हुइ वचन सरोशा, वोले भ्रम बस लखि वड़ दोशा।
कवन कर्म तै कीन्ह कराला, तजे चिमन तप रा‍ि ा विसाला।
महा जठर पुनि परम कृपाला, समन सील पुनि पूज्य दयाला।
तिनहि त्यागि तुव मंद अभागी, किहि हित भई जार अनुरागी।
जनमी बिमल बंस मै आई, कवन हेत निज वुद्धि नसाई।

बंस कलंक कीन ते जाई, पति पितु कीरति सकल नसाई।

दो.:– इहि विधि पितु के वचन सुनि, हंसि बोली तिहि काल।
एइ भृगु नंदन स्वामि मम, असकहि सकुचि विसाल।।२।।

चौ.:– वय सरूप जिमि मुनि वर पावा, सो प्रसंग सब पितहि सुनावा।
सुनत सुता के बचन रसाला, बिस्मय विवस भए महिपाला।
प्रेम सहित पुनि भैटि कुमारी, दै असीस तब कीन्ह सुखारी।
पुनि मनु भूप ह्रदय अनुरागे, जग्यक्रिया करबावन लागे।
जे मश भाग जोग सुर नाहीं, प्रथमहि देत भए तिन पाहीं।
अपने तपबल चिमन उदारा, इंद्रादिक करि करि अपचारा।
जग्य माग सुर बैधनि दीन्हा, प्रथम बचन मुनि आदर कीन्हा।
लेत भाग लखि सक्र रिसाना, कुलिस लीन कर काल समाना।

दो.:– रिपुसूदन मुनि चिमन कह, बधन हेत पुरहूत।
धाएउ निज अपमान लखि, करिमन क्रोध बहूत।।३।।पृ३६प्रा.

चौ.:–धरै कुलिस वर मारन हेता, आवत लखि मुनि गर्व समेता।
तव हुँकार भाब्द तहँ कीन्हा, पवि जुत बाहु थकित करि दीन्हा।
थकित बाहु बासव तहँ ठाड़ा मंत्र बिवस अहि जिमि रिस बाड़ा।
सकल लोक कौतिक तहँ देखै, विसमय अमित ह्रदय में लेशै।
तव सुरपति अभिमान विहाई, मुख सौ अस्तुति करहि लजाई।
तप निधि हे तुम चिमन उदारा, भलिहि दीन बलि इनहि अगारा।
होहु प्रसन्न कृपा अनुसरहू, अवजन जानि अभै मोहि करहू।
छमहु मोर अपराध दयाला, मुनि नायक तुम परम कृपला।

दो.:– सुनासीर के वचन सुनि, क्रोध सांति करि लीन्ह।
अघ छिमि आसिश दीन पुनि, बाहु जथा करि दीन्ह।।४।।

चौ.:–अस कौतुक लखि लोग लुगाई, चिमन तेज बल सकल सिहाई।
लै लै भाग देव पुनि गएऊ, तव नृप दान द्वजनि कहँ दएऊ।
विधिवत मश पूरन करि राजा, मंजत भएऊ समेति समाजा।
चिमन कथा सुंदर रघुराई, तुम जो मोहि पूछी हरशाई।

सो मैं तुम सन कही बुझाई, जन्म विहार जोग समुदाई।
अव आश्रम चलि करहु प्रनामा, लेहु असीस सहित अमिरामा।
तिय समेति पुनि रघुवर पासा, अवसि पठावहु सहित हुलासा।
इहि बिधि कहत परस पर वाता, प्रेम मगन दोउ पुलकित गाता।

दो.:– तव लगि मुनि आश्रम विशै, जात भएउ हय राज।
मरूत बेग तृन चरत मग, अति द्युति भूतल भ्राज।।५।।

चौ.:– मुनि जन सर मंजन हित लागी, तिहि थल बिचरहि अति बड़भागी।
ते यह चकित विलोकत ठाढ़े, ह्दय सराहत आनद बाढ़े।
तिहि अवसर चतुरंगिनि सेना, पहुँची निकट चिमन कै ऐना।
तव रिपुसूदन रथ परित्यागा, कछुक भीर लै जुत अनुरागा।
चिमन निकेत महाबलि गएऊ, भूप सुता जुत निरखत भएऊ।
तप मय मूरति मन में लेखी, प्रेम सहित पद बंदि बिसेशी।
पुनि बोले बर बचन रसाला, करहु कृपा मुनि नाथ दयाला।
श्री रघुपति कर लघु मैं भ्राता, नाम सत्रहन रवि कुल जाता।

दो.:– मश हित पालन हेत मैं, आएऊ सुनहु कृपाल।
प्रनवहु पद जल जात अव, पावन करहु दयाल।।६।।

चौ.:– सुनि प्रिय वचन विनीत बनाई, मुनि सत्तम बोले हरशाई।
महाराज तुम्हरौ कल्याना, कीरति सहित होउ सुख नाना।
देखहु मुनि जन अचरिजु भारी, राम करहि मश उर वृत धारी।
जिनके सुमिरन तै जग माहीं, सकल पाप छिन में नसि जाहीं।
परदारादि पाप रत जोई, सुमिरि जिनहि पावहि गति सोई
जिनकी पद पंकज रज पाई, भई अहिल्या नारि सुहाई।
सिव वृह्मा करि पावन जोई, करहिं जग्य ते अचरजु होई।
असुर पापरत संतत जेई, निरखि रूप रन मंडल तेई।

दो.:– तजि तजि प्रकृति देह तिन, लही मुक्ति सारूप।
देखहु मुनि ते करहिं मश, अखिल लोक के भूप।।७।।

चौ.:– जिन हित जोगी जोग कराही, करि करिध्यान परम पद जाहीं।

आजु धन्य मैं भूतल माहीं, जाइ राम छवि देखेउ ताहीं।
काम कोटि छबि धरै सरीरा, ससि सम वदन हरै भव भीरा।
जलज नयन सुंदर श्रुति नासा, सुभग कपोल अधर जुत हांसा।
मदन चाप इव भ्रकुटि विराजै, मुक्ताहल दुति रदगन लाजै।
कंबु कंठ उर बाहु विसाला, रूचिर जानु लगि बाहु क्रपाला।
पनि अरून अरबिंद समाना, करज चारू नख ससि अनुमाना।
त्रबली उदर माहि अति भ्राजे, नाभि भानु तनुजा अति लाजै।

दो.:– इन्द्र नील मनि कदलि सम, जुगल जंघ छवि भौन।
रूचिर उरू पुनि पदनि कह, बरनि सकै कवि कौन।।८।।

चौ.:– मंजु मृदुल पंकज छवि हारी, देखिहौ चरन सकल सुख कारी।
हेम सिंघा सन रिशिन समाजा, सरजू तीर करत मश काजा।
जे अस राम नाम परित्यागी, अपर देव नामनि अनुरागी।
तिनकी रसना सोहै कैसै, बृथा व्याल जिभ्या जग जैसै।
आजु सकल तप फल मैं पावा, भयो मनोरथ मो मन भावा।
राम दरस करि हौ मैं आजू, अज सिव कौ दुर्लभ सुख साजू।
तिनकी पद रजधरि निजु गाता, करि हौ पावन आजु ही जाता।
वचन परसपर कहि हौ जवहीं, रसना पावन ह्वै है तबहीं।

दो.:– अस कहि प्रेम मगनभए, मुनि नायक तिहि काल।
पुनि वोले गद गद बचन, नैन श्रवत जल माल।।६।।

चौ.:– हे रघुवर हे राम कृपाला, धर्म मूर्ति हे दीन दयाला।
प्रनत पाल हे स्वामि उदारा, भव निधि तै कीजै मोहि पारा।
अस कहिध्यान मगन हुइगऊ, निज पराम वहि जानतभएऊ।
तव रिपुसूदन वचन विनीता, बोले मुनि सन परम पुनीता।
नाथ राम मश पावन कीजै, चलहु अवध सव कौ सुख दीजै।
रघुपति है अतिसय वड़भागी, वि व पूज्य तुम जिन हित लागी।
प्रेम विवस हुइ अति हर ानै, राखहु उर मै निज प्रभु मानै।
सुनि अस वचन ह्दय हरशाई, पुनि मुनि उठै कुटुम समुदाई।

दो.:– होम साज सव साथ लै, चले अवधि तिहि काल।

मारूत सुत पद जात लखि, लागी दयाल विसाल।।१०।।

चौ.:– रघुपति भक्त सिरोमनि जानी, रिपुसूदन सन बोलेउ वानी।
महाराज पावनि मुनि जाहीं, खेद वहुत हुइहै मग माहीं।
राम भक्त सुंदर अति गाता, कोमल पद मानहु जल जाता।
जो अनुसासन देहु कृपाला, आवहु अवधि पठइ इहिकाला।
कपि के वचन सुनत हरशाई, कहेउ जाउ आवहु पहुँचाई।
तव हनुमान जाइ मुनिपासा, पीठि चढ़ाएउ सहित हुलासा।
रिशि परिवार वहोरि चढ़ाई, धाए मरूत बेग कपिराई।
सरजू तीर गएउ छिन माहीं, रघुनायक जहँ जग्य कराहीं।

दो.:– मुनि को आवत देखिप्रभु, उठे हरशि तिहि काल।
अर्घ पाद्य दै प्रेम जुत, वोले वचन रसाल।।११।।क
आजु धन्य मैं भएउ मुनि, तुम्हरो दरसन पाइ।
पावन जग्य भयौ महा, सकल वस्तु समुदाई।।११।।ख
सुनि रघुवर के वचन तव, चिमन महा मुनिराइ।
तन पुलिका लोचन श्रवत, वोले गिरा सुहाइ।।११।।ग

सोरठा.:– तुम जो पूजन कीन्ह, अहो स्वामि व्रह्मन्य सुर।
धर्म प्रगट सुख दीन्ह, विप्रहि मानै जगत इमि।।११।।घ

इति पद्म पुराणे पाताल खण्डे सेस वात्सायन सम्वादे मधुसूदन दास कृते **चिमन अ व मेघ जग्य गमनो नाम ाडद ामोध्याय(१६)**

दो.:– वात्सायन रघुनाथ पद, वंदन करि कपिराज।
जातभएउ पुनि कटक मै, जह रिपुदमन समाज।।1।।

चौ.:– महाराज रिपुदहन उदारा, निरखि जान तप तेज अपारा।
विस्मय सहित सराहन लागे, सुनहु सूत मन मै अनुरागे।
धन्य चिमन तप तेज निधाना, सुर दुर्लभ जिनि रच्यौ विमाना।
नाना विधि के भोग विलासा, प्रिया हेत जिन्ह कीन्ह प्रकासा।
पुनि मन मै प्रभु करहिं विचारा, कहाभोग मै चिमन अगारा।
जै संतत हरि पद लव लीना, पुनि विराग मह परम प्रवीना।

ते सुख जीवन कौ जग माहीं, दुर्लभ सव विधि संसय नाहीं।
इहि प्रकार मुनि मनहि सराही, बैठि छिनक आश्रम हरशाही।
करि जल पान समेति समाजा, पुनि रथ चढ़तभए रघुराजा।

दो.:– पय वनी जल पान करि, तिहि अवसर मश वाजि।
चल्यौ उतावल पंथ गहि, प्रवल पवन गति लाजि।।१।।

चौ.:– तुरग जात लखि सूर अपारा, चले विलोकत समर जुझारा।
कोटिन गजरथ पर असवारा, चढ़े तुरग कोटिन नहिं पारा।
तिन पाछे रिपुदहन उदारा, सुमति सहित रथ चढ़ि पगुधारा।
अगिनित भूप चले तिन पाछै, अस्त्र सस्त्र जुतभूशन काछै।
महाराज मग सो है कैसै, सुर समूह मह वासव जैसै। पृ.३७ अ.
इहि बिधि सकल सेन मग माहीं, जाइ जहाँ हय निरखत ताहीं।
इहि प्रकार रघुपति मश बाजा, पहुच्यौ विमल भूप के राजा।
तन तनटास्व नगर तिहि केरा, सब प्रकार सुंदर चहु खेरा।

सोरठा.:–तिहि तट पहुच्यौ जाइ, वाजि सिरोमनि सैन जुत।
यह सुधि भूपति पाइ, सभा माहि प्रमुदित भयौ।।२।।

चौ.:– नाग सात सै परम अनूपा, सजे भैट हित ससि सम रूपा।
दस हजार हय साजि बनाई, पुनिरथ रचे सहस सुखदाई।
अपर साज अगिनित सज वाई, विमल नरेस चलेउ हरशाई।
श्री रामानुज चरन मझारी, परेउ सकल अभिमान विसारी।
भैंट राखि आगे महिपाला, पुनि निजु नृपता कोस विसाला।
सकल निवेदन करि तिहि काला, पुनि विनती बहु कीन्ह नृपाला।
लशन बंधु सुनि विनय विनीता, भुजभरि भेंटत भएउ सप्रीता।
वहुरि तासु सुत बोलि समीपा, सकल राज दै कीन्ह महीपा।

दो.:– विमल संग लै चलेउ पुनि, रामानुज मतिधीर।
नगर बिलोकत बिपुल मग, बिगत त्रास सब बीर।।३।।

चौ.:– तिन देसनि के सकलभुआला, मिलहिं आइ सजि भैट विसाला।
राम प्रताप सकल जग माहीं, विगत त्रास मग हर्शित जाहीं।
सपनेऊ बाधा करै न कोऊ, जो निरखै हय प्रनवहि सोऊ।

रिपुसूदन इहि विधि मग जाता, निरखत भएउसैल सुख दाता।
रजत कनक मय सिखर सुहाई, कहुँ कहुँ फटक श्रंग छविछाई।
झिरना झरहिं महा सुखदाई, चित्र बिचित्रत अवनि सुहाई।
रंग रंग के सुथल अनूपा, निरखे दिव्य सकल सुखरूपा।
तहाँ सिद्ध जन तियनि समेता, विगत त्रास विहरहि सुख देता।

दो.:– बृंदारक गंधर्व पुनि, नाग अपछरा वृंद।
विहरत देखे सैल पर, सकल त्रास करि क्रंद।।४।।

चौ.:– सुर सरि परसि पवन सुखदाई, संतत वसहि सदा मुनिसाई।
हंस कीर कोकिला प्रवीना, भँवर आदि रव करहिं प्रवीना।
नाना तरू कुसुमित तहँ देखी, सव प्रकार अद्‌भुत छवि लेखी।
बिसमय जुत रिपुदहन उदारा, सुमति सचिव सन बचन उचारा।
सचिव सिरोमनि कहो बुझाई, कवन सैल यह बिस्मय दाई।
अति अद्‌भुत मारग अस्थाना, राजहि बिपुल बिहग मृग नाना।
करहि अमर अपछरा बिहारा, विगत त्रास मन मुदित अपारा।
कबन देव करिइहाँ निवासा, कहहु सचिव सव सहित हुलासा।

सोरठा.:–भएउ ह्वदय मम लोभ, जाकी सुन्दरता लखै।
दिव्य अलोकिक सोभ, कहहु तात विस्तार करि।।५।।

चौ.:– सुनि अस वचन सुमति मतिधीरा, गुनागार सेवक रघुवीरा।
वोले बचन ह्वदय हरशाई, महाराज सुनियैं मनुलाई।
नीलांचल यह सैल सुहावा, अंग विसाल सहित छवि छाबा।
पर दारादि पापरत जेई, दरसन पाइ सकै खलतेई।
जेपरकृत घातक नर मंदा, अपे वेद निंदक दुख कंदा।
पुनिसंतत स्वारथ रत जेई, लीलि लोभ जग बेचहि जेई।
ऐसेउ खल कर दरसन ताता, होइ वि व में पावन गाता।
पुनि द्विज हुइ वेचहि रस मूढ़ा, मदिरापान जे करहिं विमूढ़ा।

दो.:– जे उत्तम कुल छाड़ि नर, लोभ विवस मतिमंद।
कन्या वेचहि अधम ग्रह, ते लाइक जगफंद।।६।।

चौ.:– पति व्रतहि पुनि दूखहि जेई, तजि कुटुंव मधु भोगहि लेई।
एसेउ करि दरसन जगमाहीं, अंत कालते हरि पुर जाहीं।
पुनि जे खल विप्रनिहित लागी, पाक भेद नित कर हत भागी।
मधुर अन्न छिपिभोजन करही, विगत स्वाद विप्रनि कौधरही।
पुनि मध्यान्ह काल जे लोगा, अतिथि त्याग आपुहि करि भोगा।
अंतरीछ भोजन प्रिय जिनही, श्री रघुनाथ विमुख जग तिनही।
एसेउ खल जग कपट विहाई, करहि दरस सुनियौ रघुराई।
लहे परम गति पाप विहाई, जो इहि गिरि सरनागत जाई।

दो.:– महाराज जा सैल पर, जग पावन छविधाम।
श्रीपति परशोत्तम वसै, जगन्नाथ भगवान।।७।।

चौ.:– मुकुट सहित सुर नावहिभाला, मानहु आरति करहि रसाला।
पावन दरस अभय पद दाई, नेति वदि श्रुतिनिन गाई।
इन्द्रादिक संतत पदधारी, खोजत भाग्य सराहहि भारी।
पुनि बेदांत सार बुध देख, संतत अस्तुति करहि विसेशी।
अस पुरूशोत्तम दीन दयाला, बसे सैल इहि परम कृपाला।
जे सुक्रती जन परम पुनीता, ते प्रनवहि सेवहि जुत प्रीता।
पुनि प्रसाद लहि प्रकृति बिहाई, धरि चतुर्भुज बपुगति पाई।
अब इतिहास पुरातन कहँऊ, अचरिज सहित तात तुम सुनऊ। पृ३६ प्रा.

दो.:– रतन ग्रीव नृप की कथा, कहो वंस जुत गाइ।
प्रथम चतुर्भुज रूपतिन, पावा प्रकृति विहाइ।।८।।

चौ.:– देवनि को दुर्लभ गति जोई, करि दरसन पाई इन सोई।
काची पुरी जगत विख्याता, अति पुनीत सुंदर पुनि ताता।
तहाँ महाजन वसहि अपारा, अमित सैन जुत सोभ अपारा।
राम भक्त ाट कर्म समेता, वसहि विप्र सव आनद देता।
छत्री वसहि महा रन धीरा, अस्त्र सस्त्र जुत सव वर वीरा।
पर तिय परधन देहिन दीठी, सपनैहु करहिन रन तन पीठी।
वसै वै य तह सकल सुजाना, कृशि गौ रच्छन वनिज प्रधाना।
पुनि रघुनाथ चरन रति मानै, संतनि पर अनहित नहिं जानै।

दो.:– संतत द्विज सेवा निपुन, सूद्र वसहि सव ताहि।
श्री रघुपति के नाम कह, जपत दिवस निसि जाहि।।६।।

चौ.:– मनहु करि कौउ पाप न जाना, दान दया दम सत्य निधाना।
परच वाव जन भूलिन करही, पुनि पर धन पर लोभन धरही।
इहि विधि प्रजा लोग तहँ वसही, सव प्रकार अघ तै मन कसही।
रतन ग्रीव नृप नीति सुजाना, पालहिं तिनहिं पुत्र अनुमाना।
ाश्टम अंस प्रजा पर लेही, अपर वस्तु पर लोभ न देही।
धर्म सहित पालहिं इहि रीती, अति प्रवीन जानहि नृप नीती।
इहि विधि विपुल काल चलि गएऊ, भोग विलास करत नित नएऊ।
एक समै नृप निज ग्रह माँही, वोलेउ निसि में निज तिय पाहीं।

दो.:– प्रिया पुत्र समरथभए, सव विधि नृपता जोग।
पुनि हम तुम वहु भाँति करि, देखेउ करि जग भोग।।१०।।

चौ.:– पुनि सव विधि पूरन परिवारा, विगत त्रास नहि कवनेउ भारा।
नाग सैल सम वाजि सुहाए, रथ समूह राजे मन भाए।
विहमु प्रसाद प्रिया मम आजू, सव प्रकार परि पूरन काजू।
अति लालसा एक मन माहीं, परि हरि सकल तीर्थ चलि जाहीं।
जनम मरादिक ना सै यातै, श्री पति करै कृपा सुनि तातै।
भएउ वृद्ध अव प्रिया प्रवीना, इन्द्री सकल भईं वल हीना।
अवसि तीर्थ करिहौ इहिकाला, जो श्रीपति प्रभु होइं दयाला।
जे जग मै नित उदरहिं भरहीं, श्रीपति सेवा नहि ते करहीं।

दो.:– ते गर्धव सम तुल्य नर, कहै वेद अस नीति।
तातै सुंदर विहम हित, करि हौ तीर्थ सप्रीति।।११।।

चौ.:– इहि विधि मन में मंत्र द्रढ़ाई, सुमिरि हरिहि मन मै हरशाई।
पुनि नृप सैन कीन्ह रघुराजू, तहाँ विप्र देखा तप साजू।
लगी नींद पुनि उठेउ प्रभाता, संध्यादिक करि हर्शित गाता।
बहुरि सभा में बैठेउ जाई, सचिव महाजन जुत सुख पाई।
तिहि अवसर भूसुर सोइ आबा, जिहि सपनै में दरसु दिखावा।

जटा मुकट वल कल कोपीना, दंड पानि तापस तन छीना।
अति प्रवीन तन तेज विराजै, विपुल तीर्थ सेवागुन भ्राजे।
आवत देखि उठे महि पाला, करि प्रनाम जुत प्रेम विसाला।

दो.:– विधिवत् दै अर्घादि पुनि, पूजन करि तिहि काल।
कुसल पूछि आनन्द जुत, बोले बचन रसाल।।१२।।

चौ.:– सुनहु स्वामि तव दरसन पाई, पावन भयौ कुटुम समुदाई।
महाभागवत तुम मै मूढ़ा, आएउ कृपा करन प्रभु गूढ़ा।
सव प्रकार सर वग्य गुसाईं, रहौध्यान मै मगन सदाईं।
सकल तीर्थ तुम विधिवत कीन्हे, प्रथम भेद मम मन मै चीन्हे।
तातै नाथ विप्र वर स्वामी, मोहि जानि अपनो अनुगामी।
कहौ वुझाइ सकल मो पाहीं, जातै जनम मरन दुख जाहीं।
कवन देव तीरथ असनाथा, जिहि विधि सुनी होइ तुम गाथा।
सो विस्तार सहित इहि काला, वरनहु प्रभु करि दया विसाला।

दो.:– वोले विप्र प्रसन्न हुइ, सुनहु भूप मनि वात।
जिहि विधि बूझी प्र न तुम, सो अव वरनहु तात।।१३।।

चौ.:– गर्भ वास नासन भगवाना, सीता पति विनु अपर न आना।
उन विनु सेवन जोग न कोऊ, दूसर प्र न कहौ सुनु सोऊ।
अव नृप पूज्य मान भगवान, पुरूशोत्तम विनु अपर न आना।
मैं हू अगिनित तीरथ देखे, पाप दहन सुख करन विसेशे।पृ.४०प्र.
तिनको बरनन कहौ वनाई, सुनहु भूप मन मै हरशाई।
देखी अवधि पुरी सुखदाई, संतत बसै जहाँ रघुराई।
सुनि सरजु तापी हरद्वारा, पाप तूल कह अगर अपारा।
रेवा सागर संगम देखा, पुनि अवंतिका पुरी विसेशा।

दो.:– अति पुनीत काची पुरी, विमला आदि नरेस।
हाटि काव्य गौ करन में, विधिवत कीन्ह प्रवेस।।१४।।

चौ.:– ते सवती रथ पाप विनासी, अपर वखनहु पुन्य प्रकासी।
मलिक नाम गिरबर मैं देखा, मोक्ष देन अघ हरन विसेशा।

निरखी द्वारा बती सुहाई, जाकौ देव दनुज सिर नाई।
जहाँ गौमती बहै सुहाई, बृह्म वारि जुत श्रुति जिहिगाई।
कबनहु जीव देह जहत्यागा, एक वर्श में अस्त विभागा।
होइ चक्र सव सं ाय नाहीं, पुनि पाशान चक्र मय ताहीं।
सकल मनुश चक्रदिक धारी, त्रजग कीट सुख सहित निहारी।
बसै तहाँ श्रीपति भगवाना, निरखी सो मैं भूप सुजाना।

दो.:– कुरू क्षेत्र के तीर्थ सव, देखे मैं निज नैन।
नासहि हत्या सकल ते, महा मोद के यैन।।१५।।

चौ.:– निरखी बारानसी बनाई, वि वनाथ जहँ बसे सदाई।
कवनौ जीव तजे तहँ देहा, कर्म भोग तजि सहित सनेहा।
अवसि वसै कैलासहि सोई, मंत्र प्रसाद जान सव कोई।
मणि कर्णिका तीर्थ तहँ राजै, उत्तर वाहिनि सुर सरि भ्राजै।
मुण्डमाल अति भूशन राजै, नाग छाल जुत सिव तहँ भ्राजै।
धर्म राज तहँ दंड न दैही, भैरव सकल न्याय करि लैही।
अस कासी सुंदर सुखदाई, निरखी मैं सब भाँति बनाई।
अपर अनेक तीर्थ हम देखे, दहन पाप सुख करन बिसेशे।

सोरठा.:–सुनहु भूप मनुलाइ, अचिरजु एक महालख्यो।
नीलांचल सुखदाइ, जगन्नाथ राजहिं तहाँ।।१६।।
इति श्री पदम पुराणे पाताल खण्डे सेस वात्सायन सम्वादे मधुसूदन दास कृते
ब्राह्मण भूप सम्वादे सप्त द ोध्याय।।१७।।

दोहा.:– नीलांचल गिरि राय पर, भयौ चरित सुनि सोइ।
तहाँ जात ही प्रेम जुत, हरि पद प्रापति होइ।।
एक बार मैं तिहि थल गएऊ, गंगा सागर मंजत भएऊ।
तहाँ सैल पर भील निहारे, चारि बाहुजुत सुंदरभारे।
धनुश बान धारै कर माहीं, कंद मूल फल भच्छत जाहीं।
उनहिं देखि मन सं ाय भएऊ, यह सरूप इनकिहि विधि लहेऊ।
श्रीपति पुर वासिनि कर रूपा, अज सिव दुर्लभ परम अनूपा।
चारिभुजा चक्रादिक धारै, बन माला उर माहिं बिहारै।

अस सरूप इन किहि विधि पावा, यह संसय मोरे मन छावा।
मैं नृप सों पूछा तिहि काला, किहि विधि पाएउ रूप रसाला।

दो.:– कहहु नाम पुनिभवन तुम, कहाँ वसहु सुख पाइ।
सकल कथा वरनन करो, जिहि विधि सं ाय जाइ।।१।।

चौ.:– तव नृप भील बिहंसि मो पाहीं, बोले द्विज कछु जानत नाहीं।
प्रगट प्रसाद महत संसारा, सो नहिं जानौ अचिरिजु भारा।
सुनि अस तिनिके वचन भुआला, पुनि मैं वोलतुभातिहि काला।
कहा प्रसाद कहाँ तै होई, सकल प्रसंग सुनावहु मोही।
बोले भील तबै हरशाई, सुनहु विप्र हम कहै वुझाई।
प्रथमहि मम सुत सिसुनि समेता, बिचरहि इहि गिरि सुनिमुनि एता।
एक बार बिहरत फल खाता, गएऊ सैल ऊपर हरशाता।
तहाँ देव मंदिर एक देखा, हेम हरित मनि रचित बिसेशा।

दो.:– ता थल सर्गुण देखि करि, विस्मित भएऊ वनाइ।
पुनि सबरे सोचन लगे, सुनहु विप्र हरशाइ।।२।।

चौ.:– आजु कहा हम अचिरजु देखा, भवन कोन हम इहिथल देखा।
पुनि मन में लखि अस अनुमाना, काहू सुर कहँ यह अस्थाना।
महाभाग ते अस उरधारी, तव मंदिर तट गएउ सुखारी।
सकल देव स्वामी भगवाना, जगन्नाथ यस नाम सुजाना।
जिनको देव दनुज सिर नावै, वेद पुरान सकल गुन गावै।
तिनको सिसु ते देखन लागे, तव ही प्रेम विवस अनुरागे।
दिव्य कनक मनि क्रीट सुहावा, निरखो सीस महि छवि छाबा।
पुनि करणा भूशन उर हारा, अंगदादि किंकिनी उदारा।

दो.:– नव प्रसून जुत तुलसिका, चढ़ी चरन में देखि।
तिहि सुगंध में मत्त हुइ, गंजहि भ्रमर विसेशि।।३।।

चौ.:– संख चक्र पुनि गदा सुहाई, कंज सहित कर अति छवि छाई।
इहि प्रकार राजत भगवाना, नारदादि सेवा करि नाना।
कोऊ गावहिं कोउ नृत्य कराहीं, कोउ सप्रेम वस विहरत जाहीं।

कोउ प्रनवहि कोउ अस्तुति करहीं, कोउ छवि निरखि ह्रदय मै धरहीं।
इहि बिधि ब्रह्मादिक हरशाई, पूजन करि दै धूप वनाई।
पुनि आरती कीन्ह तिहि काला, विनय दीन हुइ करी विसाला।
नाना भोग लगाय बहोरी, पुनि श्री कहँ अर्पिउ कर जोरी।
इहि बिधि करि सेवन श्रुति रीती, लीन्ह प्रसाद वहुरि जुत प्रीती।

सोरठाः– सुर समूह हरशाइ, पद वदन करि प्रेम जुत।
पुनि लखि कृपा वनाइ, निज निज लोकनि कौं गएउ।।४।।

चौ.:– सुनहु विप्रते सुत बड़भागी, प्रविसे मंदिर कौतिक लागी।
तहाँ प्रसाद सीथ महिपावा, अज सिवादि दुर्लभ श्रुति गाबा।
तहाँ नरनि की केतिक बाता, अति पुनीत जग में विख्याता।
करि सम भाग असन तिन्ह दीन्हा, पुनि पुरूशोत्त दरसन कीन्हा।
भए चतुरभुज ते तत काला, संख चक्र जुत रूप रसाला।
सुभग पानि जुत गदा अनूपा, चारू कंज जुत चारू सरूपा।
धारन कीन्हेउ सब रघराई, प्रभु प्रसाद महातम श्रुति गाई।
सुनहु विप्र मम बालक सोई, आबा भवन तासु बपु जोई।

दो.:– तब मै विस्मय हुइ ह्रदै, पूछी सुत सन बात।
कहहु बेगि अपनी कथा, किति बिधि पलटेउ गात।।५।।

चौ.:– सो सुत बोलो मो सन पाहीं, कहहु कथा जिमि संसय जाहीं
नील सिखरि ऊपर मैं गएऊ, तहाँ देवपति दरसन भएऊ।
तिनकर हम प्रसाद महिपाबा, सो सब सिसु मिलिकै तहँ खावा।
तब ही अस सरूप हुइ गएऊ, सो सुनि द्वज मोहि अचरिजु भयऊ।
पुनि मैं बएउ जहाँ भगवाना, श्रीपति जगन्नाथ अस्थाना।
दरसन करि प्रसाद तह पाबा, भयौ चतुर्भुज रूप सुहाबा।
देवनि कौ दुर्लभ बपु जोई, हम कौ मिल्यौबिप्र सुनु सोई।
अव तुम जाहु तहाँ हरशाई, श्री पति दरस करहु मन लाई।

दो.:– लेतहि तहाँ प्रसाद द्वज, रूप चतुर्भुज तोर।
होहि अवसि संसय नहीं, सत्य वचन यह मोर।।६।।क

सोरठा:– सुनहु विप्र बरबात, जिहि विधि पूछा प्र न तुम।
सो मै हर्शित गात, कही सकल बिस्तार जुत।।६।।ख

इति श्री पदम पुराणे पाताल खण्डे सेस बात्सायन सम्पादे मधुसूदन दारा कृते **ब्राहमणो पदेसो नाम अश्टाद गोध्याय।।१८।।** पृ४१म.

दो:– इहि विधि कही भील नृप, वहुरि गएउ सिर नाइ।
तव मैं तनु पावन कियौ, गंगा सागर न्हाई।

चौ:– पुनि मैं गिरि ऊपर चढ़ि गएऊ, सोई मंदिर निरखत भएऊ।
नाना मणि कंचन भय भ्राजे, अति विचित्र सोभा जुत राजै।
श्री पति देव वर भगवाना, पुरूशेत्तम जिहि श्रुति कर गाना।
तिन कर दरस तहाँ मैं कीन्हा, वंदि चरन प्रसाद तव लीन्हा।
तवहीं रूप चतुर्भुज भएऊ, प्रभु प्रसाद भव रूज नसि गएऊ।
संख चक्र जुत स्वकर सुहाए, भए भूप मन मै लखि भाए।
नीलांचल गिरि राज अनूपा, चलि तहँ होहु कितारथ रूपा।
गर्भ वास दुख तहाँ तुम्हारा, अवसि नासिहै वचन हमारा।

दो:– विप्र बचन इहि भाँति सुनि, भूप हृदय हरशाइ।
प्रेम सहित पद वंदि पुनि, बोले गिरा सुहाइ।।१।।

चौ:– साधु साधु तुम विप्र कृपाला, मोपर कीन्ही कृपा विसाला।
जगन्नाथ महिमा तुम गाई, सुनत पाप मम नसे बनाई।
अव मुनिवर मोहि कहहु वुझाई, बहु प्रकार बिधि साधि बनाई।
कहहु तीर्थ विधि सकल कृपाला, जिमि पुरूशोत्तम मिलहिं दयाला।
बोलेउ विप्र तबै हरशई, सुनहु तीर्थ विधि भूप बनाई।
जातै जगन्नाथ सुख धामा, मिलिहहिं अवसि सहित निजु वामा,
बालक जुवा बुद्ध नर कोई, जो श्री पति सरनागत होई।
स्त्री आदि वासना जीती, जगन्नाथ पद भजहि सप्रीती।

दो:– अर्चन कीर्तन बंदना, श्रवण आदि महिपाल।
मरहिं भक्ति भगवंत की, जाही बिधि सब काल।।२।।

चौ:– इहि प्रकार संतत जे रहहीं, भवरूज छूटि परत गति लहहीं।

सेवक सो श्रीपति मन भावा, होइ अवस्य वेद अस गावा।
काम क्रोध मद लोभ सहेता, दंभ विवस भय दोश समेता।
कैसेहु भजहि जीव भगवाना, लहै परम गति तजि दुख नाना।
अस कृपाल श्री पति सुख रासी, गणा गार सत धर्म प्रकासी।
तिनके जन्म अवनि तल माहीं, विचरत फिरहिं मुदित जहं ताहीं।
महा सुखद तिन कर सत संगा, सत्तुर करन हारभव भंगा।
विगत राग लोभादिक हीना, श्री पति पर रति जिमि जल मीना।

दो.:– ते विचरहिं तीरथ विशे, विना हेत सव काल।
जीवनि कौ गति दैन हित, केवल सुनु महिपाल।।३।।

चौ.:– ऐसे हरिजन कृपा निधाना, प्रापति नर कहँ भानु समाना।
तिन कर दरस तीरथन पाहीं, होइ अवस्य मुदित जे जाहीं।
भवभय तै जे भीत वनाई, जाहिं तीर्थ ते मन हरशाई।
अव तिनकी विधि सुनहु भुआला, वेद विहित पुनि परम रसाला।
प्रथम विराग ह्रदय महँधारे, न वर जानि कुटंब विसारे।
पुनि श्रीपति उर सुमिरन करही, द्रढ़ वि वास माहिंमन धरही।
कोस मात्र पुनि भवन विहाई, रघुपति नाम जपत तहँ जाई।
विधिवत तहाँ छौर कर बाई, मंजन करै बहुरि हरशाई।

दो.:– मनु जनि के सव पाप नृप, छिपहि कैस मै आइ।
ता तै प्रथमहि छौर करि, जात्रा हित हरशाइ।।४।।

चौ.:– पुनि विनु दंड ग्रंथ करधारै, कपट लोभ उरतै संधारै।
चारू कमंडल अरू म्रग छाला, धारहि ताप सरूप रसाला।
कंद मूल फल करहि अहारा, गावहि श्रीपति चरित उदारा।
विधि सौ तीरथ करै भुआला, भव छुटि पावहि मुक्ति रसाला।
तातै निरखि वेद की रीती, करियै तीरथ गमन सप्रीती।
मन वच कर्म धर्म द्रढ़ ताई, गमन समय हरि पद मन लाई।
पुनि श्री कृशण कृशण भगवाना, भगत वत्सल हे क्रपा निधाना।
हे गोपाल प्रनत हित कारी, हरे हरे हे विहम मुरारी।

दो.:– रक्षा करहु क्रपाला अव, मैं सरनागत तोरि।

इहि विधि रसना अग्र नृप, रटहि वहोरि वहोरि।।५।।

चौ.:– गमन करहि पुनि मन हरशाई, पाद त्त्रात विना कुरराई।
इहि विधि गमन करै जो कोई, तो पूरण फल प्रापति होई।
पादत्रान रहित जे जाहीं, चतुर्गुनो फल होतु है ताहीं।
जो चढ़ि जान जाइ नर कोई, तो आधो फल पावहि सोई।
गो सर जान जाहि सठ जेई, गौ वध दोश लगै जग तेही।
पुनि विवहार हेत जे जाहीं, तीसर भाग लहै ते ताहीं।
सेवक हुइ तीरथ कर जोई, अश्टम भाग लहै नृप सोई।
रक्षा रहित तीर्थ जे करहीं, लहै अर्द्ध फल पुनि अघ दहहीं।

दो.:– तातै बिधि वत कीजियै, गमन तीर्थ हरशाइ।
श्री निवास जाते मिलै, सकल त्रास नसि जाइ।।६।।

चौ.:– तहाँ द्वार हरि भक्त अनूपा, लहै अछित तन सुनु नर भूपा।
इहि विधि मैं संक्षेप वखानी, सार भाग कर असजिय जानी।
अव उर में धरि भूप सुजाना, पुरूशोत्तम हित करहु पयाना।
लखि समीप तो कह भगवाना, दै है भक्ति सहित विज्ञाना।
पुनिभवतें हुइहो तुम पारा, सत्य वचन यह भूप हमारां
ये सुनिये यह विधि मनुलाई, सकल पाप तै छुटहि वनाई।
रिपुसूदन सुनि नृप मुनि वानि, वन्दे चरन महा सुख मानी।

दो.:– श्री पुरूशोत्तम दरस लगि, उर आनंद अधिकान।
विहवल भएउ बहोरिनृप, निज पर कछू न जान।।७।।

चौ.:– पुनि हुइ सावधान महिपाला, मंत्री सन वोला तिहि काला।
सुनहु सचिव वर वचन रसाला, चलहुँ तीर्थ हित मैं इहि काला।
पुनि मम आयसु परम पुनीता, पुर वासिन सन कहहु सप्रीता।
श्री पुरूशोत्तम दरसन हेतू, चलहु सकल निज कुटम समेतू।
जे मम आयसु पालन हारे, बृद्ध जुवा अथवा जे बारे।
ते मम संग चलहु हरशाई, पुरूशोत्तम हित साज सजाई।
पुनि जे नर मम वचन विहाई, रहि है धरनि विशै मन लाई।
तिनिको नाना विधि जम दूता, दै है त्रास कराल वहूता।

दो.:– कहाँ पुत्र धन धाम कहँ, कहाँ बंधु कहँ वाल।
जो पुरूशोत्तम सर समै, प्रगटे संसे जाल।।८।।पृ ४३प्रा.

चौ.:– जिनके सुत नाती जग माहीं, श्रीपति सरन होहिं सठ नाहीं।
तिनके जन्म बृथा संसारा, जिमि सूकर रबर स्वान अपारा।
जिनि श्रीपति क रनाम उदारा, सुमिरन करि करि पाप प्रजारा।
तिनकौ वंदन करि हरशाई, वहुरि महीप रहे अरगाई।
श्रीपति गुण संजुत सुनि बानी, हर्शे सचिव महा मतिग्यानी।
तव नर बोलि एक समुझावा, प्रनव सहित गज ताहि चढ़ावा।
पठवा नगर माहि तिहि काला, सचिव आव पुनि जहँ महिपाला।
आकर तिहि सव कथा सुनाई, महाराज सुनियो मनुलाई।

दो.:– वारहिं वार प्रनव सो, वोला वचन पुकारि।
नीलांचल कहँ चलइ नृप, सुनहु नगर जन झारि।।९।।

चौ.:– तुमहू सकल कुटम जुतभाई, चलहु भूप संग मन हरशाई।
श्री पुरूशोत्तम जहँ सुखरासी, रहहि सदा तिहि सैल प्रकासी।
तिन कर दरसु जवहिं तुम करिहौ, गोपद इव भव सागर तरिहौ।
संख चक्र भुज चारि अनूपा, हुइ हौ हरिजन सदा सरूपा।
इहि प्रकार सव नगर मझारी, टेकि प्रनव तिहि कहऊ पुकारी।
पुनि महीप पद बंदेउ आई, लखि तिहि सचिव महा हरशाई।
तिहि के बचन सुनत पुरवासी, भयौ महा आनंद निवासी।
तव लालसा सबनि उरधारी, श्री पुरूशोत्तम दरस बिचारी।

छंद.:– दरसन विचारि सवेश धरि धरि विप्र आनन्द में सनै।
सिश्यनि समेति चले अगार असीस नृप प्रति दे घनै।।
छत्री घनै वर वीरनि कसे बैस्य अगिनित को गनै।
पुनि सूद्र सेवा करन हित निकसे विपुल अति पति भनै।।१।।

छ.:– बहुसूत मागध बंदि जन नृप वचन गुनि हर्शित चले।
पुनि वैद्य पौरानिक सभा चातुर बिलस्वादी भले।।

नाना सपार वजंतरी नट चेट की ज्वारी तिते।
तेली तमोरी रजक सूजी चित्र कारक पुर जिते।।२।।

दो.:– वनिक वजाज सराफ पुनि, सिलपा क्षौरक जोइ।
चर्मवादि पुर लोग सब, चले हरशि उर सोइ।।१०।।क

सोरठा.:–प्रात क्रिया करिभूप, पुनि वंदेउ तिहि विप्र पद।
लै सचु वहुरि अनूप, गएऊ हरशि वाहिर नगर।।१०।।ख

चौ.:–पुर जन सहित सोह नृप कैसे, उडगन सहित सरद स‍ि ा जैसे।
कोस मात्र तव जाहि नृपाला, विधि वत् क्षोर कीन्ह तिहि काला।
दंड कमंडल अरू मृगछाला, धारन करि जुत प्रेम विसाला।
श्री पतिध्यान मगन पुनिभएऊ, काम क्रोध आदिक छुटि गयेऊ।
मंगल महाभएउ तहँ भारी, आनद मगन सकल नर नारी।
विपुल निसान वजे तिहि काला, भेरी प्रनव मृदंग रसाला।
वीना संख झाँझि सहनाई, ताल दुंदुभी बिपुल बजाई।
पुनि मंजीर बजे सुखदाई, घोर सकल दिसि विदिसनि छाई।

दो.:– जयति सकल सुर ईस प्रभु, पुरूशोत्तम भगवान।
आरत हर करूनायतन, सरनागत सुख दान।।११।।क

सोदठा.:–दीजै दरस कृपाल, वार वार असभास जन।
मधुसूदन तिहि काल, कीन्हौ श्रवननि पान तव।।११।।ख

इति श्री पदम पुराणे पातालखण्डे सेस वात्सायन सम्वादे मधु सूदन दास **कृते रत्नाग्रीव राजा तीर्थ गवणोनाम एकोन विं ातिमोऽध्याय।।१६।।**

दो.:– महाराज रिपुदहन अब, सुनहु कथा मनु लाई।
रत्न ग्रीव नृप प्रजाजुत, चले हृदय हरशाइ।।

चौ.:– महाभाग पुर जन मुनिराई, हरि गुन गावत जात बनाई।
जय माधव जय दीनदयाला, प्रनत पाल जय परम कृपाला।

जय पुरूशोत्तम कृपानिधाना, जयति जयति श्री पतिभगवाना।
करहिं भजन पुरजन इहि रीती, सुनत जाइ नृप पंथ सप्रीती।
जो तीरथ निरखे मग माहीं, प्रेम सहित भूपति तहँ जाहीं।
दरसन परसन करहि बनाई, कहे विप्र तिहि कथा बुझाई।
अति बिचित्र श्री पति गुनगाथा, गावत जात पंथ सव साथा।
भूप महाभति विशय बिरागा, श्रवन करत उर जुत अनुरागा।

दो.:– कृपन अंध पुनि दीन जे, पंगु गूंग जुत रोग।
तिनहि निवाहत जात नृप, कर वावत वर भोग।।१।।

चौ.:– इहि प्रकार वहु तीर्थ भुआला, करत जाहि वहु प्रजा विसाला।
चले जात नृप नदी सुहाबनि, निरखी अति पुनीत जग पावनी।
सकल सिला चक्रनि जुत सो है, श्रीपति रूप लखत मनु मोहै।
रिशि गन विमल करना सुखदाई, वेद सुमति संतत गुनगाई।
मुनिगन बिपुल बास तहँ करहीं, सारसादि पंछी मन हरहीं।
अस पुनीत सरि देखि नृपाला, मुनि वर सन वोलेउ तिहि काला।
तीर्थ महातम तुम सव सोधा, मुनिनायक कीजै ममबौधा।
कबन नदी यह मुनिनि समेता, अति पुनीत मोहि आनद देता।

दो.:– सुनि अस नृप के वर वचन, विप्र ह्रदय हरशाइ।
सरित महातम सुखद अति, कहन लगेउ रघुराइ।।२।।

चौ.:– नाम गल्लिकी सरित पुनीता, देव दनुज इहि भजहि सप्रीता।
मानस पाप दरस तै जाही, परसत सकल कलुश नसि जाही।
नाम लेत बाचव अघ जेते, सत्तुर नास हेहि नृप तेते।
पान करत जल पाप अपारा, कोटि जन्म को जुरा भंडारा।
नास होइ छिन मै महिपाला, सत्य सत्य यह बचन रसाला।
प्रथमहिं चतुरानन जग देखा, पाप कर्म में निपुन विसेशा।
करि विचार मन ठीक डिठाई, जग पावन हित मन हरशाई।
निज कपोल तै प्रगट भएऊ, नाम गल्लि की मनगुनि कहेऊ।

दो.:– सोइ यह सरित पुनीत नृप, नासन पाप पहार।
कैसेउ खल मंजन करै, पुनिन होइ संसार।।३।।

चौ.:– सकल सिला चक्रनि जुत राजे, भगवत रूप स्वयंभव भ्राजे।
जे पूजै इन कह मनुलाई, तिन कर गरव बास नसि जाई।
पुनि जे वुद्धि मान जग महीं, सदा सुधर्म निरत मद नाहीं।
दंभ लोभते रहित विहीना, परधन पर तिय विमुख प्रवीना।
ते नर जतन समेति भुआला, पूजहि सालिग्राम कृपाला।
द्वारावती चक्र जुत जेई, प्रभु सरूप प्रमुदित मन सेई।
तिनके कोटि जनम के पापा, नासहि भाालिग्राम प्रतापा।
एक निमिश मै संसय नाहीं, कही बेद वानी तुम पाहीं।

दो.:– पुनि दिन दिन प्रति सहस अघ, करै जीव जग जोइ।
चरनामृत के पियत ही, महा सुद्ध सोइ होइ।।४।।

चौ.:– सुनहु भूप अस नीति सुहाई, बेद स्मृति इति हासनि गाई।
पूजहि नारिन सालिग्रामा, पति विहीन अथवा सुभ वामा।
उभय लोक सुख चाहै जोई, सपनेउ पूजन करै न सोई।
मोह विसस जो पर सहिवाला, सकल पुन्य नासहितत काला।
पुनि वहु काल नरक में वासा, पावहि मुनि अस वचन प्रकासा।
तिय कर सुमन कुलिस अनुमाना, लागहि हरितन भूप सुजाना।
महा कलुश भागिनि पुनि होई, सपनेउ सुगति लहै नहि सोई।
चन्दन काल कूढ सम जानहु, कुम पवि प्रहार उन मानहु। पृ४४ अ

दो.:– भूप हलाहल तै परै, नैवद्यक पहिचानि।
जा तै श्रुति मह तियनि को पूजन नहीं बखानि।।५।।

चौ.:– जो पै सालिग्राम सरूपा, परसन करहिं नारि जग भूपा।
तो अवस्य लहि नर्क निवासा, जव लगि चोदह इंद्र प्रकासा।
तातै सव प्रकार जग माहीं, प्रभु के परस जोग तिय नाहीं।
अयुत ब्रह्म हत्या जुत जेई, संतत पाप रू पुनि तेई।
पान करे चरनामृत भूपा, लहइ परम पद परम अनूपा।
तुलसी चंदन संख सुहावा, द्वारावती चक्र छवि छावा।
घंटा बाद वारि समुदाई, सालिग्राम सिला सुखदाई।
अरू तामै कर पात्र अनूपा, ए नव वस्तु होहिं जव भूपा।

दो.:– बिधि वत चरनामृत तवै, होइ महासुख मूल।
पाप तूल कहँ अनल इव, हरन सकल भवसूल।।६।।

चौ.:– मुनि कोविद इहि भाँति बखाना, हरि चरनामृत केर प्रमाना।
पुन्य सकल तीरथ कृत जोई, चरनामृत भीकर मह सोई।
सालिग्राम केरि सिव काई, जिहि थल बिशै होइ रघुराई।
तुलसी सुमन धूप समुदाई, चंदनादि नैवेद्य सुहाई।
जोजनभरि तहँ अवनि पुनीता, कोटिन तीर्थ बसै जुत प्रीता।
सम सरूप पूजै सव काला, उभय विहाइ सुनहु महिपाला।
श्री द्वारा वति चक्र मिलाई, जे पूजहि प्रभु कहँ मन लाई।
गंगा सागर सम थल सोई, दरस परस तै परगति होई। पृ.४५प्रा.

दो.:– सुभग सच्चिकनचिन्ह जुत, लखि पूजे हरशाइ।
तिनकी सव मन कामना, पूरन होइ बनाइ।।७।।

चौ.:– अंत काल लहिमुक्ति सुहाई, वेद पुराननि में जो गाई।
केसेउ मंद जीव जग होई, अंत समै लहि व्याकुल कोई।
सालिग्राम ह्वदय पर राखे, पुनि हरि मंत्र करन मै भाशे।
तो ब्रंह्मांड पंथ वह जीवा, लहै परम पद सव सुख सीवा।
भाालिग्राम प्रताप न आना, सत्य वचन यह भूप सुजाना।
प्रथमहि श्रीपति कृपा निधाना, मुनि अवरक सन कीन बखाना।
सालिग्राम विप्र सन्यासी, मम सरूप ए अवनि प्रकासी।
जो इन कर करि है अपमाना, तिनकी गति मैं करहु बखाना।

दो.:– घोर नर्क मह वसै ते, जव लगि भान उदोत।
नाना दुख गन भोगि खल, पुनि पुरीश कृमि होत।।८।।

चो.:– अपर नीति सुनु भूप सुजाना, कहै वेद इति हास पुराना।
सालिग्राम केरि सिवकाई, करहि विप्र विधिवत् मनुलाई।
तिनि को वर जे जे मति मंदा, महा दुश्ट पापी दुख कंदा।
तिनके तात पिता सुत दारा, बांध्यादिक जितना परिवारा।
करहि बेगिही नर्क निवासा, जव लगि रवि ससि केर प्रकासा।

जे विप्रनिसन कहहिं भुआला, पूजहु सालिग्राम कृपाला।
ते गोपद इबतरि संसारा, वसहि अवसि बैकुंठ उदारा।
अब महीप इतिहास पुराना, वरनन करहु सुनहु धरिकाना।

दो.:– काम क्रोध हति भान्ति मन, मुनिवर एक कृपाला।
कीकट देस अधर्म मय, मय, गएउ तहाँ इक काल।।६।।

चौ.:– सबर नाम तह वधिक प्रचंडा, संतत धरै बान को दंडा।
बधहि अनेक जीव नित सोई, सपनैउ विशै दया नहिं जोई।
जे जन तोर्थ करन हित जाहीं, वसन रहित तिनकौ वधि ताहीं।
इहि बिधि सकल जीव संघारै, पर दारा परधन परिहारै।
काम क्रोध लोभादि बिकारा, पुनि वहु पापनि कर भंडारा।
घोर विपन विच विचरहि सोई, वद्यहि अनेक जीव निसि गोई।
वान हलाहल केर कराला, धरै चाप मह फिरै भुआला।
महा असंक मंद अभिमानी, पाप परायण ता कहि प्रानी।

दो.:– तिहि अवसर जम राज भट, आए सुनहु भुआला।
महाभयानक करधरै, मुदिगर पास कराल।।१०।।

चौ.:– अरून केस नख दीरघभारी, महाकराल दसन भय कारी।
देखि सवर कहँ कोप अपारा, वहुरि परस पर बचन उचारा।
प्रथमहिं एक दूत उठि बोला, जीव अनेक बधतु यह डोला।
तातै मैं अबही इहि प्राना, लै हो काढ़ि त्रास दे नाना।
बोला दूसर दूत बहोरी, काढ़हु जव्ह अवहि बर जोरी।
पुनि तीसर करि कोप कराला, बोला बचन सुनहु महि पाला।
नाना ताड़न करि इहि काला, काढ़हु द्रग हति सूल कराला।
इहि खल सपनेउ कीन न दाया, हरत रहेउ पर धन जुत जाया।

दो.:– बोलेउ चोथा दूत पुनि, महा कोप उर धारि।
काटहु इ हिके पानि जुग, अबही खगङ प्रहारि।।११।।

चौ.:– अपर दूत बोला महिपाला, करन निपातहु मैं इहि काला।
इहि विधि कहहि परस पर बाता, महा कोप व्यापेउ सव गाता।

तिहि छन एक दूत हुइ व्याला, डस्यो चरन में सुनहु नृपाला।
परयौ धरनि में ब्याकुल गाता, कंठ सूख मुख आव न वाता।
तिहि अवसर जम दूतनि आई, बांध्यौ पासनि सौ हरशाई।
पुनि मुदिगिर कुठार बिधि नाना, ताड़हि करि जमपति की आना।
बोले बचन बहुरिभय कारी, रेखल तें श्रुति रीति विसारी।
सो फल देहिं तोहि ततकाला, भोगहि रौर व नर्क कराला।

दो.:– तू आभिश खल काग गन, भच्छन करहिं बनाइ।
हरि हरि जन पूजे नहीं, सो फल प्रगटेउ आइ।।१२।।

चौ.:– रे खल निज परिवार विरोधी, केबल तन पौशक सठ क्रोधी।
संतत पाप माहिं मन लाबा, सुनु सठ तू हरि सरन न आवा।
तातें वांधि तोहि इहि काला, नाना बिधि दै त्रास कराला।
पुनि जमराज बचनतें तोही, कुंभी पाक डारि कुल द्रोही!
इहि प्रकार कहि कहि जम दूता, चलन लगै दै त्रास बहूता।
तिहिं अवसर मुनिवरतहँ आये, जासु चरित मैं प्रथम सुनाये।
वीत राग कामादि विहीना, सुद्ध सत्य मय हरिपद लीना।
धर्म राज किंकर तिन देखे, अस्त्र सस्त्र कर धरै विसेशे।

दो.:– महाभया नक रूप सव, वोलहि वचन कराल।
चलहु बेगि लै दुश्ट कों, ताड़न करहि विसाल।।१३।।

चौ.:– इहि विधि देखिदुखित वन व्याधा, प्रगटी उर महँ दया अगाधा।
पुनि लागे मन करन विचारा, मम समीप यह दुखित अपारा।
जम दूतनि तें मैं इहि काला, अवसि छुटावहु निपट विहाला।
अस विचारि मुनि परम कृपाला, गएउ निकट पुनि सुनु महिपाला।
तव तिन भाालिग्राम सरूपा, लीन्हेउ सिर तें परम अनूपा।
पुनि पादोदक करि तत काला, तुलसी दल जुत प्रीति बिसाला।
सबर वदन महँ डारत भएउ, ऊर्द्ध पुंड माथे पर दएऊ।
श्री रघुनाथ मंत्र श्रुति माहीं, देतभएउ प्रमुदित मन माहीं।

दो.:– जम किंकर नाना करि त्रासा, तिन प्रति मुनि बर बचन प्रकासा।

सालिग्राम परस सव पापा, नासे यासु करहु किमि दापा।
इहि विधि करत बचन तिन पाहीं, तब लगि हरि गन आयेउ ताहीं।
सुभग पीत अम्वर तन राजै, संख चक्र आदिक कर भ्राजे।
जम दूतन सन वचन रिसाई, वोलत भएउ सुनहु रघुराई।
रेखल हौं हरिजन किहि हेता, बांधि निडर हुइ ताड़न देता।
मो चहु आसु जाइ इहि काला, नाहित ताड़न करहि कराला।
अस कहि सो हंसि पासि निबारी, पुनि रिसाइ करि गिरा उचारी।

दो.:– बाँधेउ हरिजन कवन अघ, किहि आइस सिरधारि।
करहु अनीति न डरहु मन, करहु वेगि संम्हारि।।१५।।

चौ.:– इहि विधि सुनि जम किंकर वानी, वोले वचन महाभय मानी।
धर्म राज आइस अनुकूला, आएउ लेन निरखि अघ मूला।
सपनेउ इहि खल कीन्ह न दाया, बधेउ अनेक जीव करिमाया।
केवल अघ मय जासु सरीरा, महा मंद लाइक बहु पीरा। पृ.४६ म.
विपुल तीर्थ यात्री वन माहीं, सव विधि लूटि सघारेउ जाहीं।
सदा कीन पर तिय महँ प्रीती, सपनेउ विशे न चीन्ही नीती।
सव ही भाँति निरखि अघ मूला, आए लेन समन अनुकूला।
तुम किहि हेत छुड़ा वहु जाही, पुनिनिज नाम कहहु हम पाही।

दो.:– अस सुनि वोले विहमुगन, वचन महा सुखदाइ।
रे खल तुम अग्यान अति, करहु अनीति वनाइ।।१६।।

चौ.:– श्री हरिसालिग्राम उदारा, महिमा विदित सकल संसारा।
विप्र वधादि पाप जुत लेई, वि व द्रोह रत संतत तेई।
परसत सालिग्राम सरूपा, पावन हुइ गति लहइ अनूपा।
पुनि श्री राम मंत्र जुत काना, पाप तूल कहँ अनिल समाना।
श्री तुलसी माथे पर राजै, सालिग्राम हृदय मै भ्राजे।
ऊर्द्ध पुंड माथे पर सो है, अति पुनीत निरखत मन मोहै।
पुनि पादोदिक पाप प्रहारी, परेउ वदन महँ सव सुख कारी।
सव प्रकार पावन तन एहा, तुम किहि भाँति कीन्ह संदेहा।

दो.:– दुर्लभ पापिनि कौ सदा, स्वर्ग लोक सुखधाम।
अयुत वर्श भरि भोग करि, पुनि सुभ लहि परिनाम।।१७।।

चौ.:– कासी जनमि भूमि सुर ग्रेहा, तह हरि सरन करहि जुत नेहा।
पुनि व्रंह्मादिक दुर्लभधामा, लहि हैं यह तजि प्राकृत कामा।
तुम सठ सालिग्राम प्रभाऊ, विदित जगत जानो नहि काऊ।
जिनके दरस परस के कीन्है, पाप समूह निमश महँ छीन्है।
अस कहि बिहमु दूत हरशाई, पुनि वैकुंठ गएउ रघुराई।
धर्म राज भट गएउ बहोरी, बरनी निजु पति सन बर जोरी।
इहाँ वधिक लखि त्रास विहीना, जातभएउ मुनि परम प्रवीना।
तिहि अवसर विमान सुनि भूपा, आवा सुर पुर तै सुख रूपा।

दो.:– अति अनूप अद्‌भुत महा, निरखत मनु हरि लेत।
मनि कंचन मय जलज के, जाल सहित छवि देत।।१८।।

चौ.:– तिहि पर चढ़ि वह वधिक भुआला, गयौ अमरपुर हर्शि विसाला।
नाना विधितहँ भोग विलासा, करतु भयौ उर सहित हुलासा।
पुनि अब तरे संभु पुर आई, पावन विप्र वंस मै जाई।
कछुक काल बीतेउ उर ग्याना, प्रगटयौ सुनहु महीप सुजाना।
तव श्रीपति सरनागत भएऊ, मंत्र राज कहँ विधिवत् लएऊ।
पुनि कछु दिवस गयै तनु त्यागी, नित्य धाम कहँ गा बड़भागी।
हरिजन सालिग्राम प्रभाऊ, लही परम गति तजि दुख राऊ।
सालिग्राम कथा सुख दाई, मति अनुरूप कही हम गाई।

इति श्री पदम पुराणे पाताल खण्डे सेस वात्सायन सम्वादे मधुसूदन दास कृते सालिग्राम महात्म वर्णनो **विं ातमोध्याय।।२०।।**

दो.:– इहि विधि महिमा अतुल सुनि, सर मंजन करि राइ।
रत्न ग्रीव निज आत्मगुनि, मनमै नाथ वनाइ।।१।।

चौ.:–सुनि सप्रेम हुइ मंजन कीन्हा, विधि वत जलपितरनि कहँ दीन्हा।
सवालिग्राम सरूप सुहाए, लियेभूप जो भी मनभाए।
बेद विधान सहित हरशाई, चंदनादि करि पूजि बनाई।
वहुरि दीन अवनी कर दाना, जथा जोग दीनै विधि नाना।
श्री पुरूशोत्तम दरसन हेता, चलेभूप मुनि सेन समेता।

गंगा सागर पहुँचे जाई, इहि प्रकार क्रम सो हरशाई।
निरखि ताहि मुनि वर सन वानी, वोलेभूप प्रेम रस सानी।
कहहु स्वामि गिरि नील सुहावा, केतिक दूरि रहा निजु गावा।

दो.:– सरनागत प्रतिपाल श्री, पुरूशोत्तम कर बास।
देव दनुज जिहि भजहि नित, सो मोहि करहु प्रकास।।२।।

चौ.:– सुनि अस वचन विनीत उदारा, विसमय जुत मुनि वचन उचारा।
भूप सैल तव आगै सोहा, करहु प्रनाम होइ किमि मोहा।
रजत कान्ति मय राजत एहा, पावन दरस रहित संदेहा।
कारन कवन दरस नहिं होई, पुनि पुनि कहहिं विप्र मुख जोई।
प्रथमहि मैं हत्रा मंजन कीन्हा, पुनिभीलनि कर दरसन लीन्हा।
जाही मारग हुइ सुनु भूपा, चढेउ प्रथम मैं सैल अनूपा।
अव मोकह वड़ अचिरज होई, मैं निरखौ तुम नाहिन जोई।
अस सुनि दुखित भएउ नृपभारी, पुनि लालसा महा उरधारी।

सोरठा.:– कहहु मुनीस वुझाइ, किहि विधि मैं दरसन लहौ।
पुरूशोत्तम सुख दाइ, नीलांचल गिरि राज जुत।।३।।

चौ.:– सुनि अस वचन दुखित लखि भूपा, वोले मुनिवर गिरा अनूपा।
गंगा सागर मंजन करहू, द्रढ़ वि वास हृदय में धरहु।
तव लगि ठाड़े रहहु महीसा, जव लगि निरखि न नृपति गिरीसा।
पुनि अघ हरन देव भगवाना, पुरूशोत्तम जस करहु बखाना।
प्रनत पाल करूनानिधि स्वामी, करहु कृपा उर अंतर जामी।
इहि बिधि श्री हरि नाम उदारा, धर्म सहित नृप करहु उचारा।
जहँ जहँ निज जन भक्त उद्धारे, दलि दुख जिहि विधि कीन्ह सुखारे।
ते सव चरित करहु तुम गाना, दै है दरसन कृपा निधाना।

दो.:– सुनि अस मुनि के वचन वर, महादुखित महिपाल।
पुनि गंगा सागर विशै, मंजेउ हरशि विसाल।।४।।

चौ.:– द्रढ़ वि वास धारि मनमाहीं, असन पानि त्यागेउ सव ताहीं।
नीद अंग रागादिक जेते, रामानुज त्यागे नृप तेते।

पुनि विधिवत हरिपूजन कीन्हा, सव प्रकार सव संजम लीन्हा।
तव श्रीपति गुन ग्राम सुहाये, कहन लागे उर आनद छाये।
जय प्रभु प्रनत पाल भगवाना, दीन दया कर जय सुख दाना।
जयति प्रनत दुख भंजन स्वामी, जयति जयति उर अन्तर जामी।
जयति भक्त वत्सल सुखरासी, जय दयाल दुख पुंज विनासी।
जहः जहः दुखित दास निज देखे, तहः तहः दलि दुख रच्छि विसेशे। पृ.४८ प्रा.

छंन्द:–दलि दुसह दुख तहः तहः सुजन रक्ष कृपा करि के हरे।
लखि अंव रीश महादुखी मुनि श्राप ते तुम उद्धरे।।
पुनि द्रोन सुत जव क्रोध करि कै व्रह्म सर प्रेरौ प्रमो।
तब चक्रधरि कर मै जठर मह पंड सुत रक्षौ विभो।।१।।
पुनि असुर पति प्रहलाद कों जव विविध विधि ताड़न करौ।
दलिदुःख्य तब नरसिंह तनुधरि कृपानिधि जन दुख हरौ।
गजराज दीन विलोकि करूनासिन्धु गरूड़ बिसारि कै।
हति चक्र सो खल ग्राह राख्यौ ताहि सरन विचारि कै।।२।।

दो:– जब जब असुरनि दास तब, कीन्है दुखित कृपाल।
तब तब तुम अवतारधरि, सब बिधि किये निहाल।।५।।क

सोरठा:– ते तव चरित उदार, गान करैं सुर मुनि सदा।
करि अस ह्वदय विचारि पाप पुंज करि सिंघ सम।।५।ख

चो:–अज सिवादि सुर कपट विहाई, सतंत भजहि चरण हरशाई।
पुनि कृपाल तव पद जल जीता, पूजन करि नर हरशित गाता।
सकल पाप दलि बिनहि प्रयासा, लहहि परम पद सहित हुलासा।
तेपद मोहि दिखावहु स्वामी, दुखित जानि प्रभु अंतर जामी।
जदपि नाथ मैं अवगुण खानी, महामंद अघ ओधनि सानी।
सव प्रकार नहिं दरसन जोगू, जिमि खल चहहि परम पद भोगू।
तदपि सरन लखि दीन दयाला, देहू दरस प्रभु परम कृपाला।
तुम अघ हरन प्रनत भव हारी, सुद्ध सत्व मय सब सुख कारी।

दो:– भव भय भजन विरज निजु, सत्य करहु भगवान।
नाहि तो हँसिहै लोग सव, कह तुम्हार गुण गान।।६।।

चौ.:– अस अनुमानि प्रनत हितकारी, देहु दरस लखि दास दुखारी।
जे तव सरन होइ जग माहीं, ते तनु तजि वैकुंठहि जाहीं।
संतत पाप पराइन जेइ, सुमिरि नाम तव विनु श्रम तेई।
गो पद इव भव सागर पारा, होत अवसि अस बेद उचारा।
सुनि प्रभु नेति नेति कहि वेदा, गावत गुण संतत विनु खेदा।
मैं किहिभाँति करौ गुणगाना, मह मंद मति मनुज अजाना।
आरति हर निजु ओर निहारी, देहु दरस अस ह्रदय विचारी।
रिपुसूदन इहि भाँति भुआला कीन्ही अस्तुति परम रसाला।

दो.:– इहि बिधि निसि निसिदिन रटहि नृप, लहे न छिन विश्राम।
असन पान निद्रा सहित, छूटि गएऊ सब काम।।७।।

चौ.:– वैठत उठत चलत इहिभाँती, गान करहि श्री हरिगुनपाती।
तलफत पांच दिवस रघुराई, सुर सरि सागर तटहि विहाई।
तव श्री पुरूशोत्तम भगवाना, करूना निधि अस मन अनुमाना।
मम सेवक यह रूप वनाई, करि अस्तुति अघ ओघ नसाई।
अव देहों निज दरसु सुहावा, देव दनुज बंदित मन भावा।
इहि विधि करि विचार भगवाना, प्रेम विवस लोचन जल आना।
पुनि संन्यास भेश प्रभु धारा, लीन्हैउ कर त्रै दंड उदारा।
भूप समीप गएउ हर ाई, भक्त बछल प्रभु त्रभुवन राई।

दो.:– कृपाद्रश्टि करि भूप कहँ, निरखत भएउ क्रपाल।
नमः विहमु कहि प्रनवजुत, पुनि हरशित महिपाल।।८।।पृ.४८ अ.

चौ.:– अरघ पाद्य आसन वर दीन्हा, विधिवत हरि सम पूजा कीन्हा।
पुनि नृप बोलेउ गिरा रसाला, दएउ दरस मम भागि विसाला।
जती सिरोमनि दरस तुम्हारा, पुरूशोत्तम सम लागि पियारा।
अस सुनि नृप के वचन विनीता, वोले जती ह्रदय जुत प्रीता।
निज विग्यान केरि वल भूपा, जानौभूप भविश्य अनूपा।
तातै कहहु सुनहु मन लाई, वचन परम प्रिय सव सुख दाई।
श्री हरि दरस हरन सव सूला, अज सिवादि दुर्लभ सुख मूला।
अवसि काल्हि वीतै जुग जामा, लहिहो सत्य सहित अभिरामा।

दो.:– पुनि प्रमुदित वैकुंठ कौ, तुम समेति जन पांच।
जै हौ अवसि प्रयास विनु, कहहुँ बचन सव सांच।।६।।

चौ.:– तुम तव नारि सचिव मुनि ताता, तंत कार इक हुइ सुचि गाता।
पाचौ जन मैं कहेउ बुझाई, समुझि ह्रदय लखि लेहु वनाई।
वृंह्मादिक दुर्लभ गिरि नीला, प्रगटहिं काल्हि मुक्ति पद लीला।
इहि प्रकार भूपहिं समुझाई, पुनि भए अंतर हित रघुराई।
तिनके बचन सुनत महिपाला, निपट प्रेम वसभ तिहि काला।
सावधान हुइ वहुरि निहारा, जती अलख मा विस्मय भारा।
पुनि बोलेउ मुनिदर सन वानी, चकित महा विस्मय रस सानी।
कहहु स्वामि को जती सरूपा, मो सन वरनउ वचन अनूपा।

सोरठा.:– परे न मोहि लखाइ गयौ किते सत्वर कहो।
मुनि वोलेउ हरशाइ, महाराज वड़ भाग तुम।।१०।।

चौ.:– अति अगाध तुव प्रेम निहारी, आएउ पुरूशोत्तम अघ हारी।
अवसि काल्हि गिरि नील अनूपा, प्रगटि हैं तुमहि सत्य सुनि भूपा।
तिहि चढ़ि श्री हरि दरसन पाई, पुनि लहि हौ गति परम सुहाई।
सुनि अस बचन सुधा रस पागे, उर ते दुख संसय सब भागे।
पुनि नृप प्रेम मगन भए भारी, तन रोमांच वहे द्रग वारी।
ब्रह्मादिक दुर्लभ पद जासू, करिहौं दरस काल्हि मैं तासू।
पुनि पुनि अस उर करहिं विचारा, तिहिं अवसर रिपुदहन उदारा।
दुंदुभि वीन प्रनव समुदाइ, गो मुखादि तहँ वजेउ वनाई।

दो.:– छिन गावहिं छिन हसहिं नृप, छिन तिश्टहिं रघुराइ।
श्री पुरूशोत्तम चरित इमि, ग्राम करें हरशाइ।।११।।

इति पदम पुराणे पाताल खण्डे सेस वात्सायन संवादे मधुसूदन दास कृते
संन्यास द निो नाम एक **विंसतिमोध्याय।।२१।।**

दो.:– महाराज इहि भाँति नृप, दिन प्रति करि गुण गान।
पुनि आलस वस सेन किय, सुर सरि तट सुखदान।।

चौ.:– तहँ सपनै में निज तनु देखा, चारि वाहु जुत सुभग विसेशा।
संख चक्र कर गदा सुहाई, जलज चाप सर जुत छबि छाई।
पुनिपुरूशोत्तम दरस सुहावा, लहेऊ नील गिरि पर मनभावा।
मदन कोटि छवि तन महँ राजै, चारि वाहु करि कर सम भ्राजे।
संख चक्र आदिक जुत तेई, मुकट मान अंवर छवि देई।
पुनि श्री निकट लखी रघुराई, करत चंड आदिक सिव काई।
अज सिवादि वासव सुर वृंदा, करत नृत्य देखेउ जुत नंदा।
इहि विधि तहाँ दंडवत कीन्हा, तव प्रभु ने वांछित वर दीन्हा।

दो.:– सव विधि प्रभुहि दयाल लखि, पुनि मन में हरशाइ।
कृपा पात्र गुणिं आपु कहँ, नृप नि चय रघुराइ।।१।।

चौ.:– इहि विधि निरखेउ सुपन सुहावा, उपजेउ विस्मय उर महँ छावा।
तव तापस मुनि सन सव कहेऊ, सुनत महा अचरज तिहि लहेऊ।
पुनि बोले उमगत अनुरागा, भूप तोर अतिसय बड़भागा।
प्रनत पाल हरि कृपा निधाना, निरखेउ पुरूशोत्तम नहिं आना।
श्रीपति विहमु भक्त भय हारी, संख चक्र आदिक करधारी।
ताते हरि बिनु अपर न होई, अवसि आजु नृप दरसन होई।
सुनि मुनि के वर वचन सुहाए, दिए दान दीननि मन भाए।
पुनि मंजन कीन्हेउ हरशाई, सुर पितरनि जल दीन बनाई।

दो.:– तव श्री हरि गुण गन विसद, करन लगे नृप गान।
ह्रदय बिचारत जाहिं अस, कब हुइहै मध्यान।।२।।

चौ.:– वढ़ी लालसा दरसन माहीं, छिन छिन प्रेम मगन हुइ जाहीं।
बीतेउ अभय जाम इहि भाँती, गान करत श्रीपति गुन पाती।
तिहि अवसर नभ वजे निसाना, गर्जहिं मनहु प्रलय घन नाना।
आकसमात सुमन समुदाई, बर्शेउ भूप सीस रघुराई।
सुरगन कहहि गगन मह ठाढ़े, बधुनि सहित मन आनद बाढ़े।
धन्य भूप वर तुम बड़ साधू, लहहु नील गिरि दरस अगाधू।
अस सुर बचन परम सुखदाई, बोलेउ नृप सन सुर हरशाई।
तिहि अवसर प्राचीदिसिमाहीं, प्रगटेउ नील सैल पर ताहीं।

दो.:– अतुल तेज धारन करै, कनक सिखिरि बहु सोह।
सकल ओर सम राजही, निरखि नृपहि भा मोह।।३।।

चौ.:– उभय मानु प्रगटेउ कहभाई, अथवा तड़ित पुंज ठहराई।
कै कृसानु करि कोप प्रचंडा, धारेउ तेज दैन जग दंडा।
इहि बिधि नृप मन करहि बिचारा, तब लगि गिरि तिहि विप्र निहारा।
हर्श बंत हुइ बोलेउ बचना, निरखि भूप अब गिर वर रचना।
अति पुनीत दरसन इहि केरा, भवभय हरहिं करहिं नहीं देरा।
अस सुनि कीन्ह प्रनाम मुआला, पुनि पूजेउ जुत प्रेम बिसाला।
आजुधन्य मैं धन्य बनाई, पुरूशोत्तम गिरि दरसन पाई।
अस कहि प्रेम मगन हुइ गएऊ, बहु धरि धीरज पुनि थिरभएऊ।

सोरठा.:– मुनि तिय सचिव समेति, अवर तंतु बायक सहित।
नृप हरि नामहि लेत, चढ़त भएउ गिरि नील पर।।४।।

चौ.:– ए पांचो रिपुदहन उदारा, बड़ भागी बिजई संसारा।
अति बिचित्र गिर बर की सोभा, निरखत जाहि बिगत मद लोभा। पृ.५.प्रा.
तिहि अवसर नृप भूतल माहीं, अमित वाजने वाजत जाहीं।
अति उतंग तहँ गोपुर राजै, पुनि मनि कनक भीति सवभ्राजे।
करहि विरंचि सदा सिव कोई, पुरूशोत्तम पद कपट विहाई।
जगत जननि कमला हरशाई, करइ स्वामि हित पाक वनाई।
रिपुसूदन नृप तिहि थल जाई, निरख्यो देव भवन सुशदाई।

दो.:– अति उतंग सुंदर महा, धवल चित्र तव देखि।
करि प्रनाम पांचो जने, प्रविसे हरश विसेशि।।५।।

चौ.:– तहाँ सिघासन सुभग निहारा, दिव्य कनक मनिमय दुतिकांरा।
अति विचित्र वरनी नहिं जाई, निरखत मन कहँ लेत चुराई।
तिहि पर जगन्नाथ छविधामा, राजहि लाजत कोटिक कामा।
चारि वाहु चक्रादिक धारै, सीस मुकुट उर माल विराजै।
अंग अंग भूशन छवि देही, वसन विलो कत मन हरि लेहीं।
जगत जननि श्री सहित कृपाला, राजहि छवि किमि कहौ विसाला।
पुनि निरखे मुनिगन समुदाई, तिनके नाम कहौ समुदाई।

विस्वक् सेन बेंत कर लीन्हे, निरखहि प्रभु सरूप चित दीन्हे।

दो.:– श्री अनंत खग पति कुमुद, पुनि कुमुदाश्य वखानि।
भद्र सुभद्र प्रचंड जय, विनय चंड पहिचानि।।६।।

चौ.:– नंद सुनंद आदि हरशाई, निरखे भूप करत सिव काई।
तव सव जन समेत रघुराई, कीन्ह दंडवत पुलिक बनाई।
पुनि हुइ सावधान महिपाला, वेद बिधान सहित तिहि काला।
अर्ध पाद्य आचमन सुहावा, प्रेम सहित निज हाथ करावा।
पुनि मंजन कर वावत भएऊ, चंदनादि वहतन महँ दएऊ।
तुलसी सुमन माल सुखदाई, पुलिकत प्रभु उर में पहिराई।
वसन विचित्र नवीन सुहाए, नाना भूशन जुत पहिराए।
धूप दीप नैवेद्य लगाई, कीन्हेउ पुनि आरती सुहाई।

दो.:– तामूलादिक अर्पि करि, कीन्हेउ वहुरि प्रनाम।
तव इहि विधि श्री आदि दे, अर्चेउ हुई निहि काम।।७।।

चौ.:– पुनि तापस जुत हरशि अपारा, जोरि पानि निज मति अनुसारा।
अस्तुति करत भएउ तिहि काला, पुरूशोत्तम मुख निरखि रसाला।
तुम भगवान प्रकृति पर ईसा, एक पुरूश सव जग आधीसा।
पुनि कारज कारन पर स्वामी, कृपा सिंधु प्रभु अन्तर जामी।
महदादिक पूजत पर धामा, सकल त्रास भंजन तव नामा।
प्रभु तुम नाभि कंज विधि भएऊ, संभु क्रोध द्रगतें निर्मएऊ।
ते तुम्हार आइसु अनुसारा, संतत वि व करहि विस्तारा।
रूद्र विनास करहिं सव काला, विहमु पोश भूतल सुविसाला।

छन्द.:–प्रभो नमामि ते पदं, प्रसन्न चित्त मोददं।
असेश त्रास गंजनं, अनंत सीस रंजनं।।
सिवं श्वयं भवं हरिं, ससक्ति ध्यान मै धरिं।
कृपानिधे जगत मयं, सदै वते समा श्रयं।।१।।
तुवै प्रभावते प्रभो, प्रकासतं अयं विभो।
तुमेक जगत ब्यापितं, कृपा करं रमा पतिं।।
प्रनास संभवं परं, श्रजादि वि व त्वं परं।

अनंत खंड नायकं, अजादि देव नायकं।।२।।
सदा प्रधानते परं, सनातनं सुखाकरं।
तथापि भक्त कारनं, स्वधर्म वि व धारनं।।
श्व सक्ति संजुतं प्रभो, निजे क्षया मयं प्रभो।
धृतावता भूतलं, बधे तमी चरं दलं।।२।।
कृतं चरित्र मदमुतं, महा अनंत दसं युतं।
पुराध वंतु या हरे, सुमीन रूप कोधरे।।
तदाहि संख संहरे, प्रभू श्रुतीनि उद्धरे।
त्वमक्षरं परात्परं, नमादि ब्रंह्म श्री वरं।।३।।

दो.:– सिंभु स्वयंभू भारती, सेस गणे ा सुरेस।
तव महिमा वरनन विशै, करि नहि सकै प्रवेस।।८।।क
सो मैं मंद कृपायतन, किहि विधि करहु वखान।
तुम अनंत सव भाँति हरि, पार व्रह्म भगवान।।८।। ख

सोरठा.:– अस कहि कोन्हा प्रनाम, तन पुलकित लोचन सजल।
तव वोले सुखधाम, श्री पुरूशोत्तम हरशि अति।।८।।ग

चौ.:– नृप सत्तम तुव विनय रसाला, सुनत भएउ मोहि हरश विसाला।
तुव मति प्रकृति सवै मैं जानी, अव सुनु परम सुखद मम वानी।
सत्वर भोजन करहु प्रसादा, होहु चतुर्भुज नाहि विशादा।
पुनि व्रंह्मादिक दुर्लभ धामा, जाहु तहाँ हुइ पूरन कामा।
तुम कृत अस्तुति यह सुखदाई, जे नर पढ़ि है मन हरशाई।
तिनको देहु दरस निजु भूपा, भक्ति प्रद परम अनूपा।
अस सुनि बचन कृपा रस सानै, भूप सबनि जुत हृदय जुड़ाने।
पुनि प्रसाद सव मिलि तहँ पावा, भएऊ चतुर्भुज रूप सुहावा।

दो.:– तव लगि रिपुसूदन सुनहु, आएउ सुभग विमान।
लसहि जलज मनि जाल जुत, करहिं अंपछरा गान।।६।।

चौ.:– सकल भोग सह राजहिं तेई, पुनि श्रीपति गन प्रमुदित सेई।
तव प्रभु आइसु पाइ भुआला, चरन वंदि गुन भागि विसाला।

नारि सहित चढ़ि रूचिर विमाना, श्री निवास पुर कीन पयाना।
पुनि तिहि सचिव धर्म धुरधारी, चढ़ि विमान गा हृदय सुखारी।
ता पाछे तापस हरशाई, गएऊ चतुर्भुज रूपहि पाई।
बहुरि तंतु वाइक रघुराई, गान करन में निपुन बनाई।
श्री पुरूशोत्तम दरस प्रसादा, चढ़ि विमान गा तजि त्रै तापा।
ए पांचो को संग हरशाई, चक्रादिक कर साज वनाई।

दो.:– दिव्य विभूशन वसन वर, सजि सजि निज निज अंग।
चलत भएउ वैकुंठ कहँ, मोहत विपुल अनंग।।१०।।पृ.५१म.

चौ.:– तव सुरगन पहुँचावन हेता, आएउ प्रमुदित भेंट समेता।
अमित दुंदुभी हनि तिहि काला, वर्शे सुर तरू सुमन रसाला।
रिपुसूदन तव नृप पुर बासी, निरखे नभ महँ जान प्रकासी।
पुनि निसान रव सुनहि अपारा, विसमित हुइ तव वचन उचारा।
तिन में एक विप्र वड़भागी, श्रीपति चरन कमल अनुरागी।
गगन विमान देखि अकुलाई, महा कश्ट करि दरसन पाई।
पुनि धरि सुभग चतुर्भुज रूपा, लही परम गति जिहि थल भूपा।
पुरबासी अस अचरिजु देखी, नृपहि प्रसंसे हृदय विसेशी।

दो.:– तव गंगा सागर विशै, मंजन करि हरशाइ।
पुरूशोत्तम गुण कहत सव, निजपुर पहुँचे जाइ।।१२।।

चौ.:–धन्य भूप अतिसय वड़भागी, हरि पद कमल सत्य अनुरागी।
जो सदेह बैकुंठ सिधावा, ब्रह्मादिक दुर्लभ श्रुति गावा।
इहि विधि सव पुर में नर नारी, घर घर नृप कीरति विस्तारी।
सोइ पुरूशोत्तम सैल अनूपा, महाराज यह सव सुख रूपा।
इहि कर दरस संत संसारा, मिलहि परम पद छुटि भव भारा।
जे इहि गिरि की कथा सुहाई, सुनहि सुनावहि द्रढ़ मनुलाई।
ते सव विधि जग में बड़ भागी, लहहिं अवसि परगति तनु त्यागी।
पुनि जो सुनि सुमिरहिं मन माहीं, घोर स्वप्न तिहि छिनननसि जाहीं।

दो.:– जे इहि गिरि पर वसहि प्रभु, पुरूशोत्तम जिहि नाम।

ते रघुकुल मनि वंधु तुम, कृपासिंधु श्री राम।।१२।।

चौ.:– जो श्री जननि सुता जग माता, सो कमला जानहु जिय ताता।
अ व मेध प्रभु ने यह ठाना, सो जग पावन हेत न आना।
वृंह्म वधादिक पाप अपारा, नासहि नाम लेत इक वारा।
तिन कह लागे किहि विधि पापा, जासु नाम अस प्रगट प्रतापा।
महाराज तुमहू हरशाई, करहू दरस गिरि लगि मनुलाई।
करि प्रनाम पावन तन करहू, अंत मुक्ति नि चय उर धरहू।
जासु प्रसाद पाइ वहु जीवा, लहहि परम गति सव सुख सीवा।
तिन कर दरस सकल भय हारी, करहु अवसि हुइ ह्रदय सुखारी।

दो.:– इहि विधि वरनत सुमति मुनि, तव लगि मख कर वाज।
पवन बेग खूदत अवनि, गयौ निकट गिरि राज।।१३।।क
तिहि पाछे रिपुदहन उर, हरशित चितव समेत।
गंगा सागर मंजि पुनि, चढ़ेऊ सैल सुख हेत।।१३।।ख

सोरठा.:–पुनि मंदिर मह जाइ, दरसन लहि प्रमुदित भए।
करि प्रनाम हरशाइ, पूजन कीन्हैउ बिबिधि बिधि।।१३।।ग
लीन्ह प्रसाद बहोरि, मानि कितारथ आप कहँ।
तब प्रभु सों कर जोरि, विबिधि भाँति विनती करी।।१३।।घ
इति श्री पदम पुराणे पाताल खण्डे सेस वात्सायन सम्वादे मधुसूदन कृते
नीलाचल गिरि द नो नाम **द्वाविं ाोऽध्याय।।२२।।**

दो.:– वात्सायन रघुराज पुनि, आएऊ कटक मझार।
तव लगि तृन चरि तुरग वर, चलामरूत गति हार।।

चौ.:– कनक पत्र सिर सोह सुहावा, चमर होत जाई छवि छावा।
चली जाहि अवली तिहि पाछै, नाना अस्त्र सस्त्र जुत काछै।
रिपु नासन लक्ष्मी निधि वीरा, पुस्कल उग्र वाहु रनधीरा।
नृपति प्रताप अग्र समुदाई, चले तुरग हित साज बनाई।
संग चमू चतुरंगनि राजै, जाहि पंथ जल निधि कहँ लाजै।
चक्रांकित्त नगर मख बाजी, इहि बिधि जात भएउ सुख साजी।
नृपति सुबाहु ताहि प्रति पाला, कोटिनभट संग लिये कराला।

दमन नाम तिहि सुतरन धीरा, मृगया हेत आव जुत भीरा।

दो.:– तिहि देखा मख बाजि कहँ, सब बिधि चार्चित अंग।
अतिरसाल पुनिभाल में, लखेऊ पत्र बहु रंग।।१।।

चौ.:– तव निजु सुभट विलोकि सो वोला, लावहु तुरग कवन कर डोला।
कनक पत्र चामर जुत सो है, अति सुंदर निरखत मनु मो है।
सुनि पति वचन सुभट तहँ गएऊ, तुरग पकरि ढ़िग ल्यावत भएऊ।
तव नृप तनय महा अभि मानी, बाचेहि पत्र महा छवि खानी।
अवधिपुरी पति अति वलधामा, भूप सिरोमनि द ारथ नामा।
तिनक सुत श्री राम उदारा, सूर सिरोमनि वल आगारा।
तिनि सव सकल अवनि तल माहीं, अस्त्र सस्त्र विद्यावित नाहीं।
अ व मेधहित तिन यह वाजी, छोड़िऊ चर्चि पत्र सिर साजी।

दो.:– सत्र सघन वन अनल इव, रिपुसूदन रनधीर।
पठए पालन हेत तिहि, सहित विपुल वर वीर।।२।।

चौ.:– जे आपुहि छत्री अनुमानौ, पुनि सव विधि रन गति पहिचानौ।
आपु विना जग सूरन कोई, संतत अस जानै मन सोई।
सो यह तुरग अवसि वर जोरा, पकरहु समुझि सजग सव ओरा।
तिनि कौ रिपुसूदन रन जीती, लै हैं हय उबारि जुत नीती।
नाहित छांड़ि सकल अभिमाना, परियौ चरन त्यागि धनुवाना।
इहि विधि बांचि पत्र अभिमानी, वोल्यौ गिरा कोप रस सानी।
रामुहिं सुर सकल जग माहीं, हम कहँ छत्री विधि कृत नाहीं।
देखहु मोर पिता संसारा, विद्यमान बल उदधि अपारा।

दो.:– तिहि पर कीन्हेउ गर्भ तिन, निदरि हमहि गुनि वीर।
सो फल विधिवत आजु मैं, दै हौ करि रनधीर।।३।।

चौ.:– रिपुसूदन कहँ हति सरनाना, करिहौ तरू के पत्र समाना। पृ.५२ म.
पुनि तिन सैन माहिं गज जैसै, हति सर दल हनि मख महँ कैसै।
तुरग सकल श्रोनित सर माहीं, देंहु वहाइ आजु सक नाहीं।
जोगिन कर लै मनुज कपाला, पीहहिं रूधिर अघाइ विसाला।

पुनि श्रगाल खग सुजुग मांहीं, मम सर बल भल आमिश खाहीं।
तिन देखत सव सेन संघारा, करहु आजु नहिं लावहु बारा।
दलिसर निकर ब्याल अनुमाना, करहु विहाल निपट पितु आना।
अस कहि तुरग नगर पहुँचावा, पुनि सेनापति कौ समुझावा।

दो.:– सजहु सेन चतुरंग मम, आमै तह वलवान।
पर दल मंजन हरहि वल, सत्वर जाहु सुजान।।३।।

चौ.:– अस कहि सेनापति पुर गएऊ, सकल चमू सजवावत भएऊ।
पुनि आवा महीप सुत पासा, प्रवल चमू जुत करत प्रकासा।
तव करि कोप दमन उर भारी, ढाढ़ भएऊ रन सैन सम्हारी।
तव लगि हय अनुचर तहँ नाना, आइ गएऊ सवभाँति सुजाना।
तुरग राज तिन कतहु न देखा, विपुल परसपर कहहिं विसेशा।
रघुकुल मनि मख तुरग सुहावा, गयौ कहाँ अब द्रश्टि न आवा।
तव लगि आव सेन जुत वीरा, भूप प्रताप अग्र मति धीरा।
प्रवल चमू तिन सन मुख देखी, सिंह नादभट करत विसेशी।

दो.:– तव हय अनुचर मलिन हुइ, नृपहि सुनाएऊ जाइ।
खोजत तुरग न मिलहि प्रभु, काहू लीन्ह चुराइ।।४।।

चौ.:– अस सुनि पुनि तिहि कटक निहारा, तव मन लागेऊ करन विचारा।
तुरग लीन्ह इहि संसय नाहीं, कवन भाँति ठहरइ रन माहीं।
अस विचारि इक दूत सुजाना, पठवा तिहि पर दै सिख नाना।
दमन समीप जाइ तिहि काला, नीति सहित कहि वचन रसाला।
महाराज रघुपति कर घोरा, कहौ वेगि नृप गा किहिं ओरा।
किहि प्रकरा किहि थल है सोई, कै तुमही राखा तिहि गोई।
धरैऊ जानि अथवा विनु जाना, सोसत्वर नृप करहु वखाना।
जो मख वाजि धरा विनु जानै, तजहु न हय दोश न मानै।

दो.:– अथवा हुइ अभिमान वस, तजहु न हय इहि काल।
तो रपुसूदन आदि दै, जीतहि तुमहि नृपाल।।५।।

चौ.:– जो ए बचन करत नहि काना, तो जाम कोपेऊ गुना निदाना।

अस सुनि भूप तनय बर बीरा, बोल्यो बचन निररि गंभीरा।
जानि धरा मख हय हम दूता, तजों न करहु उपाय बहूता।
जो तुम सूर बीर बलबाना, लेहु उबारि सबनि कह आना।
मोहि विना जीतै रन माहीं, सपनेहु हय पाबै कोउ नाहीं।
अस सुनि रोश विवस हुइ दूता, गयो कटक धरि धीर वहूता।
बहुरि प्रताप अग्र सन जाई, कहेउ सकल तिन वचन वुझाई।
सो सुनि कोपु कीन्ह उरभारी, भए अरून द्रग निडर विचारी।

दो.:– चारि तुरग जुत कनक मय, रथ अनूप सजवाइ।
महावली नृप चढ़ेउ तव, अस्य सस्त्र समुदाइ।।६।।

चौ.:– प्रवल चमू सजि धनुश चढ़ाई, चले दमन पर कोपि वनाई।
करि को दंड कठिन टंकारा, श्रवत कोप बस द्रग जलधारा।
रे सिसु ठाढ़ होहु रन माहीं, अव कहँ भाजि जाउ मो पाहीं।
इहि विधि पुनि पुनि वचन उचारी, चले दमन पुनि गर्जत भारी।
पुनि पाछे कोटिनि असवारा, चले नगन असि कर वरधारा।
गजारूढ़ पद चर समुदाई, अपर रथी बहु चले रिसाई।
सकल सूर असि कला सुजाना, समर छुंधित चिरू काल निदाना।
उहाँ दमन दल आवत देखा, गर्जत तर्जत प्रवल विसेशा।

दो.:– तव करि कोप अपार उर, महावीर वलवान।
चढ़ि स्यंदन सजि कवच तन, सनमुख पहुँचे आन।।७।।

चौ.:– धरै सरासन वान प्रचंडा, पुनि सुक सत्र मनहु जम दंडा।
तरून गात अति सय वल वाना, लीला करि निजु दल तहँ आना।
जिमि अंसक हरि करि गन माहीं, तिमि सुवाहुसुत डरपत नाहीं।
तिहि अवसर मुनिवर सव वीरा, करि अति कोप भिरे रनधीरा।
छिन्न भिन्न अस वचन कराला, कहै उभय दिसि हति सर व्याला।
पद चर सन पद चर रन करहीं, गज आरूढ़ परस पर भिरहीं।
जे रथ अ वनि पर असवारा, ते सम लखि भिरि कोप अपारा।
तिहि अवसर लागे सर चंडा, भए तुरत गज अगिनित खंडा।

दो.:– पुनि अनेक नर सिरन सों, मेदिनि गई छिपाइ।

विपुल रूंड विचरहि तहाँ, हतहिं सूर समूदाइ।।८।।पृ.५३ म.

चौ.:– भूप प्रताप अग्र तव कोपा, निरखि आपनै दल कर लोपा।
पुनि सुवाहु सुत चमू संघारत, निरख्यो दल समेति तहँ आवत।
तव मातुलहि पूछि तिहि काला, गयौ जहाँ भट दमन कराला।
सूर सिरोमनि अति वलवाना, रथ आरूढ़ सैन संग नाना।
इहि विधि सुभुज तनय कौ देखी, धनुश वान धरि कोप विसेशी।
रे नृप तनय भाजि कहँ जाई, मैं आवा तुव काल वनाई।
भूप सिरोमनि रघुकुल केतू, तिनहिं न जान मंद किहि हेतू।
जग विजई रावन जिनि मारा, विदित प्रताप सकल संसारा।

दो.:– तासु जग्य हय पकरि सठ, दीन्हैऊ नगर पठाइ।
होहु सजग मैं काल इव, तो पर पहुच्यौ आइ।।९।।

चौ.:– नाहित तुरग छाड़ि घर जाहु, खेलहु वाल वृंद सहि लाहू।
किहि कर तनय रहहु किहि ठांऊ, पुनि सत्वर कहि आपन नांऊ।
जाहु भवन तजि तुरग रसाला, वाल देखि भइ दया विसाला।
अस सुनि वचन दमन भट मानी, वोल्यो नृप कह तृन सम जानी।
मैं वांधौ तुरंग वल अपनै, दैहुन जियत भूप सुनि सपनै।
करहु समर हृदय विचारी, भूप सिरोमनि तुम वल भारी।
तुम जो कहा बाल घर जाहू, खेलि सिसुनि महँ लूटहु लाहू।
हम छत्री बालक जग जाना, सूर तनय रन कीनउ ठाना।

दो.:– सुनु मुनीस इहिभाँति कहि, पुनि चढ़ाइ को दंड।
अमित कोष उर धारि करि, छाड़े सत सर चंड।।१०।।

चौ.:– वहुत संख धुनि कीन्ह अपारा, सुनि कादर उर होंहि दरारा।
भूप प्रताप अग्रते बाना, आवत लखि उर ब्याल समाना।
अति लाघव सर एक प्रचंडा, छाड़ि सकल इक कीन्हैउ खंडा।
निज सर निकर देखि रनभंगा, सुभुज तनय अतिरिस रन रंगा।
लव सर निकर छुरा समधारा, काक पक्ष जुत कठिन अपारा।
सगुण चाप करि तिनहि पवारा, पुनि स्वनाम अंकित खर धारा।

धरनि अकास माहिं ते छाए, जिमि नभ मेघ महा कर ल्याए।
ते सर भिरे परस पर घोरा, प्रगटी प्रवल अनिल करि जोरा।

दो.:– सुनु मुनीस नृप सेन तव, जरन लगी चहुँ ओर।
भए विकल भट तुरग गज, प्रगट भयौ अति सोर।।११।।

चौ.:– भूप प्रताप अग्र वड़ जोधा, निरखि कटक वोला करि क्रोधा।
तिश्ठ तिश्ठ नृप सुत अभिमानी, अस कहि धनुश श्रवन लगि तानी।
दस सर अति कराल तिहि काला, हनै तदपि नृप तनय न चाला।
जिमि उन मत्त वितुंड सरीरा, हनै गदा लघु वाल न पीरा।
वान विधा सिर सो है कैसै, जिमि दस तरू जुत गिर वर जैसे।
तब करि कोप दमनतिहि काला, कीन्ह सगुन निज धनुश रसाला।
पुनि सत तीनि वान अति घोरा, हेम पक्ष छाड़े कर जोरा।
ते सर प्रलय अनल अनुमाना, भूप हृदय कहँ कीन्ह पयाना।

दो.:– सुनहु सूत उर वेधि करि, परे पार सव जाइ।
जिमि रघुपति पद विमुख नर, परे नर्क पछि ताइ।।१२।।

चौ.:– भूप प्रताप अग्र सहि वाना, पुनि निजु धनुश कीन्ह संधाना।
तव सत सतनि सहस्त्रनि वाना, छाड़े सकल व्याल अनुमाना।
पुनि तिहि रथ के चारिहु घोरा, हते चारि सर सो करि जोरा।
उभय वान हति धुजा पताका, एक वान सारथि सिरघाता।
वान कराल चारि उर मारे, रथ ते दमन अवनि महँ डारे।
भूप पराक्रम अमित निहारी, उठे सम्हारि कोप उर धारी।
धनुश चढ़ाइ वान संधानी, दूसर रथ बैठा भट मानी।
निपटहि निकट जाइ तव वीरा, बोला कोपि बचन गंभीरा।

दो.:– कीन्ह पराक्रम विपुल तुम, महाबीर महिपाल।
अव देखहुमम धनुशकर, बिक्रम परम कराल।।१३।।

चौ.:– अस कहि दस सर तजि अति जोरा, हते चापि इव चारिहु घोरा।
बहुरि चारि तिहि सर रथ माहीं, कीन्ह निमिश मह तिल की नाहीं।

एक वान सारथी सिंघारा, बान एक नृप ह्रदय विदारा।
अस विक्रम करि गर्जि अपारा, वहुरि संख धुनि कीन्ह उदारा।
इहि बिधि दमन वाहु वल देखी, साधु कर्म नृप कहेउ विसेशी।
पुनि करि कोप अन्य रथ माहीं, बैठि बचन बोले तिहिं पाहीं।
अव नृप तनय देखि वल मोरा, अस कहि तजे बान बहु घोरा।
ते दिसि विदिसि गगन भहि माहीं, पूरि रहेऊ कछु दीसहि नाहीं।

दो.:– पुनि हय गय रथ भटनि मह, पूरि रहेऊ सर चंड।
परं बृह्म जिमि व्यापेउ, अखिल लोक ब्रंहमंड।।१४।।

चौ.:– अस सर पंजर दमन निहारा, वहुरि कटक लखि दुखित अपारा।
तव करि कोप अमित तिहि काला, तजे बान बहु परम कराला।
भूप वान पंजर सव काटा, निजु सरसों नभ भूतल पाटा।
पुनि करि अरून नेन रनधीरा, वोल्यो नृप सन वचन गंभीरा।
अव प्रहार इक सहहु हमारा, तुमहु कहाबत वीर उदारा।
जो इहि सर हति भूतल माहीं, रथ ते डारि देहुं नृप नाहीं।
करहु प्रतिज्ञा तो इहि काला, सुनहु सजग जुत गर्भ विसाला।
संतत वेद विदूशहि जेई, पुनि प्रवीन निज स्वारथ तेई।

दो.:– सो अघ लागहु अर्वास मुहिं, वसहु नर्क वहुकाल।
अस कहि पुनि कोदंड महँ, धारेहु बान कराल।।१५।।

चौ.:– भूप ह्रदय करि लक्ष समाना, छाड़े वान काल अनुमान।
प्रगटत पुंज अनल नभ माहीं, धायौ अति लाघव नृप ताहीं।
नृपति प्रताप अग्र सो वाना, आवत निरखि काल अनुमाना।
अति लाघव तिहि काटन हेता, तजे विसिश वहु क्रोध समेता।
तिनहि निपाति दमन सर घोरा, लग्यौ भूप उर में अति जोरा।
छिन महि उर विदारि भुवि पारा, परे अवनि नृप खाइ पछारा।
मूर्छित देखि सूत रथ डारी, गा रिपुसूदन कटक मझारी।
सुनु मुनीस तिहि अवसर सेना, भजी पुकारति आरत बैना।

दो.:– महाराज रिपुदहन जहँ, कोटिन भट समुदाय।
पहुँचे घायल बीर तहँ, व्याकुल गात वनाइ।।१६।।क

सोरठा.:– सुभुज तनय तिहिकाल, जीति नृपहि ठाढ़ो तहाँ।
प्रमुदित ह्रदय विसाल, रिपुसूदन मग हेरही।।१६।।ख
इति श्री पदम पुराणे पाताल खंडे सेस वात्सायन सम्वादे मधुसूदन दास कृते सुमुज तनय युद्ध बर्ननो त्रयो **विंसतिमोऽध्यायः।।२३।।**

दो.:– सुनु मुनीस तव सत्रघन, घयल चमू निहारि।
रद सोरद मर्दत भएउ, क्रोध विपुल उरधारि।।पृ.५५प्रा.

चौ.:– अधर जीव्हडसि बारहि बारा, मीजहि कर नहिं देह सम्हारा।
पुनि घायल सूरनि सन बानी, बोलत भएउ बीर रस सानी।
किहि बांध्यौ मश तुरत अनूपा, हत्यौ प्रताप अग्र किहि भूपा।
बार बार अस बचन उचारा, अरून नैन उर क्रोध अपारा।
तव सेवक बोले तिहि काला, वंदि चरन भय भित बिसाला।
नृपति सुवहु तनय रन धीरा, दमन नाम वल निधि वर वीरा।
भूप प्रताप अग्र तिहि जीता, महा असंक तुरग कहँ लीता।
पुनि जिहि बिधि भा समर कराला, सो संक्षेप कहेउ तिहि काला।

दो.:– अस सुनि चमू समेत तव, अति सत्वर मुनिराइ।
अमित कोप उरधारि के, लख्यौ समर थल आइ।।१।।

चौ.:– घयल करि निरखे तह कैसे, श्रवहि कजल गिरि गेरू जैसे।
अगनित तुरग सहित असवारा, लखे मृतक वहि श्रोनित धारा।
अपर सूर गत प्रान निहारे, पुनि रथ विपुल खंड महि डारे।
रूधिर मध्य करि देखेउ कैसे, जलधि मध्य परवत गन जैसे।
इहि प्रकार लखि सेन सिंधारा, उर महँ बाड़ेउ कोप अपारा।
तब लगि सन मुख दमनहि देखा, कटक सहित उर निडर विसेशा।
निज दल त्रल समान अनुमानौ, अपर बीर कोउ मनहिं न आनै।
तब क्रोधित हुइ करि द्रग लाला, वोले रिपुसूदन तिहि काला।

दो.:– सुनहु सकल भट सजग हुइ, दमन महा रनधीर।
जो तीतहि इहि समर में, सो सजि आवहि बीर।।२।।

चौ.:–अस सुनि भरत तनय बल धामा, सूर सिरोमनि पुस्कल नामा।
दमन दलन हित आयुध नाना, सजि सत्वर उर कोपि निदाना।
तव रिपुसूदन प्रति बर बानी, बोले महा मोद रस सानी।
नाथ दमन बध केतिक बाता, कहा तुक्ष दल जीतहु जाता।
जब लगि मैं सजीव तब पासा, तब लगि को आवहि हय पासा।
महाराज रघुनाथ प्रमाऊ, करहु सकल कारज सतिभऊ।
जो न दमन कहँ जीतहु ताता, विनु प्रयास अवही रन जाता।
सुनहु प्रतिज्ञा तौ इहि काला, तुम कहँ दायक मोह विसाला।

दो.:– राम चन्द्र पद विमुख जे, भजहि आन सुर जोइ।
जोन सुभुज सुत जीतहु, लागहु पातिक सुर सोइ।।३।।

चौ.:–पुनि जे जठर जननि ग्रह त्यागी, भ्रमहि मोह वस तीरथ लागी।
सो अघ लगहु अवसि प्रभु मोही, जोन आजु रन जीतहु ओही।
सत्य वचन सुनि रिपुकुल हारी, भयऊ हृदय मह विपुल सुखारी।
पुनि अनुसासन दे तिहि काला, पठए पुस्कल सदल विसाला।
प्रवल चमू जुत सुनि मुनिराई, चले दमन पर कोपि वनाई।
उहाँ सुवाहु तनय दल देखी, आवा पुस्कल निकट विसेशी।
मिले परस पर रथ रन माहीं, सोभा विपुल वड़ी रन माहीं।
पुनि रन मंडल मै है कैसै, सुनासीर व्रित्तासुर जैसै।

दो.:– वोले पुस्कल वचन तव, सुनहु महीप कुमार।
मैं आवा रन के विशे, करहु सुदलहिं सम्हार।।४।।

चौ.:–मैं तुम्हरे जीतनहित आजू, कीन्ह प्रतिज्ञा सत्य समाजू।
भरत तनय मम पुस्कल नाऊँ, जीतहु तुमहि अवसि इहि ठाऊँ।
मन क्रम वचन राम कर दासा, सत्र संघारहु विनहि प्रयासा।
अवतुम सजग होहु इहि काला, सहो वान मम परम कराला।
सुनि सगर्म पुस्कल की बानी, बोले दमन महा अभिमानी।
नृपति सुवाहु तनय मन जानौ, नाम दमन पर सिद्ध बखानौ।
जनक भक्त मैं मन कृम बानी, पुनि करयो मख हय हम जानी।
तुम जो कहा कोपि हम पहीं, करिहो विजच आजु रन माहीं।

दो.:– यह सुनि हमरे हृदय में, सागनेउ संक न होइ।
करि है हरि जापे कृपा, जीते रन महँ सोइ।।५।। पृ५६ प्रा.

चौ.:– अस कहि तानि श्रवन लगि चापा, छाड़े विपुल वान करि दापा।
ते सर छाइ रहे नभ माहीं, छयौ घाम रवि दीसहि नाहीं।
पुनि गज निकर भए जुग खंडा, लगे दमन के वान प्रचंडा।
श्रवत रूधिर ते सोहै कैसै, कज्जल गिरि वहि गेरू जैसे।
वहुरि विपुल भट हय रथ जाना, भए भंग रन लागत वाना।
कीन्ह विहाल सकल कट काई, दमन अपर सर हति पुनि राई।
तव पुस्कल विलोकि सर छाया, पुनि निज दल लखि दुखित निकाया।
तव सरोश हुइ धनुश मझारी, करि आचमन अनल सरधारी।

छन्द:– करि आचमन विधिवत् धनुशधरि अनल वान भयंकरा।
पुनि श्रवन लगि संधानि छोड़यौ गगन सर पजर जरा।
सो उठी वन्हि प्रचंड मानहु संभु द्रग तीसर खुला।
पुनि सुनहु तव नृप तनय दल भा दग्ध डीलहि व्याकुला।

दो.:– जरे जराऊ विपुल रथ, पुनि एमरन समुदाइ।
अति प्रचंड तिहिरन विशै, वही हेम सरि जाइ।।६।।

चौ.:– पुनि हय केस दग्ध तहँ डोलै, जरत वीर भस्म पुनि सुनहु निदाना।
विपुल नाग सिक आदिक जाना, भए भस्म पुनि सुनहु निदाना।
छिन मह कटक वान समुदाई, कीन्ह दग्ध कछु बरनि न जाई।
जिमि लंका जारहि हनुमाना, तिमि प्रगटी दल वन्हि निदाना।
तिहि अवसर लखि चमू विहाला, दमन कोप उर कीन्ह विसाला।
अनल सांत हित हृदय विचारी, वरून अस्त्रधरि धनुश मझारी।
सत्वर श्रुति प्रजंत लगिताना, पुनि पर त्याग कीन्ह सो वाना।
उठे सनीर मेघ तिहि काला, लागे वरसन गरजि विसाला।

दो.:– अनल वुझाइ निमिश मै, निज दल की मुनि नाथ।
पुनि पुस्कल के कटक महँ, वरश्यौ अगिनित पाथ।।७।।

चौ.:– निपट विहाल कटक सव भएऊ, सवके उरतै धीरज गयेऊ।

वही सरित जल उमगि अपारा, महाभयानक देखिय धारा।
वहे जांइ रथ सहित तुरंगा, पुनि बितुंड व्याकुल सव अंगा।
विपुल बीर बर तहँ उछलाता, वहे जाहिं सरि ब्याकुल गाता।
अमित सीत प्रगटयौ तिहि काला, थर थराइ सव कटक बिहाला।
उपल बृश्टि पुनि भई अपारा, श्रवहि सूर कर तै हथियारा।
सूझि न परे पंथ रन माहीं, सब बिधि कटक विकल सव ताहीं।
तिहि अबसर पुस्कल बल बीरा, निरख्यौ निज दल परम अधीरा।

दो.:– उपज्यौ क्रोध अपर उर, भएऊ सुलोचन लाल।
मरूत अस्त्र धरि धनुश पे, छाड़यौ परम कराल।।८।।

चौ.:– प्रगट्यौ प्रवल पवन तिहि काला, गए निमिश महँ उड़ि घनमाला।
बहुरि सुवाहु तनय दल माहीं, चल्यौ प्रचंड मरूतमिति नाहीं।
गज ऊपर गज उड़ि उड़ि परहीं, पुनि रथ गन महि ते उच्छरहीं।
तुरग समूह सहित असवारा, मिरहिं परसपर कौतिक भारा।
छुटे केस भट विचरहि कैसे, भूत विताल प्रेत गन जैसे।
मरूत विकल सव कटक निहारी, दमन कोप तव अति उरधारी।
पुनि पर्वत सर चंड चलावा, तिहि छिन सैल बृंद तहँ छावा।
निजु दल आसु पासु गिरि कोटा, बच्यौत आव मरूत जिहि ओटा।

दो.:– पुस्कल कटक मझार तब, परबत परे अपार।
भए विकल गज तुरग भट, आरत बचन उचार।।६।।

चौ.:– तव पुस्कल सत्वर तिहि काला, हन्यौ पवन सर परम कराला।
प्रगट वज्र हुइ गिरि समुदाई, किये तवहि तिल सरिस वनाई।
दमन ह्रदय पुनि लागेऊ जाई, परेऊ धरनि रथ तुरत विहाई।
अति व्याकुल नहि देह सम्हारा, ह्रदय विध्यौ सर कठिन करारा।
तब पुस्कल सत्वर रथ घाली, कोस मात्र गा आतुर चाली।
निरखि दमन वध व्याकुल सैना, भजी पुकारति आरत बैना।
पहुचे नगर वीर नृप देखे, रूधिर श्रवत तन कपत विसेशे।
पुस्कल इहाँ जीति रन माहीं, ठाढ़ो हरश सोक उर नहीं।

दो.:– भजी जात देखी चमू, अस्त्र चलाबत नाहिं।
श्री रघुवर के बचन बर, सुमिरन करि मन माहिं।।१०।।क
संख निसान अपार मुनि, वजत भए तिहि काल।
साधु साधु सवकटक महँ, बोले वचन रसाल।।१०।।ख

सोरठा:– पुस्कल विजय निहारि, रिपुसूदन हर्शित भए।
पुनि बर बीर बिचारि, बारहिं बार सराहेऊ।।१०।।ग

इति श्री पदम पुराणे पाताल खण्डे सेस वात्सायन सम्वादे, मधुसूदन दास कृते पुस्कल विजय बर्ततो नाम **चतुर्विसोऽध्याय।।२४।।**

दो.:– सुनु मुनि उहाँ सुवाहु लखि, निजुदल खंडित गात।
महा विकल पुनि रूधिर के, ओघ विपुल तन जात।।

चो.:– उर में सोच कीन्ह तव भारी, पुनि सुभटनि सन गिरा उचारी।
कहौ दमन कर सकल प्रसंगा, किहि विधि हरौ तुरंग वहु रंगा।
कितना कटक अरिनि के साथा, कहौ वेगि सव कर को नाथा।
सूर सिरोमनि मम सुत बीरा, वध्यौ समर अस को रन धीरा।
जीतहु ताहि एक छिन माहीं, वरनहु वेगि सकल मो पाहीं।
अस सुनि भूप वचन जुत क्रोधा, वोले रूधिर वसन धर जोधा।
प्रथमहि तव सुत दमन भुआला, मृगया हित गए विपिन विसाला।
तहाँ तुरग इक निरखि सुहावा, कनक पत्र जुत अति छवि छावा।

दो.– बांचि पत्र करि कोप उर, नगर दीन्ह पहुँचाइ।
तृन सम गुनि रघुनाथ कहँ, ठाढ़े भए बजाइ।।२।।पृ.५७म.

चौ.:– तव लगि एक नृपति हय पाछे, आबा कछुक सेन जुत आछे।
भयौ समर तिहि संग अपारा, अति कराल नहिं जाइ निहारा।
दमन तासु उर हति सन नाना, मूर्छित कीन्ह भूप वलवाना।
विजय पाहि रन मंडल माहीं, ठाढ़े दमन ह्दय हरशाहीं।
तिहि अबसर रिपुसूदन राजा, आएऊ हय हित सहित समाजा।
अमित सैन सँग बरनिन जाई,इ अस्त्र सस्त्र सब सजे बनाई।
पुस्कल नाम बीर बल वाना, पठवा तिनि करि कोप निदाना।
तिहि सन भयौ युद्ध अति घोरा, जीति सकै नहि कोइ।

दो.:– लरहिं परस पर विजय हित, जीति सकै नहि कोइ।
तदपि सुनहु महिपाल मनि पुस्कल अति बल जोइ।।३।।

चौ.:– वान प्रचंड एक तिहि छंडा, तव सुत चाह करै सोइ खंडा।
तव लगि आनि हृदय सो लागा, मूर्छित भए दमन रथ त्यागा।
मातुल निरखि विकल अतिभारी, भाजि गयौ स्यंदन में डारी।
भजी सेन तव विकल तुम्हारी, रही न काहू देह सम्हारी।
अस सुनि भूप थकित हुइ गएऊ, अमित क्रोध पुनि उर में भएऊ।
जिमि राका ससि लखि मुनिनाथा, उमगहि अति समुद्र कर पाथा।
बढ़हि अनल जिमि आहुति पाई, तिमि सुवाहु उर रिस अधिकाई।
फरकन लगे अधर तिहि काला, चढ़ी भौंह भए लोचन लाला।

दो.:– मर्दि दसन सों दसन नृप, अधर चापि करि कोह।
सेना पति सन बचन तब, बोलेऊ उर सुत मोह।।४।।

चौ.:– साजहु बेगि सकल कटकाई, देखहुँ राम चन्द्र दल जाई।
जिहि नें मम सुत मूर्छित कीन्हा, पुनि सव कटकहि अति दुख दीन्हा।
आजु बधों तिहि हति सर घोरा, जदपि होंइ सिव ताकी ओरा।
चमूनाथ सुनि भूपति बचना, तुरहि रची जाइ सो रचना।
सब बिधि सेन साजि चतुरंगा, पुनि सजि अस्त्र सस्त्र निजु अंगा।
भूप समीप आइ हरशाई, बोल्यौ वचन चरन सिरनाई।
महाराज सेना सजि आई, चतुरंगनि सव भाँति सुहाई।
कोटिन सत्रु संघारन हारी, अति कराल कालहु पर भारी।

चौ.:– रथ अनूप चढ़ि सुनि मुनिराई, चले भूप जहँ अरि समूदाई।
पुनि तुरंग स्यंदन समुदाई, पदचर आयुध साजि वनाई।
रपिसूदन दल जीतन हेता, चले सकल उर क्रोध समेता।
थर थराइ धरनी तिहि काला, सूतन मै अहिपति करभाला।
उड़ी रेनु कछु बरनिन जाई, दिन कर रथ नहिं परै लखाई।
सिला श्रंग हय टाप प्रहारा, भए रेनु इव वाट मझारा।
निज निज वल सव वरनत जाहीं, समर लालसा अति रन माहीं।

दो.:– तिहि अवसर चढ़ि रूचिर रथ, भूप वंधु वल धाम।
अस्त्र सस्त्र सजि कोप उर, चल्यौ करन संग्राम।।५।।

चौ.:– नाम सुकेतु सकल जग जाना, गदा जुद्ध में निपुन निदाना।
भूप तनय चित्रांग सुनामा, महा प्रवीन सकल संग्रामा।
चढ़ि सुंदर रथ आयुध साजी, कोपि विजय हित हांकेउ वाजी।
तासु अनुज विचित्र असनामा, सकल समर विद्या कर धामा।
नाना आयुध सजि निज अंगा, चढ़ि विचित्र रथ लै दल संगा।
चल्यौ जुद्ध कहँ कोपि बनाई, उर मै वंधु सोक अधिकाई।
अपर अनेक वी रवल वाना, समर मध्य सव भाँति सुजाना।
सजि सजि आयुध कोप अपारा, समर हेत सवही पगु धारा।

दो.:– अमित जुझाऊ दुंदुभी, वीन प्रनव समुदाइ।
गोमुखदि वाजत भए, परै न कछू सुनाइ।।६।।

चौ.:– इहि विधि पहुँचे समर नृपाला, परयो दमन तहँ निपट विहाला।
पर पीड़त निरखा तिहि काला, पुनि सव वसन विलोकेउ लाला।
त्यागि तुरत रथ जाइ समीपा, वहु विधि करूना कीन्ह महीपा।
सर निकरि धरि सीस उछंगा, पुनि पुनि निरखहि घायल अंगा।
निजु दुकूल सन मारूत करई, जल सों वदन मंज श्रम हरई।
वार वार तन परसहि भूपा, करहि विलाप निरखि तिहि रूपा।
तिहि अवर सव विथा विहाई, जाग्यौ दमन सुनहु मुनिराई।
वोल्यौ वचन वीर रस सानै, निपट न जीक पितहि विनु जानै।

दो.:– रेमातुल को दंड मम, कहो कहाँ इहि काल।
भागि गयौ पुस्कल कहाँ, सहै न वान कराल।।७।।

चौ.:– सुनि अस सुत के वचन सुहाए, परम हरश जुत हृदय लगाए।
दमन निरखि निज पितु सकुचाई, परयौ चरन महँ भक्ति वढ़ाई।
तव महीप बहु भाँति सराही, भुज गहि रथहि चढ़ाएऊ ताही।
चमू नाथ सन पुनि वर वानी, बोलत भएऊ वीर रस सानी।
क्रोंच व्यूह अब रचहु वनाई, रच्यौ व्यूह सैनेस वनाई।,
सव विधि अगम आइसु पाई, रच्यौ व्यूह सैनेस वनाई।

सुनि मुनीस अस आइसु पाई, रच्यौ व्यूह सैनेस वनाई।
सहसा रिपुगन सकहि न आई, अति दुर्गम सव विधि कठिनाई।

दो.:– इहि प्रकार रचि व्यूह वर, नृपति सुनाएऊ जाइ।
अति विचित्र रचना निरखि, हर्शेउ ह्रदय बनाइ।।८।।क

सौरठा.:– पुनि करि कोप अपार, चमू चलाई समर हित।
सवहि सजग कर वाइ, कीन्है मन तव आपहू।।८।।ख

इति श्री पदम पुराणे पाताल खण्डे सेस वात्सायन सम्वादे मधुसूदनदास कृते सुवाहु सेना समागमो नाम पंचविसंतिमोध्याय।।२५।।

दो.:– महाराज श्री सत्रघन, तिहि अवसर मुनिराइ।
अति प्रचंड चतुरंग दल, सन्मुख लख्यौ वनाइ।।

चौ.:– तब सुमंत सन बोलेउ बानी, अति गंभीर नीति रस सानी।
सन्मुख किहि महीप कर ग्रामा, कहौ बुझाइ मोहि इहि नामा।
पुनि मख तुरग कहाँ इहि काला, सन्मुख किहि कर कटक विसाला।
जलधि समान आव चतुरंगा, समर साज साजै सव अंगा।
कहहु बुझाइ सकल मुहि एहा, सुनतहि नास होइ संदेहा।
जो यह रिपुदल आवत होई, तो उपाइ मैं बिरचहु सोई।
सत्वर निजदल देहु पठाई, जीतहु बेगि सत्र कट काई।
अस सुनि बचन सुमंत सुजाना, बोले सादर बुद्धि निधाना।

दो.:– सुनहु महा महि पाल मनि, चक्रांकित पुर एह।
इहि मै बसै जे नारि नर, ते सब अंकित देह।।१।।पृ५६प्रा.

चौ.:– ता तै चक्रांकित पुर नामा, अति पुनीत सुंदर सुख धामा।
जे इहि पुर वासी नर नारी, अति पावन हरि पद अधिकारी।
नृपति सुवाहु सदा प्रति पाला, वेद स्मृति पथ सिद्धि विसाला।
तव सन्मुख परि वार समेता, आवहि लखहु समर के हेता।
सपनेऊ पर तिय हेरत नाहीं, निजु तिय तट गमनहि रितु माहीं

संतत हरिजस सुनहि सयाना, करहि कर्म जो बेद बखाना।
श्रीपति परिवर जा मनुलाई, करहि सदा सव काम विहाई।
छट्औ अंय प्रजा पर लेई, अपर अन्न परचित नहिं देई।

दो.:– भजहि निरन्तर प्रेम जुत, हभिक्तनि सव काल।
पुनि श्रीपति पद करहि रति, जिमि अति कमल समाल।।२।।

चौ.:– छत्रि धर्म महँ निपुन वनाई, अपर धर्म नहिं कवहु नसाई।
यह अपार दल जलधि समान, याही कर जानौ नहिं आना।
सुत कौ मूर्छित सुनि संग्रामा, समर हेत आवा वलधामा।
देखहु सेन साजि चतुरंगा, रोश सोक ब्यापित सव अंगा।
आवा तुम कहँ जीतन हेता, अनुज तनय परिवार समेता।
महाराज तुम्हरे दल माहीं, अगिनित महारथी है ताहीं।
तिनके नाम कहौं समुझाई, पठवहु रपु कहँ जीतहिं जाता।
प्रथमहिं लक्ष्मी निधि कहँ ताता, पठवहु नृप कहँ जीतहिं जाता।

दो.:– पुस्कल रिपु तापन नृपति, नील रत्न वलवीर।
पुनि उग्रासु महारथी, अरि मर्दन रनधीर।।३।। पृ५६म.

चौ.:– ए सव क्रोंच व्यूह संघारा, विधि वत जानहि सुभट जुझारा।
सुनी सुमति की गिरा सुहाई, रामानुज निज सुभट वुलाई।
वोले वचन निरखि सव ओरा, सुनहु सकल अब आइसु मोरा।
क्रोंच व्यूह रचि सुभुज भुआला, ठाढ़ौ रन कहँ कोपि कराला।
निज बल सों जो जीतहि जाई, विजय विभूति आजु अति ताही।
सो सजि अस्त्र सस्त्र इहि काला, निपट निडर हुइ हरश विसाला।
मम में सुदर यह वीरा, लेहि आनि अस को रनधीरा।
अस सुनि लछिमी निधि हरनशाई, व्यूह सिंघारन हित मुनिराई।

सोरठा.:– सजि आयुध तिहि काल, निकट जाइ पद बंदि पुनि।
बीरा लीन रसाल, क्रोच ब्यूह संघार हित।।४।।

चौ.:– प्रथमहिं परसराम सन जाई, व्यूह भेद विद्या तहँ पाई।
कटक संग ले कोपि अपारा, तुरतहि समर हेत पगु धारा।

तिन पाछे पुस्कल बर वीरा, चले कोपि उरधरि धनु तीरा।
पुनि रिपु ताप महीप रिसाई, चला वाजि निजु कटक वनाई।
नील रत्न उग्रास भुआला, रो रवि मर्दन आदि नृपाला।
रिपुसूदन अनुसासन पाई, चली सकल सेना समुदाई।
सव की रस्था हेत मुनीसा, पाछे रामानुज अबनीसां
रथ अनूप चढ़ि कटक समेता, चले कोपि उर संजुग हेता।

दो.:– सुनहु सूत दोउ कटक मिलि, करन लगे संग्राम।
प्रलय काल के जलधि सम, बलरत आवहि धाम।।५।।

चौ.:– गो मुख भेरि निसान अपारा, विपुल संख धुनि होइ उदारा।
बाजहि बाजन अमित जुझाऊ, उभय ओर कछु सुनहि न काऊ।
हींसहि तुरग सकल तिहि काला, पुनि गज गर्जहि विपुल कराला।
रथ समूह र व सुनि मुनि राई, वरनत वेग गिरा सकु चाई।
मारू पटक धुनि दुहु दल माहीं, सुभट पुकारहि गर्जहि ताहीं।
असकहि बीर भिरे करि कोपा, मानहु अवहि करै जग लोपा।
क्रोंच ब्यूह मुख सुभट सुकेता, ठाढ़े गर्जहि क्रोध समेता।
तिहि सन लछिमी निधि वर वीरा, वोले वचन परम गंभीरा।

दो.:– जनक राज सुत गुनहु मुहिं, लछिमी निधि मम नाम।
महा सुभट पुनि काल तुव, कसल सकल संग्राम।।६।।

चौ.:– रावनादि निसि चर मद हारी, राम चन्द्र रघु कुल सुख कारी।
तिन कर तुरंग बेगि परिहरहू, पुनि रिपु सूदन पद सिर धरहू।
नाहितं आजु तोहि जम लोका, पठवहु तुव कुल करहु स सोका।
अस सुनि बचन क्रोध उर आनी, पुनि सत्वर धनु सर संधानी।
लछिमी निधि पर बान अपारा, बरशै जथा मेघ की धारा।
ते सर नभ भूतल दिसि माहीं, छाए सकल बीर घब राहीं।
लक्ष्मी निधी लखि कटक विहाला, सगुन कीन्ह कोदंड कराला।
तानि श्रवन लगि बहु इख चंडा, छाड़ि कीन्ह सर पंजर खंडा।

दो.:– पुनि छाड़े करि कोप उर, सर कराल तिहि काल।
दलि सुकेतु हिय बेगि तिन, कीन्हौ परम बिहाल।।७।।

चौ.:– श्रोनित भरे बान ते जाई, परे पार भूतल छबि पाई।
सुभुज बंधु सहि बान कराला, पुनि कीन्हौ उर कोप विसाला।
अति सत्वर सर बीस प्रचंडा, छाड़तु भयौ खेचि को दंडा।
लक्ष्मी निधि उर माहि समानै, तब बहु क्रोध हृदय में आनै।
बान परसपर छंडै दोऊ, देखहिं उभय ओर सब कोऊ।
खंड खंड हुइ रहेऊ सरीरा, रूधिर श्रवहि कछु गनहि न पीरा।
रन मंडल महँ सोहै कैसे, फूले दुइपलास तरू जैसे।
सूर सिरोमनि दोउ भटमारी, छंडहि बान प्रचारि प्रचारि।

दो.:– कोपि बान कोटिन तजै, अति लाघव मुनिराइ।
परत भूमि भट देखियै, खेतन परै लखाइ।।८।।

चौ.:– कुंडल सरिस भय को दंडा, बरशहिं सर समूह अति चंडा।
जिमि पावस के जलधि अपारा, बरशै प्रथम अमित जल धारा।
सुभट सीस मेदिनि महि छाए, कुंडल मुकुट सहित छवि छाए।
धनुश वान जुत अगिनित रूंडा, अवनि तल देखिय खंडा।
गज रथ पदचर दोऊ ओरा, भए खंड लागे सर घोरा।
अस्त्र सस्त्र करि कोप अपारा, महावीर दोऊ करहि प्रहारा।
होइ समर इव वरनिन जाई, सुर नर मुनि मन विस्मय दाई।
कोटिन सूर परे रन माहीं, सर पंजर विनु दीसहि नाहीं।

दो.:– सूर सिरामनि जनक सुत, धनु चढ़ाइ तिहि काल।
अति प्रचंड सर आठ तव, छाड़े परम कराल।।६।।पृ.६०म.

चौ.:– हते चारि सर चारयौ घोरा, एक वानध्वज दलि वर जोरा।
पुनि इस एक सारथी सीसा, खंडन करि महि डारि मुनीसा।
एक वान काट्यो को दंडा, हन्यौ एक उर माहि प्रचंडा।
सुभुज वंधु अस विक्रम देखी, मन महँ विस्मय भएऊ विसेशी।
पुनि धनु रथ सारथी तुरंगा, कटक सहित लखि सव कर भंगा।
फिरि रथ चढ़ा न मन खिसियाना, महा वली करि कोप निदाना।
तव लीनी कर गदा कराला, गरूई सुन्दर परम विसाला।
उहाँ जनक सुत निरखि सुकेता, धावत आवतु गदा समेता।

दो.:– तुरत त्यागि रथ विरथ लखि, पुनि करि कोप अपार।
आयेऊ निकट सुकेत के, धरि कर गदा हथ्यार।।१०।।

चौ.:– सकल धातु विरचित अतिभारी, वहु विचित्र मनि हेम सम्हारी।
तव सुकेतु के ह्रदय मझारा, मारा गदा वज्र अनुहारा।
सो प्रहार लागत उर माहीं, महा विकल कछु कंपेउ ताहीं।
जिमि उरमत्त वितुंड सरीरा, हनै बाल किंदुक नहि पीरा।
तव लक्ष्मीनिधि से सव वानी, वोलेऊ सुभुज बंधु भट मानी।
सहौ प्रहार एक अव मोरा, तुमहूँ कहावत भट बर जोरा।
अस कहि गदा लिलाट मझारी, कोपि ह्रदय अति सत्वर मारी।
भयौ भगन सिर लगत प्रहारा, वहै विपुल श्रोनित की धारा।

दो.:– तव लछिमी निधि काल सम, हनी गदा सिर मद्धि।
सुभुज वंधु पुनि कंध में, मारत भयौ प्रसिद्ध।।११।।

चौ.:– धर्म समर दोऊ भट करहीं, हनहिं परसपर वल उच्चरहीं।
निज निज विजय हेत मुनिनाथा, मारहि गदा सीस उर हाथा।
पुनि इत उत ताकत दोउ बीरा, घात पाइ हनि गदा गंभीरा।
हारि जीति मानहिं नहिं कोऊ, निरखहिं उभय कटक सवु कोऊ।
सिर ललाट उर भुज सव गाता, रूधिर ओघ वहु प्रगटत जाता।
तव लछिमी निधि कोपि अपारा, हनी गदा तिहि ह्रदय मझारा।
सहि प्रहार रिपु सनमुख देखी, सुभुज वंधु करि क्रोध विसेशी।
परम कराल गदा धरि हाथा, आइ प्रहार कीन्ह तिहि माथा।
लक्ष्मी निधि सो गहि मुनिराई, पुनि मारी रिपु ह्रदय भ्रमाई।

दो.:– गदा रहित लखि आपु कहँ, भूप वंधु खिसि आइ।
बाहु जुद्ध तव कोपि उर, भिरयौ महाभट जाइ।।१२।।

चौ.:– लछिमी निधि तव केस समाना, हन्यौ मुश्टि उर कोपि निदाना।
पुनि सुकेतु मुश्टिक अति घोरा, हन्यो जनक सुत कें करि ओरा।
करहिं परसपर मुश्टि प्रहारा, पबि समान दोउ वीर जुझारा।

पुनि पुनि ठोकहिं ताल कराला, झापटि लपटि करि कोप विसाला।
रद सो रद कर सौ कर ब्मारै, केस पकरि पुनि नखनि विदारै।
इहि विधि रन मंडल दोउ जोधा, लरहिं विजय हित करि करि क्रोधा।
तुम्मल रोम हरश संग्रामा, निरखहिं, अमर गगन जुत वामा।
तव सुकेतु भुज गहि मुनिराई, लक्ष्मी निधि कहँ विपुल भ्रमाई।

दो.:– पुनि पटके भूतल विशै, महा क्रोध उरधारि।
अति लाघव उठि जनक सुत, पकरि वाहु तव चारि।।१३।।

चौ.:– कोप सहित सत गुनौ भ्रमावा, पुनि गज ऊपर फेरि चलावा।
एक निमिश मूर्छा तिहिं आई, फिरि सचेत भा अति रिस छाई।
निकट जाहि सत्वर तिहि काला, गहि लक्ष्मी निधी वाहु विसाला।
विपुल भ्रमाइ गगन लै गएऊ, मल्ल जुद्ध तहँ ठानत भएऊ।
पद मै पद कर मै कर मेली, उर सौ उर सिर सौ सिर पेली।
दसननि डसहि मुश्टिका भारै, केस पकरि हनि वहुरि प्रचारै।
इहि विधि लरै परसपर दोऊ, हारि जीति मानहिं नहिं कोऊ।
थकित अंग हुइ तब दोउ वीरा, गिरे अवनि मूर्छित रनधीरा।

दो.:– उभय कटक के सुभट सव, लखि अस समर कराल।
धन्य धन्य दोउ बीरा सन, बोले बचन रसाल।।१४।।
इति श्री पदम पुराणे पाताल खण्डे सेस वात्सायन सम्वादे मधुसूदन दास कृते,
लछिमी निधि युद्ध वर्ननो ाट विं ाेध्याय।।२६।।

दो.:– चित्रांगद भट सुनहु मुनि, क्रोंच कंठ जो सोह।
तिहि रिपु सूदन कटक सव, मथ्यौ हृदय करि कोह।।पृ.६१म.

चौ.:– जिमि हरि धरि वाराह सरीरा, मथ्यौ समुद्र परम गंभीरा।
तिहि चित्रांग सकल कट काई, मथत भएउ पुनि पुनि मुनिराई।
सिंघ नाद करि बारहि बारा, धनुश चढ़ाइ कोप उर धारा।
कोटिन सर तीछन अति घोरा, वरशै कटक माहिं सर ओरा।
खंड खंड हुइ वीरा वरूथा, अगिनित स्यंदन गज हय जूथा।
परे अवनि तल लागेऊ वाना, पुनि भट सीस परे तहँ नाना।
चापे अधर किरीट समेता, रूधिर ओघ जुत अति छवि देता।

अस संग्राम निरखि तिहि काला, आएऊ पुस्कल कोपि कराला।

दो.:– चामी कर मनिमय रूचिर, रिपुदल दलन कठोर।
अस कोदंड चढ़ाइ करि, करत सिंघ वत घोर।।१।।

चौ.:– सम सरूप सुंदर दोऊ वीरा, धरै चाप सर कठिन तुनीरा।
रन मंडल दोउ सोहहिं कैसे, प्रथम संभु सुत तारक जैसे।
अति लाघव करि धनुश टकोरा, भरत तनय छाड़ेउ सर घोरा।
उत सुवाहु सुत कोपि अपारा, दले विपुल इश तीछन धारा।
अवनि अकास विदिसि दिसि माहीं, वान विना कछु दीसहि नाहीं।
लाघव खंचत धरत चलावत, उभय ओर कछु मर्म न पावत।
कुंछलीक को दंड प्रचंडा, भए वीर पुनि देखिय खंडा।
तब पुस्कल रिसाइ सत वाना, छाड़े उर करि लच्छ समाना।

दो.:– आवत देखि सुवहु सुत, अति लाघव सर मारि।
एक निमश में अवनि तल, तिल समान करि डारि।।२।।

चौ.:– मुनि उर मध्य हनै सर नाना, परम कराल व्याल अनुमाना।
भरत तनय तव कोपि निदाना, हन्यौ तासु रथ भ्रामिक बाना।
तुरंग सूत जुत अवनि विहाई, गयौ गमन रथ भ्रमहि वनाई।
उभय घरी अस अद्भुत लीला, भयौ व्योम सुर मोहन सीला।
विपुल जतन करि अवनि उतारा, होइ न थिरमा कौतिक भारा।
सावधान हुइ सन्मुख आई, वोल्यो वचन हृदय रिस छाई।
धन्य धन्य पुस्कल वर वीरा, साधु कर्म तुव क्रत मतिधीरा।
सकल सूर रन मंडल माहीं, तुव विक्रम लखि अमित सिहाहीं।

दो.:– तुरंग सारथी सहित रथ, दीन्हौ गगन उड़ाइ।
देखहु विक्रम मोर अब, होहु सचेत बनाइ।।३।।

चौ.:– अव आकास महि तुम जाहु, पूजहु अमर लहौ मन लाहू।
अस कहि पुनि चढ़ाइ को दंडा, छाड़यौ भ्रामिक वान प्रचंडा।
प्रेरित मंत्र लगेऊ सो वाना, तुरत ही स्यंदन गगन उड़ाना।
सूत तुरंग सहित नभ माहीं, भ्रमहि चंग इव थिरता नाहीं।

विपुल कश्ट करि थिरू रथ कीन्हा, तव चित्रांग अपर सर लीन्हा।
पुनि पुस्कल रथस भ्रमौ अपारा, थिरू न होइ भा कौतिक भार।।
अस अद्भुत सुत विक्रम देखी, भूपति विस्मय भएऊ विसेशी।
सुनि सुनि पुस्कल वचन सुजाना, करि वहुजतन अवनि रथ आना।

सोरठा:– पुनि सकोप कोदंड, तानि चलाएउ चंड सर।
कीन्हौ रथ तिहि खंड, सहित सारथी तुरंग सव।।४।।

चौ:– दूसर रथ बैठा सो जाई, पुस्कल लाघव खंडि वनाई।
पुनि स्यंदन तीसर वलवाना, चढ़न लगे सो कोपि निदाना।
भरत तनय हति तीक्षण वाना, कीन्हौ छिन महँ तिल अनुमाना।
पुनि चौथे रथ हुइ असवारा, आवा सन्मुख गर्जि अपारा।
तव लगि पुस्कल हति सर चंडा, डारि दीन्ह भूतल करि खंडा।
इहि विधि द ारथ संजुग माहीं, सुनि मुनि कीन्हैउ तिल की नाहीं।
बैठि अपर रथ फिरि बर वीरा, सन्मुख आवा गरजि गंभीरा।
पांच वान करि कोप अपारा, देल भरत सुत ह्रदय मझारा।

छंद:– तव भरत सुत उर में दले मुनि पांच वान भयंकरा।
दारून विथा प्रगटी ह्रदय मुनि राज तव अति रिस भरा।।
को दंड चंड सम्हारि दस सर सुभुज सुत के हिय हनै।
तव बेधि भूतल मै परे ार धार श्रोनित सौ सनै।।

दो:– हेम पक्ष सुन्दर महा, परे अधो मुख जाइ।
जिमि मिथ्या वादी पितर, परै नरक पछिताइ।।५।।पृ.६२म.

चौ:– तव सुवाहु सुत करि वहु दापा, पांच वान पुनि धारेउ चापा।
तानि श्रवन लगि ह्रदय मझारा, हनै वेगि लाघव भए पारा।
सुभट सिरोमनि पुस्कल जोधा, सहि प्रहार करि दारून क्रोधा।
अनल समान वान इक लीन्हा, धनुश मध्य धरि पुनि प्रन कीन्हा।
अव महीप सुत सुनु प्रन मोरा, बधौ तोइ इहि साइक घोरा।
यह सुनि सजग होहु सव ओरा, तुमहु कहावत भट जोरा।
बिगत प्रान इहि सायक तोही, करौ न तो सिर दूशन मोही।
पावन पती व्रता वर नारी, संतत निजु पति आइसु कारी।

दो.:– ता कहँ दूशन हार जे, लहहि अंत गति जोइ।
जोन हतो इहि वान अव, होहु लोक मोहि सोइ।।६।।

चौ.:– अरा सुनि सुभुज तनय बर वीरा, वोलेऊ विहसि वचन गंभीरा।
सुभट सिरोमनि तुम बलवाना, विक्रम अमित ह्रदय में जाना।
अवसि एक सर हति हौ प्राना, यह सुनि मैं कछु भय नहिं माना।
सुर नर मुनि जड़ जंगम जीवा, जहँ लगि विधि विर चित जग सीवा।
काल विवस सव विगत विभेदा, यह सुनि मम उर हाइन खेदा।
अवसि सत्य पनु हुइ है तोरा, तदपि सचेत सुनहु पन मोरा।
जो यह सर अवही रन माहीं, खंडन करि डारहु सक नाहीं।
जे सप्रेम तीरथ हित लागी, गमन विचार करहिं बड़भागी।

दो.:– तिनके वर्जन हार जे, लहहिं पाप जग जोइ।
पुनि एकादसि तै परै वृत जानै अघ होइ।।७।।

चौ.:– सो अघ अवसि लगहु इहिकाला, जो वान तुव दलहु कराला।
इहि प्रकार कहि पुनि अरगाना, तव पुस्कल करि मन अनुमाना।
महाराज रघुकुल मनिरामा, प्रनत पाल सोभा सुख धामा।
नील कंज इव स्यामल अंगा, रोम रोम प्रति मोह अनंगा।
सदा प्रनत रूख राखन हारे, कवहु न जन दुख दोश निहारे।
तिनक पद पंकज मनुलाई, जो मैं सेएऊ कपट विहाई।
तो रन मंडल मह पनु मोरा, हुइ है सत्य अवसि सव ओरा।
पुनि निज तिय विनु सपनैहु महीं, भूलि वाम पर निरखी नाहीं।

दो.:– हुइ है पनु तौ सत्य मम, अस प्रतीति उर आनि।
प्रलय काल की वन्हि सम, पुनि प्रचंड सर तानि।।८।।

चौ.:– भरत तनय छाड़यो सर सोई, नृप सुवाहु सुत आवत जोई।
अति लाघव कोदंड मझारी, प्रलय अनल सम सायक धारी।
महा कोप करि तानि चलावा, भिरे गगन दोऊ अचि रजु छावा।
सुभुज तनय सर परम प्रचंडा, कीन्हौ पुस्कल इश जुग खंडा।
हाहा कार सव्द तव घोरा, भएउ सत्र सूदन दल ओरा।

तव लगि अर्ध वान मुनिराई, कालरूप अति लाघव ताई।
धर तै भिंन्न सीरा करि डारा, परयौ अवनितल खाइ पछारा।
जिमि प्रफुल्ल पंकज कर फूला, गिरहि भूमि पर परिहरि मूला।

दो.:– भजी सेन तिहि समय सव, मृतक देखि निजनाथ।
हा हा कार पुकारि पुनि, भय करि मीजहिं हाथ।।६।।क
कुंडल मुकट समेति सिर, अति सुन्दर रन माहिं।
सोहत भूतल के विशै, चन्द्र विंव की नाहिं।।६।।ख

सोरठा.:– सुनहु सूत तिहि काल, भरत तनय रिपु मृतक लखि।
करि उर कोप कराल, अवगाही सेना सकल।।६।।ग

इति श्री पदम पुराणे पाताल खंडे सेस वात्सायन सम्वादे मधुसूदनदास कृते चित्रांगद मृतेरने **नाम सप्त वि ोंऽध्याय।।२७।।पृ.६३म.**

दो.:– सुनि मुनीस तिहि समय नृप, सुतहि निरखि हत प्रान।
लाग्यौ करन विलाप तव, उर अति दुख अधिकान।।

चौ.:– पुनि पुनि सीस धुनहि दोऊ हाथा, सुमिरि सुमिरि सुन्दर सुत गाथा।
थर थर कंपहि सकल सरीरा, श्रवहि उभय द्रग अग्रित नीरा।
ससि समान सुत सीस सुहावा, कुंडल मुकट सहित रज छावा।
विपुल माल श्रोनित लपटावा, मोह विवस उठाइ उर लावा।
चढ़ी भोंह द्रग भूपति देखी, दसनन चापे अधर विसेशी।
अति अधीर हुइ ह्रदय मझारा, पुनि मुख चूमहि बारहि वारा।
महा मोह वस तव अकुलाई, करहि विलाप कलाप वनाई।
हा सुत सूर सिरोमनि बीरा, मम आइसु पालक मतिधीरा।

दो.:– किहि कारन इहि समय सुत, उठइ न धरि धनुवान।
कै संभ्रम वस वचन मम, सुनहु नहीं धरि कान।।१।।

चौ.:– कै रिस सर व्यायौ उर माहीं, तिहि कारन मोहि हेरहु नाहीं।
अव हसि भैटि अवसि मोहि ताता, धीर धरावहु कहि मृदु वाता।
मैं मति मंद सकल दुख खानी, हतभागी अघ ओघ निसानी।

अस अनुमानि प्रथम की नाहीं, वोलहु वचन अमिय मो पाहीं।
तजहु नींद हुइ सजग वनाई, पकरहु रिपुसूदन हय राई।
कनक पत्र सिर चमर समेता, विविध वसन मनि जुत छवि देता।
सुत से विनु मैं सकहु न राखी, तातै जगहु वेगि मनुमाशी।
देखहु तुव तन मुख भट मानी, ठाढ़ौ पुस्कल अति अभिमानी।

दो.:– चाप मद्धि सायक धरै, गर्जहि वारहिं वार।
हति प्रचंड सर जाहि सुत, जीतहु समर मझार।।२।।

चौ.:– पुनितव सेन सकल इहि काला, भजी जाहि रन निपट विहाला।
तुम विनु अवलंन नहि आना, अवसि विचारि जागि वल वानां
हे सुत तोहि विना इहि काला, किहि विधि जीतहुँ समर कराला।
जव रिपुसूदन कोपि अपारा, करिहहि मोपर वान प्रहारा।
तव को रक्षा करहि हमारी, कहहुतात जगि वेगि विचारी।
हा सुत मोहि विलोकि अनाथा, नीद विहाइ धरहु धनु हाथा।
इहि विधि करहि विलाप अपारा, धुनहि सीस उर वारहि वारा।
सुत दुख दसह विवस महिपाला, भयौ दुखित अति निपट विहाला।

दो.:– तव लगि दमन विचित्र दोऊ, वंधु महा बल वान।
पितहि दुखित सुनि हांकि रथ, आइ निकट विलखान।।३।।

चौ.:– पुनि सिर नाइ समय अनुहारी, वोल्यौ दमन गिरा संम्हारी।
महाराज मम जीवत आजू, करहु दुःख उर में किहि काजू।
जो चित्रांग मोह उर करहू, तो सव विधि अनुचित अनुसरहू।
जे उत्तम छत्री भटमानी, ते जाचहि रन वध सुभ जानी।
धन्य सुभट चित्रांग नृपाला, लही मृत्यु रन माह रसाला।
कुंडल मुकट माल जुत माथा, चापै अधर सोह तव हाथा।
सुभट समाज माहि जस जाका, माचि रहेऊ इहि कीन्हेऊ साका।
अस अनुमान मोह परिहरहू, महाराज उर धीरज धरहू।

दो.:– जिहि विधि जितिय रिपु कटक, सो उर करहु विचार।
समय विलोकि सचेत हुइ, कीजिय रन मह मार।।४।।

चौ.:– पुनि मैं रिपुसूदन कट काई, करिहौं अवसि अनाथ वनाई।
यह पुस्कल धनु सायकधारी, सन्मुख गर्जहि अनुज प्रहारी।
मुकट समेत सीस तिहि केरा, डारहु रन मह करहु न वेरा।
तुम विशाद परिहरहु नृपाला, करहु समर हित वुद्धि विसाला।
पुनि मोहि आइसु कीजिय ताता, जीतहु इहि अवसर दल जाता।
सुनि सुत गिरा बीर रस सानी, तजो सोक ह्रद धीरज आनी।
साजि समर लगि कोप अपारा, वहु निसान वज बाइ जुझारा।
तव निज सुभट वोलि नृप लीन्है, रन हित तिनि कहँ आइसु दीन्है।

दो.:– अमित सुभट सजि कोप उर, पहुँचे रन मह जाइ।
एक एक सन भिरेऊ सव, धर्म जुद्ध मुनिराइ।।५।।

चौ.:– नृप रिपु ताप दमन दोउ वीरा, लागे करन जुद्ध रन धीरा।
नीलरत्न विचित्र तिहि काला, भिरेऊ परस्पर कोपि कराला।
कोटिन अस्त्र सस्त्र दोउ ओरा, करहि प्रहार सुभट अति घोरा।
भूप सुवहु कोपि तिहि काला, चढ़ि विचित्र रथ रूचिर विसाला।
धरि प्रचंड सायक को दंडा, रिपुसूदन सनमुख बरि वंडा।
चला बजाइ निडर अभिमानी, तृन समान सव कटकहि जानी।
जिहि थल कोटिनिभटनि समेता, राजहि सत्र समन रन हेता।
निदरि सवहि सुत बैर सम्हारी, चल्यौ तहाँ कहँ गर्जत भारी।

सोरठा.:– सुनहु सूत तिहि काल, उहाँ सत्र घन रथ निकट।
अति बल बुद्धि विसाल, मारूत सुत राजहि तहाँ।।६।।

चौ.:– तिन सुबाहु कह आवत देखी, तब उर कीन्हेउ कोप विसेशी।
मेघ नाद करि वारहि वारा, भए अरून द्रग नव हथियारा।
कट कटाइ नृप सनमुख आबा, अति कराल बपु भय उपजावा।
विकट लंगूर सीस पर राजै, मनहु संभु सिर नाग विराजै।
सुभुज कपीसहि निकट निहारी, हसि सरोश हुइ गिरा उचारी।
रे कपि प्रान देनकित निहारी, हसि सरोश हुइ गिरा उचारी।
पुनि कहु मम सुत भारन हारा, कहाँ गयौ तजि समर विहारा।
मुकट समेत सीस मैं तासू, खंडन करि डारहु अब जासू।

दो.:– कहाँ सत्रघन भूप तब, कहाँ राम बलबान।
पुनि कहु तिनिकी भय कहाँ, कहाँ रंक भट आन।।७।।

चौ.:– मैं अव रन सव ही कर काला, हतो अवहि सर मारि कराला।
अस सुनि मारूत सुत बर बीरा, बोल्यौ नृप सन गिरा गंभीरा।
रिपुसूदन लवना सुर हारी, विद्यमान ए सैन मझारी।
अखिल लोक नायक श्रीरामा, श्रुति, विधि सिव गावहि गुण ग्रामा।
तासु प्रताप सकल जग जाना, अव लगि तें खल सुन्यौ न काना।
जव लगि मैं सेबक तिनि केरा, जीतहु दल महि या इहि बेरा।
तो किहि कारन बे रन माहीं, आवहि जुद्ध करन तुम पाहीं।
मोहि जीति नृ॰ सुनु हरशाई, करि हौ समरू उनहिं सो जाई।

दो.:– सुनि कपि बचन सगर्भ नृप, करि उर कोप कराल।
चंड बान दस ह्रदय कहं, लाघव हति तिहि काल।।८।।पृ.६९प्रा.

चौ.:– पवन तनय ते आत देखी, पकरि कीन्ह तिल सरिस विसेशी।
पुनि करि मेघ नाद अति घोरा, कट कटाइ धावा वर जोरा।
अति लाघव निजु पूँछ मझारी, हय रथ सूत लएरि सम्हारी।
नृपहि अकास माँहि लै गएऊ, महा वली वड़ कौतिक ठएऊ।
तव महीप सत्वर सर घोरा, हनै पूँछ महँ करि बहु जोरा।
तव अकुलाइ कीस रथ त्यागा, सर प्रहार अति दारून लागा।
गिरत भूप वहु वान प्रचंडा, दलि कपीस तन कीन्हेउ खंडा।
अंग अंग प्रति श्रोनित धारा, प्रगट देखि कपि कोप अपारा।

दो.:– लाघव उतरि अकास तें, रथ हय सूत समेति।
मेलि वदन में दसनि सौ, चूरि कीन्ह जय हेत।।९।।

चौ.:– सुनहु सूत नृप लाघव ताई, निकरि अन्य रथ बैइऊ जाई।
वहुरि कोपि को दंड चढ़ाई, अति आतुर कपि सन्मुख आई।
मुख उर भुज पद पूँछ मझारा, हनै वान वहु तीछन धारा।
तव अति कोपि ह्रदय हनुमाना, दई लात उर वज्र समाना।
रथ विहाइ नृप खाइ पछारा, परे अवनि नहिं देह सम्हारा।

श्रोनित श्रवत अमित मुखद्वारा, वमन करै विसरे हथियारा।
तव कपीस करि कोप निदाना, गज रथ तुरग चराचर नाना।
खंड खंड करि संजुग माहीं, दले सकल अनाथ की नाईं।

दो.:– तव लगि लछिमि निधि नृपति, पुनि सुकेत वर वीर।
तजि मुर्छा दारून समर, करन लगे रन धीर।।९।।

चौ.:– इत सुवाहु कहँ मुर्छित देखी, भजी सेन सव विकल विसेशी।
तिहि पर पुस्कल हति सर जाला, निपट कीन्ह सव कटक विहाला।
तव लगि दमन भजी कट काई, वहु उपाय करि रोकेउ जाई।
तिहि अवसर नृप मूर्छा माहीं, अद्भुत स्वपन विलोकेऊ ताहीं।
निरखी अवध पुरी सुखरासी, जग पावनि मनि हेम प्रकासी।
तिहि समीप सरजू तट महीं, नाना मनि मंडप लखि ताहीं।
तासु मध्य मख कुंड समीपा, राजत राम भानुकुल दीपा।
छवि समुद्र वपु सव सुखदाई, निरखत कोटिन काम लजाई।

दो.:– अतसी पुश्प समान तन, सोभा बरनिन जाइ।
सुन्दर मुख आजानुभुज, उर विसाल सुखदाइ।।१०।।

चौ.:– उदर अनूप जंघ मनुहारी, पद पंकज निरखे सुखकारी।
रज पराग महँ मुनि मन भृंगा, बसत रहे संतत रस रंगा।
वाम अंग कंचन सिय राजै, चहूँ ओर मुनि बृंद विराजै।
संभु विरंचि आदि सव देवा, कर जोरे विनवहि करि सेवा।
इहि विधि लोक लोक के धाता, संभु विहमु वासव सुर ज्ञाता।
कर जौरे पद सीस नवाए, अस्तुति करहिं सकल मनुलाए।
नारदादि मुनि वीन वजावत, वरनि सुजसु सुचि प्रभुहि रिझावत।
मूर्ति वंत श्रुति सुमृति पुराना, निरखे सकल करत जस गाना।

दो.:– सकल काल जुत कपट तजि, गान करहि गंधर्व।
पुनि नाचहि वर अपछरा, मैनकादि त्रिय सर्व।।११।।

चौ.:– सकल पदारथ दायक रामा, विद्यमान इहि विधि जुत वामा।
सुभग नैन राजीव समाना, स्याम गात जन सुखद निदाना।

पुनि मृग श्रंग धरै कर माहीं, अस सरूप नृप निरखेऊ ताहीं।
इहि विधि सपन मनोहर देखी, उठि सचेत पुनि अचिरज लेखी।
हर्श समेत कहन अस लागे, कहा दीख मैं फिरि अनुरागे।
सुनि मुनि विप्र श्राप करिभूपा, भूलि रहा पर ग्यान अनूपा।
सो कपीस पद लागत भागा, तव रघुनाथ रूप अनुरागा।
समर त्यागि वहु भट लै संगा, करि मन प्रभु पद पंकज मृंगा।

सोरठा:– रिपुसूदन पद माहिं, अति आतुर निजु स्वामि गुनि।
चले प्रनत की नाहिं, पुलकि गात करि द्रग सजल।।१२।।

चौ:– पुनि निजु बन्धु सुकेतु वुलाए, दमन विचित्र आदि चलिआए।
समर करत सब का निर वारा, धर्म निपुन पुनि वचन उचारा।
सुनहु वंधु सुत भट सुमुदाई, बैर भाव तजि मन हरशाई।
परम तल मैं करहु बखाना, सकल ताप भंजन सुख धामा।
राम चन्द्र मख तुरग रसाला, सादर लावहु सजिइहि काला।
ए रघुकुल मनि राम कृपाला, संतत अखिल लोक प्रति पाला।
पूरन बृंह्म चराचर स्वामी, सकल काल निधि अन्तर जामी।
कारज कारन पर परमेसा, गावहि श्रुति सिव अज मुनि सेसा।

दो:– निज इक्षा मय प्रनत हित, लीन्ह मनुज अवतार।
अस जानहु सव हृदय मह, पुनि सुनि वचन उदार।।१३।।

चौ:– परम ग्यान यस स्वपन मझारा, पाइ अवहिं मैं भएऊ सुखारा।
मुनि अस्तांग प्रथम इक वारा, दीन्ह श्राय मुनि कोपि अपारां
तव तें ग्यान विसरि मम गएऊ, कपि प्रभाव अव प्रापति भएऊ।
सो प्रसंग अव करहु वखाना, सुनहु सकल प्रमुदित धरि काना।
मैं इक वार ज्ञान हित लागी, तीरथ गमन कीन्ह ग्रह त्यागी।
तह इक आश्रम भिन्न विलोका, चरहि जीव सव मुदित असोका।
धर्म निपुन विज्ञान निधाना, मुनि असितांग सुसाधु सुजाना।
प्रमुदित वसहि तहाँ सव काला, उदासीन जग परम कृपाला।

दो:– मैं तिहि आश्रम जाइ करि, वंदि चरन कर जोरि।
परम तत्व मुनि कहहु अव, अस मैं कहेऊ निहोरि।।१४।।

चौ.:– मुनि कृपाल करि कृपा अपारा, बोले मोसन वचन उदारा।
अवधि नाथ दसरथ सुत रामा, परं ब्रह्म ते प्रभु पर धामा।
तासु सक्ति श्री जनक कुमारी, अखिल लोक लय पालन कारी।
तिनके परै ईस नहिं आना, वेद स्मृति अस करहि वखाना।
तिन ही के पद पंकज माहीं, मुनि मन बसहि भृंग की नाहीं।
जोगी जन करि जतन अनेका, भजहि तिनहि उर सहित विवेका।
सव प्रकार भव सिंधु अपारा, गोपद इव ते होहि उद्धारा।
पुनि तिन कर जापि पावन नामा, लहहिं दुश्ट जन अवि चल धामा।

दो.:– पंडित जन संतत मुदित, भजहि राम पर कंज।
तासु चरन सेबहु नृपति, प्रवल मोह दल भंज।।१५।।

चौ.:– महा पाप भंजन रघुवीरा, होहु सरन हरि है भवभीरा।
तिनतें परै तत्व नहिं आना, गावहि सिव अज वेद पुराना।
तव मैं कीन्ह तहाँ उपहासा, कवन तत्व यह करेऊ प्रकासा।
केवल मनुज भूप सुत जोई, तिहि सन परम तत्व कहि सोई।
हर्श सोक वस जनक कुमारी, सो तुम परम सक्ति निरधारी।
कहहु अजन्म अलख परमेसा, सो किमि होइ मनुज अवधेसा।
पुनि संतत जो कर्म विहीना, सो कि करै जग चरित मलीना।

दो.:– अस विचारि मुनि मोह तजि, कहहु विवके विचारि।
जनम मरन दुख रहित जो, ताहि कहौ निरधारि।।१६।।पृ.६६म.

चौ.:– अ समम वचन सुनत मुनिराई, दीन्ह श्राप करि कोप वनाई।
रे खल मूढ़ मंद मति कामी, राम रूप किमि जानहि मानी।
श्री रघुवर कहँ मानुश जानी, हास्य कीन्ह खल निंदा ठानी।
तातें तत्व ग्यान विनु होऊ, मूढ़ राम कर कीन्हसि द्रोहू।
केवल उदर भरन कर ग्याना, रहि है तोहि होहि नहिं आना।
तव मैं मुनि के चरन मझारी, परयौ दुखित हुई कपट विसारी।
हे मुनिवर मोहि अनुचर जानी, करहु दया प्रभु करूना खानी।
अस सुनि वचन मुनीस कृपाला, वोले मोसन गिरा रसाला।

दो.:– श्री रघुवर हय मेध मख, करिहै प्रथम नृपाल।
तासु तुरग तव नगर मह, आइहै सदल विसाल।।१७।।

चौ.:– पकरहि तुरग तनय नृप तोरा, हुइ है समर तवै अति घोरा।
राम भक्त वर पवन कुमारा, करि है तो उर चरन प्रहारा।
सुद्ध तत्व मय ग्यान सुहावा, मव हुइ है अव य मन भावा।
पूरन वृंह्म राम छवि खानी, दै है तोहि दरस निजु जानी।
तव मख तुरग ह्वदय हरशाई, धन मनि वसन राज समुदाई।
सत्र समन कह भेंटहु जाई, आगै राखि सुधनु बहुताई।
पुनि तिन सँग अवधि पुर माहीं, जाइ दरस करिहौ सक नाहीं।
हुइ हौ अवसि कितारथ ताता, निरखि मनोहर स्यामल गाता।

सोरठा:– इहि प्रकार मुनिराइ, प्रथम कही समुझाइ करि।
सोई परी लखाइ, ता तै लावहु तुरग अब।।१८।।

इति पदम पुराणे पाताल खंडे सेस बात्सायन सम्वादे मधुसूदन दास कृते सत्रघन विजय वर्न नो नाम **अश्टा विंसतिमोध्याय।।२८।।**

दो.:– वात्सायन सुनि जनक के, वचन राम पद लीन।
वोले समर विहाय तव, दमन विचित्र प्रवीन।।

चौ.:– सुनहु तात हम निज उर माहीं, तुव पद विनु कछु जानत नाहीं।
तुव आइसु हम सीस चढ़ाई, चाहै कीन्ह विचार विहाई।
अवसि देहु मुख तुरग सुहावा, चंदनादि चर चित छवि छावा।
रतन माल मनि वसन समेता, विमल चमर घुज मनु हरि लेता।
राज कोश धन धाम विसाला, विविधि वसन दीजै इहि काला।
चंदनादि चरचित वर घोरा, दीजै सकल साजि सव ओरा।
पुनि वितुंड उनमत्त समूहा, अगिनित कनक रथनि के जूहा।
नाना बरन विचित्र सुहाए, दीजै महाराज मन भाए।

दो.:– अमित दास दासी सुखद, पुनि मनि भानु समान।
विविध रत्न तोरन रूचिर, बहु गज मनि भरि जान।।१।।क

सोरठा:– विद्रुम विसद अपार, अपर पदारथ सकल नृप।

प्रमुदित भरि बहुभार, करहु समर्पन रामहित।।१।।ख

चौ.:–हमहि समेति सकल परिवारा, करहु समर्पन भूप उदारा।
केवल हम तब आइस कारी, पूछहु कहा तात इहि वारी।
सुनि अस पुत्र बचन महिपाला, रोम रोम हर्शेउ तिहि काला।
पुनि बोले बर वचन सुहाए, परम प्रीति जुत आनद छाए।
जतन समेति राम मख वाजी, आनहु वेगि साज सव साजी।
फिर निज तुरंग नाग रथ जूथा, सजि आनहु सव वस्तु वरूथा।
सुनहु तात तुम आवहु जवहीं, महाराज कहँ भैंटहु तवहीं।
अस सुनि नृप के वचन विनीता, दमन विचित्र सुकेत सप्रीता।

दो.:– नगर जाहि तिन मख तुरंग, निख्यौ परम अनूप।
कनक पत्र सिरसो भिजै, चमर छत्र अति रूप।।२।।

चौ.:–दिव्य रतन बर माल विराजै, मनि विचित्र भूशन तन भ्राजै।
पुनि वितुंड मनि जाल सुहाए, लसै दुहू दिस अति छवि छाए।
अस सरूप मख वाजि निहारी, भए मुदित दमनादिक भारी।
सकल सेवकनि आइस दीन्है, तिन सव कारज आतुर कीन्है।
रथ गज वाजि सवै सजवाई, सकल पदारथ जान भराई।
विपुल दास दासी संग लीन्हे, जे संतत सेवा पथ चीन्है।
इहि विधि सवै साज सज वाई, परिजन सहित हृदय हरशाई।
चतुर सेवकनि निकट वुलाई, कहेऊ राम हय चलहु लिवाई।

छंद.:–लै राम हय तुम चलहु सादर सुनि सकल हर्शे हिये।
तव पटटू डोरि अनूप गहि दुहु ओर सेवक चितु दिये।
ते चले तिहि पाछे सुभट कोटिनि चले आयुध लिये।।
गज वाजि नाना जाति के रथ विपुल जुत रचना किये।।१।।
पुनि वाजि ऊपर छत्र सुंदर फिरहि सोभा को कहै।
दुइ चमर विमल अनूप ढारहिं परम छवि कौ लहै।।
बहु धूप दीप सुआरती जन करत जाहिं मुदित महा।
सव सूर वीर प्रसन्न चहु दिसि लसै अस अहिपति कहा।।२।।

दो.:– मारूत मन ते बेग पर, काम रूप छवि छाइ।

नृप सुवहु निरख्यौ तवै, निपट तुरंग नियराइ।।२।।क

सोरठा.:– तव उर हरस अपार, भूप चिन्ह सव त्यागि नृप।
कुटुम सहित पगुधारि, रिपुसूदन के मिलन हित।।३।।ख

चौ.:– सकल पदारथ न वर जानी, प्रभु पद दरस सत्य उर आनी।
तिहि अवसर मग में महिपाला, लहयौ सत्रघन दरस रसला।
भवेत छत्र सिर सोह सुहावा, ढोरहि चमर विजन छवि छावा।
अगिनित भूप सचिव समुदाई, ठाढ़े निरखहिं भृकुटि सुहाई।
पुनि सुमतिहि सन रघुपति गाथा, पूछत जाहि धरै धनुमाथा।
सव विधि अभय नरनि के बाधा, वीर रूप धरि उदधि अगाधा।
गौर सरीर कवच वर राजै, विविध वसनभूशन तन भजे।
कोटिनि सुभट कुसल संग्रामा, ठाढ़े चहुँ ओर छवि धामा।

दो.:– हनूमान सुग्रीव पुनि, अंगदादि कपि जूथ।
भ्राजहि सनमुख सदल सव, गनहित भात्र वरूथ।।४।।

चौ.:– इहि विधि महाराज कहँ देखी, भूप हृदय महँ हरश विसेशी।
पुत्रनि सहित आसु पद माहीं, परे दीन सेवक की नाहीं।
सव विधि धन्य आपु कहँ मानी, प्रेम विवस मुख आव न वानी।
भूपहि करत प्रनाम निहारी, उठे सभाजुत रिपुमद हारी।
बरवस सुभुज मेलि उर लाए, अति आनंद हृदय में छाए।
तव सुबाहु नृप हरशि अपारा, सजल नैन करि वचन उचारा।
आजुधन्य मैं भएऊ वनाई, सुत परिवार सदल रघुराई।
कोटिन नृप बंदत पद कंजा, निरखि सकल अघ दुख गन भंजा।

दो.:– करूना निधि मम तनय नै, विनु जानै हय लीन्ह।
वाल समुझि अव छमहु प्रभु, जदपि महा अघ कीन्हा।।५।। पृ.६८प्रा.

चौ.:– श्री रघुनाथ प्रभाव न जाना, ब्रंह्मादिक प्रभु हरि भगवाना।
जग पालन संभव संधारा, करहिं सदा लीला अनुसारा।
ता तै इहि अघ कीन्हउ स्वामी, करहु कृपा अव लखि अनुगामी।
यह मम राज कोश धन धामा, हय गज रथ मनि भूशन ग्रामा।

नाना बसन सकल परिबारा, अपर बस्तु सव भूप उदारा।
श्री रघुपति कौ केबलि जानो, मो कहँ निज अनुचर अनुमानो।
करहु सुफल सव कृपा निधाना, अभय देहु मोहि स्वामि सुजाना।
श्री रघुपति पद पंकज भृंगा, हनूमान किय तिहि सुचि अंगा।

दो.:– जिनके छिन सत संग तें, राम दरस मैं पाव।
पुनि पद परसत महा मुनि, श्राप कराल नसाव।।६।।

चौ.:– साधु समागम तें जग माहीं, कवन पदारथ प्रापति नाहीं।
जासु प्रसाद मंद मै मूढ़ा, देखे राम चरन अति गूढ़ा।
अस सुनि पवन तनय सकुचाई, मिले भूप कह अति हरशाई।
तव सुवाहु नृप पुलिक सरीरा, वोले वचन श्रवत द्रग नीरा।
सुनहु तात रघुनाथ विहीना, भईं विपुल वर्शें मम छीना।
अव कहु कवन भाँति कपिराई, राम रूप निरखहु सुख दाई।
जग पुनीत सरजू तट माहीं, दिव्य हेम मनि मंडप ताहीं।
मुनि समाज तख करत रसाला, स्याम गात द्रग ललित विसाला।

छंद.:–द्रग ललित परम विाल स्यामलगात मुनि मन मोंहहीं।
श्री सहित पुंड विराज भाल सुभृकुटि नासा सोहहीं।।
दोऊ श्रवण सुन्दरता भवन सुकपोल कव कपि देखिहों।
वर अधर विंवाफल सरिस रद विसद भाग्यनि लेखि हों।।१।।
पुनि चिवुक परम अनूप सुंदर कंठऊ साूभमयं।
भुजदंड करि वर सुंड सम संतत सुखद भंजन भयं।।
जुग पानि जलज समान अभिमत दानि खल गंजन करं।
वर उदर त्रवली ललित जुत कटि छीन हरि कटि छविधंर।।२।।

दो.:– रूचिर जंघ जग कदलि सम, चरन जलज सम तूल।
कहहु तात कब देखिहौं, जह सिव मनु अलि भूल।।७।।क

सोरठा.:– जिनहिं परसि मुनि नारि, भई उपल तन त्यागि सुचि।
कव मैं तिनहि निहारि, हुइ हौं पावन कुटुम जुत।।७।।ख

चौ.:– पुनिसिर परसि सक्र तुम वार्मा, काग रूप अवगुण निधि कामी।

तहि पाप छिमि निजु अनुमानी, दीन्ह साधु पद सव सुख खानी।
गीध आदि निसिचर समुदाई, दीन्ह मुक्ति करि कृपा वनाई।
पुनि मुख कमल अनूप बिलोकी,भए जीव वहु निपट असोकी।
जे सादर रघुनायक नामा, जपहि लहै तें अविचल धामा।
अहोधन्य जंन अविधि निवासी, प्रभु मुख कमल रूप रस रासी।
निज पुट द्रग भरि भति सव काला, पियै मुदित मन रहै निहाला।
इहि विधि नृपति कहेऊ तिहि पाहीं, गहयर कंठ श्रवत द्रग जाहीं।

दो.:– महाराज रिपुदमन तव, सुनि अस वचन विनीत।
सादर सुंदर सुखद अति, वोले गिरा सप्रीति।।८।।

चौ.:– अस वानी महीप किमि कहहू, तुम तो वृद्ध पूज्य मम अहहू।
राज कोश धन धाम समेता, अपर पदारथ हय तुव जेता।
सकल राम कर संसय नाहीं, अव यह करहु कहौ तुम पाहीं।
नृपता तिलक दमन सिर करहू, मम आयस उर आनन धरहू।
छत्रनि कौ संतत यह धर्मा, रन में कवहू होइ न वर्मा।
तुम मम पूज्य यथा रघुनाथा, मन वच कर्म सत्य यह गाथा।
रामभक्त विज्ञान निधाना, तातै किहि विधि करहु वखाना।
अव आपुहु सजि मख हय हेता, चलहु संग सव कटक समेता।

दो.:– महाराज के वर वचन, सुनि सुवाहु हरशाइ।
नगर जाइ तव दमन को, दीन्हौ राज वनाइ।।६।।

चौ.:– सुनि सुवाहु तव रन मह आए, लाखि चित्रांग नैन जल छाये।
विधिवत मृतक क्रिया सव कीन्ही, वहुरयो सवनि तिलांजुलि दीन्ही।
कीन्ह सोक छिन एक नृपाला, समुझि लोक अपवाद कराला।
ग्यान द्रश्टि सव सोक नसावा, श्री रघुनाथ चरन मनु लावा।पृ.६६प्रा
पुनि अनूप रथचढ़ि तिहि काला, साजि कटक चतुरंग विसाला।
महाराज रिपुसूदन पासा, आइ बंदि पद सहित हुलासा।
नृपहि सेन जुत सन्मुख देखि, चलन हेत मनु कीन्ह विसेशी।
तव मख तुरग छुड़ावत भएऊ, वहुरि सवनि अनुसासन दएऊ।

दो.:– कटक वाम दै तुरग वर, चलौ पवन गति धार।
कोटिन भट गज वाजि रथ, चले न परहि सम्हार।।१०।।क
चढ़े वीर रथ रिपुदहन, विपुल भूप समुदाइ।
सकल सेन सज वाइ करि, चले हृदय हरशाइ।।१०।।ख

सोरठा.:– प्रवल प्रताप निहारि, कोऊ न पकरै जग्य हय।
केवल सरन विचारि, मिलहि सकल भूपाल मग।।१०।।ग
कोऊ नृप अरपै राज, विविधि वसन धन धाम कोउ।
निजु निजु सहित समाज, कोऊ एक भैटहि वचन करि।।१०।।घ

इति श्री पदम पुराणे पातालखण्डे सेस वात्सायन सम्वादे मधुसूदन दास कुते नृप सुवाहु मिलापे **नव विंसतिमोध्याय।।२६।।**

दो.:– कनक पत्र सोभित तुरग, सुनि मुनीस मनुलाइ।
मरूत वेग इव तेज पुर, लाघव महुचौ जाइ।।

चौ.:– सत्यवान नृप घर्म समेता, पालहि सबनि सदा सुख देता।
तिहिं पाछे रामानुज राजा, आये तिहि पुर सहित समाजा।
तिन तब नगर रम्य अवलोका, सकल जीव जहँ बसहि असोका।
चहु दिसि कोट मरूत छबि देई, चित्र बिचित्रित मन हरि लेई।
रंग रंग के सुभग कंगूरे, तिन पर कलस धरे अति रूरे।
देव भवन मह सुनि चहुपासा, निरखे सुन्दर करत प्रकासा।
सुर मुनि विपुल जतिनि के धामा, अव लोकै चित्रित बर कामा।
जलज चक्र तिलकादि समेता, बसत जती जन आनद देता।

दो.:– दिब्य बिबिधतरू बिबिध तहँ, निरशै अमिमति दानि।
पुनि नाना सर वर लखे, विपुल कंज वर पानि।।१।।

चौ.:– केकी कीर कोकिला भृंगा, हंस पराबत खग बहु रंगा।
प्रमुदित चरहिं करहि कल गाना, बहु मुनि बृद बसहि तट नाना।
पुनि ब्राह्मन संकेत अनेका, निरखै सुभग एक तै एका।
अग्नि होत्र प्रति मंदिर माहीं, होहि बेद मंत्रनि जुत ताहीं।
तिनतै प्रकटहि धूम समूहा, परसत हरहिं पाप के जूहा।

अस अनूप पुर सोभा देखी, मनमै अचिरज कीन्ह बिसेशी।
हरश समेत सुमत सन बानी, बोले भय भंजन गुन ानी।
कहौ सचिव बर मोहि बुझाई, कबन नगर यह छबि समुदाई।

दो.:– इहि निरखत मम ह्रदय मह, भएऊ परम आनंद।
कवन भूप पालन करै, कहहु मिटे भ्रम फंद।।२।।

चौ.:– इहि प्रकार सुनि सुमति सुजाना, करन लगे सुचि कथा बखाना।
सुनहु स्वामि अब कथा सुहाई, कहौ जथा मति सकल बुझाई।
हरिजन चरित सदा सुभ दाई, सुनत विप्र बध पाप नसाई।
जीवन मुक्त परम बड़भागी, श्री रघुनाथ चरन अनुरागी।
अस महीप इहि पुर प्रतिपाला, सत्य वान यह नाम रसाला।
सकल जग्य अंगनि जुत जानै, करहि सदा अभिमान न मानै।
इहि कर पिता रितुंभर राजा, परम धर्म तिनि जग जस भ्राजा।
धेनु प्रसाद तनय यह पावा, महाराज जो तुमहि सुनावा।

दो.:– अस सुनि वोले रिपुदहन, कबन रितुंभर भूप।
किहि कारन तिनि धेनु कर, पूजन कीन्ह अनूप।।३।।

चौ.:– श्री हरि सेवक अति बड़ भागी, परम भाव बत बिशै विरागी।
अससुत किहि प्रकार तिन पावा, अति दुर्लभ पुरान श्रुति गाबा।
सकल कथा यह वरनहु ताता, हरिजन सुजस महा सुख दाता।
जिहि के श्रवन करत जग माहीं, महा पाप कोटिनि नसि जाहीं।
इहि विधि सुनि अघ भंजन बचना, सूंदर महा अर्थ जुत रचना।
तव सुमंत अति सै हरशाई, कहन लगे हरि कथा सुहाई।
प्रथम रितुभर भूप उदारा, भए प्रकट जानहि संसारा।
विपुल नारि जुत पुत्र बिहीना, जदपि राज बड़ तदपि मलीना।

दो.:– एक समय जावर्ल्लिमुनि, दैव जोग तिहि गेह।
आवत भए महीप लखि, पूजेऊ सहित सनेह।।४।।

चौ.:– पुनि सिरू नाइ उमै कर जोरी, बोलेऊ भूपति विपुल निहोरी।
जिहि विधि पुत्र होइ मम नाथा, विचारि बरनहु सोइ गाथा।

धरग धुरंधर साधु सुजाना, कहो मोहि लखि दुखित निदाना।
तीरथ दान जग्य वृत सेवा, जय संजम अथवा कोऊ देवा।
जिहि तें तनय कृपानिधि होई, नि चय करि कहियै प्रभु सोई।
सुनि नृंप के अस वचन विनीता, वोले मुनि जावल्लि सप्रीता।
तनय होन के तीनि ऊपाई, सुनहु रितुंभ नृप मनुलाई।
विहमु धेनु अथवा वृशकेतू, इनिकी कृपा विना नहि हेत।

सोरठा.:– सवतै सुलभ उपाइ, केवलि पूजहु धेनु तुम।
वेद स्मृति अस गाई, सकल देव मय तासु तन।।५।।पृ.७०प्रा.

चौ.:– सो प्रसन्न हुइ अभिमत दाना, पुजहि मृशा न करहु बखाना।
प्रमुदित जुत आदिक नर जेई, आलस तजि नित धेनुहि सेई।
तिनके देव पितर समुदाई, त्रपित रहै नित दुखनि विहाई।
पुनि जे नर नित नेमि समेता, प्रथम अग्रासन धेनु कों देता।
तिहि प्रभाव तै सुनहु भुवाला, पूजहिं तासु काम सव काला।
जिहि के भवन त्रशित गो रहई, रजस्वाला कन्या पुनि अहई।
हरि बिनु अपर देव समुदाई, निरमाइल तिन कर जो खाई।
तिनि के पुन्य पुराक्रत नाना, होहिं नास श्रुति बिदित बखाना।

दो.:– जे निजु पर त्रन चरत जो, गो बरजहिं मति मंद।
तासु पितर सुर लोक में, कपहि समझि जम फंद।।६।।

चौ.:– सुनहु रितुंभर भूप प्रवीना, जे नर ताड़हि बुद्धि मलीना।
ते खल धर्म राज पुर माहीं, कर बिहीन बहु दुख्यत जाहीं।
पुनि सप्रेम जे डास निवारै, दैहि हरित त्रन मंज्जहि झारै।
सकल पितर जम पुर नित केरे, हरशहि आपन जानि निवेरे।
अब इतिहास पुरातन भूपा, बरनहु तुव सन परम अनूपा।
जिहि विधि जनक राइ परलोका, जाइ जीव बहु कीन्ह असोका।
सो प्रसंग सव कहहु बखाना, सुनु महीप सादर धरि काना।
एक बार नृप जनक विदेहा, जोग द्वार करि त्यागेऊ देहा।

दो.:– तव लगि रूचिर विमान तहँ, किंकिनि जाल समेत।
आवा निकट विलोकि नृप, चढ़े परम पदहेत।।७।।

चौ.:– तव सेवकनि चलाएऊ जाना, धर्म राज पुर ऊपर आना।
तहाँ जीव कोटिन अघ कारी, परे नरक महिं व्याकुल भारी।
जनक सरीर मरूत तिन अंगा, परस्यौ जाइ मिटा दुख संगा।
दारून दाह विथा विनु भएऊ, विपुल मोद सवकै निरमएऊ।
चकित सवनि तव गगन निहारा, लख्यौ विमान जात दुति कारा।
समुझि नरक दुख कठिन अपारा, सवनि दीन हुइ वचन उचारा।
हे सुकृती जन दया निधाना, दुखित देखि मति जाहु सुजाना।
तव सरीर मारूत हम पाहीं, भएऊ सुखित सव दुखनि विहाहीं।

दो.:– परम धरम रति जनक नृप, अस सुनि दुखित निहारि।
लागे करन विचार मन, अमित दया उरधारि।।८।।

चौ.:– रहें हमारै सकल सुखारी, पुनि ताड़न दुख होइ न भारी।
सो सुर वास सरिस मुहि एहा, रहि हौं इहाँ विगत संदेहा।
अस अनुमानि विमान समेता, बैठे नरक द्वार तिन हेता।
धर्म राज तिहि अवसर आए, दंड देन सवको रिस छाये।
नरक द्वार तिन जनकहिं देखा, सहित जान उर दया विसेशा।
तव हसि धर्म राज बरवानी, वोले चकित नीति रस सानी।
परम धर्म धुर धारन हारे, महाराज कित आनि पधारे।
संतत पापपिनि कर जहँ वासा, तुम से पुरूश न करहि प्रकासा।

दो.:– जे पर द्रोही मंद मति, पर धन पर त्रिय चोर।
पर अपावादी आदि खल, आवहि इहि थल घोर।।६।।

चौ.:– पुनि जे धर्म निपुन निजु नारी, सेवारत आइसु अनुसारी।
पुनि जे ताहि पाप दे मंदा, ते आवहि इहि थल अघ कंदा।
पुनि निज लोभ विवस तजि नीता, हरै मित्रधन ह्रदय सप्रीता।
तिन कह मम भट इहि थल लाई, करहिं ताड़ना विविध वनाई।
सकल ताप गंजन श्री रामा, अति कृपाल सुंदर सुखधामा।
मन वच कर्म तिनहिं मन माहीं, सुमिरन करहि जीव जे नाहीं।
दंभ बैर उपहस प्रमादा, गिरत परत धावत पुनि वादा।
कवनहु भाँति न सुमिरहि जेई, भोगहिं सकल नर्क खलतेई।

दो.:– तव लगि जीवनि के विशै, वसत पाप समुदाइ।
जव लगि नर नहिं राम कर, नामहि लेत सुभाई।।१०।।

चौ.:– धर्म विमुख अर्घ कर्म मलीना, तिनहि पकरि मम भट तन पीना।
नाना ताड़न करि वहु भाँति, भुगवहि आनि नरक के पाती।
महाराज तुम सम जे जीवा, संतत धर्म नीति की सीवा।
तिनहि सुभट मम देखिन सकहीं, श्रीपति आइसु गुनि अति डरहीं।
अस विचारि महिपाल सुजाना, जाहु देव पुर सहित विमाना।
भोगहु सुन्दर सुकृत अपारा, तजहु दया जिनि करहु विचारा।
ए पापी जन पाप भंडारा, विन भोगै नाहिंन निस्तारा।
अस सुनि धर्मराज सन वानी, वोले जनक दया रस सानी।

दो.:– सुनहु नाथ नहिं जाउँ मैं, दुखित जीव परित्यागि।
अचल दया मो उर वसी, चलन सक्ति गई भागि।।११।।

चौ.:– पुनि मम अंग मरूत इन पाई, भए सुखी सव ताप विहाई।
जो इन सवनि तजो इहि काला, तो हम जाहिं प्रसन्न विसाला।
इहि विधि भानुतनय सुनिवानी, जनक राज कहँ हठ वस जानी।
भिन्न भिन्न तव सवके पापा, वरनन लगे सकल संतापा।
प्रथम विलोकहु जाइ नृपाला, कीन्ह पाप इहि परम कराला।
सुह्रद मित्र अरू आपनि नारी, करि वि वासघात खल मारी।
तिहि कारन हम ताड़न भारी, अनल समान नरक मह डारी।
अयुत वर्श भरि भोग कराई, पुनि सूकर की जोनि दिवाई।

दो.:– वहुरि मनुज अवतार यह, लहै नीच कुल जाइ।।
अंग भंग रोगादि जुत, अल्प आरबल पाइ।।१२।।पृ.७१म.

चौ.:– अव देखहु इहि अति अघ कीन्हा, वर वस पर तिय कों रति दीन्हा।
तिहि तें दिव्य वर्श पंचासा, रौर व माहि वसहि सहि त्रासा।
यह तीसर खल कुमति निदाना, निज तन पोशक नर्क निसाना।
परिजन सव परिवार विहाई, मधुर अन्न छिपि करि नितखाई।

तातैं विविधि भाँति दै दंडा, वर वस पुनि जुग कर करि खंडा।
श्री नितादि के कुंड कराला, तिन विच पचवावहि बहु काला,।
अपर विलोकहु यह अघ मूला, कीन्ह वेद मारग प्रति कूला।
संघ्या समय अतिथि इहि पासा, आवा परम छुधित अति प्यासा।

दो.:– तिहि को असन न दीन इहि, अति कठोर मति मंद।
पुनि विलोकि द्रग कुटिल करि, कहे वचन दुख कंद।।१३।।

चौ.:– तिहि अपराध जाहि बहु काला, तामिश्रक अति नरक कराला।
घोर तिमिर जुत विपति निकेता, प्रवल भ्रमर जहँ डसि दुख देता।
अधो बदन करि ममभट घोरा, बहु विधि ताड़ि डारि वहु जोरा।
अपर निहारहु भूप सुजाना, पर निंदा इहि कीन्ह निदाना।
पुनि यह दूसर सुनिधरिकाना, वार वार हसि प्रेरि वखाना।
तिहि अघ अंध कूप मह दोई, वसहि लहै दुख निजु क्रत जोई।
देखहु अपर पाप की खानी, परम मित्र द्रोही दुख दानी।
रौर व नरक वसहि वहुकाला, नाना विधि सहि है दुख जाला।

दो.:– इहि विधि अगिनित जीव गन, देखि राइ तिहि काल।
नाना नरक वताइ पुनि, कहि सव कर्म कराल।।१४।।क

सोरठा.:– निजु कृत भोग कराइ, तव छूटहिं जे जीव सव।
अस सुनि सोच विहाइ, जाहु देव पुर लहहु सुख।।१४।।ख

चौ.:– सुनि मुनीस अस जम की वानी, राम भक्त वर नृप विज्ञानी।
अमित दया उपजी मन माहीं, ह्रदय कंप द्रग तै जल जाहीं।
धर्म राज तुम नीति निधाना, नि चय करि अव करहु वखाना।
जिहि विधि होइ सकल उद्धारा, तजि दुख जाल आस इहि वारा।
धर्म राज अस सुनिवर वानी, वोलउ नीति रस सानी।
जनक राज तुम चतुर अपारा, किहि विधि इन्ह कर होइ उधारा।
सकल ताप भंजन रघुनाथा, परम कृपाल विदित श्रुति गाथा।
तिनके पद पंकज मनु लाई, कबहु न भजे मनुज तनु पाई।

दो.:– पुनि तिनकी पावन कथा, सुनी नहीं धरि कान।
कहौ कवन विधि छुटहिं ए, पाप पहार समान।।१५।।

चौ.:– तदपि छुटवान चाहौ भूपा, तो मैं कहहु उपाइ अनूपा।
एक वार तुम उठे प्रभाता, सुद्ध भाव जुत पुलकित गाता।
राम राम जय राम उदारा, इहि प्रकार तुम नै उच्चारा।
जो वह पुन्य देहु हरशाई, छूटहिं अवहि जीव समुदाई।
अस सुनि जनक राइ हरशाई, वोले आतुर गिरा सुहाई।
जो हम जोग जग्य जप कीन्हा, जन्म प्रजंत पुन्य हम दीन्हा।
इहि बिधि जवहि कहेउ महिपाला, सकल जीव उधरे तिहि काला।
भए दिव्य तन परम अनूपा, सुनि मुनि वरनिन जाइ सरूपा।

दो.:– पुनि बोले श्री जनक सन, बचन कमल कर जोरि।
अमित विमुख तजि परम पद, लहै कृपा इक तोरि।।१६।।क
इहि विधि सुनि हर्शे सवै, दिन कर सरिप्रकास।
बहु प्रकार तोशे तबै, प्रमुदित सहित हुलास।।१६।।ख

सोरठा:– तिहि अबसर बहु जान, आए निरखि चढ़ै तब।
करत जनक गुनगान, अति प्रसन्न सुर पुर चले।।१६।।ग

इति श्री पदम पुराणे पाताल खंडे सेस वात्सायन सम्वादे मधुसूदन दास कृते धर्मराज राजा जनक उपाख्याने **नाम त्रिंसतिमोध्याय।।३०।।**

दो.:– मुनि नाइक सुनि जनक तब, सबनि निरखि नभ जात।
धर्म राज सन बचन बर, वोले पुलकित गात।।पृ.७२ प्रा.

चौ.:– अहो नाथ तुम नीति निधाना, मृशा वचन नहिं करहु बखाना।
तुम जो वचन कहा हम पाहीं, पाप बंत आबहि इहि माहीं।
मैं किहि अघ बल तब पुर आवा, कहहु बुझाइ मोह उर छावा।
इहि बिधि सुनि विदेह की बानी, बोले दिन कर सुत सुधि आनीं
भाग्य बंत नृप ग्यान निधाना, नीति धर्म रत सुकृत सुजाना।
श्री रघुपति पद पंकज भृंगा, विशय विरत पुनि प्रिय सत संगा।
तुव कीरति जग पावनि कारी, कीन्है कोटिन दुश्ट सुखारी।

जिहि के सुनत परम आनंदा, होइ हृदय नासइ भ्रम फंदा।

दो.:– जद्यपि अघ लव लेस तें, सुनहु महा महि पाल।
मम पुर आवा जान तुव, कहौं सकल इहि काल।।१।।

चौ.:– एक वार तुव तुरग निकेता, चरहि धेनु त्रनछधा समेता।
केवलि मन करि ताहि निवारा, तिहि अघ दीख नर्क कर द्वारा।
महाराज सो अघ किहि ओरा, राज समान सुकृत फल तोरा।
सुकृत सिंधु तुम दया निदधाना, अव प्रमुदित भोगहु सुख नाना।
तुम्हारी कृपा सकल ए जीवा, गए देव पुर तजि दुख सीवा।
मैं किहि विधि करि सकहु बड़ाई, तब उर बसहिं सदा रघुराई।
जो तुम चरन इहाँ नहिं धरते, मंद जीवए किहि विधि तरते।
परम दया निधि साधु सुजाना, किहि प्रकार मैं करहु बखाना।

सोरठा.:– इहि विधि सुनि जसु कान, वंदि चरन पुनि हरशि हिय।
चढ़ि करि दिव्य विमान, जात भएऊ हरि लोक कहँ।।२।।

चौ.:– ता तै सुनु महि पाल प्रवीना, पूजिय धेनु ईरशा हीना।
जो पै करहि द्रोह खल जेई, तजि श्रुति मारग कुमतिहि सेई।
पावहि घोर नरक में वासा, जव लगि चौदस दंद्र प्रकासा।
जिहिते सुनहु रितुंभर भूपा, पूजहु धेनु वेद अनुरूपा।
सो प्रसन्न हुइ तुव मन मावा, हरिजन सुत दैहै गुन छावा।
रामानुज अस सुनि महिपाला, वोल्यौ मुनि सन वचन रसाला।
मुनि नाइक मोहि आपन जानी, गो पूजन विधि कहो बखानी।
सुनि जावाल्लि हृदय हरशाई, कहल लगे सव विधि सुखदाई।

दो.:– प्रथम सोधि सुन्दर दिवस, आलस कपट विहाइ।
धरहु नैम उर वर्श लगि, नि चय प्रीति वड़ाइ।।३।।

चौ.:– प्रथमहि करौ धेनु की पूजा, इश्ट देव जानहु जिनि दूजा।
आपुहि विपन चरावन जाहु, निज सेबा सोंपहु जिनि काहू।
दिन प्रति जब त्रन हरित चराबहु, पुनि जिहि थल सम विमल रखावहु।
मत्सर दिना निबारन करहू, पुनि तुम जव भोजन अनुसरहु।

जव गो चरहि करहि जल पाना, तवहिं वारि जव लेहु न आना।
धेनु धाम ऊँचे जिनि रहहू, यह आइसु सुचेत नित करहू।
इहि प्रकार बृत करहु नृपाला, हुइहै सुत हरि भक्त रसाला।
जव संचय राखहु दिनराती, जिहि तें वृत निवहे भलिभांती।

दो.:– सुनहु भूप मनि सत्रघन, नृप सुनि इमि मुनि बैन।
तनय हेत बृत जथा विधि, धारन कीन सुखैन।।४।।

चौ.:– प्रथम कीन्ह पूजन मनु लाई, पुनि जव त्रन तिहि असन कराई।
दिन प्रति डास निवारन करही, आपुन तव भोजन अनुसरही।
इहि प्रकार बीतेशट् मासा, विधि बत् सेवहि सहित हुलासा।
एक बार गो विपन मझारी, चरहि भूप बल अभय सुखारी।
इहि विधि गई दूरि गिरि पाछै, चरहि हरित त्रन प्रमुदित आछै।
रहे दूर तहँ तब नर नाहा, सुरभी द्रशिट परी नहिं ताहा।
तिहि अबसर पंचानन घोरा, आइ धेनु पकरी वर जोरा।
ब्याकुल राम्है बारहि बारा, लाघव तिहि खल कीन्ह अहारा।

दौ.:– तवै लख्यौ जुत आव नृप, निरखि धेनु संघार।
अति अधीर हुइ विविधि विधि, रोदन कीन्ह अपार।।५।।

चौ.:– पुनि जावल्लि निकट चलि आए, दारून सोक ह्रदय मह छाए।
बार बार पद वंदि वहोरी, वोलेऊ वचन उभय कर जोरी।पृ.७३प्रा.
सुनहु स्वामि मम नाथ उदारा, तुव आइस बल मैं बृत धारा।
संतत करहु धेनु सिव काई, जिहि प्रकार तुव बरनि सुहाई।
आजु विपन मैं गएऊ चरावन, जाने बिनु बध किय पंचानन।
सो अघ किहि बिधि नासहि स्वामी, कहौ बेगि लखि जन अनुगामी।
पुनि जिमि मम बृत पूरन होई, प्रनत पाल बरनहु अब सोई।

दो.:– सुनि नृप यह अघ निपट लघु, बिनु कीन्है तुम मानि।
छटइ बेगि परि हरहु दुख, वेद उपाइ बखानि।।६।।

चौ.:– जिनिके किये महा अघ जूहा, नासहि जिमि रवि तिमिर समूहा।

सुरा पानि द्वज बध कृत घाता, मित्र द्रोह आदिक अघ ग्याता।
इनके भंजन हेत उपाई, वरनै श्रुति ते कहहु बुझाई।
नैम दान संजम समुदाई, चंद्राइन मख पुनि सिवकाई।
इनके कियै सुनहु महि पाला, नासहि महा पाप के जाला।
अति प्रचंड अघ दुइ जग माहीं, कबनेहु भाँति जाइते नाहीं।
गो बध पुनि श्री पति की निंदा, करहिं जानि जे अति मति मंदा।
तिनकर फल मैं करहु बखाना, भिन्न भिन्न करि भूप सुजाना।

दो.:– धेनु विरोधी जीव जढ़, वसहि नर्क महि जाइ।
जव लगि चौदह इंद्र इव, भोगहि राज अघाइ।।७।।

चौ.:– रमानाथ कह निदंइ जेई, सकल कुटंव सहित खल तेई।
वसिहै घोर नरक में जाई, महा पाप लगि सुनु भुवराई।
अस विचारि जे परम सयानै, सपनेऊ हरि गो दोशन मानै।
बिन जानै तुम कहँ अघ लागा, सुनहु उपाय होइ जिमि त्यागा।
नृप रितुपर्न महा वड़ भागी, सियाराम पद अति अनुरागी।
धर्म निरत पुनि वुद्धि निधाना, सत्र मित्र सम गति तिहि माना।
सोतुम सन सादर मनुलाई, वरनहि गोवध दहन उपाई।
प्रथमहि तासु देस तुम लीन्ह, पुनि तुम निजु भुज वल करि कीन्हा।

दो.:– तजि विरोध अभि मान सव, जाहु तुरत तिहि गेह।
जो कछु नृप बरनन करे, सोई कीजौ जुत नेह।।५।।

चौ.:– अवसि धेनु वध अघ संघारा, हुइहै तव यह बचन हमारा।
रिपुसूदन इही विधि सुनिभूपा, वार वार पद वंदि अनूपा।
पुनि रितुपर्न भवन चलिगएऊ, तजि अभिमान चरन सिर नाएऊ।
तब तिहि भूप रितुंभर देखा, सादर भेंदि मित्र सम लेशा।
बार बार बूझी कुसलाता, उर जाना कछु ब्याकुल गाता।
जोरि पानि तव वचन विनीता, कहा रितुंभर अघभय भीता।
सुनहुभूप रितुपर्न सुजाना, राम भक्त बिग्यान निधाना।
मुनि जावल्लि मोहि पठवावा, कहि तुम्हार गुण गान सुहावा।

दो.:– धेनु घात अघ लाग मुहि, विनु जानै नर नाथ।
जिहि विधि नासहि कृपा करि, कहौ बेगि सोइ गाथ।।६।।

चौ.:– इहि तिधि सुनि रितु गर्न भुआला, बोला हसि मृदु वचन रसाला।
सुनहु स्वामि मैं अव गुन खानी, दुरा चार रत अति अभिमानी।
संतत निरत वुद्धि संसारा, मुनि जावल्लिक दया अगारा।
वेद स्मृति इति हास पुराना, सवविधि जानहि परम सुजाना।
तिनहि त्यागि आएऊ मम पासा, भएऊ आजु यह वड़ उपाहासा।
तद्पि तुमहु सन कहहु वखाना, छिमहु पाप निज मति अनुमाना।
सादर सुनहु विगत संदेहा, तत्व वेद स्मृति कर एहा।
मन वच कर्म राम पद कंजा, सुमिरहु गो वध हुइहै भंजा।

दो.:– पुनिदयाल हुइ राम प्रभु, करि है पूरन काम।
अखिल कोटि अघ पुंज कर, भंजहि तिन कर नाम।।१०।।

चौ.:– अस विचारि नि यय उर आनी, सुमिरि सिया रघुवर धनुपानी।
पुनि इक धेनु कनक समुदाई, देहु विप्र कह मन हरशाई।
गो वधादि अघ ओघ अपारा, नसिहै यह श्रुति वैहैसि उचारा।
अस सुनि आवभूप निज धामा, पुनि उर सुमिरि सिया श्रीरामा।
पावन हुइ दीन्हैऊ गोदाना, फिरि सुत हेत प्रथम वृत आना।
दिन प्रति धेनु चरावन जाही, सुमिरहि प्रेम सहित रघुराई।
कछुक काल बीते मुनिराई, हुइ प्रसन्न वोली सो गाई।
मागु मागु वर भूप सुजाना, जो कछु तुम निज उर रूचिमाना।

दो.:– अस सुनि वोल हर्शि नृप, तनय देहु मुइ माइ।
राम भक्त निज धर्मरत, कुल पालक सुख दाइ।।११।।

चौ.:– वोली कामधेनु तिहि काला, ऐसे होहु अवसि महिपाला।
अस कहि भई अगारे सोई, वहुरि रितुंभर करहु न सोई।
कछुक काल वीते सुत पावा, सत्यवान अस नाम सुहावा।
मन बच कर्म राम पद भृंगा, निरत धर्म पथ प्रिय सत संगा।
पितु सेवक सुंदर सुभ सीला, करहि महा सुख दायक लीला।
इहि प्रकार बीते कछु काला, तनय समर्थ जानि महिपाला।
भूप रितुंभर मन हरशाई, सकल राजु तिहि सोंपि वनाई। पृ.७४प्रा.

पुनि आपुन प्रमुदित तजि गेहा, गए विपन तप हित जुत नेहा।

दो.:– तहाँ राम पद कमल भजि, प्रेम सहित गत काम।
मधुसूदन पुनि त्यागि तनु, पाएऊ अविचल धाम।।१२।।

इति श्री पदम पुराणे पाताल खण्डे सेस वात्सायन सम्वादे मधुसूदन दास कृते सत्यवान उपाख्यान बर्ननोएक **त्रिंस तमोऽध्याय।।३१।।**

दो.:–रिपु सूदन सोइभूप सुत, सत्यवान अस नाम।
करहि राजु इहि नगर नृप, परम सुद्ध गुण ग्राम।।

चौ.:– निज सुधर्म करि तोशेऊ राम, अखिल लोक परिपूरन कामा।
हुइ प्रसन्न रघुवीर कृपाला, दीन्ह भक्ति निज अचल रसला।
कौटनि मख जप जोग प्रभावा, सपनेऊ विशे कोऊ तिहि पावा।
पुनि श्री रघुनाइक गुन ग्रामा, सुनहिं सप्रेम सदा हत कामा।
सकल प्रजा कहँ पालन करही, कृपा सहित दीनि दुख हरही।
जो रघुनाथ भजन सिव काई, करहि न पुर वसि कपट विहाई।
तिनहि विविधि विधि ताड़न देई, काल रूप हुइ दया न लेई।
पुनि इहि नगर सकल नर नारी, प्रथमहि संवत अश्ट विसारी।

दो.:– करहिं सदा एकादसी, विधि वत सोधि वनाइ।
रघुपति पद सेवनु करै, नित नव प्रीति वड़ाइ।।१।।

चौ.:– महराज यह नृप वड़ भागी, संतत हरि विमुखनि करि त्यागी।
श्री पति पद तुलसिका सुहाई, मुख माथे तै कवहु न जाई।
भूशन वसन गंध असनादी, संतत धारन करै प्रसादी।
श्री रघुनाइक भजन प्रतापा, मन वच कर्म सदाहत पापा।
सुर मुनि नाग पितर समुदाई, पूज नीय यह सवनि वनाई।
अपर मनुज किहिं लेशे माहीं, प्रभु प्रभावा जो जानत नाहीं।
सुनि रघुनाथ तुरग पुर आवा, हरश वंत हुइ साज वनावा।
मिलि है वेगि आपु कहँ आई, आगै राखि राजु समुदाई।

दो.:– महाराज जो पूछऊ, सो मैं कहा वुझाइ।
कवन रजाइस होइ अव, करहु सो सीस चढ़ाइ।।२।।

चौ.:– सुनि मुनीस तव लगि मख वाजी, पहुँचा नगर मरूत गति लाजी।
निरखि ताहि नृपजन हरशाई, पुनि महीप सन आतुर जाई।
बोले बचन चरन सिरूनाई, महाराज सुनियै मनुलाई।
तुरग एक काहू कर आवा, सुरसरि सम तन दुति मन भावा।
हेम पत्र सोहै तिहिभाला, जटित वसन मनि गज मनि जाला।
इहि प्रकार सुनि वचन सुहाए, भूप सोध हित जन पठवाए।
ते जन सव विधि सोध लगाई, आतुर आइ कहा सिरूनाई।
महाराज कौसलि पति रामा, तिन कर यह हय मख छवि धामा।

सोरठा.:– तासु अनुज वल धाम, लियै संग चतुरंग दल।
विदित सत्रहन नाम, आए पालन हेत हय।।३।।

चौ.:– सुनहु सूत नृप सुनि प्रभु नामा, उभय वरन सुंदर सुख धामा।
भएऊ हर्श सव पुलकि सरीरा, आव न वचनु श्रवहि द्रग नीरा।
पुनि धीरजु धरि गदगद वानी, वोलेऊ परम प्रेम रस सानी।
सव विधि धन्य भएऊ मैं आजू, महतभाग पूजेऊ मन काजू।
संतत मैं निज ह्रदय मझारा, भजहु अवधि पति राम उदारा।
सहित सत्रघन तिन कर वाजी, आएऊ मम पुर सव सुख साजी।
पर्म भाग्यवत श्री हनुमाना, हुइ हैं अवसि संग मैं जाना।
अपर राम सेवक वड़भागी, कटक साथ हुइ हैं हय लागी।

दो.:– विद्यमान श्री सत्रहन, सहित पवन सुत वीर।
जाइ दरस लहि हौ तहाँ, पद रज धारि सरीर।।४।।

चौ.:– सचिव सुनहु मम गिरा सुहाई, राज आतुर आवहु हरशाई।
मैं रघुपति हय पालन हेता, जाहुँ अवहि सव सेन समेता।
इहि विधि सुनि सो आतुर धाएऊ, सकल सेन सज वावत भएऊ।
वहुरि आइ नृप पद सिरू नावा, कृम करि सवै वस्तु दरसावा।
सकल सेन जुत तव हरशाई, चले मिलनहित सुनु मुनिराई।

आनद उदधि मगन महिपाला, करत मनोरथ जाहि रसाला।

दो.:– गर्जत आवत प्रवल भट, पुनि स्यंदन घन घोर।
कोटिनि हय गज तर्जहीं, कोलाहल चौ ओर।।५।।

चौ.:– संख वीन दुंदभी अपारा, वाजहि चहु दिसि जय उच्चारा।
सत्य वान तिहि अवसर आवा, सहित समाज हर्श उर छावा।
रिपुसूदन पद पंकज माहीं, परिएऊ पुलकि प्रनत की नाहीं।
सकल राज धन धाम समेता, कीन्ह समर्पन रघुपति हेता।
राम वन्धु तव हरशि अपारा, भैटेऊ भुज भरि वारहिं वारा।
श्री रघुपति सेवक जिय जाना, कुसल वूझि वहु विधि सन माना।
पुनि नृप तनय रूकम अस नामा, निकट वोलि लखि सुभ गुण धामा।
सकल राज अधिपति तिहि कीन्हा, राम भक्त गुति सिखवन दीन्हा।

दो.:– तव महीप हनुमान कहँ, मिले ललकि तिहि काल।
पुनि सुवाहु नृप कौ मिले, गुनि हरि भक्त विसाल।।६।।क
अपर राम सेवक जिते, तिनहि भेंटि हरशाइ।
मानि कितारथ आपु कहँ, समुझि भाग अधिकाइ।।६।।ख
तव लगि जग्य तुरंग मुनि, वहु सेवक समुदाइ।
गयौ दूरि अति वेगधरि, मनु मारूतहि लजाइ।।६।।ग

सोरठा.:– रामानुज तिहि देखि, सत्यवान जुत बैठि रथ।
मातुल प्रेरि विसेशि, चले सकल सेना सहित।।६।।घ

इति श्री पद्मपुराणे पाताल खण्डे सेस वात्सायन सम्वादे मधुसूदन दास कृते सत्यवान उपाख्यानेनाम **द्वात्रिंसतमोऽध्याय।।३२।।**

दो.:– कोटिनि रथी महारथी, चढ़ि चढ़ि रथनि मझार।
रिपुभंजन को आदि दे, चले कटक संम्हार।।

चौ.:– मुनि नायक सुनु पंथ मझारा, प्रगट भयौ इक अचिरजु भारा।
अ समित तिमिर भयौ अति घोरा, पूरि गयौ छिन महँ चहु ओरा।
निज पराव कछु परहि न जाना, मोह विवस सव कटक मुलाना।

रैनु अपार गगन मै छाई, अति प्रचंड दामिनि घहराई।
घन घमंड करि गरजि अपारा, वर्शै आमिश श्रोनित धारा।
अति कराल भय कटक मझारी, प्रगट भई नहिं होहि सम्हारी।
सकल वीर व्याकुल घवराहीं, वोलहि अति अधीर सव ताहीं।
कहा भएऊ किहि थल हम आये, इहि विधि भाशत उर दुख छाये।

दो.:– अति प्रचंड तुम सुनहु मुनि, व्यापि गएऊ सव लोक।
सुर मुनि किन्नर नाग नर, सवही भए ससोक।।१।।

चौ.:– अति माया मगमहि विस्तारी, विघुनमाल नामी तम चारी।
रावन सुहृद महावल रासी, मायावी पाताल निवासी।
प्रवल तमीचर सेन समेता, चढौ विमान मध्य भय देता।
भेद रहित सव इक्षा चारी, अस्त्र सस्त्र जुत अतिभय कारी।
तिहि खल मश तुरंग हरिलीन्हा, माया वस कह नाहिन चीन्हा।
उभय छरी लगि तम जग छावा, पुनि प्रगटेउ रवि गगन सुहावा।
तव रिपुसूदन आदि नृपाला, कहैं कहाँ मश तुरंग रसाला।
उहाँ सकल सेवक समुदाई, खोजन लगे विकल हय राई।

दो.:– कितहु न दीख तुरंग तव, कीन्हैऊ हा हा कार।
कहौ गयौ किहि थल हरयौ, इमि सव वचन उचार।।२।।

चौ.:– चढ़े वाजि गज रथनि मझारी, जहँ तहँ भट सव करहि विचारी।
तव लगि व्योम माहि तिन देखा, चचल जान विचित्र विसेशा।
कटक समेति निसाचर राजा, अति निसंक निरखा तह भ्राजा।
नाना वर्न विविध हथियारा, धरै तमीचर विकट अपारा।
लंव दुश्ट दुर्मुश विकराला, दीर्घ केस भ्यानक जनुकाला।
इहि विधि लखि रजनीचर नाना, तुरग चोर सवही अनुमाना।
पुनि आएउ रिपुसूदन पासा, वंदि चरन तव बचन प्रकासा।
मश तुरंग केहू हरि लीन्हा, तिमिर विवस हम कछू न चीन्हा।पृ.७५अ.

दो.:– महाराज यह व्योम में, प्रगट विमान लखाइ।
जग्य अ व इहि दुश्ट ने, लीन्हौ अवसि चुराइ।।३।।

चौ.:– राम अनुज इहि बिधि सुनि बानी, बोले गिरा महारिस सानी।
कहाँ तमीचर यह वल थोरा, जिहि मश तुरग लीन्ह हरि मोरा।
इहि अवसर हति वान प्रचंडा, अवनिहि डारौ करि सिर खंडा।
सहित विनासि सकल कटकाई, करिहौ अवसि विहाल वनाई।
सुनहु सकल महिपाल वरूथा, सजग होहु जुत निजु जूथा।
साजिसु अस्त्र सस्त्र समुदाई, चलहु असुर सनमुख हरशाई।
श्री रघुनाथ जग्य हय हेता, करहु समर सव भाँति सचेता।
इहि प्रकार सव कहँ समुझावा, लोचन अरून भएऊ छवि पावा।

सोरठा:– पुनि नृप नीति विचारि, सुमति सचिव सन हेरि करि।
महा रोश उरधारि, बोलेउ गिरा गंभीर अति।।४।।

चौ.:– कहौ सचिव मुहि वेगि वुझाई, नि ाचर वध किमि होइ वनाई।
कवन सूर वल परम प्रवीना, कटक सहित जे रिपुसिर छीना।
जथा जोग अव करहु वखाना, सोइ उपाय मैं रचहुँ निदाना।
अस सुनि सुमति जथा वर वानी, वोलऊ श्री रामहिं उर आनी।
महाराज मैं करहु वखाना, सावधान सुनियै धरि काना।
प्रथमहि भरत तनय कहँ ताता, करहु निदे ा जाइ हरशाता।
सकल सस्त्र विद्या निधि नाना, जानहु परम सूर वल वाना।
करि है विजय अवसि अति जीती, तव आइसु प्रति पाल सप्रीती।

दो.:– पुनि लछिमी निधि भूप कहँ, पठवहु मन हरशाइ।
नि चय असुर विमान कर, करि है भगन वनाइ।।५।।

चौ.:– वहुरि पठा वहु पवन कुमारा, विधि वत जानहि असुर संघारा।
महावीर वल वुद्धि निधाना, इन तै पर जोधा नहिं आना।
दसन सैल तरू नखनि प्रहारा, करि हैं असुर सेन संघारा।
और सकल मर्कट कट काई, करहु विदा अरि जीतहिं जाई।
सुमुद सुवाहु आदि नृप जेते, सजि सजि कटक जाहिं रन तेते।
पुनि सजि सकल चमू चतुरंगा, चलहु आपुधरि आयुध अंगा।
रथ आरोहन किय हरशाई, करहु विजय हति अरि समुदाई।
भूप सिरोमनि यह मोरा, अवसि खलहिं जीतहु बर जोरा।

दो.:– इहि पिधि सकल समाज महँ, सुमति कहा समुझाइ।
सुनि बोले सो सत्रहन, गिरा गंभीर सुहाइ।।६।।

चौ.:– सुनहु सुभट पुस्कल समुदाई, धनु विद्या मह निपुन वनाई।
यह असुरा धिप सेन समेता, सन्मुख चढ़ो जान रन हेता।
इहि के वध लगि मन हरशाई, साजि सकल विधि सजग बनाई।
निज निज प्रन बरनहु इहि काला, सत्य राम क्रम वचनु रसाला।
सुनि अस महाराज की वानी, वोले निजु निजु पन भट मानी।
प्रथमहि पुस्कल पद सिरूनाई, करन लगे प्रन मन हरशाई।
सुनहु तात पनु सत्स हमारा, सुखद महा अद्‌भुत संसारा।
हति निजु साइक परम प्रचंडा, करहु न इहि विमान के खंडा।

दो.:– करि विहाल विथुराइ कच, मुर्छित करि भुव माहि।
सव के देखत असुर कों, जो मैं डारहु नाहि।।७।।

चौ.:– सुता द्रव्य भोगहि अघ जोई, पुनि सुर दूशै पातक होई।
सो मुहि लागहु अघ इहि वारा, जो मैं मृशा वचन उच्चारा।
वहुरि सेन सव करहु न खंडा, हति जा साइक इश अति चंडा।
तो मम पन दूसर सुनि लेहू, महाराज फिरि आइसु देहू।
जो अघ हरि गुरू संत मझारा, भेद किए प्रगटै संसारा।
सो पातक लागहु मोहि नाथा, मृशा होइ जो यह मम गाथा।
जो मन वचन राम मम ईसा, होइहि सुफल मोर वागीसा।
इहि विधि सुनि पुस्कल की वानी, बोले लछिमी निधि भट मानी।

दो.:– श्रुति निंदहि जे मंद मति, सुनि वरजहि नहिं जोई।
पुनि द्वज तन धरि लक्ष्य गो, रस बैचै अघ होइ।।८।।

चौ.:– बहुरि विप्र हुइ कृपा विहाई, सकल कर्म निजु करि मनुलाई।
जमन कूप जल करि जे पाना, प्रा चित जे नर करहि न जाना।
सकल पाप लागहु तिहि काला, जो सनमुख ते चलहु नृपाला।
जनक तनय वानी सुनि काना, वोलेऊ महावीर हनुमाना।
राम चन्द्र पद कंज पुनीता, सुमिरन करि उर माहि सप्रीता।
पुनि रिपुसूदन पद सिरू नाई, गिरा उचार कीन्ह हरशाई।

मम स्वामी रघुनाथ कृपाला, तिनहिं भजहिं मुनि वर सव काला।
पुनि जोगि जन ह्रदय मझारा, भजहिं निरंतर मुदित अपारा।

दो.:– देव असुर नर नाग सव, प्रेम सहित सव काल।
जिनके पद पाथोज कहँ, नवहि मुकट जुत भाल।।९।।पृ.७७प्रा.

चौ.:– अस रघुपतिहिं सुमिरि मैं नाथा, भाशो होइ सत्य सोइ गाथा।
यह खल असुर महा वल रंका, चढ़यो जान जुत सेन असंका।
जो निदे ा तुम करहु कृपाला, जीतहु मैं अकेल इहि काला।
कहौ सकल सुर सहित सुमेरा, पूछ अग्र तोलहु इहि बेरा।
जिनि समस्त जलनिधि कर नीरा, प्रलय अनल सह सुनि मति धीरा।
जनक सुता रघुवीर प्रभाऊ, करहु पान भाशहु सति भाऊ।
कोन काज अस भूतल माहीं, जाहि नाथ मैं करि सक नाहीं।
जो यह वचन मृशा मम होई, सुनहु प्रतिज्ञा तो प्रभु सोई।

दो.:– श्री रघुपति पद कमल ते, विमुश होहुं इहि काल।
पुनि द्विज हुइ मद पान रत, सो अघ लगहु कराल।।१०।।

चौ.:– बहुरि सूद्र हुइ कपिला गाई, पालै पय हित नीति विहाई।
सोयातक मोहि लगहु निदाना, कीन्ह होइ जो मृशा वखाना।
पति जीवत जग में जे नारी, पूजहि देख असुर कुविचारी।
बहुरि सूद्र तनु धरि मति मंदा, विप्र नारि गमनहि अघ कंदा।
ए सव अघ अपि लगहु वनाई, रौरव वसहु कल्प वहु जाई।
होइ अनृत जो गिरा हमारी, कहौ सत्य पुनि साखि खरारी।
अस कहि पवन तनय वर वीरा, सुमिरि रामु भा चुपु मति धीरा।
सुनि अस अपर सुभट समुदाई, निजु निजु पन कीन्हे हरशाई।

दो.:– सुनि इहि विधि पन सवनि के, रामानुज हरशाइ।
बोले वचन प्रसंसि वहु, धन्य धन्य मुनिराइ।।११।।

चौ.:– पुनि वध में संसय अनुमानी, लगे करन पनु उररिस आनी।
अव सव सुनहु सुभट पनु मोरा, यह खल तुव सनमुख हय चोरा।
सिर खंडन करि भूतल माहीं, जो विमान तै डारहु नाहीं।
मृशा साखि कीन्है अघ जोई, पुनि कंचन चोरै तै होई।

श्रुति दुशन आदिक अघ जेते, लागहु अवसि मोहि कौ तेत।
अस सुनि रिपुभंजन की वानी, वोले सकल वीर भट मानी।
महाराज तुम सम जग माहीं, देव दनुज नागनि में नाहीं।
राम वन्धु तुम धन्य अपारा, कर जस विसद विदित संसारा।

दो.:– लवनासुर अतुलित वली, देव दनुज दुख दानि।
विनु प्रयास भूपाल मनि, ताहि कीन्ह हत प्रान।।१२।।क
यह नि   चर खल अधम अति, वल विहीन अति दीन।
जीतहु नि   चय निमिश महँ, किहि कारन पनु कीन।।१२।।ख

सोरठा.:– इहि विधि कहि सव भूप, अस्त्र सस्त्र सव सेन जुत।
चढ़ि निजु रथनि अनूप, चले सुमिरि पनु समर लगि।।१२।।ग

इति श्री पदम पुराणे पाताल खण्डे सेस बात्सायन सम्वादे मधुसूदन दास कृते सत्र घनादि प्रतिज्ञा बर्ननो नामः **त्रय विंसतिमोऽध्याय।।३३।। पृ.७७ अ.**

दो.:– सूत सुनहु इहि भाँति नृप, चढ़ि चढ़ि रथनि मझार।
अघम दनुज सन्मुख गए, सकलायुध वायु धारि।।
चौ.:– सकल कटक लखि सन्मुख आवा, बोला असुर महारिस छावा।
प्रलय जलद इव गरज कठोर, भय प्रगटतु पुनि तर्जतु घोरा।
रे भट सकल जाहु निज गेहा, इहाँ आइ किमि त्यागहु देहा।
करहु समर तुम कोटि प्रकारा, तजहु न हय पनु सत्य हमारा।
सुनहु विघुनमाली मम नामा, जग विख्यात अतुल वलधामा।
परम मित्र दसकंधन केरा, तासु बैर लैहौ इहि बेरा।
कहौ कहाँ वह राम नरेसा, जिहि जीत्यौ छल करि लंकेसा।
पुनि तिहि वंधु सत्रघन नाऊँ, सूर सिरोमनि सो किहिं ठाऊँ।

दो.:– आजु तासु सिर खंडि अव, पुनि श्रोनित करि पानि।
तौ मैं दसमुख सख न, हुइ हौ उरिन निदान।।१।।

चौ.:– सुनि अस अधम बचन बर बीरा, बोले पुस्कल गिरा गंभीरा।
सुनु रे अधम तमी चर राजा, जलपत तोहि आव नहिं लाजा।
जे जग सुभट कहा बहि भारी, दिखराबहि बल देहिं न गारी।

विनु प्रयास रावन जिन मारा, सहित सेन पुनि सव परिवारा।
तिन कर हय चुराइ मति मंदा, जै हौ कहाँ भागि अघ कंदा।
भूप सत्रघन हति इश चंडा, अवनि डारि है करि सिर खंडा।
तव श्रगाल गीधादि अपारा, करि है तव आमिश आहारा।
मति गर्जहि खल वारहि वारा, निरखि मोहि तुव जीतन हारा।

दो.:– मैं सेवक रघुनाथ कर, पुनि नि चय तुव काल।
अस विचारि करना समर, परिहरि गरज कराल।।२।।

चो.:– सुभट सुजान कहावत तेई, जीति समर रिपु गर्जहिं जेई।
इहि विधि नीति सहित वर वानी, कहत जात पुस्कल भटमानी।
तव लगि कोपि असुर तिहि काला, तजी सक्ति इक परम कराला।
भरत तनय तिहि आवत देखी, दारून मनिमय दीर्घ विसेशी।
हति लाघव निजु साइक चंडा, अवनि निपाति करित्रै खंडा।
परी भूमि तल राजहिं कैसे. श्री हरि त्रगुण प्रकृति लसि जैसे।
सक्ति खंड लखि असुर रिसाई, लीन्ह त्रिसूल प्रचंड वनाई।
छुटहिं अनल कन तीक्षन भारी, काल रूप नहिं जाइ निहारी।

दो.:– तज्यौ त्र ूल प्रचारि खल, पुस्कल आवत देखि।
तुरत निपात्यौ वान हति, करि तिल सरिस विसेशि।।३।।

चौ.:– पुनि कोदंड मध्य सरधारे, महा कोप करि विपुल पवारे।
ते सायक मन वेग लजाई, लाघव रिपु उर गएऊ समाई।
जिहि प्रकार श्री पति गुण गाथा, संतनि ह्रदय लाग मुनि नाथा।
श्रोनित विपुल वहै उर माहीं, तदपि होरि खल मानत नाहीं।
दारून विथा समुझि खिसिआई, कालरू‍ मुदिगर लिय जाई।
पुस्कल ह्रदय माझ खल मारा, जिमि वासव गिरि कुलिस प्रहारा।
लगत प्रहार भरत सुत बीरा, विकल भएऊ वहु कंप सरीरा।
तुरत त्यागि रथ अवनि मझारा, परेऊ सिथल हुइ खाइ पछारा।

छन्द.:– हुइ सिथल खइ पछार व्याकुल भरत सुत भूतल परौ।
तिहि समय लछिमीनिधि सुभट, अरू उग्रदंत खल सों लरौ।

बहुभाँति छाड़े अस्त्र सस्त्र, प्रचंड लाघव रिसभरे।
सुनुसूत लगत प्रहार दारून, विपुल खल रन महँ परे।।

सोरठा:– तव लगि पुस्कल वीर, संग्या को प्रापति भय।
उठे कोपि रनधीर, बोलेऊ बीघुन मालि सौं।।४।।

चौ:– धन्य धन्य असुराधिप वीरा, विपुल पराक्रम कृत रनधीरा।
अव मम विक्रम देखि कराला, सजग सेन जुत रहु इहि काला।
कीन्ह प्रतिज्ञा मैं तुम हेता, सुनत सकल वीरन सुख देता।
हति नारायण सर अति घोरा, डारहु तोहि धरनि वर जोरा।
अस कहि कीन्ह सगुन कोदंडा, पुनि छाड़े नाराच प्रचंडा।
अनल समान तेज तिनि केरे, धाएऊ व्याल मनहु रिस प्रेरे।
आवत देखि असुर ते वाना, काटन लगि उपाइ उर आना।
तव लगि सर प्रचंड मुनिराई, खल उर बेधि परे महि जाई।

दो:– निपट विकल हुइ जान महँ, कच विथुरे वहुधूमि।
सुधि विसारि खल कंपि करि, परयौ निमश महँभूमि।।५।। पृ.७८अ.

चौ:– निजु भ्रातहि मूर्छित अवलोकी, उग्रदंत ढिग आव वि ोकी।
तुरत उठाइ जान लै गएऊ, भय विशाद अति उर निर्मएऊ।
पुनि खल महा क्रोध करि आवा, गर्जत तर्जत भय उप जावा।
रे नृप तनय मंद सुनु वाता, करिछलतै मम वन्धु निपाता।
जव लगि मैं गाजहुँ रन माहीं, विजय आस तव लगि कह नाहीं।
इहि विधि जलपतु वचन कठोरा, धावतु आव असुर वर जोरा।
तव लगि पुस्कल दस सर चंडा, उर महँ दले तानि को दंडा।

दो:– रूधिर श्रवत खल कोपि तन, दसन पीसि चिक्कारि।
धाइ कुलिस इव मुश्टिका, मारयौं ह्रदय मझारि।।६।।

चौ:– अस प्रहार तागत उर माहीं, भरत तनय कछु कंपेऊ नाहीं।
तव अनेक सर तीछन भारे, लाघव रिपु तन माहिं प्रहारे।
उग्र दंत उर व्याकुल भएऊ, पुनि त्रसूल कर तीछन लएऊ।

 जय सियाराम जय सियाराम

तीनि सिखा जाजुल्य अपारा, पावक कन छुटि तासु मझारा।
पुस्कल ह्रदय कोपि सोइ मारा, परे अवनि नहिं देह सम्हारा।
परम व्यथा व्यापी तन माहीं, समर भूमि सोभित किय ताहीं।
तिहि अवसर मारूत सुत वीरा, लखि पुस्कल कहँ विकल सरीरा।
महा कोप जुत गरजि अपारा, सनमुख आइ वचन उच्चारा।

सोरठा:– रे सठ मश हय चोर, ठाढ़ होहु रन जाइ कित।
जीतहु तुहि वर जोर, केवल चरन प्रहार करि।।७।।

चौ.:– अस कहि महा सूर हनुमाना, चढ़ेऊ कूदि करि तुरत विमाना।
लाघव करि पुनि वहु अस्थाना, खंडन कीन्हेऊ कोपि निदाना।
पुनि खल वहुतक पूंछ भ्रमाई, दले तहाँ कछु वरनिन जाई।
वहुतक प्रद प्रहार करि मारे, विपुल वाहु वल गति महि डारे।
नरवनि दसन वहुतक संघारे, पुनि वहुतक तन मर्दि निवारे।
विगत प्रान खल वहुतक भएऊ, वहुतक मूर्छित हुइ तहँ गएऊ।
पुनि वहुतक लखि समर कराला, भजे जाहिं व्याकुल तिहि काला।
इहि विधि कपि अगिनित खल मारे, अंग भंग वहु करि करि डारे।

दो.:– पुनि कपि तासु विमान के, ग्रह धुज वंदन वार।
विपुल कंगूरा कोटि सह, भंजेऊ निभश मझार।।८।।
चौ.:– हाहा कार करहिं खर वीरा, भए विकल अति धरहिं न धीरा।
सुभट सिरोमनि पवन कुमारा, छिन भूतल छिन गगन मझारा।
जहँ जहँ जाइ विमान उड़ाई, तहँ तहँ निरखि परै कपिराई।
काम रूप धारै हनुमाना, विकल कीन्ह इमि कटक निदाना।
विकल देखि निज कटक अपारा, उग्रदंत तव वचन उचारा।
रे कपि कीन्ह पराक्रम भारा, निमश माहिं मम कटक संघारा।
छिन इक ठाढ़ होहु रन माहीं, करि हौ प्रान रहित तोहि जाहीं।
अस कहि खल त्र ूल अति घोरा, छाड़तु भयौ कोपि करि जोरा।

छन्द.:– करि जोर कोपि निदान छाड़ौ सूल निसित भयंकरा।
लखि अनल सम आवत मरूतसुत पकरि मुख भंजन करा।।
पुनि नखनि दसननि पद चपेटनि हति रिपुहि व्याकुल कियौ।।

तोटक छन्द:–इहि भाँति मन अनुमानि, जग दुखद माया ठानि।
तम प्रगट मा चहुँ ओर, अति प्रबल दारून घोर।।
निजु पर न परै लखाइ, भा कटक दुखित वनाइ।
गिरि श्रंग उपल अपार, वरशहिं सुभट चिक्कार।।
पुनि कीन्ह खल पाखंड, प्रगटे जलद गन चंड।
गरजहिं प्रलै इव घोर, चपला चमकि चहु ओर।।
वहु पूय श्रोनित हाड़, वरशै भरे महि गाड़।
पुनि व्योम तै वहु रूंड, भूतल परहिं जुत मुंड।।
कुंडल किरीट समेत, निरखे महा भय देत।
विनु बसन रूप कराल, फुकराज केस विसाल।।
पुनि असुर विकट अपार, भए प्रगट कटक मझार।
कर धरै कठिन कृपान, करि सद्य श्रोनित पान।।
तिहि काल भट समुदाइ, भए विकल निपट अघाइ।
तजि विजय आस वनाइ, भजि चले सुनु मुनिराइ।।

दो.:– तुरंग नाग भट मृतक गुनि, पुनि लखि कटक पराव।
तव रथ चढ़ि श्री सत्रघन, रिपु सरमुख कहँ आव।।६।।क

सोरठा.:– सुमिरि बंधु पद कंज, पुनि मोहन सर चापधरि।
तजो तुरत तम भंज, विनु प्रयास मुनिवर तवे।।६।।ख

चौ.:– मोहन सर प्रताप छिन माहीं, दिसा प्रकास भई तम नाहीं।
घन समूह जहँ तहँ उड़ि गएऊ, दामिनि रहित व्योम सुचिभएऊ।
प्रगटेऊ भानु सवनि सुखपावा, खल कर कपट द्रशिट नहिं आवा।
असुर समूह सहित तब जाना, सवनि लख्यो सनमुख दुख दाना।
मारू काटु धरू वचन कठोर, वोलहिं असुर चढ़े नभ ओरा।
तव रिपुसूदन कोपि अपारा, हते वान वहु जान मझारा।
कनक पक्ष सुंदर खर धारा, खंड खंड भा लगत प्रहारा।
असुर समूह विकल करि दीन्है, काहू सनमुख अस्त्र न लीन्हे।

दो.:– पुनि हति अपर प्रचंड सर, करि विमान तव खंड।
अवनि निपात्यौ निमिश महँ, राम अनुज वलिबंड।।१०।।

चौ.:– तिहि अवसर विमान लखि खंडा, विघुन माल करि कोप प्रचंडा।
पुनि धनु महँ धरि वान कराला, राम वंधु उर दलि तिहि काला।
श्रोनित अघ जुत तनु रन सोहा, जिमि पलास प्रफुलित मनमोहा।
सूर सत्रघन नृप रनधीरा, रज कन मन कछुगनी न पीरा। पृ.७६अ.
मरूत अस्त्र धरि धनुश मझारा, तानि श्रवन लगि कीन्ह प्रहारा।
तिहि छिन पवन अमित अति घोरा, प्रगटयौ व्यौम माहिं चहु ओरा।
भए असुर व्याकुल सवभाँति, आरत वदहि हतहि निज छाती।
दूरिहु चंग समान विमाना, भ्रमहिं व्योम में भगन निदाना।

दो.:– सिखा केस विथुराइ खल, विगत वसन अति दीन।
गिरहि जानतजि व्योम तें, मरूत विवस वल हीन।।११।।

चौ.:– रन मंडल विचरहि ते कैसे, भूत विताल प्रेत गन जैसे।
राम अनुज कर अस वल देखी, तव असुराधिप कोपि विसेशी।
संभु अस्त्र छाड़यौ ततकाला, अति दारून जग विदित कराला।
भूत प्रेत निसिचर बेताला, प्रगटे अमित परम विकराला।
लिये एक कर मनुज कपाला, उभय हाथ करतारी कराला।
तुरत भटनि के सीस निपाती, श्रोनित पियहिं जुड़ावहि छाती।
त्राहि त्राहि सव कटक मझारा, जहाँ तहाँ भट करहिं पुकारा।
अस विक्रम रिपु केर निहारा, रिपुसूदन उर कोप अपारा।

दो.:– पुनि नारायन अस्त्रइ धरि, धनुश मध्य तिहि काल।
तानि कान लगि छाड़ेऊ, प्रगटयौ तेज विसाल।।१२।।

चौ.:– रूद्र अस्त्र तिहि छिन मुनिराई, नास भयौ निज वल समुदाई।
निज विक्रम विलोकि संहारा, दसमुश जननि पिता तिहि वारा।
राम अनुज पर कोपि अखंडा, लीन्हौ मुदिगर सूल प्रचंडा।
उभय वाहु गहि धावतु आवा, मनहु काल निजु वपु दरसावा।
तव रिपुसूदन लाघव ताई, अर्ध चन्द्र सर धनुश चढ़ाई।
एक रिमश महँ दोऊ भुज दंडा, डारि दीन्ह भूतल करि खंडा।
भुज विहीन लखि आपन गाता, पुनि श्रोनित विलोकितन जाता।
तव खल दसन मर्छि चिक्कारी, उग्र विलोकनि कोपि निहारी।

दो.:– सीस अग्र करि धाव खल, वोल्यौ वचन कठोर।
रिपुसूदंन मैं वधेऊ तो, भाजि जाहि किहि ओर।।१३।।

चौ.:– कवन बचाव तोइ इहिकाला, विधि भाशतु आव कराला।
तव लगि रामानुज हति वाना, भंजेऊ सीस कीन्ह गत प्राना।
धरनि परा जिमि मूधर भारी, भजी सेन सव निपट दुखारी।
तव लखि बंन्धु सीस समुहाहीं, उग्रदन्त खल कोप्यौ ताहीं।
प्रवल मुश्टिका ह्रदय मझारी, लाघव मारयौ आनि प्रचारी।
सो प्रहार सहि रघुपति भ्राता, लीन्ह वान दारून विख्याता।
लाघव तज्यौ तानि कोदंडा, गिरयौ धरनि तल हुइ सिर खंडा।
तिहि अवसर कोटिनि भट धाए, सकल तमीचर मारि गिराए।

दो.:– जे रिपुसूदन सरन खल, आएऊ तजि अभिमान।
मधुसूदन प्रभु कृपानिधि, राखेऊ तिनिके प्रान।।१४।।क

सोरठा:– वीना संख निसान, गो मुखादि बाजेऊ तवै।
हरसेऊ सुर निदान, जै जै धुनि चहु दिसि करै।।१४।।ख

इति श्री पदम पुराणे पाताल खण्डे सेस बात्सायन संवादं मधुसूदन दास कृते विघन मानी उग्रदंत वध वर्न नो नाम **वेद त्रिसतिमोध्याय।।३४।।**

दो.:– वात्सायन सुनि सत्रघन, प्रायति हुइ मश वाजि।
हर्शे पुस्कल सहित अति, जीति रिपुहि सुसमाज।।

चौ.:– तिहि अवसर लछिमी निधि राजा, अपर भूप सव सहित समाजा।
हरश वंत रनमहँ सव सोहें, श्रोनित कर समेति मन मो हें।
रिपुसूदन समीप सव आई, वोलऊ रन उत्साह वढ़ाई।
महाराज तुम सम को आना, राम वंधु वल वुद्धि निधाना।
बिघुन माल खल असुर प्रचंडा, सहित संहाय कीन्ह तुम खंडा।
आजु सकल बृंदारक बृंदा, त्यागि दुसहभय लहेऊं अनंदा।
सरित सरोवर निर्मल भएऊ, आजु विमल प्रका ा रवि लएऊ।

त्रिविधि समीर महा सुखदाई, चली आजु तुव बल अधिकाई।

दो.:– सुर सतांपी विदित जग, असुराधिप बलवान।
आजु दीख हम तासु बध, तुव वल कृपा निधान।।१।।

चौ.:– पुनि रघुनाथ जज्ञ हय पावा, सो विलोकि उर आनंद छांवा।
अव जिहि भाँति सकल मति माहीं, करि हौ विजय नाथ सक नाहीं।
सो सव हम निरखहिं तुव संगा, तव नि चय है है भय भंगा।
अब मश तुरंग तजहु नृप राई, होइ बिलंब अवधि नियराई।
इहि विधि सुनि भूपति की बानी, समय जोग सुंदर सुखशानी।
तव अति भंजन गिरा सुहाई, बोलेऊ सवनि प्रसंसि वनाई।
धन्य धन्य तुव नृप समुदाई, कस न कहौ इहि समय वुझाई।
अस कहि हय छोरेऊ तिहि काला, उर बढ़ाइ आनंद बिसाला।

दो.:– छुटत अ व उत्तर दिसा, चलतु भयौ तिहि काल।
अगिनित भट मग सजग अति, रक्षा करत विसाल।।२।। पृ८१प्रा.

चौ.:– इहि पाछे दल सजि चतुरंगा, चलेऊ राम भ्राता लै संगा।
जहँ जहँ तुरंग सिरोमनि जाई, तहँ तहँगमनहिं सव कट काई।
रिपुभंजन प्रताप सुनिकाना, धरनि सकै कोऊ तुरंग निदाना।
अव मुनीस सुनु कथा सुहाई, भजन महा पाप समुदाई।
इहि विधि सव रेबा तट माहीं, आएउ निकट ह्रदय हरशाई।
प्रेम पुनीत सरित सुखदाई, किहि प्रकार मैं कहों वुझाई।
मुनि समूह राजहि तिहि तीरा, मन वच कर्म भजहिं रघुवीरा।
निरखत नीर मिटहि उरदाहू, मनहु नील मनि केर प्रवाहू।

दो.:– तिहि अवसर श्री सत्रघन, नृप मंडली समेत।
सरित तीर आवहि चले, हय पाछे सुख देत।।३।।

चौ.:– सकल मुनिन कहँ करत प्रनामा, नृपनि समेत अतुल वलधामा।
आश्रम एक दीख तिहि काला, सरित समीप पुरान विसाला।
रचे पलास पत्र सुख दाई, अति पावन दरसत अघ जाई।
सरित लहरि कन पवन प्रसंगा, पुनि पुनि परसहि लखि दुख भंगा।

राम वन्धु अस आश्रम देखी, उर आनद अधिकान विसेशी।
वंदि सुमति पद पुनि वर तानी, वोलेऊ परग धर्म मय सानी।
कहौ स्वामि मोहि सकल वुझाई, किहि मुनि कर यह थल सुखदाई।
चतुर सिरोमनि तुम विज्ञानी, सादर वरनहु जनु अनुमानी।

दो.:– सुनु मुनीस इहि भाँति सुनि, सुमत सचिव हरशाइ।
ज्ञान द्रश्टि अव लोकि उर, वोलेऊ गिरा सुहाइ।।४।।

चौ.:– यह आश्रम पुनीत अतितात, महा पाप भंजन सुखदाता।
मुनिकुल तिलक इहाँ आसीना, वेद सास्त्र में परम प्रवीना।
चलि समीप पूछहु प्रभु गाथा, कहि हैं अति कृपाल मुनिनाथा। पृ.८१प्रा.म.
मुनि अनूप आरिन्यक नामा, जग विख्यात अतुल तप धामा।
राम चन्द्र पद कंज परागा, परम रसिक अलि कवहु न त्यागा।
इन समान रघुनाथ उपासी, कितहु न दीख सुनहु वलरासी।
सुनि अस वचन धर्म रस सानै, राम वन्धु उर अति हरशाने।
पुनि मुनीस आश्रम पगुधारा, कछुक समाज सहित तिहि वारां

दो.:– हनूमान पुस्कल सहित, पुनि नृप सुमुद सुवाहु।
भूप प्रताप अग्रजुत, जनक तनय सुउछाह।।५।।

चौ.:– इनहि संग लै रिपुमद हारी, प्रमुदित पहुचेऊ कुटी मझारी।
सवनि सहित मुनिवर छवि देखी, पुलकि दुण्डवत् कीन्ह विसेशी।
जोरि पानि आगे भए ठाढ़े सीस नवाए आनद वाढ़े।
रिपुसूदन आदिक वर वीरा, निरखि सवनि मुनिवर मतिधीरा।
अतिथि विचारि हृदय हरशाई, अर्घ पाद्य दीनै मनुलाई।
पुनि सादर फल फूल सुहाए, दिये सवनि कहँ सव मन भाए।
इहि प्रकार सव कहँ सनमानी, फिरि वोलेऊ सुंदर मृदु वानी।
कहहु नाम निज किहि थल गेहा, आए कवन हेत जुत नेहा।

चौ.:– सुनहु महा मुनि कृपानिधाना, छमहु पाप मैं करहु वखाना।
अवधि पुरी में रघुकुलभूपा, अ व मेध मख करहि अनूपा।
तिन कर मख हय पालन आएऊ, तुव दरसन लहि द्रग फल पाएऊ।

अस सुनि हंसे महामुनि राई, भएऊ प्रकास दसन समुदाई।
सो प्रकास किमि कहों वुझाई, महा अग्य तम दहन वनाई।
सुनहु सकल मम गिरा सुहाई, श्रुति पुरान इतिहासिन गाई।
विविध जग्य कीन्है कह होई, विधिवत करहु मोह वस कोई।
स्वल्य पुन्य दायक श्रुति गावा, छीन लोक प्रद प्रगट लखावा।

दो.:– देखहु जग की मूढ़ता, तजि रघुपति पद मूल।
भजहिं अपर सुर करहिं मश जे दाइक भव सूल।।७।।

चौ.:– काम धेनु सुरतरू मनि त्यागी, पाँवर मूढ़ काँच अनुरागी।
देखहु अभय लोक प्रद रामा, श्रीपति परंवृह्म पर धामा।
जिन कर नाम लेत छिन माहीं, महापाप पर्वत नसि जाहीं।
तिनहि त्यागि मतिमंद अभागे, जग्य जोग वृत महँ अनुरागे।
करहिं कश्ट केवल जग माहीं, निज सरूप उर निरखत नाहीं।
वंचक वुद्धि सकल संसारा, सुलभ राम गुन हृदय न धारा।
विगत काम अथवा जुत कामा, भजहिं देइ जे अविचल धामा।
अस रघुपति सरनागत त्यागी, अपर कलेस करहिं हत भागी।

दो.:– सुनहु सुभग इतिहास अव, सवसन कहऊ वुझाइ।
अति पुनीत अप वर्गदा, सुनत महा सुख दाइ।।८।।

चौ.:– एक समय मम हृदय मझारा, परम तत्व पर प्रीति अपारा।
विपुल तीर्थ कीन्हे संसारा, तिहि कर दाता अपि न निहारा।
विकल फिरहु कछु मनहि न भावै, किहि विधि परम तत्व उर आवै।
एक वार मम भाग प्रभाऊ, मिले पंथ लोभस मुनि राऊ।
तीरथ करन स्वर्ग लै आए, जोगी जन पद वंदि सुहाए।
अमित आयु विग्यान निदाना, अति कृपाल किमि करहु वखाना।
तव मैं निकट जाइ तिन पाहीं, करि प्रनाम पुनि वोलेहु ताहीं।
सुनहु स्वामि मैं दास तुम्हारा, कृपा करहु लखि दुखित अपारा।

दो.:– मनुज देह दुर्लभ महा, सो मैं पाएऊ नाथ।
जिहि विधि भव निधि तरों मैं, वेगि कहहु सोइ गाथ।।९।।

चौ.:– परम तत्व कहि श्रुति जिहि गावै, अज सिवादि जा कहँ सिरू नावै।
मुनिजन भजहिं जाइ मनु लाई, उर विचारि सोइ कहहु तुझाई।
कै मश दान जग्य वृत देवा, संगम जोग आदि कोऊ सेवा।
जिहि प्रकार भव तरहु कृपाला, कीजिय सोइ उपदेस दयाला।
तुम सरवग्य सकल मुन स्वामी, वेद स्मृति के अंतर जामी।
आरत सरनागत अनुमानी, वरनहु आसु नीति पहिचानी।
मुनि लोमस अस सुनि मम वानी, वोलेऊ दुखित विप्र पहिचानी।
विप्र सचेत सुनहु इहिकाला, परम प्रीति जुत तजि भ्रम जाला।

दो.:– जोग जग्य वृत दान सर, दम तीरथ पुनि नैम।
ब्रह्मादिक पद दैहि सव, होइ न पूरन छैम।।१०।।पृ82म.

चौ.:– सुनु अपवर्ग गुप्त मत मोरा, प्रगटयो ह्रदय महाभ्रम तोरा।
भवभय भंजन गंजन पापा, हरि पद दायक प्रगट प्रतापा।
सदा धरहु उर प्रेम समेता, सुनहु नीति अव तात सचेता।
जे कामी पुनि प्रेम विहीना, निंदक सठ हरि विमुख मलीना।
नास्तिकादि जे कुमति निदाना, तिन सन भूलिन करहु वखाना।
जे जन राम भक्त लव लीना, भ्रान्ति काम कोहादि विहीना।
सादर तिन कर करहु वखाना, लोक लाज तजि मुदित निदाना।
जोग जग्य वृत सुरगन जेते, श्री रघुवर तै परै न तेते।

दो.:– अस विचारि वि वास धरि, संसय सोक विहाइ।
सादर सुमिरहु जपहु नित, सेवहु श्री रघुराइ।।११।।

चौ.:– इन कर नाम जपत इक वारा, सूखहिं पाप पयोधि अपारा।
पुनि नाना सुख करि संसारा, लहहिं अंत जन मुक्ति उदारा।
सकल काम प्रद रघुपति नामा, प्रनत कल्प तरू सव सुशधामा।
विप्र सरन तिनिके तुम होहू, दैहै राम भक्ति करि छोहू।
भव निधिते हुइहौ उद्धारा, सत्य वदे यह वचन उचारा।
स्वपचहु सरन करहि मनुलाई, होइ मुक्ति ध्रुव नर्क विहाई।
जे जन वेद सास्त्र अधिकारी, सदा सुधर्म निरत सुविचारी।
प्रभु पद सरन करहि तजि माना, तिन सम वड़भागी नहिं आना।

दो.:– विप्र ह्वदय अनुमानि अस, तजि संसय मद मोहु।
अति कृपाल रघुनाथ पद, सरनागत तुम होहु।।१२।।

चौ.:– सुद्ध देव इक राम कृपाला, मंत्र एक तिहि नाम रसाला।
एक भुाद्ध व्रत पूजन तासू, सास्त्र सोइ प्रभु चरित प्रकासू।
रघुपति विमुख कर्म जग जेते, भव वंधन दायक गुन तेते।
अस अनुमानि सकल छलत्यागी, होहु विप्र प्रभु पद अनुरागी।
गो पद इव भव सागर पारा, हुइहौ तव नहिं मृशा उचारा।
सकल वेद कर सार वतावा, करहु वेगि अव जो उर आवा।
इहि विधि मो सन कीन्ह वखाना, तव मम उर भा हर्श निदाना।
पुनि पुनि पद पंकज सिरूनाई, वोलऊ मैं करि विनय वड़ाई।

दो.:– किहि विधि सुमिरहु राम पद सेवहु कवन प्रकार।
कहहु नाथ विस्तार जुत, होहुं, वेगि भव पार।।१३।।

चौ.:– मुनि वर सुनि इहि विधि मम वचना, वरनन लगे ध्यान की रचना।
सुनहु विप्र निजु प्र न अनूपा, जिहि तै द्रवहि राम सुशरूपा।
अवधि पुरी सुंदर सुशरासी, अति पावन मुनि हेम प्रकासी।
सुभग वितान सकल दिसि राजै, धुज पताक तोरन वहु भ्राजे।
अति उतंग मंदिर छवि दाई, दिव्य कनक मनि रचित वनाई।
सदा नित्य जन करहिं निवासा, स्वयं तेज मय करत प्रकासा।
सव विधि सकल अलौकिक सोभा, उत्तर दिसि सरजू चित छोभा।
नित्य धाम रघुनायक केरा, दरस करत भव तै निर वेरा।

दो.:– अस कौलि पुर मध्य में, राजहि एकनिकेत।
अखिल लोक सोभा धरै, निरखत मनु हरि लेत।।१४।।

चौ.:– अति विचित्र मंडप सुशदाई, तिंहि ऊपर जग मगहि वनाई।
तिहि पर कल्प वृक्ष छवि मूला, सुमिरहु उर समेति फल फूला।
दिव्य सिंहासन तिहि तर राजै, मरकत मनि कंचन मय भ्राजे।
नील रतन अगिनित छविदाई, अपर रंग मनि रची वनाई।
परम प्रकास वरनि नहिं जाई, प्रवल तिमिर नासन सुशदाई।

सकल वि ब चित मोहन हारा, जग मग।ति अति छवि आगार।
तिहि पर विद्यमान श्रीरामा, परम उदार अतुल छवि धामा।
दुर्वादल तन स्याम सुहावा, कोटि मदन मोहन श्रुति गावा।

दो.:– कोटि सरद ससि दुति हरन, मुख पंकज मनु मोह।
तिहि पर राजहिं यदुवर, श्री समेत अति सोह।।१५।।

चौ.:– अलक अनूप सकल छवि रासी, लसहि वदन करि अलिगन हांसी।
दिव्य रतन मनि हेम वनावा, लसहिं किरीट सीस छवि छावा।
कुटिल भोंह वर नयन विसाला, सुक भुख घान कपोल रसाला।पृ.८३म.
मकराकृत कुंडिल दुतिकारी, राजहिं श्रवन मध्य अनुहारी।
विद्रुम सरस अधर अरूनारे, मुनि मन हरन महा सुख कारे।
तिन विच दसन महा छवि दैही, कुंद इंदु की दुति हरि लेही।
चारू जीह्व तिनि परें विराजै, जपा सुमन छवि कह अति लाजै।
वेद सास्त्र इतिहास पुराना, वसहिं सदा तिहि मद्धि सुजाना।

दो.:– कंवु सरिस त्रै रेख वर, राजहिं ग्रीव रसाल।
सिंह कंध अज्जान भुज, करि कर सम सुविसाल।।१६।।

चौ.:– सुभग अरून मंजन दोऊ हाथा, प्रनत अभय प्रद श्रुति कर गाथा।
मनिनि जटित मुद्रिका सुहाई, करज माहिं राजहि छवि छाई।
पहुची अंगद चूरा चारू, दिव्य अमोल वाह सिंगारू।
उर विसाल सोभा समुदाई, श्रीनिवास संतत सुखदाई।
कोस्तुभ मनि भृगु लता विराजै, जगंदविका चिन्ह अति भ्राजै।
गज मनि रतन सुमन वर माला, राजहि सोभा वड़ी विसाला।
त्रवली उदर माहिं छवि देई, नाभि विलोकत मनुहरि लेई।
पंचानन कटि सम कटि सोहै, तिहि पर पीत वसन मनु मोहै।

दो.:– कनक तंतु मनि गुन जटित, दिव्य सुभगता मोन।
अस कांची कटि महल से, सकै वरनि कवि कोन।।१७।।

चौ.:– रूचिर जंघ जुग जानु जानु सुहाए, पद पंकज अनंत छवि छाए।

सुभग पदज नख अवलि अनूपा, वर प्रकास ससि कर अनुरूपा।
घोर अग्य तम भंजन हारे, सदा प्रनत जन उर दुति कारे।
जव अंकुस पवि पंकज रेखा, उभय चरन महँ लसै विसेशा।
इहि विधि राजहिं श्री रघुवीरा, सेवहि पद जोगी जन धीरा।
सिव अज इन्द्र आदि सुर वृन्दा, विनवत सकल समेति अनंदा।
इहि विधि द्वज सुमिरहु मन माहीं, तरि हौ भवनिधि संसय नाहीं।
तुलसी चंदन सलिल समेता, सेवहु सतत रघुकुल केता।

दो.:– जो तुम पूछेऊ विप्र मुहि, परम तत्व सुखरासि।
सो मैं सव विस्तार जुत, तुम सन कहेऊ प्रकासि।।१८।।क

सोरठा.:– जे संतत इहिध्यान, मगन रहें सव काम तजि।
तिन सम धन्य न आन, मधुसूदन सव वि व महँ।।१८।।ख

इति श्री पदम पुराणे पाताल खंडे सेस वात्सायन सम्वादे मधुसूदन दास कृते राम चन्द्र सोमा लोमस रिशि वर्नतो नाम **वाण त्रिंसतमोध्याय**।।३४।।

दो.:– मुनि लोमस के वचन सुनि, आरन्यक तिहि काल।
वंदि चरन अति हरश जुत, वोलेऊ गिरा रसाल।।

चौ.:– मुनि नायक सरवग्य सुजाना, स्वजन जानि प्रभु करहु वखाना।
जे कृपाल प्रभु गुरू जग माहीं, सेवक सन कछु राखहि नाहीं।
राम कवन अति कृपा निधाना, जिन कर सदा करहु तुमध्याना।
कवन चरित तिन कृत जगमाहीं, मुनिवर सकल कहहु मुहिपाहीं।
परम व्रह्म तुम तिनहिं उचारा, किहि कारन मानुश तनु धारा।
सकल प्रसंग कहहु समुझाई, जिहि विधि संसय नसहि वनाई।
वात्सायन मुनि सुनहु सचेता, राम चरित वरनहि मुनिकेता।
सुनहु विप्र वर कथा रसाला, जिहि गावहिं मुनि श्रुति सव काला।

दो.:– प्रथमहि श्री वैकुंठ पति, श्री हरि कृपा निधान।
अमित जीव नर्कनि विशै, निरखेऊ दुखित निदान।।१।।

चौ.:– तव निज मन प्रभु यह पन ठाना, करिहौ मुक्ति भंजि दुख नाना।

श्री समेति भुव मंडल माहीं, धरिहीं मनुज देह सक नाहीं।
इहि प्रकार प्रभु हृदय मझारा, प्रथम कीन्ह सुनु विप्र विचारा।
अंस कला सव सहित कृपाला, चारि रूप निज धारि रसाला।
प्रगटे प्रभु त्रेता जुग माहीं, अति पावन दिनकर कुंल ताहीं।
नृप दसरथ कौसिल्या रानी, अपर उभय महिमा जग जानी।
तिनके उदर आइ मुनिराई, प्रगटे हरि निजजन सुखदाई।
राम लशन पुनि भरत सुनामा, अपर सत्रु सूदन वलधामा।

दो.:– अशिल लोक की जननी, श्री सुन्दर छविधाम।
सो प्रगटी अवनी विशै, नृप विदेह के ग्राम।।२।।

चौ.:– अस श्री राम चरित सुखदाई, सुनहु विप्र मनधरि हरशाई।
रूप सील गुन सम सव भ्राता, करहिं वाल लीला सुख दाता।
निरखि जनक जननी हरशाहीं, निसि दिन जात जान कछु नाहीं।
वि वामित्र मुनीस उदारा, कछुक काल वीतै नृप द्वारा।
आएऊ मश मिस जाचन भूपा, अनुरागी अति राम स्वरूपा।
नृप मुनि वर आगम सुनि काना, आनि कीन्ह पूजा विधि नामा।
मुनि जाचेऊ तव लछिमन रामा, सकल लोक सोभा सुख धामा।
भूप विलखि उर तुरत वुलाई, दिये सोंपि करि विनय वड़ाई।

सोरठा.:– राम लखन छवि देखि, भए मगन मुनिवर तवै।
जन्म सुफल करि लेखि, चले नृपहि जय जीव कहि।।३।।

चौ.:– मुनिवर संग चले रघुनाथा, धरै धनुश सर कर कटि भाथा।
सीस मुकट जल जात सुलोचन, पीत वसन दामिनि दुति मोचन।
मुनिमन आनद देत कृपाला, जाहिं पंथ वन सघन कराला।
मश विध्वंस हेत तिहि काला, नाम ताड़िका अति विकराला।
धावति आव कहति कटु वानी, हती राम रिशि आइसु मानी।
दीन जानि सुर लोक पठाई, सुनु नृप अति कृपाल रघुराई।
कछुक दूरि चलि गौतम नारी, कीन्ह सनाथ जदपि अघ भारी।
पुनि पहुँचे रिशि जग्य मझारा, वंधु सहित उर हर्श अपारा।

दो.:– मश रख वारी कीन्ह तहँ, वधि सुवाहु मारीचु।

पुनि कृपाल खल कटक सव, कीन्ह निपट वस मीचु।।४।।

चौ.:– लखि मुनीस तव राम प्रभाऊ, दीन्ह धनुश विद्या सतभाऊ।
भूप जनक पुर पुनि प्रभु जाई, किये सुखित नर नारि वनाई।
भंजि संभु धनु सिया विवाही, जनक सोक नृप मदतां दाही।
परस राम मद खंडन कीन्हा, पुर वासिनि नाना सुख दीन्हा।
पुनि विदेह दसरथहि वुलावा, विधिवत राम विवाह करावा।
दाइज दीन्ह अमित सकुचाई, हय गज रथ मनिधन समुदाई।
चारिहु वंधुनि केर विवाहू, कीन्ह भूप सम सहित उछाहू।
छवि समुद्र लखि चारिहु भ्राता, जनक हृदय नहिं प्रेम समात।

दो.:– राम पच दस वर्श के, सिया वर्श ाट जानि।
अति अनूप जोरी निरखि, जन्म सुफल सव मानि।।५।।

चौ.:– श्री रघुपतिहि पाइ वरू सीता, गुनि आपुहि कृत कृत्य सप्रीता।
पुनि दसरथ नृप सहित समाजा, आएऊ अवधि वजावत वाजा।
कौसिलपुर वासी नर नारी, सिया राम छवि उदधि निहारी।
घर घर मंगल उत्सव करहीं, राम सिया छवि उर महँ धरहीं।
सकल जननि सुत वधुनि समेतू निरखि निरखि हरशै करि हेतू।
सो सुख वरनहु कवन प्रकारा, जननी उर आनद अपारा।
द्वादस संवत आधि मझारा, कीन्ह सिया सह राम विहारा।
वि व मातु पितु सिय रघुनाथा, असगुनि नहिं वरनहु यह गाथा।

दो.:– सुनहु विप्र इमि राम प्रभु, भए सत्ताइस वर्श।
तव भुवाल जुवराज पद, दैन लगे जुत हर्श।।६।। पृ.८५ प्रा.

चौ.:– यह सुनि कुटिल केकई रानी, नीच संग वस माया ठानी।
द्वैवर जांचेऊ भूपति पाहीं, भरत राजु रघुपति वन जाहीं।
लशन सिया सह श्री रघुवीरा, सीस जटा धरि तन मुनि चीरा।
अवसि वसहि कानन इहि भेशा, वर्श चतुर्द ा लागि विसेशा।
कंद मूल फल करहिं अहारा, अस कराल वरू एक उचारा।
दूसर भरत लहहिं जुव राजू, रहै स्ववस सव राज समाजू।
इहि विधि कुमति मागि वरदाना, पवितें अति कठोर जग जाना।

यह सुनि सकल नगर विलखाना, भूप सोक नहिं जाइ वखाना।

दो.:– यह सुधि पाइ कृपायतन, वंदि मातु पितु पांय।
चले लखन सिय सहित वन, सकल अवधि विलखांय।।७।।

चौ.:– दिवस तीनि कीन्हैऊ जलपाना, चौथे दिन फल आनि निदाना।
सुनहु विप्र रघुनाथ उदारा, खेवट कुल समेत किय पारा।
अगनित खग मृग करत सनाथा, जाहिं पंथ लसिधनु सर हाथा।
मंगवारी लखि रूप विसाला, हर्श सोक वस सव तिहि काला।
सव विधि कीन्ह सनाथ निशादा, वि व विदित जो दीन्ह प्रसादा।
बहु मुनि जन बंदित मग माहीं, सिया लशन जुत जहँ तहँ जाहीं।
इहि विधि चित्र कूट रघुराई, पहुँचे पांच दिवस महँ जाई।
परम कुटी तहँ रूचिर वनाई, किय निवास मुनि आइसु पाई।

दो.:– इत सुमंत विलशाइ निसि, कीन्हैऊ अवधि प्रवे ा।
राम लशन सिय गयन सुनि, त्यागी देह नरेस।।८।।

चौ.:– महा सोक मा भवन मझारा, विविधि भाँति विलखहि परिवारा।
सकल अवधि वासी नर नारी, उभय सोक वस निपट दुखारी।
प्र.85म. किहि प्रकार मैं कहौं बुझाई, खग प ु मनुजनि कै विकलाई।
तव वि ाश्ठ मुनि जन पठवाये, भरतहि बोलि अवधि लै आए।
निरखि मातु करतव विलाखनै, सव प्रकार उर में अकुलानै।
पुनि पितु क्रिया कीन्ह श्रुति रीती, सिरधरि मुनि वि ाश्ठ की रीती।
वहुरि साजि सव राज समाजा, परिजन पुरजन जुत प्रभु काजा।
चित्र कूट महँ पहुँचेऊ जाई, वंधु निशाद सहित मुनिराई।

दो.:– उहाँ रामु लखि भरत कहँ, आवत दुखित अपार।
उठि सप्रेम मिलि वंधु जुत, वरशत द्रग जल धार।।६।।

चौ.:– मिलेऊ सवनि पुनि श्री रघुवीरा, भूप मरन सुनि भएऊ अधीरा।
तव वि ाश्ठ कहि कथा पुराना, देत भएऊ रघुपति कहँ ज्ञाना।
भरत राम पद पकरि वहोरी, तिलक हेत करि विनय न थोरी।
तव रघुपति भरतहि समुझावा, चरन पीठ दै पुर पठवावा।

भरत सप्रेम नेम समुदाई, लागे करन सुनहु द्विज राई।
परिजन पुरजन अवधि अधारा, वसहिं अवधि महँ दुखित अपारा।
अव सिय रघुवर चरित सुहावा, सुनहु महा सुख प्रद श्रुति गावा।
द्वादस वर्श वास गिरि कीन्हा, खग मृग मुनिन्ह अमित सुख दीन्हा।

दो.:– वर्श त्रयोद ा माह प्रभु. पंच वटी कृत वास।
रावन भगिनी केर तहँ, नाक कान किय नास।।१०।।

चौ.:– चौदह सहस तमीचर धारा, सजि आए खल तासु पुकारा।
राम रहित आश्रमहि निहारी, आएऊ सिया पास कुविचारी।

दो.:– करि छल बल खल विविधि विधि, हरी सिया जग जान।
माघ मास सित पच्छ महँ, अश्टमि दिन मध्यान।।११।।

चौ.:– चन्द्र मास करि रघुपति लीला, वरनहु मैं सुनु द्विज सुभ सीला।
तासु मास कर भेद वनाई, तो सन कहहु सकल समुझाई।
प्रथमहि सुकल पक्ष पहिचानो, कृ ण पाख पुनि मन अनुमानो।
जिमि पत्रा गणक प्रवीना, प्रथम मास बिधि लिखे नवीना।
तिमि वरनहु रघुपति गनगाथा, सावधान हे सुनि मुनिनाथा।
छल विलोकि रोदन वेदैही, सुमिरि सुमिरि रघुनाथ सनेही।
हे रघुकुल मनि राम ऊदारा, राखहु मोहि दुश्ट यह भारा।
तुम कृपाल मैं दुखित अपारा, अहो नाथ कीन्ही कित वारा।

दो.:– इहि विधि रोवति जाति सिय, कुरच सरस नभ माहिं।
हे रघुवर हे प्रानपति, किहि अघ राखहु नाहिं।।१२।।

चौ.:– जिमि वटेर कह छुधित सिचारा, झपटि लइ उर दयान आरा।
तिमि श्री जनक सुता कह मंदा, लियै जाइ नभ पथ अघ कंदा।
गिद्ध राज सुनि विकल जानकी, प्रान प्रिया करूना निधान की।
कीन्हेऊ समर आइ तिहि भारी, मन वच कर्म स्वामि हित कारी।
दसकंधर खल ताहि सिंघारी, गयौ सियहिं लै लंक मझारी।
इहाँ राम सानुज मृग मारी, पंच वटी लखि भएऊ दुखारी।
प्रिया वियोग विवस वन माहीं, खोजत फिरत महाविल खाहीं।

इमि सच्चिदानंद भगवाना, मनुज चरित कीन्हैऊ वन नाना।

दो.:– पुनि जटायु की क्रिया करि, सवरी कीन्ह सनाथ।
पंपासर फिरि गएऊ प्रभु, सानुज धनु सर हाथ।।१३।।पृ३।।पृ८६ प्रा.

चौ.:– रीशि मूश गिरि गएऊ वहोरी, मिलि सुग्रीव प्रीति अति जोरी।
वधि वालिहिं तिहिं दीन्हैऊ राजू, अंगद कहँ सौपेऊ जुवराजू।
चारि मास कीन्हौ तहँ वासा, लशन सहित श्री रमा निवासा।
पुनि कपिपतिहि समीप वुलाई, भालु कीस चहुँ दिसि पठवाई।
हनुमदादि कपि बिवर मझाई, जलधि तीर पुनि पहुचेऊ जाई।
तहाँ मिला संपाति मुनीसा, डरपे सकल भालु अरू कीसा।
अगद केर वचन सुनि काना, सवकौ धीरज दीन्ह निदाना।
वंधु क्रिया करि जलनिधि तीरा, वहुरि समीप वोलि कपि वीरा।

दो.:– कहि निज कथा दिखाइ सिय, प्रभु जस कीन्ह प्रकास।
अगहन सुदि नौमी दिवस, जानहु दसयै मास।।१४।।

चौ.:– एकादसि को पवन कुमारा, चढ़ि महेन्द्र गिरि पर भट भारा।
सत जोजन समुद्र के पारा, फांदि गएऊ पुनि लंक मझारा।
खोजि नगर तिहि निसि अवसेशा, जाइ विपन महँ सीतहि देखा।
पुनि द्वादसी माहिं हनुमाना, सिंसुप तरू मै रहैऊ लुकाना।
तिहि निसि मै मुद्रिका सुहाई, डारि दीन्ह लखि विकल वनाई।
फिरि वि वास दीन्ह वहुभाँति, वरनि वरनि रघुवर गुन पाती।
अक्षयकुमार आदि भट मारे, विपन भंजिते रिस महँ मारे।
विनु प्रयास पुनि लंक जराई, खल समूइ किय विकल वनाई।

दो.:– सियहिं प्रवोधि अनेक विधि, तरि समुद्र कपि वीर।
राका तिथि में हँ मिलेऊ सव, प्रमुदित पुलकि सरीर।।१५।।

चौ.:– पांच दिवस मग माहिं गमाए, छटि महँ मधुवन के फल खाए।
सिय प्रसंग सप्तमि में कहेऊ, वन उचारि पुनि जिमि पुर दहेऊ।
प्रिया विकल सुनि राजिव नैना, प्रेम विव ा मुख आव न वैना।
विजय हेत अश्टमी मझारा, परस्थान किय राम उदारा।

चलन समय रघुनाथ उदारा, कीन्ह प्रतिज्ञा हृदय मझारा।
अवसि जलधि तरि रिपुहि संघारौ, प्रति पालहिं सिव अज अपिभारौ।

दो.:– अस पनु करि रघुवं ामनि, संग सुभट सुग्रीव।
अमित भालु कपि कटक जुत, चले अतुल वल सीव।।१६।।

चौ.:– सातयै दिवस जलधि के तीरा, पहुँचे सेन सहित दोऊ वीरा।
एक मास जानहु द्वज एहा, अपर चरित सुनु सहित सनेहा।
पौस भुक्ल त्रतीया लगि ताता, उतरौ जहँ तहँ दल हरशाता।
चौथे दिवस विभीशन आवा, दीन्ह देखि प्रभु सरन रखावा।
जलधि तर न हित पंचमिमाहीं, कीन्हिऊ मंत्र सवनि मिलि ताहीं।
दिवस तीनि पुनि कृपानिधाना, पंथ हेत आपुनु पन ठाना।
चौथे दिन लखि वान प्रभाऊ, दीन्हेउ वरू जलनिधि सति भाऊ।
सो सुनि प्रभु दसमी तिथि माहीं, सेत अरंभ कीन्ह थल ताहीं।

दो.:– त्रयोद ी में कीन्हिऊ, पूरन विरचि वनाइ।
गएऊ पार चौदसि विशै, सानुज श्री रघुराई।।१७।।

चौ.:– राका तै द्वितीया लगि सेना, भई पार सव भाँति सुशैना।
गिरि सुवेल पर सवकट काई, घटा टोप हुइ परी वनाई।
सखा सुकंठ वंधु जुत रामा, कटक मध्य राजहि छवि धामा।
दिवस आठ महँ पुनि पुर नाके, जतन सहित वाँधेउ अति वांके।
सुक सारक एकादसि माहीं, जात भएऊ तव रावन पाहीं।
पौश कृ ण द्वादसी मझारा, दिखरावा कपि कटक अपारा।
वहुरि कूहू लगि खल दसमाला, समर हेत दल सज्यौ कराला।
दूसरमास कहेऊ समुझाई, सुनहु सचिव अव कथा सुहाई।

सोरठा.:– वालि तनय रनधीर, माघ भुक्ल परिवाविशै।
सुमिरि हृदय रघुवीर, गएऊ सभा खल वल मथेऊ।।१८।। पृ.८७ प्रा.

चौ.:– तिहि दिन मायक सिरप्रभु केरा, सियहिं दिखाएऊ कुमतिघनेरा।
पुनि दिन सात अशटमी ताहीं, भिरेऊ कीस निसिचर रन माहीं।
सो रन वरनहु कवन प्रकारा, लरहिं विविधि विधि समर जुझारा।

मे घनाद नौमी तिथि माहीं, दारून समर कीन्ह खल ताहीं।
सानुज रामहि करि निजमाया, नाग पास वस किय मुनि राया।
सुनि संसय कीजौ जिनि ताता, करहि मनुज लीला जन त्राता।
प्रभु वंधन लखि सव कटकाई, तज्यौ समर उत्साह वनाई।
वैन तेय दसमी महँ आऐ, भए सुतंत्र राम सुख पाए।

दो.:– एकादसि द्वादसि विशै, रघुपति समर मझार।
धूम्राक्ष वध कीन्हेऊ, विदित सकल संसार।।१८।।

चौ.:– पुनि तेरसि महँ कंपन मारा, कटक सहित हति सर खरधारा।
दिवस तीनि परिवा लगि ताता, नील वध्यौ प्रहस्त विख्याता।
वहुरि माघ वदि चोथि प्रजंता, भिरेऊ राम रावन वलवंता।
तुमल जुद्धभा वरनिन जाई, रघुपति खल कहँ दीन्ह भजाई।
तव खिसि आइ मलिन मन महीं, सोवहि कुंभकरन गा ताहीं।
पंचमि मै करि जतन अपारा, दीन्ह जगाइ छुधित सो भारा।
दिवस चारि लगि भोजन कीन्हा, पुनि दसमुश कहँ व्याकुल चीन्हा।
वंधु वचन सुनि कोपि प्रचंडा, समर भूमि आवा वल वंडा।

दो.:– कीन्ह समर ाट दिवस खल, चौदसि लगि अति घोर।
वध्यो राम हति चंड सर, रन मंडल वर जोर।।१६।।

चौ.:– कुहू माँहिं भा सोक अपारा, परी खरभरी लंक मझारा।
फागुन प्रथम चारि दिन माही, वधे पांच निसिचर रन माहीं।
मघवाजित आदिक पहिचानौ, कपट उदधि दुर्मद अनुमानौ।
पंचमितै सप्तमि लगि ताता, वध्यौ समर अतिकाय सुजाता।
पुनि अश्टमि तै द्वादसि ताही, सुनि मुनि इनि पांचौ दिन माहीं।
कुंभ निकुंभ ऊर्द्ध ते पापी, परे अवनि तल सुर सतांपी।
बहुरि तीनि दिन महँ सग्रामा, खल मकराक्ष हतो वलधामा।
पुनि फागुन वदि द्वोज मझारा, मेघनाद आवा खल भारा।

दो.:– छल वल करि श्री लशन कहँ, मूर्छित किय संग्राम।
वहुरि दुश्ट सो हर्शि जुत, जातभयौ निजधाम।।२०।।

चौ.:– पुनि दिन पांच माहिं हनुमांना, द्रोनाचल लक्ष्मन हित आना।
उठेऊ लशन संजीवनि पाई, केवल मनुज चरित मुनिराई।
दिवस भेद सुनि सूत सुजाना, उर संसय जिनि करहु निदाना।
कल्प कल्प प्रति चरित अनूपा, भिन्न भिन्न करि रघुकुल भूपा।
पुनि दिन पांच त्रयोदसि ताहीं, लशन इन्द्र जित वधि रन माहीं।
सो सव कथा विदित संसारा, विनु प्रयास जीत्यौ खल भारा।
चतुर्द ी में दसमुश मंदा, लाग्यौ करन जग्य अघ कंदा।
वहुरि कुहू निसि मैं खल आई, दारून जुद्ध कीन्ह मुनिराई।

सोदठा.:– फागुन मास वुझाइ, तुम सन वरन्यौ विप्र मैं।
अव सुनि कथा सुहाइ, जिहि प्रकार भा चैत्र महँ।।२१।।

चौ.:– चैत्र भाुक्ल पंचमि तिथि ताहीं दस मुख कीन्ह समर रन माहीं।
हति प्रचंड सर श्री रघुराई, परे अमित खल प्रान विहाई।पृ.८७अ.
महा पा र्व निसिचर अति घोरा, वध्यौ वदल ाश्टमि वर जोर।
नौमी तिथि महँ सुनहु मुनीसा, संजुग माहिं कोपि दएसीसा।
सक्ति प्रचंड लशन उर मारी, परेऊ धरनि लीला अनुसारी।
तव रघुनाथ कोपि उरभारी, रन ते दीन्ह भजाइ सुरारी।
तीनि निसाचर दसमि मझारा, रावन अरू श्रीराम उदारा।
द्वंद जुद्ध कीनौ अति घोरा, वध्यौ खलहि पुनि प्रभु वर जोरा।
सकल दिवस अव कहौ वुझाई, विप्र सुजान सुनहु मनुलाई।
माघ भाुक्ल द्वतीय ते जानौ, चैत्र कृ ण चौदसि उनमानौ।
दिवस सतासी लेहु लगाई, पंद्रह दिन पुनि देहु विहाई।
दिवस वहत्तरि लगि रन भएऊ, सुत सेस मुनिवर सन कहेऊ।
रावन मृतक क्रिया द्विजराई, भई अमावस माहिं वनाई।

दो.:– चेत्र मास कर चरित नृप, इमि मुनि कहेऊ वुझाइ।
अव माधव के कथा सुभ, सुनहु सकल मनुलाइ।।२२।।

चौ.:– परिवा तिथि मै राम उदारा, जय पाई वसि समर मझारा।
वहुरि द्वौज मै वोलि विभीशन, दीन राज रघुवं ा विभूशन।
माधव सुक्ल तीज तिथि माहीं, आई जनक सुता प्रभु पाहीं।
सत्य अमर वानी सुनि रामा, अंगी कार कीन्ह निजवामा।

दुशित जानि कीन्ही अति दाया, सुनु द्वज कृपा सिन्धु रघु राया।
परम प्रीति जुत ढिग वैठाई, तिहि अवरार अति छबि अधिकाई।
चौथि माह चढ़ि पुश्पक जाना, चले अवधि पुर कृपा निधाना।
लशन सिया कपि जुत समेता, भरद्वाज के आइ निकेता।

दो.:– माधव सुदि पंचासि विशै, भरद्वाज के धाम।
वरश चारि दस विपिन की, पूरन कीन्ही राम।।२३।।

चौ.:– पुनि   ाश्टमि मै नंदी ग्रामा, भरत श्रवन सुनि आवत रामा।
सहित समाज प्रेम समुदाई, मिलेऊ आइ प्रभु कौ दोऊ भाई।
सप्तमि माहँ अवधि पुर जाई, सोपी भरत सकल ठकुराई।
धर्म सहित करि है प्रभु राजू, कहेऊ मोहि लोभस तप साजू।
दस सहस्त्र संवत सर रामा, त्यागहि जनक सुता निज वामा।
रजक वचन सुनि रिपु घर वासा, कीन्ह त्याग निज कीरति त्रासा।
जाइ सिया तव राम विहीना, वालमीक आश्रम वसि दीना।
लशन राम प्रेरित पुनि जाई, ल्यावहि गे पुर सिया वुलाई।

दो.:– व्यालिस वर्श विहीन प्रभु, कौसिल पुरी मझार।
संवत ग्यारह सहस सव, करि है राज उदार।।२४।।

चौ.:– श्री जानकी प्रिय पति संगा, करि है भोग सुखित सव अंगा।
संवत्सर तेतीस विहाई, एकादस सहस्त्र मुनिराई।
भरत लशन रिपुदहन समेतू, करि है नृपता रविकुल केतू।
कुल गुर श्री वसिश्ठ मुनिराई, तिनको सेव निपुन सवभाई।
मुनि कुल तिलक अगस्ति उदारा, आवहि गे प्रभु सभा मझारा।
तिन कर आइसु सीस चढ़ाई, अ   व मेध करि है सुशदाई।
रघुपति अनुज सत्रघन नामा, सहित कटक अतुलित वलधामा।
आवहि गे तुव आश्रम माहीं, सत्य कहौ द्वज संसय नाही।

छंद.:– संसय नही द्वज सत्य तुम्हरै आश्रमहिं ते आइ हैं।
तव राम चरित अनूप सुनि तुव वदन तै सुख पाइहैं।।
फिरि तिनहि तुम पहिचानि पुनि पुनि भैटि परमानंद सौ।
जैहो अवधि लखि राम छवि, छुटि हौ अवसि भव फंद सौ।

चौ.:– पुनि वोल्यौ मैं गिरा सुहाई, जोरि उभय कर पद सिरूनाई।
तुम्हरी कृपा मुनीस उदारा, राम चरित पावा श्रुति सारा। पृ.८८म.
तुव प्रसाद रघुनाथ स्वरूपा, समुझि परेउ उर माहिं अनूपा।
श्री रघुपति पद कमल सुहाए, मिलि है अवसि मोहि मन भाए।
तरिहौ भवनिधि संसय नाहीं, कृपा अगाध कीन्ह मो पाहीं।
अस कहि मैं पुनि कीन्ह प्रनामा, गएऊ तवै मुनि करूना धामा।
संतत सेवहुँ उर रघुराऊ, लोमस मुनि की कृपा प्रभाऊ।
सुमिरहु सदा तिनहि कर नामा, गान करहु संतत गुन ग्रामा।

सोरठा.:– निसदिन प्रभु पद कंज, धरहु ध्यान तिहि दिवस तै।
कव ह्वै है भव भंज, निरखि राम छवि अवध महँ।।२६।।

चौ.:– इहि विधि पावन करहुं सरीरा, सुमिरि सुमिरि भंजन भवभीरा।
मुनि के वचननि कर नित ध्याना, करहु इहाँ सुनु भूप सुजाना।
राम अनुज जव कटक समेता, आवहिंगे इहि थल हय हेता।
अवधि पुरी महँ तव मैं जाई, ह्वै हौं मुक्त दरस प्रभु पाई।
आजु धन्य मैं जगत मझारा, वड़ भागी कृत कृत्य अपारा।
राम चन्द्र पद कंज अनूपा, हृदय भयौ सुमिरन सुनु भूपा।
पूरन ब्रह्म राम भगवाना, पूजन जोग न तिन विन आना।
भवनिधि तरन चहै जो भाई, सो सेवहि संतत रघुराई।

दो.:– अस विचारि रघुनाथ पद, भजहु भूप मनु लाइ।
जोग जग्य व्रत दान सव, स्वल्प पुन्य के दाइ।।२७।।क
कहौ नाम निज धाम कित, तजि सकोच इहिकाल।
सुमिरि राम पद कंज पुनि, हय रक्षहु महिपाल।।२७।।ख

सोरठा.:– सुनि रघुपति जस कान, सव के मन विस्मय भयौ।
देखहु हम अग्यान, प्रभु प्रभाव नहि जानई।।२७।।ग

इति श्री पदम पुराणे पाताल खण्डे सेस वात्सायन सम्वादे मधुसूदन दास कृते राम चरित्र वर्ननो ाट **त्रिंसतमोध्याय।।३६।।**

दो.:– मुनि मख सुनि रघुपति चरित, सकल कितारथ मानि।
पुनि वोले सादर सवै, जोरि जोरि निज पानि।।

चौ.:– आजु नाथ तुव दरसनु पाई, भए महा सुचि कुल समुदाई।
रघुनाइक जसु परम उदारा, कहेउ हमहिं करि कृपा अपारा।
अव जो तुम पूछी मुनि नाथा, वरनहि हम समस्त सोइ गाथा।
कुंभज आइसु सीस चढ़ाई, अवधि पुरी महँ श्री रघुराई।
अ व मेघ मख करहिं सुहावा, विधि वत जिहि प्रकार तुमगावा।
तिन कर हय हम पालन हेता, आएऊ तुव आश्रम मुनिकेता।
हम सव श्री रघुपति के दासा, पाइ दरस पूजी मन आसा।
सरस मनोहर सुनि असवानी, रोम रोम पुलके मुनिग्यानी।

दो.:– हर्श विवस लोचन श्रवहिं, आवै वदन न वैन।
धरि धीरज मुनि वोलेऊ, राम भक्त तप यैन।।१।।

चौ.:– मोर मनोरथ तरवर आजू भयौ सफल सव विधि रस साजू।
जनमिऊ जननि मोहि जगमाहीं, सो फल तिहि पावा सक नाहीं।
कंटक रहित सकल जग राजू, अमित कोस जुत पाएऊ आजू।
वेद पुराण दीख वहु काला, पावा सो फल आजु रसाला।
अग्नि होत्र जप तप जे कीन्है, फलीभूत सव आजुही चीन्है।
श्री रघुपति समाज मैं देखा, को कवि करै भाग्य का लशा।
जाइ आजु पुनि अवधि मझारा, दिखिहौं प्रभु पद कंज उदारा।
सदा करहु जिन कर उरध्याना, आजु देखिहौं तिनहिं निदाना।

दो.:– प्रभु सेवा मैं निपुन अति, वड़ भागी हनुमान।
आजु जाइ तिहि भैटिहौं, मो समधन्य न आन।।२।। पृ.८६ प्रा.

चौ.:– पुनि पुनि कुसल सुनैन समेता, पूछहिगे मुहि कपि कुल केता।
निरखि राम पद भक्ति हमारी, हइ है निज उर परम सुखारी।
सुनि अस पवन तनयतिहि काला, परेऊ चरन उर हर्श विसाला।
पुनि वोलेऊ कपि वचन रसाला, सुनहु स्वामि अति दीन दयाला।
तुव सेवक मैं कपि हनुमाना, कृपा करहु प्रभु लखि अग्याना।

श्री रघुपति दासनि पद रेनू, अस जानहु मुहि मुनि तप यैनू।
मैं जानी नि चय मन माहीं, तुमसो राम भक्त कोऊ नाहीं।
आरन्यक मुनि सुनि इमि वानी, भएऊ तुरत आनद की खानी।

दो.:– हृदय लाइ भैटेऊ कपिहिं, मुनि सत्तम तिहि काल।
परम प्रेम वस मगन दोऊ, प्रभु पद सुमिरि रसाल।।३।।

चौ.:– लोचन श्रवहि वचन नहि आवै, भए सिथिल कवि किमि सुख गावै।
मनहु चित्र लिखि काढ़े दोऊ, निरखि निरखि पुल के सव कोऊ।
प्रेम पियूश उदधि मुनि राई, मथहि मनहु दुइ गिरि सुशदाई।
सूत कहौ किमि तिन कर हेतू, अविरल भक्ति केर दोऊ सेतू।
धरि धीरज तव पवन कुमारा, परम प्रीति जुत वचन उचारा।
रघुनायक पद पंकज ध्याना, मगन मुनीस न कछु संधाना।
मन आकर्शन मृदुल सुवानी, उच्च कंठ वोले कपि ग्यानी।
सुनहु स्वामि रघुनाइक हीरा, श्री रघुनाथ वंधु अति धीरा।

दो.:– नाम सत्रघन विदित जग, तुव पद करहि प्रनाम।
प्रथम वध्यौ खल लवन इन, जाइ मधुपुरी गाम।।४।।

चौ.:– अभय किये माथुर समुदाई, कीरति भुवन चारि दिस छाई।
अव निरखेहु मुनि कृपा निधाना, प्रनवहि पुस्कल पद सुखदाना।
भरत तनय ये सूर सुजाना, इन जीते रन भट वलवाना।
राम सचिव अव करहि प्रनामा, परम धर्म पथ निपुन निदाना।
रामहि प्रान समान पियारा, सर्वगम्य सदगुन आगारा।
यह सुवहु नृ पुलकित अंगा, तुव पद जलज माहि भ भ्रंगा।
रिपु समूह वन अनल समाना, राम चरन रत सूर सुजाना।
इहि कर सुजसु अवनितल छावा, करूनाकरि मुनि पद सिरूनावा।

दो.:– सुनहु स्वामि अव सुमुद नृप, पुलकि दंडवत कीन्ह।
प्रथमहि कामद हरशि इहि, रामभक्ति वर दीन्ह।।५।।

चौ.:– भवनिधि तरन उपाइ सुहावा, जन विचारि तिहि इनहि वतावा।
अव यह सत्य वान महिपाला, वंदहि पद जुत नेह विसाला।

रघुपति चरन ताम रस फूला, इहि मन चंचरीक तहँ भूला।
गो प्रसाद यह भा वड़भागी, संतत विमुख जीव कर त्यागी।
राम अ व सुनि निजु पुर आवा, निर्भर प्रेम माहिं मनुछावा।
सकल राज परिवार समेता, अर्पेऊ रिपु भंजनहि सहेता।
हनूमान मिलि कीन्ह वखाना, सुनि मुनि किय मनु वाहिर ध्याना।
सादर सवनि मिले हरशाई, वार वार वूझी कुसलाई

दो.:– कंद मूल फल अंवु पुनि, स्वागत करि मुनि दीन्ह।
तिहि दिन सव प्रमुदित ह्दै, वास आश्रमहि कीन्ह।।६।।

चौ.:– प्रात काल उठि करि प्रभुध्याना, वंदे मुनि पद पुलकि निदाना।
पुनि रे वा तट करि अस्नाना, प्रात क्रिया करि वेद विधाना।
राम अनुज तव मुनि पह गएऊ, नाना विनय सुनावत भएऊ।
सिविका सुभग वहोरि मगाई, निरखि अमर मनु लेइ चुराई।
आरन्य मुनि तासु मझारा, चढ़े जान उर हर्श अपारा।
वहु सेवक संग रिपुहन दीन्है, चले लिवाइ अवधि पथ चीन्है।
रामध्यान लव लीन मुनीसा, जाहि पंथ इमि कहेऊ अहीसा।
दूरि जाइ कौसिल पुर देखा, रवि वंसिनि कर धाम विसेशा।

दो.:– तुरत त्यागि मुनि पालिकी की, प्रमुदित कीन्ह प्रनाम।
वढ़ी लालसा अतुल उर, लागि दरस सियराम।।७।।

चौ.:– आतुर धरहिं चरन मग माहीं, प्रेम विवस तन चलि सक नाहीं
मनहु परम मुख उदधि अपारा, जाहि धहावत गा चहि पारा।
करत मनोरथ उर महँ नान, पहुँचे अवधि समीप निदाना।
निरखी सकल अलौकि सोभा, वारनि सकै अस कवि जग कीभा।
सहज विलोकहि मुनि थल जोई, अवसि चुराइ लेइ मनु सोई।
कनक पंक पुनि मनि वहु रंगा, रचित भवन सुंदर सव अंगा।
सकल पदारथ अमित निहारे, जन समूह लखि भए सुखारे।
वन उपवन वाटिका ताड़ागा, निरखे सुन्दर अमित विभागा।

दो.:– विविधि रंग के जलज गन, कुसुमित मे तिन माहिं।

सुदल अश्ट ा़ोडस अपर, सत सहस्त्र लखि ताहिं।।८।।

चौ.:– मत्त भ्रमर गन विपुल मराला, विहरत तिन पर मुदित विसाला।
कोकिल कीर कपोत कलापा, मैनादिक चहुओर अलापा।
चक चकई पुनि मृग समुदाई, विचरत अभय लखे मुनिराई।
मूर्ति वंत रितु नाइक आपू, वसहिं सदा रघुनाथ प्रतापू।
कछुक दूरि चलि नगर समीपा, निरखी सरित अग्यतम दीपा।
सरजू नाम सकल अघहारी, जग विख्यात परम सुख कारी।
जासु नीर कन परसत अंगा, होइ अव य अंत भव भंगा।
अति पावन किमि करहु वखाना, रघुपति नित मंज्जहिं जग जाना।

सोरठा.:– तिहि तट सुभग अपार, मनिमय मंडप तहँ हरेऊ।
मुनि मंडली मझार, तासु मध्य रामहि लखेऊ।।६।। पृ.६०म.

चौ.:– दुर्वावदल सम स्याम सरीरा, अति अनूप धारे मुनि चीरा।
ललित लिलार पुंड छवि देई, भ्रकुटी मदन चाप दुति लेई।
चारू चिवुक सुभ सर ससु ग्रीवा, वृशभ कंध जुग भुजछवि सीवा।
ललित पानि पुनि करज अनूपा, नख प्राक ा मनि गन अनुरूपा।
उर विसाल श्री सहित सुहावा, भृगु पद निरखि ललित मन भावा।

दो.:– रेख तीनि सोहै उदर, नाभि जमुन अलि तूल।
सुभग जंग जुग कदलि सम, पद पंकज छवि मूल।।१०।।

चौ.:– नख दुति वरनहु कवन प्रकारा, पूरन हिम कर कर अनुहारा।
कर सोहै मृग श्रंग अनूपा, जग्य करत श्रुति पथ अनुरूपा।
वामा भाग कंचन सिय देखी, वि व जननि गुन रूप विसेशी।
भरत लशन निरखेऊ दोऊ ओरा, प्रभु मुख निरखहिं चंद चकोरा।
देत सवनि कहँ अक्षम दाना, पुनि निरखे मुनि वृंद सुजाना।
व्यास वसिश्ट घटज रिशि आदी, असितादिक परमारथ वादी।
इहि प्रकार रामहिं मुनि देखी, उद उमग्यौ आनंद विसेशी।
निज आतमहि कृतारथ माना, द्रग गोचर लखि कृपा निधाना।

दो.:– वोले पुलकित गात तव, आरन्यक मुनिराज।

भएऊ धन्यतम आजु मैं, लखि प्रभु पद सुख साज।।११।।

चौ.:– वेद स्मृति सव सास्त्र पुराना, पढ़ै सुनै वहु काल निदाना।
सव कर फल पावा मैं आजू, आइ अवधि निरखे रघुराजू।
जोगेस्वर जिनिकों उर माहीं, भजहिं निरंतर पावत नाहीं।
अज सिव सनकादिक जिहिध्यावै, कवहुक रूप छटा लखि पावै।
ते रधुपति छवि उदधि अपारा, भरत लशन सिय सहित उदारा।
निकट आजु मुनि वृंद मझारा, निरखे परम दया आगारा।
सव विधि धन्य भएऊ मैं आजू, लखि प्रभुपद पंकज सुख साजू।
निज आनन सन वचन रसाला, वूझहिं गे जन गुनि इहि काला।

दो.:– इहि विधि वदत मुनीस वर, निरखि राम पद कंज।
सिथल गात भए प्रेम वस, श्रवत अंव द्रग मंज।।१२।।

चौ.:– उहाँ राम मुनिवर कहँ देखा, जनु तप मूरति धरै विसेशा।
उठि आतुर मश काज विहाई, पुलकित चले मिलन रघुराई।
मुनि के पद पंकजनि मझारा, परेऊ आनि भंजन भव भारा।
श्री व्रंह्मण्य देव रघुवीरा, जानि परम पावन गत पीरा।
तव मुनि निरखि प्रभुहि पद माहीं, भूतल परेऊ दंड की नाहीं।
सुर नर असुर भजहिं पद जासू , हरशि चरन पकरे मुनि तासु।
तव आतुर रघुनाथ उदारा, गहि भुज भैटेऊ हरश अपारा।
पुनि मनि रचित सिंघासन आना, दिव्य विसाल उच्च सुखदाना।

दो.:– वर वस प्रभु मुनि राज कहँ, तासु मध्य वैठार।
पुनि सुचि जल लै चरन जुग, मंजेऊ कंचन थार।।१३।।

चौ.:– सोइ पादोदिक सीस चढ़ावा, लै जल सर्वस भवन सिचावा।
बोले बहुरिभानुकुल केता, भयौ परम सुचि कुटम समेता।
चन्दनादि पद चर्चित कीन्है, सव प्रकार पूजेऊ चितु दीन्है।
पुनि प्य खानि धेनु सुखदाई, दीन्ह सकल सिंगार कराई।
जलज पानि जुग जोरि कृपाला, पद सिर धरि कहि गिरा रसाला।
सुनहु स्वामि यह मख हम ठाना, अति पुनीतभा मैं जिय जाना।
तुव पद कंज परसि अपि आजू, भए परम पूरन सव काजू।
आजु विप्र वध पाप नसावा, मुनि नाइक तुव चरन प्रभावा।

सोरठा.:– इहि विधि सुनि प्रभु वैन, हसि वोले मुनि राज तव।
सुनहू स्वामि छवि यैन, वात्सल्य गुन उदधि तुम।।१५।।

चौ.:– तुम हमार वहु पूजन कीन्हा, यह व्रह्मन्य देव पद चीन्हा।
वेद धर्म पालन हित नाथा, प्रगट भएऊ जग विदित सुगाथा।
पूजहु विप्रनि कौ जुत नेहा, सिक्षा करहु वि व को एहा।
तुम जो यह प्रभु कीन्ह वखाना, द्वज वध दहन हेत मख ठाना।
यह सुनि प्रगट होइ अति हासी, जदपि कृपा करि आपु प्रकासी।
सुमिरि तुम्हार नाम इक वारा, होहिं मूढ़ जन अघ निधि पारा
परम धाम श्रुति गावहिं जोई, विनु प्रयास पावहि अपि सोई।
श्रुति पुरान आगम इतिहासा, सकल सत्य करि करहिं प्रकासा।

दो.:– पाप सघन सन कहँ प्रवल, अनल सरिस तुव नाम।
परम हास प्रद वचन तुम, प्रथम कह्यौ सुखधामा।।१५।।

चौ.:– व्रह्म वधादि पाप समुदाई, तव लगि गर्जहिं त्रास विहाई।
जव लगि रसना नाम तुम्हारा, प्रेम सहित नहिं करहि उचरा।
महा कलुश कुंजर सम तूला, नाथ नाम हरि दूव प्रद सूला।
तिहितै व्रह्म वधादिक पापा, लागहि तुंमहि न प्रगट प्रतापा।
परम पुन्य प्रद दरस तुम्हारा, अखिल अंड कर पाप न कारा।
प्रथम नाथ मैं कृत जग माहीं, सुरसरि तट मुनि वृंदनि पाहीं।
जो कछु सुनैऊ कहौं इहि काला, सुनहु जलज द्रग दीन दयाला।
तव लगि वहिऊ जीव उर पापा, जव लगि जीह्न नाम नहिं जापा।

दो.:– जोग न जग्य न दान तप, तुम्हरे नाम समान।
इहि विधि सुनैऊ, कृपायतन, तुम अमिमत फल दान।।१६।।

चौ.:– लोमस मुनि मोहि प्रथम सुनावा, सो फल सत्य आजु मैं पावा।
तातै मैं रघुनाथ कृपाला, अवसि धन्य तम भा इहि काला।
दरस नाम तव वेद वखाना, जग दुर्लभ सव भाँति प्रमाना।
सो मैं पाएऊ विनहि प्रयासा, मिटी विशम भवनिधि की त्रासा।
इहि विधि आरन्यक मुनिनाथा, वरनी राम चन्द्र सन गाथा।

सकल मुनीस हरसि तिहि काला, वोलेऊ वचन विनीत रसाला।
साधु साधु पुनि साधु मुनीसा, वरनी परम सत्य वागीसा।
वात्सायन सुनु अचरजु भारी, भयौ प्रगट तिहि समा मझारी।

छंद:– भयौ प्रगट सभा मझार अचरिजु तिहि समय मुनि नाइकं।
रिशि राम छवि उर धारि हरशे विपुल मन वच कायकं।।
पुनि सकल मुनिनि वुझाइ वाहु उठाइ जुग वानी कही।
मो सम न भा कोऊ प्रथम अव अरू अंत यह साची सही।।
सिय नाथ निज कर कंज सौ वहुभाँति मम स्वागत कियौ।
जिहि चरन रज श्रुति खोज तिन मो पाद जल सिरधरि पियौ।।
ग्रह सींचि पावन मानि आपुहि कवन विधि वर्नन करौ।
इहि भाँति मधुसूदन वदत व्रह्मांड फूटिसु उद्धरौ।।

दो.:– लही मुक्ति निरखहिं गगन, वरशहि तन पर फूल।
धन्य धन्य धुनि उच्चरै, प्रमुदित अति अनुकूल।।१७।।क

सोरठा.:– मुनिगन विस्मय देखि, भाँति अनेक प्रसंस किय।
वोलेऊ हर्शि विसेशि, भएऊ मुक्ति रिशि धन्य तुम।।१८।।ख

इति श्री पदम पुराणे पाताल खंडे सेस वात्सायन सम्वादे मधुसूदन दास कृते आरन्यक मुने साजोज्य मुक्ति वर्ननो नाम **सप्त त्रिंसतमोध्यायः।।३७।।पृ.६२म.**

दो.:– सुनहु सूज यह चरित सुनि, वात्सायन सुखमानि।
परम हर्श जुत सेस वन, वोलि जोरि जुगपानि।।

चौ.:– तुव मुख कंज अमिय सम गाथा, तृप्ति न होइ सुनहु अहिनाथा।
राम सुजसु भक्तिनिभय हारी, तुम भलि भाँति कहयौ विस्तारी।
धन्य मुनीस अरन्यक नामा, श्रुति पथ परम निपुन तप धामा।
राम स्वरूप धारि उर माहीं, तजी देह भव दुख कछु नाहीं।
अव अहिनाथ कहौ समुझाई, तजि आश्रम कित गा हय राई।
किहि महीप पकरा वरजोरा, तिनि कर समर कहौ अति घोरा।
तहाँ राम जस किहि विधि भएऊ, पुनि मख तुरग कवन तिन लएऊ।
तुम सरवज्ञ कहौ समुझाई, अहि पति रूप धरै रघुराई।

दो.:– वात्सायन के वचन सुनि, इहि प्रकार अहिनाथ।
हृदय हर्शि वर्नन लगे, श्री रघुपति गुन गाथ।।१।।

चौ.:– साधु प्र न कीनी मुनिराई, जानैऊ प्रभु गुन रसिक वनाई।
मख हय मुनि आश्रमहि विहाई, चल्यौ सरित तट मरूत लजाई।
मुनि गन वसहि तासु तट माहीं, निरखि निरखि ते उर हरशाहीं।
कटक अपार चल्यौ तिहि पाछै, सकल युद्ध तन सोहत आछै।
जहँ जहँ वाजि सिरोमनि जाई, तहँ तहँ लखपति जाइ कटकाई।
रे वा जल अगाध तिहि काला, गयौ समाइ तुरंग विसाला।
विस्मित भए वीर समुदाई, उछरत पुनि न दीख हय राई।
कहै परसपर ब्याकुल गाता, किमि आवै हरि मख फल दाता।

दो.:– कवन वीर अस कटक महँ, जो जल भेदि अगाध।
ल्यावहि हय रघुनाथ कर, इहि अवसर विनुवाध।।२।।

चौ.:– इहि प्रकार सव करहि विचारा, थकित अंग उर दुखित अपारा।
तव लगि कोटिन सुभट समेता, आएऊ तहाँ भानुकुल केता।
तव सेवकनि दंडवत कीन्हा, व्याकुल गात सवनिप्रभु चीन्हा।
मेघ समान गिरा गंभीरा, वोलेऊ राम वन्धु अतिधीरा।
किहि कारन ठाढ़े सव जोधा, लखि न परै हय गा किहि कोधा।
कै इहि सरि मह कीन्ह प्रवेसा, कै पकरयौ कहुँ कुटिल नरें ाा।
कवन हेत तुम ब्याकुल गाता, कहौ वुझाइ मोहि सव वाता।
इहि प्रकार सुनि भट समुदाई, वोले वचन चरन सिरूनाई।

दो.:– सुनहु स्वामि भय दंड जुग, हय जल कीन्ह प्रवेस।
हम न जान कछु धरेऊ किहि, कीजिय कवन निदेस।।३।।

चौ.:– जो तुम प्रथम चलहु जल स्वामी, तो हम सकल आपु अनुगामी।
इहि विधि सुनि सुभटनि मुख वानी, रिपुभंजन निज उर दुखमानी।
तव सुमंत सन गिरा उचारी, वेगि सचिव वर कहौ विचारी।
कवन उपाय करिय इहि काला, जिहि तै आवहि तुरंग रसाला।
पुनि अस कवन सुभट दल माहीं, जल अगाध भेदै सक नाहीं।

सुनि सुमंत वोलेऊ वर वानी, अवसर जोग नीति रस सानी।
सुनहु स्वामि तुव विक्रम भारी, अति अद्भुत वीरनि सुखकारी।
नभ भूतल पुनि जल पाताल, सर्व गंम्य तुव सुनहु क्रपाला।

दो.:– अपर सुनहु पुस्कल सुभट, पुनि मारूत सुत वीर।
अतुल सक्ति सरवत्रगम, वल समुद्र दोऊधीर।।४।।

चौ.:– सुमिरि राम पद तीनिहु वीरा, हरशि प्रवेस करहु इहि नीरा।
अवसि आनि हौ जग्य तुरंगा, करिहौ सवकर संसय भंगा।
सुनु मुनि सुमति कहा इहिभाँति, हरशेऊ सुनत लवन आराती।
भरत तनय हनुमान समेता, प्रविसे सरित अगाध सचेता।
तासु मध्य इक नगर निहारा, जग मगात सुन्दर दुतिकारा।
वन उपवन सर कूप विभागा, सुमन वाटिका लखि मनु लागा।
अगिनित रंग विहंगम देखा, हंस कीर कल कंठ विसेशा।
पुर रचना सवभाँतिन भाई, वीथी भवन सकल सुखदाई।

सोरठा.:– तहँ इक भवन मझार, मनि हाटक मय खंभ सन।
मश हय वध्यौं निहारि, कनक पत्र वर लसत सिर।।५।।

चौ.:– मनि विरचित पद जंक मझारा, लखी नारि तहँ छवि आगार।
अति कमनीय सुवसन सुरंगा, भूशन विद्यमान सव अंगा।
परम प्रसन्न परी छबि रासी, मनहु तड़ित छवि रूप प्रकासी।
अपर सहस्त्रनि वाम अनूपा, करहि सेव तिनि मन अनुरूपा।
बीजन चमर छत्र कर लीन्है, कोऊ इक मुकर लियै चख चीन्है।
तीनौ जन तिन आवत देखी, स्वामिनि सन कह वचन विसेशी।
आवहि मनुज तीनि तुवधामा, परम पुश्ट तन छवि जिमि कामा।
सुभग पक्क फल रस निधि मानो, तिमि इनिकी इतिश्री जिय जानो।

दो.:– विपुल स्वाद प्रद गुनहु मन, रूधिर मांस इन केर।
विगत आयु आए इहाँ, काल वली के फेर।।६।। पृ.६३म.

चौ.:– सुनि इमि वचन सूत सोइ वाला, मृदु मुसिक्यानि अधर अति लाला।
इंदु वदन पुनि भृकुटि वनाई, चितवन लगी सुनहु मुनिराई।

तव लगि तीनौ सुभट सुजाना, आए तियनि समीप निदाना।
सिरस्त्रान सन्नाह सुहाई, अस्त्र सस्त्र जुत अति छवि छाई।
तिय समूह लखि सुभग अपारा, प्रगटेऊ विस्मय हृदय मझारा।
चितइ परसपर वोले वचना, कह निरखहि अचिरज प्रद रचना।
पुनि पर जंक परी जो वामा, कीन्हेऊ ता कहँ जात प्रनामा।
पंद्रा दिकसु चिन्ह पहिचाना, सियाराम दासी जिय जाना।

दो.:– तिनहि निरखि देवांगना, तिय मनि दामिनि गात।
तिहि अवसर वोलति भई, मुख पंकज ते वात।।७।।

चौ.:– धरि आयुध आएऊ मम धामा, को तुम कहौ वेगि निजु नामा।
परम विमोहन लोक हमारा, देवनि कौ दुर्लभ संसारा।
जे जन आवहि इहि थल माहीं, पुनि ते जाइ सकै अपि नाहीं।
कवन महीप केर यह वाजी, छत्र चमर वीजन किमि साजी।
कनक पत्र वंध्यौ किहि हेता, वरनहु सकल स्वगाथ सचेता।
सुनि इमि वचन मनोहर काना, वोले हसि गत भय हनुमाना।
देव सिरोमनि प्रभु भुवनेसा, श्री रघुपति उदार अवधेसा।
मन वच क्रम तिनके हम दासा, संतत तिन विनु अपर न आसा।

दो.:– करहिं जग्य तेइ राम प्रभु, जानहु हय तिन केर।
किमि वांधेऊ आतुर तजहु, भूलि करहु जिनि केर।।८।।

चौ.:– अस्त्र सस्त्र हम कुसल वनाई, रन अजीत पुनि वल समुदाई।
राम प्रताप न संक हमारै, तजहु अस्व अव विनहि विचारै।
जोपि न तजहु तोपि रन माहीं, लै है जीति तुरग सक नाहीं।
इहि विधि निडर वचन सुनिकाना, हसि वोली तिय परम सुजाना।
हम वांधा तुम्हार हय एहा, तजहु न कवहु विगत संदेहा।
अयुत वरस भरि समरहि मंडौ, कोटिन वान विविधि विधि छंडौ
तदपि न जीति सकौ सग्रामा, सत्य कहैं जद्यपि हम वामा।
अव मम वचन सुनहु मनुलाई, निज वल सकल कहेऊ समुझाई।

दो.:– सर्व भूप सिर मुकट मनि, अति उदार सिय राम।
मन वच क्रम तिन पदनिकी, दासी हम सव वाम।।९।।

चौ.:–अस विचारि हम दीह तुरगा, को करि सकै स्वामि मख भगा।
विनय मोरि रघुपति सन जाई, वहु प्रकार करियौ मनु लाई।
भक्त वछल प्रभु दीन दयाला, जिमि यह छिमि अपराध कराला।
सव प्रकार करियौ तुम सोई, संतनि विनु यह गुन नहि होई।
तुम सिय राम चरन अनुरागी, परम भागवत अति वड़भागी।
पाएऊ कश्ट आइ इहि धामा, छमहु पाप हम करहि प्रनामा।
तजि सकोच अव सुनहु सुजाना, मागहु मन भावन वरदाना।
पवन तनय इहि विधि सुनि काना, वचन विनीत सरल सुखदाना।

दो.:– वोलऊ ह्रदय विचारि तव, सुनहु वचन वर वाम।
श्री रघुनाथ प्रताप तै, हम परिपूरन काम।।१०।।

चौ.:– तदपि एक जाचहु वरदाना, सो प्रसन्न है देहु निदाना।
जव जव धरहु देह संसारा, मिलहि स्वामि तहँ रामु उदारा।
तिनके पद पाथोज परागू, होइ तहाँ नित नव अनुरागू।
अस सुनि वोली तिय तिहि काला, हसति सराहति वचन रसाला।
दुर्लभ विवुधनि कौ वर एहा, जाचेऊ तुम सुनु सुभ गति गेहा।
तद्दपि श्री रघुनाथ प्रभाऊ, हुइ है सत्य कहौ सति भाऊ।
जन्म जन्म प्रति राम उदारा, मिलइ तुमइ प्रभु जगत मझारा।
प्रभुहित अपर एक वरदाना, दैहु लैहु उर हरशि निदाना।

दो.:–तुमहि अग्र नृप वीरमनि, मिलि है वल समुदाइ।
सकल गननि जुत उमापति, रच्छहि ताहि वनाइ।।१०।।

चौ.:– सो तुम्हार धरि है मख वाजी, वल समेत अगनित दल साजी।
तिहि जीतन हित वान कराला, दैहुँ तुमहि प्रद तेज विसाला।
जव रिपुसूदन भूपति ओही, द्वरथ जुद्ध ठानहि अति कोही।
तव मम अस्त्र जतहु तिहि काला, अवसि पाइहौ विजय विसाला।
भूप वीर मनि वान प्रतापा, हुइहै परम युद्ध तजि दापा।
रामस्वरूप जानि तन माहीं, तुरग समर्पहि संसय नाहीं।
करि है तुव पद आनि प्रनामा, सकल समर्पन करि गति कामा।
तिहितै सत्र समूह सघारी, धरहु अस्त्र मम ह्रदय सुखारी।

दो.:– अस सुनि रिपुभंजन हरशि, सुद्ध आचमन कीन्ह।
उत्तर दिसि करि वदन निज, जोगिनि सर वर लीन्ह।।११।।

चौ.:– तिहि अवसर सुनु सूत सुजाना, वढ़ौ तेज किमि करहु वखाना।
सनमुख चितइ सकै नहि कोई, निरखत रिपुमद भंजन होई।
दुराधर्श तन तेज विराजा, वृहत भानु जनु तनु धरि भ्राजा।
पुनि मख तुरग छोरि तिहि दीन्हा, विनय समेति दंडवत कीन्हा।
राम अनुज पुनि पद सिरूनाई, भरत तनय जुत अरू कपिराई।
हय समेत फिरि जल विलगाई, रेवा तीर पहुँचेऊ आई।
सकल कटक लखि सहित तुरंगा, वोलेऊ गिरा हर्शि सवअंगा।
धन्य धन्य पुनि धन्य नृपाला, किमि पावा जल वाजि रसाला।

दो.:– तव मारूत सुत हर्शि उर, वरनैऊ सकल प्रसंग।
जिमि विधि वर प्रापति भयौ, पुनि जिमि लहेऊ तुरंग।।१२।।

इति श्री पद्म पुराणे पाताल खण्डे सेस वात्सायन सम्वादे मधुसूदनदास कृते
जल मध्य हय प्राप्ति नामश्ट **त्रिंस मोऽध्यः**।।३८।।

दो.:– वीन संख गोमुख प्रनव, दुंदुभि भेरि मृदंग।
वात्सायन सुनु हनैउ तव, सुभटनि हरशित अंग।।

चौ.:– लखन अनुज पुनि तुरग छुड़ावा, चल्यौ मरूत गति निदरि सुहावा।
पहुचै भूप वीर मनि ग्रामा, देवनि चरित देव पुर नामा।
परम रम्य निरखत मनु मोहै, कोट फटिक मनि विरचित सोहै।
धवल बिसाल उतंग निकेता, रचना विविधि भाँति छवि देता
विंध्याचलहिं जज्यावन हारे, सकल भवन इमि लसि दुति कारे।
राजत रजत चित्त ग्रह पाती, सहित विविधि मनि मानिक जाती।
अति उतंग तहँ गोपुर भ्राजै, मनहु संभु गिरि श्रंग विराजै।
पुनि पुनि सवके ग्रहनि मझारी, भ्राजहि एक पद्मिनी नारी।

दो.:– ललित रूप कमनीय अति, मनमथ तिय अनुहारि।
चित चुरावहि पतिनि के, मन वच कर्म विचारि।।१।। पृ.६५ प्रा.

चौ.:– पघ राग मनि ग्रह प्रति सो है, अजिर विविधि विधि विरचित मो है।
भवन उतंगन पर मुनिराई, चित्र सारिका लसहि सुहाई।
विसद नील मनि रचित विसाला, मनहु सजल सो है घन माला।
निरखि मयूर कुहुकि हरशाई, नचहि पुच्छ के मुकट वनाई।
हंस फटिक मनि रचित विमोहै, जनु मानस तजिग्रह प्रतिसो है।
नगर समीप भांभु अस्थाना, अति रमनीय न जाइ वखाना।
सहित समाज वाल भा ाधारी, वसै सदा तहँ हृदय सुखारी।
तिहि पुर ससि प्रभाव मुनिराई, कृ ण पक्ष नहीं परै लखाई।

सोरठा.:– भूप वीरमनि नाम, राज करै तहँ धर्म जुत।
परम सेव वलधाम, संतत भोगहि भोग सत।।२।।

चौ.:– तासु तनय रूकूमांगद नामा, परम सूर संदर वलधामा।
तिय समाल सवभाँति सजाई, वन विहार लगि हरशि वनाई।
जिहि वर ससि सेखर कर वासा, गएऊ तहाँ उर काम प्रकासा।
नूपुर कंकन किंकिन सोरा, छाइ रहयौ मन्मथ चित चोरा।
तिहि वन वसहि छहू रितु रूरी, पिक अलि कोकिलादि धुनि पूरी।
वहु चंपक प्रसून समुदाई, थल थल निरखि परे छवि छाई।
तिन विच कुरौ प्रफुल्लित राजै, सूफल सवै अंव वहु भ्राजे।
सोभित दाड़िम सुमन सुरंगा, निरखि होइ कामिनि मन भंगा।

दो.:– लसहि सुतरू पुंन्नाग पुनि, नाग सु साल तमाल।
कदम कदलि श्रीखंड वहु, सोभित अपर सुताल।।३।।

चौ.:– फूलि रही मल्लिका सुहाई, केतकि सोन जुही छवि छाई।
उभय प्रकार कर्णिका भ्राजै, अपर सुमन तरू सफल विराजै।
तिहि वन मध्य सकल ते वाला, भूप सुतहि रिझाव तिहि काला।
मनमथ विवस विगत भय लाजा, पुनि पुनि मिलहि मोद के काजा।
सकल कला जुत नाचहि कोऊ, करहिं गान कोऊ भुज धरि दोऊ।
कोऊ कह वचन मृदुल मुसिकाई, चितवहि कोऊ इक चखनि चलाई।
विरचि सुमन आभूशन कोई, पुनि नृप सुत जुत साजहि सोई।
निज निज कला सहित सव वाला, इहि विधि करहिं विहार रसाला।

दो.:– तिहि अवसर प्रभु मख तुरग, तावन पहुँचे आनि।
हेम पत्र सिर सोभि जै, तन चरचित छवि खानि।।४।।

चौ.:– परम विचित्र अ व अस देखी, विस्मय मानैऊ तियनि विसेशी।
चितइ चपल चख पुनि मुसिकाई, वोली पति सन गिरा सुहाई।
सुनहु कंत यह तुरग सुहावा, लसहि लिलाट पत्र छवि छावा। पृ.६५म.
गंग इन्द्र इव तन दुति सो है, धरहु सवल सत्वर मन मोहे।
सुनु तिय वचन मुनीसा सुजाना, रूकमांगद निज ज्ञान भुलाना।
मन्मथ विवस तियनि मुख हेरी, पकरि लीन्ह हय कीन्ह न देरी।
कनक पत्र पुनि वाँचि वनाई, तियनि मझार कहेऊ मुसि काई।
निरखहु यह अति अचिरिजु भारा, किहि प्रकार मैं करहु उचारा।

दो.:– मम पितु सम कोऊ अवनि तल, वल वैभव जुत नाहिं।
तासु अछित नृप राम हय, तज्यौ निडर मन माहिं।।५।।

चौ.:– करिहै अ व मेध पितु मोरा, कवन छुड़ाइ सकै यह घोरा।
सदा पिनाक धनुश करधारी, करहि संभु जिनकी रखवारी।
आजु देव दानव समुदाई, नवहि मुकट जुत पितु पद आई।
तिनि विनु जग्य करै को आना, आजु वना संजोग निदाना।
सुनहु सजग मम भट हरशाई, वाँधहु हय सलाह यह जाई।
सकल वाम इहि विधि सुनि वानी, मन महँ नृप सुत अति भट जानी।
पुनि तुरंग अरू तियनि समेता, चल्यौ भूप सूत नगर सचेता।
वजत विपुल गह गहे निसाना, वंदी करत जात गुन गाना।

दो.:– अति उत्साह वड़ाइ उर, प्रविस्यौ जनक निकेत।
निकट जाहि पद वंदि पुनि, वोल्यौ हर्श समेत।।६।।

चौ.:– सुनहु तात इक राम नृपाला, वाजि मेध मख करहि विसाला।
निज इच्छा सो वन हय आवा, तुव मख हेत पकरि मैं लावा।
भूप सत्र घन वहुदल लीन्है, आवत सजग अ व पथ चीन्है।
सुनि सुत वचन महीप सुजाना, भयौ दुखित नहिं ह्रदय सिहाना।
द्रग तरेरि पुनि गिरा उचारी, कवन काज कीन्हैऊ कुविचारी।

चोरि चोर इव तुरग परावा, रे कातर पुनि घर भजि आवा।
निज गुन बरनत आव न लाजा, इहि विधि वार वार कहि राजा।
पुनि जिहि वन जा मात महेसू, गए विगत हय विकल नरेसू।

दो.:– लसहिं वाल विधु भाल महँ, भूति विभूशित अंग।
वाम भाग निरखी सुता, पुनि तन सोहभुजंग।।७।।

चौ.:– निकट जाइ पद वंदि भुवाला, कहेऊ संभु किहि हेत विहाला।
तव सव सुत कृत कर्म कराला, व्याकुल वरनत भा तिहि काला।
संभु श्रवन सुनि आरत वानी, वोले तव सेवक अनुगामी।
सुनहु वीर मनि भूप सुजाना, कीन्ह कर्म सुत कठिन निदाना।
राम चन्द्र मम स्वामि उदारा, छवि निदान वल वुद्धि अगारा।
लीलहि सो जिनि रावनु मारा, वल वैभव जानहिं संसारा।
तासु जज्ञ हय जानहु एहा, अति कराल संजुग कर ग्रेहा।
देव दनुज मोहन संग्रामा, हुइहै इहाँ कठिन भा कामा।

दो.:– महाराज श्री सत्रघन, कोटिन भूप समेत।
हय मग जोवत आवही, लखि रिपु होउ सचेत।।८।।

चौ.:– तिनि के ज्येश्ठ वंधु श्रीरामा, मम प्रभु परं वृह्म छवि धामा।
सदा करहु मैं तिन करध्याना, जपहु नाम पुनि ह्रदय निदाना।
तासु जग्य हय तनय तुम्हारा, हरि ल्यावा अघ कीन्हैऊ भारा।
तदपि सुनहु नृप इहि रन माहीं, परम लाभ हुइहै सक नाहीं।
निज पद कंज परम पद दाई, दर सै हैं कृपाल रघुराई।
तव मैं तुम समेत महिपाला, नाइ स्वामि पद पंकज भाला।
सकल पाप तव छिमा कराई, दै हौ तुरग तजौ विकलाई।
करहु सजग अव हय रख वारी, जिहि विधि सवै न सकइ निहारी।

सोरठा.:– सुनु मुनीस धरि कान, इमि महेस वरनन करयौ।
सुनि महिपाल सुजान, जोरि पानि वोलेऊ वचन।।९।।

चौ.:– प्रभु छत्रिनि कर धर्म कठोरा, अति कराल दुर्गम सव ओरा।

किहि विधि धरहु जग्य हय एहा, ह्रदय होत दारून संदेहा।
देखहु उनके वल अधिकाई, सुनि प्रताप रिपु जाहिं पराई।
सोवत अहि मम तनय जगावा, अव उपाइ कोउ मनहिं न आवा।
कोपहिं गे जव राम नरेसू, तव अवलंवन तुमहि महसू।
भय वस परौ चरन जो जाई, करहि हास्य तो रिपु समुदाई।
कातर अधम कहै संसारा, कवन भाँति सहि हों अपचारा।
अस विचारि निज सेवक जानी, करहु जुद्ध तुम संग मुहि आनी।

दो.:– सुनु मुनीस नृप वचन सुनि, उमानाथ तिहि काल।
हेरि हेतु हसि वोलेउ , गिरा गंभीरा रंसाल।।१०।।

चौ.:– तजहु भूप उर तै विकलाई, पकरि अ व पुनि करहु लराई।
सव विधि रक्षा करहु तुम्हारी, सत्य गुनहु उर गिरा हमारी।
जव रघुपति निज पद जल जाता, आइ समर दर सै है तातां
तव मैं परि प्रभु चरन मझारी, करि हौं तुहि सनमुख अघहारी।
जदपि सत्रघन स्वामि हमारे, सव विधि पूज नीय वल भारे।
अनुचित निपट तदपि तुम हेतू, करि हौं घोर जुद्ध नृप केतू।
अपर वीर रिपुदहन विहीना, त्रन समान हत वल अति दीना।
प्रथमहि करहु समर तुम जाई, निजु रक्षक मुहि जान वनाई।

दो.:– जवलगि श्री रघुवं । मनि, दै है दरसन आइ।
करहि जुद्ध त्रैलोक चढ़ि, तदपि अ व नहिं पाइ।।११।।क

सोरठा.:– सुनि संकर के वैन, तिहि अवसर नृप वीरमनि।
भय तजि भयौ सुखैन, समर हेत उत्साह किय।।११।।ख

इति श्री पद्म पुराणे पाताल खण्डे सेस वात्सायन सम्वादे मधुसूदन दास कृते हय गहणं नाम **नव त्रिंसमोऽध्याय।।३६।।**

दो.:– वात्सायन उत प्रभु सुभट, खेजहिं पंथ मझार।
कहैं परसपर हय कहाँ, परै न नैन निहार।।

चौ.:– को अस खल जिहि लीन्ह चुराई, किहि दिसिगा नहि परै लखाई।
जम पुर चलन साज किहि साजा, सो लघु मति तजि आन अकाजा।
इहि विधि कहइ परसपर वाता, निरखै चहु दिसि व्याकुल गाता।
तव लगि लियै अमित दल साथा, आए तिन समीप रघुनाथा।
विकल सवनि सेवकनि निहारी, सजल मेघ इव गिरा उचारी।
सोभित स्वर्न पत्र मख घोरा, लखिन परै अवगा किहि ओरा।
सुनि वोले अनुचर तिहि काला, गयौ अस्व इहि विपिन नृपाला।
वन तै कढ़त न हम हय देखा, अव गाहे सव पंथ विसेशा।

दो.:– महाराज अव सोधि उर, कीजिय वेगि उपाइ।
विनु प्रयास जिहि विधि मिलै, रघुनायक हय राइ।।१।।

चौ.:– भूप मौलि मनि रिपु मद हारी, सुनि सुमन्त सन गिरा उचारी।
सचिव सुजान कहौ मो पाहीं, कवन भूप वस इहि पुर माहीं।
कितना कटक रहै इनि संगा, किहि उपाइ पुनि आव तुरंगा।
सुमति श्रवन सुनि इहि विधि वानी, गिरा रसाल वोल नय सानीं
महाराज सुनियै धरि काना, नगर देव पुर यह जग जाना।
वृंदारक विरचित सु विसाला, रजत सैल सम अगम कराला।
सुभट सुजान प्रताप निधाना, नाम वीरमनि नृप वलवाना।
राज करहि श्रुति पथ अनुहारी, संतत रक्षहि आपु पुरारी।

दो.:– महारूद्र जग प्रलय कर, अजित परम विकराल।
भक्ति विवस हुइ नृपति की, रक्षा करि सव काल।।२।। पृ.९७प्रा.

चौ.:– जो पिधरा इहि तुरग तुम्हारा, तो हुइहै रन घोर अपारा।
रन मंडल परि है भट भूरी, होहु सजग संसय करि दूरी।
वुधि वल सहित कटक रखवारी, करहु स्वामि रचि व्यूह विचारी।
सुनि अस विरचि व्यूह रघुराजू, ठाढ़ भए तहँ सहित समाजू।
नारद मुनितिहि अवसर आए, रन कौतिक लगि आनद छाए।
आवत मुनिहि सत्रहन देखा, जनु तप तन धरि आव विसेशा।
आतुर चलि आगै तिहि काला, पद पंकज नावा तिन भाला।
आर्घ पद्य दै आसन दीन्हा, वेद विहित सव स्वागत कीन्हा।

पृ६७प्रा.

दो.:– मुनिहि प्रसन्नपि कियेउ पुनि, वंदि चरन कर जोरि।
अति विनीत सुन्दर सरल, वोले वचन वहोरि।।३।।

चौ.:– लख्यौ मुनीस कहाँ हय मोरा, किहि पकरा पुनि गा किहि ओरा।
निपुन पंथ गति अनुचर एहा, लख्यौ न हय तिन वड़ संदेहा।
मख तुरंग जिमि प्रापतिहोई, वरनहु मुनि उपाइ अव सोई।
नारद इहि प्रकार सुनि वैना, गावत जात राम गुन यैना।
रन कौतुक उर चाहै देखा, वोले प्रभु सन वचन विसेशा।
सन्मुख ग्राम देव पुर एहा, नाम वीरमनि नृप वल ग्रेहा।
तासु पुत्र इहि विपिन मझारी, क्रीड़ा हेत आव सह नारी।
तिहि तुम्हार पकरयौ मख वाजी, अव आवतु सव दल जुत साजी।

दो.:– घोर समर हुइहै यहाँ, सुनहु महा महिपाला।
कोटिन भट तजि प्रान निज, परि है अवनि विहाल।।४।।

चौ.:– तिहि तै जतन सोधि उरभारी, ठाढ़ होहु सव सेन सम्हारी।
अगम व्यूह विरचहु रघुराऊ, सहसा रिपुधरि सकै न पाऊ।
संसय रहित जीत तुव होई, वड़े कश्ट रिपु अति वल सोई।
को अस तीनि लोक महँधीरा, जो रन जीति सकै रघुवीरा।
अस कहि अंतर हित मुनि भएऊ, दूरि जाइ नभ थिरता लएऊ।
दारून जुद्ध विलोकन हेतू, वीन वजावत ही मुनि केतू।
दैवासुर संग्राम समाना, जानि समर ठाढ़े तपशाना।
इहाँ वीर मनि नृप भट मानी, आवा ग्रह सिव पद उर आनी।

दो.:– करि विचार सैनेसु निज, सादर निकट बुलाव।
अति उन्मद रिपु वारतिहि, नाम प्रवल ढ़िग आर।।५।।

चौ.:– जलद समान गिरा गंभीरा, वोला तिहि अवसर नृप धीरा।
सुनु सैनेस सजग धरि काना, हनहु जाइ पुनि प्रनव निदाना।
जासु घोर सुनि मम कट काई, सजि सजि चलहि जहाँ रघुराई।
यह सुनि गज ऊपर धरि ढोला, चढ़ि सेवक इक हनि पुनि वोला।
वीथी भवन वजारनि माहीं, सो सुधि व्यापि गई सव ठौर।

सुनहु सकल छत्री समुदाई, भूप दिनेस उभंग वनाई।
जे पुर वराहिं वीर भटमानी, ते सव सजहु सजग सचु आनी।
सजी चमू चतुरंग अनंता, आवौ नृप रिपुहन वलवंता।

दो.:– तिन ऊपर नृप वीरमनि, चढे, कोपि इहि काल।
रन हित रिपु सनमुख चल्यौ, अस सुनि हरश विसाल।।६।।

चौ.:– नृप आइसु मानहि नहि जोइ, तनय वंधु अथवा भट कोई।
तासु काल रिपु वारन आपू, पुनि मन गुनहु भूप कर दापू।
अस विचारि तजि कातर ताई, लरहु सत्र सन मुख हरशाई।
ठोकि ढोल इहि भाँति पुकारी, गयौ भूप के भवन मझारी।
सुभट सकल इहि विधि सुनि काना, हरशित अस्त्र सस्त्र सजि नाना। सीस त्रान संन्नाह सुहाए, सजहि वीर उर आनद छाए।
सुभग कनक मनि मय रथ साजै, जुग जुग वाजि सहित छवि छाजै।
मत्त नाग पुनि तुरग वरूथा, सजहि विविधि विधि पदचर जूथा।

दो.:– सत करोरि भट कवच धरि, चढ़ि चढ़ि रथनि मझार।
भूप द्वार प्रमुदित ह्वदै, चले एक ही वार।।७।।

चौ.:– अपर वाजि गज है असवारा, आए सकल महीपति द्वारा।
तिहि अवसर रूकमांगद जोधा, समर हेत साजहि करि क्रोधा।
कनक कवच सिरत्रान सुहावा, आयुध सहित साजि छवि छावा।
मरूत वेग सम सुरथ मगावा, आरोहन हुइ वाहिर आवा।
तिहिकर अनुज सुभांगद नामा, महासूर सुंदर बल धामा।
कवच टोप सस्त्रादिक साजी, वाहिर आव हांकि रथ वाजी।
वीर सिंघ लघु वंधु भूप कर, वल निधि अस्त्र सस्त्र सुभटनि वर।
साजि समर लगि विविधि प्रकारा, रथ चढ़ि आव भूप दरवारा।

दो.:– वीर सिंध सुत सुनहु मुनि, वल निधान वर वीर।
नाम तासु वलमित्र गुनि, अति जुझार रनधीर।।८।। पृ६८ प्रा.

चौ.:– सजि संन्नाह टोप निजभाला, अस्त्र सस्त्र पुनि धारि कराला।
रथारूढ़ है नृप ग्रह आवा, देखि सुभट सवके मन भावा।

सेनानी रिपुवार वहोरी, सजी सेन चतुरंग न थोरी।
इहि विधि सकल साजि कटकाई, चले सुभट सव भवन विहाई।
यह सुनि हरशि वीर मनि राजा, अस्त्र सस्त्र सव अंगनि साजा।
पुनि विसाल रथ भा असवारा, कहेऊ हनहु वाजनै जुझारा।
गो मुख वीना संख निसाना, हनै वाजनै सुभटनि नाना।

दो.:– सुभट जुझाऊ सव्द सुनि, आनद हृदय वड़ाइ।
सुनि सुनि कातर संक वस, धीरज दैहि विहाइ।।९।।

चौ.:– हरशि भूप तव कीन्ह पयाना, चल्यौ संग दल सिंधु समाना।
सकल सुभट तन भूशन साजै, अस्त्र सस्त्र परि पूरन भ्राजै।
वंदी सतनि सहस्त्रनि नाना, आगै करत जात रन गाना।
गर्जहिं गज वरूथ चहुँ ओरा, हय हींसहि प्रगटेऊ अति सोरा।
रथ समूह रव वरनिन जाई, गर्जत जात सुभट समुदाई।
अमित वाजनै वजत जुझाऊ, सुनि प्रगटहि भट रन लगि चाऊ।
सो रव पूरि गयौ रन माहीं, रन लगि मनहु वोलि सुर ताहीं।
रेनु गगन दिसि विदिसिनिछाई, भानु न निरखि परै मुनिराई।

दो.:– रन उत्साह समेति नृप, कटक साजि इमि आव।
प्रलय तोयनिधि कोपि जनु, उमगतु जगहि वुड़ाव।।१०।।

चौ.:– इहाँ सत्र घन रिपुकटकाई, सन्मुख आवत लखी वनाई।
वोले तव सुमंत सन वानी, धीरज धर्म नीति रस सानी।
नृपति वीरमनि सजिदल आवा, जिहि हमार मख वाजि वधावा।
हुइहै समर इहाँ विकराला, देखिय दल चतुरंग विसाला।
कवन भाँति कीजै संग्रामा, वरनहु मम सुभटनि के नामा।
विनु प्रयास रिपु जीतहि जेई, मो सन कहि समुझावहु तेई।
पुनि मोहि कहौ करौ मैं सोई, जथा जोग वरनहु उर जोई।
सुनि वोले सुमं तिहि काला, सुनहु स्वामि तुम धीर नृपाला।

दो.:– लियै अमित दल संग यह, भूप वीर मनि आव।
महा सैव मन गुनहु इहि, रन लगि कीन्ह बनाव।।११।।

चौ.:– पुस्कल परम सूर वलवाना, करहि जुद्ध चलि प्रथम सुजाना।
अगर पठावहु सकल भुवाला, करहि रिपुनि प्रति जुद्ध कराला।
तुम सिव सन मंडहु सग्रामा, कै महीप प्रति सुनि वलधामा।
द्वंद जुद्ध कीजै हरशाई, जय तुम्हार हुइ है रघुराई।
सकल सेन अव देहु चलाई, जथा जोग रन मंडहि जाई।
करहु जुद्ध इमि हुइ है जीती, पुनि जो रूचै सुकरहु सप्रीती।
वात्सायन प्रभु सुनि अस काना, वोले गिरा गंभीर निदानां
करह समर सव भूप विचारी, जिहि प्रकार हुइ जीति हमारी।

दो.:– सकल सुभट इहि भाँति सुनि, उर आनन्द बड़ाइ।
मधुसूदन सव भाँति सजि, चले निसान वजाइ।।१२।।

इति श्री पद्म पुराणे पाताल खंडे सेस वात्सायन संवादे मधुसूदन दास कृते जुद्ध नि चयो नाम **चत्वारिसोऽध्याय।।४०।।**

दो.:– सूत सुनहु रिपुदहन भट, कोटिनि प्रवल प्रचंड।
प्रविसि वीर मनि कटक में, छाड़हिं वन अखंड।।

चौ.:– धरै धनुश सर करनि मझारा, विचरहिं रन भट जूह जुझारा।
भए भंग गज वाजि वरूथा, पुनि भंजे मनिमय रथ जूथा।
तजि तजि आन सुभट समुदाई, परे धरनि भुज सिरनि विहाई।
त्राहि त्राहि भट करहिं पुकारा, चले भाजि सव विकल अपारा।
यह सुधि रूकमांगद सुनि काना, दारून कोप ह्रदय में आना।
चढ़ि विसाल मनि मय रथ महीं, आतुर आव तहाँ भय नाहीं।
धरै सरासन महँ सर चंडा, अति वाँकुरा सुभट वल वंडा।
अक्षय तून धरै दोऊ ओरा, भए अरून द्रग कोपित धोरा।
दो.:– तानि श्रवन लगि सरासन, तजे अमित सरचंड।
त्राहि त्राहि कहि भजेउवहु, परे वपुल हुइ खंड।।१।।

चौ.:– कटक भजाइ महीप कुमारा, गर्जहिं ठाढ़ तहाँ भट भारा।
कहइ कहाँ रिपुदहन महीपा, कित पुस्कल नहिं आव समीपा।
यह सुनि आएऊ भरत कुमारा, निरखि भूप सुत वचन उचारा।
भलै आव पुस्कल भटमानी, वलविक्रम निधि मैं जिय जानी।

मंडहु रन मो सन हरशाई, अपर कटक कित दलहु रिसाई।
मम जीते विनु विजय न होई, रन मंडहु उर निज अस जोई।
कहत जात इमि भूप कुमारा, विहसि वली पुस्कल तिहि वारा।
लाघव तानि धनुश मुनिराई, हृदय हनै   ाट सर समुदाई।

छन्दः– उर माहि वान प्रचंड, वल हीन भावल वंड।
पुनि तानि निज कोदंड, दस घोर सायक छंड।
अति वेगि पुस्कल होय, लगि आनि विथा न दोय।
जय हेत दोऊ कोप, करि जुद्ध को कहि ओप।।
जिमि दैत्य तारक संग, रन ठानि   ाट मुख भंग।
तिमि वार वार प्रचार, दलि वान हृदय मझार।।

दोः– भरत तनय करि कोप तव, तजेवान दस घोर।
रूकमांगद कहँ विरथ किय, छिन में निज भुज जोर।।२।।

चौः– चारि वान हय चारि सघारे, हति सर दुइ रथ चक्र निवारे।
पुनि इश एक कीन्ह भुजशंडा, हनै सूत उर दुई सर चंडा।
वान एक नृप सुत उर लागा, रन मंडल इहि विधि रथ त्यागा।
दोउ दिसि सुभट प्रसंसि विसेशी, अस विक्रम पुस्कल कृत देखी।
रथ हय सूत धुजा लखि भंगा, रूकमांगद कोप्यो सव अंगा।
चढ़ि रथ आन चाप संधानी, पुस्कल सन वोल्यौ भटभानी।
पुस्कल तुम विक्रम किय भारा, जाहु कहाँ अव करहु सम्हारा।
निरखु मोर विक्रम विकराला, व्योम जाहु रथ जुत इहि काला।

दोः– इहि प्रकार कहि मंत्र पढ़ि, भ्रामक सरधनुधारि।
खेंचि श्रवन लगि कोप जुत, कीन्ह प्रचारि प्रहारि।।३।।पृ९६ प्रा.

चौः– पुस्कल रथ लाग्यौ सोइ वाना, तुरग सूत जुत गगन उड़ाना।
जोजन एक प्रमाण उड़ाना, वड़े कश्ट मातुल महि लाना।
सावधान हुइ सनमुख जाई, वोले उर अति कोप वड़ाई।
भूप तनय तुम सुर पुर जाहू, होउ अमर पूजित लहि लाहू।
तुम सुकृती नहिं भूतल जोगू, अस विचारि तहँ भोगहु भोगू।
वेद पुरान कहैं यह गाथा, सत मख कियै होइ सुरनाथा।

सो पद विन श्रम सहित सरीरा, तुमहिं दैहूँ मैं सुनु रन धीरा।
अस कहि भ्रामक अस्त्र प्रचंडा, करि प्रयोग धारयौ को दंडा।

छन्द:– सर चंड धरि को दंड, करि कोप ता कह छंड।
रथ मध्य लाग सुजाइ, नभ पंथ चल्यो उड़ाइ।
सह सूत रथी तुरंग, त्रनके समान सुशंग।
अज संभु वासव लोक, सव भाँति भ्रम्यो ससोक।
पुनि भानु मंडल आव, नहिं तेज सक्यौ सहाव।
रथ सूत वाजि समेत, भयौ भस्म परम अचेत।

दो:– सीस त्रान संन्नाह तचि, भयो दग्ध तन तासु।
सुमिरि संभु व्याकुल महा, परयौ अवनि तल आसु।।४।।

चौ:– सुनु मुनीस नृप तनय प्रतापी, मूर्छित भयौ विथा वहु व्यापी।
निरखि ताहि व्याकुल सव सेना, भजी पुकारत आरत वैना।
पाछै चितइ सकै नहिं कोई, हाहाकार दीन र व होई।
परम विजय पुस्कल रन पाई, हरशी राम चन्द्र कटकाई।
उहाँ वीरमनि तनय निहारा, दग्ध गात मूर्छित दुख भारा।
हृदय कोप कीन्हौ विकराला, पुस्कल ऊपर चलि तिहि काला।
मनहुँ सिंघ उमग्यौ इकवारा, सुभटनि उर भा हर्श अपारा।
कंपन लगी अवनि तिहि काला, वन पर्वत पुनि सिंधु विहाला।
भय वस कातर धरहिं न धीरा, गिरत जाहिं महि सिथल सरीरा।

दो:– भूप सकोप प्रचंड सर, धरै सरासन मांह।
कहे उहाँ नृप सत्र घन, पुनि पुस्कल रिपु कांह।।५।।

इति पदम पुराणे पाताल खंडे सेस वात्सायन सम्वादे मधुसूदन दास कृते पुस्कल विजय नाम **एका चत्वारिंसोऽध्याय**।।४१।।

सोरठ:– सुनि मुनि सिन्धु समान, पुस्कल पर जव चढयौ दल।
निरखित मै हनुमान, कोपि वीरमनि पर चल्यौ।

चौ:– माथै पुंछ विसाल विराजै, मनहु कटक घन हरिधनु भ्राजै।
कुधर समान सरीर विसाला, गरज सिंघ इव रन विकराला।

देखिय वज्र सरिस भुज दंडा, अरून नैन उर कोप प्रचंडा।
सब्द कट कटा करि अति घोरा, धावत जाहि वीरमनि ओरा।
पुस्कल देखि कपीसहि आवा, अरि महीप ऊपर रिस छावा।
वोलेऊ सजल मेघ इव वानी, सुनहु कपीस महाभट मानी।
तुम रन जुद्ध करन किमि आए, यह लघु सेन काल नियराए।
वल विहीन पुनि यह महि पाला, तुम देखत जीतहु इहिकाला।

दो.:– तुव ऊपर जौ पै चढ़ै, तीनि लोक इक वार।
निज लीला करि तदपि तुम, जीतहु निमिश मझार।।१।।

चौ.:– इहि महीप की केतिक वाता, स्वल्प सेन सन्मुख निरखाता।
सुनहु तात तुव आगम भारी, जाहु सत्रघन निकट सुखारी।
राम प्रताप एक छिन माहीं, तरि हों रन समुद्र सक नाहीं।
प्रथम तुमहु प्रभु कृपा कपीसा, तरेऊ निसाचर रन वारीसा।
अस विचारि त्यागहु संदेहू, प्रभुहि सुमिरि जीतहु नृप एहू।
नर जपि राम नाम इक वारा, होंहिं अगम भव सागर पारा।
यह लघु समर अलप कट काई, जीतहु विनु प्रयास कपिराइ।
तात समीप जाहु अव ताता, मम संका तजि उर हरशाता।

दो.:– धीर परम गंभीर पुनि, निडर वचन सुनिकान।
हनूमान वोलेऊ तबै, सुनु सुत सुभट सुजान।।२।।

चौ.:– तात सुनहु यह नृप वलवाना, वड़ गुन इहि उर एक निदाना।
जे जन इहि सरनागत जाईं, तिनहि राखि प्राननि की नाईं।
तिहि तै तुम विवसऊ ना करहू, इहि नृप संग जुद्ध परि हरहू।
तुम वालक सुकुमार नवीना, पुनि यह भूप प्रवल कालीना।
जानहि अस्त्र सस्त्र वहु भाँती, जीती विपुल रिपुनिकी पाती।
पुनि सिव करहिं आपु रखवारी, सहित सकल गन अति भय कारी।
वसहि सदा इ हिके पुरवासा, भक्ति विवस हुइ सहित हुलासा।
सुनि पुस्कल वोले हरशाई, कहौं तात मैं छमहु ढिठाई।

सोरठा.:– पुर समीप सिव वास, तिहि तै अवल महीप यह।।३।।

चौ.:–मम उर वसहि सदा रघुनाथा, धरै चाप सर कर कटि भाथा।
अखिल वि व जिनके उर माही, अज सिवादि तिन तै पर नाहीं।
जहाँ राम तहँ सव संसारा, थावर जंगम जीव अपारां
तिहि तै विगत त्रास मैं ताता, नृपहि जीति हौ केतिक वाता।
वीर सिंघ सन तुम रन मंडौ, मम चिंता प्रभु सव विधि छंडौ।
सुनि अस वचन कोपि कपिराई, भूप वंधु पर पहुँचेऊ जाई।
पुनि लक्ष्मी निधि कोपि प्रचड़ा, मिरेऊ सुभांगद सौ वलवड़ा।
दुरथ जुद्ध मंडौ अति घोरा, चलहि त्रविधि आयुध दोउ ओरा।

दो.:– परम वली वल मित्र भट, वीरसिंघ सुत सोइ।
सुमुद भूप करि कोप उर भिरेऊ महावल दोइ।।४।।

चौ.:–सुमद समर पथ परम सुजाना, लागे करन जुद्ध विधि नाना।
भरत तनय इत नृपहि निहारा, आव कोप जुत रथ असवारा।
भस्म त्रपुंड दियै निज भाला, अक्ष माल उर लोचन लाला।
धरै चाप विच वान कराला, महा कोप जुत भूशित व्याला।
अवर त्र ूल त्रपुंड वहोरी, खचित धुजा उतंग रथ जोरी।
मरूत लजावत आवहि वाजी, अति अनूप तन भूशन साजी।
सुभट मौलि मनि भरत कुमारा, आतुर रथ चलाव तिहि वारा।
पहुँचे सनमुख सहित हुलासा, निरखि भूप तव वचन प्रकासा।

दो.:– रे वालक किमि आव रन, अति प्रचंड मम कोप।
वेगि भाजु प्रति पालु तन, नाहित होइहि लोप।।५।।

चौ.:– ज्यौ मैं जुध्द करौ तुम संगा, वेगि होइ जग कीरति भंगा।
होइ दया उर वालक देखी, रन वाहिर भजि जाह विसेशी।
जव लगि मैं देखा तुहि नाहीं, तव लगि कोप रहा मन माही।
जदपि तनय मम मूर्छित कीन्हा, तदपि सकल अघ मैं छमि दीन्हा।
तजि रन नैन ओट अव होहू, नाहित प्रगट होइ उर कोहू।
इहि प्रकार सुनि निर्भय वानी, वोले मरत तनय वलशानी।
तुम मम जो नृप कीन्ह वखाना, तुम वालक हम वृद्ध निदाना।
छत्रिनि कै नाहीं यह रीती, अंत्यज सूद्र वंस की नीती।

दो.:– रन कोविद सव भाँति जे, भूप वृद्ध तेई मान।
कीन्ह वड़ाई आपु मुख, सो केवल अग्यान।।६।।पृ.१००अ.

चौ.:–मैं तुम्हार सुत मूर्छित कीन्हा, अघ विलोकि विधि वतफल दीन्हा।
अव प्रचंड सर हति इहि काला, डारहु अवनि तुमहि महि पाला।
जतन सोधि अस ह्रदय विचारी, लरहु सजग सव सेन सम्हारी।
मैं श्री राम चन्द्र कर दासा, वासवादि सुर कीनहि त्रासा।
सुनि सगर्भ पुस्कल की वानी, हस्यौ वाल लखि नृप भट मानी।
पुनि उर कीन्ह महा रिस भारी, विकट वान संधानि प्रचारी।
नृपहि सरोश निरखि तिहि काला, पुस्कल तानि चाप विकराला।
वान वीस जाजुल्य अपारा, अति लाघव उर कीन्ह प्रहारा।

छन्द.:–निरखे नृप आवत वान जवै, निज सायक सौं किय खंड तवै।
तव पुस्कल कोपि महा मन मै, इश तीनि प्रचंड तजे रन मै।
अति लाघव भूप लिलार लगे, जिमि व्याल डसे उर रोश पगे।
नृप संजुग मै इहि भाँति लसै, जनु सैल त्रकूल की सोम लसै।

दो.:–भूप ह्रदय दारून व्यथा, प्रगट भई तिहि काल।
पुनि सम्हारि धरि धनुश विच, नव सरतेज कराल।।७।।

चौ.:– वात्स दंत इव तीक्षन घोरा, सन्मुख चले करत अति सोरा।
मनहु सरोश व्याल फुंकारी, हल हलात धाए जव धारी।
लागेऊ भरत तनय उर जाई, प्रगट भयौ श्रोनित समुदाई।
तव पुस्कल करि कोप अपारा, निसित वान सत कीन्ह प्रहारा।
लाघव सीस त्रान संन्नाहा, पुनि किरीट जुत खंडेउ ताहा।
नृप तन छिन्न भिन्न करि डारा, श्रवत तप्त श्रोनित की धारा।
व्यथा प्रचंड भई उर माहीं, तदपि नेक मन मोरेउ नाहीं।पृ.१०१ प्रा.

छन्द.:–मनु तदपि मोरेउ नाहिं पुनि चढ़ि आन रथ कोप्यौ महा।
कोदंड चंड चढ़ाइ साइक धारि पुस्कल सन कहा।।
तुम धन्य सुभट सुजान रघुपति चरन पंकज मधुकरा।
मुहि विरथ कीन्हौ आजु विक्रम प्रगट जानी वलभरा।।

दो.:– अव सचेत संग्राम करू. राखु वाल निज प्रान।
काल रूप अनुमानि गुहि, को राखे तोहि आन।।८।।

चौ.:– अस कहि वान असेश चलाए, ते दिसि विदिसि व्योम महिछाए।
सर मय सूझि परै संसारा, लगे कटन वहु वीर जुझारा।
मत्त नाग सहसनि तिहि काला, खंड खंड महि परे विसाला।
वाजि समूह सहित असवारा, गिरे प्रान तजि खाइ पछारा।
पुनि स्यंदन वरूथ सह सूता, खंड खंड हुइ परे वहूता।
अति अगाध श्रोनित सरिभारी, भई प्रगट मुनि समर मझारी।
मृतक मत्तंग लसै तहँ कैसे , सैल श्रंग वहु सोहै जैसै।
सुभट केस करि सरिता छाई, मानहु सोई सिवा अकाई।

छन्द.:–नर मुंड कछप मान, वहु वाहु व्याल प्रमान।
पुनि सूत मांस अपार, तट पंक के अनुहार।।
अति चंड देखिय धार, वहु मौर परै मझार।
भट भूरि मृतक वहाइ, खग मांस भक्षत जाइ।।
जल जान जानहु सोइ, पुनि जनु टूट ही तरू तीर।।

सोरठा.:–अस सरिता विकराल, वही जाइ संजुग विशै।
कातर भएऊ विहाल, निरखि विकट सुनि घोर ख।।६।।

चौ.:– तिहि अवसर जोगिनी अपारा, प्रगटी पुस्कल कटक मझारा।
मनुज कपाल लियै कर माही, पियहि रूधिर नहिं ह्रदय अघाहीं।
भरवहि सिंघ आमिश हरशाई, नाना कौतिक करहिं वनाई।
गावहि गीत अनेक प्रकारा, करहिं नृत्य प्रमुदित भय कारा।
वहु पिसाच प्रगटे तिहि काला, पियहिं रूधिर दलि मनुज कपाला।
मृतक मतंग सीस मंजीरा, हसत वजावत गत भय पीरा।
गीध श्रगाल काग खग नाना, भक्षहि आमिश हरशि निदाना।
कातर लखि अस रन विकाला, दुरे मृतक गज उदर विहाला।

दो.:– सुनहु सूत तहँ जोगिनी धरै करतरी पानि।
काढ़ि जूठ ते भंजि सिर, पियहि रूधिर सुखगानि।।१०।।
चौ.:– इत पुस्कल निज कटक निहारा, कोपि भूप अति कीन्ह संघारा।

महारोश उर धरि तिहि काला, छाड़े सर अनंत विकराला।
भट अपार निज सीस विहाई, परे धरनि महँ सुनि मुनि राई।
भए भंग गज कुंभ अपारा, विथुरे झरि मुक्ताहल भारा।
विछे समर सोहै किहिभांती, मनहु भरत सुत कीरति पाती।
श्रोनित सरित वही तिहि काला, प्रगटति सोर धार विकराला।
जनु र व कौतिक देखन हेतू, आई ताम्र पर्णि सरि केतू।
लागत पुस्कल के सर चंडा, भए अमित सुभटनि के खंडा।

दो.:– सुनु मुनीस नृप कटक मैं, विनु सर वच्यौ न कोइ।
भए खंड तन सवनि के, श्रोनित पूरित जोइ।।११।।

चौ.:– किंसुक तरू समान भट भएऊ, रन इक्षा सवही तजि दएऊ।
पुस्कल तिहि अवसर दस वाना, हेत भूप उर कोपि निदाना।
भंजि कवच ते गात समानैऊ, विपुल विथा तव नृप उर मानैऊ।
जानेउ महा वली वल देखी, पुनि कीन्यौ हिय कोप विसेशी।
सर कोटिन छाड़े तिहि काला, अति तीछन सरोश जनु व्याला।
सघन वान पंजर नृप कीन्हा, भरत तनय रथ परै न चीन्हा।
तासु मध्य पुस्कल वर वीरा, भए विकल व्यापी अति पीरा।

दो.:– धनुश वान धरि सकेउ नहि, तिहि अवसर मुनिराइ।
सुमिरि राम पद कंज पुनि, कर कोदड द्रढ़ाइ।।१२।।

चौ.:– अरि समूह गंजन वर चंडा, तजे कियौ सर पंजर खंडा।
कीन्ह संख धुनि पुनि वर वीरा, सुनत रिपुनि उर व्यापी पीरा।
रन उत्साह वड़ावन हारी, गिरा गंभीर निसंक उचारी।
महत कर्म तुम कीन्ह नृपाला, छायौ हमहि महा सर जाला।
तुम अति वृद्ध सकल गुन धामा, पूज नीय मो कहँ संग्रामा।
देखु मोर विक्रम अव घोरा, तुमहु कहावो नृप वरजोरा।
हति सर तीनि महा विकराला, जो न करहु मूर्छित इहि काला।
तोपि प्रतिज्ञा सुनहु हमारी, कहौ सत्य सुभटनि सिरभारी।

दो.:– अति पुनीत सुरसरित जग, दहनि पाप सुख दानि।
निकट जाहि नहि भज्जहि, पुनि निन्दादिक ठानि।।१३।।

चौ.:– सो अघ लगहु अवसि अव मोही, जो न करौ रन मूर्छित तोही।
अरा विचारि नृप होहु सचेतू, मड़हु जुद्ध निज विक्रम हेतू।
अस सुनि हुइ सरोश महिपाला, तजे वान वहु अति विकराला।
पुस्कल उर विदारि सर तेई, भएऊ पार गिरि भूतल सेई।
जिमि हरि विमुख अधो मुख जाई, परै नर्क तिमि सर छवि पाई।
सुमट मौलि मनिभरत कुमारा हुइ सरोश इक वान प्रकारा।
सो सायक नृप आवत देखा, पावक हूतै तेज विसेशा।
तानि चाप सत्वर सर छंडा, सो इश परयौ धरनि हुइ खंडा।

छन्द.:– हुइ खंड सोइश परयौ धरनी लखि भरत सुत रिस मरयौ।
पुनि जननि सेवा फल सहित सर दूसरौ धनु विच धरौ।।
छाड़यौ जवहि नृप देखि आवत, खंडि भूतल पारेऊ।
सो निरखि भा उर सोच रघुपति सुमिरि त्रतीय प्रहारेऊ।।

दो.:– सो सायक दारून महा लाग्यौ नृप उर जाइ।
हुइ मुरछित नृप वीरमनि, परेऊ धरनि मुरझाइ।।१४।।क

सोरठा.:–नृपहि विकल अवलोकि, हाहा कार पुकारि भट।
भाज्यौ कटक ससोक, भरत तनय पाई विजय।।१४।।ख

इति श्री पदम पुराणे पाताल खेण्डे सेस वात्सायन वम्वादे मधुसूदन दास कृते पुस्कल विजयो नाम **द्वा चत्वारिंसोऽध्यायः।।४२**।। पृ.१०१म.

दो.:–सुनु मुनि पुंगव तिहि समय, मारूत सुत वर वीर।
वीर सिंघ सौ जाइ करि वोलेऊ वचन गंभीर।।

चौ.:– रे नृप बंधु वीर भटमानी, होहु सचेत मोहि रिपु जानी।
अव रहु ठाढ़ जाजि कित जाई, जीतहु अवसि सहित कटकाई।
इमि सुनि पवन तनय की वानी, वीरसिंधु उर अति रिस आनी।पृ.१०२म.
सगुन चाप करि कीन्ह टकोरा, गरजे मनहु जलद करि घोरा।
सर समूह पुनि छाड़ेऊ चंडा, जिमि अशढ़ घन वरशि अखंडा।
ते सायक लागेऊ कपि अंगा, मानहु डसे सरोश भुजंगा।
तव कपीस उर कोपि अपारा, मन विचारि किय करहु संघारा।

कट कटाइ लाघव तिहि काला, हन्यौ मुश्टिका अति विकराला।

दो.:– पवि समान सो लाग उर, व्यापी विथा अपार।
घूमि घूमि श्रोनति श्रवत, परौ धरा न सम्हार।।१।।

चौ.:– जनक वंधु कह मूर्छित देखा, समर सुभांगद कोपि विसेशा।
ताही समय सुनहु मुनि धीरा, जाग्यौ रूक मांगद वर वीरा।
दौनौ वंधु कोपि इक वारा, गुन चढ़ाइ कोदंड सम्हारा।
धन इव वरशि वान समुदाई, भंजेऊ वहुरि राम कटकाई।
पुनि रथ हांकि मरूत सुत ओरा, चले कोपि सर वरशत घोरा।
आवत देखि तिनहि हनुमाना, सन्मुख चला सरोश निदाना।
लाघव निज लांगूर मझारा, रथ लपेटि दोउ धरनि पछारा।
सुनु मुनि तिहि अवसर दोऊ भ्राता, मूर्छित भए रूधिर वहु जाता।

दो.:– तव लगि सुमुद नरेस नै करि वहु जुद्ध कराल।
मूर्छित किय वल मित्र कहँ, हति सायक विकराल।।२।।

चौ.:– अपर सेन पुस्कल संघारी, परी अवनि तल निमिश मझारी।
सुनु मुनि तिहि अवसर प्रभु सेना, विजय पाइ रन ठाढ़ि सुशैना।
वजहि वीन रखादि निसाना, सुनि र व हर्शहि सुभट निदाना।
भूप सिखामनि श्री रघुराजू, ठाढ़े समर जीति सव साजू।
उहाँ संभु सुनि भूपहि हारा, तुरत चले रथ हुइ असवारा।
दिव्य पिताक धनुश करधारा, अति विकराल जानि संसारा।
अक्षय तून सजै दोऊ ओरा, पुनि त्र ूल धारै अति घोरा।
भए कोप वस लोचन लाला, देखिय घोर रूप जनु काला।

दो.:– जटा जूट सिर भाल विधु, पुनि कटि इभ अरि छाल।
नर सिर मृग उर भस्म तन, भूशित व्याल विसाल।।३।।

चौ.:– ाट मुख वीर भद्र नन्दीगन, चलै संग भैरव आदिक गन।
गन पति चंड भ्रंगी गुनि, अवर सकल गन चले सूत सुनि।
कोटिन भूत पिसाच निसाचर, विकट रूप नाना आयुध धर।
नाना वाहन हुइ असवारा, चले जुद्ध लगि सुभट अपारा।
भूप वीरमनि रक्षन हेतू, इहि विधि सजे कोपि वृश केतू।

कंपन लगी धननि तिहि काला, सरित सिंधु गिरि विपिन विहाला।
पंथ जात सिव रोहै जैसे, प्रथमहिं चढ़े त्रपुर पर जैसे।
भूत प्रेत गन अति विकराला, करत कुलाहल जाहिं विसाला।

दो.:– इत आवत लखि संभु कह, राम अनुज वलधाम।
मरूत लज्यावन प्रेरि रथ, चले करन संग्राम।।४।।पृ१०३ प्रा.

चौ.:– धरै वान को दंड मझारा, अरून नयन उर दोश अपारा।
सिव देखे रिपुसूदन आवा, सर प्रचंड निज चाप चढ़ावा।
वहुरि कोपि उर वचन उचारा, पुस्कल कहौ कहाँ इहि वारा।
महत कर्म तिहि कीन्हे आजू, मम सेवक जीत्यौ सव साजू।
मैं जानी निज ह्रदय मझारा, सो सिय रघुपति किंकर भारा।
तिहि सम सुभट सकल दल महीं, ह्रदय सोधि देखेउ कोउ नाहीं।
आजु ताहि रन माहि सघारि, हुइहो निज उर तवहि सुखारी।
भूप परम प्रिय सेवक मोरा, देखहु ताहि बध्यौ वर जोरा।

दो.:– अस कहि संभु मुनीस सुनु, वीर भद्र तन देखि।
कहेउ करहु रन जाइ तुम, पुस्कल संग विसेशि।।५।।

चौ.:– नंदी गनहि वहुरि पठवावा, मारूत सुत ऊपर रिस छावा।
पुनि प्रचंड सन कहेऊ वुझाई, जीतहु लक्ष्मीनिधि कहँ जाई।
भृंगी गनहि वहोरि वुलाई, लरहु सुभुज नृप सन हरशाई।
चंड नाम गन वहुरि वुलावा, कोपि सुमुद पर ताहि पठावा।
इहि विधि सिव निज गन समुदाई, जथा जोग लखि दिये पठाई।
संभु निदे ा पाइ सव वीरा, जहँ तहँ भिरेऊ महावल धीरा।
इत लखि वीर भद्र कहँ आवा, कोपि भरत सुत आतुर धावा।
लाघव मन उत्साह वढ़ाई, उर इश पांच हनै मुनिराई।

दो.:– ते सायक दारून महा, हिय विच गए समाइ।
छिन्न भिन्न उर भएउ बहु, श्रोनित विपुल वहाइ।।६।।

चौ.:– वीर भद्र तव कोपि अपारा, लै त्र ूल धावा तिहि वारा।
पुस्कल हति सायक सो खंडा, पुनि गर्जेउ रन विच वल वंडा।

निरखि त्र ूल खंड संग्रामा, कोप्यौ दीर भद्र वलधामा।
खग्ङ प्रचंड भरत सुत सीसा, हनैऊ धाइ करि सुनहु मुनीसा।
निमिश एक लगि मूर्छित भएऊ, उठे वहोरि कोप निर्मएऊ।
पुनि सत्वर सर तेज प्रचंडा, कीन्ह खग्ङ के अगिनित खंडा।
निरखि समर विच भंग कृपाना, वीरभद्र हिय कोपि निदाना।
तुरत धाय रथ कीन्ह निपाता, तुरग सूत जुत कोपित गाता। पृ१०३ म.

त्रभंगीछंद:– तव पुस्कल जोधा करि उर क्रोधा, रिपुकी कोधा धाइ चले।
पुनि धनु सर लीन्हो रथु तजि दीन्हो धर्महि चीन्हौ ताल दले।।
आनंद समेता, सुनु मुनि केता पर्म सचेता जाइ लरे।
पुस्कल तिहि वारा, मुश्टि प्रहारा, ह्दय मझारा रोश भरे।।
पुनि सिव गन वीरा, अति रन धीरा गर्जि गंभीरा तिनहि हनौ।
फिरि भरत कुमारा कोपि अपारा, मुश्टिक मारा वज्र मनौ।।
दौनो रन माहीं संकत नाहीं सुर लखि ताहीं चित्त ठगे।
भुज मै भुज मेलै वल करि पेलै, जंघ जंघ मेलै रोश पगे।
छुटि ताल वजावे इत उत धावै, विजय न पावै वहुरि भिरे।
पुनि नरखनि प्रहारै गात विदारै श्रोनित धारै अवनि गिरे।।
इहि विधि दिन चारी निसि न विचारी समर भझारी वीति गए।
दोउ भट भारी भिरहि प्रचारी, मानि न हारी कोप छए।।

सोदठा:– पंचम दिवस मझार वीरभद्र दारून महा।
उर करि कोप अपार, गहि पुस्कल भुज उड़ेऊ नभ।।७।।

चौ:– आम असुर मोहन संग्राम, करत भए दोऊ वलधामा।
करहिं विविधि विधि मुश्टि प्रहारा, पुनि पद दलहि प्रचारि प्रचारा।
कवहुक उर भुज सीस मिलाई, करहि जुद्ध कछु वरनि न जाई।
दसन डसहि पुनि नरवनि विदारै, चरन मुश्टिका हनहिं प्रचारै।
कवहुक छुटहि वहुरि लपटाहीं, इहि विधि करहि जुद्ध रभ माहीं।
सुनु मुनीस तव पुस्कल जोधा, ह्दय मांहि कीन्हैउ अति क्रोधा।
वर वस पकरि कंठ तिहि काला, पटकेउ भूतल गर्जि विसाला।
व्यापी वेदनि विपुल सरीरा, धरि न सके तिहि अवसर धीरा।

दो:– वीरभद्र करि कश्ट पुनि, उठौ कोपि संम्हारि।

लाघव पुस्कल चरन धरि, वहु भ्रमाहि महि मारि।।८।।

चौ.:– जव लगि जोधा भरत कुमारा, उठन लगे संग्राम मझारा।
तव लगि आतुर धाय रिसाई, हति त्रिसुल सिर दलेउ वनाई।
कुडंल भाल किरीट समेता, ससि इव परयौ धरनि छवि देता।
पुस्कल वध विलोकि तिहि काला, गर्जेऊ वीरभंद्र विकराला।
सो सुनि सकल सूर समुदाई, कंपि उठे उर धीर विहाई।
विगत प्रान पुस्कल कहँ देखा, भजी सेन सव विकल विसेशा।
हा हा कार पुकारत जाहीं, महामोह वस उर विलशाहीं।
रामानुज जहँ करहिं लराई, भजे वीर पहुँचे तहँ जाई। पृ१०४ प्रा.

दो.:– वोले व्याकुल गात सव, सुनहु महा महिपाल।
पुस्कल कौ रन मै वध्यौ, वीर भद्र इहि काल।।९।।

चौ.:– सुनत कुलिस सम वचन कराला, महाराज उर धीरज चाला।
थर थर कंपन लाग सरीरा, विकल भएउ वहि लोचन नीरा।
वंधु तनय गुन चरित उदारा, सुमिर सुमिरि रोदन करिभारा।
कवनिहु भाँति न धीरज होई, सो दुख कहि न सके कवि कोई।
विकल विलोकि संभु तिहि काला, वौले वचन सुनहु महिपाला।
सोच न जोग न पुस्कल वीरा, सन्मुख रन जिहि तज्यौ सरीरा।
तुम किहि हेत सोक उरधरहू, नीति विचारि धीर उरधरहू।
धन्य सुभट पुस्कल वल वाना, मम गन सन सर दिन रन ठाना।

दो.:– मैं जिहि कौ निज अग्र करि करहुँ जगत संधरा।
तिहि सन मंडेऊ समर तिन, को अस भट संसार।।१०।।

चौ.:– महाराज पुनि कहहु वुझाई, वीरभद्र क रवल अधि काई।
दक्ष प्रजापति मम अघ कीन्हा, छिन मह तासु गर्व जिहि छीना।
वहुरि त्रिपुर कर कटक अपारा, निमिश माहि तिन कीन्ह संघारा।
तिहि सन घोर समर जिन मंडा, को पुस्कल सम भट वलवंडा।
भूप सिरोमनि अस जिय जानी, तजहु सोक किमि करहु गलानी।
अव उर जतन विचार वनाई, करहु जुद्ध मो संग हरशाई।
लशन अनुज इहि विधि सुनि काना, तजि विशाद उर कोपि निदाना।

अति प्रचंड को दंड चढ़ाई, तजे वान वहु लाघव ताई।

दो.:— अति प्रचंड नाराच ते, सकल संभु वपु भेद।
छिन्न भिन्न तन देखियै, श्रवहि रूधिर भा खेद।।१०।।

चौ.:— अपर वान रामानुज त्यागे, मनु सपक्ष अति गन रिस पागे।
आवत तिनहि उमापति देखा, मन मै विस्मय मानि विसेशा।
पुनि उर कोपि तानि को दंडा, तजेउ अनेक वान अति चंडा।
सुनु मुनि रिपुसूदन सिव वाना, भिरेऊ गगन मह जाइ निदाना।
तिनतै प्रगटी अनल अपारा जिमि वाढ़व जल नाथ मझारा।
नभ भूतल दिसि विदिसिनि माहीं, सायक विनु कदु सूझहि नाहीं।
वि व विलोकि वान विकराला, महा प्रलय मानो तिहि काला।
गगन देव गन चढ़े विमाना, कहै परस्पर विस्मय माना।

दो.:— होतु महाविकराल रन, हम अस सुनैऊ न देख।
देखिय अव संजुग विशै, को जय लहै विसेश।।११।।

चौ.:— इत रघुनाथ वंधु वलरासी, लोक वेद विच सुजस प्रकासी।
उत सिव आपु प्रलय संचारी, करहि जुद्ध जे दोउभटमारी।
अहो ईस हुइहै कहँ आजू, को पावै जय सहित समाजू।
किहि की समर पराभव, होई , समुझिन परै वुद्धि भ्रम गोई।
सकल देव इमि कहै अकासा, नारंदादि मुनिलशै तमासा।
नाना अस्त्र सस्त्र अति घोरा, महारोश जुत चलि दोऊ ओरा।
भट अनंत दौनौ दल माहीं, गिरे धरनि तल रूधिर वहाहीं।
गिरि वन सरित सिंधु जुत धरनी, कपहिं चढ़त गज जिमि लघु तरनी।
खग मृग दिसि कुंजर दिगपाला, कपट सवै उर निपट विहाला।

दो.:— भएउ समर इमि दिवस निसि, एकादस दिन लाग।
प्रगटयौ श्रोनित वदन मै, निरखत धीरज भाग।।१२।।

चौ.:— दिवस द्वादसै सुनु मुनि धीरा, कोपि समर रामानुज वीरा।
व्रह्म अस्त्र जाजुल्य अपारा, संभु वधन हित सपदि प्रहारा।
पितु सर आवत लखि त्रपुरारी, वैसि वरन पीगएऊ सुखारी।

घोर पराक्रम अस रन देखी, अचरजु भा रिपुहनहिं विसेशी।
तन लागे मन करन पियारा, अव कीजै कस समर मझारा।
इहि विधि करत जात अनुमाना, तव लगि संभु तज्यौ इक वाना।
अति कराल सो वरनिन जाई, मनहु घोर पावक समुदाई।
लागेऊ रिपुसूदन उर आई, काल रूप हुइ लाघव ताई।

छन्द:–हुइ काल रूप कराल सर सो हृदय लाघव लागेऊ।
तिहि समय प्रभु संग्राम विचरथ परेऊ सुधि सव त्यागेऊ।।
सेना लवै अव लोकि मूर्छित त्राहि त्राहि पुकारि कै।
भाजन लगी चहुओर भय वस विकल धीरज हारिकै।
तव लगि सुमुद सुवाहु लक्ष्मी निधि अपर जोधा जिते।
सिव गननि समर मझार नाना कश्ट करि जीते तिते।।
तिहि काल पवन कुमार निज प्रभु कटक हार्‍यौ देखिके।
पुस्कलहि पौढाइ वहुभट राखि सोंपि विसेशि के।।

दो:– पुनि करि कोप अपार उर, कट कटाइ वलवंत।
कनक भूधरा कार करि, सनमुख घाव तुरंत।।१३।।क
सुमिरे राम पद कज उर, निज वीरनि सुख देत।
पूंछ कपावत धारि सिर, गएऊ जहाऊ जहाँ व्रश केत।।१३।।ख

इति श्री पदम पुराणे पाताल खंडे सेस वात्सायन सम्वादे मधुसूदन दास कृते अजयो नाम **त्रिच त्वाराऽध्याय।।४३।।** पृ.१०५ प्रा.

दो:– सुनु मुनि समर मझार, सिव सनमुख हुइ मरूत सुत।
निडर वचन उच्चार, पर्म धर्म मय हर्श जुत।।

चौ:– रे महे । सुनि पंथ विरोधी, निज प्रभु विमुख अग्य अति क्रोधी।
परम भागवत भरत कुमारा, श्री रामहि उर प्रान पियारा।
तिनहि वधाएऊ समर मझारा, सकल धर्म निज कीन्ह संघारा।
कहँ पुस्कल सुकुमार सुसाधू, कहाँ तोर गन प्रवल अगाधू।
पुनि अधर्म तुम जुद्ध करावा, सव प्रकार प्रभु विमुख कहावा।
मैं अव तोहि सिखावन करहू, सकल गर्व इहि अवसर हरहू।
जस रघु नाथ विमुख गति होई, आजु समर दरसावहु सोई।

प्रथम सुनैऊ मैं वेदनि माहीं, पुनि वहु भाँति रिशिन मुख पाहीं।

दो.:– श्री रघुपति पद कमल नित, भजहिं रूद्र मन माहिं।
सो वानी श्रुति मुनिनि की, भई मृशा सक नाहिं।।१।।

चौ.:– सव विधि पूजनीय प्रभु भ्राता, तिनहि कीन्ह तुम व्याकुल गाता।
पुनि पुस्कलहिं समर वध वावा, सिया वन्धु कहँ वहरि हरावा।
धर्म ज्ञान वुधि इश्ट विचारा, सकल गएऊ इहि समर तुम्हारा।
जतन विचारि ठाढ़ अव होहू, वर वस धरनि निपातहु तोहू।
रघुपति विमुख आजु मैं जाना, वार वार इमि कहि हनुमाना।
अस सुनि संभु सुनहु मुनिराई, वोलेऊ वचन ह्रदय सकुचाई।
धंन्य धंन्य कपि सुभट सुजाना, सत्य गिरा तुम कीन्ह वखाना।
सत्य स्वामि मम राम कृपाला, देव दनुज जिहि नावहि भाला।

दो.:– अ व मैघ मख करहि प्रभु, अवधि पुरी मैं जान।
तिनिके हम हित आएऊ, रिपु भंजन वल वान।।२।।

चौ.:– भूप तनय सोइ वांधेऊ वाजी, पुनि पितु सहित चढ़ेऊ दल साजी।
मूर्छित कीन्ह रन माहीं, तुम्हरे भटनि कटक जुत ह्माहीं।
सोई भूप वीरमनि वीरा, मम सेवक मन वचन सरीरा।
सव विधि मोहि स्ववस करि राखा, सुनु कपि मैं यह मृशा न भाशा।
इहि कारन हम रन चढ़ि आएऊ, दारून भक्त छोभ चित छाएऊ।
इहि अघ परै पाप नहिं घोरा, अनुचित जुद्ध कीन्ह सव ओरा।
निज प्रभु इश्ट देव रघुवीरा, संतत जिनहिं भजै मुनि धीरा।
तिनके अनुजहि मूर्छित कीन्हा, पुनि पुस्कल कर सिर रन छीन।

दो.:– वि व विदित श्री जानकी, मम माता जग जान।
तासु वंधु श्री रमा निधि, मूर्छित कीन्ह निदान।।३।।

चौ.:– इहि तै परै पाप नहिं आना, तुमहूँ मृशा न कीन्ह वखाना।
मैं महीप सेवा वस भएऊ, तिहि तै कछु न ज्ञान उर रहेऊ।
निज भक्तहि लखि व्याकुल भारी, तव हम समर माहिं किय रारी।
अति कपाल श्री राम उदारा, कवहु न जन अघ नैन निहारा।

संतत कृपा करहि जन हेतू, वात्सलय गुन निधि श्रुति सेतू।
जद्यपि हम कीन्हैऊ अघ भारी, छमिहैं तदपि कृपाल खरारी।
स्वजन विचारि करहि प्रभुदाया, निज दिसि निरखि भंजि मदमाया।
प्रभु जन दोश भोग करि माना, वेद स्मृति इति हास वखाना।

दो.:– सुनु मुनीस अस कहेऊ सिव, सुनि कोपेउ हनुमान।
लाघव सिला विसाल लै, रथ पर तजी निदान।।४।।

चौ.:– ध्वज पताक हय सूत समेता, तिल समान भय स्यंदन जेता।
सुर गन कपि विक्रम नम देखी, लगे प्रसंसन हर्श विसेशी।
धन्य कपीस महा वल खानी, महत कम किय विस्मय दानी।
सिवहि विरथ तिहि समय निहारा, नंदी गन उर दुखा भाभारा।
अति आतुर समीप तव जाई, वोला वचन सुसीस नवाई।
हे महेस मम स्वामि उदारा, वेगि होहु मो पर असवारा।
सुनि संकर आरोहन भएऊ, निरखि कपीस कोप निर्मएऊ।
अति विसाल इक सिला उखारी, सत्वर सिव उर माह प्रहारी।

दो.:– वज्र सरिस सो लागि सो उर, कोपेऊ तव वृश केतु।
अति विकराल त्रा ूल कर, धरेऊ संघारन हेतु।।५।।

चौ.:– सिखा तीनि जाजुल्य अपारा, तीक्ष्न अनल ज्वाल अनुहारा।
लाघव तज्यो ताहि त्रिपुरारी आवत मारूत तनय निहारी।
कपि लीला करि आतुर ताई, पकरि लीन्ह आतुर मुनिराई।
छिन महँ तिल समान करि डारा, निरखि भंग सिव कोपि अपारां
सक्ति एक लीन्ही अति चंडा, अति कराल मानहु जम दंडा।
सर्व धातु विरचित सो त्यागी, वेग वंत हुइ कपि उर लागी।
निमिश एक लगि मूर्छित भएऊ, उठा वहोरि रोश निर्भएउ।
पृ१०६प्रा. वृक्ष विसाल एक अति भारी, धावा धरि कर सिवहि प्रचारी।

छन्द.:– कर धारि सिवहि प्रचारि धावा समर विच अतुलित वली।
तिहि समय कपि उठे सकल गन पुनि धरनि थर थर हली।
उर हन्यौ पादप सोइ साखा कंध सहित सम्हारि कै।
कैतिक भएऊ तिहि काल सुनहु मुनीस निज मन धारिकै।

दो.:– सकल गात के व्याल सव, विकल सरीर विहाइ।
भजि भजि गे पाताल कहँ, सिव भए नगन वनाइ।।६।।

चौ.:–आपुहि नगन विलोकि पुरारी, प्रगटी ह्रदय माह रिसभारी।
लीनै दुंद मुसल विकराला, पुनि कपि सो वोले तिहि काला।
रे कपि अधम चाह जो प्राना, त्यागि समर भजु वेगि निदाना।
ए जुग मुसल मानु निज काला, हरत प्रान अव तुव ततकाला।
अस कहि कीन्हसि सवल प्रहारा, छुटत निरशि इत पवन कुमारा।
सुमिरि राम पद ह्रदय मझारा, लाघव कूदि गए तिहि वारा।
धरनि वेधि ते मुसल मुनीसा, गएऊ रसातल वचिगा कीसा।
पुनि अति कोपि गर्जि विकराला, तज्यौ संभु उर सैल विसाला।

दो.:– तिहि के खंडन हेत सजि, जव लगि कीन विचार।
तव लगि कपि इक साल द्रुम, आतुर हन्यौ प्रचार।।७।।

चौ.:– जव लौ चाहै साल निवारा, तुव लौ सिला ह्रदय विच मारा।
सो प्रहार सहि कह मन माहीं, किहि विधि करौ जुद्ध कपि पाही।
इहि प्रकार हिय खोजि उपाई, तव लगि अति आतुर कपिराई।
सिला श्रंग पर्वत तरू नाना, वर्शे सिव पर कोपि निदाना।
छिन छिन करहि प्रहार प्रचंडा, जिमि वर्शे नभ मेघ अखंडा।
विलकभए सिव सकल प्रकारा, निरखि धाव तव पवन कुमार।
आतुर निज लांगूर मझारी, सगन लपेटेऊ सिवहि सम्हारी।
पुनि भूतल महँ विपुल भ्रमाई, ताड़न कीन्ह महा छवि छाई।

छन्द.:–तरू सिला समूहा, पर्वत जूहा, अगिनित वहुरि प्रहारे।
गर्जे विधि नाना, समन समाना, दसननि गात विदारे।।
छिन छिन रन माहीं संकत नाहीं, करै प्रहार अपारा।
अति लाघव ताई पूंछ भ्रमाई, कवहुक उर विचमारा।।
कवहूँ गिरि खंडा, परम प्रचंडा, तजै गात पर आनी।
पुनि कवहु रिसाई, आतुर ताई, दले वृक्ष भट मानी।।
इहि विधि संग्रामा कपि वल धामा, कीन्ह जुद्ध अति भारी।
संकर तिहि काला भए विहाला, रन की अस विसारी।

नन्दी गन भागा भय रस पागा, अतुल विथा तन छाई।
अति दीन पुकारा समर मझारा धीरज गर्व विहाई।।
पुनि सिव चंदा आनद कंदा रूधिर पंक लपटाना।
अहि जुथ्प परानै उर अकुलानै, विछुराजटा निदाना।।

दो.:– छिन छिन करै प्रहार कपि, गिरि द्रुम सिला अपार।
अति विह्वन संकर भए, सुनि मुनि समर मझार।।८।।

चौ.:– तिहि अवसर मारूत सुत पाहीं, उमानाथ वोले रन माहीं।
धन्य कपीस महा वलवाना, तुम सम राम भक्त नहिं आना।
महा पराक्रम कीन्हैउ आजू, अति प्रसन्न मुहि किय कपि राजू।
दान जग्य जप तप वृप सेवा, अव लगि हमहि मनुज मुनि देवा।
अस संतुश्ट कीन्ह नहि काऊ, जस भा तुम्हारे जुद्ध प्रभाऊ।
अव वरदान मागु मन भावा, वैर भाव मैं सकल नसावा।
इहि विधि संभु गिरा सुनि काना, वोले विहसि निडर हनुमानां
संतत हम रघुनाथ प्रभाऊ, पूरन काम कहौं सतभाऊ।

दो.:– तदपि एक वर मागहू, जौ रन भए कृपाल।
तौ तुम भरत कुमार वपु, रक्षस जग इहि काल।।९।।

चौ.:– पुनि संग्राम माहि प्रभु भ्राता, देखहु ए रथ मूर्छित गाता।
लक्ष्मी निधि आदिक सव राजा, मूर्छित रन महँ सकल समाजा।
रक्षहु सवनि सजग वृशकेतू, सव प्रकार करि गननि समेतू।
तुम्हरे भूत प्रेत वेताल, पुनि पिसाच खग व्याल श्रगाला।
अवर सकल खल आमिश भक्षी, त्रजगादिक समेति सव पक्षी।
अंग भंग कोउ करन न पावै, कवनहु त्रास प्रगटि नहिं आवै।
जल लगि मैं सग्राम मझारा, सदल इंद्र मद करि संघारा। पृ.१०७प्रा.
आनहु द्रोनाचलहिं उठाई, कै केवल भेशज समुदाई।

दो.:– पुनि मैं सवहि जिवावहु, श्री रघुनाथ प्रभाव।
तव लगि रक्षा करहु सिव, कटक सहित सह भाव।।१०।।

चौ.:– अस सुनि कपि के वचन पुरारी, हर्श वंत हुइ गिरा उचारी।

जाहु वेगि आनहु गिरि सोई, रक्षहु सवनि त्रास नहिं होई।
सुनि अस ह्रदय हर्शि हनुमाना, सैल हेत धावा वलवाना।
मन मारूत गति निदरत जाई, ह्रदय माह सुमिरत रघुराई।
नाघि दीप सव लाघव ताई, क्षीर सिंधु तट पहुँचे जाई।
इहाँ कटक रक्षहिं वृश केतू, सकल गगन जुत परम वचेतू।
उत द्रोन चल गिरि कपि देखा, महा उतंग विसाल विसेशा।
जहाँ सजीवन भेशज वृन्दा, अपर वृक्ष वहु आनद कंदा।

सोरठा:– प्रभु पद सुमिरि उदार, निज लांगूर वड़ाइ कपि।
द्रोनाचल गिरि भार, कंदुक इव सो धरि लियौ।।११।।

चौ:– तिहि अवसर कंपेऊ गिरिभारी, चलन लाग कपि समर मझारी।
तिहि के रक्षक सुर समुदाई, महा त्रास वस भए वनाई।
हाहा कार करन सव लागे, कहैं परस पर भय रस पागे।
कवन हेत गिरि कंपहिभाई, थिर न होइ विपरीति वनाई।
को अस वड़ौ पराक्रम वंता, जिहि यह सैल अठाव तुरंता।
अस कहि करि सव ह्रदय विचारा, गएउ तहाँ जहाँ पवन कुमारा।
निरखि कपहि वोले सुर वृंदा, वेगि छांड़ि गिरि मर्कट मंदा।
अस कहि कोपे एकही वारा, कोटिनि आयुध कीन्ह प्रहारा।

दो:– अस्त्र सस्त्र अगनिति तजहि, सुर समूह तिहि काल।
निरखि प्रहार मरूत सुत, कोप्यौ अति विकराल।।१२।।

चौ:– सरनि सिघारन लाग निदाना, विनु प्रयास सुनु सूत सुजाना।
जिमि मुर हूत असुर समुदाई, भंजहि वज्र प्रहार वनाई।
तिमि कपीस वृंदारक वृंदा, विनु प्रयास दल सहित अंनदा।
वहुतक मारेऊ चरन प्रहारी, पुनि वहु करनि विमर्दिहि डारी।
विपुल अमर लंगूर भ्रमाई, करि संघार अवनि तल छाई।
इहि प्रकार इक निमिश मझारा, अगिनित सुर कीन्है संहारा।
रूधिर ओध जुत निपट विहाला, परे कराहैं धीरज चाला।
कोउ इक सुर भय भीत वनाई, भजि महेद्र पह पहुँचे जाई।

दो:– छिन्न भिन्न श्रोनित श्रवत, पुनि लखि निपट विहाल।

अति संदेह वड़ाइ उर वोले तव सुर पाल।।१३।।

चौ.:– कौन हेत तुम व्याकुल गाता, पुनि किमि रूधिर ओघ वहु ताता।
को अस दनुज निसाचर घोरा, तिहि खल तुमहि वध्यौ वर जोरा।
सकल जथारथ कहौ वुझाई, हतो वेगि तुव रिपुन वनाई।
इंद्र गिरा इहि विधि सुनि काना, वंदि चरन सुर करहिं वखाना।
सुनहु नाथ हम मर्म न पावा, धरि कपि रूप वली कोऊ आवा।
तिहि द्रोना चल सैल विसाला, धरि लगूर मह पुनि सो चाला।
तव लगि हम सव पहुँचे जाई, निरखि ताहि उर रिस अधिकाई।
वरजि दीख सो विविध प्रकारा, मान न कीस गर्व उरभारा।

छन्द.:– माने न कीस अतुल वली उर गर्व भारी जानि जै।
तव अस्त्र सस्त्र अनेक वर्शे सुरनि घन इव मानि जै।।
पुनि कोपि कपि संग्राम विच छिन एक मै जीते सवै।
भूतल परे सूर सकल श्रोनित श्रवत तन व्याकुल सवै।।

दो.:– हम वहु पुन्य प्रभाव तै, तिहि अवसर रन माहिं।
रूधिर श्रवत पीड़ित महा वचि उवरे सुर माहिं।।१४।।

चौ.:– सुनि सुरेस अस आरत वानी, सोक सोच उर रिस अति आनी।
पुनि निज कंटक सकल वुल वावा, कहेउ करहु रन हेत वनावा।
द्रोना चल कहँ करहु पयाना, तहाँ आव इक कपि वलवाना।
विपुल देव तिहि कीन्ह सिघारा, ल्यावहु वाँधि जीति भट भारा।
सुनि अस सुनासीर के वैना, चली जुद्ध लगि अतुलित सेना।
सैल निकट कपि ठाढ़ेउ जहँवा, सकल कटक मुनि पहुँचेउ तहँवा।
एकहि वार अमर समुदाई, निरखि कपिहि उर रोश वढ़ाई।
नाना आयुध कीन्ह प्रहारा, तव कोप्यौ अति पवन कुमारा।

दो.:– कट कटाइ धावा विकट, तिहि अवंसर वलवान।
रदनि नखनि मुश्टिक चरन, हति सुर दले निदान।।१५।।

चौ.:– सिला श्रंग तरू पूंछ प्रहारी, निमिश एक मह सव महि डारी।

खंड खंड तन भएऊ वनाई, व्याकुल श्रवहि रूधिर समुदाई।
कछुक प्रान लै समर विहाई, भजि वासव पह पहुँचे जाई।
सकल कथा तिन कही वुझाई, सुनासीर तव कोपि वनाई।
खो जे अगिनित रन वर वीरा, पठए जहाँ कीस रन धीरा।
विविधि भाँति के आयुध धारी, चले करन सव दारून रारी।
इहाँ निरखि आवत हनुमाना, वोले तिन प्रति निडर निदाना।
किमि आवहु रन सुन समुदाई, व्रथा तजहु तुम प्राननि आई।

छन्छ:–जिन तजहु निज प्रान निवृथा किमि आइ सव संग्राम मै।
दलिहौ सुमुज वल निमश मै सुनि जाहु निज निज धाम मै।।
इहि भाँति सुनि कपि की गिरा कोपे समर सुर गन जिते।
पुनि धाइ धाइ प्रचारि अगिनित अस्त्र सस्त्र तजे तिते।।
कोउ ूल हनहि प्रचंड कोऊ परस दारून छंड ही।
कोउ एक तजि बहु वान कोऊ खग्ड तजि रन मंडही।।
कोउ करहि मुसल प्रहार कोउ दलि सक्ति तोमर हनै।
पुनि तजहि कोउ कह लगि गदा कोउ परिध कोउ कुंतल हनै।।

दो:–सुनि मुनीस इमि सकल सुर तजि आयुध इक वार।
सव विधि निरखि अधर्म रन कोप्यौ पवन कुमार।।१६।।

चौ:–प्रलय मेघ इमि गर्जि अपारा, अमित सिला पुनि कीन्ह प्रहारा।
अगिनित श्रंग वृक्ष वरशाए, मानहु प्रलय जलद झरि लाए।
परे सकल सुर रन अकुलाई, कछुक गए भजि जहँ सुर राई।
कपि वल वैभव सकल व खाना, सुनि सुरेस भय वस अकुलाना।
पुनि विचार करि कंपित देहा, गएउ उताइल सुर गुर ग्रेहा।
करि दंडवत जोरि जुग हाथा, मलिन चित्त वोले सुरनाथा।
कहौ स्वामि वह कवन कपीसा, वधे अमर जिहि अति वल दीसा।
सुनि अस इंद्र वचन तिहि काला, वोले सुर गुर वुद्धि विसाला।

दो:–सुनहु सक्र जिन वधेउरन, कुंभ करन दससीस।
अपर विपुल सव रिपु हते, तिन कर सेवक कीस।।१७।।

चौ:–पुनि जिहि निमिश माह सुरराई, गिरि त्रिकूट पर लंक जराई।

विनुप्रयास रन अक्ष कुमारा, कीन्ह निपात विदित संसारा।
तासु नाम जानहु हनुमाना, सुभट मौलि मनि अति वलवाना।
तिहि तुम्हारे भट कीन्ह सँहारा, समर माँझ लीला अनुसारा।
वृद्ध श्रवा सुनु अवधि मझारा, अस्व मेध करि राम उदारा।
तिहि मख तुरग वीर मनि भूपा, पकरा सो सिव भक्त अनूपा।
भयौ समर तहँ अति विकराला, परयौ राम दल निपट विहाला।
तिनहि जिवावन हेत कपीसा, आव लैन सो द्रोन गिरीसा।

दो.:– करहु जुद्ध तुम वर्श सत, कपि सन सकहु न जीति ।
अस विचारि चलि परहु पद, तजि अभिमान अनीति।।१८।।क

सोरठा.:– वहुरि सजीवनि देहु, हृदय वड़ाइ अनंद अति।
जन्म सुफल करि लेहु, श्री रघुपति कर काज गुनि।।१८।।ख

इति श्री पदम पुराणे पाताल खंडे सेस वात्सायन सम्वादे मधुसूदन दास कृते देव जुद्ध वर्ननो नाम **चत्वरिंसोऽध्यायः**।।४४।।

दो.:– वात्सायन गुरू वचन सुनि, तिहि अवसर पुरहुत।
जानो मन प्रभु काज लगि, आए मारूत पूत।।

चौ.:– उरतै दारून त्रास विसारी, मुदित चित्त पुनि गिरा उचारी।
सुनहु स्वामि जव पवन कुमार, लै जै है गिरि समर मझारा।
तव किहि भाँति अमर समुदाई, राखहि प्रान सो कहौ वुझाई।
जिहि तिहि विधि जिमि पवन कुमार, करहि कृपा सोइ करहु विचारा।
रघुपति काज होइ जिहि रीती, पुनि रहि सकल सुरनि की प्रीती।
अस संजोग सोधि मन माहीं, कीजिय अमर सरन तुव पहीं।
सुनि सुर गुर इमि वचन रसाला, प्रगटी करूना हृदय विसाला।
पुनि वृंदारक वृंद समेतू, इंद्रहि करि आगे मुनि केतू।

दो.:– हृदय प्रमोद वड़ाइ अति, चलत भए तिहि काल।
जहँ कपीस गर्जहि निडर, धरै रूप विकराल।।१।।

चौ.:– सुरपति जवहिं मरूत सुत देखा, गुरूहिं अग्र करि लिये विसेशा।

विवुधनि सहित उताइल जाई, कीन्ह दंडवत उर हरशाई।
सुना सीर प्रेरित तिहि काला, सुर गुर अस्तुति करहि रसाला।
सुनहु हरी अतुलित वलखानी, कीन्है सुरनि पाप विनु जानी।
तुव वल विक्रम सुना न काना, पुनि रज मय उर सुद्ध न ग्याना।
तुम रघुपति सेवक अनुरागी, परम भागवत अति वड़ भागी।
कारन कवन इहाँ पगुधारा, कहौ करहि हम सव इहिवारा।
अव तजि रोश कृपा करि ताता, निरखहु इंद्रहि व्याकुल गाता।

दो.:– तुम उदार वल वुद्धि निधि, खल दल विपन कृसान।
निज दिस निरखि विलोकियै, सुर सव दुखित निदान।।२।।

चौ.:– इहि विधि सुनि सुर गुर मुख वानी, वोले हनूमान भट मानी।
सुनहु देव गुर गिरा हमारी, अ व मेध मख करहिं खरारी।
तिन हय तज्यौ सहित कटकाई, जीते अगनित देस मझाई।
पुनि हय गयौ वीरमनि देसा, संतत तिहि पुर वसै महेसा।
तिहि नृप तनय अ व हरि लीन्हा, आइ वहोरि भूप रन कीन्हा।
सो पुस्कल नै विनहि प्रयासा, जीत्यौ समर माहि दै त्रासा। पृ.१०६ प्रा.
तासु पराभव सुनि सिव काना, चढ़े जुद्ध लगि कोपि निदाना।
अति कराल कीन्ही तिन रारी, परौ राम दल समर मझारी।

दो.:– कटक जियावन हेत मैं इहि थल पहुच्यौ आइ।
अव द्रोना चल सैल यह लै जै हौ सत भाइ।।३।।

चौ.:– कै केवल संजीवन देहू, जियहि सकल जिमि बिनु संदेहू।
सुनि अस कपि की गिरा सुहाई, कीन्ह प्रनाम सुरनि सिरुनाई।
पुनि अस्तुरि करि विविध प्रकारा, गए द्रोन गिरि सव तिहि वारा।
आतुर संजी वनि समुदाई, आनि दीन कपि कहँ सिरुनाई।
सकल त्रास तजि उर हरशाई, पुनि निज लोक गए सुर राई।
इत कपीस संजीवनि पाई, छिन महँ निज दल पहुँचेऊ आई।
भेशज सहित निरखि रन आवा, संभु गननि जुत विस्मय पावा।
कीन्ह प्रसंसा वहुरि विसाला, धन्य धन्य कपि साधु सु चाला।

दो.:– अति अद्भुत विक्रम कियौ, तुम सम सुभट न आन।

कस न करहु तुम उर वसे, संतत कृप निधान।।४।।

चौ.:– प्रथम गए कपि सुनिमुनि तहँवा, विगत प्रान पुस्कल भट जहँवा।
सुमिरत प्रभु पद हृदय मझारी, दीप्त मंत मुख परम सुखारी।
रक्षा करत तहाँ त्रपुरारी, प्रमुदित हिय निज वास मझारी।
सचिव मौलिमनि वुद्धि निदाना, सुमतिहि निकट वोलि हनुमाना।
वोले वचन मह सुखदाई, निरखहु प्रभु प्रताप अधिकाई।
सकल मृतक भट अवहि जिवावौ, तुम निरखत पुनि देर लावौ।
अस कहि सचिवहि आनद दीन्हा, हृदय राम पद सुमिरन कीन्हा।
पुनि पुस्कल उर भैशज धारी, जोरि सीस वपु गिरा उचारी।

छन्द:– तव जोरि वपु पर सीस सुंदर गिरा हरशित उच्चरी।
तनम न वचन जो जानि रामहि स्वामि हम सेवा करी।।
तो जियहु भरत कुमार अपि इहि समय मृत्यु विहाइके।
रघुनाथ भक्ति अनन्य कपि दरसाव सिवहि निहरिके।।

दो.:– इहि विधि समर मझार कपि, कहत जात वर वेन।
तव लगि उठि ठोढ़ भए, भरत तनय वल ऐन।।५।। पृ.१०६ म.

चौ.:– लोचन अरून रोश रस पागे, मनहु अवसि सोवत तै जागे।
रद सो रद मर्दहि तिहि काला, पुनि पुनि फरकहिं अधर रसाला।
चाप सगुन करि धरि सर चंडा, वचन गंभीर वोल वल वंडा।
वीरभद्र भजि गा किहि ओरा, अवहि निपातहु मैं वर जोरा।
मूर्छित करि मुहि समर मझारा, चाहै अव निज प्रान उवारा।
सुनि अस भरत तनय मुख वानी, वोले मरूत पुत्र वल ानी।
धन्य धन्य पुस्कल वरवीरा, तुम सम अपर कोउ रनधीरा।
तुम विनु कवन कहै इमि ताता, वीरभद्र रन तुमहि निपाता।

दो.:– सिय रघुनाथ प्रताप ते, लहे प्रान इहि काल।
सजग होहू प्रभु पद सुमिरि , रन मंडल विकराला।।६।।

चौ.:– तात सत्र घन कौ अव देखौ, मूर्छित भए जाम इक लेखो।
पुनि पुनि व्याकुल लेहि उसासा, समर भूमि सव भई प्रकासा।

अस कहि तुरत गए हनुमाना, जिहि थल रिपु भंजन वलवाना।
धरि संजीवनि हृदय मझारी, पुनि कपि सत्य गिरा उच्चारी।
उठहु सत्रघन स्वामि उदारा, तजहु चरित्र मनुज अनुसारा।
तुम अपार वल विक्रम धामा, राम वंधु रिपुभंजन नामा।
भजहि अजादि देव सव काला, गुन अनंत भगवंत कृपाला।
सिवहि सोभ दीन्ही रन माहीं, नाथ अपर कारन कछु नाहीं।

दो.:– अव मैं विनती करहु प्रभु, सो करि अंगी कार।
उठि हौ तौ जग जानि है, मो पर कृपा अपार।।७।।

चौ.:– जौ मैं मन वच कर्म निदाना, वृह्मचर्य वृत अव लगि ठाना।
तौ इहि काल त्यागि विकलाई, उठहु सत्र सूदन हरशाई।
कहत जात कपि इहि विधि वेना, तव लगि वदन पर तेज विसाला।
मनहु वीर रस तनुधरि सोहा, किधौ सरोश सिंघ करि जोहा।
वार वार अस कहि प्रभु भ्राता, किहि दिसि गा सिव करहु निपाता।
रन विहात उर लाज न आई, सुनि कपि किय प्रनाम हरशाई।
पुनि लक्ष्मीनिधि आदि नृपाला, सवहि जिवावत भे तिहि काला।
एक निमिश मह सव कटकाई, कीन्ह सजीव सुनहु मुनिराई।
तव निज निज रथ हुइ असवारा, सजि सजि आयुध कोपि अपारा।
घायल तन मन चोगुन चाऊ, चले जुद्ध लगि गनहि न काऊ।

सोरठा.:– उत सिव समर मझार, आवत देख्यौ राम दल।
करि उर कोप अपार, निज गन सकल पठाएउ।।८।।

चौ.:– पुस्कल वीर मद्र दोऊ वीरा, प्रथमहि भिरे महावल धीरा।
पुनि विहसुत अति अतुलित जोधा, मंडि चंड सुनु रन करि क्रोधा।
पृ.११०प्रा. नंदी गन अरू पवन कुमारा, जुद्ध विरूद्ध रचौ अति भारा।
इहि विधि सकल सुभट दोउ ओरा, एक एक सन रन रचि घोरा।
राम वन्धु अतुलित वलधामा, सिवहि विलोकि ठाढ़ संग्रामा।
आतुर गुन चढ़ाइ को दंडा, पुनि नराच धरि परम प्रचंडा।
प्रेरि सुत रथ हाँकि उताइल, चले सकोप धरनि गिरि वन हल।
तिश्टि संकर संग्रामा, इहि विधि कहत जाहिं वलधामा।

दो.:– उत सिव नै नृप वीरमनि, किय दल सहित सजीव।
आवत लखि रपुिदहन कौ, कोप्यौ भूप अतीव।।६।।

चौ.:– चढ़ि विसाल रथ सन्मुख आवा, अति आतुर करि जुद्ध वनावा।
सुनि मुनि राम वन्धु अरू राजा, मंडौ रन लखि जुगल समाजा।
मुनि विस्मय प्रद करहि प्रहारा, निरखहिं सुरगन गगन मझारा।
तिहि अवसर नृप लाघव ताई, भंजे स्यंदन सरनि वनाई।
तिल इव तिनहि निरखि रघुवीरा, व्यापौ कोप अपार सरीरा।
दारून अनल अस्त्र धरि चापा, तज्यौ तानि जग प्रगट प्रतापा।
कीन्ही दगध सकल कटकाई, नाग वाजि रथ भट समुदाई।
हेम रजत मय साज अपारा, द्रवि द्रवि वहै सरित अनुहारा।

त्रंभगीछंद:–पावक अति घोरा लखि चहु ओरा निज दल मह महिपाला।
कोप्यौ अति भारी समर मझारी तजि जल सर विकराला।।
प्रगटे घन जाला सजल विसाला प्रलय काल अनुहारी।
ते वर्शि अपारा मूसल धारा तड़ित चमंकहि भारि।।
निज सेन वचाई वन्हि वुझाई सकल त्रास निरवारी।
पुनि प्रभु कटकाई घन वरशाई छिन महँ कीन्ह दुखारी।।
प्रगटयौ अति सीता भए समीता परहि उपल उर लाई।
उमग्यौ जल घोरा, भट चहु ओरा वहे विकल मुनिराई।

दो.:– इहि प्रकार लखि दल विकल, रिपुभंजन तिहिकाल।
कोपि उतायल मरूत सर, तज्यौ तानि विकराल।।१०।।

चौ.:– सुनहु सूत जवहीं सर चंडा, प्रगटौ तिहिछिन पवन प्रचंडा।
निमिश माहिं घन जाल परानै, दामिनि उपल समेति न सानै।
प्रगटे रवि भा विमल अकासा, सुरगन निरखन लगे तमासा।
पुनि महीप के कटक मझारा, चल्यौ प्रवल अव मरूत अपारा।
गज ऊपर गज उड़ि उड़ि परहीं, हय समेत स्यंदन उच्छरहीं।
पुनि पद चर असवार अचेता, गिरहिं धरनि उड़ि अ व समेता।
सकल भए इहि भाँति दुखारी, सव प्रकार रन आस विसारी।
भूप वीरमनि निरखि विहाला, सैल अस्त्र छाड़े तिहि काला।

दो.:– वर्शि कुधर अगिनित तवै, विरचि लीन्ह नृप कोट।
प्रविसि सकै नहीं कटक महँ, मारूत तिहि की ओर।।११।।

चौ.:– रघुनाइक दल मै गिरि भारे, वर्शन लगे महाभय कारे।
व्याकुल भए सुभट समुदाई, निरखि तिनहि कोपे रघुराई।
श्रवन प्रजंत तानि को दंडा, तज्यौ वज्र सर परम प्रचंडा।
सकल सैल इक निमिश मझारा, विंनु प्रयास किय रज अनुहारा।
सूर वीर नृ॰ रन महँ जेते, खंड खंड तन देखियत तेते।
श्रवत रूधिर वहु सोहै कैसे, किंसुक विपिन प्रफुल्लित जैसै।
कुंजर वाजि अमित रन माहीं, विपुल खंड मे श्रोनित जाहीं।
प्रगटौ तहाँ रूधिर नदभारी, अति प्रचंड धारा भय कारी।

दो.:– इहि विधि लखि दल कंद, कोप्यौ भूप अपारा।
अति प्रचंड व्रह्मास्त्र तव, छेडौ समर मझार।।१३।।

चौ.:– दारून भय प्रगटत सोइधावा, लशन वन्धु लखिता कहँ आवा।
लाघव निज सम्हारि कोदंडा, तज्यौ जोगिनी अस्त्र प्रचंडा।
छिन महँ व्रह्म वान किय खंडा, लाग भूप उर जिमि जम दंडा।
महा विकल हुइ स्यंदन त्यागी, परा धरनि जिमि वेलिदवागी।
पुनि तिहि सर तै सुनु मुनि राई, प्रगटत भए वान समुदाई।
बीर भद्र आदिक गन जेते, अपर भूप दल सुभट समेते।
छिन महँ तिन करि दिए अचेता, विगत प्रान इव तजि जय हेता।
पू.१११म. पुनि सोइ जोगिनि सर विकराला, परौ जाइ सिव पद तिहि काला।

छन्द.:– तव जाइ सिव पद महँ परौ तिहि काल सोइसाइक महा।
मम इव परहु प्रभु चरन मनहु सिखाव लरि करि ही कहा।।
सुनि सूत निजदल मृतक सम लखि संभु तव कोपित भए।

दो.:– इत महेस कहँ आव लखि, राम वन्धु वल सीव।
प्रेरि सूत धाए तवै, करि उर कोप अतीव।।

चौ.:– सुनु मुनीस उत सिव भय कारी, इत रघुनाथ अनुज वल भारी।
रन मंडल दोउ करि अति कोपा, भिरे मनहु द्वै है जग लोपा।

विविधयुध तहँ होंहिं प्रहारा, अति जाजुल्य काल अनुहारा।
व्योम भूमि दिसि विदिसि मझारा, दारून साइक परहि निहारा।
परम प्रकास पूरि चहु ओरा, मनहु प्रलय पावक अति घोरा।
चलहिं अस्त्र पर अस्त्र प्रचंडा, लगि लगि हौंहि गात के खंडा।
कुंडलीक देखिय को दंडा, लखि न परहि छोड़त सर चंडा।
अतुल पराक्रम निधि दोउ वीरा, खंड खंड भए सकल सरीरा।

दो.:– देव दैत्य संग्राम जिमि, प्रथम भयौ विकराल।
ता तै रन भा अधिक अति, सुनु मुनीस तिहि काल।।

चौ.:– रिपुभंजन तव किय अनुमाना, सिव संजुग यह कठिन निदाना।
विपुल वर्श जौ होइ लराई, तदपि न सकइ पार कोउ पाई।
पुनि प्रभु जग्य अवधि नियराई, पूरन किहि विधि होइ वनाई।
अस विचारि मन महँ अकुलाई, सुमिरन लगे राम रघुराई।
हे करूना निधि राम उदारा, इहि रन भा अस मंजस भारा।
संभु प्रलय कारी वलवाना, वध न होइ किय जुद्ध निदाना।
जिमि तुम्हारा मख पूरन होई, उर विचार कीजौ प्रभु सोई।
इहि प्रकार मख मन करत विचारा, रघुनायक गुन चरित उदारा।

छंद.:–तव लगि तिहि काला परम कृपाला प्रगट भए श्रीरामा।
सोभा सुख यैना राजिव नैना सुंदर तन घन भयामा।।
आनद छवि रासी, परम प्रकासी, सरद चंद दुति हारी।
कोटिनि रति नाहा लखि वपु छाछा सकुचहि निज उर भारी।।
भ्राजहिं वर माला पुंड रसाला भ्रकुटी कुटिल विराजै।
श्रुत परम सुहाए मुनि मन भाए नासा सुक मुख लाजै।।
गंडस्थल रूरे वहु छवि पूरे रद पट अरून रसाला।
छवि ससि कर हारी अति दुति कारी, चिवुक अनूप विसाला।।
दर सरस सुग्रीवा अति छवि सीवा अंस उच्च मन मोहै।
भंज सुभग निदाना सुंड समाना पानि अरून अति सो है।।
हिय परम विसाला चिन्ह रसाला द्विज पद श्री मनि भ्राजै।
पुनि उदर उदार छवि आगारा त्रवली विसद विराजै।।
सुनु मुनि मति धीरा नाभि गंभीरा जमुन भ्रमर करि हाँसी।

कटि परम सुहाई अति छविछाई सिंघ लंक लघु लासी।
भुज जंघ अनूपा कदलि सरूपा जानु अतुल दुति कारी।
नव पंकज चरनं भव भय हरनं मृदु मंजुल मनुहारी।।

दो.:– धरै सुवा मृग श्रंग कटि, मंद मंद मुसिक्यात।
जग्य साज साजै सकल, मख दीक्षत वरगात।।
रन मंडल इहि वेश प्रभु, प्रगट भए तिहि काल।
सत्य कीन्ह निज जन वचन, को अस दीन दयाल।।

सोरठा:–तिहि अवसर मुनिराइ, रामहि निरख्यौ सत्रघन।
अस विस्मय उर पाइ, मधुसूदन हरशित भए।।

इति श्री पदम पुराणे पाताल खंडे सेस वात्सायन सम्वादे मधुसूदन दास कृते राम समागमो **नाम पंच चत्वारि सत माध्यायः४५**।।

।।जय श्री राम।।

अध्याय ४६ प्रारम्भ

दो.:– प्रनतारत भजन सुखद, रघुनायक कहँ देखि।
कीन्ह दंडवत सत्रघन सुनु मुनि पुलकि विसेशि।।

चौ.:– अति दारून मन संभव त्रासा, भई विगत हिय परम हुलासा।
तव लागे समर समीर कुमारा, निरखे प्रभू सोभा आंगारा।
अति अचिरज आंनद समेता, गहै जुगल पद सोभ निकेता।
पुस्कलादि जे नृप समुदाई, परे , बोले मृदल वचन हनुमाना।
सुनहु स्वामि तुम प्रथम वखाना, जन रक्षा हठि करहु निदाना।
सोपंन आजु सत्य दरसावा, प्रगटि समर बहु दुश्य नंसावा।
नाथ भयौ मै। धन्य वनाई, तुव पद निरखि अभय पद दाई।
अब जति हुँ सिव कहँ छिन माहीं, तुम्हरे बल प्रताप सक नाहीं।

दो.:– इहि विधि प्रभु प्रति वचन मृदु ,कहत जात हनुमान।
तब लगि उत श्री सभु नै. निरखें कृपा निदान।।

चौ.:–कोटि मदन छवि डारियबारी, जोगेश्वर नहि सकै निहारी।
अस सरूप भरि लोचन देखी, गहेधाय' पद हर्श विसेशी।
पुनि मृदु सरल विनीत सुवानी, बोले संभु जोरि जुग पानी।
तुम प्रभु परम पुरूश अविनासी, परं ब्रह्म पूरन स्व प्रकासी।
प्राकृत गुन अवगुन समुदाई, सदा रहित श्रुति कीरती गाई।
सकल कला निधि परम उदारा, संतत मन गो वुधि तै पारा।
नजभक्तनि वंछित फलदाई, सदा स्वतंत्र अखिल जगराई।
तुम करि अंस कला विस्तारा रचहु हरहु पालहु संसारा।
पृ.112 प्रा.

छन्द.:–जय राम उदार नमामि पंद, सुनियै मम सत्य गिरा सुखंद ।
तुव नाम चरित्र अंनत प्रभो,.किहि अंग बखानहु पर्म विभो ।।

जय दैव निरन्तर गान करै, करूनाकर त्यौ हम चित्त धरै।
द्दमियै अपराध कृपाल सवै, विनवौ पद पंकज द्वंद अवै।।
तुम पूरन ब्रह्म प्रधान परं, प्रनतारत मोचन सर्व परं ।
जब ही जग संभव हेत धरौ, तुम ही विधि कौ निरमान करौ।।
प्रति पालहु श्रीपति रूप स्वंय,बिरचौ जग नासन हेत वयं।
यह जक्त समस्त चरित्र तुमं, प्रनवौ अब मैं तुव पाद द्वयं।।
तुम परम पवित्र कृपाल हरे, सतं सुद्ध मयं तन ग्यान मरे ।
तुव नाम महा अघ पुंज दलं, इमि वेद पुरान कहै सकलं।।
यह जग्य करौ करूनायतनं, पनठानि दसानन दोश हनं।
जग मध्य विडंवन कीन्ह महा, तुम पर्म पुनीत श्रुतीनि कहा।।

दो.:– तुव पद पंकज सोचतै, प्रगटी गंगा पुनीत।
प्रभु सो मै निज सीसधरि, भंजहु देम अनीति।। 2।।

चो.:– किहिं विधि लगहि तुमहि द्विज दोशा, नाम एक अघ अंध ससोखा।
मश करि जगहि दीन्ह उपदेशा, सपनैउ तुमहि न अघ लव लेसा।
प्रभु मैं कीन्ह घोर अपराधा, तुम्हारे दलहि दीन्ह अति बाधा।
सो अघ छमहु प्रनत भय हारी, अस्तुति किहि विधि करहु तुम्हारी।
मैं तुम्हार किंकर भगवाना, करहु कृपा तुम कृपा तुम कृपा निधाना।
प्रगटे निज भक्तनि हितलागी, सो प्रभाव जाना जन रत्गी।
किय अपराध जदपि मैं जानी, जदपि द्दमहु निजपद पहि चानी।
प्रभु मुहि इति महीपवस कीन्हा, तिहि ते उर विवके नहिं चीन्हा।

दो.:– प्रथमहि इहि महिपाल नै, पुर उज्जेनि मझार।
काली कौ मंदिर जहाँ, राजहि , अति दुति कार।।3।।

चौ.:– सिप्रा सरित मज्जि हरशाई, कीन्ह विपुल तय उग्र वनाई।
तव मैं हुई प्रसन्न रघुराई, बोले वचन भूप प्रति जाई।
मागु मागु वर जो मन भावा, नृपजच्यो तव राज सुहावा।
इहि प्रकार सुनि मैं तिहिकाला, वोल्यौ प्रभुदित वचन रसाला।
नृप ता नगर देव पुर केरी, करहु जई लै सेन घनेरी।
जव लगि आव नरघुपति वाजा, तब लगि मैं वसिहौ पुर राजा।

करि हौ रक्षा सकल प्रकारा ,इहि विधि मैं पूरब वर हारा।
अव अपराध छमहु रघुराई, तुम कृपाल प्रनतनि सुशदाई।

दो.:– अव हय नृपति कृपायतन, सुत पसु स्वजन समेत।
तुरग समर्पहि विगत मद, कृपा करहु निरहेते।।4।।

चौ.:– इहि विध सुनि संकर मुख वैना, भए मुदित अति राजिव नैना।
कृपा दृश्टि करि निरखि कृपाला, बोले गिरा गभीर रसाला।
साधु साधु तुम संभु सुजाना, परम भक्त सम बुद्धि निधाना।
कहै वेद बुध मुनि समुदाई, रक्षिय सरनागतहि बनाई।
तुम निज भक्त भूप प्रति पाला, भली कीन्ह यह धर्म विसाला।
संभु सुनहु मैं कहौ बुझाई, परम गोप्य मति जिमि श्रुति गाई।
मम सेवक जे मन कृम वानी, उर अनन्य नहि परगति जानी।
मो सम पूजनीय ते ताता, विगत मान मद कवनैहु जाता।

दो.:– भक्त सिरोमनि संभु तुम , मुहि प्रिय प्रान समान।
मम उर मै तुम वसहु नित, मैं तुव हृदय निदान।।5।।

चौ.:–जिन यह वोध हृदय नहिंधारा, वृथा विरोध करहि संसारा।
ते खल कल्प सहस्त्र प्रजंता, वसहि नर्क लहि दुःख अनंता।
अस विचारि मम भक्त सुजाना , पुनि तुव सेवक चतुर निदाना।
उर तै वैर भाव विसराई, करहि परसपर परम मिताई।
रघुनायक के वचन रसाला, सुनि महेस हरशे तिहि काला।
मूर्छित परयौ वीर मनिभारी, परसि सीस करि विथा निवारी।
कीन्ह सजीव ठाढ़ नृप भएऊ, सिव प्रसाद तन सुंदर लहेऊ।
पुनि निज गन अर, सव कटकाई, किय सजीव दिन महँ मुनिराई।

दो.:– सिव प्रेरित तव वीरमनि, सकल कुटुंव समेत।
विगत काम श्रीराम पद गहे सोभ संकेत।।6।।

चौ.:–धन्य महीप वीर मनि सोई, भरि लोचन रघुपति छवि जोई।
अति दुर्लभ प्रभु दरस सुहावा, बड़े कश्ट जोगी जन पावा।
सोलहि आपुहि मानि कितारथ, बड़ भागी जाना परमारथ।

वृहमादिक पूजित भा भ्पा, प्रभु सरनागत पाई अनुपा।
को कवि वरनि सकै नृप भागू, निरवहि रूप सहित अनुराग।
भूप सत्रघन पुस्कल वीरा, हनुमदादि जे भट रनधीरा।
सवनि प्रेम जुत मिले भुवाला, त्याग्यौ वैर भाव बिकराला।
कोन्ह समर्पन प्रभु मख वाजी, राज कोस सर्वस निज साजी।

दो.:– अति कृपाल रघुवंशमनि, सकल वस्तु अपनाई।
पुनि महीप कहँ सोंपऊ बहु प्रंससि हरशाई।।7।।

चौ.:– सब विधि सबहितोशि भगवाना, भए विलोकत अंतरध्याना।
सुनहु सूत दोउ राज समाजा, बोले अति विस्मय मुनिराजा।
हम रघुपतिहि मनुज करिजाना, वरनहि किहि विधि निज अग्याना।
राम अखिल लोकनि के राऊ, आजु दीख हम सत्य प्रभाऊ। पृ.113प्रा.
जल थल जड़ जंगम मय रामा, जानी पंरब्रह्म पर धामा।
इहि विधि कहैं परस्पर वचना, निरखि स्वामि कृत अद्भुत रचना।
वीरमनिहि सिव करि प्रभु सरना, अंतर हित पुनि भे दुख हरना।
गननि समेत गए कैलासा, सुमिरि राम पद सहित हुलासा।

चौ.:– मिलहि परस्पर भट समुदाई, परम प्रीति जुत वेरे विहाई।
वजै वाजनै विविधि प्रकारा, संख मेरि दुंदुभी अपारा।
राम वंधु प्रमुदित तिहि काला, बोलि समीप सकल महिपाला।
मनिमय स्पंदन हुई असवारा, चलन हेत तव कीन्ह विचारा।
भूप वीरमनि उर हरशाई, चढ़ि रथ साजि सकल कटकाई।
जाई सत्रघन पद सिर नावा, निरखि राम सेवक मनभावा।
सुनु मुनि भूप परम वड़भागी, तनम न वचन प्रेम मति पागी।
गति अनन्यता हिय महँधारी, चातक मीन दकंज अनुहारी।

दो.:– तिहि अवसर रिपुदहनकर, अनुसासन भट पाइ।
मश तुरंग त्यागत भय, उर उत्साह वड़ाई।।9।। क

दो.:– अस्त्र सस्त्र सजि विविधिविधि, सजग सुमर समुदाहा
निरखत चले तुरंग कह, विस्मिह जुत हरवाइ।।9।।

सोरठा.:– यह रघुनाथ चरित्र, जो राप्रेम सुनि है मनुज।
करि तिन परम पवित्र, भव रज अवसि न व्यापि है।।9।।
इति श्री पदम पुराणे पाताल खंडे सेस वात्सायन स्वादे मधुसदन दास कृते हय प्राप्ति नाम **ाश्ट चत्वारि संतमोउध्याय ।।46।।**

दो.:– भरत खंड के अंत महँ, हिम गिरि परम उतंग।
कोटिनि मर जुत सुनहु मुनि, पहुँच्यौ तहाँ तुरंग।।

चौ.:– जोजन अयुत उतंग समाना, श्रंग रजत हाटक मय नाना।
तिहि समीप उद्यान विसाला, विविध वृक्षफल सुमन रसाला।
साल तमाल ताल वहु सोहै, कोविदार पुनांग विमोहै।
सुमग करणिका नाग कदंवा, सोमितं सकल अनेकनि अंवा।
देवदारू तह ताल पनस तर, चंदनादि मंदार सुखाकर।
श्रीफल दाड़िम वेलि सुहाए, अपर अनेक वृक्ष छवि छाए।
चंपक वकुल मदन मन मो है, माधव द्रक्ष वृक्ष वहु सो है।
सोन जुही केतकी सुहाई, मोलसिरी मालति छवि छाई।।

दो.:– अपर सुमन द्रुम सकल तहँ, सोहत विविध प्रकार।
लहि सुगंध हुइ मत्त अलि, तिनि पर करहिं गुंजार।।3।।

चौ.:– चक चकई चकोर पिक श्रेनी, कोकिलादि मुनि मन हर लैनी। केकी कीर कपोत मराला, बोलहिं विविधि विहंग रसाला।
मश तुरंग मन गति अनुहारी, किय प्रवेस तिहि विपिन मझारी।
हेम पत्र सिर सोभ सुहावा, जाइ पंथ डर आनद छावा।
निहि फदे आवहि रघुनाथा, दल चतुरंग उदधि इव साथा।
वात्सायन मुनि सुनु मनधारी, तिहि अवसर भा अचरज भारी।
आकस्मात तुरग वन माहीं, भयौ थकित मग चलि सक नाहीं।
हिम गिरि सम मा अचंल वनाई, मन मारूत इव गतिहि बिहाई।

दो.:– अचल अश्व तिहि समय लखि, रक्षक विस्मय पाई।
ताड़न कोन्है कसाबहु, सक्यौ न गात डुलाई।।2।।

चौ.:– तव अकुलाइ सकल रखवारे, जाइ सत्रघन निकट पुकारे।

स्वामि सुनहु हम मर्म न जाना, अचरज भा नहि जाई वखाना।
मश तुरंग इहि विपिन मझारा, चले जात मन गति अनुहारा।
आकस्मात पंथ ग्रसि गएऊ, हलै कसावहू तदपि न चलेऊ।
अब जंस प्रभु उर पेरे विचारा, करहु सोइ जिमि होइ न वारा।
रिपुसदन इहि विधि सुनि काना, कटक सहित विस्मय अति माना।
सकल सेन जुत गे पुनितहँवा, ग्रसित गात हय वन महँ जहँवा।
तिहि अवसर श्री भरत कुमारा, पकरि अश्व पद वाहु मझारा।

दो.:– बल संम्हारि मुनीस सुनु, पद उठाई तिहि काल।
अंचल चरनभा मेरू इव, तिल समान नहिं चाल।।3।।

चौ.:– अवसर सकल भट वल करि हारे, रिच्छादिक अंगद कपि मारे।
तिलभरि हय पद सकहि न टारी, विविधि भाँति वल कीन्ह सम्हारी।
अस कौतिक विलोकि हनुमाना, गे समीप गुनि हरुव निदाना।
हय लपेटि लंगूर मझारा, पुनि उठाव वल सकल सम्हारा ।
त्रण समान हय चरन न चाला, कपि विस्मय तव मानि विसाला।
बेले वचन महा सकुचाई, सुनहु सत्रघन भट समुदाई।
मैं विनुश्रम लंगूर मझारी, किंदुक इव द्रोना चल भारी।
वार अनेकनि लीन्ह उठाई, अपर सैल वहु द्रम समुदाई ।

दो.:– नंदीगन जुत संभु कहँ, लीलहि लीन्ह उठाई।
कहा वापुरौ बाजि यह, तिल सम तन न चलाई।।4।।

चौ.:– अति अजरज मैं इहिपल पावा, हय चरित्र नहिं परै लखावा।
अपर सूर सब रहै उठाई, कवन हेत नहिं घरनि अचरज माना।
कपि वानी इहि विधि सुनि काना, रामबंधु अति अचरज माना।
बोले सुमति सचिव सन वानी, तात सकल मुहि कहौ बखानी।
कवन हेत महि ग्रस्यौ तुरंगा, पुनि किमि चलइ होइ दुखभंगा।
अस सुनि सुमति बोलि तिहि काला, सुनहु स्वामि तुम बुद्धि विसाला।
त्रकालग्य कोउ मुनि तप धामा, खोजहु तिनहि त्यागि सब कामा।
करि है ते सब संसय दूरी, तात मुनिन की मति अति रुरी।

सोरठा.:– जग प्रसिध्द जो ग्यान, कौ केवल निज देस कर।
सो हम करहि बखान, गाथा न जानहु अपर मैं।।5।।

चौ.:– सुमति गिरा सुनि परम सुहाई, निकट बोलि निजभट समुदाई।
कहेऊ मुनीसनि खोजहु जाई, काम क्रोध अभिमान बिहाई।
सुमर सकल अनुसासन पाई, खोजन लगे चहूँ दिसि जाई।
पुनि आपुनु प्रभु सहित समाजा, विचरत फिरहिं मुनिन के काजा।
कितहु न निरखि पेरे मुनि कोई, विपिन सरित गिरित गिरि कंदर जोई।
सुनु मुनि अनुचर एक सुजाना, जहँ तहँ खोजत फिरहि निदाना।
तजि दल जोजन एक प्रमाना, प्राची दिसिगा बुद्धि निदाना।
अति पुनीत आश्रम तहँ देखा, विचरहि खग मृग मुदित विसेशा।

दो.:– निकट वहे सुरसरि तहाँ, अति पुनीत विख्यात।
दरस परस सुमिरन कियै, महापाप नसि जात।।6।।

चौ.:– विगत वैर विचरहि सब जीवा, आश्रम परम धर्म की सीबा।
सुरसरि भंजन केर प्रताप, तनम न वचन सकल निः पापा।
छूटि रहीं तरू लता अनूपा, सूखि जाहिं निरखत दुख रूपा।
तिन विच राजहिं मुनि तपरासी, करत बिविधि तप धर्म प्रकासी।
अग्नि होत्र कोऊ करहिं सुहाए, कोउ मध्यान माहि लौ लाए।
धूमपान कोउ करहि अद्योमुख, कोऊ भरवहि बात अपनै मुख।
करहि विविधि तप इमि मुनि वृंदा, विगत मान मद सहित अनंदा।
अनल होत्र वर घूम पुनीता, परसत छूट घोर अघ भीता।

दो.:– सौनक मुनि आसीन तहँ, अति उदार तप रासि।
मगन राम सिय ध्यान महँ, वेद रुप आमासि।।7।।

चौ.:– रघुनाइक सेवक मुनिराई, वूझि नाम उर मोद वढ़ाई।
निकट आई रिंपूसूदन पाहीं, कीन्ह निवेदन विस्मित ताहीं।
सकल समाज सहित रघुराई, हरशित भए अपार बनाई।
कछुक भीर लीनी निज संगा, जे श्रुति पथ कोबित सब अंगा।
सुमति भरत सुन पवन कुमारा, जनक तनय जुत हर्श अपारा।
सुरसरि निकट सुआश्रम जहँवा, जाई दीख मुनि वर कहँ तहँवा।

होम हुनासन मध्य सुकरही, विधिवत वेद मंत्र उच्चरही।
मनहु ग्यान धरि रुप सुहावा, सहित समाज सोभ अति पावा।

दो.:– जाहि निकट तव सत्रघन, मुनि पद कीन्ह प्रनाम।
प्रमुदित डर सव जननि जुत, प्रथमहिं कहि निज नाम।।८।।

चौ.:– सौनक मुनि लखि अतिथि सुहाए, स्वागत करि आसन बैठाए।
पुनिवर वचन मुनीस उचारे, कारन कवन भूप पगु धारे।
तुब परिजन गरु जग माहीं, सहसा नृप जन विचरत नाहीं।
जो न फिर हु तो सुनहु भुवाला, वढ़हि विश्व महँ खल विकराला।
होंइं साधुजन दुखित अपारा, तिहि ते विचरन धर्म तुम्हारा।
कहौ सत्रघन भूप सजाना, किमि कीन्हौ आगमन निदाना।
इहि विधि सुनि सौनक मुख वानी, हरशे सकल वीर भटमानी।
गद गद सिर पुलकित तिहि काला, बोले रिपुहन वचन रसाला।

दो.:– सुनहु मुनीस उदार मति, विस्मय एक विसाल।
तुव आश्रम के निकट ही, कानन मध्य कृपाल।।९।।

चौ.:– राम चन्द्र मश वाजि सुहावा, मन गति जाहि स्ववस तहँ धावा।
आकस्मात धकित सोभएऊ, मरु समान अंचल है गएऊ।
पुस्कलादि भट थकेऊ उठाई, तिल समधरनि न सके छुड़ाई।
हम दुख जलधि मगन मुनिनाथा, जिहि विधि छुटै कहौ सोई गाथा।
इहि प्रकार सौनक सुनि काना, निमिश एक लगि कीन्हैऊ ध्याना।
ग्यांन द्रशिट सव चरित निहारी, वोले पंकज नैन उधारी।
सुनहु सचेत सत्रघन भूपा, अचल भयौ जिति अश्व अनूपा।
श्रवन परत यह कथा प्रसंगा, है है अवसि संकल भ्रम भंगा।

दो.:– गौण देस महँ प्रथम नृप, कावेरी सरि तीर।
सात्विक नाम सुविप्र इक, तहँ तप कीन्ह गभीर।।१०।। पृ.११५।। प्रा.

चौ.:– दिवस एक करि नीर अहारा, दिन दूसरै मरुत उर धारा।
दिवस तीसरे पवन न नीरा तपै अनल होई मगन सरीरा।
बहुत काल बीते महिपाला, ग्रसे आइ द्विज काल कराला।

तिहि अवसर विमान इक आवा, नाना मनि गन रचे सुहावा।
सुभग अपछरा से वै ताही, रुप रासि दामिनि दुति आही।
निकट बिलोकि जान दुति कारा, चढ़े विप्र उर हरशि अपारा।
कंचन गिरि के सिरिवरि सुहाए, कीन्ह विहार जाइ मनभाए।
जांवू नंद वृक्ष तहँ भाजै, अति उतंग निरखत दुख भाजै।

दो.:– तिह प्रगटी सरिता वर, जामवती असनाम।
दिव्य हेम जिहि पंक कौ, अभरन धरि सुरवाम।११।।

चौ.:– तिहि तर विशै महा मुनि वृंदा, करहि विविधतप सहित अनंदा।
कोउ त्रकाल संध्या अनुसरही, विहित निज धर्मनि कर ही।
सात्विक द्विज तहँ विविध प्रकारा, लियै अपछरनि करै विहारा।
काम विवस उर रहा न ज्ञान, वैभव निरखि प्रगट अभिमाना।
जाम वती तट मुनि तप धामा, संध्यादिक नित करहि अकामा।
तिन सन्मुख दिन प्रति द्विज सोई, बैठि दंभ जुत मुनि कर जोई।
परसहि गात करहि इमि हांसी, एक दिवस लखि मुनि तप रासी।
दीन्ह साप करि कोप अपारा, राक्षस होहु कुमति आगारा।

दो.:– तव सात्विक अकुलाई उर, गहि पद वचन उचार।
मुनि कृपाल की जै कृपा, मैं खल अधम अगार।।१२।।क
वोले विहसिरिशी तब, क्रोधवेस विहाई।
जव आवहि श्रीराम हय, ग्रसियौ ताहि वनाई।।१२।।ख
राम चरित सुनि हौ जवै, तव छुटि है मम साप।
है है मुक्ति अवस्य तुम, श्री रघुनाथ प्रताप ।।१२।।ग

सोरठा.:– भयौ निसाचर घोर, सात्विक नाम सुविप्र इमि।
तिहि हय ग्रस वर जोर, वरनहु प्रभु जस छुटहि सो।।१२।।घ
इति श्री पदम पुराणे पाताल खण्डे सेस वात्सायन संवादे मधुसूदनदास
कृते शाप विमोचन कीर्तन नाम **सप्त चत्वारिशोध्याय।।४७।।**

दो.:– सौनक मुनि मुख वचन सुनि,लवनांतक तिहि काल।
चरन बंदि बोले तवै, विस्मय ह्रदय विसाल।।

चौ.:– नाथ कर्म गति गहन अपारा, अति बलवान सकल संसारा।
तप निधान द्वज सात्वक नामा, करत भोग बहु लहि सुखधामा।
पुनि जिहि कर्म निसाचर कीन्हा, प्रथम पुन्य फल दलि सुख दीन्हा।
तुम मुनि सब विज्ञान निधाना, गहन कर्म गति करहु वखाना।
किहि अघ कवन नर्क नर लहहीं, सकल कहौ मुहि जिमि श्रुति कहहीं।
सुनि सौनक बोले हरशाई, रघुकुल मनि तुम धन्य वनाई।
जदपि विस्व पर बुद्धि तुम्हारी, सदा धरा पर मोद बिहारी।
वूझहु तदपि जगत हित लागी, तुम उदार दीननि अनुरागी।

दो.:– विविध कर्म गति कहऊ मैं, अति विचित्र जगमाहि।
श्रवन करत महिपाल मनि, होई मोक्ष सक नाहि।।१।।

चौ.:– परधन पर सुन पुनि पर नारी, हरहि मोह वस जे अविचारी।
तिनि कहँ जम किंकर वलभारी, वरवस काल पास मै डारी।
नर्क अंधता मिश्र कराला, जाहि निपातहिं कराला।
वर्श सहस्त्र लागि तिहिमाहीं, वहु प्रकार त्रासहि सक नाहीं।
भोंगि सकल अघफल समुदाई सकर जोनि होई पुनि आई।
तहाँ दुःख लहि विविधि प्रकारा, पावहि लोग सव कोई।
जे नर भूत द्रोह नित करही, केवलि निज कुटुंव कहँ मरही।

दो.:– तिनहि त्रास दै विविधि विधि जम किंकर अति घोर।
नरक अंधता मिश्र विच, डारि दैहि वर जोर।।२।।

चौ.:– वृथा जीव वध जे नर करही, रौख नर्क जाई ते परही।
पुनि जे अजितेंद्री अघ रासी, स्वाद हेत खल कुमति प्रकासी
वधै जीव करि आमिश भोगा, महामंद जानहु ते लोगा।
नाना विधि करि ताड़न भारी, समन पास करि बाँधि प्रचारी।
नरक महा रौरव विख्याता, करहि निपात जाइ सुनु भ्राता।
पितु विरोध जे निरत निदाना, पुनि संतत करि द्विज अपमाना।
तिनहि समन किंकर विकराला, विविधि भांति हति करहिं विहाला।

दो.:– घोर नर्क विख्यात अति, काल सत्र जिहि नाम।

जोजन अयुत प्रमान महँ, सुनहु भूप वलधाम।।३।। पृ.११६ प्रा.

चौ.:– वर वस ताहि निपातहि जाई, विपुल काल लगि वास कराई।
धेनु विरोध करे खल जोई, परै आइ इहि नर्कहि तेई।
रोमावली तासु तन जेही, वसै सहस्त्र वर्श अपि तेही।
जे महीप दुर्मति जग माहीं, नीति शास्त्र पथ निरखत नाहीं।
विनु अघ करहि प्रजा पर दंडा, ताड़हि पुनिभू सुरनि प्रचंडा।
सूकर मुख इक नर्क कराला, परै तहाँ खल विपुल विहाला।
कोल मुखी जम भट भय कारी, तिनहिं निपातहि तासु मझारी।
विविधि त्रास तहँ भोगि वनाई, मंद जोनि पुनि प्रगटहि आई।

दो.:– विप्र वृत्ति महँ वित्त जग, हरहि स्वाव करि जोइ।
तथा धेनु कहँ मोह वस, त्रासैधन हित सोई।।४।।

चौ.:– ते खल अंध कूप मै जाई, परै अधोमुख दुख अधि काई।
अपर सुनहु रिपुहदन सुजाना, मधुर वस्तु जे जानि निदाना।
भोगहि आपु स्वाद हित लागी, देव सुहृद विहाइ हतभागी।
तिनहि पकरि जम भटवर जोरा, कृमि भरव निरय डारि अति घोरा।
ताड़न करि तिहि विविधि प्रकारा, सदा करावहि कृमि आहारा।
पुनि ते सठ विनु आपद काला, हरहि कनक पर लोभ विसाला।
दूसर ब्रह्म अंस अप हारी, हतहि इनहि जम भट भय कारी।
दंस नाम इक नर्क प्रचंडा, परै तहाँ लहि त्रास अखंडा।

दो.:– जे पोशै निज गात नित, परिहरि सव परिवार।
पुनि जे नर पर तियन में, करै रमन संसार।।५।।

चौ.:– तिनहूँ धरि वरवस जमदूता, ताड़न वहु विधि करै वहुता।
कुंभी पाक नर्क विख्याता, दारून तप्त तेल निध ताता।
अधो वदन करि करहि निपाता, वसै वर्श वहु अति विलखाता।
जे नर वरवसं श्रुति पथ खंडै, तजि सत धर्म वाम मग मंडै।
वैतरनी सरि ते खल परहीं, रुधिर मांस तहँ मक्षन करहीं।
अपर सुनहु जे लघुमति कामी, होइं तनय हित विशली गामी।
ते खल पूप कुंड करिवासा, विविध प्रकार लहै तहँ त्रासा।
प्रगट दंभ जे कुमति निदाना, वंचत जगहि न वेद प्रमाना।

दो.:–सकल त्रास प्रद नर्क इक, वैसानन तिहि नाम।
मिलै हलाहल असन तहँ, सपनैउ नहि विश्राम।।६।।

चौ.:– विकट समन किंकट रघुराई, ताड़न करितिहि डारहि जाई।
जे सठ अधम वाम अनुरागी, कै कुलीन तियरत हतभागी।
रेत कुंड मै ते अघ मूला, करहि निवास लहै ते सूला।
प्रगटै तहाँ ह्नुधा अतिभारी, रेत पान सोई करै दुखारी।
सुनहु सत्रहन भूप उदारा, जे जग चोर कुमति आगारा।
अनल लगाइ दैइ सठ जेई, करि विश्वास गरल प्रद तेई।
लूटहिं भवन ग्राम जे मंदा, पर अनहित ता कै अघ कंदा।
तिनहि प्रेत पति भट विकराला, वधे विविधि करै बिहाला।

सोरठा.:– सार मेय असनाम, नर्क घोर विख्यात जग।
विविध सूल कौधाम, परै जाइ ते मंदमति।।७।।

चौ.:– मृशा साखि जे भरहि विमूढ़ा, पुनि पर वित्त हरहिं जे गुढ़ा।
सूची वदन नर्क ते परहीं, वहु विधि जम भट ताड़न करहीं। पृ.११६अ.
विविधि त्रास वहु विधि करिभोगा, प्रगटहिं मंद जोनि जुत रोगा।
स्वाद हेत जे मं अभागे, सुरापानि महँ अति अनुरागे।
लोह दाहि कर तोय समाना, जम भट तिनहिं करावहि पाना।
करहि मूढ़ जे गुरु अपमाना, निज विद्या आचरन भुलाना।
कोपि निसंक प्रेत पति दूता, वाँधि तिनहिं दै त्रास अकूता।
क्षार नाम एक नर्क प्रचंडा, करहि निपातन करि वहु खंडा।

दो.:– दुसह दुःख भोगहि तहाँ, छिन छिन गरहि सरीर।
सुमिरि सुमिरि अपराध निज, रोदन करहिं अधीर।।८।।

चौ.:– जो विश्वास घांत जग करहीं, वेद धर्म पुनि चित्त न धरहीं।
तिनकौ मिलहि सूल विकराला, जिहि तै छुटै अनल कन माला।
जे संतत करि पिसुन पराई, तिनकी गति मैं कहौ बुझाई।
सब तै कठिन नर्क इक ताता, दंद सूक जग मै विख्याता।

परै जाइ तहँ ते कु विचारी, डसहि भुजंग विपुल विशधारी।
इहि विधि अमित नर्क नृप जानौ, गैं तुम सन किहि भाँते वखानौ।
जे जस पाप करै जग माहीं, ते तस नर्क लहै सक नाहीं।
जिनि रघुपति जस सुनैउ न काना, पर उपकार न जिन उर आना।

दो.:– सकल नर्क महँ परहिते, सहै. महा दुख जाल।
प्रेतराज भर हतहि बहु, छुटै न कवनेउ काल।।६।।

चौ.:– जे नर इहाँ अनंद विलासी, ते जन जानहु सुर पुर वासी।
जे अति दुखित सदा तन रोगी, जानहु तिनहि निरय कर भोगी।
वात्सायन इमि सुनि रघुराई, छिन दिन कंपन लगे वनाई।
जोरि जलज कर वोले वानी, विश्वहेत संसय रस सानी।
कहौ महा मुनि मोहि बुझाई, त्रकालग्य तुम जग सुख दाई।
किहि अघ कंवनचिंन्ह तन होई, करि विस्तार वखानहु सोई।
सुनि सौनक बोले हरशाई,महाराज मैं कहौ बुझाई।
प्रथमहि कीन्ह सुरा जिन पाला, ते खलभोगि नर्क दुख नाना।

दो.:– तद नंतर ते कुमति निधि, धरहि गात जव आनि।
स्याम दसन पावै तहाँ, तान सत्य जिंय जानि।।१०।।

चौ.:– भक्षा भक्ष असन जिन्ह कीन्हा, जग प्रसिद्धि यह तिन कर चीन्हा।
गुलम रोग तिहि जठर मझारा, प्रगट होई अपजस आगारा।
पुनि जे नर अविवेक निसाना, रितु वंती तिय जानि निदाना।
तासु पानि परसत दिन तीनी, करै असंन नहिं धर्महि चीन्ही।
तिनि के उदर माँहि कृमि होई, वरनहु अपर सुनहु नृप सोई।
अधम नारि कर पाक वनावा, करहि असन जो ग्यान ने ल्यावा।
मंद गंध तन तिन के आवै, संगम करत चित्त भ्रम पावै।
जे सुपाक करि विविधि प्रकारा, हरि अर्पन विनु करहि अहारा।

दो.:– घोर रोग तिनि के जठर, प्रगट होइ नर नाथ।
महा व्याधि वस कुमति ते, सदा धुनहि निज माथ।।११।।

चौ.:– जे पर पाक विदूशित करही, दुश्ट सील पापनि संचरही।
तिनकी जठर अनल भव मंदा, करहि न असन सहित आनंदा।
प्रानिन गरल देइ खल जोई, छरद रोग तिनके तन होई।
जे मारग नासहि जग माहीं, तिनकै चरण रोग सक नाहीं।
करहि सदा जेपिसुन पराई, कास स्वास रोगन ते पाई।
जे जग वंचक कपट निधाना, अपस्मार लहि रोग निदाना।
त्रासहि जे जीवनि संसारा, दास सूल तिन गात मझारा।
दावा नल जे दैहि लगाई, तिन कर चिन्ह कहौ समुझाई।

दो.:– गुद मग श्रोनित श्रवहि ते, दिन दिन कृसहि सरीर।
चिंता मगन रहै सदा, उदर होइ अति पीर।।१२।।

चौ.:– जे खल सुर मंदिरनि मझारी, अथवा कूप सरित सरवारी।
करहि पुरीश ना ग्यान विचारा, होई तासु गुद रोग दुरवारा।
गर्भ निपात करहिं नर जोई, फीहदिक तिनिके तन होई।
पुनि जे सठ प्रतिमा करि खंडा, ते पावहि जग अजस प्रचंडा।
जिनहिं सदा कटु वचन पियारा, होंइ भंग तन ते संसारा।
जे निंदक जग अवगुन धामा, तिनि के सीस केस नहि जामा।
जे जन सभा माँझ रघुराई, मृशा पक्ष हठ करहि वनाई।
तिन कर पक्ष घात अपि होई, दारुन त्रास सहै जग सोई।

दो.:– अपर सुनहु श्री सत्रघन, जे नर करि पर हास।
ते अपि का नै हौहि जग, कुनशी कुमतिनि मास।।१३।।पृ.११३.म.

चौ.:– नृप पर ताम्र चुरावहि जोई. थाथी तासु गात मै होई।
पुनि जे सठ पर कांस्य चुरावै, सित सरीर ते जग मै पावै।
पीतरि चोर चीन्ह जग जाना, सिरग चींप गल होइ निदाना।
जिन पर सीस हरामहि पाला, अर्ध सीस तिहि होइ कराला।
पर घृत हरहि लोभ वस जोई, मंद रोग तिनके द्रग होई।
हरहिं तुचा जे जन मतिहीना, होइ थूल अति ते बल छीना।
जे नर मधु अप हरहि परावा, अति कुगंध तिनके तन आवा।
लोह चोर गति कहौ वुझाई, तिहि तन वरनफ होइ वनाई।

दो.:– तेल चुरावन हार जन, जव जग धरहि सरीर।
तव तिनके अंसनि विशै, प्रगटहि दारुन पीर।।१४।।

चौ.:– जिन हरि सोज चोरि जग रवाई, विगत दसनते हौहि वनाई।
पुनि जे स्वाद हेत रघुराई, भोगहि ग्रह पकवान चुराई।
तिनकी जीह्व रोग जुत होई, हरशित भोजन करै न सोई।
मातु गमन जे करहि मलीना, ते जग प्रगटहि लिंग विहीना।
जे गुर तिय गामी अघ मूला, मूंत्र करत ते पावहि सूला।
पुनि निज सुता निरत जे कामी, रक्त कुश्ट ते पावहि वामी।
जे सठ स्वामि नारि अनुरागी, होहि दादु जुत सोहत भागी।
अपर एक सुनियै रघुराऊ, जे निज ग्रह सोपै सत भाऊ।

दो.:– तिनिकी तिय सन करहिरति, जेअस नरअघ रवानि।
ते जव धरहि सरीर जग, गज इव तुच पहिचानि।।१५।।

चौ.:– जननि भगिनि रति लघु मति जोई, दक्षन तन ता कै वृक्ष होई।
मातुल वाम गमन जो करहीं, धर्म राजभय ह्रदय न धरही।
सो अपि भोगि नर्क दुख नाना, पुनि सरीर जव लहै अपाना।
वाम अंग वृन दारुन होई, वरनो अपर सुनो मुनि सोई।
जे निज जनक वंधु तिय माही करहिं गमन उर संकहि नाही।
होइ कुशठ तिहि कंठ मझारा, अपजस करइ सकल संसारा।
मीत वाम सन विहरै जेई, महा पोच जानहु हिय तेई।
करहि काम वस विपुल विवाहू, जियै न नारि होइ अति दाहू।

दो.:– जे रवल कुमति स्वगोत तिय, रमहि न करहि विचार।
रोग भगंधर होहि, तिहि, सकल दुःख आगार।।१६।।

चौ.:– जे सुसील जग तापस वामा, पति देवता सकल गुन धामा।
तिनहि वंचि जो करहि विहारा, भोगहि नर्क सो विविध प्रकारा।
वहुरि सरीर धरै जग माही, रोग प्रमेह होइ सक नाहीं।
पूजनीय अति वुध जन वामा, तिन सन रमहि जेपि वस कामा।

तासु घ्रान वृन होइ निदाना, स्वास लेत दारुन दुख माना।
जिन दीक्षा दीनी संसारा, तिहि तिय सन जे करहिं विहारा।
संतत श्रवहि रुधिर ते लोगा, वरनन करौ बवर कछु रोगा।
पुनि जे कुमति स्वजाति विहारी, प्रगटहि वृन तिन ह्रदय मझारी।

दो.:– अति उतंग कुल वाम सन, जे विहरहि मति मंद।
तासुभाल विच होई वृन, वहु कराल दुख कंद।।१७।।

चौ.:– करहिं गमन जे पसुनि मझारा, ते सहि मूत्र धार दुख मारा।
अमित चिन्ह सुनुभूप सुजाना, मैं तुम सन किमि करौ वरवाना।
नर्क भोग जव आवहि प्रानी, तव तस रोग होइ तन आनी।
ऐसे नारि चिंन्ह पहिचानौ. जथा जोग अघफल अनुमानौ।
जिहि वय माझ कलुश करि जोई, तिहि अनुमान रोग लहि सोई।
नाना अघ नाना जग रोगा, जथा जोग पावहि जन भोगा।
दान पुन्य जप तप मश सेवा, नाना वृत तीरथ पुनि देवा।
अघ संघार करै सक नाहीं, भूप सुजान काल वहु माहीं।

दो.:– श्रीपति सुमिरन करत छिन, नसै पाप समुदाइ।
सत्य सत्य पुनि सत्य यह, वेद स्मृति अस गाइ।।१८।।

चौ.:– राम चरित पुनीत संसारा, सुनत सकल अघत करै सिंघारा।
कोटि उपाइ करौ किनि कोई, इहि विनु कलुश अमूल न होई।
राम चरित अनंत संसारा, अति पावन श्रुति स्मृति पुकारा।
कलुश पुंज कुंजर समुदाई, चरित्र प्रसिद्ध प्रवल मृग राई।
महा पाप जग जलधि समाना, प्रभु जस कुंभज मुनि अनुमाना।
पुनि उप पाप पुंज गिरि चंडा, रघुनाइक गुन जपि करि खंडा।
मन संभव अघ तिमिर अपारा, नाम दिनेस तेज आगारा।
तन वच आदि कलुश जग जेते, जान अजान अपर अघ तेते।

दो.:– तूल समूह समान ये, रघुपति चरित कृसान।
कहत सुनत समुझत सुजन, पावै पद निर्वान।।१६।।पृ.११८म.

चौ.:– श्री रघुनाथ सुजस सुनि काना, जे खल करि उपहास निदाना।

वसहिं सदा ते नर्कनि माहीं, कलपांतहु अपि उवरै नाहीं।
जाहु सत्रघन सहित समाजू, तजहु सोच ह्वै है तुव काजू।
सिय रघुवीर चरित सुखदाई, वरनहु तुरंग श्रवन महँ जाइ।
हुइ है मुक्त सत्य मम वेना, इहि विधि कह सौनक तप यैना।
सुनि रिपुदहन जोरि दोउ हा था, पुलक सरीर नाइ पद माथा।
विविध प्रकार विनय तव कीन्ही, पुनि सब सहित प्रदक्षिन दीन्ही।
सकल मुनिनि करि दंड प्रनामा, चले कटक अतुलित वल मधामा।

दो.:– सुनु मुनीस तव पवन सुत, कूदि गएऊ हय पास।
क्रम सौ रघुपति चरित सव, वरन्यौ सहित हुलास।।२०।।

चौ.:– पुनि वोले कपि वचन उदारा, द्विज लहु मुक्ति करौ किमि वारा।
श्री रघुवीर चरित्र प्रतापा, चढ्ढ विमान तजु मुनि जन श्रापा।
जाहु परम पद हर्श समेता, जहँ वसि नित्य मुक्त सुख लेता।
इहि विधि कहत समीर कुमारा, रिपुभंजन आए तिहि वारा।
तव कुजोनि द्विज छाड़ी सोई, सन्मुख दिव्य विमानहि जोई।
तिहि पर चढ़ि उर हर्श वड़ाई, जोरि पानि कह पद सिरु नाई।
तुव प्रताप रिपुहन कपिराऊ, पुनि श्रीराम चरित्र प्रभाऊ।
सब प्रकार मैं पावन भएऊ, जाहुँ परम पद अघ नसि गएऊ।

दो.:– अस कहि द्विज पद वंदि पुनि, गएऊ श्री आगार।
निरखि चरित यह सुभर सव, विस्मित भए अपार।।२१।।क

सोरठा.:– मरव तुरंग तिहिकाल, मधु सूदन उवरत भयौ।
हरशे सब महिपाल, विचरत ताहि विलोकि वन।।२१।।ख
इति श्री पद्य पुराणे, पाताल खंडे सेस वात्सायन संबादे मधुसूदन कृते
हय मुक्तो नामाश्ट चत्वारिंसोध्याय।।४८।।

दो.:– वात्सायन गहवर विपन मख हय सकल मझार।
सप्त मास बीते तहाँ मन महँ मोद अपार।

चौ.:– कोटिन नृप निज निज दल साजे, भ्रमहि वाजि संग जल निधि लाजै।
रिपुसूदन प्रताप चहुँ ओरा, धरनि सकहि कोउ हय वर जोरा।
भरत खंड अवगाहि वनाई, हिमि गिरि लागि देस समुदाई।
सीता पति प्रभाव सुनि काना, मिलहि पंथ नृप तजि अभिमाना।
छेस कलिंग अंग पुनि वंगा, विपुल ग्राम वहु सैल उतंगा।
वाजि राज निज इक्षा चारी, अवगाहे सव संग दल भारी।
पुनि नृप सुरथ नगर महँ गएऊ, भवन तासु अति छवि निर्मएऊ।
परम मनोहर सव सुख धामा, सुनि मुनि तिहि कर कुंडल नामा।

दो.:– अदिति श्रवन तै वार इक, कुंडल परयौ विहाइ।
तिहि दिन तै ता नगर कौ, कुंडल नाम कहाइ।

चौ.:– सुनहु सूततिहि नगर मझारा, कवहुन होइधर्म अपचारा।
संतत प्रेम सहित नर नारी, भजहि राम सिय काम विसारी।
वहुदल द्रुम तुलसिका सुहाई, ग्रह ग्रह पति पूजहि रिशाई।
श्री रघुपति सेवक सव लोगा, सुद्ध सत्व मय विशय वियोगा।
कनक पंक मनिमय वहु रंगा, विरचित जहँ तहँ भवन उतंगा।
सिया राम प्रतिमा छवि रासी, मगन सहित तिनि माह प्रकासी।
विविध विभूशन वसन सुहाए, अंग अंग प्रति अति छवि छाए।
कटि निशंग सारग सर हाथा, इहि स्वरुप तहँ लखि रघुनाथा।

दो.:– विधिवत् पूजन करहिं जन, कामादि कनि विहाइ।
सुद्ध चित्त हिय हर्श जुत, नित नव प्रीति वड़ाई।।२।।

चौ.:– सदा जीह्व हरि नाम उचारा, कलह कथा तजि करइविचारा।
रामध्यान लव लीन सदाई, मोक्षादिक कछु जाचत नाई।
एक देव तहँ श्री रघुनाथा, कहै सुनै सुमिरै हरि गाथा।
प्रकृत विसन रहित नरनारी, संतत परमानंद विहारी।
तिहि पुर कर किमि करौ वखाना, भूप सुरथ प्रति पाल निदाना।
वचन सत्य तव वोलि नृपाला, परम वली गुन ग्यान विसाला।
रघुपति भक्त अंनन्य वनाई, चातक सरिस सुनहु मुनिराई।
सुमिरै प्रभु पद हर्श समेता, सर्व काल तजि प्राकृत हेता।

दो.:– रघुपति सेवन करहि नित, परि हरि आलस मान।
सुरथ भूप पर धर्मरत, मैं किमि करहु वखान।।५।।

चौ.:– तिहि अवसर सुनुसूत सुजाना. पुर वाहिर भ्रमि नृप भट नाना।
तिन रघुनाथ जग्य हय देखा, चंदनादि तन चर्चि विसेशा। तिन रघुनाथ जग्य हय देखा, चंदनादि तन चर्चि विसेशा।
सुंदर हेम पत्र सिर भाजे. विसद वरन संजुत अति राजै।
वाँचि ताहि विस्मय तिन माना, रघुपति जग्य वाजि जिय जाना। परमानंद विवस सवभएऊ, पुनि धरि धीर सभा चलि गएऊ।
करि प्रनाम उर हर्श वड़ाई, बोले भूप रजाइसु पाई।
सुनहु भुवाल वचनधरि काना, पावन अवध पुरी जग जाना।
तासु स्वामि श्री राम उदारा, जड़ जंगम जिहि भजिसंसारा।

दो.:– तिन कर जग्य तुरंग प्रभु, आवा तुव पुर पास।
विपुल सूर रक्षा करै, धरियै सहित हुलास।।४।।पृ.११६।।

चौ.:– सुनि अस वचन सुरथ महिवाला, हर्श विवस पुलके तिहि काला।
लोचन श्रवन लगै जल धारा, ध्यान मगन नहिं गात सम्हारा।
पुनि हुइ सावधान धरि धीरा, बोले वचन परम गंभीरा।
सुनहु सुभट हम धन्य वनाई, अतुलित कृपा कीन्ह रघुराई।
सहित समाज विगत संदेहा, निरखहु राम वदन छवि गेहा।
कोटिन भट रच्छित मख घोरा, धरि हौ ताहि अवसि वरजोय।
आवै गे जव श्री रघुनाथा, तव दै हौं हय धरि पद माथा।
मैं बहु काल कीन्ह प्रभु ध्याना, अवसि दरस दै है भगवाना।

दो.:– अस कहि सुरथ मुनीस सुनु, हय लगि भटनि पराव।
नगर निकट तिन जाइधरि, वाजि राज लै आव।।४।।

चौ.:– रघुपति तुरंग निरखि महिपाला, पुलकि गात कह वचन रसाला।
सुनहु सकल इहि वाजि प्रभाऊ, परम लाभ है है सब काऊ।
राम चन्द्र पद कंज उदारा, दुर्लभ अज सिवादि संसारा।
ते पद भरि लोचन मन भाए, करि हौ अवलोकन छवि छाए।

धन्य जीव सोई संसारा, पसु पुत्रादि स्वजन परिवारा।
रघुनाइक सरनागत जोई, तन मन वचन विगल छल होई।
धरहु अस्व अस हृदय विचारी, स्वर्न पत्र सोमित मनुहारी।
सुनि नृप वचन सुभट हरशाई, वाजि साल हय वाँधऊ जाई।

दो.:– दुर्गम थल अनुमानि जिय, सोधि जतन हय राख।
रघुनाइक के दरस लगि, सब के उर अभिलाश।।५।।

चौ.:– राम जग्य हय पाइभुवाला, हृदय मानि आनन्द विसाला।
वात्सायन मुनि सुनु मनुलाई, नृप नित प्रजहि कहै समुझाई।
पर तिय निरत होहु जिनि कोई तजि सव विशय धर्म पथ जोई।
जिनि सपनै परधन चित धरहू, मार विवस पुनि मति जिनि करहू।
जीह द्वार रघुपति गुन ग्रामा, संतत कहों सुनौ सहवामा।
एक नारि वृत धरहु सदाई, पर अपवाद तजहु विश ताई।
अपर सुनहु श्रुति पथ विहाई, मूलि न चलहु कहौ समुझाई।
विधिवत् विहमु चक्र बर दोऊ, वाहु मूल धारहु सबु कोऊ।

दो.:– राम भक्ति नव निधि विदित, नित्यधाम कर कानि।
विगत मान तजि काम सव, करहु स्वधर्महि जानि।।६।।

चौ.:– संख चक्र प्रभु सरन विहीना, जे सठ मम पुर वसहिं मलीना।
वृद्ध तरुन सिसु पुनि नर नारी, कवनहु वरन होई कु विचारी।
तासु काल जानहु मुहि भाई, करिहौं पुर तै विमुख बनाई।
कहौ सकल जन कपट विहाई, इहि मग चलहु सकल हरशाई।
सुनु मुनि इहि विधि सुरथ नरेसा, सभा मध्य नित करि उपदेशा।
सपनैउ तिहि के नगर मझारा, कोऊ न करै पाप संचारा।
सदा करहि सव रघुपतिध्याना, बड़भागी नहिं अघ अभिमाना।
जे जन तिहि पुर तजै सरीरा, ते लहि मुक्ति भंजि भव भीरा।

दो.:– सूत सुनहु जम राजभट, अति कराल जग जान।
कवहु न करै प्रवेस ते, पूपति नगर निदान।।७।।

चौ.:– धर्म राज करि हृदय विचारा, एक वार मुनि वर तनुधारा।

अजिन वसन सिर जटा विसाला, तप करि उठे मनहु ततकाला।
सभा माहि तिन कीन्ह प्रवेसा, विद्यमा जहँ सुरथ नरेसा।
श्री जुत पुंड भाल महँ देखा, जीह जपत हरिनाम विसेशा।
सादर उठि प्रनाम तव कीन्हा, अर्घ पाद्य करि पूजन दीन्हा।

दो.:– वेद विदित आथित्य करि, मुदित निरखि आसीन।
वोले मुनि सन भूप तव, वचन सकल द्दल हीन।।८।।

चौ.:– तुव दरसन प्रभाव मुनि केतू, भा पुनीत मैं वंस समेतू।
सकल समाज धन्यभा आजु, नाग वाजिधन भट पुर राजू।
अव रघुपति जस करहु वखाना, जो पद पदप्रति हर अघ नाना।पृ.१२०.म. इहि विधि भूप गिरा सुनि काना, सभा मध्य मुनि हंसे निदाना।
रद उघारि जुग पानि वजाई, लखि लखि नृपहि हास्य अधिकाई।
विस्मय मानि कहा महि पाला, किहि कारन मुनि हँसे विसाला।
सकल जथारथ करहु वखाना, करि प्रसाद निज कृपा निधाना।
अस सुनि मुनि वोले तिहि काला, हास्य हेत मैं कहहु भुवाला।

दो.:– प्रथमहि वरनन कीन्ह तुम, हरि गुन करहु वखान।
को हरि पुनि तिहि गुन कहा, यह केवल अग्यान।।६।।

चौ.:– कर्म प्रधान सकल संसारा, आदि अन्त पुनि मध्य मझारा।
कर्मनि तै जन स्वर्गहि पावै, कर्म विवस सव नर्क सिधावै।पृ.120प. पुत्र पौत्र आदिक परिवारा, अपर सकल संपति विस्तारा।
कर्म प्रभाव लहै सव कोऊ, दुख सुख पाप पुन्य फल दोऊ।
सत मख करि वासव सुनुभूपा, पाई अमरा वती अनूपा।
कर्महि तै जग रच्यौ विधाता, जिहिकी कीरति अति विख्याता।
रुद्र कर्म वस वसि कैलासा, अंत समस्त विश्व करि नासा।
ससि रवि अपर रिक्ष नर नागा, सिद्ध पितर सुर जीव विभागा।

दो.:– कर्म प्रभाव नरेस सुनु, सकल करै सुख भोग।
प्रगटहि पालहिं हरहिं जग, केवल कर्म संजोग।।

चौ.:– जग्यादिक अस करहु विचारी, अर्चहु सकल सुननि भ्रम टारी।
इहि तैं कीरति विमल तुम्हारी, हुइ है वानी सत्य हमारी।
वात्सायन इमि सुनि नृप वानी, मुनि सन कहां महा रिस आनी।
कर्म कथा परि हरु मुनि मंदा, नस्वर फल दायक दुख दंदा।
जाहु वेगि मम नगर विहाई, हरि पद विमुख कुमति अधिकाई।
तुव संगति लहि मम पुर वासी, ह्वै है निज निज धर्म विनासी।
साधु जानि मैं कीन्ह प्रनामा, अव पहिचानि निपट अघधामा।
कहा कर्म फल तुच्छ वखाना, मैं वरनहु अव सुनि धरि काना।

दो.:– भोगि वर्श सत आयु विधि, पतन होइ श्रुति गाव।
पुनि इंद्रादिक अमर सव, गिरहि महा दुख पावं।।११।।

चौ.:– अव लहु रघुपति भक्ति प्रभाऊ, सव विधि प्रवल विदित सव काऊ।
प्रथमहि ध्रुवहि निरखु इहि काला, पावा अविचल धाम विसाला।
पुनि प्रहलाद चरित्र सुहावा, पावन तिहू काल महँ छावा।
अवर विभीशन भजन प्रतापा, अचल राज पावा विनु तापा।
निरखु अपर हरि सेवक जेते, कवहुँन पतन होई जग तेते।
जे खल हरि निंदक अभिमानी, महा मंद मति अवगुन खानी।
धर्मराज भट कोपि अपारा, तिनहिं वधै धरि पास मझारा।
नर्क जात नर विविध प्रकारा, वरवस दैहिं न करहिं विचारा।

दो.:– रे द्वज अधम अधर्मरत, विप्र गात तुव देखि।
देह दंड नहिं करहु मैं, अब तजु नगर विसेशि।।१२।।

चौ.:– नाहित ताड़न करौ कराला, अस विचारि तजु पुर ततकाला।
इहि विधि सुनि सरोश नुप वानी, उठे विपुल अनुचर खलजानी।
धरेऊ भुजनि महँ मुनि वरि आई, लिय उठाइ अति खल की नाई।
धर्म राज तव कपट विहाई, निज स्वरुप प्रगटौ मुनिराई।
मैं प्रसन्न वरु मागु नृपाला, तु हरि सेवक बुद्धि विसाला।
मम कहि कर्म लोभ उपजावा, परमधीर तुम मन न चलावा।
सुनि महीप वोले तिहि काला, धर्म राज कहँ निरखि दयाला।
जो मो पर प्रसन्न सव भाँती, तो वर देहु दुश्ट आराती।

दो.:– जव लगि मैं रघुपतिदरस, लहौ न वंस समेत।
तव लगि छुटहि न गात मम, यह वरु देह सचेत।।१३।।पृ.१२१प्रा.

चौ.:– धर्म राज अस सुनि हरशाइ, बोले वचन सरल सुखदाई।
तुव मन काम सुनहु नृप राऊ, सफल होउ श्री राम प्रभाऊ।
सभा मध्य इमि दे वरदाना, भए वहुरि जम अंतरध्याना।
वात्सायन सोई सुरथ भुवाला, रघुपति अश्व पकरि तिहि काला।
निज सुभटनि सन वचन उचारा, अति गभीर उर हरशि अपारा।
मैं श्री राम जग्य हय वाँधा, सजहु सकल भट धरि रन साधा।
सुनि नृप वचन सवनि मन भाए, सजि सजि सकल सभा चलि आए।
भूप तनय दस अति वल वाना, तिनके नाम सुनहु धरिकाना।

दो.:– चंपक मोहक रिपुंजय, भूरि देव सहदेव।
वल मोदक हरियक्ष पुनि, जानहि सब हरिमेव।।१४।।

चौ.:– अश्टम तनय सुतापन नामा, नवम प्रतापी अति वलवाना।
दसम पुत्र दूवीर प्रचंडा, सजे समर लगि अति वलवंडा।
सुरथ निदेस पाइ तिहि काला, साजन लगी चमू विकराला।
रथ अनेक मनि हेम वनाए, सजे सारथनि अति छवि छाए।
अति विसाल कुंजर समुदाई, विविधि भाँति तहँ सजे वनाई।
मरूत लजावन वाजि वरुथा, पुनि अनेक सुमटनि के जूथा।
सकल भाँति कर समर वनावा, सजि सजि रन उत्साह वढ़ावा।
चहुँ दिसि निरखि परै कटकाई, कवन प्रकार कहौं मुनिराई।

दो.:– सकल जूथ पति, हरशि हिय, मधुसूदन तिहि काल।
जाइ जाइ वैठे समा, नाइ भूप पद भाल।।१५।।

इति श्री पद्य पुराणे पाताल खडे सेस वात्सायन संवादे मधुसूदन
दास कृते हय ग्रहण नाम **नव चत्वारिस मोध्यायः।।४६।।**

सोरठा.:– इत रिपुदहन उदार, सुनि मुनि निज सेवकनि सन।
वचन गभीर उचार, कहो कहाँ मम जग्य हय।।

चौ.:– सुनि वोले अनुचर समुदाई, महाराज कछु कहिय न जाई।

हम न मर्म पावा इहि काला, इहि पुर तै मट आइ कराला।
वरवस वाजि राज लै गएऊ, हमरे वलनि तुच्छ करि गएऊ।
प्रभु उर नीक लाग अव जोई, प्रमुदित हृदय कीजियै सोई।
रामानुज इहि विधि सुनिकाना, दारुन रोश हृदय महँ आना।
फरकन लगे अधर द्रग लाला, रद सो रद मर्दे तिहि काला।
बोले गिरा वीर रस सानी, सुनहु सचेत वीर भट मानी।
जिहि मम तुरग हरयौ इहिवारा, पुरजन जुत तिहि करौ सिंघारा।

दो.:– अस कहि वहुरि सुमंत सन, वोले वचन गंभीर।
कवन भूप को नगर यह, धरयौ अस्व करिधीर।।१।।

पृ.१२१.अ

चो.:– सचिव कोप जुत सुनि इमि वानी, वोलत भए सुनहु मुनि ज्ञानी।
तुव सनमुख यह नगर सुहावा, कुंडल नाम महा मन भावा।
सुरथ नाम नृप पालन हारा, निरत धर्म पथ वल आगारा।
रघुपति चरन जुगल छविधामा, संतत भजहि त्यागि सव काम।
तन मन वचन राम पद लीना, जिमि हनुमान अनन्य प्रवीना।
इहि के धर्म चरित जगभूरी, सुनतहि करै अमंगल दूरी।
संग अपार कटक चतुरंगा, अति दरुन संग्राम अंभगा।
घोर जुद्ध हुइहै इहि खेता, परि है वहुभट धरनि अचेता।

दो.:– जौपि जग्य हय धरहु नृप तो है है रन घोर।
सत्य सत्य यह वचन मम, सुरथ महा वर जोर।।२।।

चौ.– सचिव वचन इहि विधि सुनि काना, पुनि वोले रिपुदहन सुजाना।
कहौ सुमंत सोधि इहि काला, जग्य बाजि किमि बाव रसाला।
हमहि कहा करतव्य निदाना, हृदय सोधि सोइ करहु वखाना।
सुनि सुमंत अस हृदय विचारी, धर्म नीति जुत गिरा उचारी।
प्रथमहि सुनहु महा महिपाला, सोधि दूत इक चतुर विसाला।
पठवहु नगर भूप के पासा, सकल नीति तहँ करै प्रकासा।
इहि उपाइ जो आव तुरंगा, तो कित करिय नाथ रस भंगा।
ज्योपि धरा हठि करि अभिमाना, तोपि जुद्ध तुम करहु निदाना।

दो.:– सचिव गिरा इहि भाँति सुनि, रिपु सूदन तिहि काल।
अंगद सन योलत भए, वचन विनीत रसाल।।३।।

चौ.:– तात जाहु नृप समा मझारा, तुम वल बुद्धि नीति आगारा।
कहौ सुरथ सन वचन वुझाई, तुम किहि भाँति धरौ हयराई।
हृदय जानि अथवा विनु ज्ञाना, करहु जुद्ध कै मिलहु निदाना।
जिमि तुम प्रथम लंक महँ जाई, रघुपति काज कीन्ह हरशाई।
तिहि प्रकार सुनि वुद्धि निधाना, करहु वसीठि सोधि निज ज्ञाना।
बालि तनय अस सुनि सिरु नावा, प्रभु प्रसाद कहि आनद छावा।
इत उत लखत सिंघ की नाईं, तुरत गए कुंडल पुर माईं
पुर सोभा निरखत चहुपासा, पहुँचे सभा समेति हुलासा।

दो.:– वीर मंडली मध्य कपि, सुरथ भूप कह देखि।
रतन सिघासन पर लसत, धरै मनोहर वेश।।४।।

चौ.:– श्री तुलसी मंजरी पुनीता, प्रभु प्रसाद सिर धरै सप्रीता ।
सोहत उर्द्ध पुंड वर भाला, हृदय कंज तुलसी की माला।
संख चक्र भुज मूल विराजै, पुनि वर वसन विभूशन साजै।
निज मुख राम चंद्र गुन ग्रामा, सवहि सुनावत जात अकामा।
उहाँ भूप अंगद कह देखा, जाना रिपुहन दूत विसेशा।
वोले वचन कहौ कपि राजू, आए इहाँ कवन अस काजू।
निज कारज सव करहु वखाना, पुनि मैं करव आपु मन माना।
वालि तनय अस सुनि मुनि राई, वहुरि विलोकि भक्ति अधि काई।

दो.:– अति विस्मय मानेउ हृदै, पुनि वर वचन उपचारि।
सुनहु भूप मैं बालिसुत, अंगद नाम विचारि।।५।।

चौ.:– रघुपति वन्धु सत्रघन नामा, नृपति सिरोमनि अति वल धामा।
तिनि मुहि तुक समीप पाठवाला, सुनियै अव संदेस जो ल्यावा।
जग्य अस्व कोउ सुमट तुम्हारा, धरि ल्यावहु तुव भवन मझारा।
विनु जानै जो धरा नृपाला, जो तजि मान सुनहु इहि कात्म।
सकल राज सुत वांजि समेता, परहु चरन करि है प्रभु होता।
जो न मान वस मिलि हौ जाई, सुनहु भूप तौ कहौ वुझांई।

कोपि सत्रघन तजि सर चंडा, सेन सहित तुव सिर करि खंडा।
जिनि लंकेस निमिश मै मारा, तिहि हय धरि कित प्रान उवारा।

दो.:– सुनि अंगद के वचन इमि, वोले सुरथ नृपाल।
पृ.१२३प्रा. मृशा न कीन्ह वखान कपि, तदपि सुनहु इहिकाल।।६।।

चौ.:– रघुपति वाजिधरा हम जानी, मानहु ह्रदय सत्य मम वानी।
तुम रिपुदहन त्रास अति गाई, मैं न तजहु हय करहु लराई।
जव रघुवंश विभूशन रामा, दे इहि दरस आइ मम धामा।
तव मैं धरि पद पंकज भला, दै हौ जग्य तुरंग रसाला।
सकल राज धन धाम समेता, पुनि सव वंस कटक मम जेता।
हम निज क्षत्री धर्म सम्हारी, कीन्ह विरोध निसंक विचारी।
तदपि दरस दै है भगवाना, वेद स्वधर्महि प्रवल वखाना।
सत्रघनादि सुमट तुव जेते, जीति सवनि मैं कटक समेते।

दो.:– पुनि वन्धन करि जतन जुत, राखौ दुर्ग मझार।
श्री रघुपति आगमन विनु, तजहु न सत्य उचार।।७।।

चौ.:– अंगद सुनि अस वचन निसंका, वोले विहसि वीर अति वंका।
तुम नृप वुद्धि विहीन निदाना, मोह विवस जलपहु नहिं ग्याना।
अतुलित वल गुन निधि प्रभु भ्राता, जासु सुजस तिंहु पुर विख्याता।
तिनहि विदूशहु विनहि विचारा, जिमि कोउ डार चंद पर छारा।
लवनासुर खल परम प्रचंडा, विनु प्रयास जिनि कीन्हैउ खंडा।
अपर विघुन माली अति घोरा, जासु प्रताप प्रगट चहु ओरा।
सहित विमान कीन्ह संघारा, कहु महीप अस को भट भारा।
तिनकौ वंधन वरन वखाना, तुम तै मति विहीन नहिं आना।

दो.:– अवर सुनहु नृप भरत सुत, पुस्कल तिन कर रनाम।
वल निदान परमास्त्र विद, सकल गुननि के धाम।।८।।

चौ.:– वहुरि कोपि जिनि समर मझारा, वीरभद्र किय व्याकुल भारा।
तासु पराक्रम सव जग जाना, अधिक वली ते एक निदाना।
अपर कपीस एक वलवाना, तिहि समान भूतल नहिं आना।

मारुत पुत्र नाम हनुमाना, तासु चरित्र विदित जग जाना।
गिरि त्रकूट पर रावन गामा, परम दुर्ग लंका तिहि नामा।
अक्ष निपाति भस्म करि दीन्हा, छिन महँ अस कौतिक कपि कीन्हा।
पुनि तिन द्रोन नाम गिरि भारी, सुरनि सहित धरि पूँछ मझारी।
विनु प्रयास पुनि पुनि लै आवा, कटक जिवाइ तहीं पहुँचावा।

दो.:– राम चंद्र कंज अलि, अरिगन विपन कृसान।
सदा सत्र घन संग रहि, अस कपीस हनुमान।।९।।

चौ.:– सुग्रीवादि कपीन्द्र कराला, ग्रसहि विगत श्रम धरनि विसाला।
ते करि पिसूदन सिवकाई, सुनहु अपर भट वल अधिकाई।
नील रत्न लक्ष्मी निधि वीरा, पुनि रिपुताप भूप रन धीरा।
सुमुद सुवाहु विमल महिपाला, अवर प्रताप अग्र विकराला।
भूप वीरमनि अति वलधारी, सत्यवान हरि सेवक भारी।
अपर अनेक नृपतिमटमानी, सकल समर विद्या की खानी।
रामानुज पद सेवन करहीं, हठि सन्मुख कालहु सन लरहीं।
संग चमू चतुरंग अपारा, क्षीर समुद्र केर अनुहारा।

दो.:– तुम नृप मसक समान लघु, चाहौ तिन कर पार।
जल्पहु मृशा विमोह वस, करहु न नीति विचार।।१०।।

चौ.:– अव मम सीख मानि महिपाला, तजहु मान उर हर्शि विसाला।
परहु सत्रघन चरण मझारा, सहित जग्य हय सुत परिवारा।
अति कृपाल रामानुज स्वामी, करि है कृपा निरखि अनुगामी।
पुनि तुम अवधि पुरी महँ जाई, देखि राम मुख छवि अधिकाई।
ह्वै हौ सहित समाज सजाथा, वरनी हम तुम हित की गाथा।
वात्सायन अस सुनि महिपाला, वोल्यौ वचन निडर तिहि काला।
अंगद तुमनिज कटक वखाना, रिपुसूदन आदिक नृप नाना।
आजु सवनि कर विंक्रम तेता, भली भाँति तखि हौ अपि खेता।

दो.:– परम भक्त हनुमान तुम, हम सन कीन्ह वखान।
ते हय हित आए इहाँ, तजि प्रभु चरन निदान।।११।।

चौ.:– वल विहीन तुम्हारी कटकाई, सुनु कपि बव मैं कहहु वुझाई।
जो हम मन वच कर्म वनाई, भजे राम पद कपट विहाई।
तो अपि दैहुन जग्य तुरंगा, जव लगि लखहु न रघुपति अंगा।
नाहित हनुमतादि मट जेते, धरिहौ प्रभु प्रताप जुत ते ते।
को अस परम सूर वलभारी, जो वर बस हय लेइ उवारी।
जाहु कपीस सत्रघन पासा, वचन मोर सव करहु प्रकासा।
समर हेत साजहु कटकाई, मैं आवहु निज सेन सजाई।
नीक लाग पुनि कीजिय सोई, तजहु न हय रन मंडहु कोई।

दो.:– भूप गिरा अस सत्य सुनि, अंगद करि अनुमान।
रामानुज सन आइ पुनि, कीन्हिसि सकल वखान।।१२।।
अति श्री पद्य पुराणे पाताल खण्डे सेस वात्सायन सम्वादे
मधुसूदन दास कृते अंगद दूतो नाम **पंचासतोऽध्याय।।५०।।**

सोरठा:– सुनि अंगद के वेन, सजी चमू सग्राम लगि।
प्रमुदित भट वल यैन, चढ़ि रथ गर्जतभए।।

चौ.:– गो मुख भेरि प्रनव समुदाई, अपर निसान वजे मुनि राई।
विविध भाँति गर्जे सव वीरा, नाना आयुध धरै सरीरा।
स्यंदन चक्र घोर चहु ओरा, पुनि गज गन तुरगनि कर सोरा।
पूरि गयौ सव विश्व मझारा, धरनि व्योम कछु सुनियन पारा।
कातर सुनि सुनि शब्द अपारा, त्रास विवस उर जाहिं दरारा।
अति उत्साह सहित सव वीरा, वहु विधि गर्जहि तर्जहि धीरा।
सुरथ भूप उत सभा मझारा, सुन्यो श्रवन कोलाहल भारा।
सकल तनय पुनि कटक समेटा, आए सन्मुख समर सचेता।

दो.:– वहु गज रथ पद चर तुरग, छिति मंडल गा पूरि।
प्रलय जलद इव कटक लसि, व्यापि गई नभ धूरि।।१।।

चौ.:– निरखि परहि चहु दिसि कटकाई, वरनहु किहि प्रकार मुनिराई।
वाजहि संख विपुल चहुँ ओरा, जय जय शब्द करहिं भट घोरा।
इत रघुनाथ चमू चतुरंगा, प्रवल असंख्य तुल्य सव अंगा।

कसमसाति रन मंडल माहीं, जुद्ध करन लगि हर्शत जाहीं।
दोउ दल अरस परस तिहि काला, निरखि सुगति सन कहा नृपाला।
देखहु सुमति नीति आगारा, आवा सुरथ साजि दल भारा।
उर विचारि वरनहु अब सोई, समय जोग मुहि करतव जोई।
अस सुनि रिपुभंजन मुख वैना, वोले सुमत ग्यान गुन यैना।

दो.:– सुनहु महामहि पाल, मनि किजिय अव संग्राम।
तुम्हरे दल महँ विपुलभट, परम सूर वलधाम।।२।।

चौ.:– पुस्कलादि कहँ करहु निदेसू, मंडहि जुद्ध सुमिरि अवधेसू।
पुनि हनुमानभूप सनजाई, करहि समर अति वल अधिकाई।
सुनि मुनि इहि विधि सुमति सुजाना, रिपुसूदन सन करत वखाना।
तव लगि सुरथ तनय वल भारी, आए निज निज धनुश सम्हारी।
तिनहि विलोकि समर महि आए, पुस्कलादि भट आतुर धाए।
अस्त्र सस्त्र धारे वर जोरा, मिले परस्पर स्यंदन घोरा।
चंपक सन पुस्कल रन मंडा, दोनों भट समान वल वंडा।
दुरथ जुद्ध विरच्यो भयकारी, रन मंडल सोभित भा भारी।

दो.:– मोहक सन विरच्यो समर, लक्ष्मी निधि व वीर।
अवर रिपुंजय सुभट प्रति, भिरे विमल रनधीर।।३।।

चौ.:– पुनि दुर्शादर संग तिहि काला, कीन्ह समर सुवाहु महि पाला।
नृपति प्रताप अग्र वलधामा, रच्यौ प्रतापी सन संग्रामा।
वल मोदक प्रति सुनि मुनिराई, भिरे वालि सुत कोपि वनाई।
अपर सुभट हरि यक्ष सुजाना, तिहि सन नील रतन रन ठाना।
पुनि नृप सत्य वान तिहि काला, सहः देव सन भिरि विकराला।
भूप वीरमनि कोपि अपारा, भूरि देव सन जुद्ध पसारा।
तनय सुतापन सन रन मंडा, नृप उग्रास रोश धरि चंडा।
इहि विधि दुरथ जुद्ध सव करहीं, नाना अस्त्र सस्त्र परि हरहीं।

दोः– उहाँ सुरथ सुत, प्रवल अति, इत महीप वलधाम।
विविधि अस्त्र पर अस्त्र चलि, भयो घोर संग्राम।।४।।

चौ.:– कोटिन मट तजि तजि निज प्राना, परे धरनि तल भगन निदाना।
दोउ दिसि करहिं जुद्ध विकराला, निरखहि कौतिक नभ सुर जाला।
तिहि अवसर सुनु मुनि मति धीरा, कह चंपक सन पुस्कल वीरा।
धन्य धन्य तुम भूप कुमारा, जो हम सन रन घोर पसारा।
अव निज नामहि करहु वखाना, तिश्ट तिश्ट किमि राखहु प्राना।
मम आगै कित जाहु पराई, तिहि तै करहु जुद्ध मनुलाई।
सुनि अस भरत तनय मुखवानी, वोले चंपक अति भटमानी।
नाम वंस तुम हमस न वूझा, रन मंडल यह निपट अवूझा।

दो.:– तदपि कहै हम नाम निज, सुनहु महा रनधीर।
मम माता रघुवंस मनि, पिता मोर रघुवीर।।५।।पृ.१२५प्रा.

चौ.:– पुनि मम वंधु स्वजन परिवारा, जानहु सव सुनु राम उदारा।
नामु जानकी रघुपति दासा, सपनेहु तिन विनु आन न आसा।
लौकिक नाम सुनहु अव मोरा, जो प्रसिद्ध जग मै चहु ओरा।
सुरथ नाम नृप पितु मम जानौ, वीर मती जननी अनुमानौ।
तुमहु कहाव चतुर जग मारी, नाम मोर सुनि लेहु विचारी।
सुंदर मधुरितु महँ तरु जोई, ह्वै प्रफुलित अति सोभित होई।
सुमन कनक इव तासु सुहावा, मद्धि पराग लिंग छवि छावा।
तिहि के निकट सकै नहिं जाई, मधु मोहित मधुकर समुदाई।

दो.:– अस जो सुमन प्रसिद्ध जग, सो जानहु मम नाम।
पुनि मो सन कोउ विश्व महँ, जीति न सक संग्राम।।६।।

चौ.:– प्रथमहि तुम यह कीन्ह वखाना, जुद्ध माहि किमि राखौ प्राना।
श्री रघुपति करुना गुन सागर, करि है पार प्रनत प्रद आदर।
प्रगटहु अव निज विक्रम जेता, पुनि मम वल निरखहु इहि खेता।
इहिविधि चंपक कीन्ह वखाना, निज मन ताहि अजित अनुमाना।
कोटिनि वान एक ही वारा, महा कोप जुत कीन्ह प्रहारा।
तव चंपक उरकोपि कराला, कर को दंड चड़ाइ विसाला।
अति तीछन धरि सर समुदाई, तजे सुनहु मुनि लाघव ताई।

दो.:– हेम पक्ष रिपु दल दहन, पुनि अंकित निज नाम।
मधुसूदन अहिगन सरिस, चले वान संग्राम।।७।।

चौ.:– भरत तनय इत आवत देखी, विनु श्रम खंडन कीन्ह विसेशी।
पुनि अपार सर चंड चलाए, महि अकास दिसि विदिसिनि छाए।
चपक निज साइक लखि खंडा, वोल्यौ कोपि वीर वल वंडा।
जाहु कहाँ तजि रन विकराला, वार वार अस कहि तिहि काला।
वहुरि वान दस दारुन त्यागे, वेग वंत पुस्कल उर लागे।
विपुल विथा व्यापी तन माहीं, रुधिर ओध वहु प्रगटत जाहीं।
वान पांच तव कोपि कराला, तानि सरासन कीन्ह प्रहारा।
अति दारुन जनु काल समाना, उत चंपक त्यागे वहु वाना।

दो.:– नम मंडल महसुनहु मुनि, भिरे परस्पर वान।
छिन मै चंपक नै करे, सत सत खंड निदान।।८।।

चौ.:– अवर वान सत कीन्ह प्रहारा, परम प्रचंड व्याल अनुहारा।
आवत निरखि भरत सुतवीरा, तानि चाप छाड़े निज तीरा।
चंपक के सर सकल प्रचंडा, छिन महँ कीन्हे सत सत खंडा।
निज साइक तव निरखि संघारा, सुरथ पुत्र उर कोपि अपारा।
तानि कान लगि चाप विसाला, तजे सहस्त्र वान विकराला।
भरत पुत्र अति लाघव ताईं, कीन्है तिल सम खंड वनाई।
अस अति अद्‌भुत विक्रम देखी, वोले चंपक हर्श विसेशी।
धन्य धन्य कहि वारं वारा, पुनि अपार सर कीन्ह प्रहारा।पृ.१२५म.

छन्द.:– पुनि कीन्ह वान प्रहार अगिनित मनहु घन वर्शे महा।
सो निरखि भरत कुमार अपनै हृदय तिहि धनि धनि कहा।।
कोदंड वहुरि सम्हारि कोपि अपार विधि सर छंडेऊ।।
तिहि काल परम कराल ज्वाल प्रकास दस दिसि मंडेऊ।।
निरखत सवनि के सकल सर ह्वै भस्म छिन महँ महि परे।
सुनु सूत प्रलय समान पावक हेरि सव जग खर भरे।।
उत भूप सुरथ कुमार सायक घोर आवक देखि के।
लाघव तज्यौ सोइ वान तिहि संघार हेत विसेशि के।।

दो.:– व्योम मध्य दोउ वृह्म सर, भिरे परस्पर घोर।
प्रगटी ज्वाला अपार तव, परौ सकल जग सोर।।९।।

चौ.:–प्रलय काल सव जीवनि जाना, पुनि ह्वै सांत परे महि वाना।
अस अद्भुत विक्रम करि वीरा, वोले चंपक वचन गभीरा।
तुम अति कीन्ह पराक्रमभारी, तिश्ट तिश्ट अव समर मझारी।
अस कहि कोपि तानि को दंडा, तज्यौ राम सर परम प्रचंडा।
भरत तनय सोइ आवत देखा, अति प्रचंड जुत तेज विसेशा।
खंडन लगि मन करि अनुमाना, तव लगि आनि लाग प्रभु वाना।
छिन महँ पुस्कल तन ग्रसि गएऊ, तव चंपक निज रथधरि लएऊ।
पुनि निज पुर पहुँचावन हेता, ह्वदय विचार कीन्ह तिहि खेता।

दो.:–

पुस्कल वंधन निरखि तव, भजी चमू चतुरंग।
त्राहि त्राहि सव भट करत, श्रवत रुधिर वहु अंग।।१०।।

चौ.:–सूत सुनहु रिपुहन तिहिकाला, निरखी आवत चमू विहाला।
वोले पवन तनय सौ वानी, अवसर जोग वीर रस सानी। को
अस सूर महा वलवाना, जिहि जीत मम सेन निदाना। इहि
विधि वदत जात महिपाला, आए तव लगि सूर विहाला। कंपित जोरि
पानि धरि माथा, वोले सकल सुनहु रघुनाथा। सुरथ पुत्र चंपक
असनामा, तिहि वाँधे पुस्कल वलधामा। सुनि अस गिरा महा
रिसधरी, वोले आतुर अरि मद हारी।
जाहु मरुत सुत आतुर ताई, जीतहु सुरथ तनय कहँ जाई।

दो.:–

किहि कारन इहि समय तुम, करहु विलंव निदान।
लावहु पुस्कल कहँ तुरत, तात जानि मम प्रान।।११।।
सुनि अस वचन नाइ पद सीसा, चले कोपि आतुर कपि ईसा।
अति विसाल वपु कीन्ह कराला, मानहु धाव रुप धरि काला।
चंपक उत सग्राम मझारा, निरखे आवत पवन कुमारा।
तव निज मन कीन्हौ अनुमाना, आए पुस्कल लैन निदाना।
आतुर कर चढ़ाई को दंडा, साइक सतनि सहस्त्रनि छंडा।

आवत तिनहि निरखि हनुमाना, दलि विनु श्रम किय तिल अनुमाना।
निज सर खंडन लखि तिहि काला, कीन्ह कोप चंप विकराला।
दारुन वान समूह प्रहारे, कपि चूर चूर महि डारे।

दो:–

पुनि विसाल इक साल तरु, कीन्ह सकोप प्रहार।
चंपक आवत देखि तिहि, तिल सम करि रन डार।।१२।।

चौ:– साल
खंड लखि पवन कुमारा, लाघव गर्ज उठा तिहि वारा। नृप सुत सिर
करि लक्ष समाना, कीन्ह प्रहार सरोश निदाना। चंपक तिहि साइक
अति चंडा, डारयौ गज महि करि वहु खंडा। पुनि कपि सिला श्रंग
दुमभारी, अगिनित एकहि वार प्रहारी। सुरथ पुत्र दलि वान कराला,
छिन महँ तिल इव तिहि काला। पुनि छाड़े नाराज अकूता, जनु सरोश
अहि विकट वहूता। दस दिसि सर पंजर करि दीन्हा, व्याकुल
हृदय पवन सुत कीन्हा। तव मारुत सुत कोपि अपारा, धावा सन्मुख समर
मझारा।

दो:– कपि लीला करि भंजि सर , कट कटाई अति घोर।
धरि चंपक भुजपानि निज, उड़यौ व्योम वर जोर।।१३।।

चौ:– वाहु जुद्ध तहँ विविध प्रकारा, करहि दोउ मानि न हारा। पृ.१२६.म.
हनहि एक कहँ एक प्रचारी, निज निज विक्रम वुद्धि सम्हारी
तव कपीस अति आतुर ताई, महि परक्यौ चंपकहि भ्रमई।
पुनि उठि लाघव भूप कुमारा, पवन तनय कहँ धरनि पछारा।
वल सम्हारि फिरि उठि हनुमान, वर वसधरि रन पटकि निदाना।
रामहि सुमिरि कोप उरधारी, उठाभूप सुत कपिहि प्रचारी।
झपटि पूँछ धरि विपुलभ्रमावा, निज भुजवल रन प्रगट दिखावा।
पवनि पुत्र तव झुकि मुनिराई, पकरि लीन्ह पद लाघव ताई।

दो:– कापि हृदय विस्मय सहित, पुनि सत गुनौ भ्रमाइ।
मत्त नाग के भाल पर, ताड़न कीन्ह वनाइ।।१४।।क
मूर्छित ह्वै चंपक सुभट, मधुसूदन तिहि काल।
परे समर मंडल विशै, सोभित गात विसाल।।१४।।ख

सोरठा:– हाहा कार पुकार, भज्यौ कटक सव सुनहु मुनि।

तव कपि समर मझार, पुस्कल को मोचन कियो।।१४।।
इति श्री पदन पुराणे पाताल खण्डे सेस वात्सायन सम्वादे, मधुसूदन दास कृते पुस्कल मोचनो नाम **एक पंचा सतमोऽध्याय।।५१।।**

दो.:– वात्सायन सुनु सुरथ नृप, परम सूर वलधाम।
चढ़ि स्पंदन करि कोप उर, आए तिहि संग्राम।।

चौ.:– मूक्षविंत तहाँ सुत देखा, प्रगट भयौ हिय सोक विसेशा।
वार वार वहु लेहि उसासा, संग अपार कटक गत त्राता।
पुनि पुनि कपिहि वुलावतभएऊ, रन हित महारोश निर्मएऊ।
इत कपि निरखि भूप कहँ आवा, जुद्ध हेत अति आतुर धावा।
सुरथ विलोकि आव हनुमाना, वोले गिरा गंभीर निदाना।
धन्य कपील महाभटमानी, तुम अति वल निधान मैं जानी।
राम काज तुम कीन्ह वहूता, लंक पुरी महँ हुइ करि दूता।
मन वच क्रम प्रभु पद अनुरागी, जीवन मुक्त परम वड़भागी।

दो.:– मम सुत चंपक वीर वर, सो तुम कीन्ह विहाल।
वर वस वंधन करि समर, पठ वहु पुर इहि काल।।१।।

चौ.:– अस विचारि सव भाँति सचेता, करहु जुद्ध कपि वर इहि खेता।
सत्य गिरा हम कीन्ह उचारा, सुनि अस वोले भरुत कुमारा।
सुनहु सुरथ महिपाल सुजाना, तुम रघुनाथ भक्त मैं जाना।
पुनि हम हूँ रघुपति पद दासा, वाघौ तुम मुहि सहित हुलासा।
मम स्वामी श्रीराम उदारा, अति समर्थ करुना अगारा।
ते प्रभु करव मोर उद्धारा, कवहुन दासनि दीख दुखारा।
वेद सुस्मृति अस करहि वखाना, जे जन सुमिरहि श्री भगवाना।
तेपि होंइ दुत जल निधि पारा, यह विचारि मैं निडर अपारा।

दो.:– सत्य वचन तुम करहु निज, सुनहु भूप वर वीर।
अस कहि मारुत तनय पुनि, अरगानै मतिधीर।।२।। पृ१२७प्रा.

चौ.:– सुनि अस सुरथ हृदय हरशाई, कीन्ह प्रसंसा सुनु मुनि राई।
पुनि कोदंड श्रवन लगि तानी, तजे वान वहु तीक्षन जानी।

ते सर सकल लगे तन आई, श्रवन लागि श्रोनित समुदाई।
तव कोपे कोपि गर्जि विकराला, धाइ धरा कर धनु विकराला।
खंड खंड करि भूतल धारा, अपर भटनि नख रदनि विदारा।
निरखि भंग निज साइक चापा, पुनि दूसर धनु लिय करिदापा।
कपि सरोश सौ कीन्ह निपाता, निरखि कोप व्यापौ नृप गाता।
लीन्हौ तीसर धनुश वहोरी, पवन तनय धरि दलि वर जोरी।

दो.:– तव महीप उर कोपि अति, लीन्ह अपर कोदंड।
मधुसूदन कपि वीर वर, लाघव कीन्हसि खंड।।३।।

चौ.:– इहि विधि रन मंडल हनुमाना, भंजे अस्सी चाप निदाना।
छिन छिन प्रति करि घोर प्रहारा, गर्जहिं तर्जहि, अति भय कारा।
सुरथ नरेस कोपि तव भारि, घोर सक्ति कपि के तन भारी।
सो प्रहार लागत मुनि राई, निमिश एक मूछरिन आई।
उठा वहोरि महा रिस धारी, भूप सुरथ रथ धरा प्रचारी।
परम वेग धरि गगन मझारा, उड़त भए तव पवन कुमारा।
सुरथ भूप तिहि अवसर देखा, कपि मुहि व्योम उड़ाव विसेशा।
परिघ प्रचंड कपी उर मारा, व्यापौ तन सो घोर प्रहारा।

दो.:– तव कपीस झक झोरि रथ, तज्यौ जाइ नभ दूरि।
गिरत धरनि हय सूत जुत, भयौ निमश मै चूरि।।४।।

चौ.:– अति आतुरतव सुरथ नरेसा, दूसर रथ मै कीन्ह प्रवेसा।
तानि सरासन सन्मुख आवा, तव हनुमान कोपि अति धावा।
लाघव रथ हय सूत समेता, धरि निज पूँछ पटकि तिहि खेता।
सो हुइ भंग परा महि कैसे, दारु सुमन दलि कुंजर जै सै।
सुरथ दीख संग्राम मझारा, विनु प्रयास कपि रथ संघारा।
तव चोथे स्यंदन मै जाई, आरोहन ह्वै सन्मुख आई।पृ.१२७स.
जव लगि सगुन कीन्ह कोदंडा, तव लगि रथ कीन्हसि खंडा।
उनंचास रथ सुनहु मुनीसा, इहि विधि गंजन कीन्ह कपीसा।
अस अद्‌भुत विक्रम सुर देखी, अचरज भा रन भूमि विसेशी।

छंद:–तिहि समय दुहू दल भट अपार, अचरज समेत धनि धनि उचार।
तव कोपि भूपु वोले सुवैन, तुम परम सूर वल वुद्धि यैन।।
तुम्हरे समान इहि विश्व मद्धि, अस विक्रम काहु न किय प्रसिद्धि।
पुनि करि न सकै कोउ सत्यमान, अव सुनहु वचन कपि धारि कान।
छिन इक तिश्टि संजग निदान, जव लगि सज्यौ को दंड वान।
श्री राम चन्द्र पद कंज फूल, मैं करहु तुमहि अलि मत्त तूल।
इहि भाँति भाशि करि कोप चंड, पुनि तानि चाप सिव वान छंड।
तिहि काल भूत वेताल जाल, जोगिन समूह निश्चर कराल।
हुहि प्रगट कपीसहि घेरि लीन्ह, वंधन विलोकि तिन त्रास दीन्ह।
लखि सकल सूर हा हा पुकार, तव पवन पुत्र संजुग भझार।
उर सुमिरि राम पद सोभधाम, सिव पासि दली जिमि गलित दाम।

दो:– पुनि कपि धाव स्वतंत्र ह्वै, कट कटाई विकराल।
उहाँ भूप संग्राम मै, आवत लखि तिहि काल।।५।।

चौ:– परम वली निज मन अनुमाना, पुनि प्रयोग करिधनु संधाना।
दारुन व्रहन अस्त्र सर चंडा, प्रगटी दस दिसि ज्वाल प्रचंडा।
आवत हेरि तवै हनुमाना, विनु प्रयास हंसि कीन्हसि पाना।
निरखि सुरथ अति विस्मय पावा, अवर सकल सूरन भ्रम छावा।
तव महीप हिय करि प्रभुध्याना, राम वान धरिधनु संधाना।
पुनि मुमोचि यह वचन उचारा, वधहु कपीस न होइ उवारा।
इहि विधि वदत भूपवल धामा, तव लगि सुनु मुनीस संगामा।
वंधन विवश भए हनुमाना, मृशा न होइ राम कर वाना।

दो:– तव वोले मारुत तनय, सुनहु महीप सुजान।
मम स्वामी सर धरा मुहि, नाहिन प्राकृत वान।।६।।

चौ:– तज ते ज्यौन राम नाराचा, तव तुम्हार वल होतेउ साँचा।
अव मुहि निज पुर देहु पठाई, करहु सत्य पन नृप हरशाई।
करुना निधि उदार रघुराई, आइ आपु अपि हमहिं छुटाई।
अस कहि मरुत पुत्र अरगानै, लखि वंधन सवभट अकुलानै।
तव लगि भरत तनय रनधीरा, वंधे विलोकि मरुत सुत वीरा।
कोपि तानि को दंड कराला, धाए नृप ऊपर तिहि काला।

उहाँ सुरथ रन आवत देखी, हनै अश्ट सर निसित विसेशी।
पुस्कल तव अनेक सर छंडे, सव सायक भूपति के खंडे।

दो.:– पुनि सरोश ह्वै सुरथ नृप, इत पुस्कल वलवान।
कुंडलीक कोदंडकरि, छाड़े सर न प्रमान।।७।।

चौ.:– ते सायक अति तीछनधारा, व्यापि गए सव विश्व मझारा।
जड़ जंगम महँ पूरित कैसै, अंतर जामी रघुपति जै सै।
सर समूह नभ कौतिक देखी, परम मोह वसभए विसेशी।
मनुजनि की तहँ केतिक वाता, सकलभए अति व्याकुल गाता।
महा मंत्र जुत सुनु मुनि राई, चलहि अस्त्र पर अस्त्र वनाई।
तुमल जुद्ध भा वरनि न जाई, हरशहि सुभट कुभट अकुलाई।पृ.१२८ म.
तव करि कोप सुरथ महि पाला, चाप तानि तजि इश विकराला।
भरत पुत्र सो खंडन कीन्हा, रन को विद सव विद्या चीन्हा।

दो.:– अवर वान जाज्वल्य इक, कोपि महीप कुमार।
खंडि सके नहि भरत सुन, लागा हृदय मझार।।८।।

चौ.:– गिरे अवनि तल मूर्छित भारी, परम सूर नृप अति वलधारी।
भरत तनय कहँ व्याकुल देखी, राम वंधु हिय कोप विसेशी।
चढ़ि विसाल रथ आतुर धाए, स्वेत छत्र सिर सोह सुहाए।
सन्मुख आइ वचन गंभीरा, वोले सुनहु सूत मति धीरा।
तुम नृप कीन्ह पराक्रमभारी, वाँधे पवन पुत्र बलधारी।
पुस्कल महावीर वलधामा, मूर्छित कीन्ह तिनहि संग्रामा।
अपर चमू मम कीन्ह सिघारा, रन मंडल करि रन भयकारा।
ठाढ़ होउ अब सजग वनाई, जाहु कहाँ रन भूमि विहाई।

दो.:– अति प्रचंड नाराच हति, डारहुँ अव संग्राम।
यह सुनि वोले सुरथ नृप, सुमिरि हृदय श्रीराम।।६।।

चौः– हनुमतादि तुम भट समुदाई, हम जीते वल अधि काई।
पुनि तुम हू कहँ इति सरधोरा, डारहु अवहि धरनि वर जोरा।
आवहि गे जव रघुकुल नाथा तजि हौ तवहि सत्य मम गाथा।

नाहित सुनहु सत्रघन राजा, करि हौ वंधन सहित समाजा।
अस कहि वान सहस्त्रनि त्यागे, अति कराल जिमि अहि रिस पागे।
परम सघन सर पंजर कीन्हा, तव रिपुदहन अनल सर लीन्हा।
तानि कठिन धनु कीन्ह प्रहारा, भए सकल साइक जरि छारा।
वरुन वान तव सुरथ चलावा, खंडि अनल सर जल वरसावा।

दो:– सुनु मुनीस तव सत्रघन, लीन्ह जोगिनी वान।
सो विलोकि हंसि सुरथ नृप, वोले वचन प्रमान।।१०।।

चौ:– प्रकृति ग्रसित जे जन संसारा, तिनहि वान यह मोहनि हारा।
हम रघुनाथ जानु की दासा, यह साइक करि सकै न त्रासा।
जदपि सुरथ अस वचन सुनावा, तदपि सत्रघन सपदि चलावा।
विपुल खंड ह्वै सायक सोई, गिरा कछुक चलि लखि सब कोई।
रामानुज तिहि नश्फिल देखी, अति अचिरज उर कीन्ह विसेशी।
पुनि जिहि सर लवनासुर मारा, कोपि हृदय सोधन विचधारा।
तासु तेज नहिं जाइ वखाना, महा प्रलय के अनल समाना।
सुरथ विलोकि ताहि तिहि काला, वोले गिरा गंभीर रसाला।

दो:– असुर विनासन बानयह, सुनहु सत्य मम वैन।
रघुपति सन्मुख जीव जे, ते अवद्धि वल यैन।।११।।

चौ:– इहि प्रकार नृप करत वखाना, तव लगि आनि लाग हिय वाना।
प्रगटी घोर विथा मुनिराई, परे तुरत रथ ते अकुलाई।
निमिश माहि तव उठे मुवाला, वोले कोपि वैन तिहि काला।
तजि संग्राम जाहु किहि ओरा, सहौ प्रहार एक अव मोरा।
अस कहि सर निशंग ते काढ़ी, ज्वालमाल छटहिं तहँ गाढ़ी।
कनक पक्ष पुनि मेश सुहाई, घोर धार कछु वरनि न जाई।
राम मंत्र पढ़ि धरि को दंडा, श्रवन प्रजंत तानि पुनि छंडा।
महा वेग जुत हिय विच लागा, निरखि सकल दल धीरज त्यागा।

दो:– मूर्छित ह्वै रिपुदहन तव, तुरत परे रथ माहिं।
भाज्यौ घाइल कटक मुनि, त्राहि त्राहि ताहि।।१२।।क
रन मंडल महँ सुरज नृप, पाई विजय विसाल।

श्री रघुपति निज भक्ति वल, दर सावा तिहि काल।।३२।।ख

सोरठा:–अंगदादि सव वीर, मधुसूदन संजुग विशै।
नृप सुत अति रनधीर, सव ही कौ जीततभए।।१२।।
इति श्री पदन पुराणे पाताल खंडे सेस वात्सायन संवादे मधुसूदन
दास कृते सुरथ विजयो **नाम द्वा पंचासतमोऽध्याय**।।५२।।

दो:– सुनु मुनीस सुग्रीव तव, निरखि कटक संघारि।
पुनि निज प्रभु रिपुदहन कहँ, मूछविंत निहारि।।

चौ:– सव्द कट कटा करि तिहि काला, धावत भए कोपि विकराला।
लोचन लाल रुप भयकारी, सन्मुख जाइ वचन उच्चारी।
करहु जुद्ध मोसन महिपाला, तुमहू कहावत सूर विसाला।
अस कहि साल वृक्ष इक मारी, वल समेत नृप सीस प्रहारी।पृ.१२८प्रा.
आवत देखि भूप वलवाना, हति सर खंडन कीन्ह निदाना।
तव सुग्रीव महा रिस धारी, लाघव सिखिर सैल द्रुमभारी।
अगिनित वारहि वार प्रहारै, पुनि नख दसननि गात विदारै।
सुरथ राम साइक तव छंडा, जग प्रसिद्ध अति घोर प्रचंडा।

दो:– छिन महँ विगत प्रयास नृप, धरि लीन्है सुग्रीव।
जिमि अलान वस होइ गज, जदपि महा वल सीव।।१।।

चौ:– सुरथ राम सेवक मुनि राई, परम विजय रन मंडल पाई।
सत्र घनादि भूप पुनि जेते, हनूमतादि कपि जूथ समेते।
सव कहँ घरि घरि रथनि मझारा, सुतनि समेति सुरथ तिहि वारा।
चले नगर कहँ हर्श समेता, सकल सेन जुत दुंदुमि देता।
पुनि निज सभा जाइ महिपाला, हनुमतादि सन कह तिहि काला।
सुमिरहु श्री रघुवीर दयाला, करुनाकर प्रनतन प्रति पाला।
वंधन तै छुटि हौ जिहि रीती, मन विचारि सोइ करहु सप्रीती।
नाहित संवत अयुत प्रजंता, जतहु न भूलि सुनहु हनुमंता।

छंदत्रिभंगी:– अस नृप मुख वानी भय रस सानी, श्रवन सुनी हनुमान जवै।
सुनि मुनि तिहि काला, भए विहाला वंधन विवस विलोकि सवै।।

पुनि आपदि देखा पर वस लेखा, ह्रदय सोक अधिकान तंवै।
भरि लोचन वारी प्रभुहि सम्हारी वोले सो सुनि सूत सवै।।
हे रघुकुल भूशन दुश्ट विदूशन सीतापति भगवान हरे।।
नव पंक विलोचन भवभय मोचन अति अदार गुन दिव्य मरे।।
यह नृप वल भारी समर मझारी पनु करि वंधन कीन्ह प्रभो।
अव वेगि छुड़ावहु विरद वड़ावहु सव कौ दीन विलोकि विभो।।
हा नाथ कृपाला परम दयाला, हा सिय वर हा सर्व वरं।
हा आरत भंजन जन मन रंजन हा कृतग्य ब्रह्मादि परं।।
संतनि हि लागी अति अनुरागी सदा धरहु जगे रुप स्वयं।
मन्मथ छवि हारी,तन दुति कारी, मोचहु अव प्रभु सर्व भयं।।
प्रथमहि रघुराई सुर समुदाई दलि नि चर उद्धार किये।
पुनि ग्राह सिघारी गजहि उवारी द्रुपद सुता कहँ चीर दिये।।
प्रहलाद उवारे दुःख निवारे नरहरि ह्वै दलि पर्म खलं।
पुनि जठर मझारा पंड कुमारा प्रति पाल्यौ निज वाहु वलं।।

दो.:– मुनि वृंदारक वृंद महँ, यग्य करहु भगवान।
धर्म विचारि कृपाइतन, मोचहु आसु निदान।।२।।क
सुरथ भूप द्रढ़ पासि सन, सवनिधरा पनु ठानि।
प्रनत पाल प्रति पालियै, विरद ह्रदय रघुबंस पहिचानि।।२।।ख

सोरठा.:– जो न करहु उद्धार, तो सुनियै रघुवंस मनि।
सकल जीव संसार, करि हैं तुव उपहास अति।।२।।ग

चौ.:– प्रभु सखग्य सुनहु मुनि राई, सुनी अवधि कपि गिरा सुहाई।
प्रनत विमोचन हेत कृपाला, पुश्पक जान चढ़े तिहि काला।
लखन भरत दोउ ओर विराजै, व्यासादिक मुनि अंजुलि साजै।
चढ़े उताइल प्रेरि विमाना, अति उदार पुनि कृपा निदाना।
छिन महँ जाहि कपिहि प्रभु देखा, प्रथमहि जिमि गज रक्षि विसेशा।
तिहि अवसर उत पवन कुमारा, निरखे आवत राम उदारा।
छवि निदान तन स्याम सुहावा, कोटि मदन दुति निरखि लजावा।
तव मारुत सुत भूपति पाहीं, वोले वचन हरशि मन माहीं।

दो.:– निरखहु नृप रघुवंस मनि, आए सहित समाज।

अति कृपाल रघुनायतन निज भक्तनि के काज।।३।।

चौ.:–प्रथम अनेक हीन उद्धारे, विदित लोक वेदहु गुन भारे।
अव तुव पासि मंजि रघुराई, हमहि छुड़ावहि आतुर आई।
इहि विधि वदत जातहनुमाना, तव लगि पहुँच्यौ निकट विमाना।
निरखि सुरथ नृप पुलक सरीरा, कीन्ह प्रनाम स तिनि मुनिधीरा।
श्री रघुवर तव त्यागि विमाना, धरा चतुर्भुज रुप सुजाना।
पुनि भुज मै भुजधरि तिहिकाला, मिले सुरथ कहँ कौसिल पाला।
लोचन श्रवत प्रेम जल धारा, भूप सीस पर भव रुज हारा।
वोले राम वचन सुखदाई, भूप सुरथ तुम धन्य वनाई।

दो.:–महत पराक्रम कीन्ह तुम, रन मंडल वर वीर।
धरि लीन्है मारुत तनय, अवर सुभट मति धीर।।४।।

चौ.:– अस कहि राम नृपहि सुख दीन्हा, भक्त वक्षल प्रभु अघहि न चीन्हा।
अति आतुर पुनि श्रीभगवाना, मोचे सवकर स्वजन हनुमाना।
पुनि निज अनुज भरत सुत वीरा, अपर सकल नृप अति रन धीरा।
निज कर रघुपति सवहि छुड़ावा, सुधा द्रश्टि पुनि कटक जिवावा।
ते सव उठि उठि उर हरशाई, राम चंद्र पद प्रनवहि आई।पृ.१३०प्रा.
दुर्लभ दरस पाइ तिहि काला, भए विगत संजुग श्रम जाला।
पूछहिं सकल राम सन पाहीं, परम कृतज्ञ मान कछु नाहीं।
सकल महीप महा हर्शानै, निरखि स्वामि छवि नैन जुड़ानै।

दो.:–सुरथ भूप तिहि समय मुनि, निरखि राम छवि खानि।
मोपर प्रभु कीन्ही कृपा, हेत रहित जिय जानि।।५।।

चौ.:–मानि कृतारथ सकल प्रकारा, पुनि मगाव सव राज भंडारा।
नाना मनि भूशन पट भूरी, ग्रह पुर अवर वस्तु सव रुरी।
पुत्र पौत्र तिय सव परिवारा, कीन्ह निवेदन हरशि अपारा।
बोले वहुरि जोरि दोउ हाथा, सरल सुभाय नाइ पद माथा।
नाथ सकल यह आपन जानो, केवल मोहि दास जिय मानौ।

सुनि वोले रघुकुल मनिरामा, धन्य धन्य नृप सद्‌गुनधामा।
सव विधि साधु कर्म तुम कीन्हा, भली भाँति निज धर्महिं चीन्हा।
छात्र धर्म श्रुति करहिं वखाना, स्वामि संग सेवक रन ठाना।

दो.:– कीन्ह जुद्ध रिपुदहन सन, यह अनुचित नहिं तात।
सुनि अस प्रभु के वचन वर, नृप मे पुलकित गात।।५।।क
है प्रसन्न श्री राम पुनि, राजु सुरथ कहँ दीन्ह।
राम प्रसादी जानि जिय, प्रीति सहित तिन लीन्ह।।५।।ख

चौ.:– तिहि पुर तीनि दिवस रघुराई, कीन्ह वासु लखि भक्ति सुहाई।
पुनि विमान चढ़ि सहित समाजा, चले अवधि कहँ कौसल राजा।
प्रभु परि तोश सवहि सुख दीन्हा, मश मंडप प्रवेश पुनि कीन्हा।
सकल समाज इहाँ मुनिराई, परम आचरज मान वनाई।
हरश ह्रदय तव सुरथ नृपाला, चंपक कहँ दै राज विसाला।
पुनि निज मन यह कीन्ह विचारा, चलहु सत्र घन संग इहि वारा।
राम अनुज लहि जग्य तुरंगा, हरशे कटक सहित सव अंगा।
कोटिनि संख वजे तिहि काला, प्रनव भेरि पुनि दुंदुमि जाला।

दो.:– सुनहु सूत तव सत्रघन, मश तुरंग तजि दीन्ह।
चढ़ि विसाल रथ सुरथ जुत, गमन हरशि मन कीन्ह।।६।।क
क्षीर सिन्धु तै अधिक अति, चली चमू चतुरंग।
मधु सूदन वहु देसपुर, अवगाहे हय संग।।६।।ख

सोरठा.:–श्री सुर सरि के तीर, पहुच्यौ जग्य तुरंग तव।
वालमीकि मुनिधीर, वसहि तहाँ मुनि गन सहित।।६।।
इति श्री पद्न पुराणे पाताल खंडे सेस वात्सायन संम्वादे मधुसूदन दास
कृते रघुनाथ समागमो **नामत्रिपचासतमोऽध्याय।।५३।।**

दो.:– प्रात क्रिया लगि सुनहु मुनि, समिध लैन तिहि काल।
जनक सुता सुत नाम लव, आए विपन विसाल।।

चौ.:– संग मुनिनि के विपुल कुमारा, अति सुभ सील भक्ति आगारा।

लव स्वरुप किमि करहु तखाना, स्याम मृदुल रघुनाथ समाना
धरै चाप सर कटि तूनीरा, वल निधान लघु वय वर वीरा।
निरख्यौ तिन मश तुरग सुहावा,दिव्य गंध चर्चित मन भावा।
सुन्दर कनक पत्र सिर सो है, तिहि विच विसद वरन चित छो है।
वोले तव मुनि पुत्रनि पाही, हर्श समेत त्रास कछु नाहीं।
दैव जोग यह अ व सुहावा, मम हित इहि आश्रम चलि आवा।
सकल चलहु मो संग हरशाई, निरखहु हय उर संक विहाई।

।:– अस कहि लव मुनि सुत सहित, गए वेगि हयं पास।
धरै कंघ को दंड कर, सायक परम प्रकास।।१।।

चौ.:– वाजि निकट रघुवं । कुमारा, सुनु मुनि सोभित भए अपारा।
सक्र तनय इव दुर्जय भारी, वल पयोधि संजुग भय कारी।
बांचन लगे पत्र तिहि काला, मुनि पुत्रनि जुत वरन रसाला।
दिनकर वंस विदित संसारा, महान नहिं तिहि अनुहारा।
भए प्रगट ता मै नृप जेते, सपनैउ पर वस भएउन तेते।
पुनि पर द्रव्य हरै नहिं तेई, सतंत संतइ सभा जिनि सेई।
तिहि कुल राजा दसरथ नामा, तिहि कुल प्रगट भए वलधामा।
दिन कर वंसध्वजाजग जाना, तिन समधनुधारी नहिं आना।

दो.:– पुनि धनु दीक्षा के विशै, गुरहू के गुर मान।
नवहि सुरा सुर सकल जिहि, निज मनि मौलि निदान।।२।।

चौ.:– तिनके तनय महा वल वाना, नाम राम यह सव जग जाना।
सकल समर विद्या के रासी, सूर सिरोमनि सुजस प्रकासी।
संतत अरि मद खंडन हारे, गो सुर संत विप्र सुख कारे।
पुनि कौसिल नृप सुता सुजाना, कौसिल्या तिहि नाम वखाना।
सोई राम चंद्र की माता, रत्न प्रसव तिहुँ पुर विख्याता।
वड़भागिनि तिहि सम नहिं आना, तिहि ते मा सुत रतन समाना।
वल निदान ते राम नृपाला, दसकंधर वघ मानि कराला।
कुंभज मुनि निदे । धरिमाला, विरच्यौ मश हय मेघ विसाला।

दो.:– तत्यौ विजय के हेत यह, स्याम करन वर वाज।

रन को विद कोटिन सुभट, तिहि संग पालन काज।।३।।पृ.१३१ म.

चौ.:– वल निधि रिपुसूदन मम भ्राता, वध्यौ लवन जिनि जग विख्याता।
संग कटक चतुरंग अपारा, ते इहि हय के पालन हारा।
जे नृप आपुहि उत्तम मानौ, पुनि निज सम नहि आनहि जानौ।
सूर धनुर्धारी वल वाना, सव प्रकार आपुहि अनुमाना।
ते ह्वै सजग धरहु यह घोरा, वाँचि पत्र वल वैभव मोरा।
मम माता रिपुहन वलधामा, ताहि जीति हठ करि संग्रामा।
लै है अवसि तुरंग छुड़ाई,सव प्रकार निज वल अधिकाइ।
अवर एक मैं लिखहु वनाई, सुनहु सकल छत्री समुदाई।

दो.:– जे कुलीन छत्री सुभट, छत्रानी तन जात।
ते हठि पकरहु वाजि मम, करहु जुद्ध हरशात।।४।।

चौ.:– इहि तै जोपि होइ विपरीता, तोपि त्यागि अभिमान सभीता।
राज कोश परिवार लिवाइ, मिलहु सत्रु सूदन पद आई।
इहि विधि वाँचि पत्र वल वीरा, वोले कोपि वचन गंभीरा।
सुनहु सकल मुनि पुत्र सुजाना, देखहु छत्रिनि कर अभिमाना।
निज वल विक्रम वैभवमारी, लिखा भूरि हय छत्र मझारी।
कहाँ राम नृप कीट समाना, कहाँ सत्र घन दीन निदाना।
पुनि कहँ कहा अल्प कटकाई, सलम समान प्रवल अधिकाई।
रामहि उत्तम छत्रिनि माही, देखहु हम कुलीन कुल नाहीं।

दो.:– सुभट प्रसूतिनि कौसिला, केवल सव जग माहिं।
कुस माता श्री जानकी वीर प्रसूतिनि नाहिं।।५।।

चौ.:– रामहिरतन रुप संसारा, श्री कुस नाहिं रतन अनुहारा।
जस छत्री पन उन लिखि काढ़ा, तस कोउ सूर मिला नहिं गाढ़ा।
विक्रम आजु सकल तिन केरा, देखहु रन मंडल अहि वेरा।
धरा वाजि हम सकल प्रकारा, को छत्री जो करहि उवारा।
जो रिपुदहन जोरि कर आवै, कुस के चरन कमल सिरु नावे।
तो मश तुरंग दै हु इहि काला,नाहित दलि नाराज कराला।
सत्र समन कहु देहुं सुवाई, छिन महँ सहित सकल कटकाई।

अस कहि मश तुरंग तव वांधा, पुनि त्रन सम रिपु गुणि सरसाधा।

दो.:–जुद्ध हेत हेरहि कटक, ठाढ़े लव वलधाम।
तिन प्रति वोले मुनि तनय, सुमिरि हृदय श्री राम।।६।।

चौ.:–अवध पुरी प्रति राम नृपाला, अतुल वली जिनि हति दसभाला।
तिनि समान तिहु पुर काउ नाहीं, देव दनुज नर नागनि माहीं।
तासु तुरंग जिनि वाँधहु ताता, तुम वालक पुनि कोमल गाता।
हित पहिचानि वचन उर धरहू, भूलि हृदय साहस जिनि करहू।
वासव धरि न सकै यह घोरा, पुनि जग कवन वीर वर जोरा।
वोले लव इहि विधि सुनि काना, तुम छत्रिनि करवल नहिं जाना।
मुनि कुमार तुम असन प्रवीना, विगत जुद्ध विद्या वल हीना।
पुनि छत्री प्रसिद्धि संसारा, सूर वी रवल तेज आगारा।

दो.:–जाहु सकल आतुर भव, जननी कीन्ह रसोइ।
करहु असन मन मुदित है, नाहित गत रस होइ।।७।।

चौ.:–अस कहि वहुरि रहे अरगाई, गए दूरि मुनि तनय विहाई।
तव लगि हय अनुचर समुदाई, आइ गए सुनियै मुनि राई।
वंधौ विलोकि अ व छविखानी, वोले गिरा कोप रस सानी।
मोह विवस किहि धरा तुरंगा, कोप्यौ जम किहि पर सव अंगा।
रिपुसूदन कर वान प्रहारा, को उर सहि लहि विथा अपारा।
तव वोले लव कोप वड़ाई, मैं वांधा तुम्हार हय राई।
जो मोचहि तुरंग इहिकाला, ता पर कुस कर कोप विसाला।
कहाँ प्रेतपति रंक निदाना, ज्यौ रन चढ़ै स्वयं भगवाना।पृ.१३२प्रा.

दो.:– तोअपि दलि साइक निकर, करहु प्रसन्न अघाई।
कहाँ अपर भट कीट सम, विक्रम विगत वनाइ।।८।।क
अस सुनि अनुचर वाल गुनि, छोरन लगे तुरंग।
लव विलोकि तकि घोर सर, तुरत कीन्ह कर भंग।।८।।ख

सोरठा:– भजे विकल ते वीर, गए जहाँ नृप सत्रहन।

वोले परम अधीर, लव नै खंडन कीन्ह कर।।८।।

इति श्री पद्न पुराणे पाताल खंडे सेस वात्सायन संम्वादे मधुसूदनदास कृते वंधनो **नाम चतुः पंचासतमोऽध्याय।।५४।।**

दो.:– सुनहु सूत लव की कथा, वल जुत परम रसाल।
वात्सायन सुनु सेस सन, वोले धरि पद माल।।

चौ.:– नागराज मम स्वामि कृपाला, पूछहु छिमहु कहो इहि काला।
नाथ प्रथम तुम कीन्ह वखाना, रजक वचन सुनि राम सुजाना।
तजी अकेलि सिया वन माहीं, लोक कलंक समुझि अघ नाहीं।
कुस लव उभय तनय किमि भएऊ, पुनि असधनु विद्या किमि लहेऊ।
जिन वांधा रघुनायक वाजी, धारि को दंड वान रन गाजी।
अस सुनि नाग राज तिहि काला, वोले वचन प्रसंसि विसाला।
अति अद्भुत रघुनाइक लीला, सुनहु माह मुनि वर सुभ सीला।
वहुत काल लगि रघुकुल केतू, कीन्ह राजु सिय वंधु समेतू।

दो.:– सकल भूमि तन धर्म जुत, सातदीप नव खंड।।
प्रजा पुत्र इव पालि प्रभु, नृपता कीन्ह अखंड।।१।।

चौ.:– सीता रामतेज जवधारा, प्रगटयौ गर्म परम दुतिकारा।पृ.१३२ म.
पंच मास जव भए सुहाए, अतुल सोभ सव अंगनि छाए।
एक वार प्रभु भवन मझारी, निरखि अकेली जनक कुमारी।
परम सनेह सहित मृद वानी, वोले मनहु सुधा रस सानी।
प्रिया मागु वरदान सुहावा, जो तुम्हार मन अति प्रिय भावा।
मैं प्रसन्न अव सकल प्रकारा, वचन मृशा नहिं करहु उचारा।
सुनि सनेह जुत पति मुख वानी, तिहि अवसर सिय अति सकु चानी।
जोरि पानि कह वचन रसाला, सुनहु प्रानपति परम कृपाला।

दो.:– तुम्हारी कृपा कटाक्षप्रभु, सर्व भोग हम भोग।
कहो कवन सुख वि व महँ, तिहि सन भयौवियोग।।२।।

चौ.:– तुम वृंह्मादि देव आधीसा, सदा सुतंत्र सर्व जग दीसा।

अस तुम्हार बैभव भगवाना, गावहि संतत वेद पुराना।
ते तुम मम स्वामी अनुकूला, कामधेनु मनि सुर तरु मूला।
मोहि कहा दुर्लभ जग माहीं, सपनैउ देवांछा कछु नाहीं।
तदपि तुम्हार वचन धरिसीसा, माँगहु देहु कौसिलाधीसा।
प्रथमहिं जव मैं संग तुम्हारे, गई विपन जहँ खल गन मारे।
लोपा मुद्रादिक मुनि वामा, मिली हमहि तहँ अति तप धामा।
स्वागत तिन हमार वहु कीन्है, पुनि सुंदर पट भूशन दीन्है।

दो.:– तिनके आसिर वाद सन, कुसल छेप पुर आइ।
कीन्ही नृपता काल वहु, भोगे सुख समुदाई।।३।।

चौ.:– अव ज्यौ प्रभु मुहि आयसु देह, जाहि विपिन तो सहित सनेहु।
नाना मनि भूशन पटभूरी, भोजनादि गंधादिक रुरी।
इन करि तिन कर पूजन करहू, इह रक्षा तव तै उरधरहू।
जिमि उनि प्रथम मोहि सुख दीन्हा, तिमि प्रस्न्न मैं चाहोकीन्हा।
पूजहु जोन जाइ प्रभुताहीं, होइ कृतघ्न दोश सक नाहीं।
पूरन करहु मनोरथ एहू, सुनि बोले हरि सहित सनेहू।
धन्य प्रिया जानकी सुजाना, अवसि जाहु तुम होत विहाना।
स्कल प्रकार पूजिमुनि नारी, पुनि आवहु मम पास सुखारी।

दो.:– सुनि पति वचन सनेह जुत, हरशी जनक कुमारि।
परम लालसा कीन्ह उर, प्रात सुगमन विचारि।।४।।

चौ.:– अपर कथा अव सुनि मुनिराई, संसय सोक दलनि सुखदाई।
निज जस श्रवन हेत रघुराई, जानि दूत ाट चतुर वनाई।
पठवहि नित निसि नगर मझारी, सुनहि प्रात सव कथा सुखारी।
सुनहु कथा अव तिहि निसि केरी, जिहि दिन वर दीनौ ग्रह हेरी।
श्रवनहेत प्रभु जस समुदाई, चले चार ते हिय हरशाई।
एक धनाढय भवन ढ़िग जाई, ठाढ़ भयौ इक चर मुनिराई।
राम चरित्र सुधा धरि काना, सुनन लाग हिय हर्श निदाना।
सुभग चित्र सारिका मझारी, निरख्यौ वरतदीप दुति कारी।

दो.:– अति सुंदर परजंक पर, दीख तहाँ वर बाम।

सुत कह पान कराव पय, कहति वचन लै नाम।।५।।पृ.१३३प्रा

चौ.:– पियहु पुत्र मम पय मनभावा, पुनि दुर्लभ यह सकल वनावा।
इहि पुर के पति श्री रघुवीरा, नील कंज सम स्याम सरीरा।
जे जन इहि पुर प्रगटहि आई, खगमृग चर थिर जे समुदाई।
अंत परम पद पावहि तेई, जननी गर्भ वास नहिं सेई।
अस विचारि मम क्षीर सुहावा, करहु पान सुत निज मन भावा।
जे जन भजि नित राम उदारा, सर्व काम तजि गत मद मारा।
ते न धरहि जग आनि सरीरा, कहै वेद वुध मुनि मति धीरा।
इहि विधि जननि कहै सुत पाहीं, पय प्यावति तन अति पुलकान्ही।

दो.:– रघुपति सुजस सुधास रस, इहि विधि सुनि सो दूत।
गा वहोरि पुलकित भवन, सुकृतिनि मानि वहूत।।६।।

चौ.:– तव लगि दूसर दूत सुजाना, जाइ एक ग्रह निकट निदाना।
सुनन लगे प्रभु जस धरि काना, वात्सायन सुनु सुमति निधाना।
सुभग चित्र सारी तहँ देखी, रंग रंग मनि रचित विसेशी।
लसहि तहाँ मनि दीप सुहावा, अगर कपूर धूप ग्रह छावा।
मनि मय एक सुमग परि जंका, जग मगात तह खचित सुअंका।
तिहि पर पति समेति इक वाला, विद्यमान हिय मुदित विसाला।
रूप रासि कछु वरनिन जाई, धरै सुपट भूशन समुदाई।
कंकनादि रव होइ सुहाए, इति मन्मथ सम अति छवि छाए।

दो.:– पुगीफल सुलवंग पुनि, कर्पूरादि समेत।
ताम्वूल चर्वत उभय, अधर दसन छविदेत।।७।।

चौ.:– पति स्वरूप अति संदर देखी, वोली त्रिय द्रग चपल विसेशी।
तुव सरीर प्रभु सोभ निधाना, मोहि लाग श्री राम समाना।
नव सरोज सम नैन विसाला, हिय कपाट इव परम विसाला।
अंग दादि जुत वाहु अनूपा, सकल गात रघुपति अनुरुपा।पृ.१३३.म.
सुनि अस तिय के वचन रसाला, वोलौपति सुवेन तिहि काला।
मोहि कहा तुम राम समाना, यह तुम्हार निज धर्म निदाना।
अब सुनु प्रिया वचन धरिकाना, मैं लघु जीव राम भगवाना।

कहौ कहाँ मैं अति हतभागी, कहाँ राम भूपति वड़ भागी।

दो.:– कहाँ मंद मैं कीट सम, पर वस कलुश निधान।
कहाँ राम वृंह्मादि प्रभु, स्ववस स्वयं भगवान।।८।।पृ.१३३म.

चौ.:– मौं खद्योत सरिस संसारा, राम भानु सम परम उदारा।
मैं जड़ जीव सलभ अनुहारी, कहाँ रामु खग पति समभारी।
कहाँ मंद अघ उदधिं विलाई , कहाँ मृगेन्द्र सरिस रघुराई।
कहाँ देव सरि कलुश विनासी, कहाँ पाथ जल अति मल रासी।
कहाँ गुंज कहँ मेरुविसाला, कहाँ सिन्धु कहँ ढावर ताला।
कहँ वृंह्मादि देव समुदाई, कहँ श्रीपति प्रनतन सुखदाई।
प्रिया जीव ईसहि असभेदा,गावहि मुनि पंडित कवि वेदा।
मोहि राम कहँ अंतर एता, कहौ सत्य सुनु प्रिया सचेता।

दो.:– जिनकी पद रज परसि करि, भइ पुनीत मुनि नारि।
उपल देह तजि परम पद, गई स्वर्ग तनधारि।।६।।

चौ.:– सुनि निजपति मुख वचन रसाला, पुनि पति पद वंदे तिहि काला।
राम दूत इहि विधि सुनि वैना, गा वहोरि ग्रहपरम सुखैना।
तव लगि तीसर चर मुनि नाथा, सुनत भयौ रघुनाइक गाथा।
निज पति हेत एक वर वाला, सुमन सेज तिहि रची रसाला।
चंद नादि जे गंध सुहाए, विच विच वर्शि दिये मनभाए।
अति सुंगध वस रहे लुभाई, भोग सेज सव सजी वनाई।
मदन हेत अस जो जस जाई, वोली गिरा परम सुखादाई।
भोगहु नाह भोग समुदाई, सुमन सेज मैं रची सुहाई।

दो.:– चंदनादि वर गंध सन, चर चहु गात अनूप।
सीता राम प्रसाद तुम, पावा परम स्वरुप।।१०।।

चौ.:– रघुपति चरन विमुख जे जीवा, ते छुइ सकइन भोग कि सीवा।
तिनकौ दुर्लभ उदर अहारा, मिलहिन वसन विदित संसारा।
मम सारिखी वाम तुम पाई, चंदन सरस महा सुख दाई।
सो केबल रघुवीर प्रभाऊ, तुम सन हौ ना हंसति वनाऊ।

तिहि तै करहु भोग हरशाई, प्रभु प्रसाद मन समुझि वनाई।
सुनि तिय गिरा नेह रससानी, वोला नाह हरशि मृदु वानी।
सव विधि सत्य प्रिया तुम गावा, प्रभु प्रसाद यह वैभव पावा।
राम सुजस सुनि इहि विधि काना, गयौ दूत ग्रह मुदित निदाना।

सोरठा:– अपर दूत तिहि काल, जाइ एक ग्रह निकट मुनि।
प्रभु जस परम रसाल, सुनन लाग हिय हर्श जुत।।११।।

चौ:– अति सुंदर सुसील इक नारी, रच्यौ सुभग परिजंक विचारी।
तासु तध्य पति कह वैठारी, आपु रुचिर वीना करधारी।
राम चंद्र गुन गावन लागी, तान तरंग सहित वड़ भागी।
पतिहि रिझाव कर्म मन वानी, गति अनन्य पुनि परम सयानी।
नाथ धन्य मैं सकल प्रकारा, पाव वास इहि नगर मझारा।
इहि के पति रघुवीर कृपाला, पुत्र समान प्रजा नित पाला।
जिनि वांधा जलनिधकर सेतू, भए पार पुनि कटक समेतू।
सेन सहित रावनहि संघारा, कीन्ह सकल लंका दलिक्षारा।

दो:– दीन देखि पुनि जानुकिहि, लीनी वेगि वुलाइ।
दीन्हौ राज विभीशनहि, को असप्रभु सुख दाइ।।१२।।

चौ:– सुनि अस मधुर गिरासु रसाला, वोला नाह हरशि तिहि काला।
भामिनि सुनहु वचनधरिकाना, तुम रघुपति प्रभाव नहिं जाना।
रावनादि वध जलधि वधावा, यह प्रभु लीला चरित सुहावा।
केवल मनुज न श्री रघुराई, अव सुनि प्रिया हरशि मनुलाई।
परं वृह्म श्री रघुकुल भूशन, वृह्मादिक सुरपति जन पूशन।
नेति नेति जिहि वेद वखाना, स्ववंस परेस अलख भगवाना।
जव वृह्मादि देव अकु लाई, आरत क्षीर सिंधु तट जाई।
कीन्ह प्रार्थना विविध प्रकारा, तव प्रभु लीन्ह मनुज अवतारा।

दो:– अति पावन कीन्है चरित, निज लीला अनुसार।
प्रनतारत भंजन सुखद, अस श्री राम उदार।।१३।।

चौ:– प्रिया धन्य अव मैं संसारा, नित रघुपति मुख कंज निहारा।

वृह्म सिवादिक कहँ जग माहीं, प्रभु दरसन दुर्लभ सक नाहीं।
प्रथमहि पुन्य पुंज हम कीन्हा तिहि प्रभाव अव दरसन लीन्हा।
इहि विधि राम चंद्र गुन ग्रामा, कहै परस्पर पति अरु वामा।
यह संवाद रुचिर सुनि काना, गयौ दूत ग्रह मुदित निदाना।
पंचम चार सुनहु मुनि राई, तव लगि एक ग्रेह ढिंग जाई।
परम विमल रघुपति गुन श्रेनी, सुनन लाग सो अति सुखदैनी।
स्वामि संग इक सुंदर वाला, रची तहाँ चौपरि तिहि काला।

सो.:– सरस सरल मृदु वैन, वोली पति सन वाल तक।
चश चलाइ जुत सैन, सुनहु नाह मम वचन वर।।१४।।

चौ.:– जीतहु जोपि तुमहि इहि वारा, तोपि लैहु तुव घन भंडारा।
पुनि जो तुम जीतहु मम साथा, निज मन भाव करहु सो नाथा।
इहि प्रकार सुनि तिय मुख वानी, वोल्यौ पति सुसील गुन ग्यानी।
राम चन्द्र पद सेवहि जेई, सपनेउ अजय लहै नहि तेई।
प्रथम सुरनि जिमि निसिचर भारे, हरि पद सुमिरि समर संघारे।
तोर मनोरथ निसिचर घोरा, जीतहु तिमि मैं अव वर जोरा।
अस कहि रुचिर सुपास चलावा, जिति दाउ तिहि अवसर आवा।
तवतिय सन कहि अति हरशाई, मैं न कहा तुहि प्रथम वुझाई।

दो.:– जे संततभजि राम सिय, ह्वै अनन्य तजि काम।
तिनकी होइ न पराज, सपनेउ सुनु वर वाम।।१५।।

चौ.:– अस कहि परम सनेह वढावै, श्री रघुपति की लीला गावै।पृ१३४अ
पांचौ दूत मुदित इहि भाँती, सुनि सुनि श्री रघुपति गुन पाती।
हृद सराहत विविध प्रकारा, पुनि निज निज ग्रह को पगुधारा।
अश्टम दूत केर अव गाथा, वरनन करहु सुनहु मुनिनाथा।
श्री रघुपति जस श्रवननि हेतू, गयौ मुदित जह रजक निकेतू।
तहाँ रजक खल कोपित भारी, तिय सन कहै वचन दै गारी।
घिग घिग तोहि मंद हत भागी, पर ग्रह निसि गमनी गमनी किहिं लागी।
अस कहि खल तिहि ताड़न करई वृथा दोश तिय ऊपर धरई।

दो.:– परि हरु मम ग्रह मंद अव, वसु तिहि जार निकेत।

जिहि के अव दिन वास किय, निदरि मोहि करि हेत।।१६।।

चौ.:– सुनि अस वचन तासु महतारी, वोध करन हित गिरा उचारी।
सुत किमि त्यागहितिय वर जोरा, यह खल कर्म रहित सवओरा।
तव उर कलह विवस अकुलाई, रही दिवस भरि पर ग्रह जाई।
परिहरु क्रोध तजहि किमि वाला, विगत सकल अघ सुचि सव काला।
मुनि सुनु तव खल रजक रिसाई, कहा जननि सन मौंह चढाई।
मैं न राम नृप सुनु महतारी, पर ग्रह वसि लीन्ही जिन नारी।
जो कछु नीच ऊँच नृप करहीं, प्रजानाति गुन सो उरधरहीं।
कीन्हा इनि पर भवन निवासा, तिहि तै तजहु जोग यह त्रासा।
पुनि पुनि हस खल कहितिहि काला, मुहि जिनि जानु राम महिपाला।

दो.:– वसति दसाननभवन महँ, भूप विदेह कुमारि।
ता कह सहित सनेह, पुनि, ल्याए गेह मझारि।।१७।।

चौ.:– रजक गिरा सुनि इहि विधि काना, कोप्यौ रघुपति दूत निदाना।
सिर खंडन लगि काटि कृपाना, राम निदेस सुमिरि सकुचाना।
तदपि कोप नहि रोक्यौ जाई, भए अरुन चख अधर चवाई।
पुनि जह पंच चार मुनिराई, गयौ तहाँ हिय दुखित वनाई।
कहन लाग ते निज वाता, परम प्रेम जुत पुलकित गाता।
पुनि सवतिहि सन वूझतभएऊ, वड़े कश्ट करिता कहि दएऊ।
सुनि सुनि सवनि महा दुख पावा, फिरि तिहि काल ताहि समुझावा।
खल मुख वचन भूलि प्रभु पाहीं, कह न जोग मन वच क्रम नाहीं।

दो.:– इहि प्रकार मन संत्र गुनि, पुनि निज निज ग्रह जाइ।
भए नींद वस सकल चर, सुमिरि ह्रदय रघुराइं।।१८।।

इति श्री पदन पुराणे पाताल खंडे सेस वात्सायन सम्वादे मधुसूदनदास
कृते ाट चरनि रोक्षनं नाम **पंच पंचासतोध्याय**।।५५।।

दो.:– वात्सायन मुनिवर सुनहु, प्रात काल उठि राम।
नित्य कर्म सव वेद विधि, कीन्ह सहित अभिराम।।

चौ.:– पुनि श्रुति निपुन विप्र समुदाई, हेमदान दिय निकट वुलाई।

भए मुदित ते सकल प्रकारा, राम सील गुन देखि उदारा।
वहुरि कृंपाल सभा मह आई, सिंहासन वैठै हरशाई।
पुरजंन सकंल सुसमय निहारी, गंए सभा हिय परम सुखारी।
रामहि निरखि अतुल छविधामा, सवनि दंड इव कीन्ह प्रनामा।
पुत्र समान तिनहि रघुवीरा, संतत प्रति पालहि मुनिधीरा।
भूप सिरोमनि सभा मझारा, राजत वरनहु कवन प्रकारा।
लखन छत्र माथे पर धारै, भरत सत्रघन चामर ढारै।

दो.:– पुनि वसिश्ठ कौ आदि दै, जे मुनि ग्यान निधान।
ते सव सेवहि मुदित मन, परम प्रभावहि जान।।१।।

चौ.:– सचिव सुमंत आइ तिहि काला, नीति निपुन वर वुद्धि विसाला।
निज निज काज करन सव लागे, राम रुप रस मन अनुरागे।
तिहि अवसर तेइ ाट चर आए, राम चरन पंकज सिरूनाए।
निसि चरित्र सव वरनन हेतू, सन्मुख ठाढ़ भए मुनि केतू।
तिनहिं विलोकि रामभगवाना, सिंहासन तजि उठे निदाना।
मनि विरचित निर्जन ग्रह माहीं, दूतनि सहित गए प्रभु ताहीं।
समय विलोकि इहाँ सव भ्राता, आए निज निज ग्रह हर्शाता।
उहाँ मानुकुल मनू उदारा, निज दूतनि प्रति वचन उचारा।

दो.:– कहौ जथारथ चरित सव, निसि कर तजिभय लाज।
प्रजा लोग हमस न सकल, कहै कहा मम राज।।२।।

चौ.:– पुनि हमारि तिय सन किमि कहई, सो सव वरनहु जिहि विधि अहई।
सचिव वंधु अरु राज समाजा, इन सन कहा कहै तजि लाजा।
सकल जथारथ करहु वरवाना, प्रमुदिज तजि सकोच भय नाना।
सुनि अस गिरा गंभीर उदारा, दूतनि प्रभु प्रति वचन उचारा।।
परम विमल प्रभु सुजस तुम्हारा, अखिल वि व कह पावन कारा।
नाथभवन प्रति नर अरु नारी, निसु दिन तुव कीरति विस्तारी।
हम निज श्रवन सुनैउ भगवाना, सो सव तुम सन करहि वखाना।
भानुवंस प्रगटे नृप जेते, भए विभूशित तुम करि तेते।

सोरठा.:– सगर आदि मुव पाल, भए विपुल कीरति सदन।

प्रहा समेत दयाल, लही मुक्ति तुव सुजस वल।।३।।

चौ.:– सकल प्रजा तुव कौसिल पाला, कीन्ह कितारथ दलि दुख जाला।
अल्प मृत्यु पुनि रोग अपारा, सपनै ह्वैन सके संसारा।
जिमि सुर सरि ससि भूतल माहीं, तिमि तुम्हार कीरति सक नाहीं।
अज सिवादि सुनि चरित तुम्हारे, होइ न तृप्ति छुधित अतिभारे।
सकल वि व मह सुजस तुम्हारा, तिहूँ काल प्रभु पावन कारा।
हम सव दूत सुनहुभगवाना, भए धन्यतम सव जग जाना।
छिन छिन तुव कंज सुहावा, निरंखहिभरि चख निजमन भावा।
इहि विधि पंच चार मुख वानी, सुनत भए रघुपति गुन खानी।

दो.:– सुनहु सूत पुनि राम प्रभु, 	 ाश्टम दूतहि देखि।
मलिन वदंन उर दुखित अति, वोले वचन विसेशि।।४।।

चौ.:– चर वर सत्य कहौ मो पाहीं, महा वुद्धि निधि तुम जग माहीं।
मम आगै जो अनृत वखाना, तो ह्वै है अघ घोर निदाना।
जिहि विधि श्रवन सुनी तुम वाता, वरनहु सकल ह्रदय हरशाता।
पूछहिं प्रभु इमि वारहि वारा, तदपि न तिहि कछु वचन उच्चारा।
पुनि निज सपथ दिवाइ कृपाला, वूझतभए ताहि तिहि काला।
सत्य जथारथ सकलप्रसंगा, वरनु सकोच त्यागि सव अंगा।
प्रभु आयसु अपेल जिय जानी, वोला सनै सनै चर वानी।
नाथ परम सुचि सुजस तुम्हारा, पूरि रहा तिहु लोक मझारा।

दो.:– सुनहु स्वामि इक रजक खल, अति कुसील अघखानि।
तिहि तुव तिय सन मोह वस, कछु कटु वचन वखानि।।५।।पृ.१३६प्रा.

चौ.:– जदपि वखान जोग ते नाहीं, तदपि नाथ वरनहु तुम पाहीं।
कलह विवस रजकी पर धामा, जाइ दिवस भरि किय विश्रामा।
निसि मह निज ग्रह कीन्ह प्रवेसा, तहाँ रजक अति ठानि कलेसा।
पुनि पुनि ता कह ताड़न करई, कहि कटु वचन दोश अतिधरई।
नाथ तासु जननी तिहि काला, वोली सुत सन वचन रसाला।
यह अघ कर्म रहित सव ओरा, ताड़न करहु तात किमि घोरा।
करहु ग्रहन नहिं त्यागन जोगू, पर घर रही कलह संजोगू।

सुनि अस रजक महा अघखानी, वोल जननि प्रतिरिउरआनी।

दो.:– सुनु री जननी वचन मम, राम भूप मैं नाहिं।
जिन सिय अंगीकार किय, जो वसि खलग्रह माहि।।६।।

चौ.:– भूप अकर्म सुकर्म समाना, अपरि पुन्य जग त्रन करि जाना।
पुनि पुनि खल अस करहि वखाना, मैं न राम महिपाल समाना।
प्रभु मैं इहि प्रकार सुनि काना, परम कोप वसभएऊ निदाना।
नग्न खग्ड. तव मैं कर लीन्हा, तासु सीस गंजन मनु कीन्हा।
पुनि तुव वचन सुमिरिमन माहीं, खल कर सीस गंजि मैं नाहीं।
तिहि अवसर मैं कीन्ह विचारा, कहाँ रजक कहँ राम उदारा।
अनृत वखानहि यह अति मंदा, संतत सियाराम स्वछंदा।
अव प्रभु आयसु दीजिय मोही, तुव समीप आनहु वधि ओही।

दो.:– यह प्रसंग जद्यपि अकथ, तद्यपि कीन्ह वखान।
वोलि सचिव अव उचित मत, कीजै नाथ निदान।।७।।

चौ.:– सुनि अस गिरा कुलिस अनुहारी, मूर्छितभएऊ कृपाल खरारी।
रामहि निपट विकल तव देखी, दूतनि उर दुख भएऊ विसेशी।
वसन विजन करि कीन्ह सुवाऊ, जगे दंड जुग में रघुराऊ।
पुनि दूतनि सन वचन उचारा, गह वर कंठ श्रवत जल धारा।
जाहु भरत ग्रह आतुर ताई, मम ढिग आनहु तिनहि वुलाई।
परम दुखित ते चर मुनिराई, गए भरत ग्रह आतुर ताई।
करि प्रनाम संदे । सुनावा, उठे भरत सुनि संसय छावा।
चले सभा सत्वर तिहि काला, सुनि रहस्य ग्रह माहि कृपाला।

सोरठा.:– समा माझ तव जाइ, जाइ, वुद्धि मंत मनि श्री भरत।
वोले वचन वुझाइ, प्रनतहार प्रति सुनहुमुनि।।८।।

चौ.:– कृपासिंधु मम वंधु उदारा, राम भद्रकिहि भवन मझारा।
अस सुनि तिहि ग्रह दीन्ह वताई, नाना रतन रचित छवि छाई।
तिहि विच परम उताइल गएऊ, रामहि व्याकुल देखतभएऊ।
भए दुखित तिहि अवसर भारी, लगे बिचारन हृदय मझारी।

किहि पर कोप कीन्ह रघुराई, कारन कवन सोक अधिकाई।
वार वार प्रभु लेत उसासा, तिम प्रति भरत सु वचन प्रकासा।
सुनहु स्वामि रघुनाथ कृपाला, परम मोद मय तुम सव काला।
मल मलीन मुख मलिन दिखावा, अश्रु ओघ जुत छविहि न पावा।

दो.:– मनहु राहु रजनीस ग्रसि, अस तव आनन देखि।
चरित जथारथ सकल यह, वरनहु मोहि विसेशि।।६।।

चौ.:– तजहु सोक किमि करहु गलानी, महाराज तुम सव सुख खानी।
गद गद कंठ भरत इमि वरना, सुनि वोले प्रभु भव भय हरना।
मम दुख हेत सुनहु अव भ्राता, भंजहु ता कह होत प्रभाता।
दिन कर वंस भए नृप जेते, मे न अजस करि या इल तेते।
मोर सुजस अघ जुत लसि कैसै, दिन कर सुता गंग मिलि जैसै।
जिहि कर सुजस स्वि महताता, जीवत सो जानहु विख्याता।
अपकीरति घायल जन जेई, भाव समान जानहु जग तेई।
तात जासु जग सुजस प्रकासा, मानहु तासु परम पद वासा।

दो.:– अजस उरग तिहि डसिउ जग, ताकर नर्क निवास।
वेद सुमति इतिहास सव, इहि विधि करहि प्रकास।।१०।।

चौ.:– मम कीरति सुर सरी समाना, विदित वि व सुनु तात सुजाना।
तिहि विच रजक जु कीन्ह वखाना, सो सव तुमहि सुनाव निदाना।
जनक सुता रिपु ग्रह कृत वासा, रजक वचन इमि कीन्ह प्रकासा।
अव मैं कहा करौ जग माहीं, वंधु विचारि कहौ मो पाहीं।
तजहु प्रान कि सिय परिहरहु, उभय काज मैं का अव करहू।
इहि विधि कहत श्रवत जलधारा, गहवर सुर उर विकल अपारा।
धर्म धुरंधर श्री रघुराई, मूर्क्षा वंत भए मुनिराई।
भरत वंधु कह मुरछित देखी, दारुन दुख उरभएऊ विसेशी।

दो.:– सनै सनै निज वसन करि, कीन्ह मरूत तिहि काल।
तजि मूर्क्षा उठि वैठि प्रभु, ह्रदय महा दुख साल।।११।।पृ.१३७पृा.

चौ.:– रामहि भरत विलोकि सचेतू, वोले सोक विनासन हेतू।

कहाँ रजक मति मंद अपारा, जिहि सिय सन दुख वचन उचारा।
तिहि की जीह्न निपातहु आजू, अस सुनि पुनि वोले रघुराजू।
आदिहु ते सव रजक प्रसंगा, वर्णन कीन्ह रामभव भंगा।
सो सुनि वोले भरत सुजाना, सोक दलनहित वचन प्रमाना।
जग विख्यात सुनहु प्रभु सीता, भई अनल करिपरम पुनीता।
पुनि वृह्मादि देव रन आई, कही जानकी सुद्ध वनाई।
दसरथ आनि कहापुनि सोई, पावन सिया जान सव कोई।

दो.:– प्रभु तुम्हारि कीरति विमल, व्रहनादिक करि गान।
कहौ रजक के वचन करि, सो किमि होइ मलान ।।१२।।

चौ.:– तजहु सोक अस जानि कृपाला, जनक सुता पावन सव काला।
तिहि जुत राज करहु रघुराई, अंतर पत्नी जानि वनाई।
तुम किमि त्यागन करहु सरीरा, संतत निश्कलंक मतिधीरा।
तुम्हरे विकल होत भगवाना, ह्वै है हम सव मृतक समाना।
तुम विनु निमिश माहि रघुवीरा, अवसि जानकी तजहि सरीरा।
अस विचारि प्रभु सिया समेता, करहु राज सुख करि हिय समेता।
पति देवता सीस मनि सोई, सुनहु नाथ जानै सवु कोई।
भरत वैन इहि विधि सुनि काना, वोले रघुपति परम सुजाना।

दो.:– तात धर्म जूत वचन तुम , हम सन कीन्ह वखान।
मोर रजायसु करहु अव, तद्यपि मानि प्रमान।।१३।।क
अनल सुद्ध है जानकी, लोक पूज्य मैं जान।
तदपि लोक अपवादतै, त्यागहु भीत निदान।।१३।।ख
कै तजि आवहु सियहि वन, कै करधारि कृपान।
तात निपातहु सीस मम, इहि तै मंत्र न आन।।१३।।ग

सोरठा.:–राम गिरा सुनि कान, भए विकल अति भरत तव।
कपित गात निदान, मूर्छित ह्वै भूतल परे।।१३।।घ.

इति श्री पदन पुराणे पाताल खण्डे सेस वात्सायन सम्वादे मधुसूदन दास कृते भरत वाक्य **संवादो नाम ाट पंचासतमोध्याय।।५६।।**

दो.:– सुनहु सूत यह चरित सुनि, वात्सायन तिहि काल।
वोले श्री अहि राज सन, जोरि पानिधरिभाल।।

चौ.:– सिय कीरति जग पावन कारी, तिनहि दोश किमि दीन्ह खरारी।
प्रथमहि कवन कलुशतिनकीन्हा, जिहि तै रजक वचन प्रभु चीन्हा।
प्रभु तुव मुख पंकज तै जाता, चरित सुधा सुनि श्रुतिन अघाता।
जिहि प्रकार मम मन सुख होई, करुनाकर अव कीजिय सोई।
भव भय भंजनि कथा रसाला, वरनन करहु अहीस कृपाला।
सुनि अस वचन अनंत उदारा, मुनि नाइक प्रति वचन उचारा।
परम रम्य मिथिलापुर ताता, जनक नाम तहँ नृप विख्याता।
धर्म सहित संतत महिपाला, पालहि सुत सम प्रजा रसाला।

दो.:– घोर अवर्श न वारइक, भयौ भूप के देस।
भई प्रजा अति दुखित तव, निरखि दुकाल प्रवेस।।१।।

चौ.:– निज कर हल तवभूप चलावा, प्रजा सोक उर चहै नसावा।
प्रगटी सीता विच तव कन्या, रूप सील निधि श्रभुवन धन्या।
तव महीप उर आनंद छावा, सकल समाज महा सुख पावा।
भई सीत तै सुता सुहाई, सीता नाम धरयौ मुनि राई।
सो कमला जग मोहन हारी, पुनि प्रगटति पालति प्रलय कारी।
सेवहि जाहि उमा व्रह्मानी, सची आदि तिय वेद वखानी।
सो सिय एक वार पितु वागा, खेलहि सहित सखिनि अनुरागा।
तह मुनि सुक अरु सुकी सहाए, चले जात मारग मुद छाए।
नभ तै वाग अनूपम देखी, उतरे करन विहार विसेशी।

दो.:– अति प्रसन्न ते जुगल खग, काम विवस मुनि राइ।
कहत परस्पर वचन वर, विहरत प्रेम सुभाइ।।२।।

चौ.:– लागे कहन परस्पर दोऊ, सुनि र व मोहि जाहि सव कोऊ।
ह्वै है राम भूप जग माहीं, अति सुसील गुन निधि सक नाहीं।
तिनकी नारि होइगी सीता, अति सुंदर जस परम पुनीता।
सिया समेत रामु जुत हर्शा, राज सहस एकादस वर्शा।
सकल महीपति भुतवल जीती, नृपता करहि सोधि श्रुति नीति।
धन्य राम पुनि धनि सोइ सीता, करि है विविधि भोग जुत प्रीता।
सुक अरु सुकी मुदित तिहि काला, इहि विधि वरनत वचन रसाला।

दो.:– तिहि पदप तर जानकी, सुनै वचनधरि कान।
विस्मय जुत तिन उभय कहँ, सुर वर हिय अनुमान।।३।।

चौ.:– वहुरि चितइ तरु ऊपर देखा, निरखे सुक अरु सुकी विसेशा।
करन लगी तव हृदय विचारा, मोर कथा दोऊ करहि उचारा।
मम कर आवहि कवनिहु रीती, वूझि लैहु सव कथा सप्रीती।
अस विचारि इक सखिहि वुलाई, वोली वचन मृदुल सुखदाई।
ए दोउ खग सखि परम सुहाए, आनहु पकरि मोर मन भाए।
सुनि सोइ सखि जाइ तिहि काला, पकरि लीन्ह करि जतन रसाला।
सीतहि आनि निवेदन कीन्हा, वहु विधि सब्द करै ते दीना।
परि तोशन करि जनक कुमारी, तिन सन सुन्दर गिरा उचारी।

दो.:– परिहरि मय सव सुनहु खग, वरनहु मन हरशाइ।
कहौ नाम पुनि धाम निज, मम संसय जिमि जाइ।।४।।पृ.१३८.प्रा.

चौ.:– पुनि कहु कवन राम को सीता, जिनकी तुम वरनी अव गीता।
धरि है कवन देस अवतारा, कवन ग्याति किहि भवन मझारा।
यह सव कथा कहौ समुझाई, सुनि सुक सुकी कहै मुनिराइ।
वालमीक आश्रममम वासा, करहि तहाँ मुनिधर्म प्रकासा।
सुन्दरि सुनहु तहाँ ते आए, उतरे निमिव वाग मन भाए।
श्री मुनि वालमीक तप धामा, वरन भविश्य राम गुन ग्रामा।
निज सिश्यनि ते तहाँ पढ़ावहि, सुन्दरि सो हम तुम सन गावहि।
वार वार मुनि सिश्य सुजाना, करहि भविश्य राम गुन गाना।

दो.:– रामध्यान लव लीन ते, रहहि सकल सव काल।
तिनि के मुख तै सुनैऊ हम, चरित भविश्य रसाल।।५।।

चौ:– पुत्र जग्य श्रंगी रिशि करि है, तव हरि चारिरुप जग धरि है।
जगत जननि कमला गुन खानी, सो विदेह ग्रह प्रगटहि आनी।
सुंदरि राम महा वड़ भागी, सुरतिय गुन गावहि अनुरागी।
अनुज सहित कौसिक मुनि साथा, धरै हाथधनु सर कटि माथा।
आइ जनक पुर ते छविरासी, करहि सवनि कह मोद प्रकासी।

भुज वल भंजि संभु को दंडा, पुनि करि सकलभूप मद खंडा।
तव विवाह करि जनक कुमारी, ह्वै है पुरजन सकल सुखारी।
पुनितिहि सहित राम जग माहीं, विपुल राज करि है सक नाहीं।

दो.:– जिहि विधि सुंदरि सुनेउ हम, सो सव कीन्ह वखान।
अव हम कह परिहरहु तुम, विहरहि विपिन निदान।।६।।

चौ.:– यह सुनि जनक सुता मुनिराई, पकरे जुग खग पानि दिढ़ाई।
वोली गिरा वहोरि सुहाई, ह्वै है राम कवन घर जाई।
किहि के पुत्र कहौ समुझाई, मम संसय तुम वरहु वनाई।
पुनि तुम कहिहौ हम सन पाहीं, सो सव करिहहिं संसय नाही।
यह सुनि सुक अरू सुकी सुजाना, वोले मनमथ विवस निदाना।
रवि कुल ध्वज दसरथ महिपाला, अति वल निधि पुनि वुद्धि विसाला।
जिन दलि असुर देव प्रति पाले, रन मंडल तजि कवहुन चाले।
तिनि कै तीनि नारिजग जानी, सची सरिस सुंदर गुन खानी।

दो.:– कौसिला अरू के कई, वहुरि सुमित्रा नाम।
श्री पति चारि प्रकार है, प्रगटे तिनके धाम।।७।।

चौ.:– कौसिल्या सुत राम सुनामा, सवतै ज्येशठ वंन्धु छवि धामा।
तिनतै लघु श्री भरत सुजाना, केकइ सुत सव गुनी निदाना।
लखन सुमित्रा सुत अनुमानौ, परम सुसील तासु लघु जानौ।
तिनतै लघु रिपु नासन नामा, जग विख्यात महावलधामा।
तिन महँ छविनिधान श्री रामा, नाम अनंत विसद गुन ग्रामा।
मुख प्रफुल्ल पंकज अनुमाना, द्रग विसाल जल जात समाना।
उन्नत विसद नासिका सोहै, भृकुटी ललित श्रवन मन मो है।
चारू कपोल अधर दुति कारी, चिवुक परम छवि निधि मनुहारी।

दो.:– परम मधुर मुंजल वचन, वरनहु कवन प्रकार।
निरखि दसन दुति निमिश मह, नासहिं उर अंधि आर।।८।।

चौ.:– विसद कंवु सम कंठ सुहावा, रेख तीनि जुत अति छवि छावा।

भुज अज्जान ललिज वलधामा, अंगदादि जुत प्रद अभि रामा।
ललितपानि पुनि करज अनूपा, नरव दुतिहिम करसम अनुरूपा।
उर कपाठ सम सुभग विसाला, श्री समेत ध्वज चरन रसाला।
उदर मनोहर वरनिन जाई, त्रवली ललित महा छवि छाई।
नाभि कलिंद सुता अलि लाजै, पुनि कटि सिंह लंक इव राजै।
जंग जुगल निरखत मनु मोहा, पद पंकज वहु छवि जुत सोहा।
मृदुल पदज सुंदर सवभाँती , मनि गन सरिस सुभग नख पाती।

दो.:– विविधि विभूशन वसन वर धरै स्याम मृदुगात। पृ.१३८.अ.
धनु सर कर तूनीर कटि, वल विक्रम विख्यात।।९।।

चौ.:– सुन्दरि राम धरै अस वेशा, मैं किमि वरनन करौ विसेशा।
सुभगुन निधि अतुलित प्रभुताई, वरनन करि न सकै अहिराई।
धन्य वहुरि सोजनक कुमारी, अति छवि निधि न जासु अनुहारी।
मुदित राम संग वहुकाला, विविधिभाँति करि भोग रसाला।
सुदरि को तुम कहि निज नामा, सादर सुनहु राम गुन ग्रामा।
यह सुनि वोली जनक कुमारी, सुनहु पच्छि जुग गिरा हमारी।
तुम वरनी मिथिलेस कुमारी, सो मैं प्रगटी अवनि मझारी।
जव मिलि है दसरथ सुत मोही, संसपरहित तजहु तव तोही।

दो.:– तव लगि तुम कहँ निजभवन,कनक पिंजरनि माहि।
सव विधि प्रति पालन करहु, मुदित ह्दय सक नाहिं।।१०।।

चौ.:– सुनि अस जनक सुता की वानी, मे समीत जुग खग दुख मानी।
वहुरि परस्पर अति अकु लाई, सीतासन वोले मुनि राई।
सुनि सुसील मिथिलेस कुमारी, हम पक्षी पुनि विपन विहारी।
जव लगिभ्रमत रहै चहु पासा, तव लगि हम कहँ मोद निवासा।
पिंजरादि पुनि पालै कोई, कवनेउ विधि प्रमोद नहिं होई।
अस विचारि परिहरहु सयानी, सत्य गिरा हम तुमहि वखानी।
गर्भवती यह सुकी निदाना, पुनि प्रसूति अवसर नियराना।
पुत्र प्रगट करि निज थल माहीं, आवहि वहुरि इहाँ सक नाहीं।

दो.:– अस विचारि परिहरहु सिय, सुनि मम वचन प्रामन।
तदपि न त्यागेऊ सुनहु मुनि, पुनि सुक कीन्ह वखान।।११।।

चौ.:–तजहु सिया मम नारि निदाना, किहि लगि धरी न कारन जाना।
यह गर्भिनी न पुनि दुख जोगू, तजि विचारि वन भोगहिं भोगू।
तनय प्रगट करि पुनि तुव पासा, आवहि अवसि समेत हुलासा।
अस सुनि सिया सुकहि तजि दीन्हा, वोली गिरा वहोरि नवीना।
जाहु मुदित सुक परम सुजाना, तजहू न सुकी मोर मनु माना।
इहि कर प्रति पालन मैं करहू, मिलि है राम तवहि परि हरहू।
जोगी जन जो करहि वखाना, सो न मृशा वुध करहि प्रमाना।

दो.:– काहू सन कवहू कछू, भूलि न करहि वखान।
सत्य सत्य पुनि सत्य यह, कीजै मौन निदान।।१२।।

चौ.:– नाहित अवसि लहै दुख सोई, जहँ तहँ वदत रहै नर जोई।
हम तरू ऊपर वचन उचारा, वंधन परि दुख पाव अपारा।
करते जो न कथा विस्तारा, तो किमि होतेऊ वंधन भारा।
तिहि तै कीजै मोन वनाई, पुनि सिय सन वोला अकुलाई।
तिय विनु मैं न जियौ वैदेही, अस अनुमानि तजहु अवएही।
इहि प्रकार कहि वारहि वारा, तदपि न कीन्ह त्याग दुख भारा।
तव करि कोप सुकी तिहि काला, दीन्ह सिया कहश्राप कराला।
मम पति सन वियोग जिमि, तिमिस गर्भ तुहि प्रभु परिहरहू।

सोरठा.:–अस कहि वारहि वार, पति वियोग तन परिहरेऊ।
सुनु मुनीस तिहि वार, सुमिरि ह्वदय रघुवंसमनि।।१३।।

चौ.:–तव आवा अति सुभग विमाना, चढ़ि सो हरि पुर कीन्ह पयाना।
मृतक नारि लखि सुक अकुलाना, वहु विधि रोदन कीन्ह निदाना।
पुनि करि परम कोप मुनिराई, सुर सरि तट सुक पहुच्योजाई।।
तव निज मन तिहि कीन्ह विचारा, होहू अवधि पुर जन्म हमारा।
मोर वचन सुनि राम नृपाला, तजहि सियहि दुख होइ कराला।
अस विचारि सुर सरि अलि माहीं, परा विकल तन परि हरि ताहीं।
सुनु मुनि तजे कोह करि प्राना, पुनि सुक कीन्ह सिया अपमाना।

पुनि कु वासना कीन्ह वनाई, तिहि तै अवधि रजक तन पाई।

छंद:–तिहि तै अवधि पुर रजकतन तिहि पाव मुनि कारन यहै।
जे क्रोध कनि तजि गात सो जन अंत अंत्यज वपु लहै।।
यह वेद स्मृति वखानि संसय नाहि यह सांची सही।
तातै तजी रघुवंस मनि सिय मानि अंत्यज की की।।

दो:–तिहि विधि कीन्ही प्र न तुम, सो सव कीन्ह वखान।
प्रथम कथा अव सजग ह्वै, श्रवन करहु धरिकान।।१४।।
इति श्री पद्म पुराणे पाताल खंडे सेस वात्सायन सम्वादे मधुसूदनदास कृते रजक उपाख्याने **नाम सप्त पंचासतोऽध्याय**।।५८।।

दो:– सूत सुनहु प्रभु विकल अति, भरतहि मूर्छित देखि।
द्वार पाल प्रति कहेऊ तव, रिपुहन आनि विसेशि।। पृ.१३६ म.

चौ:–यह सुनि प्रतीहार छिनमाहीं, गयौ विकल रिपुसूदन पाहीं।
कहेउ वेगि रघुनाथ वुलाए, सुनत सत्रघन आतुर धाए।
अनुज समेत विकल जहँ रामा, मुनि नाइक पहुचेतिहि धामा।
मूर्छित वंत भरत कहँ देखा, पुनि रघुनाथहि व्याकुल पेशा।
करि प्रनाम वोले अकुलाई, किहि कारन अति दुख अधिकाई।
तव अंत्यज मुख वदन मलीना, अनुज अग्र प्रभु वरनन कीन्हा।
पुनि गद गद सुर कंपित गाता, वोले अघोबदन करि वाता।
मम वानी सुनि सुनि सो भाई, करहु वेगि जिमि सोक नसाई।

दो:– होइ विमल कीरति सु मम, सुर सरि सम संसार।
तुम सुजान सो करहु अव, सोधिय ह्रदय मझार।।१।।

चौ:–सिय सन रजक कही जो वानी, तात समस्त वि व सो जानी।
ता तै तजन चहौ निज देही, नाहित आजु तज्यौ वैदेही।
यह सुनि रिपु सूदन तिही काला, गिरे धरनि कपि गात विसाला।
उभय दंड लगि रहें अचेता, उठे वहुरि जव भए सचेता।
वोले तव रघुपति सन वानी, विलखत वदन श्रवत द्रग पानी।
नाथ सियहि किमि दूशन देहू, पुनि खल वचन सत्य करि लेहू।
जे जन दुश्ट चित्त अघ खानी, वाम धर्मरत नर्क निसानी।

ते जन श्रुति कह दूशन दै ही, वुध जन सो प्रामन किमि लैही।

दो.:– जग पुनीत श्री सुर सरी, भंतनि पाप पहार।
परसहि अस तन संत तौ, नहिं मंज्जहि संसार।।२।।

चौ.:– दिनकर सकल लोक सुखदाई, एक उलूकहि दुख अधिकाई।
तौ कि रविहि कोऊ दूशन देही, जिमि अंत्यज दूशै वैदेही।
अस विचारि जिनि त्यागहु सीता, संतत सो सवभाँति पुनीता।
प्रभु करि कृपा मोहि यह देहू कीजै ग्रहन सियहि जुत नेहू।
अनुज गिरा इहि विधि सुनि काना, पुनि पुनि प्रभु यह वचन वखाना।
कै जानकी विपिन परिहरहू, कै मम सिर अव भंजन करहू।
यह सुनि सत्र समन महि परेऊ, मनहू महाद्रुम जर परि हरेऊ।
भई घोर मूर्छा तिहि काला, परे सोक पाथादि विहाला।

दो.:– भरत सहित रिपुसूदनहि, रघुपति मूर्छित देखि।
वोले तव प्रतिहार सन, लखनहि आन विसेशि।।२।।

चौ.:– सो आतुर लक्ष्मन ग्रह जाई, वोला पद पंकज सिरू नाई।
सुनहु स्वामि तुम कहँ रघुराई, कहेऊ वेगि सँग आन लिवाई।
गएउताइल वह सुनि तहँवा, भ्रातनिसहित राम प्रभु जहँवा।
भरत सत्रघन मुर्छित देखी, पुनि रघुपति कह व्याकुल पेशी।
परम विकल हुइ वचन उचारा, किहि कारन यह दुःख अपारा।
सुनहु सकल दुख कारन भाई, कही रजक जिमि वात दिढ़ाई।

दो.:– वसी सिया रावन भवन, यह दूशनतिन दीन्ह।
ता कारन मैं जानकिहि, चाहो त्यागन कीन्ह।।३।।

चौ.:– अनुज सोक मम सकेउ न टारी, तिहि तै मूर्छि परे महिभारी।
तात वेगि सोइ करहु उपाई, तिहि विधि घोर सोक मम जाई।
सीता त्याग वचन सुनि काना, लशन थकित है गए निदाना।
वार वार वहु लैहि उसासू लागे श्रवन विलोचन आसू।

थर थर कंपन लाग सरीरा, जिमि पीपर तर चलत रामीरा।
मुख तै वचन कछु नहीं आवा, दारून सोक ह्रदय महँ छावाँ।
तव वोले रघुपति विल खाई, कहा करहु इहि अवसर भाई।
मैं कलंक करि संकित भारी, कोउन मो कहँ सकहि उवारी।

दो.:– तजहु गात निज अवसि अव, नाहिन आन उपाई।
दुसह सोक किमि सहो मैं, अवरन कछु वसाइ।।४।।

चौ.:– सदा अनुज मम आइसु कारी, ते ऊ मैं प्रति कूल निहारी।
सकल भाँति अव मोहि विसारा, अहह दैव का करौ विचारा। पृ.१४०म.
कहा करहु कित जाहु निदाना, सुनि सुनि मोहि हंसहि नृप नाना।
अजस अलंकृत मैं जगभएऊ, जिमि कोउ कुश्ट सुमग तन लएऊ।
मम कुल माहिं भए नृप जेते, एक तै एक सरिस अति तेते।
मो समान इहि वंस मझारा, कोउन प्रगट भयौ संसारा।
इहि विधि वदत रामु तिहि काला, गद गद कंठ श्रवत जल धारा।
तव वोले लक्ष्मण मतिधीरा, सुनहु वचन मम श्री रघुवीरा।

दो.:– रजकहिनिकट वुलाइ अव, वूझहि ताहि वनाइ।
सीतहि दूशन दीन्ह किमि, सो सव कहु सत माइ।।५।।

चौ.:– नाथ तजहु सव संसय सोगा, जनक सुता नहिं त्यागन जोगा।
तुम्हरे राज माहि रघुराई, करि न सकै कोउनिज वरि आई।
वुझि जथारथ ता कहँ वाता, सोई करब सत्य जन जाता।
पति देवता मौलि मनि सीता, तुव पद मन वच कर्म सुप्रीता।
एकहु अंग न त्यागन लाइक, दूशत दोश होइ रघुनाइक।
अव करि मोपर कृपाला, गहन करहु सिय सुचि सव काला।
सुनी लशन मुख गिरा सुहाई, वोले सोक ग्रसित रघुराई।
धर्म समेत प्रवोधित भएऊ, मन मैं सिया त्याग मत उएऊ।

दो.:– वार वार किमि कहौ यह, सिया न त्यागन योग।
संतत पावन विगत अघ, जानत है सव लोग।।६।।

चौ.:– ज्यौ सव सत्य मृशा नहिभाई, सीता सुचि मैं जान वनाई।

जानि लोक अपवाद कराला, त्यागन करहु अवसि इहि काला।
निज जसहेत तजहुनिज गाता, तुम समेत प्रिय तीनौ भ्राता।
पुनि ग्रह पुत्र मित्र वित भूरी और सकल परिजन अपि रूरी।
करहु अवसि त्यागन सुनुभाई, कहाँ एक सीता तुम गाई।
मो कहँ जस निज सुजस पियारा, तस प्रीतम ननि कछु संसारा।
अव रजकहि जिनि वूझहु वाता, अवसर पाइ देखिए ताता।
ज्यौ वूझै अव निकट वुलाई, तोपि न मानहि लोग लुगाई।

दो.:– होइ घोर रूज गाज जव, तव भैशज नहि जोइ।
कालभए पर मिलहि जो, वृथा जानियै सोइ।।७।।

चौ.:– अव सीतहि त्यागहु वन जाई, वूझहिगे पुनि रजक वुलाई।
यह न करहु तौ लेहु कृपाना, ममसिर खंडन करौ निदाना।
लखन राम मुख की सुनि वानी, तिहि छिन परम विथा उर आनी।
पुनि लागे मन करन विचारा, परमधीर अवसर अनुसारा।
परम राम पितु आइसु माना, दलौ मातु सिर त्रन अनुमाना। पृ.१४१ प्रा.
तिहि तै गुर नृप आइसुभरी, करिय वेगि उर विनहि विचारी।
अव मैं रघुनाइक हित लागी, तजि हौ विपिन सियहि छल त्यागी।
अस अनुमानि जोरि जुग पानी, वोले राम चन्द्र प्रति वानी।

सो.:– सुनहु नाथ मम वात, मोहिन यह करनीय अपि।
अव तुव आइसु तात, करिहौ जानि अपेल जिय।।८।।

चौ.:– अस सुनि राम कहा सुनुभाई, साधु साधु तुम साधु वनाई।
अव सुनु तात कहौ समझाई, जिहि विधि सीतहि त्यागहु जाई।
मुनि तिय पूजन हित वन माहीं, यह वरू सिय जाज्यौ निसि माहीं।
इहि मिस रथ चढ़ाइ वन घोरा, तजि आवहु यह आयसु मोरा।
सुनत कंठ सूखा तिहि काला, श्रवन लगे लोचन जल जाला।
भयौ मलिन मुख रोदन करहीं, कवनिहु विधि धीरज नहिंधरहीं।
पुनि निज सेवक धर्म सम्हारी, गए आप नै भवन मझारी।

दो.:– सचिव सुमंतहि वोलि तव, कहे वचन तिहि काल।
सजि ल्यावहु रथ वेगि मम, जोरि तुरंग रसाल।।९।।

चौ.:– सुनि सत्वर सजि स्यंदन आना, चढ़ि लक्ष्मन तव कीन्ह पयाना।
परम दःख संपन्न सरीरा, पुनि पुनि लेत उसास अधीरा।
वर वस रोकि विलोचन वारी, तजि रथ गे सिय भवन मझारी।
सीतहि निरखि दण्ड वत कीन्हा, छिन छिन लेत उसास मलीना।
सुनहु मातु जानकी सुजाना, पठवा मोहि राम भगवाना।
मुनि पतिनिन के पूजन हेतू, रथ पठाव वर वाजि समेतू।
लशनगिरा सुनि इमि मुनिराई, परम प्रीति तिहि अवसर छाई।
वोली वहुरि लशन सन वानी, सरल सुभाई न छल कछु जानी।

दो.:– अवसि जाइ अस विपन मझारा, पूजहु मुनि तिय मुदित अपारा।
करि करि तिनके पदनि प्रनामा, सव प्रकार लहि हौं अभिरामा।
पहिरावहु वर वसन निदाना, पुनि मनि जड़ित विभूशन नाना।
अस कहि सुभग दुकूल मगाए, अति अमोल सवभाँति सुहाए।
विविधि विभूशन मनि गन नाना, सुन्दर मुक्ताहल छविदाना।
चन्दनादि करपूर सुहाए, अपर पदारथ सकल मगाए।
दासिनिके कर तै लै सीता, आई लशन समीप सप्रीता।
लखन समेत द्वार जव आई, वोली वैन सुनहु मुनि राई।

दो.:– कहौ तात स्यंदन कहाँ, जो पठवा रघुवीर।
सुनी अस लखनसुमंत सन, वोले वचन अधीर।।११।।

चौ.:– आनहु स्यंदन निकट चलाई, रहै सोक वस पुनि अरगाई।
सचिव तुरंग तव हाँकन लागा, चलहि न पंथ करहि जल त्यागा।
गिरि गिरि परहिं धरनि अकुलाई, धरहिं नधीर सोक अधिकाई।
वार वार हींसहिं तिहि काला, कवनेउ विधि मारग नहि चाला।
सचिव कसा तव ताड़न कीन्हे, तदपि न चलै सोक ग्रसि लीन्हे।
कह सुमंत तव लक्ष्मन पाहीं, नाथ तुंरग चलहि मग नाहीं।
मैं हारौ करि विपुल उपाई, कारन मोहिन परहि लखाई।
गद गद कंठ कहा लक्ष्मण तव, ताड़न करि हय आनहु रथ अव।

दो.:– कीन्है ताड़न वाजि पुनि, चला न रथ तिहि काल।
कहा सचिव नाहिं चलहि हय, विस्मय नाथ विसाल।।१२।।

चौ.:– तहीं चढ़ी रथ सिय तव जाई, लक्ष्मण चले हाँकि वरि आई।
सिय कर दक्षिन द्रग अरू वाहू, फरकन लगे करन दुख दाहू।
सुभ खग वामभाग कहँ आवहि, मानहु दारून विपति जनावहि।
तिनहि विलोकि सिया अकुलाई, दे वर सन वोली मुनिराई।
मुनि तिय पूजनहित वन जाना, असगुन वहुत होइ किमि ताता।
श्री रघुपति सव अनुज समेता, रहहिं मुदित तजि असगुन हेता।
पुनि परिजन पुर जन समुदाई, रहहु कुसल सव विपति विहाई।
मारग लागहिं भयानक भारी, यह कारन नहिं परहिं निहारी।

दो.:– सुनि लक्ष्मन इमि सिय वचन, उत्तर कछू न दीन्ह।
सोक विवस लोचन श्रवहिं, गद गद कंठ मलीन्ह।।१३।।

चौ.:– वहुरि सिया मृग माल निहारी, आई वाम भाग भय कारी।
असगुन भए अपर मग भीमा, जिहि तै लहै मनुज दुख सीमा।
तव वोली अति सय अकुलाई, जगत जननि करूना उर छाई।
दाहिनि दिसि परिहरि इहि काला, आवै वाम ओर मृग माला।
मैं मुनितिय पूजन वनआई, रघुकुल मनि पद कंज विहाई।
तिहि तै होइ मोहि दुख जेते, चाहिय अवसि अजोग न तेते।
तिय कह परम धर्म पति सेवा, नहिं जप तप संजम वृत देवा
कीन्हा सो मैं पाप कराला, जो कछु होइ थोर इहि काला।

छंद.:–इहि काल जो कछु होइ सो सव थोर यह साँची सही।
जस करहि तस फल पाव अस श्रुति सुमति कवि को विद कही।।
इहिभाँति करति विचार व्याकुल असुभ वहु मग देखिके।
तव लागि निरखी सुरसरी अघ पुंज दहनि विसेशि के।।

दो.:– सेवहि तट मुनि वृंद बहु, गो पय सरिस प्रवाह।
श्री हरि पुर सोपान सम, उठति तरंग उछाह।।१४।।क
जाकर जल कन परसि अपि, नसहि कलुश समुदाइ।
सूत सुनहु तिहिनिकट तव, स्यंदन पहुच्यौ आइ।।१४।।ख
कहा लखन धरिधीर तव, गह वरि कंठ वनाइ।

त्यागहु स्यंदन जननि अव, सुर सरि पहुँची आइ।।१४।।ग
इति श्री पदन पुराणे पाताल खण्डे सेस वात्सयन सम्वादे मधुसूदनवारा
कृते श्री गंगा जी दर्शनो **नाम वसुपंचासतमोध्याय।।५८।।पृ.१४२म**

सोरठा:—सुनि अस सिय तिहि काल, लखन वाहु गहि तजेउ रथ।
कंटक एक कराल, लग्यौ चरन विच दुखद अति।।

दो:— सहित जानकी लखन तव, गए पार चढ़ि नाव।
कर गहि सियहिं उतारि तट, चले विपन दुख छाव।

चौ:— विकट पंथ मुनि वरनिनजाई, परे घोर कंटक समुदाई।
चलत सिया दुख दारून पावा, सूख वदन लोचन जल आवा।
लगहि घोर कंटक मग माहीं, पद पद गिरहिधरनि सिय तहीं।
व्याकुल लखन जाहि वन आगै, पाछै चित वत जल द्रग त्यागै।
तिहिवनघोर दाहह्वै गएऊ, ता तै कछुक भस्म द्रुमभएऊ।
विकट ववूर खैर तरू जूथा, अगिनित घौ चिंचिनी वरूथा।
अपर विविध कंटक द्रुमभारी, संतत सवनि महा दुख कारी।
तिनकी खोह मध्य मुनिराई, महा व्याल वोलहिभय दाई।

दो:— सिंघ वाघ वृक विकट वहु, विचरहि तिहि वन घोर।
मत्त नाग सूकर महिश, करत सोर चहु ओर।।१।।

चौ:— वोलहि वहु उलूक भय कारी, पुनि श्रगाल रोदन करिभारी।
अपर जन्तु नर भच्छन हारे, पंथ जात सिय तिनहि निहारे।
भय वस जुर कराल है आवा, लगे चरन कंटक दुख पावा।
सुनहु तात लक्ष्मन मम वानी, कहौ कहाँ आश्रम सुख खानी।
वसहि जहाँ मुनि तियनि समेतू, परम तपोनिधि हरि पदहेतू।
जिनके हेत विपिन मैं आई, ते आश्रम नाहिं परै लखाई।
तात तुमहि पुनि निरखहु जाता, श्रवत विलोचन व्याकुलगाता।
असगुन अमित महाभय कारी, पद पद हे रहु पंथ मझारी।

दो:— यह सव कारनतात मुहि , वेगि कहौ समुझाई।

कै मो कहँ लखि दुश्टउर, रघुपति दीन्ह विहाइ।।२।।

चौ.:– यह सुनि लखन उतरू नहिं दीन्हा, रूक्यौ कंठ चख द्रवहि मलीन्हा।
इहि विधि विकल विपन पथ जाहीं, डगमगात पद धरि सक नाहीं।
पुनि पुनि वूझहिं जनक कुमारी, लखि लखि लख नहि व्याकुल भारी।
तदपि कछू नहिं उत्तर देता, कोक विवर निसि कै दुख जेता।
कानन इहि विधि जात विहाला, मृदु पद कंटक लगत कराला।
पुनि अति अग्रह करि मुनि नाहा, वूझतिसिया लखन प्रतित ताहा।
गहवर कंठ महाविलखाता, कहा लखन सुनुसिया सुमाता।
रजकगिरा सुनिरघुकुलनाथा, त्यागौ तुमहि सत्य यह गाथा।

दो.:– कुलिस सरस यह वचन सुनि, परीधरनि अकुलाइ।
हरित वेलि दव विवसजिमि, तरू तजिगिरहि सुखाइ।।३।।

चौं:– भूमि न लीन्हि सियहिमुनिराई, जदपि प्रान प्रिय सुता सुहाई।
विगत पाप रघुपति परित्यागी, नहिं तजि है यह भय मन लागी।
सीतहि मूर्छित लशन निहारी, नव पल्लव करि लीन्ह वयारी।
तजि मूर्छा मिथिलेस किसोरी, वोली गद गद कंठ वहोरी।
हे मम देवर लशन सुजाना, तात हास्य यह तजहु निदाना।
मैं अघ रहित सकल जग जाना, तजहि मोहि किमि कृपानिधाना।
इहि विधि विलखति विविध प्रकारा, प्रभुवियोग दुख ह्रदय अपारा।
पुनि लछिमनहि निरखि विलखाता, जाना ह्रदय सत्य यह वाता।

दो.:– पुनि मुरक्षित हुइधरनितल, गिरी न गात सम्हार।
वीते इहि विधि दंड जुग, व्यापी विपति अपार।।४।।

चौ.:– उठी वहोरि सिया तिहिकाला, परील विशाद प्रवाह विहाला।
रघुपति पद पाथोज सम्हारी, श्रवतविलोचन गिरा उचारी।
परम वुद्धि निधि रघुकुल नाथा, धर्म धुरंधर सव जग गाथा।
तेकि मोहि परिहरहि निदाना, इहि कानन विच जग दुख नाना।
जिन मम हेत वाँधि वारीसा, तुम समेत संग लै कपि ईसा।
जाहि पार दस कंधर मारा, सदल सवंस जान संसारा।
ते प्रभु मोहि तजहिकिमि ताता, मानिप्रमान रजक मुख वाता।

देखी दैव प्रति कूल वनाई, तजहि तोपि सुन कहा वसाई।

दो.:– इहि विधि विविधि विलापकरि, परीधरनि मुरझाइ।
लक्ष्मण व्याकुल देखि तव, भए अधीर वनाइ।।५।।

चौ.:– उच्च कंठ करि रोदन भारी, श्रवहि अखंड विलोचन भारी।
तजि मुरक्षा मुनि जनक कुमारी, निरखि लखन कह व्याकुलभारी।
परम विकल वोली तव वानी, सुनहु तात तुम त्यागि गलानी।
जसनिधिधर्ममूर्ति रघुराई, तिनके निकट जाहु सचुपाई।
प्रमुदित मुनि मंडली मझारा, वैठहि जव रघुनाथ उदारा।
मम संदेस तव कहहु वुझाई, तुम सुजान सव भाँति वनाई।
विनु अपराध मोहि तजि दीन्हा, यह निजु वंस रीति कछु चीन्हा।
कै श्रुति सास्त्र पढ़े जुत नेहा, तिन तै लहयौ ग्यान वर एहा।

दो.:– मैं दासी तुव चरन की, संतत सकल प्रकार।
पुनि तुम्हार उच्छिश्ट विनु, करहु न आन अहार।।६।।

चौ.:– तदपि हमहि तुम त्यागन कीन्हा, यह प्रारव्ध भोग हम चीन्हा।
संतत मंगल होहिं तुम्हारै, तुम विनु त्रन सम वि व हमारै।
जव जव मैं प्रगटहु जग माहीं, मिलहु तहाँ तुम पति सक नाहीं।
सुमिरि संभु तुव पद सुख दाई, भे पुनीत दलि अघ समुदाई।
ते तुव पद मैं सुमिरि कृपाला, वसिहौं सहित मृग जाला।
मोहि सगर्भ भलै तजि दीन्हा, अव निर्मल जस जग मै लीन्हा।
सुनि सौमित्र तात मम वानी, रघुपति होउ सुमंगल खानी।
तजुती तात अवहि निजप्राना, रक्षहु प्रभु कर तेज निदाना।पृ.१४३म.

दो.:– तुम सेवक रघुनाथ पद, पराधीन सवकाल।
होउ सुमंगल तात तुव, तजहु विशाद कराल।।७।।

चौ.:– स्वामि समीप जाहु अवताता, होउ परम मंगल मग जाता।
कवहु कवहु मम सुमिरन करहू, आपनि कृपा सदा अनुसरहू।
अस कहि पुनि मुरछित है भारी, गिरी भूमि लखि लशन दुखारी।
निज पट सन तव कीन्ह वयारी, जगी वहुरि मिथिलेस कुमारी।

कहि वहु मधुर वचन तिहिकाला, सिय परितोश हेत मुनिपाला।
वालमीक आश्रम सुनु सीता, इहि वन तै अति निकट पुनीता।
तहाँ जाइ तुम करहु निवासा, मैं अव जांहु राम प्रभु पासा।
तुव सदे ा मुनि मंडलि माहीं, अवसि कहौ रघुनाइक पाहीं।

दो:– मुनि वर सुनु अस लखन कहि, परिकर्मा पुनि कीन्ह।
सोक विवस करि दंडवत, चले श्रवत जल दीन।।८।।

चौ:– लखन विशाद जलधि मै परेऊ, कवनेउ विधिधीरज नहिधरेऊ।
लोचन श्रवहि अखंडित नीरा, डग मगात पद सिथल सरीरा।
करत सोक उर कोटि प्रकारा, चले जात इमि पंथ मझारा।
लशनहि जात सिया जव देखी, मन मह कीन्ह विचार विसेशी।
यह देवर मम परम सुजाना, करहिं हास्य नहि कारन आना।
मैं रघुपति उर प्रान पियारी, पाप रहित किमि दैहि विसारी।
निज मन इहि विधि करहि विचारा, इकटक लखनहि जातनिहारा।
चढ़ि जल जान पार जव भएऊ, नि चय त्याग ह्रदय गुनि लएऊ।

दो:– गिरी भूमि व्याकुल अमित, घोर मूरछा आइ।
भयौ प्रान संदेह मुनि, सो दुख वरनि न जाइ।।९।।

चौ:– तिहि अवसर वहु हंस सुहाए, निज पक्षन मह जलभरिल्याए।
जनक सुतहि सव सींचन लागे, मधुर मधुर वोलहिं वड़ भागे।
विपुल मयुर आइ पुनि ताहीं, कीन्ह सुखद पंखनि करि छाहीं।
वहु तक मंद मंद करि वाऊ, वहु तक ल्याइ सुमन सत भाऊ।
प्रगटहिं विपुल सुगंध सुहाए, निज निज जन्म सुफल करि पाए।
करि गन निज निज सुंड मझारी, भरि भरि सुखद सुसीतल वारी।
सिया समीप तवै चलि आए, सींचि नीर मंजन कर वाए।
नाना खग मृग परम मनोहर, आए अति समीप आनद कर।

दो:– अति विस्मय जुत चकृतचित, सियहिनिरखि तिहि काल।
विनु वंसत कुसुमित भयौ, कानन सकल रसाल।।१०।।

चौ:– तजि मुरछा दारून मुनि राई, उठि वैठी सिय अति विलखाई।

हा रघुकुल मनि राम कृपाला, दीन वन्धु हा नाथ दयाला।
करूनानिधि तुम परम उदारा, प्रनत पाल यह विरद तुम्हारा।
किहि अपराध मोहि तजि दीन्हा, मैं यह कारन कछू न चीन्हा।
इहि विधि कहिं कहिं करहि विलापा, व्यापौ हृदय घोर संतापा।
वार वार मुर्छित है जाई, किमि वरनहु मैं सुनि मुनि राई।
सूत सुनहु तिहि समय मझारा, वालमीक मुनि तप आगारा।
सिश्यनि सहित विपन मह आए, सहज सभाय महा मुद छाए।

दो.:– सुन्यौ दूरि तै रूदन तिन, उच्च कंठ अति दीन।
वोले तव सिश्यनि सन, मुनि वर परम प्रवीन।।११।।

चौ.:– यह वन घोर महाभय कारी, निरखु जाइ को रोदतिभारी।
सुनि गुरू गिरा नाइ पद भाला, सिया समीप गयौ तिहि काला।
निरखी रोदन करति अपारा, परम दीन वहि लोचन धारा।
राम राम पुनि राम पुकारै, एकहु अंगन धीरज धारै।
गयौ निरखि मुनिवर पहि सोई, कही वालइक रोदति जोई।
सुनिअस वालमीक मुनि राई, गए निकट अति आतुर ताई।
पति व्रता मिथिलेस कुमारी, तप निधि सन्मुख मुनिहि निहारी।
हे मुनि वेद मूर्ति तपधामा, अस कहि कीन्ह सिया परि नामा।

सोरठा.:– यह सुनि मुनि तप सीव, दीन्ह असीस प्रसन्न हुइ।
पति समेत चिरजीव, होहु, पुत्र दुइविदित जग।।१२।।

चौ.:– को तुम कवन हेत वन आई, कारन कौन महा विलखाई।
सकलहेत यह मोहि वुझाई, कहु धरिधीरज सोकु विहाई।
वोली सीता सुनि तिहि काला, अति करूना जुत दीन विसाला।
लेत उसास कंपि अति गाता, श्रवत नीर लोचन जल जाता।
सकल सोक कारन मुनिराई, तुम प्रति वरनन करौ वनाई।
भूप मौलि मनि रघुकुल राऊ, तिनकी मैं दासी सत भाऊ।
विगत पाप मौ कह तजि दीन्हा, मैं रंचक कारन नहि चीन्हा।
रघुपति मुख अनुसासन पाई, गए लखन मुहि विपन विहाई।

दो.:– अस कहि अति व्याकुल भई, श्रवन लगे द्रग नीर।

भई मलिन दुति वदन की, धरति नहीं उर धीर।।१३।।

चौ.:– तव वोले मुनि गिरा विनीता, वालमीक मुहि जानहु सीता।
ऐसे चरित देखि रघुवर के, होत कोप मम उर मन करके।
इहि प्रकार सुनि मुनि मुख वानी, निज उर कछुक सिया हरशानी।
वालमीक तव चले लिवाई, जिहि आश्रम वसि मुनि समुदाई।
सिश्यनि सहित सोह मुनि कैसे, उड्गन मध्यविमल विधु जैसे।

दो.:– मुनि पाछे श्री जानकी, चली जाति मग माहि।
सुमिरति प्रभु पद कंज उर, विकल श्रवत चख जाहि।।१४।।

चौ.:– इहि विधि निज आश्रम मुनि नाथा, पहुँचे सिश्य जानकी साथा।
मुनि समूह तहँ करहि निवासा, तप पाथोदि समेत हुलासा।
जनक सुतानिरखी मुनि वामा, भिन्न भिन्न तव कीन्ह प्रनामा।
मिली परस्पर ते हरशाई, पुनि पुनि पूछि सकल कुसलाई।
वालमीक तव सिश्य वुलाई, कहेऊ कुटी रचि देहु सुहाई।
तिन गुर आइसु सीस चढ़ाई, विरची परन साल सुखदाई।
तहाँ कीन्ह जानकी निवासा, राम राम जपि आर न आसा।
पति देवता कर्ममन वानी, अखिल लोक जननी गुन खानी।

दो.:– वालमीक मुनि नाथ कै, परि चर्या करि सोई।
असन कंद मूलादि फल, इहि विधि कालहि खोइ।।१५।।

चौ.:– समय पाइ दुइ पुत्र अनूपा, प्रगटे राम चन्द्र प्रति रूपा।
तिनकी छवि वरनी नहि जाई, परम मनोहर तन मुनिराई।
यह सुधि वालमीक मुनिपाई, भए मोद वस मगन वनाई।
सुख जुत वालमीक तिहिकाला, कुस.लव दूव मगाइ रसाला।
कीन्है पुत्रनि के सव कर्मा, देस काल जस कुल करधर्मा।पृ.१४५प्रा.
तिहि तै कुस अरू लव यह नामा, धरा सोधि मन मुनि तपधामा।
इहि विधि जात कर्म समुदाई, किये महा मुनि हर्शि वनाई।
निरखि निरखि सुत सुन्दर दोऊ, हरशहिं मुनि समेत सव कोऊ।

दो.:– तिहि दिन वात्सायन सुनहु, लवनासुरहि सघार।

कछुक सेन जुत सत्रघन, गे मुनिधाम मझार।।१६।।

चौ.:– वंदे मुनि पद पंकज जाई, हर्श सहित निज विनय सुनाई।
वोले वालमीक तिहि काला, सुनहु सत्रघन वचन रसाला।
सिय कै तनय भए द्वै आजू, अति अनुपम सव मंगल साजू।
रामहि तुम न सुनावहु जाई, मैं वरनहु कोउ अवसर पाई।
यह सुनि भए प्रफुल्लितगाता, गए अवध पुनि होत प्रभाता।
सिय के तनय सुनहु मुनि राई, कंद मूल फल भोजन पाई।
भए पुश्ट अति परम सुहाए, कोटि कोटि कंदर्प लजाए।
थोरेई काल भए वड़ कैसै, सुकल पक्ष मै हिम कर जैसे।

दो.:– निरखि चतुर सव भाँति तव, वेद विहित उपवीत।
कीन्है दौनो वंधु के, वालमीक जुत प्रीत।।१७।।

चौ.:– निजकृत राम चरित्र पढ़ावा, अति पवित्र सव भाँति सुहावा।
सहित गान विद्या सुख दाई, तिनके गुन किमि कहौ वुझाई।
धनु विद्या पुनि सकल पढ़ाई, दीन कनक धनु मह छवि दाई।
अति अभेद रिपुगन संहारनि, तिहि सम नहीं आन छवि धारनि।
दीन्है अक्षय उभय निशंगा, पुनि दारून कर वाल अभंगा।
चर्म अभेद्य दीन्ह मुनिराई, अपरहु अस्त्र सस्त्र समुदाई।
धरै चाप सर कर दोउभ्रता, विचरहि विपिन मनोहर गाता।
निरखि निरखि छवि जनक कुमारी, मुदित होइ दुख. दीन्ह विसारी।

दो.:– श्री कुस लव कर जन्म हम, तुमहि कहां समुझाइ।
प्रथम कथा अव सुनहु मुनि, जिमि भट पहुँचे जाइ।।
इति श्री पदन पुराणे पाताल खंडे सेस व्रात्सायन सम्वांदे मधुसूदन दास कृते
कुस लव उत्पत्ति **नाम एकोन ाशिंतमोऽध्याय।।५६।।**

दो.:–भुज विहीन लखि सुभट तव, रामानुज तिहि काल।
अघर चापि रद मर्दि करि, वोले कोपि विसाल।।

चौ.:–को अस वीर महा वलवाना, तिहि तुम्हारभुज दली निदाना।
जोपि देव सव करहि सहाई, तदपि दलहु तिहि भुज वरि आई।

श्री रघुवीर पराक्रम भारी, नहि जानहि सो अति कु विचारी।
निज विक्रम अव ताहिदिखावौ, रन मंडल वहु ख्याल खिलावौ।
कहु किहि ठोर ठाढ़ भट सोई, पुनि मम जग्य वाजि कित गोई।
किहि अव डारून व्याल जगावा, चाहै अवसि काल तिहि खावा।
यह सुनि घायल भट समुदाई, वोले विस्मित दुख अधिकाई।
वालक एक राम अनुहारी, तिहि पकरा हय समर प्रचारी।

दो.:–यह सुनि वोले सत्रघन, अरून नैन अति कोप।
देखहु सिसु मम हय धरा, अव चाहै भा लोप।।१।।

चौ.:–कालजीत सेनाधिप वीरा, सुनि मम आइसु परम गंभीरा।
साजहु वेगि सकल कटकाई, अगम व्यूह पुनि विरचि वनाई।
वाल निकट अव आतुर जाई, करू संग्राम सजग हरशाई।
तुव पाछै मैं आवहु तहवा, परम वीर वह वालक जहवा।
कै सुरेस धरि वाल सरीरा, आवा तुरग लैन सुनु वीरा।
अथवा संभु कोपि विकराला, सिसु तन धरि आए इहि काला।
अपर अ व हरि सकै न कोई, कैसेऊ प्रवल सूर नर होई।
महा जुद्ध ह्वै है इहि खेता, गिरिहहिं जय गज सुभट अचेता।

दो.:–देखहु सिसु स्वछंद यह, विचरहि विपिन मझार।
परम निडर पुनिधीर अति, देखिय समर जुझार।।२।।

चौ.:–सजग जुद्ध करू संजुग जाई, पुनि मैं आव सहित कटकाई।
कालजीत अस सुनितिहि काला, विरच्यौ दुर्गम व्यूह कराला।
निरखि सत्रघन आइसु दीन्हा कोपि कालजित गमनहि कीन्हा।
चली चमू चतुरंग अपारा, कंपीधरनि सिंधु खर भारा।
छिपे भानु वहुरज नभ छाई, गर्जहिं गज रथ भट समुदाई।
चमू नाथ पहुँचे रन जाई, हय समीप जहँ लव मुनि राई।
राम समान बालतव देखी, कहा कालजित वचन विसेशी।
अहो वाल तजु राम तुरंगा, जिन कीन्है वहु रिपु रन भंगा।

दो.:–चमूनाथ मैं राम कर, काल जीत मम नाम।
अतुल वली पुनि काल कह, जीत लीन्ह सग्रांम।।३।।पृ.१४६प्रा

चौ.:–राम समान रूप तुव देखी, होति दया मम ह्रदय विसेशी।
नाहित पोर शेश सुनु मोरा, होत उवार कवन विधि तोरा।
जनकसुता सुत सुनि असवानी, वोले विहसि कोपि उर आनी।
जाहु राम पह कहहु वुझाई, मैं पकरा तुव मश हय राई।
यह निज नीति राखु हिय गोई, कहहु जाइ जहँ कातर होई।
तुम समान कोटिन भट मानी, मैं आपन उर त्रन सम जानी।
मातु चरन प्रसाद छिन माहीं, जारहु समर तूल की नाहीं।
काल जीत यह नाम तुम्हारा, धरहु मातु करि ह्रदय दुलारा।

दो.:–पक्क विंव जव देखियै. परम मनोहर लाल।
काल जीत तुव नाम तिमि, विक्रम रहित रसाल।।४।।

चौ.:–जो वल संजुत नाम तुम्हारा, पवि समान यह वचन हमारा।
तव सैने ा कोप मन माहीं, वोले सुनु मुनीस लव पाहीं।
नाम ग्याति कुल सील तुम्हारा, नहिं जानो मैं सिसु सुकुमारा।
तुम पद चर हम रथ असवारा, करहु जुद्ध किमि दोश अपारा।
सुनि वोले लव कोपित भारी, सेनापति सुनु गिरा हमारी।
नाम ग्याति कह वूझहि मोही, रन में आवति लाज न तोही।

दो.:–नाम मोर लव परम लघु, तदपि सकल दल तोर।
तुम समेत गंजन करहु, छिन मह निजभुज जोर।।५।

चौ.:–तुमहिं करौं अव आपु समाना, स्यंदन भंजि मर्गर सर नाना।
अस कहि लव चढ़ाई को दंडा, पुनि कीन्है टंकार प्रचंडा।
रिपु समूह सुनि कंपन लागे, विजय आस सव मन तै त्यागे।
वालमीकि पद कंज सुहाए, प्रथमहि सुमिरि सीस लव नाए।
पुनि जननी कर सुमि रन कीन्हा, तव सर चंड तून तै लीन्हा।
संघ प्रान हर वान प्रहारे, काल जीत ते छुटत निहारे।
करि अति कोप सज्यौ कोदंडा, तजे वान अगनित अति चंडा।
लव के सव नाराच सघारे, चने वेग जुत जनु अहि मारे।

त्रभंगी छन्द:–उत लव रनधीरा आवततीरा निरखे समर मझारी।

उर कोपि प्रचंडा धरि कोदंडा तीक्षन तीक्षन वान प्रहारी।
करि सत खंडा रिपु सर चंडा अति जव भूतल डारे।
पुनि तजि वसु वाना, निसित निदाना रथ दलि समर पछारे।

दो.:–काल जीत उर कोपि तव, भयौ नाग असवार।
अति उन मत्त महावलि, श्रवत जात मद धार।।६।।

चौ.:–गजारूढ़ लव ता कह देखी, संध्यानो धनु कोपि विसेशी।
दस दस विसिख सवनि कै मारे, जिमि अहि अति सरोश भय कारे।
निरखि काल जित कोपि अपारा, विस्मित हुइ तवं गदा प्रहारा।
महा वेग जुत आवहि सोई, अश्ट धातु मय जाहि न जोई।
अयुत भार भरिभार प्रमाना, देखिय जम पति दंड समाना।
देखि ताहि लव तजि इस चंडा, कीन्ही तुरत गदा त्रै खंडा।
गदा भंग लखि करि द्रग लाला, तज्यौ परिघ इक परम कराला।
भंज्यौ तुरत कुसानुज सोऊ,विनु प्रयास देखे सव कोऊ।

छन्द.:–देखै तहाँ सव कोई विनुश्रम परिघ लव खंडन कियौ।
पुनि गजारूढ़ विलोकि रिपु कहँ कोपि करि मरि गहिलियौ।।
कर वाल परम कराल धरि तव धाइ इम सुंडा दली।
धरि दंत पर निज चरन लाघव सीस पर पहुँचा वली।।

दो.:– हति कर वाल तव, मुकुट कीन्ह सत खंड।
सहस खंड पुनि कवच के, कीन्है लव वलि वंड।।७।।

चौ.:–पकरि केस पुनि धरनि पछारा, कोप्यौ तव सैनेस अपारा।
मुश्टिक पवि समान उर मारा, पुनि लव कंपे समर मझारा।
करि निज धनु कुंडल आकारा, हते वान वहु हिय खर धारा।
अक्षै टोप कवचल व साजै, स्याम गात संजुग अतिभ्राजै।।
इत सेनापति अति रनधीरा, पूरि रहे सर सकल सरीरा।
करि विचार धरि खर्ग कराला, धावा वधनहेत तिहिकाला।
मर्दत दसन प्रचारतु भारी, लोचन लाल महा भय कारी।
अति लाघव तव लव रनधीरा, आवत लखि सेनापति वीरा।

दो.:– अर्द्ध चंद्र सर चंड तव, तज्यौ तानि कोदंड।
छिन मै खंडन कीन्ह लव खर्ग सहितभुज दंड।।८।।

चौ.:– निरखि खंडभुज खर्ग समेता, चमूनाथ कोप्यौतिहि खेता।पृ.१४७फ.
वाम वाहु धरि गदा प्रचंडा, धावा महा वेग वल वंडा।
सोऊ भुजा काटि लव डारी, तदपि न मुरयौ महाभटभारी।
जिमि उनमत्त वितुंड सरीरा, हनहि माल कोउ सुनि मुनिधीरा।
करि सनमुख निजभाल कराला, पुनि सैनेस धाव तिहिकाला।
तव लव ताहि महा भट जाना, मन महँ कीन्ह प्रसंस निदाना।
पुनि धरि हाथ नग्न कर वाला, मानहु प्रलय अनल की ज्वाला।
महा मुकुट जुत सीस निपाता, प्रान विहाइ परयौ महि गाता।

भुजंग प्रयात.:–परयौ भूमि माहीं महावीरू सोई, गयौ राम के लोक कौ गात खोई।
तवै सैन ताकौ विना प्रान देखी, भई भीर भारी पुकारै विसेशी।।
सुनो सूत कोप्यौ सिया पुत्र भारी, तजी वान माला महा त्रास कारी।
परे भूमि में वीर वाकें विराजै, श्रवे श्रोन टेसूनि के वाग लाजै।।
सवैभाँति सो सर्व सेना मझाई, धरी धीर काहू न ही त्रास पाई।।
मथ्यौ सिंधु जैसे प्रलै की मझारी, महा व्रह्म वाराह को गातधारी।।
भएभंग हाथीनि के जूत नाना, गिरे कुंभ तै भूरि मुक्ता निदाना।
परे जुद्ध माहीं लसै नाग कैसै, मनो सैल घेरी मही सर्व जैसै।
गिरे हेम के साज साजे तुरंगा, श्रवे श्रोन धारा भए अंग भंगा।
रथी हाथ धारे रहै चाप वाना, चढ़ीभोंह वाकी डसै ओठ नाना।
परे हेम के जान मै प्रान त्यागी, चले देव ज्यौ आपनै लोक लागी।
गिरे वीर संग्राम मै भूरि भारी, चली रक्त धारा कराहै पुकारी।

दो.:–अति विसाल श्रोनित सरित, प्रगटी समर मझार।
परहि भोंर अति घोर तहँ, देखिय दारून धार।।९।।

चौ.:–विपुल चर्म कच्छप अनुमाना, भट भुजदंड भुजंग समाना।
करि गन सुंड मीन इव राजै वहत मकर तहँ अति छवि लाजै।
सक पकांत कातर तहँ देखी, पुनि छंडे लव वान विसेशी।
वहुतनि के नासाश्रुत काटी, पुनि वहुतनि पद भुज नम पाटी।

वहुतनि के सिर गंजनि कीन्है, इहि विधि अंग भंग करि दीन्है।
सेनापति समेत सव वीरा, परे खेत तजि प्रान सरीरा।
कोउन वचा सुनहु मुनिराइ, परम विजय लव संजुग पाई।
ठाढ़े निडर जुद्ध के हेता, हय समीप आनन्द समेता।

दो.:– कोऊन भट निजभाग वल, वचि उवरे तिहि काल।
गए सत्रघन निकट ते, श्रोनित श्रवत विहाल।।१०।।

चौ.:– काल जीत जिमि कटक समेता, प्रान विहाइ परयौतिहि खेता।
कीन्ही सो सव कथा वखाना, कपित गात जद्यपि वल वाना।
रिपुसूदन सुनि विस्मय पावा, दारून सोक हृदय महँ आवा।
पुनि कछु हँसि रद मर्दन कीन्हा, सुमिरि वाल लव मख हय लीन्हा।
वोले तव अति गंभीरा, रे भट तुम किमि मत्त सरीरा।
कै छल विवस कै मति भ्रमभएऊ, के कोउ कुग्रह द ा हे गएऊ।
प्रगटी वा इन कहौ विचारी, को सकि काल जीत कह भारी।
कोटिनि रिपु कहँ जीतन हारा, ताहि वधै किमि सिसु सुकुमारा।

दो.:– जीति लीन जमराज कहँ, विनु प्रयास रन माहिं।
तासु मरन किमि वाल कर, मम उर नि चय नाहिं।।११।।

चौ.:– यह सुनि वोले सुभट विहाला, कहै सत्य हम सुनहु नृपाला।
नाथ न हम उनमत्त निदाना, नहि छल विवस न ग्रह वलवाना।
नहिं कछु वाय न मति भ्रम भारी, नाथ सत्य हम गिरा उचारी।
काल जीत कौ समर मझारा, लव नै सदल कीन्ह संघारा।
जो कछु अव मन करहु उपाई, सो प्रभु की ज्यौ सोधि वनाई।
केवल वाल न जानहु ता ही, महासूर वलनिधि सो आही।
साहस करहु न अस जिय जानी, सत्य सत्य पुनि सत्य वखानी।
लव कर विक्रम सुनि अस काना, अति अचिरज तव मन मह माना।

दो.:– सचिव मौलिक मनि सुमति सन, मधुसूदन तिहिकाल।
रन कारन संसय सहित, वोले वचन नृपाल।।१२।।
इति श्री पदनपुराणे पाताल खंडे सेस वात्सायन सम्वादे मधुसूदनदास कृते
सत्रुघनस्य सेनानी काल जीत मरनं नाम **ाश्टिमोऽध्याय।।६०।।**

दो.:– को यह वालक सचिव वर, जिहि हरि लीन्ह तुरंग।
प्रलय जलधि इव कटक मम, विनुश्रम कीन्हसिभंग।।

चौ.:– वोले सुनि सुमंततिहिकाला, कहौ वुझाइ महा महिपाला।
यह मुनि वालमीक करधामा, वसहि सकलरिशि पूरन कामा।
छत्रिनि कर निवास कोउ नाहीं, मति उन मान कहौ तुम पाहीं
पृ.१४०प्रा. कै वासव मख हय हरि लीन्हा, कै पुनि संभु आनि छल कीन्हा।
धरनि सकै कोउ अपर तुरंगा, भुवन चारिदस मै सव अंगा।
काल जीत जिहि समर निपाता, अतुल वली धारै सिसु गाता।
पुस्कलादि सव भूप समेता, तिहि सन तुम मंडहु अव खेता।
जीवन ताहि समर धरि लेहू, श्री रामहि दिखाव जुत नेहू।

दो.:– निज मति के अनुसार हम, कहयौ मंत्र समुदाइ।
अव जो लागै नीक मत, सो कीजै सतभाइ।।१।।

चौ.:– राम वंधु सुनि इहि विधि वेना, तुरत चलावत भए सव सेना।
सकल नृपनि सन कहा वुझाई, मैं तुव पाछै आवहु भाई।
तुम संग्राम करहु हरशाई, सकल चमू जुत सजग वनाई।
इहि विधि सुनि रिपुदहन निदेसू, चले कोपि उर सकल नरेसू।
निज निज चमू साजि चतुरंगा, अस्त्र सस्त्र परि पूरन अंगा।
विद्यमान जहँ लव रन माहीं, पहुँची सकल सेन मुनि ताहीं।
धरै हाथ साइक को दंडा, गर्जहि सकल सूर वल वंडा।
आवा कटक इहाँ लव देखा, तव उर कीन्हउ कोप विसेशा।

दो.:– रंचक संक न कीन्ह न, त्रन सम हिय अनुमानि।
गर्जि सिंघ इव वीर वर, पुनि निज धनु संधानि।।२।।

चौ.:– वान सहस्त्रन लाघव ताई, तजे सरोश सुनहु मुनिराई।
भए विहाल वीर समुदाई, खंड खंड तन श्रोनित जाई।
वालक अजय सवनि मन जाना, पुनि स क्रोध धनु तानि निदाना।
सहसनि भट मिलि सर वर खाई, चहु दिसि लव घेरे मुनि राई।

लव अति लाघव वान प्रहारे, छिन महँ सकल सूर संघारे।
पुनि सव सुभटनि कीन्ह विचारा, घरेहु सिसु कह एकहि वारा।
अस विचारि करि धरि धरि चापा, सायक जुत करि दारून दापा।
प्रथमहि सूर सहस्त्र प्रचंडा, घेरे चहु दिसि लव वल वंडा।

दो.:– दूसरि आवृति माहि मुनि, भट दस सहस कराल।
तीसरि मै ठाढ़े भए, उभय अयुत तिहि काल।।३।।

चौ.:– पंच अयुत जोधा वलवाना, चौथी परि कमै रन ठाना।
पचम माहि लक्ष वर वीरा, सा जै आयुध सरीरा।
अयुत अधिक इक लक्ष समाना, ाश्टमि मह जोधा वल वाना।
सातै आवृति मध्य प्रचंडा, उभय लक्ष सूरन रन मंडा।
चहु दिसि तै कुंडल आकारा, घेरे लव कह समर मझारा।
पांच लक्ष नव सहस विहीना, इहि विधि सब मिलि संजुग कीना।
तिनके मध्य सिया सुत भएऊ, सव कौ अनल रूप हुइ गएऊ।
दाह करन लागे चहु पासा, सपनेहु मन रंचक नहि त्रासा।

छन्द:–सपनै नहीं मन त्रास रंचक, अनल इव विचरहि वली।
काहै हनै सर चंड का ह्वै परिघ असि दारून दली।।
मुदगर प्रचंड प्रहारि का ह्वै कुंत काहू कै हनै।
पुनि गदा सक्ति कराल अति जव दलहि लव छिन दिन घनै।।

दो.:– सत्या वरन सिघारि करि, इहि विधि विगत प्रयास।
रन मंडल के मध्य पुनि, ससि इव भयौ प्रकास।।४।।

चौ.:– कीन्ह चहु दिसि वीर संघारा, परीधरनि गज सुंड अपारा।
देखिय जहँ तहँ सिर समुदाई, पुनि रूंडनि सन मेदिनि छाई।
स्यंदन चूर चूर है गएऊ, अगिनित वाजि खंड वहु भएऊ।
लव सायक सव पीड़ित वीरा, काहूधरी न संजुग धीरा।
कातर भजे कठिन सर देखी, तजि तजि जीवन आस विसेशी।
पुस्कल लखि इमि कटक विहाला, आए समरमध्य तिहि काला।
चढ़े परम सुन्दर रथ माहीं, जुरे चारि हय मरूत लजाहीं।
दारून रोश विवस द्रग लाला, फरकत अधर कहा तिहि काला।

दो. तिश्ट तिश्ट संग्राम सिसु, विजय आस तजि देहु।
अव अनूप रथ दैहु मैं, सो प्रसन्न मन लेहु।।५।।

चौ.:– आरोहन ह्वै संजुग माहीं, मंडहु जुद्ध वाल हम पाहीं।
विगत जान तुम मैं अवसवारा, करहु समर तो दोश अपारा।
अस सुनि पुस्कल प्रति लव वीरा, वोले वचन सरोश गंभीरा।
जो तुम्हार रथ ह्वै असवारा, करहि जुद्ध संग्राम मझारा।
तो मम सुजस सकल नसि जाई, घोर पाप लागहि मुहि आई।
सुनु भट विप्र वीर हम नाहीं, लैहि पतिग्रह जे जग माहीं।
हम छत्री प्रसिद्ध संसारा, दान कर्म में निपुन अपारा।
अव हति वान करहु रथ भंगा, सहित सारथी वहुरि तुरंगा।

दो.:– निपटहि पदचर होहु जव, तव कीजौ संग्राम।
पुनि अरगानै सुनहि मुनि, लव अतुलित वलधाम।।६।।

चौ.:– परम धीर संजुग असवानी, सुनि पुस्कल अति विस्मय वानी।
हुइ सरोश तव चाप चढ़ावा, उहाँ देखि लव कोप वढ़ावा।
सर हति भंग कीन्ह को दंडा, तव कंपे पुस्कल अति चंडा।
जव लगि दूसंर चाप चढ़ावा, तव लगि रथ हति भूमि डहावा।पृ.१४६प्रा.
हंसे वहोरि विना रथ देखी, सिया पुत्र कौतिकी विसेशी।
इत पुस्कल संग्राम मझारा, निज धनु स्यंदन भंग निहारा।
अतुल वली ता कहँ जिय जाना, पुनि न चढ़े रथ स्यंदन आना।
इत पुस्कल उत लव वर वीरा, सजि को दंड तजे वहु तीरा।

छंद.:– सजि चंड कर कोदंड सायक विपुल दोउ भट छंडही।
दिसिविदिस भूतल व्योम पटि अति कठिन रन मंडही।।
लाघव निकासतधरत खैंचत जात सर नहिं लखिपरै।
कुंडल सरस दोउ धनुश कर नभ झार अति विस्मय करै।।१।।
दोउ सुमट जुद्ध विरूद्ध क्रूध समर सम अतुलित वली।
तव धाइ अति विकराल पुनि श्रोनित श्रवहिं रन छवि भली।।
जय हेत परम सचेत करहिं प्रहार छिन छिन वीर ते।
सुनु सूत भंग भए निपट सर वान कवच समेत ते।।२।।

दो.:– जिमि वासवसुतशट वदन, प्रथम महारन मंड।
वहुरि संभु अरू त्रपुर कर, भयौ समर अति चंड।।७।।

चौ.:– तिमि पुस्कल अरू सिय सुतभारी, करहिं परसपर दारून रारी।
तव लव सन पुस्कल वर वीरा, वोले रन विच गिरा गंभीरा।
सूर सिरोमनि वाल सुजाना, सुनहु वचन ममधरि निज काना।
तुम समान हम सुभट न देखा, अव डारहु हति वान विसेशा।
रक्षहु रन निज प्रान वनाई, वाल भजहु जिनि समर विहाई।
अस कहि सर पंजर करि दएऊ, व्योम भूमि दिसि विदिसिन छएऊ।
मरूत प्रवेस न करि सक नाहीं, तिहि विच लव कह पुस्कल पाहीं।
तुम नै महत कर्म रन कीन्हा, सर पंजर मह मुहि ग्रसि लीन्हा।

दो.:– अस कहि छिन मह सुनहु मुनि, तजि वहु वान कराल।
दलि सर पंजर प्रगट ह्वै, वोले लव तिहि काल।।८।।

चौ.:– अव तजि समर जाहु किहि ओरा, मम नाराच सहौ उर घोरा।
श्रवत रूधिर अवनीतल माहीं, तुमहिं निपातहु संसय नाहीं।
अस कहि समर चाप संधाना, कोपे लखि पुस्कल वलवाना।
लागे करन परसपर रारी, सम सरूप दोऊ भट भारी।
वैरि वृंद भंजन इक वाना, लीन्हा लव करि कोप निदाना।
छूटहि ज्वाल माल तिहि माहीं, निरखि जाहि लोचन मुदि जाहीं।
तानि कान लगि सो सर चंडा, पुस्कल हति सर कीन्है खंडा।
ताहि भंग लखि सुनु मुनि धीरा, कोपे अति संजुग लव वीरा।

दो.:– लीन्ह अपर सर घोर अति, तानि श्रवन लगि चाप।
तत्यौ चल्यौ सो वेग जुत, जनु भुजंग करि दाप।।६।।

चौ.:– पुस्कल के उर आनि समाना, गिरे भूमि है विकल निदाना।
मूर्छित निरखि समीर कुमारा, आए पुस्कल ढिंग तिहि वारा।
धरि निज अंक माहि कपिराई, पहुँचे रिपुसूदन ढिंग जाई।
मूर्छा वंत निरखि तिहि काला, भए सोक वस विकल नृपाला।

पुनि वोलो मारूत सुत पाहीं, पधहु जाहिं लव कहँ रन माहीं।
चले कोपि तव पवन कुमारा, धरि विसाल द्रुम पानि मझारा।
निकट जाइ करि सव्द कराला, वृक्ष प्रहार कीन्ह तिहि काला।
आवत लखि रघुनाथ कुमारा, हति इश तिल सम करि महिडारा। पृ१४६म.

छन्द.:– लखि भंग वृक्ष कपीस, उर कीन्ह कोप मुनीस।
अति वेग पूँछ उठाइ, करि सव्द संजुग धाइ।।
द्रुम एक मूल समेत, छिति तै उपाटि सचेत।
लव सीस लक्ष विचारि, वहु वेग संजुग डारि।
लव चंड सायक मारि, छिन माहिं भूतल पारि।
पुनि कोपि श्री हनुमान धरि सैल सम पाशान।
सिर माझ कीन्ह प्रहारा, करि खंड लव सो डार।

दो.:– सिला श्रंग गिरि वृक्ष वहु, छिन छिन कीन्ह प्रहार।
विनु प्रयास लव वीर वर, रज तिल सम करि डार।।१०।।

चौ.:– तव अति प्रवल कोपि हनुमाना, पुनि वर वस कपि गगन उड़ान।
लव आपुहि लखि पूँछ मझारा, सुमिरि सिया पद कंज उदारा।
पुनि इक मुश्टिक वज्र समाना, हनी कोपि उर पूँछ निदाना।
महा विकल मारुत सुत भएऊ आतुर लवहि त्यागि तव दएऊ।
हुइ सुतंत्र जानकी कुमारा, दलैवान अगनितहखरधारा।
जिमि नभ मास मेघ समुदाई, वारशहिं वारि महा झर लाई।
तिमि प्रचंड साइक जनु व्याला, दलहि कीस तन लव तिहिकाला।

दो.:– सिर अरू भुज पद पूँछ महँ, विधे वान सव गात।
सोह समर मै मरूत सुत, वहु श्रोनित तन जात।।११।।

चौ.:– भए विकल अति समर मझारा, लगे करन तव हृदय विचारा।
यह अजात वालक वर जोरा, अव न चले कछु विक्रम मोरा।
मैं सव भाँति भयौ वेहाला, किहि विधि उवरहु रन विकराला।
भाजि जाहु जो समर विहाई, तो प्रभु अग्र लाज अधि काई।
कहहिं सकल जन करि उपहासा, भजे मरूत सुत वालक त्रासा।
पुनि विधि मोहि दीन्ह वरदाना, मरनन तोर होइ हनुमाना।

अवसर दुसह सहो नहिं जाई, करहु कहा कछु नाहिं वसाई।
पुनि कपीस मन कीन्हविचारा, कपट मूर्छा विनु न उवारा।

दो.:– जव लगि जीतहि वाल कहि, राम अनुज वलधाम।
मैं तव लगि मुरछाधरहु, कपट सहित संग्राम।।१२।।क
इहि विधि कीन्ह विचार मन, तव लगि लव मुनिराइ।
तज्यौ वान कपि कटक जुत, गिरे धरनि मुरझाई।।१२।।ख

सोरठा.:–मूर्छित कपिहि निहारि, लव छाँड़ै सर चंड पुनि।
सव कौ समर संघारि, परम वली रघुनाथ सुत।।१३।।ग
इति श्री पदन पुराणे पाताल खंडे सेस वात्सायन सम्वादे मधुसूदनदास
कृते हनुमत मूर्छा कृते **एक ाशिटमोऽध्याय।।६१।।**

दो.:– वात्सायन हनुमान कौ, मूछित सुनि रघुराइ।
सोक विव ा सोचन लगे, कीनै कवन उपाइ।।

चौ.:– यह बालक अतिसय बलवाना, इहि कीन्है मूर्छित हनुमाना।
मैं देखौ इहि समर मझारा, इहि प्रकार मन कीन्ह विचारा।
भए कनक रथ पुनि असवारा, वहु मनि रचित परम दुति कारा।
सजे संग पुनि रथी अपारा, सुरथ आदि नृप परम जुझारा।
सर्व चमू चतुरंग अकूता, धरै विविध हथियार वहूता।
इहि विधि रिपुभंजन मुनि राई, पहुचे सजि संजुग मै जाई।
धरै चाप सर लव कहँ देखा, मनहु राम प्रतिविम्व विसेशा।
निरखि सुभग तन की रूचिराई, भए विलोचन थकित वनाई।

दो.:– ह्रदय विचारै कवन यह , धारै राम स्वरूप।
नील कंज सम स्याम तन, वालक परम अनूप।।२।।

चौ.:– यह सिय सुत विनु अपर न कोई मेरे उर प्रतीति अस होई।
हमहिं जीति है यह रन माहीं, मृगपति इव कछु संसय नाहीं।
कवनिहु विधि नहि विजय हमारी, सत्य वात यह समर मझारी।
वि व जननि श्री जनक कुमारी, परम सक्ति जग मंगल कारी।

विनु अपराध राम तिहि त्यागा, ता कारन सव कर वल भागा।
सक्ति विहीन विजय किमि होई, कैसेउ रन कोविद भट कोई।
अस विचारि रामानुज वीरा, वोले लव सन सुनु मुनि धीरा।
कहहु वाल तुम सुभट हमारे, किहि कारन संजुग संघारे।

दो.:– भूप मौलि मनि राम कर, सुनेउ प्रताप न कान।
तजहु अ व अव वाल वर, हम अघ छमौ निदान।।३।।

चौ.:– कहु निज मात पिता कर नामा, जिन पाए तुम सुत छविधामा।
तिन सम वड़ भागी नहि कोई, अव तुहि देखि दया मुहि होई।
कहु निज नाम विदित संसारा, हम जानी तुम सूर जुझारा।
तुमहि लिवाइ चलहिं हम साथा, विद्यमान जहँ रघुकुल नाथा।
सादर तिन सन तुमहिं मिलाई, पावहु तहाँ वस्तु समुदाई।
इहि विधि सुनि लव सुभट सुजाना, वोले वचन समय अनुमाना।
मम पितु मातु नाम तुम वूझा, रन मंडल यह निपट अवूझा।
जोपि भए रन भीत वनाई, तो उपाय इक कहौ वुझाई।

दो.:– ज्येश्ठ वंधु मम वीर वर, श्री कुस परम उदार। पृ.१५० अ.
तिन के पद विच धरहु सिर, तव हय मिलहि तुम्हार।।४।।

चौ.:– जो तुम राम अनुज वलवाना, निज समान भट अपर न जाना।
जानहु सक्ति आपु उर माहीं, तो हय लेहु जीति हम पाहीं।
अस कहि तानि चाप तिहि काला, तजे विपुल नाराच कराला।
ते सर सिर भुज ह्रदय मझारा, लगे वेग जुत दारून धारा।
तव कोपे रिपुदहन नृपाला, सज्यौ हाथ को दंड कराला।
कीन्ह नाद घन इव अति भारी, लव के उर कहँ त्रास विचारी।
सायक विपुल तजे रन माहीं, लव लाघव खंडे सव ताहीं।
पुनि वहुसर तजि मेदिनि छाई, नभ दिसि विदिसि न परहि जनाई।

छन्द:– दिसि विदिसि नभ धरनी न परहि जनाइ सर कोटनि छए।
तिहि काल रवि मंडल छिप्यौ अति सघन इश पंजर भए।।
नहि मरूत सकहि प्रवेसि तहँ मुनि नरनि की गिनती कहा।
निज प्रान संसय सकल भट सव कटक भय मानैउ महा।।

दो.:– व्यतीपात कर दानजिमि, अक्षै होइ वनाइ।
मधुसूदन लव वान तिमि, जहँ तहँ परे लखाइ।।५।।

चौ.:– देखिसत्रघन विस्मय पावा, घोर क्रोध पुनि उर मै छावा।
तव सर सतनि सहस्त्रनि छंडे, लव के सकल सिली मुख खंडे।
उहाँ कुसानुज लखि सर भंगा, भए अरून लोचन रन रंगा।
हति सर आसु कीन्ह धनुभंगा, नाना मनि विरचित वहु रंगा।
अवर चाप रामनुज लीन्हा , वहु सायक प्रहार तव कीन्हा।
तव लगि उत लव लाघव ताई, तजि सर दले वान समुदाई।
पुनि तुरंग सारथी समेता, खंड खंड किय स्यंदन खेता।
कर तै भंग कीन्ह कोदंडा, अस विक्रम किय लव वल वंडा।

सो.:– विक्रम अस विकराल, निरखि राम भ्राता समर।
कीन्ह प्रसंसि विसाल, चढ़े अवर रथ जाइ पुनि।।६।।

चौ.:– रथा रूढ़ लखि लव तिहि काला, कीन्ह कोपमन परम कराला।
वान अनेक दले खर धारा, वेधि सरीर भए ते पारा।
श्रोनित श्रवत लसै तन कैसै, परम प्रफुल्लित किंसुक जैसै।
पुनि लव कुंडलीक करि चापा, तजे वान तीक्षन जुत दापा।
कीन्है कवच चमुर के खंडा, लगे वान तन परम प्रचंडा।
रामानुजतव कोपि अपारा, तजे वान दस तीक्षन धारा।
उर विचारि लव प्रान सघारा, ते सर चले व्याल अनुहारा।
उत लव निरखि चंड सर छंडे, तिल समानंते सायक खंडे।

छंद.:–पुनि अश्ट वान प्रचंड, उर मै दले वल वंड।
प्रगटी विथा अति घोर, लव कौ गुनौ वर जोर।।
तव सत्र सूदन वीर, करि कोप छंडे तीर।
लव तानि निज कोदंड, सर मारि कीन्हैउ खंड।।
पुनि तून तै इश एक, कर लीन्ह ज्वाल अनेक।
धरि चाप तानि मझार, ससि अर्द्ध के अनुहार।
तव तानि कर प्रंजत, उर मध्य हन्यौ तुरंत।
प्रगटी विकलता भीम, रथ मै परे वल सीम।

दो.:– धरै सरासन हाथ गै, चापे अधर अनूप।
लखि मूर्छित रघुराज कहँ, कोपे रन सव भूप।।७।।

चौ.:– सुरथ सुवाहु विमल महिपाला, सुमुद वीर मनि जुत तिहि काला।
रिपुतापन उग्रास मुवाला, कोपि प्रताप अग्र विकराला।
अवर सकल नृप कोपि अपारा, अंग दादि कपि एकहि वारा।
लवहि घेरि चहुँ दिसि तै लीन्हा , सकल प्रचारि प्रहारनि कीन्हा।
कोऊक नृप सर घोर चलावै, कोऊक मुसल वृक्ष वर सावै।
कुंत परस कोऊ सांगि प्रहारा, तजहिं अवर आयुध खरधारा।
निरखि अधर्म जुद्ध वल वीरा, दारून कोप कीन्ह मुनिधीरा।
अति लाघव सर वृन्द प्रहारे, सव के अस्त्र सस्त्र दलि डारे।

दो.:– पुनि दस दस सर विकट अति सव कै दले वनाइ।
वहुरि वान वरशे विपुल , कोप सहित मुनि राइ।।८।।

चौ.:– कोऊक भजे भीत है भारी, कोऊक मोहे समर मझारी।
काहुन धीर धरी रन माहीं, प्रवल मरूत जिमि घन उड़िजाहीं।
तव लगि तजि मूर्छा तिहि काला, उठे समर रिपुदहन नृपाला।
है सचैत धरि सर को दंडा, आए जहँ लव भट वल वंडा।
वोले धन्य धन्य तुम वालक, हम जानी तुम रिपु दल घालक।
तुम न वाल अपि सुर वर कोई, मोरे मन नि चय यह होई।
अस संहारन काहु न कीन्हा, पुनि मो कह मूर्छित करि दीन्हा।
वाल देखु अव विक्रम मोरा, तोहि निपातहु रन वर जोरा।

दो.:– वाल एक सहु वान मम जिनि रन देहु विहाइ।
अस कहि कर कोदंड तव, धारयौ सवल दिखाई।।६।।

चौ.:– पुनि सोइ साइक कर में लीन्हा, जिहि सन लवनासुर वध कीन्हा।
काल वदन सम सो विकराला, छुटहिं विकट पावक के ज्वाला।
धरि को दंड ताहि संधाना, श्री लव हिय करि लक्ष समाना।
कोटिनि वलविनु पावकरूपा, वल निधान लव परम अनूपा।
उहाँ सत्रघन सर सो वाना, निरख्यौ रन विचविकट निदाना।

दस दिसि तासु प्रकास विराजा, महा ज्वाल जुत जानि अकाजा।
तव मन लागे करन विचारा, देखिय यह सर कठिन अपारा।
इहि अवसर चाहिय ममभ्राता, श्री कुस रिपुगन करन निपाता।

दो.:– परम वली सिर मुकटमनि, जो होते कुस पास।
तो रिपुसूदन वान की, मोहि कहा रन त्रास।।१०।।क
इहि प्रकार संग्राम में, श्री लव करत विचार।
तव लगि साइक चंड सो, रिपुहन कीन्ह प्रहार।।१०।।

सोरठा.:–प्रगटी विथा प्रचंड, मूर्छित है भूतल परे।
जदपि महा वल वंड, श्री लव सूर सिरोमनी।।१०।।ग
इति श्री पदन पुराणे पाताल खंडे सेस वात्सायन संवादे मधुसूदन
दास कृते लव मूर्छनं **नाम द्वा ाशिटमोऽध्याय।।६२।।**

दो.:– परम वली लव वीर वर, रिपुगन विपन कृसान।
तिन कह मूर्छित निरखि रन, रामानुज वल वान।।

चौ.:– विजय पाइ उर हरशित भएऊ, वहुरि एक रथ लवधरि लएऊ।
सीस त्रान कवचादिक साजै, स्याम सुगात मदन छवि लाजै।
अवधि चलनहित तव महि पाला, कीन्ह विचार मुदित तिहि काला।
तव सव मुनि सुत सुनु मुनि राई, भए महादुख विवस वनाई।
प्रान सरिस लव मित्र पियारा, ताहि देखि रिपु पास मझारा।
आतुर जनक सुता पह गएऊ, लव कृत कर्म सुनावत भएऊ।
सुनहु मातु जानकी सुजाना, आवा एक भूप वलवाना।
लीन्है संग अमित कटकाई, चारि अंग जुत अति कटिनाई।

दो.:– तासु जग्य कर वाजिवर, पकरयौ लव जुत मान।
तव लगि हय रक्षक विपुल, आए अति वलवान।।१।।

चौ.:– तिन्ह सन कीन्ह जुद्ध लवभारी, हत्यौ सवनि सग्राम मझारी।
विजय पाइ लव संजुग ठाढ़े, रिपु समूह कछु गनैउ न गाढ़े।
तव लगि पुनि महीप सोइ आवा, लव करि वहु रन ताहि गिरावा।

विजय विसाल पाइ सुत तोरा, ठाढ़ भरौ धरि धनु सर धोरा।
तजि मूर्छा नृप दारून भारी, हते आनि लव समर मझारी।
वर वस धरि पुनि स्यंदन माहीं, गयौ मातु सुनु निज पुर पाहीं।
हम वरजे लव प्रथम निदाना, जिनि पकरहु हय नृप वलवाना।
हमरे वचन कीन्ह नहि काना, जननी लव उर अति अभिमाना।

दो.:– इहि प्रकार मुनि वालकनि, सुनि मुनि कीन्ह वखान।
गिरी धरनि व्याकुल सिया, रोदति वदति निदान।।२।।

चौ.:– कस वहखल नृप दया विहीना जिनि वालक सन संजुग कीन्हा।
अति अधर्म मय कुमति निदाना, मम सुत जिहि रन हत्यौ निदाना।
हे लव पुत्र वीर सुकुमारा, तुम किहि ठाँउ तात इहि वारा।
विस्मय होत मोर मन भारी, किमिपकरयौ नृप हय करि रारी। पृ.१५२म.
तुम वालक नृप वलवाना, अस्त्र सस्त्र पुनि निपुन निदाना।
रथी भूप सुत तुम विनुजाना, किमि जीतहु नहिं मन अनुमाना।
मैं कानन किमि राखहु प्राना, देहि कवन मुहि धीरज दाना।
राम त्याग दुख कछुक भुलाना, तात देखि तुहि हेत न आना।

दो.:– तात कवन विधि विपन विच, अव राखहु निज प्रान।
तुम विनु सुत चहु ओर तै, महा विपति अधि कान।।३।।

चौ.:– परिहरि अ व तात नृप कैरा, आवहु निकट होति है वैरा।
पाइ तुरंग भूप फिरि जैहै, तुमहि न तात वहुरि लै जै है।
तुम वालक मम दुखहिं न जाना, मै किहि सन अव करहु वखाना।
आवहु तात वेगि अस जानी, मोचहु निज कर मम द्रग पानी।
कुस होते इहि अवसर माहीं, तुमहि उवारि लेत सक नाहीं।
सकल सूर सिर मनि कुस सोई, निज समीप नाहीं अव जोई।
अव मैं करहु कहा इहि काला, देव दीन्ह मुहि विपति कराला।
इहि विधि विविधि विलाप कलापा, करहि सिया उर सुत परि तापा।

दो.:– महा सोक वस विकल सिय, सुनहु सूत तिहि काल।
पद अगुश्ट सन लिखति महि, नैन श्रवहि जल जाल।।४।।

चौ.:– पुनि वोली मुनि पुत्रनि पाही, गयौ कवन दिसि कहौ वुझाई।
वदति जाति इमि अति विकलाई, तव लगि कुस आए मुनि राई।
विसद पुरी उज्यैनि विसाला, जग विख्यात पुनीत रसाला।
तहाँ महा काली करधामा, पूजहि मनुज सहित अभिरामा।
माघ वृह्म चौ दिसि दिन माहीं, करि पूजन कुस देवी पाहीं।
अस्त्र सस्त्र विद्या विधि नाना, पढ़ी सकल लहि वहु वर दाना।
यह सुनि जिनि संसय को आनौ, दीन्हि वड़ाइ देविहि जानौ।

दो.:– तिहि अवसर निज मातु कुस, निरखी विकल अपार।
सोक विवस अति दीन तन, तजत नैन जलधार।।५।।

चौ.:– वोलन लगे वचन तिहिकाला, फरकी तव लगि वाहु विसाला।
रन सूचक भए सगुन सुहाए, जुद्ध उछाह ह्रदय महँ छाए।
मातु दुःख करि दुखितहिंभारी, तदपिधीर मन गिरा उचारी।
मातु विकल किहि कारनभारी, मैं, तुव पुत्र अग्र सचुकारी।
जीवत मोहि तजहु तुम आँसू, वोलहु वचन त्यागि सव त्रासू।
मम भ्राता लव परम पियारा, वीरधुरीन कहाँ इहि वारा।
मम आगम सुनि मन हरशाई, सदा मिलनहित धावत आई।
किहि कारन तिहि देखो नाहीं, क्रीड़ा करहिं कवन थल माहीं।

दो.:– कै मुनि वालक सहित लव, गएऊ विलोकन मोहि।
मातु सत्य कहु अनुज कित, संसय वूझहु तोहि।।६।। पृ.१५३ प्रा.

चौ.:– तुम कित रूदनु करौ मम पाई, यह कारन सवु कहु समझाई।
पुत्र वचन सुनि जनक कुमारी, महा सोक जुत वचन उचारी।
सुनु सुत जग्य हेत इक भूपा, तज्यौ तुरंगम् परम अनूपा।
सो हय लव पकरौ वन माहीं, आए वहु रक्षक तव ताहीं।
हते सकल लव समर मझारी, तव लगि आवा नृपभट भारी।
मम सुत अति कोमल पुनि एका, तात भूप संग कटक अनेका।
करि मूर्छित लव कह रन माहीं, पुनि धरि पासि गयौ पुर पाहीं।
मुनि वालकनि कहेउ मुहि आई, ता तै महा सोक अधि काई।

दो.:– तात जीति नृप कह समर, ल्यावहु अनुज छुटाइ।

होत गहर अव जाहु तुम, लव दख विवस तनाए।।७।।

चौ.:– सुनि अस मातु गिरा तिहि काला, भए रोश वस लोचन लाला।
दसन विमर्दि अधर डसि वीरा, वोले श्री कुस वचन गंभीरा।
नृप के पास भंजि सुनु मामा, ल्यावहु अवहि मोचि निजभ्राता।
हति प्रचंड सर नृप कटकाई, छिन मै करहु विहाल वनाई।
जौपि संभु सव सुर समुदाई, चढ़हि तासु दिसि हुइ सुनु भाई।
जीतहु तदपि नृपहि सक नाहीं, हतिप्रचंड सायक रन माहीं।
मातु अनुज कहँ लैउ उवारी, तुम किमि रोवहु व्याकुलभारी।
रन मै गिरै सुभट कह सोभा, जो पै भजि जानि जिय लोभा।

दो.:– होइ अजस तो सकल जग, पुनि लहि नर्क निवास।
लव मूर्छित सन्मुख भए, तुम किमि मानहु त्रास।।८।।

चौ.:– जननी दिव्य कवच मम देहू, सीस त्रान संजुत जुत नेहू।
गुन समेत कोदंड विसाला, पुनि सुन्दर कर वाल कराला।
अवही सकल सेन संहारा, करहु जाहि अपि समर मझारा।
मूर्छित भ्रातहि लैहु छुड़ाई, त्यागहु जननि सकल विकलाई।
जो न विमोचहु लव को जाई, तो पन सत्य सुनहु अव माई।
तुव पद विमुख होहु अहि काला, इहि तै अधिक न पाप कराला।
यह सुनि सिय हरशी मुनिराई, पुनि सव अस्त्र सस्त्र दिय आई।
कहिउ समर जीतहु सुत जाइ, आतुर भ्रातहि लेहु छुड़ाई।

दो.:– अस कहि कुस संग्राम हित, सज्यौ कवच सिर त्रान।
कुंडल सुन्दर सोभिजै, स्याम गात छवि दान ।।९।।

चौ.:– कठिन कृपान चर्म जुत धारा, लीन्ह चाप वर पानि मझारा।
दोउ दिसि अक्षै सजै निशंगा, अतुलित वलनिधिरन रस रंगा।
सादर मातु चरन धरि सीसा, चले सिंघ अव सुनहु मुनीसा।
सत्वर जाइ समर थल देखा, परे तहाँ भट मृतक विसेशां
कछुक दूरि रन निर खत भएऊ, अनुज कर्म गुनि प्रमुदितभएऊ।
उहाँ कुसहि आवत मुनिराई, निरखत भई राम कट काई।
मानहु कोपि कृतांत अपारा, आवा करन वि व संहारा।

पुनि लव महा वलीवर वीरा, निरखे कुस भ्राता रन धीरा।

सो.:– भए मुदित मन माहिं, कूदे रथ तै वेग जुत।
गलित दाम की ताहि, भंजन करि ढिग पास सव।।१०।।

चौ.:– जिमि पावक लहि मरूत प्रचंडा, होइ प्रज्वलित सिखा अखंडा।
लव तिहि भाँति सोह मुनिराई, व्याकुल भई निरखि कटकाइ।
पूरब दिसि तै कुस रन माहीं, लागे दहन अनल की नाहीं।
पि चम तै लव कोपि प्रचंडा, मर्दन लगे कटक वल वंडा।
श्री कुस लव के साइक घोरा, लागहि विपुल सैन चहु ओरा।
जिमि समुद्र मै उठइ तरंगा, तिमि अकुलान कटक सव अंगा।
कुस लव वान वृन्द झर लाए , करि व्याकुल वहु सुभट गिराए।
पुनि पुनि मथी सकल कटकाई, रन की आस सवनि विसराई।

दो.:– रथारूढ़ है समर विच, काहू कीन्ह न जुद्ध।
भए महा व्याकुल सकल, निरखि वालदोउ क्रुद्ध।।१०।।

चौ.:– रिपुगन दहन सत्रघन राजा, तिहि अवसर लखि विकल समाजा।
चामी कर मनिमयरथ माहीं, चढ़ि आए संजुग कुस पाहीं।
निरख्यौ लव अनुहारि स्वरूपा, धरै राम सम सोभ अनूपा।
विस्मय हरश रोस रस सानी, वोले राम अनुज तव वानी।
को तुम सम सरूप दोउ भ्राता, परम सुखद मृदु स्यामल गाता।
पुनि निजु मात पिता कर नामा, हमहिं वुझाइ कहौ वलधामा।
किहि कारन वन करहु निवासा, तुम उत्तम नर तेज प्रकासा।
करहु आजु यह संसय भंगा, तव हम मंडहिं रन तुम संगा। पृ.१५४प्रा.

दो.:– इहि प्रकार पुनि कुस समर, वोले गर्जि गंभीर।
वूझन जोगन तुमहि यह, तदपि सुनहु नृप वीर।।११।।

चौ.:– मातु हमारि जानकी नामा, पति देवता विसद गुन ग्रामा।
केवल तिहि विनु पितुहि न जाना, इहि आश्रम विच वसहि निदाना।
वालमीक पद कंज पुनीता, संतत सेवन करहिं सप्रीता।
पुनि निज मातु चरन सिवकाई, करहि निरन्तर काम विहाई।

सकल समर विद्या हम जाना, कुस लव नाम प्रसिद्ध निदाना।
निज विरतांत कहा समुदाई, कहु न आपनि कथा वुझाई।
तुम को किहि हित छाड़ेउ वाजी, कवन हेत सेना वहु साजी।
फिरहु समर उतसाह समेता, जहँ तहँ छत्रिनि जीतहु खेता।

दो.:— जो तुम सूर सुजान नृप, तो करू रन मम संग।
अव ही हति सर निसित तुहि, डारहु करि मद भंग।।१२।।

चौ.:— इहि विधि सुनि रिपुसूदन काना, जानै सिय के पुत्र निदाना।
विस्मय भूरि चित्त मै आनी, पुनि सकोप करि धनु संधानी।
कुस निरखा नृप धनुश चढ़ावा, रोश प्रचंड हृदय मह छावा।
दिढ़ गुनसहित कीन्ह कोदंडा, कीन्ह वहुरि टंकार प्रचंडा।
तव लगि रिपुसूदन सर जाला, तजे परम दारून जनु व्याला।
कुस लीला करि संजुग माहीं, खंडे सर सव तिल की नाहीं।
पुनि सर सतनिसहस्त्रनि लक्षा, तजहि उभय तिमि नाग सपक्षा।
व्यापि गए सव लोक मझारा, अति विस्मय मुनि भा संसारा।

छन्द.:— संसार मै विस्मयभएऊ अति सुनहु मुनि सर देखि के।
इत निरखि कुस वर वीर नृप इश विपुल प्रवल विसेशि कै।।
तव अनल अस्त्र प्रचंड धरि को दंड विच छड़यौ तवै।
छिन माहिं कीन्ह भस्म विनुश्रम रिपुदहन साइक सवै।।

दो.:— वरून अस्त्र करि कोप तव, रामानुज रन छंड।
कीन्ह सांत सुनु सूत सव, पावक परम प्रचंड।।१३।।

चौ.:— श्री कुस मारूत अस्त्र चलावा, घन समूह छिन माह उड़ावा।
पुनि पर्वत सर चंड प्रहारा, वर्शेउ दल पर विपुल पहारा।
तव रिपुसूदन पवि सर छंडा, कीन्है रज सम सैल प्रचंडा।
परम मंत्रवित कुस तिहिकाला, नारायण सर तज्यौ कराला।
सो सर मुनि जाज्वल्लि अपारा, छिन मै भस्म करे संसारा।
रामानुज ऊपर सोइ वाना, करि न सक्यौ कछु त्रास निदाना।
यह विलोकि कुस विस्मय पावा, पुनि निज उर अति कोप वढ़ावा।
सुनहु भूप तुम अति वलवाना, महत पराक्रम निधि हम जाना।

दो.:– महा वीर तुम वि व महँ, वहु रन जीतन हार।
श्री पति अस्त्र अमंग अति, करि न सक्यौ संहार।।१४।।

चौ.:– अव नृप हति सर डारहु धरनी, तीनि वान सन करि निज करनी।
जो न निपातहु समर मझारी, सुनहु प्रतिज्ञा सत्य हमारी।
मनुज सरीर पाइ जग जोई, कोटि पुन्य करि दुर्लभ सोई।
है अनन्य तजि संसय जाला, जो न भजै हरि परम कृपाला।
भूतल तुमहि न दैहु सुवाई, सौ अघ मो कहँ लागहु आई।
सवधान नृप होहु वनाई, डारहु महि करि विकल वनाई।
अस कहि धनु विच साइकधारा, प्रलय काल पावक अनुहारी।
महा घोर कछु वरननि जाई, करि उर लक्ष तजौ मुनिराई।

छन्द.:– उर लक्ष करि मुनिराइ सो सर तजौ परम भयंकरा।
रिपुदहन आवत देखि ता कहँ जिमि विशम अहि रिसभरा।।
हिय सुमिरि राम स्वरूप धनु संघानि वान प्रहारेऊ।
कुस चंड साइक खंड करि अति वेग भूतल पारेऊ।।

दो.:– निज सर भंग विलोकि कुस, कोपे समर अपार।
अपर वानधरि धनुश विच, वध हित कीन्ह विचार।।१५।।

चौ.:– तव लगि लवनान्तक तजि वाना, कर तै खंडन कीन्ह निदाना।
वाड़व पावक सम सर सोई, श्री कुस तासु भंग रन जोई।
सुमिरि सिया पद कोपि प्रचंडा, तीसर साइक धरि कोदंडा।
सत्वर तानि श्रवन लगि त्यागा, चला महा जव मानहु नागा। पृ.१५५प्रा.
रिपुसूदन तिहि खंडन हेतू, धरे चाप विच सर मुनि केतू।
तव लगि लाग ह्रदय सो वाना, अति दारून कृतांत अनुमाना।
प्रगटी घोर विथा अतिभारी, गिरे आसु रन भूमि मझारी।
रामानुजहि धरनि तल देखी, त्राहि त्राहि सव करहि विसेशी।

दो.:– निजभुजवल कुस वीर वर, पाई विजय विसाल।
मधु सूदन संग्राम विच, भए सकल वेहाल।।१६।।
इति श्री पद्न पुराणे पाताल खंडे सेस वात्सायन सम्वादेमधु सूदनदास

कृते सत्रघन मूर्छनो नाम **त्रिशशिट मोऽध्याय**।।६३।।

दो.:– महाराज रिपुदहन कहँ, मूछविंत निहार।
सुनु मुनीस सुरथादि नृप, कंपे ह्रदय मझार।।

चौ.:– विसद हेम मनि मय रथ माहीं, चढ़ि चढ़ि चले सकल कुस पाहीं।
परम सूर पुस्कल तिहि वारा, निज मन मै अस कीन्ह विचारा।
मोहि प्रथम लव मूर्छित कीन्हा, अव तिनही संग संजुग लीन्हा।
इहि प्रकार मन ठीक दिढ़ाई, पहुचे तव लव सन्मुख जाई।
विविध भाँति मंडयौ संग्रामा, दोनो सुभट अतुल वलधामा।
इहाँ सुरथ नृप कहँ लखि आबा, श्री कुस निज मन कोप वढ़ावा।
अति तीक्षन दस वान प्रहारे, नृपहि विरथ करि भूतल डारे।
दिढ़ गुन सहित चाप किय खंडा, तव नृप सुरथ महारन रंगा।

दो.:– तजै अस्त्र पर अस्त्र पर वहु, अति प्रचंड संग्राम।
अति लाघव छिन छिन विशै, काटक कुस वलधाम।।१।।

चौ.:– सुभट सिरोमनि इत कुस वीरा, उतवल पुंज सुरथ रनधीरा।
परम तुमुल रन भा तिहि काला, सुभट रोम हर्शनि विकराला।
सुरथ भूप रन दुर्जय भारी, छिन छिन करै भयानक रारी।
तव कुस निज मन कीन्ह विचारा, कहा करौ मैं नृप वलभारा।
करिमन मन ठीक लीन्ह सर चडा, नृप हिय तज्यौ तानि को दंडा।
प्रलय अनल सम आवत देखी, खंडन हित मन कीन्ह विसेशी।
तव लगि आसु आनि उर लागा, मूर्छित भए तुरत रथ त्यागा।
निरखि सारथी स्यंदन खाली, रन विहाइ गा आतुर चाली।

दो.:– सुरथहि मूर्छित देखिकुस, कीन्ह कटक वेहाल।
सुनु मुनीस तव पवनसुत, आए कोपि कराल।।२।।

चौ.:– आवत प्रवल वली मुख देखा, हसि वोले कुस कोपि विसेशा।
रे कपि किमि मम सन्मुख आवा, भाजु वेगि जौ चहै वचावा।
नाहित सर सह सनिविकराला, हति जमपुर पठ वहु इहिकाला।
अस सुनि कपि लखि स्याम सरूपा, जाना रघुपति तनय अनूपा।

महा वली जानै सव ओरा, अजित अजोग्य जुद्ध वर जोरा।
पुनि निज सेवक धर्म विचारा, स्वामि काज कर तव इहि वारा।
मूल समेत साल द्रुम भारी, अति विसाल सो लीन्ह उरवारी।
तव साखा संजुग वहु घोरा, धाए धरि कपि कुस की ओरा।

दो.:– महा वेग जुत कोपि हिय, कीन्हसि वृक्ष प्रहार।
अर्ध चंद्र सर तीनि हति, कुस खंडन करि डार।।३।।

चौ.:– अपर साल द्रुम एक उरवारी, हन्यौ कोपि कपि हृदय मझारी।
दसन मर्दि यह विक्रम कीन्हा, कुस रंचक नहिंभए मलीना।
निरखि सुमट सव वल विपुलाई, कीन्ह प्रसंसा सुनु मुनिराई।
कुस संहार अस्त्र तव लीन्हा, तानि कान लगि पुनि तजि दीन्हा।
काल रूप सो अति विकराला, आवत लखि हनुमत तिहिकाला।
सुमिरे हृदय राम भगवाना, भक्ति विघन भंजन सुख दाना।
सो सर विकट अमंग वनाई, प्रेरित मंत्र लाग उर आई।
विथा प्रचंड भई तन माहीं, मूर्छित भए गात सुधि नाहीं।

छन्द.:– मूर्छित भए नहि गात सुधि हनुमंत संजुग मै परे।
अवलोकि कुस रनधीर साइक अमित छंडे रिस भरे।।
सव कटक कीन्ह विहाल वहुतक निरखि रन तन परि हरे।।
गज जूथ वाजि वरूथ वहु भट वान लागत चिक्करे।।

दो.:– सर प्रहार नहि सहि सकत, श्रोनित श्रवत सरीर।
भाज्यौ दल चतुरंग सव कुस सन धरत न धीर।।४।।

चौ.:– तव संजुग सुग्रीव हरीसा, कोपे उर अति सुनहु मुनीसा।
कुधर विसाल धारि करिधावा, कुस ऊपर वल सहित चलावा।
सैल विकट सोइ आवत देखा, हंसि लीला करि दल्यौ विसेशा।
पुनि द्रुम एक विसाल प्रहारा, कुस करि तिल समान महि डारा।
वहुरि वान अगिनित विकराला, दले कपीस गात तिहि काला।
विकट विथा वस व्याकुलभएऊ, तव करि कोप घोर गिरि लएऊ।
कुस मस्तक कह कीन्ह प्रहारा, वल सम्हारि सव समर मझारा।

आवत देखि आसु लवभ्राता, वहु साइक तजि कीन्ह निपाता।

छन्द त्रभंगी.:–तव कुस वल वंडा, करि गिरि खंडा, रूप प्रचंडा प्रकट कियौ।
विक्रम विकराला, लखि तिहि काला, मर्कट पाला हारि हियौ।।
विसरी जय आसा, उर अति त्रासा, जानि विनासा समर जवै।
लंगूर भ्रमाई आतुर धाई, कोप वढ़ाई ताड़ि तवै।।

दो.:– पुनि आतुर द्रुम कुधर वड़, वध लगि कीन्ह प्रहार।
किये खंड वहु वान हति, कुस संग्राम मझार।।५।।क

सोरठा.:–वहुरि वान विकराल, दले कीस पति गात महँ।
प्रगटी विथा विसाल, लीन्ह कोपि तव साल द्रुम।।५।।ख पृ.१५६प्रा.

चौ.:–कुस विलोकि कर साल विसाला, कीन कोप उर अति विकराला।
वरू अस्त्र धरि चाप मझारा, खेंचि श्रवण लगि सत्वर मारा।
प्रवल पास वस भएउ कपीसा, गिरे धरनि तल सुनहु मुनीसा।
सोभित कीन्ह समर थल भारी, भजी निरखि सव सेन दुखारी।
महा वीर सिर मनि कुस वीरा, पाई विजय सुनहु मुनिधीरा।
तव लगि उत संग्राम मझारी, महा वीर वर लव वल भारी।
जीते पुस्कलादि वर वीरा, अंगदादि कपि जूथप धीरा।
नृपति प्रताप अग्र जुत जेते, प्रवल वीर मनि आदिक तेते।

दो.:– निज भुजवल जीते सकल, दल जुत विगत प्रयास।
दौनो भ्रातन कटक सव, इहि विधि कीन्ह विनास।।६।।

चौ.:– एक सुमंत सचिव वचि गएऊ, विप्र जानि जिहि वधत नभएऊ।
यह संजुग संक्षेप वखाना, भए मृतक सव हय गज नाना।
इहि विधि जीति सकल कटकाई, मिले वहोरि आइ दोउ भाई।
परमानन्द परसपर भएऊ, कुस के चरन सीस लव नएऊ।
पुनि लव वोले वचन विनीता, जोरि पानि जुग सुखद सप्रीता।
तुव प्रसाद कुस वंधु उदारा, मै जीत्यौ यह रन भय कारा।
अव चलि सोधहु सव कटकाई, देखिय जहँ तहँ धन अधिकाई।
जो कछु नीक लाग मन भाई, सो सव लेहु ह्रदय हरशाई।

दो.:– अस विचारि दोउ वंधु वर, अति निसंक मुनिराइ।
जात भए हि हर्शि जहँ, मुतक भूप समूदाइ।।७।।

चौ.:– रिपुसूदन सिर क्रीट सुहावा, अति विचित्र मनि हेम वनावा। पृ१५६म.
सो उतारि कुस निज सिर धारा, जानि अनूपम अति दुति कारा।
पुनि पुस्कल कर मुकट रसाला, सो लै लव धारेउ निजभाला।
अंगदादि भूशन वहु तेरे, सत्रघनादि महीपनि केरे।
प्रमुदित सजत भए दोउ भाई, सुनु मुनि अति अनूप छवि छाई।
लघु वय स्याम गात छविधामा, निरखि वारियै कोटिनि कामा।
पास विवस व्याकुल कपि ईसा, परे समर मंडलहि मुनीसा।
श्री कुस तिनिकी पूँछ विसाला, धरि लीन्ही निज कर तिहि काला।

दो.:– पुनि लव मारूत तनय की, पूँछ हाथ धरि लीन्ह।
जदपि महावलवान कपि, तदपि कछू नहिं कीन्ह।।८।।

चौ.:– वोले वचन हरशि कुस पाहीं, चलहु लिवाई कपिनि ग्रह माहीं।
जननी मन रंजन हितभाई, पुनि खेलहिं मुनि सुत समुदाई।
मग कौतिक लगि वंधु उदारा, अवसि लिवाइ चलहु आगारा।
यह सुनि कुस वोले हरशाई, तुम मम मुदित लेहु संग जाई।
अस कहि वाजि सहित दोउ कीसा, धरि आश्रम कह चले मुनीसा।
पवन तनय अरू मर्कट पाला, आश्रम जात निरखि तिहि काला।
निज निज पूंछें दीन्ह वड़ाई, कंप मान तन भएउ वनाई।

दो.:– भए महा भय भीत तव, कहै परस दीन।
वात्सायन कपिराजन, कह हनुमन्त मलीन।।६।।

चौ.:– ए श्री राम तनय वलवाना, लियै जाहि निज भवन निदाना।
प्रथम जाहि हम लंक मझारी, सिय देखत किय विक्रम भारी।
विपन उजारि भस्मपुर कीन्हा, दले तमीचर निपट मलीन्हा।
तव हम सिय सन्मुख कपि राई, तिहि कारन जहँ तहँ जय पाई।
विमुख भए कर यह फल देखा, लियै जाइ सिसु वाँधि विसेशा।

सोसिय हसि है हमहि निहारी, तव ह्वै है पीड़ा उर भारी।
तजि है अवसि गात तहँ प्रान।, यह दुख नहिं सहि जाइ निदाना।
अब देखिय श्री राम उदारा, कहा करहि इहि समय मझारा।

सोरठा:– कह कपीस तिहिकाला, तुम तै हम पर वस अधिक।
भए निपट वेहाल, प्रान त्याग मैं सक नहीं।।१०।।

चौ.:– इहि प्रकार भयभीत वनाई, कहत परसपर सुनु मुनिराई।
तव लगि कुस लव हर्श समेता, गए कपिनि जुत मातु निकेता।
सिया तनय दोउ आवत देखे, विसद विभूशन सजे विसेशे।
परम मनोहर रूप निहारी, भई मुदित मन सोक विसारी।
परम छोह जुत आतुरधाई, कंठ लगाइ लिये दोउ भाई।
पूँछ विसाल करनि विच देखी, वहुरि विलोके कीस विसेशी।
परम वीर मारूत सुत जानै, निरखिचिन्ह कपि पति पहिचानै।
पास वद्ध सुत विवस निहारी, हसि वोली मिथिलेस कुमारी।

दो.:– तात तजहु दोउ कपिनि कह, अति आतुर इहिकाल।
जोपि मोहि अवलोकि है, तजहि प्रान तत काल।।११।।

चौ.:– यह हनुमंत वीर वलवान, जिन दस मुख पुर दहयौ निदाना।
पुनि सुग्रीव नाम यह भ्राजा, पद्म अठारह जूथप राजा।
कवन हेत इन कहधरि लीन्हा, तुव अपराध कहा इन्ह कीन्हा।
पुनि किहि गऊँ इनहि तुम पाए, वेगि कहौ उर संसय छाए।
इहि विधि मातु वचन सुनिकाना, वोले लव करि विनय निदाना।
मातु एक नृप दसरथ नामा, अवधि पुरी पति तिहि सुत रामा।
आपुहि जानि परम वलवाना, अ व मेघ मश तिन पुनि ठाना।
तजा कनक पर सजि तिन वाजी, चमू तासु संग अगिनित साजी।

दो.:– तिहि हयकेपट विच लिखा, राम सहित अभिमान।
वीर प्रसूतिनि मातु मम, ता सम वि व न आन।।१२।।

चौ.:– जे छत्री मानी संसारा, छत्रानी तन प्रगट जुझारा।
ते मम वाजि धरहु हरशाई, ह्वै सचेत रन करहु लराई।

होइ जोपि विपरीत वनाई, तो पूजहु भ्राता पद आई।
तव मैं वाँचि ह्रदय अनुमाना, देखि राम नृप कर अभिमाना।
हम छत्री कह नहिं विख्याता, वीर जननि कहँ नहिं मम माता।
मैं हय धरा मातु अस जानी, तव लगि आए कुल वलखानी।
भजी सकल तासु कट काई, समर निपाते नृप समुदाई।
रिपु सूदन महीप कर माई, कुस किरीट सिर सजै वनाई।

दो.:– दूसर पुस्कल नाम मट, तासु कुकुट मम भाल।
रंग रंग मनि हेम मय, राजत मुक्ता जाल।।१३।।

चौ.:– श्री कुस चढ़नहेत सुनु माई, ल्यायै यह अनूप हय राई।
ए दोउ कीस महा वलवाना, इन्ह कीन्हा संग्राम निदाना।
कौतिक हेत इनहि धरि लीन्हा, तुम समीप सव वरनन कीन्हा।
अस वधि समर सकल कटकाई, जग्य तुरग ल्याए हरशाई।
पुनि दोउ कपिनि वाँधि ग्रह आने, असन कर्म कोऊ करहिं अजाने।
तुव पितु अ व सोइआना, मंद कर्म यह कीन्ह निदाना।

दो.:– हय समेत दोउ कपिन अव, तजहु तजहु तत काल।
तुव पितु भ्राता सत्रघन, तिन पद नावहु भाल।।१४।।

चौ.:– यह अपराध तात तिन पाहीं, छिमा करावहु चलि रन माहीं।
मातु वचन अस सुनदोउ भई, वोले गिरा सरल सिर नाई।
छात्र धर्म अनुकूल वनाई, हम भूपहिं जीत्यौ सुनुमाई।
कवन हेतदूशन मुहि देहू, छात्र धर्म उचित सुएहू।
प्रथमहि वालमीक मुनिनाथा, हमस न कही पठत यह गाथा।
पूर्व भुवाल भरत इक भएऊ, सुत दुःश्यंत जुद्ध अति ठएऊ।
स्वामी सन सेवक रन करहीं, रन मंडल विच मंडहि रारी।

दो.:– करहि वंधु सन वंधुरन, पुनि मीतनि सन मीत।
मात हमहि नहि दोस कछु, यह छत्रिनि की नीति।।१५।।

चौ.:– जो इहि आश्रम नहि हय आवत, तो किमि हम उन कहँ रन वाधत।

अव तुव आइसु मानहि माई, तजहि उभय कपि जुत हय राई।
अस कहि मारूत तनय कपीसा, तजे तुरज तिहि समय मुनीसा।
त्यागा वहुरि जग्य कर घोरा, मानि मातु आइस वरजोरा।
पुनि जानुकि दोउ सुतनि समेता, गई तहाँ रिपुहन तिहि खेता।
रामहि सुमिरि भानु दे साखी, सरल सुभाइ गिरा तव भाशी।
जो मै मन वच कर्म वनाई, भजे निरन्तर श्री रघुराई।
संतत सव छल छिद्र विहीना, पुनि सपनेउ मन अनत न कीन्हा।

दो.:– तो जीवहु नृप सत्रघन, पुस्कल जुत ततकाल।
पुनि जीवहु सव कटक कर, निपट जे समर विहाल।।१६।।क
वदति जाति हमि जानकी, मधुसूदन सत भाइ।
तव लगि निज निज प्रान लहि, उठे सकल कटकाइ।।१६।।ख

सोरठा:– सुनु मुनि सुतनि समेत, प्रमुदित, ह्वै तव जानकी।
तुरतहि गईं निकेत, मर्म न काहू जान कछु।।१६।।ग
इत श्री पदन पुराणे पाताल खंडे सेस वात्सायन सम्वादे मधुसूदनदास
कृते सौन्य संजीवनो नाम **चतुशश्टिमोऽध्याय**।।६४।। पृ१५८प्रा.

दो.:– वात्सायन मुनि वर सुनहु, छिन महँ नुप लवनारि।
तजि मूर्छा जागत भए, दल जुत समर मझारि।।

चौ.:– सनमुख अ व मेघ हय देखा, सीस त्रान विनु आपुहि लेखा।
जीवत हेरि समल कटकाई, अति विस्मय हिय मानि वनाई।
वुद्धि वंत वर नीति निधाना, वोले सचिव सुमंत सुजाना।
मश पूरन लगि दोनो भाई, दीन्ह तुरग करि कृपा वनाई।
पुनि निज आश्रम गे हरशाई, सहज सुभाई सील समुदाई।
अव कौसल पुर चलहु कृपाला, हय मग हेरहि राम कृपाला।
अव कौसल पुर चलहु कृपाला, हय मग हेरहि राम कृपाला।
अस सुनि सत्र समन मुनिराई, चढे हेम रथ विसद मगाई।
कटक समेत चले तिहि काला, हनै न काहू दुंदभि जाला।

दो.:– भेरी संख मृदंग पुनि, गोमुखादि ततकाल।
कोउ न सकै वजाइ तहँ, कुस लव भय विकराल।।१।।

चौ.:– इहि विधि गे आश्रम तै दूरी, पाछै चली चमू अति भूरी।
चारहिु अंग समान अपारा, को कविता की करहि सम्हारा।
छिन छिन लचक अहि पतिभाला, सुनहु सूत मा भार विसालां
इहि विधि श्री सुर सरि तट आए, निरखित रंग जाल सुख पाए।
सत्वर उतरि भए सव पारा, सहित चमू चतुरंग अपारा।
पुस्कल सुरथ आदि नृप जेते, चढ़े सत्रघन संग रथ तेते।
घरै सरासन परम प्रचंडा, आगै मख हय कीन्ह ललामा।
रतन माल भूशित छविधामा, आगै मख हय कीन्ह ललामा।

दो.:– स्वेत छत्र हय सीस पर, सोभित पर्म विसाल।
पुनि दुहु दिसि चामर विजन, अनुचर करहि रसाल।।२।।

चौ.:– पाछै कोटिनि रथी जुझारा, चले साजि है रथ असवारा।
पुनि उनमत्त वितुंड अपारा, सजि सजि चले श्रवत मदधारा।
मारूत वेग लजवान हारे, चले तुरंग अमित दुति कारे।
चतुर सूर तिन पर असवारा, तृत्य करावत पंथ मझारा।
पद चर सजै सकल हथियारा, जात असंख्य न परहि सम्हारा।
सव पाछै रिपुसूदन राजा, चले संग सव भूप समाजा।
नाना मनि कंचन रथ माहीं, सुनु मुनि चढ़े भूप जहँ ताहीं।
चारि चारि हय जुते सुहाए, सव प्रकार भूशित छवि छाए।

दो.:– कपि पति संग मुनीस सुनु मर्कट कटक अपार।
विविध रंग के कीस सव, सोहत पंथ मझार।।३।।

चौ.:– कोटिन धुज पताक दल माहीं, अति उतंग देखिए जहँ ताहीं।
मेरि दुंदुभी गोमुख नाना, बजे अपर वाजनै निदाना।
गर्जत वीर महारन कारी, पुनि हय गय स्यंदनरव भारी।
छिये दिवाकर रज नभ छाई, दिसि अरू विदिस न परहि लखाई।
पुनि पुनि सूत नागपति भाला, लचकि लचकि डोलिहिं तिहिकाला।
इहि प्रकार क्रम सौ मुनि राई, निरखी अवध पुरी सुखदाई।
अति उतंग मंदिर समुदाई, दिव्य हेम मनि रचे वनाई।
वहु विसाल जनु मिलहि अकासा, जगमगात चहु पास प्रकासा।

दो.:– भवन भवन प्रति सुनहु मुनि, ध्वज पताक अति भ्राज।
मनि मुक्ताहल हेम मय, वंदय वार विराज।।४।।

चौ.:– रवि वंसिनि कर भूशित भारी, चहु दिसि महा दुर्ग दुति करी।
सूत सुनहु उत राम कृपाला, सुनैउ जग्य हय आव रसला।
संग अनुज पुंस्कल वलवीरा, कटक अपार साथ रनधीरा।
राम कृतज्ञ कृपा आगारा, भए हर्श वस सकल प्रकारा।
अनुज लैन हित श्री रघुवीरा, पठए लखन महामतिधीरा।
लक्ष्मण कटक साजि हरशाई, चले मिलन हित निज लघु भाई।
उहाँ सत्रघन भ्रातहि देखा, पुनि लक्ष्मण इत अनुजहि पेशा।
परि हरि रथ आतुर दोउभ्राता, मिले परस पर पुलकित गाता।

दो.:– कुसल परस पर बूझि पुनि, मुदित वारता कीन्ह।
पुस्कलादि नृप सवनि सन, वहुरि भैटि सुख दीन्ह।।५।।

चौ.:– भए लखन पुनि रथ असवारा, सहित सत्रघन हरशि अपारा।
निरखि एक रथ महँ दोउभाई, प्रमुदित भए भूप समुदाई।
अवधि माह तव कीन्ह प्रवेसा, संग कटक जुत सकल नरेसा।
कछुक दूरि चलि सरजु देखी, अति पुनीत जल सुखद विसेशी।
तिहू लोक कौ पावन कारी, तोय सरद हिम कर अनुहारी।
रघुपति पद पंकज रज पाई, भई परम पावन श्रुति गाई।
विहरत विपुल हंस समुदाई, पुनि वहु चक्र वाक मुनिराई।
कीर कपोत कोकिला वृंदा, वोलहि वृक्षनि पर अनंदां

दो.:– वहु मंडप समुदाइ तहँ, रचवाए रघुवीर।
भिन्न भिन्न श्रुति पाठ तहँ, करहि महा मुनिधीर।।६।। पृ.१५६प्रा.

चौ.:– वहु छत्री तिनि पर रख वारे, धरै चाप साइक वल भारे।
करहिं तहाँ निज धनु टंकारा, सो र व व्यापेउ सव संसारा।
तहाँ सूप कारिन मुनि राई, मुनिन हेत किय पाक वनाई।
कीन्ही पाइस विमल अनपा, हिमकर केर क्रांति अनुरूपां

घृत कपूर वहु किये सुहाए, नव मघु पुनि एला अधिकाई।
मल पूप वहु किये सुहाए, कर्पूरादि सुगन्ध मिलाए।
की नहौ वहुरि पूप सुखदाई, मानहु चंद्र विंव समुदाई।
रूचिसौ विसद अदरसै कीन्है, हरहि संकुली मन कह चीन्हें।

छंद:– मन हरशि कीन्है संकुली अति विमल हिम कर दुति धरै।
लुचई अनूपम कीन्ह रूचिसौ निरखि मुनि जन चित हरै।।
पुनि विसद गौरि कचौरि दाइक स्वाद विधि संजुत करी।
सुचि फेनका सुखदैनि कंचन थार थारिनि मै भरी।।

दो:– मधुर पदारथ सकल तहाँ, कीन्है विसद विचारी।
निरखत वाढै रूचि महा, सुधा लजावनि हारि।।७।।

चौ:– परम विमल ओदन तह कीन्हा, दधि मिश्रत सरकरा नवीना।
कीन्है विविध झोर सुखदाई, दुध लपसीसु स्वाद अधिकाई।
पुनि माड़े किय परम सुहाए, बरा विसद दधि माह भिजाए।
रूचि समेत कीन्ही वहु धोई, जथा जोग वर गंध सजोई।
स्वादक चतुर वतावत जाही, सूप कार वहु विरचत ताही।
सकल साक कीन्है सुखकारी, कंद मूल फल वहु तरकारी।
विविध अथानै धरै सजोई, इहि प्रकार रचि कीन्ह रसोई।
विंजन संकल किए मनुलाई, नाना भाँति स्वाद अधिकाई।

दो:– भक्ष भोज्य पुनि चोश्य वर, लेझप असन रसाल।
मुनिनिहेत कीनै सकल, रूचि समेत तिहि काल।।८।।

चौ:– वनवासी सहसनि मुनि वृंदा, वेठे जैमन सहित अनंदा। पृ.१५६ म.
मनिनि जड़ित कंचन के थारा, धरे आनितह सवनि अगारा।
श्री सरयू जल पावन कारी, भरि भरि दीन्ह मुनिनि कह झारी।
प्रथमहि पायस परम सुहावा, सवके पारस आसु करावा।
पुनि क्रम करि सव सौज सुहाई, परसि गए सव कै अधिकाई।
वात्सायन अव सुनु मुनि राई, मुनि जन वार्ता करहि सुहाई।
पायस निज निज थार मझारा, निरखि परसपर वचन उचारा।

यह कह अग्र देखियै भाई, मन विच विस्मय होत वनाई।

दो.:– अंधकार डर चंद्र अपि, परेऊ थार विच आइ।
कै यह अमृत देखियै, मृत्यु दहन सुखदाइ।।६।।

चौ.:– अस सुनि अपर विप्र तिहि काला, वोले रोश विवस द्रग लाला।
यह ससि विव सुधा नहिं होई, मै अव कहौ अहै यह सोई।
हिम कर एक विदित संसारा, सो किमि विविध रूप विस्तारा।
अयतनि कर एक विदित संसारा, सो दिखिए यह प्रति थार मझारा।
यह कपूर मुहि परै लखाई, कंज सुमन के परसेऊ आई।
चंन्द्र विंव ये नि चय नाहीं, अस प्रतीति मोरे मन माहीं।
यह सुनि दोऊ कर धुनिभाला, अपर विप्र वोले तिहि काला।
मीजि उभय कर रोश वड़ाई, देखहु यह दुज मूढ़ वनाई।

दो.:– स्वाद विचक्षन यह नहीं, हम सव भाँति प्रवीन।
इक्ष दंड रस मै पगे, सरसिज सुमन नवीन।।१०।।

चौ.:– पात्र पात्र विच देखिए सोई, परम मधुर पुनि आनन होई।
इहि विधि निज निज तर्क सुहाए, करहि सकल मुनि विस्मय छाए।
कन्द मूल फल असन सुजाना, जानहि कहा भोग ते नाना।
लागे असन करन मुनि वृंदा, ग्रास ग्रास प्रति परम अनंदा।
तिहि समाज इक द्विज हरशाई, वोलानिज हिय विपुल सिहाई।
सुफल जन्म छत्रिनि कर भाई, करहि भोग अस सदा अघाई।
कीन्है प्रथम सुकृत इन्ह नाना, तातै अव सुख करहि निदाना।
अस सुनि पुनि कोऊक मुनि कहहीं, प्रथम दए कर यहफल अहहीं।

दो.:– जे न भजहिं श्रीपति चरन, नर तन धरि जग माहिं।
पुनि सुन्दर नैवेद्य फल, अन्त समर्पहि नाहिं।।११।।

चौ.:– तिनकौ ए सुख सपनैउ नाहीं, संतत दुखित रहै जग माहीं।
जिन प्रथमहि वहु विप्र जिवाए, नाना रस सव भाँति सुहाए।
तिन पाछै पुनि आपुनु पावा, ते जन अस सुख करहि सुहावा।
इहि विधि मधुर अन्न मुनि वृंदा, भोजन करइ समेत अनंदा।

पुनि श्रुति पठन लगे तिहि काला, मंडप मध्य प्रसन्न विसाला।
कोउ गावहि कोउ हसहि निदाना, कोउ मुनि नृत्य करहि विधि नाना।
कोउक निरखि महोत्सव भारी, भए थकित नहिं सकहि सम्हारी।
पुनि कोउ मुनि कर ताल वजावै, कोउक वेद पठत सुख पावै।

दो.:– तव लगि तह नृप सत्रघन, आए सहित समाज।
भए महा आनंद वस, लखि मुनि वृंद विराज।।१२।। पृ.१६०प्रा.

चौ.:– उहाँ राम रिपुसूदन देखे, आवत पुस्कल सहित विसेशे।
परमानंद विवसभभारी, उठिन सकेउ वहि लोचन वारी।
जव लगि आतुर उठहिं कृपाला, तव लगि रिपुहन हरशि विसाला
परे तुरत पद पंकज माहीं, सो सनेह मै कहि सक नाहीं।
परम विनय जुत चरन मझारी, निज भ्रातहि रघुनाथ निहारी।
सोभित घाइ सरीर सुहावा, वर वस भुज गहि कंठ लगावा।
रघुपति परम नेह जल जाला, वरशहि अनुज सीस तिहि काला।
महा प्रेम वस मे दोउ भाई, प्रीत पुनीत कही नहीं जाई।

दो.:– परम प्रेम विहवल महा, तव लगि भरत कुमार।
परे आनि आतुर विपुल, रघुपति चरन मझार।।१३।।

चौ.:– राम निरखि भुज मै मुज डारी, आतुर लाए हृदय सुखारी।
तव लगि मारूत सुत वलखानी, पुनि सुकंठ अंगद भट मानी।
अपर नील लन जूथप जेते, परे आनि आतुर पद तेते।
पुनि लक्ष्मी निधि नृप रिपुतापन, भूप प्रताप अग्र करि दापन।
सुमद सुवाहु विमल महि पाला, नील रतन उग्रास भुवाला।
पुनि नृप सत्यवान मति धीरा, सुरथ वीर मनि अति वर वीरा।
अवर अनेक भूप समुदाई, परे हर्शि रघुपति पद आई।
सादर रामु मिले सव पाहीं, भए सकल प्रमुदित मन माहीं।

दो.:– भक्त वछल रघुनाथ पुनि, सचिव सुमति कह देखि।
सादर वर वस मेलिभुत मैटे प्रीति विसेशि।।१४।।

चौ.:– प्रभु सनमुखहिं सुमति तिहि काला, ठाढ़े भए उदार विसाला।

रघुपति निरखि प्रीति समुदाई, वोले वचन सुनहु मुनिराई।
हे अमात्य वर नीति निधाना, मर उर संसय हरहु निदाना।
ए सव भूप प्रथम कहु केते, वरनहु भिन्न नाम पुनि तेते।
भएउ समागम कवन प्रकारा, कहँ कहँ सवके पुर आगारा।
पुनि मम जग्य तुरंग सुहावा, कवन कवन नृप देस मझावा।
किहि किहि भूप धरा मम वाजी, भिरे कवनविधि संजुग साजी।
अनुज हमार महा वल साली, तिनि किमि लीन्ह तुरग रिपु घाली।

दो.:– वात्सायन रघुपति वचन, अति गंभीर रसाल।
सुनि सुमंत वोले तवै, नाइ कंज पद भाल।।१५।।

चौ.:– तुम सरवग्य नाथ सव काला, वसहु सकल उर दीन दयाला।
विहमु सिवादि ईस तुम स्वामी, जीव चराचर तुव अनुगामी।
मैं किमि वरनि सकहु भगवाना, जीव अलप अग्यान निदाना।
लोक रीति जो वूझहु नाथा, तो तुव आइस धरि निज माथा।
वरनन करहु सुनहु रघुराई, छमहु मोर अपराध वनाई।
सकल भूमि तल वाजि तुम्हारा, सोभित हेम पत्र दुति कारा।
भ्रम्यौ सुशेन सुतेज निदाना, धरि न सक्यौ कोउ नृप वलवाना।
निज निज राज समर्पेउ आई, भए संग सजि सजि कट काईं

दो.:– महावली दस कंध भट, सकल निसाचर नाथ।
ताहि वध्यौ संग्राम तुम, यह सुनि सुनि तुव गात।।१६।।

चौ.:– काहू हय न धरा रघुराई, मिले आइ सव समर विहाई।
क्रम सौ सकल कथा भगवाना, तुम प्रति अव मैं करहु कखाना।
प्रथमहि अहि छत्रा पुर माहीं, गयौ तुरंग सँग दल मिति नाहीं।
तहाँ सुमद नृप करहि निवासा, तिहि तुव वाजि सुनैउ पुर वासा।
सकल राज पुर कोश समेता, साजि कटक पुनि आपन जेता।
तुव भ्राता पद भैटेउ आई, सर्वस अर्पेउ मान विहाई।
कामद हेत प्रथम तप कीन्हा, तिहि तुव मिलन राज वर दीन्हा।

दो.:– सो नृप सुमद कृपाइतन, अव यह करहि प्रनाम।
तुव दरसन की लालसा, विपुल महा वल धाम।।१७।।

चौ.:– वहुरि गएऊ हय चिमन निकेता, मिले तहाँ मुनिगन करिहेता।
आगे मिलेउ विमल महिपाला, अर्पेउ हय गज राज विसाला।
सो यह तुव पद विनवहि स्वामी, कीजे कृपा निरखि अनुगामी।पृ.१६१प्रा.
पुनि पुरूशोत्तम क्षेत्र निहारा, तुम जस श्री जुत करहु विहारा।
वहुरि सुवाहु नगर हय गएऊ, दमन तासु सुत आवत भएऊ।
वाचि पत्र तिहि धारा तुरंगा, तहाँ भएउ दारून रन भंगा।
पुस्कल तव तिहि मूर्छित कीन्हा, विजय पाइ मन आनद लीन्हा।
यह सुनि कोपि सुमुद नृप आए, निरखि तवै मारूत सुतधाए।

दो.:– कोपि महीपति के हियै, हनी घोर इक लात।
मूर्छित है भूतल परे, रही न कछु सुधि गात।।१८।।

चौ.:– तव मुनि श्राप नास है गएऊ, तुव स्वरूप हिय प्रगटत भएऊ।
तजि मूर्छा पुनि भैटेऊ आई, सर्व समर्पन कीन्ह वनाई।
चले संग पालन हित वाजी, सुतहि राजु दै सव दल साजी।
सो नृप सुभुज सुनहु रघुवीरा, वंदहि तुव पद पुलकि सरीरा।
कृपा द्रश्टि निरखहु जन त्राता, तुव सेवक यह मन वच गाता।
पुनि मख तुरंग तेजपुर गएऊ, सत्य वान तहँ भैटत भएऊ।
करहि प्रनाम नाथ यह सोई, धेनु प्रसाद भक्त तव होई।
पुनि आगै चलि सुनहु कृपाला, भएऊ पंथ विच तम विकराला।

दो.:– विघुन्नमाली असुर तहँ, भयौ प्रगट अति घोर।
वध्यौ तुम्हारे अनुजतिहि, कटक सहित वर जोर।।१६।।

चौ.:– पुनि मुनीस आरन्यक नामा, गयौ जाग्य हय तिनके धामा।
तिन्ह तुम्हार जस वरनन कीन्हा, गमनै अवधि प्रेम लव लीन्हा।
वहुरि अग्र चलि अ व तुम्हारा, प्रविसौ रेवा सरित मझारा।
तिहि के मध्य सत्रघन जाई, जोगिन अस्त्र पाव रघुराई।
पुनि तुव अ व देवपुर माहीं, जात भयौ वसि संकर ताहीं।
नाथ वीर मनि कर सोइधामा, तिहि सन भयौ घोर संग्रामा।
तहाँ आपु तव गएऊ कृपाला, जानहु सकल प्रसंग विसाला।
आगै चला तुरंग वहोरी, संग चमू चतुरंग न थोरी।

दो.:– भयौ शकित तुव वाजि तहँ, आकस्मात वनाई।
सौनक मुनि की कृपातै, उवरतु भा रघुराई।।२०।।

चौ.:– कुडल पुर पुनि गएऊ तुरंगा, तहाँ सुरथ कीन्हैऊ रन रंगा।
सो चरित्र तुम सकल निहारा, सहित समाज आपु पग धारा।
सो यह सुरथ वीरमनि भूपा, वंदहि तुव पद कंज अनूपा।
पुनि कुंडल पुर वाजि विहाई, भ्रमत भयौ सर वत्र वनाई।
कोउ हय धरिन सक्यौ रघुनाथा, तुव प्रभाव पुनि लखि दल साथा।
वालमीक आश्रम सुखदाइक, गयौ वहौरि वाजि रघुनाइक।
तहाँ एक सिसु तुमहि समाना, रूप सील गुन बुद्धि निधाना।
विहरतफिरहि विपन विच सोई, ोडस वर्श केरि वय जोई।

दो.:– वाँचि पत्र के अंक तिहि, वाँधा जग्य तुरंग।
तव सेना पति कालजित, मंडेउरन सिसु संग।।२१।। पृ.१६१अ.

चौ.:– वाल कराल खर्ग तव लीन्हा, हतिगज सुंड तंत पग दीन्हा।
सिर पर जाइ कालजित सीसा, कीन्हसि पात कौसिलाधीसा।
पुनि अनेक भट कीन्ह सिंघारा, ता के वल की नाहिं सम्हारा।
पुस्कल सत्रघनादि नृपाला, मूर्छित सकल किये तिहि काला।
तजि मूर्छा संजुग तुवभ्राता, हृदय विचार कीन्ह जग त्राता।
पुनि वालक कह मूर्छित करेऊ, तिहि समेत निज पुरपग धरेऊ।
तव लगि अवर वाल इक आवा, ताही सिसु सम परम सुहावां
विगत जीव तिहि किय कटकाई, रिपुहन मूर्छित भए वनाई।

छन्द.:– मुरछित भए रिपुहन तवै पुस्कल सहित भूपति जिते।
पुनि परे सकल अचेत संजुग तुव कटक जोधा तिते।।
तव हर्शि हिय दोउ वाल दल अव गाहि सव भूशन सजे।
रघुनाथ तिनिकी छवि विलोकि अनेक रति नाइक लजे।।१।।
पुनि मरूत सुत सुग्रीव अति वलधाम वर वस धरि लिये।
मश वाजि सहित अंसक मन हिय हर्शि निज आश्रम गये।।
करि कृपा तजि दोउ कीस मश हय दीन्ह पुनि रन आइकै।
निज धाम गएेउ वहोरि रघुपति सकल सैन जिवइकै।।२।।

दो.:– हय समेत तव सत्रघन, आए प्रभु तुव पास।
नाथ निदे ा चढ़ाइ सिर, मैं सव कीन्ह प्रकास।।२२।।
इति श्री पदन पुराणे पाताल खण्डे सेस वात्सायन मधुसूदन दास कृते
सुमति निवेदन नाम **पंच ाशिटमोऽध्याय।।६५।**।पृ.१६२प्रा.

दो.:–वात्सायन मुनिवर सुनहु, रघुनाइक तिहि वार।
सुमति वदन तै श्रवन सुनि, आश्रम उभय कुमार।।

चौ.:– निज सुत जानैउ ह्रदय मझारा, वालमीक प्रति वचन उचारा।
वालमीक मुहि कहौ वुझाई, तुम सरवज्ञ सकल मुनिराई।
वालक उभय परम वलवाना, धनु विद्या मह निपुन निदाना।
मम सम धरै स्वरूप सुहाए, को वसि तुम आश्रम छवि छाए।
सुनि अमात्य मुख तिनकी वाता, विस्मय पर्म मोर उर जाता।
जिन रिपुसूदन मूर्छित कीन्है, करि लीला, हनुमत धरि लीन्है।
संसै भंग करहु , मुनि मोरा, तुम त्रकाल दरसी सव ओरा।
तुव आश्रम किमि करहि निवासा, परम प्रीति मम ह्रदय प्रकासा।

दो.:– भूप मौलि मनि राम प्रभु, अति कृतग्य गुन ग्राम।
तिनि मुख वचन विनीत सुनि, वोले मुनि तपधाम।।१।।

चौ.:– परम पुश्टि वर वरन सुहाए, लागे कहन सुखद मन भाए।
तुम अंतर जामी रघुनाथा, नहि जानहु उर कस यह गाथा।
तदपि तुम्हारे आनद हेतू, वरनहु सुनहु भानकुल केतू।
वाल उभय मम आश्रम वासी, तुम सम सुभग विसद गुनरासी।
तिनकी सकल कथा सुखदाई, वरनन करहु सुनहु रघुराई।
संतत सुद्ध विगत अघ सीता, गर्भ वती गुन चरित पुनीता।
जव तुम ता कह त्यागन कीन्हा, घोर विपन महँ दुख लव लीन्हा।

दो.:– वारहि वार विलाप करि , कुरच सरिस रघुराई।
तव लगि मैं सिश्यनि सहित, पहुँचेउतिही वन आइ।।२।।

चौ.:– जानि प्रिया तव जनक कुमारी, निज आश्रम लै गएऊ खरारी।
मुनि पुत्रनि कर कुटी सुहाई, रचि दीन्दी सिय कह रघुराई।
प्रगट करे तहँ उभय कमारा, भए प्रकासित दिसा अपारा।
कुस लव नाम धरे तिहि केरे, परम मनोहर सोर्य घनेरे।
दिन दिन प्रति सुत वाढ़हि कैसै, भाुक्ल पक्ष मह हिमकर जैसे।
कीन्है समय समय सव कर्मा, वंस उचित सिखए सव धर्मा।
सकल अंग जुत वेद पढ़ाए, सर्व रहस्य समेत सुहाए।
धनु विद्या पुनि सकल पढ़ाई, सर्व भास्त्र विधि दीन्ह वताई।

दो.:– आयुध विद्या सकल प्रभु, मैं तिन दई पढ़ाइ।
पुनि विद्या जालंधरी, विधि वत सर्व सिखाई।।३।।

चौ.:– वहुरि गान विद्या रघुराई, पढ़ी सकल विधि वत मनु लाई।
नाथ कहाँ लगि करहु वखाना, सर्व कला मै निपुन निदाना।
करहि गान सुर सरि के तीरा, लता कुंज वन वन रघुवीरा।
चंचल चपल चित्त छवि धामा, निरखि गान दुति वारिय कामा।
तिनके चरित देखि भगवाना, मम उर भा सताप निदाना।
तव मैं निज हिय अति हरशाई, सिर पर सेउ निज पानि वनाई।
दीन्है सर्व सस्त्र पुनि नाथा, सोभित परम धरै धनु माथा।
गान कला मह कुसल वनाई, सुनि सुनि मोहै जन समुदाई।
सर्व राग रागिनी विसाला, ताल भेद सुर भेद रसाला।
परम निपुन भए तनय तुम्हारे, सुनि गंधर्व विमोहै भारे।
मैं तुव चरित भविश्य वनावा, परम सुखद सव भाँति सुहावा।
संतत करहि गान दोउ ताही, परम मनोहर वरनिन जाही।

दो.:– वीन मृदग वंसी प्रनव, सकल वाद्य समुदाइ।
अति प्रवीन सव के विशै, तुव सुत दोनो भाइ।।४।।

दो.:– विपिन विपन विच चरित तुम्हारा, करहि गान रघुनाथ उदारा।
अति अद्‌भुत मधुर सुहावा, अति रसाल कछु वरनिन आवा।
खग मृग थकित होइ सुनि गाना, मुनि गन दसा न जाइ वखाना।
श्रि सुर सरी प्रवाह विसाला, चलि न सकै सुनि गान रसाला।

रवि ससि हौइ विमोहित भारी, सुनि जड़ सरस हौहि सुर झारी।
अपर नरनि की केतिक वाता, चलइ न मरूत वेलि तरू पाता।
करहि गान इमि तनय तुम्हारे, सवविधि रूप सील गुन भारे।
रघुपति वरून नारि इक वारा, सुनैउ गान सोइ करन मझारा।

दो.:– परम विमोहित वरून तिय, भई सुनत कल गान।
कुस लव निकट कृपाइतन, आई मुदित निदान।।५।।

चौ.:– तव निजपुरी विभावरि नामा, गई लिवाइ निरखि गुनधामा।
तहाँ वरून सव कुटम समेतू, सहित मित्र रिशि रघुकुलकेतू।
परम मधुर अतिरम्य पुनीता, तुव चरित्रनित सुनहि सप्रीता।
सुनि सुनि परम मनोहर गाना, वरून त्रप्ति नहिं होइ लुभाना। पृ.१६३ प्रा.
तुव चरित्र मह कृपा निधाना, सरस अभिय तै स्वादु निदाना।
विसद गान आनन्द मझारा, भए विमोहित वरून अपारा।
जव आवनहित सुत मनुकरही, पुनि जननी मम सुधि अनुसरही।
महा भोग तव विविध प्रकारा, वरून तिनहिं कर वाव अपारा।

दो.:– भोग विवस प्रभु तनय तव, मोहित भए वनाइ।।
मम सुधि पुनि निज मातु की, दीन्हसि तहाँ विहाइ।।६।।

चौ.:– तव मैं वरून लोक चलि गएऊ, तव सुत उभय विलोकत भएऊ।
वरून मोहि निज भवन निहारी, प्रेम मगन पूजा अनुसारी।
जन्म कर्म दोउ पुत्रनि केरे, वूझेऊ मोसन उरभ्रम प्रेरे।
जव सिय तनय सुनैऊ हम पाहीं, प्रगटेऊ परम मोद मन माहीं।
विविध विभूशन अंवर नाना, दिये वरून तव करि सन माना।
दैवी वस्तु हृदय पहिचानी, पुनि मम आयसु गौरव जानी।
तिहि तै वसन विभूशन लीन्है, तुरत द्वार पालन कह दीन्है।
पुनि मैं तिनहि ल्याइ निज साथा, आश्रम माहि सुनहु रघुनाथा।

दो.:– गान कला मह निपुन अति, रूप सील गुन खानि।
वरून देखि अस तनय तुव, धन्य जन्म निज मानि।।७।।

चौ.:– पति देवताधुरंधर सीता, त्याग जोग नहि परम पुनीता।
रूप सील वय सव गुन खानी, सदा पवित्र चरित जग जानी।
जाके वीर पुत्र अस दोऊ, महाभाग जानहि सव कोऊ।
महत हानि सिय त्याग मझारा, सत्य वचन हम करहि उचारा।
सुनहु राम सव सिद्धिनि माहीं, परम सिद्ध सिय संसय नाहीं।
पुनि अनुपायनि भक्ति तुम्हारी, सत्य सत्य यह गिरा हमारी।
पुन्य श्रवन कीर्तन वैदही, कवन हेत त्यागी तुम तेही।
हम साक्षी रघुवीर कृपाला, परम पवित्र सिया सव काला।

दो.:– पामर कुमति कुसील खल, सियहि विदूशहि सोइ।
तुम सर वग्य सुजान अति, तजी कवन अस सोइ।।८।।

चौ.:– सिय पद चिंतक जे जग माहीं, सर्व सिद्धि पावहि सक नाहीं।
सदा सिया की भृकुटि विलासा, वि व प्रगट प्रति पाल विनासा।
जग मै होहि विविधि विवहारा, ऐस्वर्यादि भूरि व्यौपारा।
मृत्यु विना सनि आनद खानी, निज सेवकनि परम पद दानी।
वर्शहि वासव तपहि दिनेसा, पुनि पोशहि ससि रजनि प्रवेसा।
सो केवल सिय आइसु पाई, इहि विधि वेद सुमृत गुन गाई।
स्वर्ग मोक्ष तप संजम दाना, जोग जग्य विद्या विधि नाना।

दो.:– संतत सिय आयसु अनुसारा, निज निज काज करहिविस्तारा।
तुम सरवग्य स्वयं भगवाना, जानहु सीतहि सुद्ध निदाना।
प्रान प्रिया पुनि आइस कारी, कवन हेत परि हरी खरारी।
सव प्रकार पावन श्री सीता, मैं जानहु पुनीत जग गीता।
निकट वुलावहु कृपानिधाना, तजि उर मृशा सकोच निदाना।
जोपि कहहु सुक साप प्रमाना, सो सव भाँति कीन्ह भगवाना।

दो.:– पुनि समर्थ तुम सर्व पर, हरि सुतंत्र जगदीस।
साप वाध सपनैउ नहीं, सुनहु कौसिलाधीस।।१०।।

चौ.:– वहुरि मनोहर तनय तुम्हारे, परम सील गुन निधि भट आरे।
करहि विसद रामाय न गाना, सुनि सुनि मो है सुन गन नाना।
किन्नर नाग असुर मनुजादिक, थकित होइ सव विहग मृगादिक।

नाथ सर्व गंधर्व समाजा, सुनत गान कल पावहि लाजा।
तुव सुत ऊपर सुनहु कृपाला, सकल प्रसन्न प्रसंसि विसाला।
निरखि रूप वय गुन समुदाई, तिहू लोक मोहे रघुराई।
लोक पाल पुनि सकल प्रकारा, तव सुत कीन्है अंगीकारा।
वहुरि सर्व मुनि वंद सुजाना, अंगीकृत करि करहि वखाना।

दो.:– एक राम सवविस्व महँ, प्रथम सुनैउ अनुदेखि।
तीनि राम छविधाम अव, प्रगटे जगत विसेशि।।११।।

चौ.:– कोउ कोउ मुनि अस करहि उचारा, मन्मथ एक सुना संसारा।
चारि मदन प्रगटे अव आई, विस्व विमोहन छवि अधिकाई।
कुस लव सहित सुजसु प्रभुतोरा, इहि विधि पूरि रहा चहु ओरा।
ग्यान वंत तुम सकल प्रकारा, सियहि वुलावहु राम उदारा। पृ.१६४ प्रा.
दिसि विदिसिनि मै सुजस तुम्हारा, पूरि गएऊ तिहु लोक मझारा।
एक सिया के त्यागन कीन्है सुजस सरिस जग अपजस लीन्है।
धर्म धुरंधर नीति निधाना, करहु ग्रहस्थ धर्म भगवाना।
अंगी कार करहु सुत अपने, प्रभु तै त्याग जोग नहीं सपनै।

दो.:– रूप सील विद्या विनय, सुंदर गुन आगार।
वंस विवर्धन सुखद अति, प्रभु सुत जुगल कुमार।।१२।।

चौ.:– मातु विहाय न आवै तेही, आवै अवसि सहित वैदही।
जव कुस लव संग्राम मझारा, कीन्हेउ सकल कटक संघारा।
तव तिहि समर आपु सिय आई, रवि साछी करि सैन जिवाई।
सो किमि त्याग जोग रघुराई, जिहि की अस कीरति जग छाई।
तुम अरू मैं पुनि सुर समुदाई, जानहि सव सिय सुद्ध वनाई।
सीतहि नश्ट कहै प्रभु जोई, सकल प्रकार नश्ट अपि सोई।
वात्सायन मुनि सुनु धरि काना, जदपि राम सर वग्य सुजाना।
तद्यपि वालमीक मुनिराई, उपदेसे वहु भाँति वनाई।

दो.:– सुनि रघुपति वंदे चरन, अस्तुति किय कर जोरि।
सकुचि हरशि हिय लशन सन, वोले वचन वहोरि।।१३।।

चौ.:– जाहु तात आतुर सिय पाहीं, मैं पुनि तजा नहीं मन माहीं।
पुत्रनि सहित सुरथ वैठाई, वेगि जानकिहि लावहु भाई।
मम सदेस सव जाइ सुनावौ, वचन मुनीस केरि समुझावौ।
लक्ष्मण कहा सुनहु भगवाना, तुव आइसु धरि सीस निदाना।
अवसि जाहुँ सिय ल्यावनहेतू, जिहि वन माहि मुनीस निकेतू।
जौ आवै मिथिलेस कुमारी, तौ प्रभु जात्रा सुफल हमारी।
जौ न आव मम दोश विचारी, प्रथम घोर वन ताहि विसारी।
तौइ मम अघ छमियो रघुराई, अस कहि रहे वहुरि अरगाई।

दो.:– वहुरि वंदि पद कंज जुग, प्रभु आइसु धरि सीस।
चढ़ि स्यंदन मुनि सिश्य जुत, लक्ष्मन चले मुनीस।।१४।।

चौ.:– मन मै करत हृदय अनुमाना, सिय प्रसाद किमि करहि निदाना।
सती सिरोमनि भावति सीता, विस्व मातु सव भाँति पुनीता।
पूर्व दोश जो देखहि मोरा, तो निस्तारन कवनिहु ओरा।
जो पि राम आधीन विचारा, तो मम दोशन नैन निहारा।
इहि प्रकार मग करत विचारा, विवस हर्श संकोच अपारा।
श्रम नासन आश्रम सुखदाई, तव लगि लखन लखा मुनिराई।
तुरतहि रथ परिहरेउ निदाना, प्रेम प्रवाह न जाहि वखाना।
रूकेउ कंठ मुख आव न वानी, थकेउ गात पुनि धीरज आनी।

दो.:– कुटी मध्य श्री जानकी, लखन विलोकी जाइ।
अंवु पूज्य हे भगवती, इहि विधि वचन सुनाइ।।१५।।

चौ.:– परे दंड इव पुनि पद माहीं, सकल अंग जुत नैन वहाही।
निरखि जानकी दीन्ह असीसा, वहुरि उठाए सुनहु मुनीसा।
प्रेम मगन लखि वचन उचारा, कवन हेत आश्रम पगुधारा
घोर विपन जह मुनि जन जोगू करहि इहाँ खग मृग गन भोगू।
तत लखन मुहि कहहु वुझाई, कौसिल्या सुत कुसल वनाई।
अजहू हम पर करहि कि कापा, जिन मुहि तजि निज कीरति ओपा।
पाएउ जस मम त्यागन माहीं, सो कीरति जग प्रगटि कि नाहीं।
श्री रघुपति गुन सागर भारी, केवल कीरति जिनहि पियारी।

दो.:– सुजस हेत तुव साथ जिन, मोहि तज्यौ वन घोर।
तिनकी कीरति विमल अव, प्रगट लहै चहुँ ओर।।१६।।

चौ.:– पति कीरति संग कीरति मोरी, तात त्याग के गुनहु न खोरी।
मम मन वसहि सदा प्रभु पासा, ता तै निकटहि मोर निवासा।
वड़हि दूरि तै प्रीति अपारा, होइ निकट वसि वड़ अपचारा।
देवर जो उन मोहि विसारा, मम मन वसि पति चरन मझारा।
पुनि मम त्याग करै जग माहीं, कीरति फल पावा सक नाहीं।
तौ इहि तै अपि कवन भलाई, पति कीरति जिहि तै अधिकाई।
अव तुम लक्ष्मन कहौ वुझाई, सदा कोसिला कृपा कराई।
जासु पुत्र तिहु पुर कर राजा, तासु भवन विच कुसल समाजा।

दो.:– भरत सत्रघन आदि पुनि, कुसल कहौ समुझाइ।
वहुरि सुमित्रा कुसल कहु, महा भाग तुव पाइ।।१७।।

चौ.:– मैं तिनकौ प्रिय प्रान समाना, संततही करि कृपा निदाना।
पुनि सव भाँति कुसल रघुनाथा, जिनहि सदा प्रिय निज जस गाथा।
सुजस सील जे भूप उदारा, तिय कह तजि न सकै संसारा।
कहाँ वंधु कह सुत परिवारा, कहाँ राज कह धन आगारा।
पुनि प्रिय जिनहि न आपन प्राना, तिनि कै कह लघु नारि निदाना।
तात वुझाइ कहौ इहि वारा, कुसल सकल ग्रह नगर मझारा।
इहि विधि वूझि सिया तिहि काला, वोले लखन नाइ पदभाला।
जो तुम मातु वूझि कुसलाई, तो अव कुसल देव रघुराई।

दो.:– वूझी रघुपति कुसल पुनि, सकल प्रकार तुम्हारि।
पूछहि क्षेम वहोरि तव, कौसिल्या महतारि।।१८।।

चौ.:– वहुरि सुमित्रा केकई माता, सकल प्रकार वूझि कुसलाता।
अवर अनेक नृपति के वाला, तिन वूझी तुव छेम वनाई।
भरत सत्रघन पुनि दोउभाई, वंदे तुव पद कंज वनाई।
वूझी कुसल पु न सुनुमाता, प्रीति सहित कछु वरनि न जाता।
श्री गुरू वूझी छेम तुम्हारी, दीन असीस सहित निज नारी।

तियनि सहित पुनि सव मुनि वृंदा, आसिस दीन तुमहि सानंदा।
परिजन पुरजन सवनि वहोरी, वूझी छेम प्रीति नहि थोरी।

दो.:– रघुपति तुमहि वुलाव अव, सुनहु मातु मम वैन।
केवल तन जानहु उहाँ, प्रान तुम्हारे यैन।।१८।।

चौ.:– तुम विनु कितहु न मनु अनुरागा, तजि सर्वसु इहि थल चित लागा।
निरखि सकल दिसि तुमहिं विहीना, करहि रूदन नित दुख लव लीन्हा।
सुमिरहि तुव आश्रम नित रामा, गुनहि न आपन तुम विनुधामा।
सदा कहै इहि विधि तुव नाथा, कहौ वुझाइ सुनहु सोइ गाथा।
बालमीक मुनि आश्रम माहीं, जिहि थल वसहि जानकी जाहीं।
वचन मोर निज सीस चढ़ाई, निसि अरू दिन मै ताहि निहारी।
तुम प्रभु कहेउ अवर कछु वाता, मैं अव कहहु छमहु अघ माता।

चौ.:– मोहि सकल जग ई वर कहई, ब्रह्म सिवादि नाथ कहि अहई।
सो सव सत्य मृशा कछुनाहीं, कारन एक अहि तिहि माहीं।
तुव पातिव्रृत धर्म विसाला, तिहि वल तै मैं तिहु पुर पाला।
केवल तुम सुतंत्र तिहि कारन, अव यह उचित कलेस निवारन।
जो सुतंत्र मैं हौ तव नाईं, तौ किमि हर्श सोक अधिकाई।
हम भंजेउ संकर को दंडा, वहुरि भई केकई मति खंडा।
तिहि तै भएउ पिता कर मरना, पुनि वन गमन तहाँ तुव हरना।
उतरेउ वहुरि समुद्र गमीरा, संग रीछ पति अरू कपि वीरा।

दो.:– वध्यौ तहाँ दस कंध रिपु, सहित सकल कट काइ।
सती सिरोमनि भएउ, तुम्हारे धर्म सहाइ।।२१।।

चौ.:– पुनि भैटेऊ प्रिय परिजन आई, नृपता सकल वि व की पाई।
यह सव तोर प्रसाद वनाई, पुनि वियोग कारन न लखाई।
क्रहु कृपा अव निज पुर आवहु, प्रिया प्रचंड कलेस नसावहु।
सत्य गिरा यह वेद वखानी, संतत सुद्ध सिया गुन खानी।
लोक कलंक जानि मैं भारी, सो सव वानी दीन्ह विसारी।
हम तुम जदपि गुननि तै न्यारै, भक्तनि हित जग मै वपु धारे।
तो अपि चलिय लोक अनुरीति, जग उपदे ा हेत यह नीती।

पुनि पठई कानन जिहि हेता, भोगि चुकी सो सवुफल जेता।

दो.:– दुख सुख परे जु आनि कछु, दैव जोग संसार।
महत पुरूश करि भोग सव, निज तन सहित विचार।।२२।।पृ.१६५अ.

चौ.:– तुम कह उचित प्रिया अव एहा, जिहि तै करहि पुनीत सनेहा।
देखत मात्र सकल संसारा, हमनै तुम कह विपन विसारा।
कवहुन त्याग हमार तुम्हारा, जिमि दिन कर आतप नहिं न्यारा।
इहि विधि कहि प्रभु तुमहि वुलावा, मातु चलन कर करहु वनावा।
पुनि यह कहेऊ वुझाई वनाई, जो सुप्रीति विच दोश लखाई।
तो कछुक काल रहिय विलगाई, विमल प्रीति हित यही उपाई।
तुम वन मन विच सुद्ध निदाना, हम नि चय यह निज उर आना।
पवन प्रीति करन हित लागी, कानन मध्य तुमहि हम त्यागी।

दो.:– हेत न जानहु अपर कछु, प्रिया सुद्ध सव काल।
अव आवहु खल निंदाही, तुम्हरे चरित रसाल।।२३

चौ.:– पावन सुजस हमारा तुम्हारा, राग नीत जानहिं संसारा।
निर्मल चरित जान सव कोऊ, उज्वल वंस विदित पुनि दोऊ।
चरित हमार तुम्हार पुनीता, गाइ गाइ नर सकल सप्रीता।
है है पावन सकल प्रकारा, विनु श्रम तरिहै भवनिधि भारा।
इहि विधि तुव गुन राम वखानै, सुनि जानुकी महा सुख मानै।
पुनि कह लखन सुनहु वैदेही, दीन्है रम्य वसन प्रभु एही।
वर भूशन वहु दिए सुहाए, नाना अंग वाग मन भाए।
चंदनादि वहु गंध पठाए, तुम हित लगि सव भाँति सुहाए।

दो.:– रथ पाठव पुनि विसद यह चामर उभय अनूप।
छत्र विचित्र विसाल जुत, तुवहि कौसिला भूप।।२४।।पृ.१६६प्रा.

चौ.:– पुनि गज तुरग विचित्र पठाए, उभय कुमार हेत मन भाए।
तुव गुन गान हेत सुनुमाई, एठए द्विज सत्तम समुदाई।
मागध सूत वंदि जन भूरी, गान करहि तुव कीरति रूरी।
पुनि पठई पुर तिय समुदाई, तुम्हरी करन हेत सिवकाई।

चहु दिसि सूर करत रखवारी, वरशत सुमन देव जुत नारी।
वहु विधि देति द्वजन कर दाना, गजारूढ़ करि तनय निदाना।
इहि प्रकार निज पुर कह आवहु, होहु प्राप्त मुहि विपति विहावहु।
इहाँ परम उत्सव पुर माहीं, तुम विनु सोभ पाव कछु नाहीं।

दो.:– सकल महीपनि केरि तिय, पुनि सव मुनि जन नारि।
जुरी अवर भामिनि सवै, इहि थल जग्य मझारि।।२५।।

चौ.:– कौसिल्यादिक मिलि सव माता, कीन्ह परम मंगल मुद दाता।
तुम्हरे विनु आगम वैदेही, सुख दायक उत्सव नहिं एही।
भामिनि अस उर करि अनुमाना, अव आवहु निज नगर निदाना।
यह संदेस कहेऊ रघुनाथा, जननी मैं वरनी सोइ गाथा।
अस प्रार्थना सिया सुनि काना, लक्ष्मन प्रति तव करहि वखाना।
मैं नहि रघुपति कीरति कारी, नहिं चाहौ निज जस बिस्तारी।
अर्थ धर्म सुभ गुन समुदाई, तिन सव तै मैं रहित वनाई।
तुम जु कहौ रघुवीर वुलावै, किहि प्रकार जग कीरति पावै।

दो.:– तात निकुंस भूपजन, को हिय करि वि वास।
पुनि पर तंत्र वनाइ तुम, मैं किमि चल उनपास।।२६।।

चौ.:– पति के गुन अरू अवगुन जेते, राखिय गोप्य ह्रदय मह तेते।
ता तै तात न करहु वखाना, प्रभु तो मंगल रूप निदाना।
पानि ग्रहन अवसर मह ताता, निरख्यौ जो स्वरूप मृदुगाता।
वह सरूप मम हिय करि वासा, विसरहि निमिश न सदा प्रकासा।
लक्ष्मन जे मम उभय कुमारा, रघुपति तेज अंस अवतारा।
वंस विवर्द्धन सूर सुजाना, पुनि धनु विद्या केर निदाना।
पितु समीप तुम जाहु लिवाई, सव विधि लाड़न करहु वनाई।

दौ.:– मैं तप करि प्रभु पद कमल, भजहु इहाँ सव काल।
तुम हमारि पद वंदना, करहु जाइ धरि भाल।।२७।।

चौ.:– कुसल सवन सन कहहु वुझाई, जिन हम प्रति वूझी कुसलाई।
वात्सायन इमि जनक कुमारी, कही लखन प्रति गिरा उचारी।

पुनि दोउ सुत कह आइसु दीन्हा, तदपि गमन लगि मन नहिं कीन्हा।
जननी वहुरि तिनहि समुझावा, वालमीक मुनि तुमहि वुलावा।
अस सुनि मातु चरन उठि वंदे, दरस हेत मन परम अंनदे।
तव लक्ष्मन उठि पद सिरु नाई, वहु प्रकार निज विनय सुनाई।
भऐ वहोरि सुरथ असवारा, कुस लव सहित हरशि तिहि वारा।
अवधि ओर हाँकेउ पुनि वाजी, चले महा जव मारूत लाजी।

दो.:– उतरि सुर सरी वेग जुत, आए सरजू तीर।
मश मंडप लखि त्यागिरथ, निरखे मुनिगनधीर।।२८।।

चौ.:– वंदन करत गएउ पुनि तहँवा, राजहि वालमीक मुनि जहँवा।
कुस लव परे चरन हरशाई, वंदेउ वहुरि लखन पद आई।
भैंटे वालमीक तिहिकाला, तीनौ जन कह हरशि विसाला।
समा मध्य पुनि रामहि जानी, चले लिवाइ महा मुनि ग्यानी।
तनय मिलाप करावन हेतू, अति उत्साह सहित द्विज केतू।
प्रथम लखन अति आतुरताई, परे चरन निज विनय सुनाई।
सिय प्रसंग सव कहेउ वहोरी, हर्श सोक वस मति नहि थोरी।
सिया संदेस सुनत रघुराई, भूतल परेउ तुरत मुरझाई।

दो.:– तजि मूर्छा रघुवंस मनि, सुनहु सूत तिहि काल।
नीति निपुन श्री लखन प्रति, वोले वचन रसाल।।२६।।

चौ.:– तात सोधि हिय जतन विसाला, सिय पह जाहु आसु इहिकाला।
आवहु वेगि समीप वुलाई, होहु परम मंगल तुव भाई।
मम संदेस यह कहौ वुझाई, कानन किमि तप करहु वनाई।
हमहि विहाइ कवन गति जानो, तिय की गति केवल पति मानौ।
तुम तिय धर्म सुनेउ अरू देखा, कारन कवन न आव विसेशा।
पुनि तुम प्रिया पाइनिज इक्षा, गई विपन कछु मोरि न सिक्षा।
सकल प्रकार तहाँ मुनि वाला, पूजि चुकी जुत प्रीति विसाला।
पुनि निरखे मुनि गन तपधामा, पूरन भए सकल मन कामा। पृ.१६७प्रा.

छंद.:– पूरन भए सव काम मम अव आव नहि कारन कहा।
भामिनी न मैं तुव दोश निरखहु मुदित जानहु उर महा।।

तिय करहि जो कछु काज सो गति हेत सव जग जानही।
पुनि कहूँ कितहुकि जाइ केवल नाह गति हिय मानही।।१।।
निर्गुन मलीन कुसील क्रोधी जठर जड़ मति हीनही।
अति वधिर लोचन विगत अवुध अधर्म रत अति दीन ही।।
गुन उदधि वहुरि कि होइ केवल नारि गति पति एक ही।।
यह धर्म तुव सव भाँति जानहु विदित श्रुति वानी सही।।२।।

दो.:– कुल तिय जो कछु काज करि , सो पति तोशन हेत।
तुम मुनि तिय पूजी विपन, मम हित प्रीति समेत।।३०।।

चौ.:– प्रथमहु हम प्रसन्न तुमपाहीं, अति अनुकूल अजहु सक नाहीं।
जग्य जाप तप दान सुहाए, पुनि वहु वृत तीरथ श्रुति गाए।
संजम दया आदि सुभधमी, जहँ लगि कहे मुनिन सुचिकर्मा।
मोर प्रसन्न हेत सव जानौ, सो मैं अति अनुकूल प्रमानौ।
किहि कारन तप कानन करहू, अव प्रसन्न है पुर पगुधरहू।
सुनु मुनि इहि प्रकार रघुराई, सिय प्रति कहेउ सदेस वुझाई।
लक्ष्मन सुनि अस प्रभु मुख वानी, वोले वंदि जोरि जुग पानी।
जो तुम कहेउ सिया सन नाथा, मैं अव जाइ कहौं सोइ गाथा।

दो.:– कहि हौं विनय समेत प्रभु, अस वदि धरि पदभाल।
सत्वर संजुत सुरथ सुरथ चढ़ि, चले विपन तिहि काल।।३१।।

चौ.:– वालमीक इत सभा मझारा, प्रभुहि दिखाइउ उभय कुमारा।
वेठे वहुरि मुदित मन माही, कह मुनीस तव पुत्रनि पाहीं।
मन प्रसन्न हुइ तुम दोउ भ्राता, गावहु राम चरित मुद दाता।
अति अदभुत कल गान रसाला, वीन द्वार करि लली विसाला।
इहि प्रकार सुनि गुरू मुख वानी, हरशे उभय वंधु गुन खानी।
राम चरित पुनि गावन लागे, ललित वरन आनद रस पागे।
महाभाग कुस लव दोउ भाई, करहि गान कछु वरनिन जाई।
ताल वीन जुत राग अलापा, सो समस्त मंडल मह व्यापा।

दो.:– पद पद करत विचित्र अति, गान कला अनुसार।

परम पुश्ट मृदु मंजु वर, उचरत वरन उदार।।३२।।पृ१६७म.

चौ.:– जो कछु चरित मध्य किय गाना, सो तव मैं मुनि करहु वखाना।
विसद धर्म विधि तासु मझारी, पुनि पतिवृत विधि मुद कारी।
नाह सनेह विधान विसाला, वहुरि वसिद गुरू भक्ति रसाला।
स्वामी सेवक रहनि विधाना, मूरति वंत सुनीति वखाना।
जे अधर्म कारी नर नारी, तिनहि दंड कह चरित मझारी।
पुनि मुनि आदि मध्य अवसाना, प्रति पालक रघुपति भगवाना।
विसद ताल सुरवीन समेता, गान करत अस चरित सचेता।
पुरि रहा जग सो कल गाना, थकित भए नभ सुनि सुर नाना।

दो.:– किन्नर सुनि गान कल, मूर्छित भए निदान।
लोक पाल दिग पाल जुत, सवनि विसारेउ ग्यान।।३३।।

चौ.:– विसद वीन सुर ताल रसाला, गावत एक भए तिहि काला।
सुनि सुनि सकल सभा मुनिराई, भई विमाहित सुधि विसराई।
जहँ तहँ थकित भए सव कैसै, चित्र लिखी पुतरी वहु जैसै।
मृगी सुनत जिमि सावर गाना, तिमि चकोर लखि चंद निदाना।
रघुपति हर्श विवस तिहि काला, मोहित श्रवत नयन जल जाला।
सभा मध्य मुनि भूपति जेते, परम विमोहित जल तजि तेते।
मुनि गन निज काज विसारे, मनहु चित्र विच लिखे सम्हारे।
अपर सकल नर नारि समेते, पुनि खग मृग जड़ जंगम जेते।

दो.:– मोहित भए समस्त सुनि, मैं किमि करहु वखान।
किय पंचम आलाप तिन, मूरत वंत निदान।।३४।।

चौ.:– श्री रघुपति तव समा मझारा, गान करत लखि जुगल कुमारा।
वालमीक मुनि सत्तम पाहीं, वोले परम मुदित मन माहीं
कुटिल भृकटि जुग कछुक चलाई, आनन मंद मंद मुसिक्याई।
मुनि वर महत गान इन कीन्हा, सवही कर मन वस करि लीन्हा।
दैन चहै हम कंचन भूरी, विद्या निरखि सकल विधि रूरी।
राम गिरा अस सुनि दोउ भाई, वोले तिहि अवसर दोउभाई।
लेत पतिग्रह द्विज जग माहीं, उचित इतर लोगन कह नाहीं।

लोभ विवस छत्री लहि दाना, परहि नर्क अपि वेद वखाना।

सोरठा:–हे गुरू परम सुजान, यह नृप करहि अनीति कछु।
हम किमि करहि वखान, हेम दान कहे दैन अव।।३५।।

चौ.:–हमहीं इनहि महीपति कीन्हा, जीति समर पुनि मश हय दीन्हा।
ते अव देत किमि दाना, पुनि आपान चाहत कल्याना।
जो हम कृपा कीन्ह इन पाहीं, सो कछु सुरति करत उर नाहीं।
वालमीक अस सुनि तिहि काला, कहे कृपा करि वचन रसाला।
ए रघुकुल मनि जनक तुम्हारे, जानहु मन महँ सव विधि भारे।
तुम अनुचित जिनि करहु वखाना, नहि अनीतिलाइक जगजाना।
सुनि अस उठेउ सकुचि दोउ भाई, परे जनक पद उर हरशाई।
पुनि आपनि वहु विनय सुनाई, मातु भक्ति करि विमल वनाई।

दो.:–श्री रघुपति हरशाइ तव, भेटै ह्रदय लगाइ।
सो छवि पुनि उपमा विसद, मोपर वरनि न जाइ।।३६।।

चौ.:–जनु समस्त मुनि धर्म अनूपा, मिलहि राम कह धारि स्वरूपा।
सभा लोग लखि उभय कुमारा, मुदित परसपर वचन उचारा।
श्री जानकि पतिभक्ति सुहाई, धरि स्वरूप भेटहि रघुराई।
जुगल पुत्र जुत राम उदारा, सुनु मुनीस छवि लही अपारा।
सभा समस्त निरखि तिहि काला, भए थकित नहि लोचन चाला।
सुनहु वचन मम सूत सुजाना, सेसगिरा अस सुनि मुनि काना।
राम चरित्र श्रवन हित लागी, वोले वचन परम अनुरागी।
सुनहु कृपाल अनंत उदारा, मम संदेह हरहु इहि वारा।

दो.:–सर्व धर्म संजुत सुखद, रामायन तुव गाव।
वालमीकि मुनि कहहु प्रभु, सोकिमि समय वानाव।।३७।।

चौ.:–कवन हेत पुनि विरचेउ नाथा, तिहि विच कवन कवन वर गाथा।
भोहि वुझाई कहौ इहि काला, अहहु स्वामि तुम परम कृपाला।
वेले सुनि अहिपित हरशाई, धन्य मुनीस सुनहु मनु लाई।
वलमीक मुनिवर इक वारा, परम विसाल विपन पगु धारा।
तहाँ तमाल ताल वहु साला, पुश्पित किंसुक वृक्ष विसाला।

दाड़िम अंव कदंव सुहाए, चंपक वकुल विपुल छवि विसाला।
सुमन समेत केत की भ्राजै, विसद जुही मालती विराजै।
को विदार पुनि कुसै सुहावा, चहु दिसि देव दार छवि छावा।

दो.:– अवर अनेक सु वृक्ष गन, कुस्मित भए वनाइ।
सौरभ सुन्दर सुखद अति, रही सक लवन छाइ।।३८।।

चौ.:– वोलत कीर कोकिला वृंदा, गुंजत अलिगन सहित अनंदा।
सव वन परम रम्य चहुँ ओरा, प्रमुदित नृत्य करत कल मोरा।
तहाँ क्रोंच जुग एक सुहावा, विहरत काम विवस मुद छावा।
वधिक एक खल दयाविहीना, आवा तिहि थल वुद्धि मलीना।
क्रौंची पति कर कीन्ह निपाता, मांस स्वाद लोलुप दुख दाता।
निज पति मृतक निरखि तिहि काला, भइ निपट क्रौंची वेहाला।
रोदन कीन्ह विविधि विधि भारी, तजहिं मोह वस लोचन वारी।
वालमीक मुनि परम दयाला, वध विलोकि ताकर तिहि काला।

दो.:– परम कोप करि वधिकपर, दैन लगे तव भाष।
करि सुरसरि जल आचमन, निरखि घोर खलपाप।।३६।।क

भलोक.:– मानि ाटे प्रतिश्टास्त्वं मागमः भास्वती सम।
यं क्रौंच पक्षिरगो रेक मवधी काम मोहितं।।३६।।ख

दो.:– भयौ प्रगट अ लोक मुनि, भाप देत तिहि काल।
चारू चारि पद ललित अति, वरन सपुश्ट रसाल।।३६।।ग

चौ.:– यह प्रवंध सुन्दर सुनि काना, वोले हरशि महीसुर आना।
साधु साधु तुम साधु सुजाना, मुनि सप्तम विग्यान निधाना।
साप देत तुम्हरे मुख माहीं, आई भारति संसय नाहीं।
सोइ अ लोक प्रवन्ध वनाई, करि प्रसाद निज लोक सिंधाई।
यह प्रवन्ध मा परम अनूपा, हम किमि कहै सुग्नहु मुनि भूपा।
अस सुनि वालमीक तिहि काला, मुदित भए निज ह्रदय विसाला।
चतुरानन तिहि अवसर माहीं, निज पुत्रनि जुत आएऊ ताही।
वालमीक प्रति मुदित वनाई, वोले सुखद गिरा मुनि राई।

दो.:– धन्य मुनीस उदार मति, तव मुख भारति आइ।
विरचि प्रथम अ लोक वर, कीन्ही कृपा वनाइ।।४०।। पृ.१६६प्रा.

चौ.:– तातै अव प्रमुदित ह्वै ताता, विरचहु रामायण सुख दाता।
परम रम्य पद करहु विचारी, वरन मधुर अति आनंद कारी।
इहि तै निर्मल कीरति तोरी, कलप अन्त लगि होइन थोरी।
धन्य तासु वानी संसारा, जो श्री रघुपति नाम उचारा।
काम कथा जे करहिं वखाना, तिनतै अधिक अधम नहिं आना।
होइ दोश जो सूतक माहीं, सो अघ तिनहि लाग सक नाहीं।
तातै राम चरित्र पुनीता, वरनन करहु मुनीस सप्रीता।
जो पद पद प्रति छिन छिन माहीं, दलहिं महा अघ संसय नाहीं।

दो.:– अस कहि अज तव सुतन जुत, पुनि भए अंतरध्यान।
वालमीक तव सुनहु मुनि, सोचन लगे निदान।।४१।।

चौ.:– मो सन विधि यह कहेऊ बुझाई, विरचहु रामायण हरशाई।
वरनहु कवन भाँति मैं सोई, प्रभम न सुनी अजहु नहि जोई।
असकहि मुनि सुरसरि के तीरा, ध्यान करन लागे भतिधीरा।
तव मुनिवर के चित्त मझारा, भए प्रकट श्री राम उदारा।
नील कंज सम स्याम सुगाता, द्रग राजीव सरिस सुखदाता।
आनन ललित किरीट सुहावा, पीत वसन पहिरै छवि छावा।
सुंदर उर वन माल विराजै, वहु भूशन कौस्तुभ मनि भ्राजै।
कटि निशंग कर चाप सुवाना, सो स्वरूप नहिं जाइ वखाना।

दो.:– रघुपति दरस प्रभाव मुनि, वालमीक तिहि काल।
भूप भव्य भव चरित सव, निरखे दया रसाल।।४२।।

चौ.:– तव उर परम मोद अधि काना, जानि राम की कृपा निदाना।
राम चरित पुनि वरनन लागे, पंद ललित मोद रस पागे।
तिहि विच कथा अनेक प्रकारा, विसद कांद ाट परम उदारा।
प्रथमहि वाल कांड मुनि जानौ, पुनि दूसर आरिन्य प्रमानौ।
तीसर किस्किंधा अस नामा, चोथे संदुर अति सुखधामा।

पंचम जुद्ध कांड मुनि गावा, पुनि उत्तर सव भाँति सुहावा।
वाल कांड कर चरित रसाला, कृम करि प्रथम कहौ इहिकाला।
दसरथ तनय हेत हरशाई, श्रंगी रिशिहि समीप वुलाई।

दो.:– कीन्ह यज्ञ पावन परम, निजपुर सहित विधान।
तिहि तै भूपति पाव सुत, राम स्वयं भगवान।।४३।।

चौ.:– ते कौसिक मुनि यज्ञ मझारा, सानुज जात भए इक वारा।
तह मारीच केर मद खंदा, वध्यौ सकटक सुवाहु प्रचंडा।
मुनि तिय तारि जनक पुर गएऊ, तहँ वहु नृप मद खंदनभएऊ।
वहुरि विवाहि सियहि रघुराई, आए निज पुर हिय हरशाई।
नृप तव दैन लगे जुवराजू, यह सुनि हरशेउ सकल समाजू।
मातु वचन पुनि सीस चढ़ाई सिय जुत वन गमनै दोउभाई।
उतरि सुर सरी धरि मुनि वेसा, चित्र कूट गिरि कीन्ह प्रवेसा।
इहाँ भरत कौसिल पुर आए, तजि मातुल ग्रह विस्मय छाए।

दो.:– राम गमन सुनि विपन विच, सानुज सिया समेत।
चित्रकूट लघु वंधु जुत, गए लिवावन हेत।।४४।।

चौ.:– तव रघुपति भरतहि उपदेसा, गमन हेत पुनि कीन्ह निदे ा।
सुन्दर चरन पादुका पाई, नन्दी ग्राम वसेउ फिरि आई।
वाल चरित्र अनूपम एहा, अव आरिण्य सुनहु जुत नेहा।
अत्रि आदि जे मुनि के धामा, जहँ तहँ वसे जाइ सिय रामा।
जानहु यह तिहि माह प्रसंगा, सूपन खाँ के नासा भंगा।
खरदूशन त्रसरा खल भारी, इनहि वधा प्रभु समर मझारी।
वहुरि कपट मारीच निपाता, पुनि दसकंध हरी सिय माता।
तव रघुनाथ मनुज अनुहारा, कीन्ह महा दुख विपन मझारा।

दो.:– वहुरि कवंधहि निरखि प्रभु, गीध कीन्ह उद्धार।
सवरी भवन प्रवेस करि, पंपा सरहि निहार।।४५।।

चौ.:– आगै वहुरि चले दोउ भाई, मिले तहाँ मारूत सुत आई।
यह वन कांड मुनीस वनावा, किश्किंधा अव सुनहु सुहावा।

प्रथम सुकंठ मिलाप रसाला, सप्तताल पुनि दले तिसाला।
विनु श्रम तहुरि वालि वध कीन्हा, राज तिलक सुग्रीवहि दीन्हा।
वरशा विसद निरखि रघुराई, सानुज सैल वसै रघुराई।
लशन जाइ पुनिभय दरसाई, आए तव कपि पतिहिलिवाई।
मर्कट भाल रीछ कटकाई, सिया हेत चहु ओर पठाई।
जलधि तीर संपातिहि देखी, भए सकल भय भीत विसेशी।

दो.:– निज वल सुनि तव मरूतसुत, नाघि जलधि भए पार।
यह किश्किंधा कांड मुनि, वरन्यौ सुखद सुचार।।४६।।

चौ.:– अव सुंदर वरनहु तुम पाहीं, अद्भुत राम कथा जिहि माहीं।
ग्रह ग्रह प्रति कपि रजनि मझारा, सोधि फिरे नहि सियहि निहारा।
पुनि अ ोक वनभीतर जाई, निरखी सीता दुखित वनाई।
कहि प्रभु कथा मुद्रका दीन्ही, करि वि वास मुदित है लीन्ही।
कीन्ह विपन पुनि भंग निदाना, वंधन विवस भए वलवाना।
वहुरि सकल लंका कपि जारी, सियहि प्रवोध कीन्ह पुनिभारी।
नाघि पयोधि आव कपि पारा, मिले सकल हिय हर्शि अपारा।
पुनि रघुपति समीप सव आई, कही सिया की खवरि वुझाई।

दो.:– सानुज राम पयान करि, आए जलनिधि तीर।
मिले विभीशन आइ तहँ, प्रमुदित पुलकि सरीर।।४६।।

चौ.:– वाँधि सेतु उतरे प्रभुपारा, संग भालु कपि रीछ अपारा।
सुक सारन सव सेन दिखाई, यह सुंदर हम कहेऊ वुझाई।
जुद्ध कांड मै दस सिर मारा, कटक समेट प्रवल वल भारा।
आई जनक सुता प्रभु पाहीं, हरशी निरखि चमू जह ताहीं।
उत्तर मह प्रभु निजपुर आए, सवनि कीन्ह सव भाँति वधाए।
कुंभज मुनि कर आयसु पाई, वाज मेघ तहँ किय मुनिराई।
विधिवत सो सव चरित सुहावा, वात्सायन हम तुमहि सुनावा।
ए ाट कांड सकल जग जाने, वालमीक मुनि प्रथम वखाने।

दो.:– संख्या चौविस सहस सव, मैं संक्षेप वखानि।
श्रवन करत इक वरनपद, करहि महा अघ हानि।।४७।।क

सोरठा:–कुस लव कौ रघुराइ, हरशे निज सुत जानि जिय।
लीन्है ह्रदय लगाइ, पुनि सीतहि सुमिरत भए।।४७।।ख
इति श्री पदन पुराणे पाताल खंडे सेस वात्सायन सम्वादे मधुसूदनदास कृते रामयण **गानं नाम ाशिठमोऽध्याय।।६६।।** पृ.१७०म.

दो.:–वात्सायन सौमित्र इत, पहुँचे आश्रम आइ।
पुलकि राम संदेस तव, कहेऊ चरन सिरूनाइ।।

चौ.:–निज सन्मुख श्री जनक कुमारी, विनय सहित लक्षिमनहि निहारी।
पुनि सुनि पति मुख वचन रसाला, तजि सकोच वोली तिहिकाला।
तुम तो लशन कहौ हम पाहीं, चलहु मुदित हुइ निर पुर माहीं।
मोहि निपट वन घोर मझारी, हठ करि कौसिल नाथ विसारी।
चलहु कवन विधि अव मैं ताता, ता तै सुनहु अपर मम वाता।
इहि आश्रम विच सकल प्रकारा, भजिहौ प्रभु पद कंज उदारा।
सुनि लछिमन अस सिय मुख वानी, वोले गिरा महा नय सानी।
सुनहु मातु जानकी सुजाना, तुम पातिवृत धर्म निधाना।

दो.:–तुमहि सदा करनीय ध्रुव, पति निदेस सिरधारि।
पति कृत दोश पति वृता, मन वच कृम न निहारि।।१।।

चौ.:–अस विचारि जननी प्रभु पासा, रथ चढ़ि चलहु समेत हुलासा।
वार वार मुहि कर रघुनाथा, ल्यावहु सियहि आसु निज साथा।
लखन कहेऊ इहि विधि वहु वाता, सो सव श्रवन कीन्ह सिय माता।
निज मन रोश सकल तजि दीन्हा, पतिवृता वर परम प्रवीना।
तव सव भाँति ह्रदय हरशाई, मिली सकल मुनि तियनि वनाई।
पुनि मुनि वृंदनि कह सिरूनाई, अति विनीत हुइ विनय सुनाई।
वहुरि मुदित है सकल प्रकारा, राम सुमिरि भइ रथ असवारा।
तव हिय हर्शि लशन तिहिकाला, चढ़ि रथ हाँकेउ तुरग रसाला।

दो.:–परमानन्द समेत मग, चले जात मुनिराइ।
कृम सौ उतरे देव सरि, पहुँचे निज पुर आइ।।२।।

चौ.:– पुर रम्यता लखी चहुँ पासा, विविधि रंग मनि करति प्रकासा।
वहु तौरन पुनिध्वजा पताका, मोहै निरखि न अस मन काका।
मश मंडप सरजू के तीरा, विद्यमान जहँ श्री रघुवीरा।
पहुँची तहाँ विदेह किसोरी, सुमिरति प्रभु पद प्रीति न थोरी।
लशन सहित तव आतुरताई, तुरतहि रथ सिय दीन्ह विहाई।
प्रभु पद कंज परी हरशाई, प्रीत पुनीत वरनि नहिं जाई।
रघुपति तव निज चरन मझारी, प्रेम मगन जानकी निहारी।
कहेऊ प्रिया तुम जुत इहिकाला, करि हौ पूरन जग्य रसाला।

दो.:– वालमीक मुनिवर सिय, पुनि उठि कीन्ह प्रनाम।
वंदे वहुरि मुनीस सव, सादर वहु तप धाम।।३।।
पृ.१७१प्रा.

चौ.:– राम मातु पुनि जिहि थल माहीं, गई जानकी प्रमुदित ताहीं।
परी चरन निज विनय सुनाई, दीन्ह असीस अधिक सुख पाई।
भएऊ प्रमोद अनेक प्रकारा, हृदय लगाइ लीन्ह तिहि वारा।
के कै चरन गहे पुनि जाई, विनय समेत सुनहु मुनिराई।
पुत्र वधू लखि परम पियारी, प्रमुदित भैटि असीस उचारी।
चिरजीवहु पति पुत्र समेतू, संतत करहु रमा अति हेतू।
परी सुमित्रा चरन वहोरी, भैटी ललकि देह भइ भोरी।

दो.:– पुत्र वधू लखि परम प्रिय, प्रमुदित दीन्ह असीस।
पौत्र वती अव होहु तुम, इहि विधि कहेउ मुनीस।।४।।

चौ.:– पुनि भरतादिक तिय तिहि वारा, वधुनि सहित हिय हर्श अपारा।
परी जानकी पद विचआई, मिली सवनि सिय हृदय लगाई।
जथा जोग पुनि दीन्ह असीसा, सुनि सुनि सकल नाइ पद सीसा।
परमा नन्द प्रगट तिहि काला, मिटा वियोग जनित दुख जाला।
रघुपति निकट वहुरि सिय आई, विद्यमान जहँ मुनि समुदाई।
तव कुंभज मुनि सीतहि देखी, परम हर्श वस भए विसेशी।
पुनि उठाई कंचन सिय सोई, राखी अनत भिन्न थल जोई।
रघुपति वाम अंग श्री सीता, विद्यमान किय परम पुनीता।

दो.:– जग्य मध्य रघुवं । मनि, सोभित सिया समेत।
मधुसूदन जिमि चंद्रमा, तारा जुत छविदेत।।५।।

चौ.:– सियहि प्राप्त है श्री रघुराई, भए मुदित सव भाँति वनाई।
लागे करन जग्य के काजू, हरश्यौ छवि लखि सकल समाजू।पृ१७१.म
मुनि जन निरखि चकित चित भएऊ, परम मोद छिन छिन प्रति लहेऊ।
विसदि वुद्धि निधि राम कृपाला, निज गुरू सन वोले तिहि काला।
कहहु स्वामि इहि अवसर माहीं, कवन काज करतव हम पाहीं।
अस सुनि श्री वसिश्ठ मतिधीरा, समय जोग कह वचन गंभीरा।
पूजहु विप्रनि कौ रघुराई, परि तोशहु सव विधि हरशाई।
मश के अंत उचित अपि एहा, तुम सज्जन पुनि सदगुन गेहा।

दो.:– प्रथमहि कीन्ही मरूत नृप, अ व मेघमश एह।
वित्त आदि दै विप्र तिन, परितोशे जुत नेह।।६।।

चौ.:– राम कहाँ लगि करहु वखाना, दीन द्विजनि कह अतुलित दाना।
लैन सक्यौ तव भूसुर कोई, महाभार कंचन कर जोई।
हिम गिरि निकट सकल सोइडारी, पुनि निज निजग्रह गएऊ सुखारी।
तुम महीप मनि परम सुजाना, परं वृह्म श्रीपति भगवाना।
तिहि तै भूरि दान अव देहू, परितोशहु भूसुर जुत नेहू।
रघुपति इहि प्रकार सुनि काना, हर्श वंत हिय भए निदाना।
श्री वसिश्ठ जुत कुंभज केरी, प्रथमहि पूजा कीन्ह घनेरी।
अगनित रतन भार तिहिकाला, दीन्है परम अमोल रसाला।

दो.:– पुनि कंचन के भार वहु, दीन्है सादर राम।
विविधि वस्त्र भाजन विपुल, दै विसाल वहु ग्राम।।७।।

चौ.:– तिन विच वसहि नारि नर भूरी, पुनि चहु ओर कृ ी अतिरूरी।
इहि विधि तियनि सहित रघुवीरा, पूजे गुरू कुंभज मतिधरा।
मुदित वहोरि राम तिहि वारा, सत्यवती सुत व्यास उदारा।
याही विधि करि पूजन कीन्हा, देस रतन कंचन वहु दीन्हा।
ग्राम सहित पुनि चिमन मुनीसा, वहु विधि पूजि कौसिला धीसा।

रित्वज वालमीक तप खानी, पूजे वहुरि तिनहि सनमानी।
को कवि करहि दान कर लेखा, जो वरनहिं सो मूढ़ विसेशा।
अपर जग्य विच मुनि गन जेते, पूजे सव प्राकर प्रभु तेते।

दो.:– वहु भाजन भूशन वसन, कनक रतन के भार।
देत अमित रघुवं ा मनि, हर्श सहित तिहिवार।।८।।

चौ.:– भूरि दक्षिना विप्रनि पाही, दीन्ह भश मंडप माहीं।
अवर अपार विप्र समुदाई, आएऊ देसनि तै सुधि पाई।
लक्ष लक्ष कंचन मुनिधीरा, एक एक प्रति दिय रघुवीरा।
पुनि जिहि की जैसी रूचि देखी, ता कौ तिमि सन मानि विसेशी।
दीन अंध कृपानादिक जेते, जथा प्रीति तोशे प्रभु तेत।
दान अनेक दीन्ह वहु भाँती, पुनिधन रतन सुमनि गन जाती।
वसन विचित्र सुभाजनभूरी, असन वारि विधिशट् रस रूरी।
अमरन अमित विचित्र सुहाए, देस ग्राम ग्रह संपति छाए।

दो.:– हय वितुंड सिविका सुभग, स्यंदनधेनु अपार।
अपर पदारथ सकलप्रभु, दिये अमित तिहि वार।।६।। पृ.१७२प्रा.

चौ.:– मश विच प्रभु सवकी रूचि राखी, निरखि न परहि कतहुँ अभिलाशी।
रूश्टि पुश्टि जन सकल प्रकारा, मश मै भए सहित परिवारा।
कुंभज मुनि तव रामहि देखा, सव कर किय परितोश विसेशा।
वोले वचन प्रमोद वढ़ाई, सुनहु उदार देव रघुराई।
तुम समेत चौसठ महिपाला, तिय जुत कर गहि कलस रसाला।
आनहु श्री सरजू जल पावन, भज्जन हेत तुरंग सुहावन।
वात्सायन अस सुनि रघुराई, प्रथमहि आपु उठे हरशाई।
सकल विभूशन भूशित सीता, तिहि समेत तव चले सप्रीता।

दो.:– परम मनोहर हेम कर, कलस विराजत पानि।
छवि निधान वपुस्याम मृदु, को कवि सकहि वखानि।।१०।।

चौ.:– चले लखन उर्मिला समेता, भरत मांडवी जुत जल हेता।
तिन पीछै रिपुहन मुनिराई, श्रुति कीरति समेत हरशाई।

पुनि पुस्कल धरि कलस रसाला, चले कांति मति जुततिहिकाला।
सत्यवती समेत तिन पाछै, चले सुवहु मुदित मन आछै।
सत्यवान पुनि भूप उदारा, सहित वीर भूशा पगुधारा।
समुद वहोरि चले मुनिराई, सत कीरति संजुत हरशाई।
राज्ञी नाम सुनारि समेतू, विमल नरेस चले हेतू।
भूप वीर मनि पुनि पगु धारा, सहित सूत वति तिय तिहि वारा।

दो.:– कोमल्या जुत हरशि हिय, चले जनक सुतभूप।
सहित अंग सेना सुतिय, नृप रिपु ताप अनूप।।११।।

चौ.:– महा मूर्त्ति अस नाम सुनारी, सहित विभीशन चले सुखारी।
वहुरि प्रताप अग्र तिहि काला, संग प्रती तीवा मर साला।
पुनि गमनै उग्रास नृपाला, काम गमा जुत हर्श विसाला।
नील रतन गमनै तिन पाछै, अधि रम्या तिय संजुत आछै।
चले वहोरि सुरथ वलधामा, संग सुमनोहारि तिय नामा।
पुनि गमनै सुग्रीव कपीसा, मोहनपा जुत हर्शि मुनीसा।
इहि विधि जानहु अपर नृपाला, तियनि समेत चले तिहिकाला।
सकल समाज अग्र मग माहीं, जात वसिशठ आदि मुनि ताहीं।

छन्द.:– मुनि परम प्रवीन सुनौ सुअवै, सरजू महँ जाइ वसिशठ तवै।
श्रुति सोधि सुमंत्र उचार करौ, सव तीरथ स्वागत तंत्र धरौ।।
पुनि परम पुनीत सुवैन कहै, तुव अंवु सदा सुचि दुःख दहै।
यह जाग तुरंगम सुद्ध करौ, रघुनायक को गुनि दोश हरौ।।१।।
इमि कीन्ह वखान वसिशठ मुनी, परस्यो पुनि नीर पवित्र गुनी।
हरशे सुनि वैन नृपाल सवै, रघुवीर भरयो निज कुंभ तवै।
सिय संजुत सोभ अपार लही, अज संभु संरे सके न कही।
गन नाथ गिरा छवि देखि ठनी, रति मन्मथ संजुत तुच्छ गनी।।२।।
मृदु मंजुल सुंदर स्याम तनं, चपला जुत ज्यौ नभ मद्धि घनं।
द्रग पंकजमाल विसाल वरं, पदना जुत पुंड अनूप धर।।
भृकुटी अति वंक विराजति है, रति नायक कौधरि लाजति है।
श्रुत सुंदर घ्रान अनूप महा, सुक तुंड लगै लघु सेस कहा।।३।।
छविधाम सुआनन सोहत है, दसनावलि ओठ विमोहति है।

 जय सियाराम जय सियाराम

कल कंठ सुकंवू समान लसै, उर सुंदरता जुत श्री विलसै।।
भुजदंड विसाल रसाल करं, जल संजुत कुंभ बिचित्र धरं।
त्रपली हिय के तर भ्राजि रही अति सुंदर नाभि न जाति कही।।४।।

दो.:– जंघ परम लावन्य निधि, चरन महा छवि धाम।
मधुसूदन सिय सहितप्रभु, मम हिय करि विश्राम।।१२।। क

सोरठा.:–सकल भूप छवि पेखि, भए मगन संव भाँति हिय।
भरि भरि कलस विसेशि, प्रभु पाछे निकसे हरशि ।।१२।।ख

चौ.:– पुनि आए मश मंडप माहीं, मुनिवर विपुल प्रसं सत ताहीं।
तव कुंमज श्रुति मंत्र उचारी, दीन राम कर निर्मल वारी।
पुनि अस्वहि अस्नान करावा, प्रमुदित जिहि प्राकर श्रुति गावां
वोले रघुवर वचन वहोरी, वाजि राज प्रति दोउ कर जोरी।
महाभाग हे अ व उदारा, द्विज वध ते अव करहु अनंदा।
पुनि तुव आमिश ते सुर वृंदा, होहू तृप्त उर लहहु अनंदा।
सिया सहित इमि वचन उचारा, पुनि परस्यो हय तन तिहि वारा।
मुनि समाज सव अस सुनिकाना, अति विस्मय निजनिज हिय माना।

दो.:– वचन परसपर कहहि सव, प्रभु कस कीन्ह वखानि।
तासु नाम सुमिरन करत, महा पाप करि हानि।।१३।।

चौ.:– ते रघुपति अस किहि विधि कहहीं, इहि विधि कहि सव अचिरज लहहीं।
तव अगस्त कर लीन्ह कृपाना, वेद मंत्र पढ़ि हर्शि निदाना।
दीन्ह वहुरि रघुपति कर सोई, अवसर सुखद सकल विधि जोई।
अ व पीठि पर श्री रघुराई, कीन्ह सुपर्सु सुनहु मुनिराई।
तिहि छन तुरत पसुत्व विहावा, भ सेदेह वपु दिव्य सुहावा।
चारि वाहु चक्रादि समेता, सीस मुकुट अति सै छवि देता।
वैजती माला उर सो है, निरखत पीत वसन मन मो है।
तुरत विमान निकट चलि आवा, अति विचित्र रचना छवि छावा। पृ.१५३प्रा.

दो.:–भयौ तुरत आरूढ़ सोइ, सहित अपक्षरा वृंद।
होन लगे चामर विजन, तिहि उर परम अनंद।१३।।

चौ.:—हय तै दिव्य रूप है गएऊ, निरखि सकल जल विस्मय भएउ।
जदपि रमाम सव कारन जाना, तदपि अस्व प्रति करहिं वखाना।
सवहि जनावन हेत वनाई, निज महिमा प्रभाव अधिकाई।
हे सुर विसद दिव्य वपुधारी, तुम जग पर्म धर्म संचारी।
को तुम दिव्य गात किमि पावा, सेवहि सुरतिय जान सुहावा।
पुनि किहि हेत पाव यह गाता, यह सव कहहु मोहिं हरशाता।
अस सुनि सुर रघुपति मुख वानी, हंसि वोला गमीर मुनि ज्ञानी।
तुम सवग्य देव रघुराई, जानहू कारन सकल वनाई।

दो.:—सर्व काल सव देस मह, सिय समेत रघुनाथ।
वाहितर भीतर वसहु तुम, विदित वेद विच गाथ।।१४।।

चौ.:—वूझहु तदपि मोहि भगवाना, वरनहु अव अघ छिमहु निदाना।
प्रथगहि मैं भूसुर तन पावा, परम धर्म रत कपट न भावा।
नाथ पूर्व प्रालब्ध प्रभाऊ, श्रुति प्रति कूल दीन मग पाऊ।
ताते अस्व देह हम पाई, सो प्रसंग अव कहौं वुझाई
एक वार मैं प्रथम कृपाला, गा सरजू तट मुदित विसाला।
विविधि वृक्ष गन सो है ताहीं, वहु फल सुमन पत्र तिन माहीं।
मज्जन कीन्ह तहाँ मैं जाई, विधिवत तर्पन किय हरशाई।
दीन्ह दान पुनि जथा विधाना, कीन्ह सप्रीति वहुरि तवध्याना।

दो.:—देस देस के विपुल जन, जुरे पर्व वड़ पाइ।
तिनके वंचनहेत मैं, कीन्ह दंम रघुराइ।।१५।।

चौ.:—मश की सोज अनेक मगाई, विविधि रंग पंकज समुदाई।
वसननि के मंडप वहु छाए, पुनि कुस समद समूह मगाए।
अगिनि होत्र तहँ अगिनित कीन्हे, आहुति पर आहुति वहु दीन्है।
प्रगटौ तिनतै धुम अपारा, व्यापि गयौ सव व्योम मझारा।
श्री जुत मैं वहु पुंडल गाए, तन तन प्रति जे नहिं श्रुति गाए।
चित्र कार जिमि चित्रनि माहीं, रचना प्रकट करहि सक नाहीं।
पहिरा दर्म मुद्रिका भूरी, समद अनेक लीन्ह कर रूरी।
निज स्वरूप किमि करहु वखाना मनहु दंभ तन धरै निदाना।

दो.:– निज इक्षा सन सुनहु प्रभु, दुर्वासा तिहि काल।
आएउ सरि तट विदित जग, जिन कर क्रोध कराल।।१६।।

चौ.:–मोहि दंभ संजुत तिन देखा, धरै मौन अभिमान विसेशा।
पुनि मैं अर्ध पाद्य नहि दीन्हा, उठि करि कछू न स्वागत कीन्हा।
सुनहु नाथ मैं दंभ भुलाना, मुनि तप तेज न मन अनुमाना।
दुर्वासा तव ह्दय मझारा, निरखि मोहि इमि कोप अपारा।
पाइ पर्व जिमि जल निधि नीरा, वाढ़हि विपुल सुनहु रघुवीरा।
दीना तीव्र भााम मुहि पाहीं, दंभी गुनि सव विधि मन माहीं।
जो सरजू तट वैठि वनाई, कीन्हा दंभ कुमति अधिकाई।
धरा मोन पुनि मो कह देखी, तिहि तै पसु तन होहु विसेशु।

दो.:– रे तापस लघु पोच मति, श्रुति मति करहि प्रहार।
ता तै नि चय होहु खल, पसु सरीर संसार।।१७।।

चौ.:– प्रभु मैं सुनि यह भााप कराला, भयौ परम दुख्यित तिहि काला।
परौ तुरत मुनि चरण मझारी, त्यागि मोन तव गिरा उचारी।
हे मुनि वर तुम परम कृपाल, करहु कृपा अव निरखि विहाला।
तव वोले मुनीस तजि क्रोधा, लागे करन कृपा जुत वोधा।
राज राज श्री राम उदारा, ते करि है मश अवधि मझारा।
जग्य वाजि है हो तिन केरे, भ्रमि हौ देस ग्राम वहुतेरे।
पुनि पाछे रघुवीर उदारा, निज कर परसहि गात तुम्हारा।
तव हुइ हौ तुम मुक्त निदाना, लहि हौ परम विसद अस्थाना।

दो.:–अति दुर्लभ जो सवन कह, फिरहि न जीव वहोरि।
दिव्य गात धरि जाव तुम, सत्य वचन यह मोरि।।१८।।

चौ.:–मुनि के भााप विवस रघुराई, तुव मश तुरगभए हम आंई।
अव तुम्हार कर परस प्रभाऊ, सुनहु कृपानिधि कौसिल राऊ।
गावहि परम धाम श्रुति जोई, आइसु देहु लहो मैं सोई।
तहाँ न सोक मोह भ्रम नाना, जरा न मृत्यु न काल निदाना।
पुनि वहु जन्म निकरि प्रभु सोई, अमर नाग नर सकहि न जोई।

तुम्हरी कृपा जाव मैं तहँवा, परमा नन्द अखंडित जहँवा।
अस कहि सो सुर हिय हरशाई, कीन्ही परिकर्मा मुनिराई।
पुनि वंदे पद कंज सुहाए, विनय सहित वर वचन सुनाए।

दो.:– विविधि रतन विरचित सुभग, चढ़ि विमान हरशाइ।
अच्युतधाम गयौ पुनि, ह्रदय धारि रघुराइ।।१६।।

चौ.:– सुनत तासु मुख वचन रसाला, विस्मित भए सकल तिहि काला।
पुनि लिखि परम मुक्त हय केरी, प्रभु महिमा मन गुनी घनेरी।
सुनहु मुनीस महामतिधामा, दंभ सहित सुमिरे तिहि रामा।
ता पर परम मुक्त सो भएऊ, महा विशम भव रूज नसि गएऊ।
जे सप्रेम भजि कपट विहाई, तिनकी गति किमि कहौ बुझाई।
कैसैउ भजहि राम पद कोई, सुर दुर्लभ पद पावहि सोई।
यह चरित्र लखि मुनि समुदाई, मानैउ आपुहि मुक्त वनाई।
कहै परस्पर निरखहु भाई, परसि राम कर मश हय राई।

दो.:– ह्वै सदेह सुर जान चढ़ि, प्रभु पद पंकज देखि।
नित्य धाम आनंद जुत, कीन्हा गमन विसेशि।।२०।।

चौ. हम हूँ भए धन्यतम भाई, निज नेननि देखहि रघुराई।
वात्सायन रघुपति तिहि काला, लखि सदेह हय मुक्ति रसाला।
वोले निज गुर सन वर वानी, अति सुंदर सुनीति रस सानी।
मै कस करहु मुनीस उदारा, अस्व सदेह गएऊ इहिवारा।
सकल देव अव कवन प्रकारा, होहिं तृप्त मम जग्य मझारा।
पुनि मश पूरन जिहि विधि होई, श्रुति सम्मत लै वरनहु सोई।
सुनि अस मुनि सत्तम मति धीरा, वोले सोधि वचन गंभीरा।
सुनहु राम तुम परम सुजाना, वरनन करहु विचारि प्रमाना।

छन्द.:– वरनहु विचारि प्रमान श्रुति मत साधि तुमहि वुझाइ के।
कर्पूर भूरि सुपात्र भरिलेहु ह्वै मुदित मन मगाइकै।।
मम वचन करि सुर सकल हव्य समेत ता कह पाइके।
हुइ है प्रसन्न वनाइ सकल प्रकार ह्रदय अघाइके।।

दो.:– अस सुनि प्रभु कर्पूर वहु, सुरहित लीन मगाइ।
तव वसिश्ठ कीन्हउ तहाँ, आवाहन हरशाइ।।२१।।क

सोरठा.:– सकल देव तिहि काल, आए निज निज लोकते।
प्रमुदित हृदय विसाल, लिये संग परिवार सव।।२१।।ख
इति श्री पदन पुराणे पाताल खण्डे सेस वात्सायन सम्वादे मधुसूदन दास कृते
जग्य समाप्त प्रारंभो नाम **सम्तशश्टि तमोध्याय।।६७।।**

दो.:– नारायण श्री सहित मुनि, प्रथमहि जग्य मझार।
पाइ हव्य वर मिश्ट अति, तोशे सकल प्रकार।। पृ.१७४अ.

चौ.:– पुनि चतुरानन सिव सुर पाला, वरून कुवेर आदि तिहिकाला।
अपर सकल सुर तियनि समेतू, वाढ़े मुदित भाग के हेतू।
तव निज कर वसिश्ठ मुनिराई, दीन्हा सवहि हव्य हरशाई।
परम तिश्ठ निज हाथ वनावा, मंत्र सहित सव भाँति सुहावा।
प्रभु के निरखत जग्य मझारा, पावा सवनि क्षुधित अनुहारा।
भए तृप्त ते सकल प्रकरा, हृदय मध्य लालसा अपारा।
विसद हव्य दै श्री रघुराई, परितोशे सव सुर समुदाई।
मुनि दै दान अनेक प्रकारा, तोशे सकल विप्र तिहि वारा।
दो.:– सुर समूह तव मुदित मन, गमनै निज निज निज धाम।
गुरू प्रेरित मश काज तव, पुनि कीन्हे श्रीराम।।१।।

चौ.:– वहुरि उदार राम तिहि काला, चहु दिसि करि निज राज रसाला।
होतादिक मुनि नाइक जेते, दीन्ह वाँटि प्रभु प्रीति समेते।
ह्वै प्रसन्न तव सकल मुनीसा, कहै जयति कौसिल आधीसा।
तव वसिश्ठ अति सय हरशाई, पूर्णा हुति कीन्ही मुनिराई।
पुनि वोले निशि अवलनि पाहीं, प्रमुदित ह्वै इहि अवसर माहीं।
करौ महोत्सव सकल प्रकारा, तुमहि जोग्य मश अंत मझारा।
अस सुनि तिय समूह हरशाई, कीन्है मंगल चार वनाई।
किमि वरनहु तिनकी छवि रूरी, रति समूह लघु लागहि भूरी।

दो.:– अंग राग वहु भाँति करि, कीन्हे रघुपति केरि।
अपर नेग पुनि कीन्ह सव, मगन महा छवि हेरि।।२।।

चौ.:– मार अनेक राम छवि देखी, सव प्रकार लगु लगहि विसेशी।
जग्य अंत मंज्जन के हेतू, वोले श्री वसिश्ठ मुनि केतू।
सुनहु राम इहि अवसर माहीं, चलहु मुदित मन सरजू पाहीं।
जग्य अंत अस्नान अनूपा, करहु सहित सिय कौसिलभूपा।
प्रभु अस सुनि जानकी समेता, चले मुदित सरि मजन हेता।
कोटिन भूप चले चहु ओरा, जात रहित हिय हर्श न थोरा।
कछुक अग्र चलि श्री रघुराई, सरित सिरोमनि लखी सुहाई।
गुंजत वहु विहंग तिहि तीरा, भ्राजत विविधि वृक्ष मुनिधीरा।

छन्द:– भ्राजत विविधि विधि वृक्ष सुनु मुनि धीर वरनत नहिं वनै।
विश्राति परम विसाल सोहै रची हाटक मनि धनै।
छवि धाम राम उदार पंथ मझार अति सोभित भए।
श्री सहित नृप गन मध्य सुंदर स्याम तन आनद छए।।१।।
उपमा न दुसरी कोइ सव जग जोइ नि चयमाशहू।
पुनि कहों कछु संकोच संजुत हृदय अति अभिलाशहू।।
जिमि चंद आनद चंद तारा सहित उड्गन के विशै।
सो है सरद निसि मध्य तिमि कवि सकुचि उर ग्रंथनि लिखैं।।२।।

दो.:– तिहि अवसर सुर नाग नर, अपर सकल मुनिराइ।
रघुपति मंज्जन श्रवनसुनि, आए आतुर धाइ।।३।।

चौ.:– सीता पति मुख पंकज देखी, भए अचंचल पलक विसेशी।
निरखहि छवि प्रमुदित सव प्रानी, थकित भए नहिं जाइ वखानी।
सवके निज निज हृदय मझारा, राम दरस लालसा अपारा।
महाराज जानकी समेतू, जात पंथ सरि मंज्जन हेतू।
आगै नृत्य करत नट भूरी, प्रकट करत विद्या निज रूरी।
पुनि गावत गंधर्व प्रवीना, परम विमल वर सुजस नवीना।
पुर नटिनी छवि खानि विसेशा, करहि नृत्य सव विसद सुवेशा।
प्रभु मन क्षोभ करहि तिहि काला, करत गान कल कंठ रसाला।

दो.:– सहस धार पट पानि धरि, तिय समूह हरशाइ।
प्रभू सिर सींचहि पंच विच, तिहि अवसर मुनिराइ।।४।।

चौ.:– बिराद हर्द कुंकुम समुदाई, केसरादि सवभाँति सुहाई।
निज निज कर भरि भरि ते वाला, लेपहि रघुपति गात विसाला।
करहिं मनोहर मंगल गाना, हृदय परम आनद अधिकाना।
सजे विभूशन सकल सरीरा, नित नूतन अमोल वर चीरा।
निज उरोज करि रघुपति गाता, परसहि मिस करि हिय हरशाता।
हेम रचित कुंडल छविरासी, प्रभु के श्रवननि मध्य प्रकासी।
परसत तिनहि वाम तिहि काला, भईं थकित लखि रूप रसाला।
जुरे तहाँ नर नारि अपारा, थकेउ पंथ नहिं परहि सम्हारा।

त्र.भं. छन्द:–इहि भाँति कृपाला कौसिल पाला, आए सरजू तीरा।
पावन जल देखा सुखद विसेशा जाहि भजिहिं मुनिधीरा।।
परसत इक वारा कलुश अपारा, भाजहि निमिश मझारी।
तव सिया समेतू रघुकुल केतू प्रविसे परम सुखारी।।
कुल गुरू हरशाई, मुनि समुदाई सहित प्रथम जल जाई।
श्रुति मंत्र सुहाए सव मुद छाए पठत विसद धुनि छाई।।
पुनि नृप गन वृंदा सहित अनंदा कीन्हा सरित प्रवेसा।
नव पंकज लोचन जनभय मोचन मज्जत श्री अवधे ग।।
प्रभु दरस जु पाई सुनु मुनि राई जलभा परम पुनीता।
तव सकल भुवाला मुदित विसाला भरि जल जंत्र सप्रीता।।
रघुपति सिर ढारै रूप निहारै श्रवत विलोचन वारी।
आनद अधिकानै परम लुभानै निज निज सुरति विसारी।।

दो.:– पावन सरित प्रवाह विच, सिया सहित रघुराइ।
क्रीड़ा करि वहुकाल लगि, पुनि निकसे हरशाइ।।५।।क

सोरठा:–धर्म सहित रघुराज, मज्जन करि ठाढ़े भए।
निरखत सकल समाज, छवि निदान तन भयाम मृदु।।५।।ख

चौ.:– दिव्य दुकूल सजे तिहि काला, सिय समेत श्री कौसिल पाला।
सीस किरीट अनूप अपारा, झलमलात सोभा आगारा।
कुंडल श्रवन मध्य अति सो है, मुख उपमा कवि कितहु न जोहै।
अति अनूप केयूर विराजै उर भूशन कर कंकन भ्राजै।

अवर सकल भूशन मुनिराइ, अंग अंग प्रति सजे वनाई।
महा महीप मुकुट मनि रामा, सोहत तिहि अवसर जुत वामा।
कोटि कोटि मन्मथ छवि हारी, धरी कृपानिधि गात मझारी।
कर जो रै सव भूपति वृंदा, अस्तुत करत सहित आनंदा।

दो.:– अखिल लोक की सुभगता, धारन कीन्ह सरीर।
तिहि अवसर निरखत वनै, किमि वरनहु मुनिधौर।।६।।

चौ.:– श्री वसिश्ठ आइसु अनुसारा, प्रमुदित मन रघुपति तिहि वारा।
जग्य थंम सरजू सरि तीरा, गाड़ेऊ जीति कुटिल नृप वीरा।
इहि प्रकार जानकी समेतू, कीन्ह तीन मश रघुकुल केतू।
तिहु पुर कीन्ह सुजस विस्तारा, परम विमल अति सुखद अपारा।
पुनि जानकी सहित रघुराई, गे निज भवन संग सवभाई।
सिंहासन पर मुदित विराजै, छवि विलोकि मन्मथरति लाजै।
भरत लशन रिपुहन कपि राई, अंगद हनुमतादि हरशाई।
चामर छत्र विजन धनु वाना, चर्म भाक्ति असि आयुंध नाना।
धरै सकल निज निज अधिकारू, भरि लोचन निखहिं छवि चारू।
भूप वृंद सन्मुख कर जोरे, पद पाथोज सप्रेम निहोरे।
मुनि पंडित वंदीजन भूरी, गान करत नव कीरति रूरी।
जननिनि धन्य जन्म कर माना, पुरजन सुख नहिं जाइ वखाना।

दो.:– यही ध्यान सिय रमन कौ, सिय जुत राखै जोइ।
सुनु मुनीस ता के हियै, राम भक्ति दिढ़ होइ।।७।।

चौ.:– श्री रघुवीर चरित सुखदाई, मैं वरनौ तुम सन हरशाई।
जे नर सुनै गुनै अरूगावै, श्री रघुवीर धाम ते पावै।
श्रवन विधान तात तुम पहीं, वरनन करौ धरौ मन माहीं।
कातिक माघ चैत्र वर मासा, प्रथम नवमि तै सहित हुलासा।
वाजि मेघ की कथा सुहाई, जे जन श्रवन करहि मुनिराई।
ते अपि सकल सिद्धि जग पावै, पुनि निज कलुश समूह न सावै।
यह श्री रघुपति कथा अनूपा, करि विस्तार सुमति अनुरूपा।

दो.:– तुम सन वरनी सकल हम, सुनहु महा मुनि धीर।

श्रवन करत सादर अवसि, नहिं व्यापहि भवभीर।।८।।

चौ.:– कवन चरित पुनि वूझहु मोही, कहौं वुझाइ तात अव तोही।
जो यह श्रवन करै हरशाई, सो पावहि हरिभक्त सुहाई।
रघुपति सन्मुख होइ वनाई, नासहिं कोटि पाप समुदाई।
जे अपुत्र संसार मझारा, सुनहि कथा प्रमुदित इक वारा।
ते सुन्दर सुत पावै ताता, सीलवंत संतत सुखदाता।
पुनि निर्धनी होइ धनवाना, रोग वंत तजि रोग निदाना।
वहुरि होइ वंधन वस जोइ, श्रवन करत अपि छूटहि सोई।

दो.:– जिनके मन सुत कामना, ते जन धरि वि वास।
तिय संजुत नव दिन विशै, सुनहि समेत हुलास।।६।।

चौ.:– ते सुत पावहि राम प्रभाऊ, परम श्रेश्ठ वरनहु सतभाऊ।
जिनकी कथा सुनत जग माहीं, सुपच लहै परगति सक नाहीं।
पुनि जे श्रवन करहि मुनिराई, विप्र वै य छत्री समुदाई।
राम भक्ति वि वासु वढ़ाई, तिनकी गति को कहै वुझाई।
लौकिक काज सिद्धितिनि केरे, कवन आचरज वि वघनेरे।
रामहि सुमिरि महा अघरासी, भए तुरत परधाम निवासी।
केवट भील किरात समूहा, गिद्ध रिक्ष पुनि मर्कट जूहा।
खग मृग निसिचर नाग तुरंगा, अपर जीव वहु थावर जंगा।

दो.:– धन्य जीव ते जगत मह, जे सुमिरै रघुवीर।
ते पावहि पर धाम अपि, त्यागि विशम भवभीर।।६।।

चौ.:– वृह्म वधादि सकल अघ जेते, जानहु, सघन विपन वन तेते।
प्रभु मश वरन वरन मुनि राई, दावानल अव गुनहु वनाई।
जो यह कथा सुनावहि ताता, गुरू समतिहि पूजिय हरशाता।
दुग्ध धेनु पुनि दीजिय ताही, ममता मान मोह उर दाही।
असन विभूशन वसन सुहाए, देइ ताहि तिय जुत मन भाए।
पुनि प्रतिमा द्वे रचै अनूपा, जनक सुता अरू कौसिलभूपा।
केवल कंचन मय मुनिराई, दीजहि वक्तहि हिय हरशाई।
इहि प्रकार पूजा विस्तरही, जथा सक्ति पुनि तोशन करही।

दो.:– देव पितर तिहि के सदा, करि वैकुंठ निवास।
रामधाम वसि अंत अपि, सोऊ सहित हुलास।।१०।।

चौ.:– राम कथा वूझी मुनि मोही, सो समस्त वरनी हम तोही।
वूझहु कवन चरित तुम ताता, वरनहु तुव आगै मुददाता।
श्रवन करत यह कथा रसाला, नासहि वृंह्म वधादिक जाला।
सकल देव दुर्लभ पद जोई, असिस अंत नर पावहि सोई।
गो घाती कृत घातक जेई, सुरापान रत संतत तेई।
गुरू सज्जा गामी मति मंदा, अपर अनेक महा अघ कंदा।
श्रवन करत यह रघुपति गाथा, होइ परम पावन मुनिनाथा।
सुनि अस श्री अनंत मुखवानी, हरशे वात्सायन मुनिज्ञानी।

दो.:– जोरि उभय कर मुदित मन, पुनि निज सीस नवाइ।
मानि धन्य तम आपु कौ, कीन्ह विनय सतभाइ।।११।।

चौ.:– तुव प्रसाद मैं अहिकुल केतू, सुनी कथा विस्तार समेतू।
करहु विनय प्रभु कवन प्रकारा, सकल भाँति मैं दास तुम्हारा।
दुर्लभ राम चरित मुहि दीन्हा, सकल प्रकार कितारथ क्रीन्हा।
इहि विधि करि वहु विनय मुनीसा, परम प्रीति जुत नाएऊ सीसा।
सुनहु सूत यह चरित अनूपा, तुमहि कहा मैं मति अनुरूपा।
श्री अनंत मुनिवर संवादा, अति पावन पुनि समन विशादा।
अव तुम कह वूझहु हरशाई, तात कहौं सोइ सकल वुझाई।
यह सुनि सूत चरन सिरूनावा, परम अनंद ह्दय मह छावा।

छन्द.:–उर छाव परम अनंद कर जोरि वहु विनती करी।
प्रभु की कृपा अपार मोपर राम कीरति विस्तरी।।
अव प्रनत पाल उदार करूना सिन्धु मुहि जन जानियै।
मैं भयौ धन्य वनाइ सकल प्रकार मनु अनुमानियै।।

दो.:– पुलकि गात इहि भाँति वदि, कीन्हौ चरन प्रनाम।
हरशे व्यास उदार तव, परम कृपा के धाम।।१२।।क
मैं जड़ मनुज मलाइ तन, संतत कुमति निधान।

वरन्यौ राम प्रसाद यह, ग्रंथ सुमति अनुमान।।१२।।ख

सोरठाः– छमहु संत समुदाय, कीन्ह ढिठाई विपुल मैं।
कीज्यौ कृपा वनाइ, अवुध जानि निज दिस निरखि।।१२।।ग

इति श्री पदन पुराणे पाताल खण्डे सेस वात्सायन सम्वादे मधुसूदन दास कृते श्री रामाऽस्व मध कथनं **नाम अश्टाशश्टिमोऽध्याय**।।६८।।

।।जय श्री राम।।

अध्याय ४६ प्रारम्भ

दो.:– प्रनतारत भजन सुखद, रघुनायक कहँ देखि ।
कीन्ह दंडवत सत्रघन सुनु मुनि पुलकि विसेशि ।।

चौ.:– अति दारून मन संभव त्रासा, भई विगत हिय परम हुलासा ।
तव लागे समर समीर कुमारा, निरखे प्रभू सोभा आंगारा ।
अति अचिरज आंनद समेता, गहै जुगल पद सोभ निकेता।
पुस्कलादि जे नृप समुदाई, परे , बोले मृदल वचन हनुमाना ।
सुनहु स्वामि तुम प्रथम वखाना, जन रक्षा हठि करहु निदाना ।
सोपंन आजु सत्य दरसावा, प्रगटि समर बहु दुश्य नंसावा ।
नाथ भयौ मै। धन्य वनाई, तुव पद निरखि अभय पद दाई ।
अब जति हुँ सिव कहँ छिन माहीं, तुम्हरे बल प्रताप सक नाहीं।

दो.:– इहि विधि प्रभु प्रति वचन मृदु ,कहत जात हनुमान ।
तब लगि उत श्री सभु नै. निरखे कृपा निदान ।।

चौ.:– कोटि मदन छवि डारियबारी, जोगेश्वर नहि सकै निहारी ।
अस सरूप भरि लोचन देखी , गहेधाय' पद हर्श विसेशी ।
पुनि मृदु सरल विनीत सुवानी , बोले संभु जोरि जुग पानी ।
तुम प्रभु परम पुरूश अविनासी, परं ब्रह्म पूरन स्व प्रकासी ।
प्राकृत गुन अवगुन समुदाई, सदा रहित श्रुति कीरती गाई ।
सकल कला निधि परम उदारा, संतत मन गो वुधि तै पारा ।
निजभक्तनि वंछित फलदाई, सदा स्वतंत्र अखिल जगराई ।

तुम करि अंस कला विस्तारा रचहु हरहु पालहु संसारा ।

छन्द.:–जय राम उदार नमामि पंद, सुनियै मम सत्य गिरा सुखंद ।
तुव नाम चरित्र अंनत प्रभो,.किहि अंग बखानहु पर्म विभो ।।
जय दैव निरन्तर गान करै, करूनाकर त्यौ हम चित्त धरै।
द्दमियै अपराध कृपाल सवै, विनवौ पद पंकज द्वंद अवै ।।
तुम पूरन ब्रह्म प्रधान परं, प्रनतारत मोचन सर्व परं ।
जब ही जग संभव हेत धरौ, तुम ही विधि कौ निरमान करौ ।।
प्रति पालहु श्रीपति रूप स्वंय,बिरचौ जग नासन हेत वयं ।
यह जक्त समस्त चरित्र तुमं, प्रनवौ अब मैं तुव पाद द्वयं ।।
तुम परम पवित्र कृपाल हरे, सतं सुद्ध मयं तन ग्यान भरे ।
तुव नाम महा अघ पुंज दलं, इमि वेद पुरान कहै सकलं ।।
यह जग्य करौ करूनायतनं, पनठानि दसानन दोश हनं ।
जग मध्य विडंवन कीन्ह महा, तुम पर्म पुनीत श्रुतीनि कहा ।।

दो.:– तुव पद पंकज सोचतै, प्रगटी गंगा पुनीत।
प्रभु सो मै निज सीसधरि, भंजहु देम अनीति ।। 2।।

चो.:– किहिं विधि लगहि तुमहि द्विज दोशा, नाम एक अघ अंध ससोखा ।
मश करि जगहि दीन्ह उपदेशा, सपनैउ तुमहि न अघ लव लेसा ।
प्रभु मैं कीन्ह घोर अपराधा, तुम्हारे दलहि दीन्ह अति बाधा ।
सो अघ छमहु प्रनत भय हारी, अस्तुति किहि विधि करहु तुम्हारी।
मैं तुम्हार किंकर भगवाना, करहु कृपा तुम कृपा तुम कृपा निधाना ।
प्रगटे निज भक्तनि हितलागी, सो प्रभाव जाना जन रत्गी ।
किय अपराध जदपि मैं जानी, जदपि द्दमहु निजपद पहि चानी।
प्रभु मुहि इति महीपवस कीन्हा, तिहि ते उर विवके नहिं चीन्हा।

दो.:– प्रथमहि इहि महिपाल नै, पुर उज्जेनि मझार ।
काली कौ मंदिर जहाँ, राजहि , अति दुति कार।।3।।

चौ.:– सिप्रा सरित मज्जि हरशाई, कीन्ह विपुल तय उग्र वनाई।
तव मैं हुई प्रसन्न रघुराई, बोले वचन भूप प्रति जाई ।
मागु मागु वर जो मन भावा, नृपजच्यो तव राज सुहावा ।

इहि प्रकार सुनि मैं तिहिकाला, वोल्यौ प्रभुदित वचन रसाला।
नृप ता नगर देव पुर केरी, करहु जई लै सेन घनेरी।
जव लगि आव नरघुपति वाजा, तब लगि मैं वसिहौ पुर राजा ।
करि हौ रक्षा सकल प्रकारा ,इहि विधि मैं पूरब वर हारा ।
अव अपराध छमहु रघुराई, तुम कृपाल प्रनतनि सुशदाई।

दो.:– अव हय नृपति कृपायतन , सुत पसु स्वजन समेत ।
तुरग समर्पहि विगत मद , कृपा करहु निरहेते ।।4।।

चौ.:– इहि विध सुनि संकर मुख वैना, भए मुदित अति राजिव नैना।
कृपा दृश्टि करि निरखि कृपाला, बोले गिरा गभीर रसाला ।
साधु साधु तुम संभु सुजाना, परम भक्त सम बुद्धि निधाना ।
कहै वेद बुध मुनि समुदाई, रक्षिय सरनागतहि बनाई।
तुम निज भक्त भूप प्रति पाला, भली कीन्ह यह धर्म विसाला ।
संभु सुनहु मैं कहो बुझाई, परम गोप्य मति जिमि श्रुति गाई ।
मम सेवक जे मन कृम वानी, उर अनन्य नहि परगति जानी ।
मो सम पूजनीय ते ताता, विगत मान मद कवनैहु जाता ।

दो.:– भक्त सिरोमनि संभु तुम , मुहि प्रिय प्रान समान ।
मम उर मै तुम वसहु नित, मैं तुव ह्रदय निदान ।।5।।

चौ.:–जिन यह वोध ह्रदय नहिंधारा, वृथा विरोध करहि संसारा ।
ते खल कल्प सहस्त्र प्रजंता, वसहि नर्क लहि दुःख अनंता ।
अस विचारि मम भक्त सुजाना , पुनि तुव सेवक चतुर निदाना ।
उर तै वैर भाव विसराई, करहि परसपर परम मिताई ।
रघुनायक के वचन रसाला, सुनि महेस हरशे तिहि काला।
मूर्छित परयौ वीर मनिभारी, परसि सीस करि विथा निवारी ।
कीन्ह सजीव ठाढ़ नृप भएऊ, सिव प्रसाद तन सुंदर लहेऊ ।
पुनि निज गन अर , सव कटकाई, किय सजीव द्दिन महँ मुनिराई ।

दो.:– सिव प्रेरित तव वीरमनि, सकल कुटुंव समेत ।
विगत काम श्रीराम पद गहे सोभ संकेत ।।6।।

चौ.:– धन्य महीप वीर मनि सोई, भरि लोचन रघुपति छवि जोई ।
अति दुर्लभ प्रभु दरस सुहावा , बड़े कश्ट जोगी जन पावा ।
सोलहि आपुहि मानि कितारथ , बड़ भागी जाना परमारथ ।
वृहमादिक पूजित भा भ्पा, प्रभु सरनागत पाई अनुपा ।
को कवि वरनि सकै नृप भागू, निरवहि रूप सहित अनुराग ।
भूप सत्रघन पुस्कल वीरा, हनुमदादि जे भट रनधीरा ।
सवनि प्रेम जुत मिले भुवाला, त्याग्यौ वैर भाव बिकराला ।
कोन्ह समर्पन प्रभु मख वाजी, राज कोस सर्वस निज साजी ।

दो.:– अति कृपाल रघुवंशमनि, सकल वस्तु अपनाई ।
पुनि महीप कहँ सोंपऊ बहु प्रंससि हरशाई ।।7।।

चौ.:– सब विधि सबहितोशि भगवाना, भए विलोकत अंतरध्याना।
सुनहु सूत दोउ राज समाजा, बोले अति विस्मय मुनिराजा।
हम रघुपतिहि मनुज करिजाना, वरनहि किहि विधि निज अग्याना।
राम अखिल लोकनि के राऊ, आजु दीख हम सत्य प्रभाऊ पृ.113प्रा.
जल थल जड़ जंगम मय रामा, जानी पंरब्रह्म पर धामा।
इहि विधि कहैं परस्पर वचना, निरखि स्वामि कृत अद्‌भुत रचना।
वीरमनिहि सिव करि प्रभु सरना, अंतर हित पुनि भे दुख हरना ।
गननि समेत गए कैलासा, सुमिरि राम पद सहित हुलासा।

चौ.:– मिलहि परस्पर भट समुदाई, परम प्रीति जुत वेरे विहाई।
वजै वाजनै विविधि प्रकारा, संख मेरि दुंदुभी अपारा ।
राम वंधु प्रमुदित तिहि काला, बोलि समीप सकल महिपाला ।
मनिमय स्पंदन हुई असवारा, चलन हेत तव कीन्ह विचारा।
भूप वीरमनि उर हरशाई, चढ़ि रथ साजि सकल कटकाई ।
जाई सत्रघन पद सिर नावा, निरखि राम सेवक मनभावा ।
सुनु मुनि भूप परम वड़मागी, तनम न वचन प्रेम मति पागी ।
गति अनन्यता हिय महँधारी, चातक मीन दकंज अनुहारी।

दो.:– तिहि अवसर रिपुदहनकर, अनुसासन भट पाइ।
मश तुरंग त्यागत भय, उर उत्साह वड़ाई ।।9।। क

दो.:– अस्त्र सस्त्र सजि विविधिविधि, सजग सुमर समुदाहा
निरखत चले तुरंग कह, विस्मिह जुत हरवाइ।।9।।

सोरठा.:– यह रघुनाथ चरित्र, जे सप्रेम सुनि है मनुज।
करि तिन परम पवित्र, भव रज अवसि न व्यापि है ।।9।।
इति श्री पदम पुराणे पाताल खंडे सेस वात्सायन स्वादे मधुसदन
दास कृते हय प्राप्ति नाम **श्ट चत्वारि संतमोउध्याय ।।46।।**

दो.:– भरत खंड के अंत महँ, हिम गिरि परम उतंग।
कोटिनि मर जुत सुनहु मुनि, पहुँच्यौ तहाँ तुरंग।।

चौ.:– जोजन अयुत उतंग समाना, श्रंग रजत हाटक मय नाना।
तिहि समीप उद्यान विसाला, विविध वृक्षफल सुमन रसाला।
साल तमाल ताल वहु सोहै, कोविदार पुनांग विमोहै।
सुमग करणिका नाग कदंवा, सोमितं सकल अनेकनि अंवा।
देवदारू तह ताल पनस तर, चंदनादि मंदार सुखाकर ।
श्रीफल दाड़िम वेलि सुहाए, अपर अनेक वृक्ष छवि छाए।
चंपक वकुल मदन मन मो है, माधव द्रक्ष वृक्ष वहु सो है।
सोन जुही केतकी सुहाई, मोलसिरी मालति छवि छाई ।।

दो.:– अपर सुमन द्रुम सकल तहँ, सोहत विविध प्रकार ।
लहि सुगंध हुइ मत्त अलि, तिनि पर करहिं गुंजार।।3।।

चौ.:– चक चकई चकोर पिक श्रेनी, कोकिलादि मुनि मन हर लैनी।
केकी कीर कपोत मराला, वोलहि विविधि विहंग रसाला ।
मश तुरंग मन गति अनुहारी, किय प्रवेस तिहि विपिन मझारी।
हेम पत्र सिर सोभ सुहावा, जाइ पंथ डर आनद छावा ।
निहि फद्दे आवहि रघुनाथा, दल चतुरंग उदधि इव साथा ।
वात्सायन मुनि सुनु मनधारी, तिहि अवसर भा अचरज भारी।
आकस्मात तुरग वन माहीं, भयौ थकित मग चलि सक नाहीं।
हिम गिरि सम मा अचंल वनाई, मन मारूत इव गतिहि बिहाई।
दो.:– अचल अश्व तिहि समय लखि, रक्षक विस्मय पाई।

ताड़न कोन्है कसाबहु, सक्यौ न गात डुलाई ।।2।।

चौ.:– तव अकुलाइ सकल रखवारे, जाइ सत्रघन निकट पुकारे।
स्वामि सुनहु हम मर्म न जाना, अचरज भा नहि जाई वखाना।
मश तुरंग इहि विपिन मझारा, चले जात मन गति अनुहारा ।
आकस्मात पंथ ग्रसि गएऊ, हलै कसावहू तदपि न चलेऊ।
अब जंस प्रभु उर पेरे विचारा, करहु सोइ जिमि होइ न वारा।
रिपुसदन इहि विधि सुनि काना, कटक सहित विस्मय अति माना।
सकल सेन जुत गे पुनितहँवा, ग्रसित गात हय वन महँ जहँवा।
तिहि अवसर श्री भरत कुमारा, पकरि अश्व पद वाहु मझारा।

दो.:– बल संम्हारि मुनीस सुनु, पद उठाई तिहि काल ।
अंचल चरनभा मेरू इव, तिल समान नहिं चाल ।।3।।

चौ.:– अवसर सकल भट वल करि हारे, रिच्छादिक अंगद कपि मारे।
तिलभरि हय पद सकहि न टारी, विविधि भाँति वल कीन्ह सम्हारी।
अस कौतिक विलोकि हनुमाना, गे समीप गुनि हरुव निदाना।
हय लपेटि लंगूर मझारा, पुनि उठाव वल सकल सम्हारा ।
त्रण समान हय चरन न चाला, कपि विस्मय तव मानि विसाला।
बेले वचन महा सकुचाई, सुनहु सत्रघन भट समुदाई।
मै विनुश्रम लंगूर मझारी, किंदुक इव द्रोना चल भारी ।
वार अनेकनि लीन्ह उठाई, अपर सैल वहु द्रम समुदाई ।

दो.:– नंदीगन जुत संभु कहँ, लीलहि लीन्ह उठाई।
कहा वापुरो बाजि यह, तिल सम तन न चलाई ।।4।।

चौ.:– अति अजरज मैं इहिपल पावा, हय चरित्र नहिं परै लखावा।
अपर सूर सब रहै उठाई, कवन हेत नहिं घरनि अचरज माना।
कपि वानी इहि विधि सुनि काना, रामबंधु अति अचरज माना।
बोले सुमति सचिव सन वानी, तात सकल मुहि कहौ बखानी।
कवन हेत महि ग्रस्यौ तुरंगा, पुनि किमि चलइ होइ दुखभंगा।
अस सुनि सुमति बोलि तिहि काला, सुनहु स्वामि तुम बुद्धि विसाला।
त्रकालग्य कोउ मुनि तप धामा, खोजहु तिनहि त्यागि सब कामा।
करि है ते सब संसय दूरी, तात मुनिन की मति अति रुरी।

सोरठा:–जग प्रसिध्द जो ग्यान, कौ केवल निज देस कर।
सो हम करहि वखान, नाथा न जानहु अपर मैं।।5।।

चौ.:– सुमति गिरा सुनि परम सुहाई, निकट बोलि निजभट समुदाई ।
कहेऊ मुनीसनि खोजहु जाई, काम क्रोध अभिमान बिहाई।
सुमर सकल अनुसासन पाई, खोजन लगे चहूँ दिसि जाई।
पुनि आपुनु प्रभु सहित समाजा, विचरत फिरहिं मुनिन के काजा।
कितहु न निरखि पेरे मुनि कोई, विपिन सरित गिरित गिरि कंदर जोई।
सुनु मुनि अनुचर एक सुजाना, जहँ तहँ खोजत फिरहि निदाना।
तजि दल जोजन एक प्रमाना, प्राची दिसिगा बुद्धि निदाना।
अति पुनीत आश्रम तहँ देखा, विचरहि खग मृग मुदित विसेशा।

दो.:– निकट वहे सुरसरि तहाँ, अति पुनीत विख्यात।
दरस परस सुमिरन किये, महापाप नसि जात।।6।।

चौ.:– विगत वैर विचरहि सब जीवा, आश्रम परम धर्म की सीबा।
सुरसरि भंजन केर प्रताप, तनम न वचन सकल निः पापा।
छूटि रहीं तरू लता अनूपा, सूखि जाहिं निरखत दुख रूपा।
तिन विच राजहिं मुनि तपरासी, करत विविधि तप धर्म प्रकासी।
अग्नि होत्र कोऊ करहिं सुहाए, कोउ मध्यान माहि लौ लाए।
धूमपान कोउ करहि अद्योमुख, कोऊ भरवहि बात अपनै मुख।
करहि विविधि तप इमि मुनि वृंदा, विगत मान मद सहित अनंदा।
अनल होत्र वर घूम पुनीता, परसत छूट घोर अघ भीता।

दो.:– सौनक मुनि आसीन तहँ, अति उदार तप रासि।
मगन राम सिय ध्यान महँ, वेद रुप आमासि।।7।।

चौ.:– रघुनाइक सेवक मुनिराई, वूझि नाम उर मोद वढ़ाई।
निकट आई रिंपूसूदन पाहीं, कीन्ह निवेदन विस्मित ताहीं।
सकल समाज सहित रघुराई, हरशित भए अपार बनाई।
कछुक भीर लीनी निज संगा, जे श्रुति पथ कोबित सब अंगा।
सुमति भरत सुन पवन कुमारा, जनक तनय जुत हर्श अपारा।
सुरसरि निकट सुआश्रम जहँवा, जाई दीख मुनि वर कहँ तहँवा।
होम हुनासन मध्य सुकरही, विधिवत वेद मंत्र उच्चरही।
मनहु ग्यान धरि रुप सुहावा, सहित समाज सोभ अति पावा।

दो.:– जाहि निकट तव सत्रघन, मुनि पद कीन्ह प्रनाम।
प्रमुदित डर सव जननि जुत, प्रथमहिं कहि निज नाम।।८।।

चौ.:– सौनक मुनि लखि अतिथि सुहाए, स्वागत करि आसन बैठाए।
पुनिवर वचन मुनीस उचारे, कारन कवन भूप पगु धारे।
तुब परिजन गरु जग माहीं, सहसा नृप जन विचरत नाहीं।
जो न फिर हु तो सुनहु भुवाला, वढ़हि विश्व महँ खल विकराला।
होंइं साधुजन दुखित अपारा, तिहि ते विचरन धर्म तुम्हारा।
कहौ सत्रघन भूप सजाना, किमि कीन्हौ आगमन निदाना।
इहि विधि सुनि सौनक मुख वानी, हरशे सकल वीर भटमानी।
गद गद सिर पुलकित तिहि काला, बोले रिपुहन वचन रसाला।

दो.:– सुनहु मुनीस उदार मति, विस्मय एक विसाल।
तुव आश्रम के निकट ही, कानन मध्य कृपाल।।६।।

चौ.:– राम चन्द्र मश वाजि सुहावा, मन गति जाहि स्ववस तहँ धावा।
आकस्मात धकित सोभएऊ, मरु समान अंचल है गएऊ।
पुस्कलादि भट थकेऊ उठाई, तिल समधरनि न सके छुड़ाई।
हम दुख जलधि मगन मुनिनाथा, जिहि विधि छुटै कहौ सोई गाथा।
इहि प्रकार सौनक सुनि काना, निमिश एक लगि कीन्हैऊ ध्याना।
ग्यांन द्रश्टि सव चरित निहारी, वोले पंकज नैन उधारी।
सुनहु सचेत सत्रघन भूपा, अचल भयौ जिति अश्व अनूपा।
श्रवन परत यह कथा प्रसंगा, है है अवसि संकल भ्रम भंगा।

दो.:– गौण देस महँ प्रथम नृप, कावेरी सरि तीर।
सात्विक नाम सुविप्र इक, तहँ तप कीन्ह गभीर।।१०।। पृ.११५।। प्रा.

चौ.:– दिवस एक करि नीर अहारा, दिन दूसरै मरुत उर धारा।
दिवस तीसरे पवन न नीरा तपै अनल होई मगन सरीरा।
बहुत काल बीते महिपाला, ग्रसे आइ द्विज काल कराला।
तिहि अवसर विमान इक आवा, नाना मनि गन रचे सुहावा।

सुभग अपछरा से वै ताही, रुप रासि दामिनि दुति आही।
निकट बिलोकि जान दुति कारा, चढ़े विप्र उर हरशि अपारा।
कंचन गिरि के सिरिवरि सुहाए, कीन्ह विहार जाइ मनभाए।
जांवू नंद वृक्ष तहँ भाजै, अति उतंग निरखत दुख भाजै।

दो.:– तिह प्रगटी सरिता वर, जामवती असनाम।
दिव्य हेम जिहि पंक कौ, अभरन धरि सुरवाम।।११।।

चौ.:– तिहि तर विशै महा मुनि वृंदा, करहि विविधतप सहित अनंदा।
कोउ त्रकाल संध्या अनुसरही, विहित निज धर्मनि कर ही।
सात्विक द्विज तहँ विविध प्रकारा, लियै अपछरनि करै विहारा।
काम विवस उर रहा न ज्ञान, वैभव निरखि प्रगट अभिमाना।
जाम वती तट मुनि तप धामा, संध्यादिक नित करहि अकामा।
तिन सन्मुख दिन प्रति द्विज सोई, बैठि दंभ जुत मुनि कर जोई।
परसहि गात करहि इमि हांसी, एक दिवस लखि मुनि तप रासी।
दीन्ह साप करि कोप अपारा, राक्षस होहु कुमति आगारा।

दो.:– तव सात्विक अकुलाई उर, गहि पद वचन उचार।
मुनि कृपाल की जै कृपा, मैं खल अधम अगार।।१२।।क
वोले विहसिरिशी तब, क्रोधवेस विहाई।
जव आवहि श्रीराम हय, ग्रसियौ ताहि वनाई।।१२।।ख
राम चरित सुनि हो जवै, तव छुटि है मम साप।
है है मुक्ति अवस्य तुम, श्री रघुनाथ प्रताप ।।१२।।ग

सोरठा.:– भयौ निसाचर घोंर, सात्विक नाम सुविप्र इमि।
तिहि हय ग्रस वर जोर, वरनहु प्रभु जस छुटहि सो।।१२।।घ
इति श्री पदम पुराणे पाताल खण्डे सेस वात्सायन संवादे मधुसूदनदास कृते शाप विमोचन कीर्तन नाम **सप्त चत्वारिशोध्याय।।४७।।**

दो.:– सौनक मुनि मुख वचन सुनि,लवनांतक तिहि काल।
चरन बंदि बोले तवै, विस्मय ह्रदय विसाल।।

चौ.:– नाथ कर्म गति गहन अपारा, अति बलवान सकल संसारा।

तप निधान द्वज सात्वक नामा, करत भोग बहु लहि सुखधामा।
पुनि जिहि कर्म निसाचर कीन्हा, प्रथम पुन्य फल दलि सुख दीन्हा।
तुम मुनि सब विज्ञान निधाना, गहन कर्म गति करहु वखाना।
किहि अघ कवन नर्क नर लहहीं, सकल कहौ मुहि जिमि श्रुति कहहीं।
सुनि सौनक बोले हरशाई, रघुकुल मनि तुम धन्य वनाई।
जदपि विस्व पर बुद्धि तुम्हारी, सदा धरा पर मोद बिहारी।
वूझहु तदपि जगत हित लागी, तुम उदार दीननि अनुरागी।

दो.:– विविध कर्म गति कहऊ मैं, अति विचित्र जगमाहि।
श्रवन करत महिपाल मनि, होई मोक्ष सक नाहि।।१।।

चौ.:– परधन पर सुन पुनि पर नारी, हरहि मोह वस जे अविचारी।
तिनि कहँ जम किंकर वलभारी, वरवस काल पास मै डारी।
नर्क अंधता मिश्र कराला, जाहि निपातहि कराला।
वर्श सहस्त्र लागि तिहिमाहीं, वहु प्रकार त्रासहि सक नाहीं।
भोंगि सकल अघफल समुदाई सकर जोनि होई पुनि आई।
तहाँ दुःख लहि विविधि प्रकारा, पावहि लोग सव कोई।
जे नर भूत द्रोह नित करही, केवलि निज कुटुंव कहँ मरही।

दो.:– तिनहि त्रास दै विविधि विधि जम किंकर अति घोर।
नरक अंधता मिश्र विच, डारि दैहि वर जोर।।२।।

चौ.:– वृथा जीव वध जे नर करही, रौख नर्क जाई ते परही।
पुनि जे अजितेंद्री अघ रासी, स्वाद हेत खल कुमति प्रकासी
वधै जीव करि आमिश भोगा, महामंद जानहु ते लोगा।
नाना विधि करि ताड़न भारी, समन पास करि बाँधि प्रचारी।
नरक महा रौरव विख्याता, करहि निपात जाइ सुनु भ्राता।
पितु विरोध जे निरत निदाना, पुनि संतत करि द्विज अपमाना।
तिनहि समन किंकर विकराला, विविधि भांति हति करहिं विहाला।

दो.:– घोर नर्क विख्यात अति, काल सत्र जिहि नाम।
जोजन अयुत प्रमान महँ, सुनहु भूप वलधाम।।३।। पृ.११६ प्रा.

चौ.:– वर वस ताहि निपातहि जाई, विपुल काल लगि वास कराई।
धेनु विरोध करे खल जोई, परै आइ इहि नर्कहि तेई।
रोमावली तासु तन जेही, वसै सहस्त्र वर्श अपि तेही।
जे महीप दुर्मति जग माहीं, नीति शास्त्र पथ निरखत नाहीं।
विनु अघ करहि प्रजा पर दंडा, ताड़हि पुनिभू सुरनि प्रचंडा।
सूकर मुख इक नर्क कराला, परै तहाँ खल विपुल विहाला।
कोल मुखी जम भट भय कारी, तिनहिं निपातहि तासु मझारी।
विविधि त्रास तहँ भोगि वनाई, मंद जोनि पुनि प्रगटहि आई।

दो.:– विप्र वृत्ति महँ वित्त जग, हरहि स्वाव करि जोइ।
तथा धेनु कहँ मोह वस, त्रासैधन हित सोई।।४।।

चौ.:– ते खल अंध कूप मै जाई, परै अद्योमुख दुख अधि काई।
अपर सुनहु रिपुहदन सुजाना, मधुर वस्तु जे जानि निदाना।
भोगहि आपु स्वाद हित लागी, देव सुह्द विहाइ हतभागी।
तिनहि पकरि जम भटवर जोरा, कृमि भरव निरय डारि अति घोरा।
ताड़न करि तिहि विविधि प्रकारा, सदा करावहि कृमि आहारा।
पुनि ते सठ विनु आपद काला, हरहि कनक पर लोभ विसाला।
दूसर ब्रह्म अंस अप हारी, हतहि इनहि जम भट भय कारी।
दंस नाम इक नर्क प्रचंडा, परै तहाँ लहि त्रास अखंडा।

दो.:– जे पोशै निज गात नित, परिहरि सव परिवार।
पुनि जे नर पर तियन में, करै रमन संसार।।५।।

चौ.:– तिनहूँ धरि वरवस जमदूता, ताड़न वहु विधि करै वहुता।
कुंभी पाक नर्क विख्याता, दारून तप्त तेल निध ताता।
अधो वदन करि करहि निपाता, वसै वर्श वहु अति विलखाता।
जे नर वरवसं श्रुति पथ खंडै, तजि सत धर्म वाम मग मंडै।
वैतरनी सरि ते खल परहीं, रुधिर मांस तहँ मक्षन करहीं।
अपर सुनहु जे लघुमति कामी, होइं तनय हित विशली गामी।
ते खल पूप कुंड करिवासा, विविध प्रकार लहै तहँ त्रासा।
प्रगट दंभ जे कुमति निदाना, वंचत जगहि न वेद प्रमाना।

दो.:– सकल त्रास प्रद नर्क इक, वैसानन तिहि नाम।
मिलै हलाहल असन तहँ, सपनैउ नहि विश्राम।।६।।

चौ.:– विकट समन किंकट रघुराई, ताड़न करितिहि डारहि जाई।
जे सठ अधम वाम अनुरागी, कै कुलीन तियरत हतभागी।
रेत कुंड मै ते अघ मूला, करहि निवास लहै ते सूला।
प्रगटै तहाँ ह्रुधा अतिभारी, रेत पान सोई करै दुखारी।
सुनहु सत्रहन भूप उदारा, जे जग चोर कुमति आगारा।
अनल लगाइ दैइ सठ जेई, करि विश्वास गरल प्रद तेई।
लूटहिं भवन ग्राम जे मंदा, पर अनहित ता कै अघ कंदा।
तिनहि प्रेत पति भट विकराला, वधे विविधि करै बिहाला।

सोरठा.:– सार मेय असनाम, नर्क घोर विख्यात जग।
विविध सूल कौधाम, परै जाइ ते मंदमति।।७।।

चौ.:– मृशा साखि जे भरहि विमूढ़ा, पुनि पर वित्त हरहिं जे गुढ़ा।
सूची वदन नर्क ते परहीं, वहु विधि जम भट ताड़न करहीं। पृ.११६अ.
विविधि त्रास वहु विधि करिभोगा, प्रगटहिं मंद जोनि जुत रोगा।
स्वाद हेत जे मं अभागे, सुरापानि महँ अति अनुरागे।
लोह दाहि कर तोय समाना, जम भट तिनहिं करावहि पाना।
करहि मूढ़ जे गुरु अपमाना, निज विद्या आचरन भुलाना।
कोपि निसंक प्रेत पति दूता, वाँधि तिनहिं दै त्रास अकूता।
क्षार नाम एक नर्क प्रचंडा, करहि निपातन करि वहु खंडा।

दो.:– दुसह दुःख भोगहि तहाँ, छिन छिन गरहि सरीर।
सुमिरि सुमिरि अपराध निज, रोदन करंहि अधीर।।८।।

चौ.:– जो विश्वास घांत जग करहीं, वेद धर्म पुनि चित्त न धरहीं।
तिनकौ मिलहि सूल विकराला, जिहि तै छुटै अनल कन माला।
जे संतत करि पिसुन पराई, तिनकी गति मैं कहौ बुझाई।
सब तै कठिन नर्क इक ताता, दंद सूक जग मै विख्याता।
परै जाइ तहँ ते कु विचारी, डसहि भुजंग विपुल विशधारी।

इहि विधि अमित नर्क नृप जानौ, मैं तुम सन किहि भाँति वखानौ।
जे जरा पाप करै जग माहीं, ते तस नर्क लहै सक नाहीं।
जिनि रघुपति जस सुनैउ न काना, पर उपकार न जिन उर आना।

दो.:– सकल नर्क महँ परहिते, सहै महा दुख जाल।
प्रेतराज भर हतहि बहु, छुटै न कवनेउ काल।।९।।

चौ.:– जे नर इहाँ अनंद विलासी, ते जन जानहु सुर पुर वासी।
जे अति दुखित सदा तन रोगी, जानहु तिनहि निरय कर भोगी।
वात्सायन इमि सुनि रघुराई, छिन दिन कंपन लगे वनाई।
जोरि जलज कर वोले वानी, विश्वहेत संसय रस सानी।
कहौ महा मुनि मोहि बुझाई, त्रकालग्य तुम जग सुख दाई।
किहि अघ कंवनचिंन्ह तन होई, करि विस्तार वखानहु सोई।
सुनि सौनक बोले हरशाई,महाराज मैं कहौ बुझाई।
प्रथमहि कीन्ह सुरा जिन पाला, ते रवलभोगि नर्क दुख नाना।

दो.:– तद नंतर ते कुमति निधि, धरहि गात जव आनि।
स्याम दसन पावै तहाँ, तान सत्य जिंय जानि।।१०।।

चौ.:– भक्षा भक्ष असन जिन्ह कीन्हा, जग प्रसिद्धि यह तिन कर चीन्हा।
गुलम रोग तिहि जठर मझारा, प्रगट होई अपजस आगारा।
पुनि जे नर अविवेक निसाना, रितु वंती तिय जानि निदाना।
तासु पानि परसत दिन तीनी, करै असंन नहिं धर्महि चीन्ही।
तिनि के उदर माँहि कृमि होई, वरनहु अपर सुनहु नृप सोई।
अधम नारि कर पाक वनावा, करहि असन जो ग्यान ने ल्यावा।
मंद गंध तन तिन के आवै, संगम करत चित्त भ्रम पावै।
जे सुपाक करि विविधि प्रकारा, हरि अर्पन विनु करहि अहारा।

दो.:– घोर रोग तिनि के जठर, प्रगट होइ नर नाथ।
महा व्याधि वस कुमति ते, सदा धुनहि निज माथ।।११।।

चौ.:– जे पर पाक विदूशित करही, दुश्ट सील पापनि संचरही।
तिनकी जठर अनल भव मंदा, करहि न असन सहित आनंदा।

प्रानिन गरल देइ खल जोई, छरद रोग तिनके तन होई।
जे मारग नासहि जग माहीं, तिनकै चरण रोग सक नाहीं।
करहि सदा जेपिसुन पराई, कास स्वास रोगन ते पाई।
जे जग वंचक कपट निधाना, अपस्मार लहि रोग निदाना।
त्रासहि जे जीवनि संसारा, दास सूल तिन गात मझारा।
दावा नल जे दैहि लगाई, तिन कर चिन्ह कहौ समुझाई।

दो.:– गुद मग श्रोनित श्रवहि ते, दिन दिन कृसहि सरीर।
चिंता मगन रहै सदा, उदर होइ अति पीर।।१२।।

चौ.:– जे खल सुर मंदिरनि मझारी, अथवा कूप सरित सरवारी।
करहि पुरीश ना ग्यान विचारा, होई तासु गुद रोग दुरवारा।
गर्भ निपात करहिं नर जोई, फीहदिक तिनिके तन होई।
पुनि जे सठ प्रतिमा करि खंडा, ते पावहि जग अजस प्रचंडा।
जिनहिं सदा कटु वचन पियारा, होंइं भंग तन ते संसारा।
जे निंदक जग अवगुन धामा, तिनि के सीस केस नहि जामा।
जे जन सभा माँझ रघुराई, मृशा पक्ष हठ करहि वनाई।
तिन कर पक्ष घात अपि होई, दारुन त्रास सहै जग सोई।

दो.:– अपर सुनहु श्री सत्रघन, जे नर करि पर हास।
ते अपि का नै हौहि जग, कुनशी कुमतिनि मास।।१३।।पृ.११३.म.

चौ.:– नृप पर ताम्र चुरावहि जोई. थाथी तासु गात मै होई।
पुनि जे सठ पर कांस्य चुरावै, सित सरीर ते जग मै पावै।
पीतरि चोर चीन्ह जग जाना, सिरग चींप गल होइ निदाना।
जिन पर सीस हरामहि पाला, अर्ध सीस तिहि होइ कराला।
पर घृत हरहि लोभ वस जोई, मंद रोग तिनके द्रग होई।
हरहिं तुचा जे जन मतिहीना, होइ थूल अति ते बल छीना।
जे नर मधु अप हरहि परावा, अति कुगंध तिनके तन आवा।
लोह चोर गति कहौ वुझाई, तिहि तन वरनफ होइ वनाई।

दो.:– तेल चुरावन हार जन, जव जग धरहि सरीर।
तव तिनके अंसनि विशै, प्रगटहि दारुन पीर।।१४।।

चौ.:– जिन हरि सोज चोरि जग रवाई, विगत दसनते हौहि वनाई।
पुनि जे स्वाद हेत रघुराई, भोगहि ग्रह पकवान चुराई।
तिनकी जीह्व रोग जुत होई, हरशित भोजन करै न सोई।
मातु गमन जे करहि मलीना, ते जग प्रगटहि लिंग विहीना।
जे गुर तिय गामी अघ मूला, मूंत्र करत ते पावहि सूला।
पुनि निज सुता निरत जे कामी, रक्त कुश्ट ते पावहि वामी।
जे सठ स्वामि नारि अनुरागी, होहि दादु जुत सोहत भागी।
अपर एक सुनियै रघुराऊ, जे निज ग्रह सोपै सतं माऊ।

दो.:– तिनिकी तिय सन करहिरति, जेअस नरअघ रवानि।
ते जव धरहि सरीर जग, गज इव तुच पहिचानि।।१५।।

चौ.:– जननि भगिनि रति लघु मति जोई, दक्षन तन ता कै वृक्ष होई।
मातुल वाम गमन जो करहीं, धर्म राजभय ह्दय न धरही।
सो अपि भोगि नर्क दुख नाना, पुनि सरीर जव लहै अपाना।
वाम अंग वृन दारुन होई, वरनो अपर सुनो मुनि सोई।
जे निज जनक वंधु तिय माही करहिं गमन उर संकहि नाही।
होइ कुश्ठ तिहि कंठ मझारा, अपजस करइ सकल संसारा।
मीत वाम सन विहरै जेई, महा पोच जानहु हिय तेई।
करहि काम वस विपुल विवाहू, जियै न नारि होइ अति दाहू।

दो.:– जे रवल कुमति स्वगोत तिय, रमहि न करहि विचार।
रोग भगंधर होहि, तिहि, सकल दुःख आगार।।१६।।

चौ.:– जे सुसील जग तापस वामा, पति देवता सकल गुन धामा।
तिनहि वंचि जो करहि विहारा, भोगहि नर्क सो विविध प्रकारा।
वहुरि सरीर धरै जग माही, रोग प्रमेह होइ सक नाहीं।
पूजनीय अति वुध जन वामा, तिन सन रमहि जेपि वस कामा।
तासु घ्रान वृन होइ निदाना, स्वास लेत दारुन दुख माना।
जिन दीक्षा दीनी संसारा, तिहि तिय सन जे करहिं विहारा।
संतत श्रवहि रुधिर ते लोगा, वरनन करौ बवर कछु रोगा।

पुनि जे कुमति स्वजाति विहारी, प्रगटहि वृन तिन ह्रदय मझारी।

दो.:– अति उतंग कुल वाम सन, जे विहरहि मति मंद।
तासुभाल विच होई वृन, वहु कराल दुख कंद।।१७।।

चौ.:– करहिं गमन जे पसुनि मझारा, ते सहि मूत्र धार दुख मारा।
अमित चिन्ह सुनुभूप सुजाना, मैं तुम सन किमि करौ वरवाना।
नर्क भोग जव आवहि प्रानी, तव तस रोग होइ तन आनी।
ऐसे नारि चिंन्ह पहिचानौ. जथा जोग अघफल अनुमानौ।
जिहि वय माझ कलुश करि जोई, तिहि अनुमान रोग लहि सोई।
नाना अघ नाना जग रोगा, जथा जोग पावहि जन भोगा।
दान पुन्य जप तप मश सेवा, नाना वृत तीरथ पुनि देवा।
अघ संघार करै सक नाहीं, भूप सुजान काल वहु माहीं।

दो.:– श्रीपति सुमिरन करत छिन, नसै पाप समुदाइ।
सत्य सत्य पुनि सत्य यह, वेद स्मृति अस गाइ।।१८।।

चौ.:– राम चरित पुनीत संसारा, सुनत सकल अघत करै सिंघारा।
कोटि उपाइ करौ किनि कोई, इहि विनु कलुश अमूल न होई।
राम चरित अनंत संसारा, अति पावन श्रुति स्मृति पुकारा।
कलुश पुंज कुंजर समुदाई, चरित्र प्रसिद्ध प्रवल मृग राई।
महा पाप जग जलधि समाना, प्रभु जस कुंभज मुनि अनुमाना।
पुनि उप पाप पुंज गिरि चंडा, रघुनाइक गुन जपि करि खंडा।
मन संभव अघ तिमिर अपारा, नाम दिनेस तेज आगारा।
तन वच आदि कलुश जग जेते, जान अजान अपर अघ तेते।

दो.:– तूल समूह समान ये, रघुपति चरित कृसान।
कहत सुनत समुझत सुजन, पावै पद निर्वान।।१६।।पृ.११८म.

चौ.:– श्री रघुनाथ सुजस सुनि काना, जे खल करि उपहास निदाना।
वसहिं सदा ते नर्कनि माहीं, कलपांतहु अपि उवरै नाहीं।
जाहु सत्रघन सहित समाजू, तजहु सोच ह्वै है तुव काजू।
सिय रघुवीर चरित सुखदाई, वरनहु तुरंग श्रवन महँ जाइ।

हुइ है मुक्त सत्य मम वेना, इहि विधि कह सौनक तप यैना।
सूनि रिपुदहन जोरि दोउ हा था, पुलक सरीर नाइ गद गाथा।
विविध प्रकार विनय तव कीन्ही, पुनि सब सहित प्रदक्षिन दीन्ही।
सकल मुनिनि करि दंड प्रनामा, चले कटक अतुलित वल मधामा।

दो.:– सुनु मुनीस तव पवन सुत, कूदि गएऊ हय पास।
क्रम सौ रघुपति चरित सव, वरन्यौ सहित हुलास।।२०।।

चौ.:– पुनि वोले कपि वचन उदारा, द्विज लहु मुक्ति करौ किमि वारा।
श्री रघुवीर चरित्र प्रतापा, चढ़ु विमान तजु मुनि जन श्रापा।
जाहु परम पद हर्श समेता, जहँ वसि नित्य मुक्त सुख लेता।
इहि विधि कहत समीर कुमारा, रिपुभंजन आए तिहि वारा।
तव कुजोनि द्विज छाड़ी सोई, सन्मुख दिव्य विमानहि जोई।
तिहि पर चढ़ि उर हर्श वड़ाई, जोरि पानि कह पद सिरु नाई।
तुव प्रताप रिपुहन कपिराऊ, पुनि श्रीराम चरित्र प्रभाऊ।
सब प्रकार मैं पावन भएऊ, जाहुँ परम पद अघ नसि गएऊ।

दो.:– अस कहि द्विज पद वंदि पुनि, गएऊ श्री आगार।
निरखि चरित यह सुभर सव, विस्मित भए अपार।।२१।।क

सोरठा.:– मरव तुरंग तिहिकाल, मधु सूदन उवरत भयौ।
हरशे सब महिपाल, विचरत ताहि विलोकि वन।।२१।।ख
इति श्री पद्य पुराणे, पाताल खंडे सेस वात्सायन संबादे मधुसूदन कृते
हय मुक्तो नामाश्ट चत्वारिंसोध्याय।।४८।।

दो.:– वात्सायन गहवर विपन मख हय सकल मझार।
सप्त मास बीते तहाँ मन महँ मोद अपार।

चौ.:– कोटिन नृप निज निज दल साजे, भ्रमहि वाजि संग जल निधि लाजै।
रिपुसूदन प्रताप चहुँ ओरा, धरनि सकहि कोउ हय वर जोरा।
भरत खंड अवगाहि वनाई, हिमि गिरि लागि देस समुदाई।

सीता पति प्रभाव सुनि काना, मिलहि पंथ नृप तजि अभिमाना।
छेस कलिंग अंग पुनि वंगा, विपुल ग्राम वहु सैल उतंगा।
वाजि राज निज इक्षा चारी, अवगाहे सव संग दल भारी।
पुनि नृप सुरथ नगर महँ गएऊ, भवन तासु अति छवि निर्मएऊ।
परम मनोहर सव सुख धामा, सुनि मुनि तिहि कर कुंडल नामा।

दो.:– अदिति श्रवन तै वार इक, कुंडल परयौ विहाइ।
तिहि दिन तै ता नगर कौ, कुंडल नाम कहाइ।

चौ.:– सुनहु सूततिहि नगर मझारा, कवहुन होइधर्म अपचारा।
संतत प्रेम सहित नर नारी, भजहि राम सिय काम विसारी।
वहुदल द्रुम तुलसिका सुहाई, ग्रह ग्रह पति पूजहि रिशाई।
श्री रघुपति सेवक सव लोगा, सुद्ध सत्व मय विशय बियोगा।
कनक पंक मनिमय वहु रंगा, विरचित जहँ तहँ भवन उतंगा।
सिया राम प्रतिमा छवि रासी, मगन सहित तिनि माह प्रकासी।
विविध विभूशन वसन सुहाए, अंग अंग प्रति अति छवि छाए।
कटि निशंग सारग सर हाथा, इहि स्वरुप तहँ लखि रघुनाथा।

दो.:– विधिवत् पूजन करहिं जन, कामादि कनि विहाइ।
सुद्ध चित्त हिय हर्श जुत, नित नव प्रीति वड़ाई।।२।।

चौ.:– सदा जीह्व हरि नाम उचारा, कलह कथा तजि करइविचारा।
रामध्यान लव लीन सदाई, मोक्षादिक कछु जाचत नाई।
एक देव तहँ श्री रघुनाथा, कहै सुनै सुमिरै हरि गाथा।
प्रकृत विसन रहित नरनारी, संतत परमानंद विहारी।
तिहि पुर कर किमि करौ वखाना, भूप सुरथ प्रति पाल निदाना।
वचन सत्य तव वोलि नृपाला, परम वली गुन ग्यान विसाला।
रघुंपति भक्त अंनन्य वनाई, चातक सरिस सुनहु मुनिराई।
सुमिरै प्रभु पद हर्श समेता, सर्व काल तजि प्राकृत हेता।

दो.:– रघुपति सेवन करहि नित, परि हरि आलस मान।
सुरथ भूप पर धर्मरत, मैं किमि करहु वखान।।५।।

चौ.:– तिहि अवसर सुनुसूत सुजाना, पुर वाहिर भ्रगि नृप भट नाना।
तिन रधुनाथ जग्य हय देखा, चंदनादि तन चर्चि विसेशा।
तिन रघुनाथ जग्य हय देखा, चंदनादि तन चर्चि विसेशा।
सुंदर हेम पत्र सिर भाजे. विसद वरन संजुत अति राजै।
वाँचि ताहि विस्मय तिन माना, रघुपति जग्य वाजि जिय जाना।
परमानंद विवस सवभएऊ, पुनि धरि धीर सभा चलि गएऊ।
करि प्रनाम उर हर्श वड़ाई, बोले भूप रजाइसु पाई।
सुनहु भुवाल वचनधरि काना, पावन अवध पुरी जग जाना।
तासु स्वामि श्री राम उदारा, जड़ जंगम जिहि भजिसंसारा।

दो.:– तिन कर जग्य तुरंग प्रभु, आवा तुव पुर पास।
विपुल सूर रक्षा करै, धरियै सहित हुलास।।४।।पृ.११६।।

चौ.:– सुनि अस वचन सुरथ महिवाला, हर्श विवस पुलके तिहि काला।
लोचन श्रवन लगै जल धारा, ध्यान मगन नहिं गात सम्हारा।
पुनि हुइ सावधान धरि धीरा, बोले वचन परम गंभीरा।
सुनहु सुभट हम धन्य वनाई, अतुलित कृपा कीन्ह रघुराई।
सहित समाज विगत संदेहा, निरखहु राम वदन छवि गेहा।
कोटिन भट रच्छित मख घोरा, धरि हौ ताहि अवसि वरजोय।
आवै गे जव श्री रघुनाथा, तव दै हौं हय धरि पद माथा।
मैं बहु काल कीन्ह प्रभु ध्याना, अवसि दरस दै है भगवाना।

दो.:– अस कहि सुरथ मुनीस सुनु, हय लगि भटनि पराव।
नगर निकट तिन जाइधरि, वाजि राज लै आव।।४।।

चौ.:– रघुपति तुरंग निरखि महिपाला, पुलकि गात कह वचन रसाला।
सुनहु सकल इहि वाजि प्रभाऊ, परम लाभ ह्वै है सब काऊ।
राम चन्द्र पद कंज उदारा, दुर्लभ अज सिवादि संसारा।
ते पद भरि लोचन मन भाए, करि हो अवलोकन छवि छाए।
धन्य जीव सोई संसारा, पसु पुत्रादि स्वजन परिवारा।
रघुनाइक सरनागत जोई, तन मन वचन विगल छल होई।
धरहु अस्व अस हृदय विचारी, स्वर्न पत्र सोमित मनुहारी।

सुनि नृप वचन सुभट हरशाई, वाजि साल हय वाँधऊ जाई।

दो.:– दुर्गम थल अनुमानि जिय, सोधि जतन हय राख।
रघुनाइक के दरस लगि, सब के उर अभिलाश।।५।।

चौ.:– राम जग्य हय पाइभुवाला, हृदय मानि आनन्द विसाला।
वात्सायन मुनि सुनु मनुलाई, नृप नित प्रजहि कहै समुझाई।
पर तिय निरत होहु जिनि कोई तजि सव विशय धर्म पथ जोई।
जिनि सपनै परधन चित धरहू, मार विवस पुनि मति जिनि करहू।
जीह द्वार रघुपति गुन ग्रामा, संतत कहों सुनौ सहवामा।
एक नारि वृत धरहु सदाई, पर अपवाद तजहु विश ताई।
अपर सुनहु श्रुति पथ विहाई, मूलि न चलहु कहौ समुझाई।
विधिवत् विहमु चक्र बर दोऊ, वाहु मूल धारहु सबु कोऊ।

दो.:– राम भक्ति नव निधि विदित, नित्यधाम कर कानि।
विगत मान तजि काम सव, करहु स्वधर्महि जानि।।६।।

चौ.:– संख चक्र प्रभु सरन विहीना, जे सठ मम पुर वसहिं मलीना।
वृद्ध तरुन सिसु पुनि नर नारी, कवनहु वरन होई कु विचारी।
तासु काल जानहु मुहि भाई, करिहौं पुर तै विमुख बनाई।
कहौ सकल जन कपट विहाई, इहि मग चलहु सकल हरशाई।
सुनु मुनि इहि विधि सुरथ नरेसा, सभा मध्य नित करि उपदेशा।
सपनैउ तिहि के नगर मझारा, कोऊ न करै पाप संचारा।
सदा करहि सव रघुपतिध्याना, बड़भागी नहिं अघ अभिमाना।
जे जन तिहि पुर तजै सरीरा, ते लहि मुक्ति भंजि भव भीरा।

दो.:– सूत सुनहु जम राजभट, अति कराल जग जान।
कवहु न करै प्रवेस ते, पूपति नगर निदान।।७।।

चौ.:– धर्म राज करि हृदय विचारा, एक वार मुनि वर तनुधारा।
अजिन वसन सिर जटा विसाला, तप करि उठे मनहु ततकाला।
सभा माहि तिन कीन्ह प्रवेसा, विद्यमा जहँ सुरथ नरेसा।
श्री जुत पुंड भाल महँ देखा, जीह जपत हरिनाम विसेशा।

सादर उठि प्रनाम तव कीन्हा, अर्घ पाद्य करि पूजन दीन्हा।

दो.:– वेद विदित आथित्य करि, मुदित निरखि आसीन।
वोले मुनि सन भूप तव, वचन सकल द्दल हीन।।८।।

चौ.:– तुव दरसन प्रभाव मुनि केतू, भा पुनीत मैं वंस समेतू।
सकल समाज धन्यभा आजु, नाग वाजिधन भट पुर राजू।
अव रघुपति जस करहु वखाना, जो पद पदप्रति हर अघ नाना।पृ.१२०.म.
इहि विधि भूप गिरा सुनि काना, सभा मध्य मुनि हंसे निदाना।
रद उघारि जुग पानि वजाई, लखि लखि नृपहि हास्य अधिकाई।
विस्मय मानि कहा महि पाला, किहि कारन मुनि हँसे विसाला।
सकल जथारथ करहु वखाना, करि प्रसाद निज कृपा निधाना।
अस सुनि मुनि वोले तिहि काला, हास्य हेत मैं कहहु भुवाला।

दो.:– प्रथमहि वरनन कीन्ह तुम, हरि गुन करहु वखान।
को हरि पुनि तिहि गुन कहा, यह केवल अग्यान।।६।।

चौ.:– कर्म प्रधान सकल संसारा, आदि अन्त पुनि मध्य मझारा।
कर्मनि तै जन स्वर्गहि पावै, कर्म विवस सव नर्क सिघावै।
पृ.120प. पुत्र पौत्र आदिक परिवारा, अपर सकल संपति विस्तारा।
कर्म प्रभाव लहै सव कोऊ, दुख सुख पाप पुन्य फल दोऊ।
सत मख करि वासव सुनुभूपा, पाई अमरा वती अनूपा।
कर्महि तै जग रच्यौ विधाता, जिहिकी कीरति अति विख्याता।
रुद्र कर्म वस वसि कैलासा, अंत समस्त विश्व करि नासा।
ससि रवि अपर रिक्ष नर नागा, सिद्ध पितर सुर जीव विभागा।

दो.:– कर्म प्रभाव नरेस सुनु, सकल करै सुख भोग।
प्रगटहि पालहिं हरहिं जग, केवल कर्म संजोग।।

चौ.:– जग्यादिक अस करहु विचारी, अर्चहु सकल सुननि भ्रम टारी।
इहि तैं कीरति विमल तुम्हारी, हुइ है वानी सत्य हमारी।
वात्सायन इमि सुनि नृप वानी, मुनि सन कहां महा रिस आनी।
कर्म कथा परि हरु मुनि मंदा, नस्वर फल दायक दुख दंदा।

जाहु वेगि मम नगर विहाई, हरि पद विमुख कुमति अधिकाई।
तुव संगति लहि मम पुर वासी, ह्वै है निज निज धर्म विनासी।
साधु जानि मैं कीन्ह प्रनामा, अव पहिचानि निपट अघधामा।
कहा कर्म फल तुच्छ वखाना, मैं वरनहु अव सुनि धरि काना।

दो.:– भोगि वर्श सत आयु विधि, पतन होइ श्रुति गाव।
पुनि इंद्रादिक अमर सव, गिरहि महा दुख पावं।।११।।

चौ.:– अव लहु रघुपति भक्ति प्रभाऊ, सव विधि प्रवल विदित सव काऊ।
प्रथमहि ध्रुवहि निरखु इहि काला, पावा अविचल धाम विसाला।
पुनि प्रहलाद चरित्र सुहावा, पावन तिहू काल महँ छावा।
अवर विभीशन भजन प्रतापा, अचल राज पावा विनु तापा।
निरखु अपर हरि सेवक जेते, कवहुँन पतन होई जग तेते।
जे खल हरि निंदक अभिमानी, महा मंद मति अवगुन खानी।
धर्मराज भट कोपि अपारा, तिनहिं वधै धरि पास मझारा।
नर्क जात नर विविध प्रकारा, वरवस देहिं न करहिं विचारा।

दो.:– रे द्वज अधम अधर्मरत, विप्र गात तुव देखि।
देह दंड नहिं करहु मैं, अब तजु नगर विसेशि।।१२।।

चौ.:– नाहित ताड़न करौ कराला, अस विचारि तजु पुर ततकाला।
इहि विधि सुनि सरोश नृप वानी, उठे विपुल अनुचर खलजानी।
धरेऊ भुजनि महँ मुनि वरि आई, लिय उठाइ अति खल की नाई।
धर्म राज तव कपट विहाई, निज स्वरुप प्रगटौ मुनिराई।
मैं प्रसन्न वरु मागु नृपाला, तु हरि सेवक बुद्धि विसाला।
मम कहि कर्म लोभ उपजावा, परमधीर तुम मन न चलावा।
सुनि महीप वोले तिहि काला, धर्म राज कहँ निरखि दयाला।
जो मो पर प्रसन्न सव भाँती, तो वर देहु दुश्ट आराती।

दो.:– जव लगि मैं रघुपतिदरस, लहौ न वंस समेत।
तव लगि छुटहि न गात मम, यह वरु देह सचेत।।१३।।पृ.१२१प्रा.

चौ.:– धर्म राज अस सुनि हरशाइ, बोले वचन सरल सुखदाई।

तुव मन काम सुनहु नृप राऊ, सफल होउ श्री राम प्रभाऊ।
सभा मध्य इमि दे वरदाना, भए वहुरि जम अंतरध्याना।
पात्सायन सोई सुरथ भुवाला, रघुपति अश्व पकरि तिहि काला।
निज सुभटनि सन वचन उचारा, अति गभीर उर हरशि अपारा।
मैं श्री राम जग्य हय वाँधा, सजहु सकल भट धरि रन साधा।
सुनि नृप वचन सवनि मन भाए, सजि सजि सकल सभा चलि आए।
भूप तनय दस अति वल वाना, तिनके नाम सुनहु धरिकाना।

दो.:– चंपक मोहक रिपुंजय, भूरि देव सहदेव।
वल मोदक हरियक्ष पुनि, जानहि सब हरिमेव।।१४।।

चौ.:– अश्टम तनय सुतापन नामा, नवम प्रतापी अति वलवाना।
दसम पुत्र दूवीर प्रचंडा, सजे समर लगि अति वलवंडा।
सुरथ निदेस पाइ तिहि काला, साजन लगी चमू विकराला।
रथ अनेक मनि हेम वनाए, सजे सारथनि अंति छवि छाए।
अति विसाल कुंजर समुदाई, विविधि भाँति तहँ सजे वनाई।
मरूत लजावन वाजि वरुथा, पुनि अनेक सुमटनि के जूथा।
सकल भाँति कर समर वनावा, सजि सजि रन उत्साह वढ़ावा।
चहुँ दिसि निरखि परै कटकाई, कवन प्रकार कहौं मुनिराई।

दो.:– सकल जूथ पति, हरशि हिय, मधुसूदन तिहि काल।
जाइ जाइ वैठे समा, नाइ भूप पद भाल।।१५।।

इति श्री पद्म पुराणे पाताल खंडे सेस वात्सायन संवादे मधुसूदन दास कृते हय ग्रहण नाम **नव चत्वारिस मोध्यायः।।४६।।**

सोरठा.:– इत रिपुदहन उदार, सुनि मुनि निज सेवकनि सन।
वचन गभीर उचार, कहौ कहाँ मम जग्य हय ।।

चौ.:– सुनि वोले अनुचर समुदाई, महाराज कछु कहिय न जाई।
हम न मर्म पावा इहि काला, इहि पुर तै मट आइ कराला।
वरवस वाजि राज लै गएऊ, हमरे वलनि तुच्छ करि गएऊ।
प्रभु उर नीक लाग अव जोई, प्रमुदित ह्रदय कीजियै सोई।
रामानुज इहि विधि सुनिकाना, दारुन रोश ह्रदय महँ आना।

फरकन लगे अधर द्रग लाला, रद सो रद मर्दे तिहि काला।
बोले गिरा वीर रस सानी, सुनहु सचेत वीर भट मानी।
जिहि मम तुरग हरयौ इहिवारा, पुरजन जुत तिहि करौ सिंघारा।

दो.:– अस कहि वहुरि सुमंत सन, वोले वचन गंभीर।
कवन भूप को नगर यह, धरयौ अस्व करिधीर।।१।।

पृ.१२१.अ

चो.:– सचिव कोप जुत सुनि इमि वानी, वोलत भए सुनहु मुनि ज्ञानी।
तुव सनमुख यह नगर सुहावा, कुंडल नाम महा मन भावा।
सुरथ नाम नृप पालन हारा, निरत धर्म पथ वल आगारा।
रघुपति चरन जुगल छविधामा, संतत भजहि त्यागि सव काम।
तन मन वचन राम पद लीना, जिमि हनुमान अनन्य प्रवीना।
इहि के धर्म चरित जगभूरी, सुनतहि करै अमंगल दूरी।
संग अपार कटक चतुरंगा, अति दरुन संग्राम अभंगा।
घोर जुद्ध हुइहै इहि खेता, परि है वहुभट धरनि अचेता।

दो.:– जौपि जग्य हय धरहु नृप तो है है रन घोर।
सत्य सत्य यह वचन मम, सुरथ महा वर जोर।।२।।

चौ.– सचिव वचन इहि विधि सुनि काना, पुनि वोले रिपुदहन सुजाना।
कहौ सुमंत सोधि इहि काला, जग्य बाजि किमि बाव रसाला।
हमहि कहा करतव्य निदाना, हृदय सोधि सोइ करहु वखाना।
सुनि सुमंत अस हृदय विचारी, धर्म नीति जुत गिरा उचारी।
प्रथमहि सुनहु महा महिपाला, सोधि दूत इक चतुर विसाला।
पठवहु नगर भूप के पासा, सकल नीति तहँ करै प्रकासा।
इहि उपाइ जो आव तुरंगा, तो कित करिय नाथ रस भंगा।
ज्योपि धरा हठि करि अभिमाना, तोपि जुद्ध तुम करहु निदाना।

दो.:– सचिव गिरा इहि भाँति सुनि, रिपु सूदन तिहि काल।
अंगद सन वोलत भए, वचन विनीत रसाल।।३।।

चौ.:– तात जाहु नृप समा मझारा, तुम वल बुद्धि नीति आगारा।

कहौ सुरथ सन वचन वुझाई, तुम किहि भाँति धरौ हयराई।
हृदय जानि अथवा विनु ज्ञाना, करहु जुद्ध कै मिलहु निदाना।
जिमि तुम प्रथम लंक महँ जाई, रघुपति काज कीन्ह हरशाई।
तिहि प्रकार सुनि वुद्धि निधाना, करहु वसीठि सोधि निज ज्ञाना।
बालि तनय अस सुनि सिरु नावा, प्रभु प्रसाद कहि आनद छावा।
इत उत लखत सिंघ की नाईं, तुरत गए कुंडल पुर माईं
पुर सोभा निरखत चहुपासा, पहुँचे सभा समेति हुलासा।

दो.:– वीर मंडली मध्य कपि, सुरथ भूप कह देखि।
रतन सिघासन पर लसत, धरै मनोहर वेश।।४।।

चौ.:– श्री तुलसी मंजरी पुनीता, प्रभु प्रसाद सिर धरै सप्रीता ।
सोहत उर्द्ध पुंड वर भाला, हृदय कंज तुलसी की माला।
संख चक्र भुज मूल विराजै, पुनि वर वसन विभूशन साजै।
निज मुख राम चंद्र गुन ग्रामा, सवहि सुनावत जात अकामा।
उहाँ भूप अंगद कह देखा, जाना रिपुहन दूत विसेशा।
वोले वचन कहौ कपि राजू, आए इहाँ कवन अस काजू।
निज कारज सव करहु वखाना, पुनि मैं करव आपु मन माना।
वालि तनय अस सुनि मुनि राई, वहुरि विलोकि भक्ति अधि काई।

दो.:– अति विस्मय मानेउ हृदै, पुनि वर वचन उपचारि।
सुनहु भूप मैं बालिसुत, अंगद नाम विचारि।।५।।

चौ.:– रघुपति वन्धु सत्रघन नामा, नृपति सिरोमनि अति वल धामा।
तिनि मुहि तुक समीप पाठवाला, सुनियै अव संदेस जो ल्यावा।
जग्य अस्व कोउ सुमट तुम्हारा, धरि ल्यावहु तुव भवन मझारा।
विनु जानै जो धरा नृपाला, जो तजि मान सुनहु इहि काल्म।
सकल राज सुत वांजि समेता, परहु चरन करि है प्रभु होता।
जो न मान वस मिलि हौ जाई, सुनहु भूप तौ कहौ वुझांई।
कोपि सत्रघन तजि सर चंडा, सेन सहित तुव सिर करि खंडा।
जिनि लंकेस निमिश मै मारा, तिहि हय धरि कित प्रान उवारा।

दो.:– सुनि अंगद के वचन इमि, वोले सुरथ नृपाल।
पृ.१२३प्रा. मृशा न कीन्ह वखान कपि, तदपि सुनहु इहिकाल।।६।।

चौ.:– रघुपति वाजिधरा हम जानी, मानहु हृदय सत्य मम वानी।
तुम रिपुदहन त्रास अति गाई, मैं न तजहु हय करहु लराई।
जव रघुवंश विभूशन रामा, दे इहि दरस आइ मम धामा।
तव मैं धरि पद पंकज भला, दै हौ जग्य तुरंग रसाला।
सकल राज धन धाम समेता, पुनि सव वंस कटक मम जेता।
हम निज क्षत्री धर्म सम्हारी, कीन्ह विरोध निसंक विचारी।
तदपि दरस दै है भगवाना, वेद स्वधर्महि प्रवल वखाना।
सत्रघनादि सुमट तुव जेते, जीति सवनि मैं कटक समेते।

दो.:– पुनि वन्धन करि जतन जुत, राखौ दुर्ग मझार।
श्री रघुपति आगमन विनु, तजहु न सत्य उचार।।७।।

चौ.:– अंगद सुनि अस वचन निसंका, वोले विहसि वीर अति वंका।
तुम नृप वुद्धि विहीन निदाना, मोह विवस जलपहु नहिं ग्याना।
अतुलित वल गुन निधि प्रभु भ्राता, जासु सुजस तिंहु पुर विख्याता।
तिनहि विदूशहु विनहि विचारा, जिमि कोउ डार चंद पर छारा।
लवनासुर खल परम प्रचंडा, विनु प्रयास जिनि कीन्हैउ खंडा।
अपर विघुन माली अति घोरा, जासु प्रताप प्रगट चहु ओरा।
सहित विमान कीन्ह संघारा, कहु महीप अस को भट भारा।
तिनकौ वंधन वरन वखाना, तुम तै मति विहीन नहिं आना।

दो.:– अवर सुनहु नृप भरत सुत, पुस्कल तिन कर रनाम।
वल निदान परमास्त्र विद, सकल गुननि के धाम।।८।।

चौ.:– वहुरि कोपि जिनि समर मझारा, वीरभद्र किय व्याकुल भारा।
तासु पराक्रम सव जग जाना, अधिक वली ते एक निदाना।
अपर कपीस एक वलवाना, तिहि समान भूतल नहिं आना।
मारुत पुत्र नाम हनुमाना, तासु चरित्र विदित जग जाना।
गिरि त्रकूट पर रावन ग्रामा, परम दुर्ग लंका तिहि नामा।
अक्ष निपाति भस्म करि दीन्हा, छिन महँ अस कौतिक कपि कीन्हा।
पुनि तिन द्रोन नाम गिरि भारी, सुरनि सहित धरि पूँछ मझारी।
विनु प्रयास पुनि पुनि लै आवा, कटक जिवाइ तहीं पहुँचावा।

दो.:– राम चंद्र कंज अलि, अरिगन विपन कृसान।

सदा सत्र घन संग रहि, अस कपीस हनुमान।।९।।

चौ.:– सुग्रीवादि कपीन्द्र कराला, ग्रसहि विगत श्रम धरनि विसाला।
ते करि पिसूदन सिवकाई, सुनहु अपर भट वल अधिकाई।
नील रत्न लक्ष्मी निधि वीरा, पुनि रिपुताप भूप रन धीरा।
सुमुद सुवाहु विमल महिपाला, अवर प्रताप अग्र विकराला।
भूप वीरमनि अति वलधारी, सत्यवान हरि सेवक भारी।
अपर अनेक नृपतिमटमानी, सकल समर विद्या की खानी।
रामानुज पद सेवन करहीं, हठि सन्मुख कालहु सन लरहीं।
संग चमू चतुरंग अपारा, क्षीर समुद्र केर अनुहारा।

दो.:– तुम नृप मसक समान लघु, चाहौ तिन कर पार।
जल्पहु मृशा विमोह वस, करहु न नीति विचार।।१०।।

चौ.:– अव मम सीख मानि महिपाला, तजहु मान उर हर्शि विसाला।
परहु सत्रघन चरण मझारा, सहित जग्य हय सुत परिवारा।
अति कृपाल रामानुज स्वामी, करि है कृपा निरखि अनुगामी।
पुनि तुम अवधि पुरी महँ जाई, देखि राम मुख छवि अधिकाई।
ह्नै हौ सहित समाज सजाथा, वरनी हम तुम हित की गाथा।
वात्सायन अस सुनि महिपाला, वोल्यौ वचन निडर तिहि काला।
अंगद तुमनिज कटक वखाना, रिपुसूदन आदिक नृप नाना।
आजु सवनि कर विंक्रम तेता, भली भाँति तखि हौ अपि खेता।

दो.:– परम भक्त हनुमान तुम, हम सन कीन्ह वखान।
ते हय हित आए इहाँ, तजि प्रभु चरन निदान।।११।।

चौ.:– वल विहीन तुम्हारी कटकाई, सुनु कपि बव मैं कहहु वुझाई।
जो हम मन वच कर्म वनाई, भजे राम पद कपट विहाई।
तो अपि दैहुन जग्य तुरंगा, जव लगि लखहु न रघुपति अंगा।
नाहित हनुमतादि मट जेते, धरिहौ प्रभु प्रताप जुत ते ते।
को अस परम सूर वलभारी, जो वर बस हय लेइ उवारी।
जाहु कपीस सत्रघन पासा, वचन मोर सव करहु प्रकासा।
समर हेत साजहु कटकाई, मैं आवहु निज सेन सजाई।
नीक लाग पुनि कीजिय सोई, तजहु न हय रन मंडहु कोई।

दो.:– भूप गिरा अस सत्य सुनि, अंगद करि अनुमान।
रामानुज सन आइ पुनि, कीन्हिसि सकल वखान।।१२।।
अति श्री पद्य पुराणे पाताल खण्डे सेस वात्सायन सम्वादे
मधुसूदन दास कृते अंगद दूतो नाम **पंचासतोऽध्याय**।।५०।।

सोरठा.:– सुनि अंगद के वेन, सजी चमू सग्राम लगि।
प्रमुदित भट वल यैन, चढ़ि रथ गर्जतभए।।

चौ.:– गो मुख भेरि प्रनव समुदाई, अपर निसान वजे मुनि राई।
विविध भाँति गर्जे सव वीरा, नाना आयुध धरै सरीरा।
स्यंदन चक्र घोर चहु ओरा, पुनि गज गन तुरगनि कर सोरा।
पूरि गयौ सव विश्व मझारा, धरनि व्योम कछु सुनियन पारा।
कातर सुनि सुनि शब्द अपारा, त्रास विवस उर जाहिं दरारा।
अति उत्साह सहित सव वीरा, वहु विधि गर्जहि तर्जहि धीरा।
सुरथ भूप उत समा मझारा, सुन्यो श्रवन कोलाहल भारा।
सकल तनय पुनि कटक समेटा, आए सन्मुख समर सचेता।

दो.:– वहु गज रथ पद चर तुरग, छिति मंडल गा पूरि।
प्रलय जलद इव कटक लसि, व्यापि गई नभ धूरि।।१।।

चौ.:– निरखि परहि चहु दिसि कटकाई, वरनहु किहि प्रकार मुनिराई।
वाजहि संख विपुल चहुँ ओरा, जय जय शब्द करहिं भट घोरा।
इत रघुनाथ चमू चतुरंगा, प्रवल असंख्य तुल्य सव अंगा।
कसमसाति रन मंडल माहीं, जुद्ध करन लगि हर्शत जाहीं।
दोउ दल अरस परस तिहि काला, निरखि सुमति सन कहा नृपाला।
देखहु सुमति नीति आगारा, आवा सुरथ साजि दल भारा।
उर विचारि वरनहु अब सोई, समय जोग मुहि करतव जोई।
अस सुनि रिपुभंजन मुख वैना, वोले सुमत ग्यान गुन यैना।

दो.:– सुनहु महामहि पाल, मनि किजिय अव संग्राम।
तुम्हरे दल महँ विपुलभट, परम सूर वलधाम।।२।।

चौ.:– पुस्कलादि कहँ करहु निदेसू, मंडहि जुद्ध सुमिरि अवधेसू।
पुनि हनुमानभूप सनजाई, करहि समर अति वल अधिकाई।

सुनि मुनि इहि विधि सुमति सुजाना, रिपुसूदन रान करत वखाना।
तव लगि सुरथ तनय वल भारी, आए निज़ निज धनुश सम्हारी।
तिनहि विलोकि समर महि आए, पुस्कलादि भट आतुर धाए।
अस्त्र सस्त्र धारे वर जोरा, मिले परस्पर स्यंदन घोरा।
चंपक सन पुस्कल रन मंडा, दोनों भट समान वल वंडा।
दुरथ जुद्ध विरच्यो भयकारी, रन मंडल सोभित भा भारी।

दो.:– मोहक सन विरच्यो समर, लक्ष्मी निधि व वीर।
अवर रिपुंजय सुभट प्रति, भिरे विमल रनधीर।।३।।

चौ.:– पुनि दुर्शादर संग तिहि काला, कीन्ह समर सुवाहु महि पाला।
नृपति प्रताप अग्र वलधामा, रच्यौ प्रतापी सन संग्रामा।
वल मोदक प्रति सुनि मुनिराई, भिरे वालि सुत कोपि वनाई।
अपर सुभट हरि यक्ष सुजाना, तिहि सन नील रतन रन ठाना।
पुनि नृप सत्य वान तिहि काला, सहः देव सन भिरि विकराला।
भूप वीरमनि कोपि अपारा, भूरि देव सन जुद्ध पसारा।
तनय सुतापन सन रन मंडा, नृप उग्रास रोश धरि चंडा।
इहि विधि दुरथ जुद्ध सव करहीं, नाना अस्त्र सस्त्र परि हरहीं।

दों:– उहाँ सुरथ सुत, प्रवल अति, इत महीप वलधाम।
विविधि अस्त्र पर अस्त्र चलि, भयो घोर संग्राम।।४।।

चौ.:– कोटिन मट तजि तजि निज प्राना, परे धरनि तल भगन निदाना।
दोउ दिसि करहिं जुद्ध विकराला, निरखहि कौतिक नभ सुर जाला।
तिहि अवसर सुनु मुनि मति धीरा, कह चंपक सन पुस्कल वीरा।
धन्य धन्य तुम भूप कुमारा, जो हम सन रन घोर पसारा।
अव निज नामहि करहु वखाना, तिश्ट तिश्ट किमि राखहु प्राना।
मम आगै कित जाहु पराई, तिहि तै करहु जुद्ध मनुलाई।
सुनि अस भरत तनय मुखवानी, वोले चंपक अति भटमानी।
नाम वंस तुम हमस न वूझा, रन मंडल यह निपट अवूझा।

दो.:– तदपि कहै हम नाम निज, सुनहु महा रनधीर।
मम माता रघुवंस मनि, पिता मोर रघुवीर।।५।।पृ.१२५प्रा.

चौ.:– पुनि मम वंधु स्वजन परिवारा, जानहु सव सुनु राम उदारा।
नामु जानकी रघुपति दासा, सपनेहु तिन विनु आन न आसा।
लौकिक नाम सुनहु अव मोरा, जो प्रसिद्ध जग मै चहु ओरा।
सुरथ नाम नृप पितु मम जानौ, वीर मती जननी अनुमानौ।
तुमहु कहाव चतुर जग मारी, नाम मोर सुनि लेहु विचारी।
सुंदर मधुरितु महँ तरु जोई, ह्वै प्रफुलित अति सोभित होई।
सुमन कनक इव तासु सुहावा, मद्धि पराग लिंग छवि छावा।
तिहि के निकट सकै नहिं जाई, मधु मोहित मधुकर समुदाई।

दो.:– अस जो सुमन प्रसिद्ध जग, सो जानहु मम नाम।
पुनि मो सन कोउ विश्व महँ, जीति न सक संग्राम।।६।।

चौ.:– प्रथमहि तुम यह कीन्ह वखाना, जुद्ध माहि किमि राखौ प्राना।
श्री रघुपति करुना गुन सागर, करि है पार प्रनत प्रद आदर।
प्रगटहु अव निज विक्रम जेता, पुनि मम वल निरखहु इहि खेता।
इहिविधि चंपक कीन्ह वखाना, निज मन ताहि अजित अनुमाना।
कोटिनि वान एक ही वारा, महा कोप जुत कीन्ह प्रहारा।
तव चंपक उरकोपि कराला, कर को दंड चड़ाइ विसाला।
अति तीछन धरि सर समुदाई, तजे सुनहु मुनि लाघव ताई।

दो.:– हेम पक्ष रिपु दल दहन, पुनि अंकित निज नाम।
मधुसूदन अहिगन सरिस, चले वान संग्राम।।७।।

चौ.:– भरत तनय इत आवत देखी, विनु श्रम खंडन कीन्ह विसेशी।
पुनि अपार सर चंड चलाए, महि अकास दिसि विदिसिनि छाए।
चपक निज साइक लखि खंडा, वोल्यौ कोपि वीर वल वंडा।
जाहु कहाँ तजि रन विकराला, वार वार अस कहि तिहि काला।
वहुरि वान दस दारुन त्यागे, वेग वंत पुस्कल उर लागे।
विपुल विथा व्यापी तन माहीं, रुधिर ओध वहु प्रगटत जाहीं।
वान पांच तव कोपि कराला, तानि सरासन कीन्ह प्रहारा।
अति दारुन जनु काल समाना, उत चंपक त्यागे वहु वाना।

दो.:– नम मंडल महसुनहु मुनि, भिरे परस्पर वान।
छिन मै चंपक नै करे, सत सत खंड निदान।।८।।

चौ.:– अवर वान सत कीन्ह प्रहारा, परम प्रचंड व्याल अनुहारा।
आवत निरखि भरत सुतवीरा, तानि चाप छाड़े निज तीरा।
चंपक के सर सकल प्रचंडा, छिन महँ कीन्हे सत सत खंडा।
निज साइक तव निरखि संघारा, सुरथ पुत्र उर कोपि अपारा।
तानि कान लगि चाप विसाला, तजे सहस्त्र वान विकराला।
भरत पुत्र अति लाघव ताई, कीन्है तिल सम खंड वनाई।
अस अति अद्‌भुत विक्रम देखी, वोले चंपक हर्श विसेशी।
धन्य धन्य कहि वारं वारा, पुनि अपार सर कीन्ह प्रहारा।पृ.१२५म.

छन्द.:–पुनि कीन्ह वान प्रहार अगिनित मनहु घन वर्शे महा।
सो निरखि भरत कुमार अपनै ह्रदय तिहि धनि धनि कहा।।
कोदंड वहुरि सम्हारि कोपि अपार विधि सर छंडेऊ।।
तिहि काल परम कराल ज्वाल प्रकास दस दिसि मंडेऊ।।
निरखत सवनि के सकल सर ह्वै भस्म छिन महँ महि परे।
सुनु सूत प्रलय समान पावक हेरि सव जग खर भरे।।
उत भूप सुरथ कुमार सायक घोर आवक देखि के।
लाघव तज्यौ सोइ वान तिहि संघार हेत विसेशि के।।

दो.:– व्योम मध्य दोउ वृह्म सर, भिरे परस्पर घोर।
प्रगटी ज्वाला अपार तव, परौ सकल जग सोर।।६।।

चौ.:– प्रलय काल सव जीवनि जाना, पुनि ह्वै सांत परे महि वाना।
अस अद्‌भुत विक्रम करि वीरा, वोले चंपक वचन गभीरा।
तुम अति कीन्ह पराक्रमभारी, तिश्ट तिश्ट अव समर मझारी।
अस कहि कोपि तानि को दंडा, तज्यौ राम सर परम प्रचंडा।
भरत तनय सोइ आवत देखा, अति प्रचंड जुत तेज विसेशा।
खंडन लगि मन करि अनुमाना, तव लगि आनि लाग प्रभु वाना।
छिन महँ पुस्कल तन ग्रसि गएऊ, तव चंपक निज रथधरि लएऊ।
पुनि निज पुर पहुँचावन हेता, ह्रदय विचार कीन्ह तिहि खेता।

दो.:– पुस्कल वंधन निरखि तव, भजी चमू चतूरंग।

त्राहि त्राहि सव भट करत, श्रवत रुधिर वहु अंग।।१०।।

चौ.:– सूत सुनहु रिपुहन तिहिकाला, निरखी आवत चमू विहाला।
वोले पवन तनय सौ वानी, अवसर जोग वीर रस सानी।
को अस सूर महा वलवाना, जिहि जीत मम सेन निदाना।
इहि विधि वदत जात महिपाला, आए तव लगि सूर विहाला।
कंपित जोरि पानि धरि माथा, वोले सकल सुनहु रघुनाथा।
सुरथ पुत्र चंपक असनामा, तिहि वाँधे पुस्कल वलधामा।
सुनि अस गिरा महा रिसधरी, वोले आतुर अरि मद हारी।
जाहु मरुत सुत आतुर ताई, जीतहु सुरथ तनय कहँ जाई।

दो.:– किहि कारन इहि समय तुम, करहु विलंव निदान।
लावहु पुस्कल कहँ तुरत, तात जानि मम प्रान।।११।।
सुनि अस वचन नाइ पद सीसा, चले कोपि आतुर कपि ईसा।
अति विसाल वपु कीन्ह कराला, मानहु धाव रुप धरि काला।
चंपक उत सग्राम मझारा, निरखे आवत पवन कुमारा।
तव निज मन कीन्हौ अनुमाना, आए पुस्कल लैन निदाना।
आतुर कर चढ़ाई को दंडा, साइक सतनि सहस्त्रनि छंडा।
आवत तिनहि निरखि हनुमाना, दलि विनु श्रम किय तिल अनुमाना।
निज सर खंडन लखि तिहि काला, कीन्ह कोप चंप विकराला।
दारुन वान समूह प्रहारे, कपि चूर चूर महि डारे।

दो.:– पुनि विसाल इक साल तरु, कीन्ह सकोप प्रहार।
चंपक आवत देखि तिहि, तिल सम करि रन डार।।१२।।

चौ.:– साल खंड लखि पवन कुमारा, लाघव गर्ज उठा तिहि वारा।
नृप सुत सिर करि लक्ष समाना, कीन्ह प्रहार सरोश निदाना।
चंपक तिहि साइक अति चंडा, डारयौ गज महि करि वहु खंडा।
पुनि कपि सिला श्रंग दुमभारी, अगिनित एकहि वार प्रहारी।
सुरथ पुत्र दलि वान कराला, छिन महँ तिल इव तिहि काला।
पुनि छाड़े नाराज अकूता, जनु सरोश अहि विकट वहूता।
दस दिसि सर पंजर करि दीन्हा, व्याकुल ह्रदय पवन सुत कीन्हा।
तव मारुत सुत कोपि अपारा, धावा सन्मुख समर मझारा।

दो.:– कपि लीला करि भंजि सर , कट कटाई अति घोर।
धरि चंपक भुजपानि निज, उड़यौ व्योम वर जोर।।१३।।

चौ.:– वाहु जुद्ध तहँ विविध प्रकारा, करहि दोउ मानि न हारा। पृ.१२६.म.
हनहि एक कहँ एक प्रचारी, निज निज विक्रम वुद्धि सम्हारी
तव कपीस अति आतुर ताई, महि परक्यौ चंपकहि भ्रमई।
पुनि उठि लाघव भूप कुमारा, पवन तनय कहँ धरनि पछारा।
वल सम्हारि फिरि उठि हनुमान, वर वसधरि रन पटकि निदाना।
रामहि सुमिरि कोप उरधारी, उठाभूप सुत कपिहि प्रचारी।
झपटि पूँछ धरि विपुलभ्रमावा, निज भुजवल रन प्रगट दिखावा।
पवनि पुत्र तव झुकि मुनिराई, पकरि लीन्ह पद लाघव ताई।

दो.:–कापि हृदय विस्मय सहित, पुनि सत गुनौ भ्रमाइ।
मत्त नाग के भाल पर, ताड़न कीन्ह वनाइ।।१४।।क
मूर्छित ह्वै चंपक सुभट, मधुसूदन तिहि काल।
परे समर मंडल विशै, सोभित गात विसाल।।१४।।ख

सोरठा.:–हाहा कार पुकार, भज्यौ कटक सव सुनहु मुनि।
तव कपि समर मझार, पुस्कल को मोचन कियो।।१४।।
इति श्री पदन पुराणे पाताल खण्डे सेस वात्सायन सम्वादे, मधुसूदन दास कृते पुस्कल मोचनो नाम **एक पंचा सतमोऽध्याय।।५१।।**

दो.:– वात्सायन सुनु सुरथ नृप, परम सूर वलधाम।
चढ़ि स्पंदन करि कोप उर, आए तिहि संग्राम।।

चौ.:–मूक्षविंत तहाँ सुत देखा, प्रगट भयौ हिय सोक विसेशा।
वार वार वहु लेहि उसासा, संग अपार कटक गत त्राता।
पुनि पुनि कपिहि वुलावतभएऊ, रन हित महारोश निर्मएऊ।
इत कपि निरखि भूप कहँ आवा, जुद्ध हेत अति आतुर धावा।
सुरथ विलोकि आव हनुमाना, वोले गिरा गंभीर निदाना।
धन्य कपील महाभटमानी, तुम अति वल निधान मैं जानी।
राम काज तुम कीन्ह वहूता, लंक पुरी महँ हुइ करि दूता।

मन वच क्रम प्रभु पद अनुरागी, जीवन मुक्त परम वड़भागी।

दो.:– मम सुत चंपक वीर वर, सो तुम कीन्ह विहाल।
वर वस वंधन करि समर, पठ वहु पुर इहि काल।।१।।

चौ.:– अस विचारि सव भाँति सचेता, करहु जुद्ध कपि वर इहि खेता।
सत्य गिरा हम कीन्ह उचारा, सुनि अस वोले भरुत कुमारा।
सुनहु सुरथ महिपाल सुजाना, तुम रघुनाथ भक्त मैं जाना।
पुनि हम हूँ रघुपति पद दासा, वाधौ तुम मुहि सहित हुलासा।
मम स्वामी श्रीराम उदारा, अति समर्थ करुना अगारा।
ते प्रभु करव मोर उद्धारा, कवहुन दासनि दीख दुखारा।
वेद सुस्मृति अस करहि वखाना, जे जन सुमिरहि श्री भगवाना।
तेपि होंइ दुत जल निधि पारा, यह विचारि मैं निडर अपारा।

दो.:– सत्य वचन तुम करहु निज, सुनहु भूप वर वीर।
अस कहि मारुत तनय पुनि, अरगानै मतिधीर।।२।। पृ१२७प्रा.

चौ.:– सुनि अस सुरथ हृदय हरशाई, कीन्ह प्रसंसा सुनु मुनि राई।
पुनि कोदंड श्रवन लगि तानी, तजे वान वहु तीक्षन जानी।
ते सर सकल लगे तन आई, श्रवन लागि श्रोनित समुदाई।
तव कपि कोपि गर्जि विकराला, धाइ धरा कर धनु विकराला।
खंड खंड करि भूतल धारा, अपर भटनि नख रदनि विदारा।
निरखि भंग निज साइक चापा, पुनि दूसर धनु लिय करिदापा।
कपि सरोश सौ कीन्ह निपाता, निरखि कोप व्यापौ नृप गाता।
लीन्हौ तीसर धनुश वहोरी, पवन तनय धरि दलि वर जोरी।

दो.:– तव महीप उर कोपि अति, लीन्ह अपर कोदंड।
मधुसूदन कपि वीर वर, लाघव कीन्हसि खंड।।३।।

चौ.:–इहि विधि रन मंडल हनुमाना, भंजे अस्सी चाप निदाना।
छिन छिन प्रति करि घोर प्रहारा, गर्जहिं तर्जहि, अति भय कारा।
सुरथ नरेस कोपि तव भारि, घोर सक्ति कपि के तन भारी।
सो प्रहार लागत मुनि राई, निमिश एक मूछरिन आई।
उठा वहोरि महा रिस धारी, भूप सुरथ रथ धरा प्रचारी।
परम वेग धरि गगन मझारा, उड़त भए तव पवन कुमारा।
सुरथ भूप तिहि अवसर देखा, कपि मुहि व्योम उड़ाव विसेशा।
परिघ प्रचंड कपी उर मारा, व्यापौ तन सो घोर प्रहारा।

दो.:–तव कपीस झक झोरि रथ, तज्यौ जाइ नभ दूरि।
गिरत धरनि हय सूत जुत, भयौ निमश मै चूरि।।४।।

चौ.:–अति आतुरतव सुरथ नरेसा, दूसर रथ मै कीन्ह प्रवेसा।
तानि सरासन सन्मुख आवा, तव हनुमान कोपि अति धावा।
लाघव रथ हय सूत समेता, धरि निज पूँछ पटकि तिहि खेता।
सो हुइ भंग परा महि कैसे, दारु सुमन दलि कुंजर जै सै।
सुरथ दीख संग्राम मझारा, विनु प्रयास कपि रथ संघारा।
तव चोथे स्यंदन मै जाई, आरोहन ह्वै सन्मुख आई।पृ.१२७स.
जव लगि सगुन कीन्ह कोदंडा, तव लगि रथ कीन्हसि खंडा।
उनंचास रथ सुनहु मुनीसा, इहि विधि गंजन कीन्ह कपीसा।
अस अद्भुत विक्रम सुर देखी, अचरज भा रन भूमि विसेशी।

छंद.:– तिहि समय दुहू दल भट अपार, अचरज समेत धनि धनि उचार।
तव कोपि भूपु वोले सुवैन, तुम परम सूर वल वुद्धि यैन।।
तुम्हरे समान इहि विश्व मद्धि, अस विक्रम काहु न किय प्रसिद्धि।
पुनि करि न सकै कोउ सत्यमान, अव सुनहु वचन कपि धारि कान।
छिन इक तिश्टि संजग निदान, जव लगि सज्यौ को दंड वान।
श्री राम चन्द्र पद कंज फूल, मैं करहु तुमहि अलि मत्त तूल।

इहि भाँति भाशि करि कोप चंड, पुनि तानि चाप सिव वान छंड।
तिहि काल भूत वेताल जाल, जोगिन समूह निश्चर कराल।
हुहि प्रगट कपीसहि घेरि लीन्ह, वंधन विलोकि तिन त्रास दीन्ह।
लखि सकल सूर हा हा पुकार, तव पवन पुत्र संजुग भझार।
उर सुमिरि राम पद सोभधाम, सिव पासि दली जिमि गलित दाम।

दो.:– पुनि कपि धाव स्वतंत्र ह्वै, कट कटाई विकराल।
उहाँ भूप संग्राम मै, आवत लखि तिहि काल।।५।।

चौ.:– परम वली निज मन अनुमाना, पुनि प्रयोग करिधिनु संधाना।
दारुन व्रहन अस्त्र सर चंडा, प्रगटी दस दिसि ज्वाल प्रचंडा।
आवत हेरि तवै हनुमाना, विनु प्रयास हंसि कीन्हसि पाना।
निरखि सुरथ अति विस्मय पावा, अवर सकल सूरन भ्रम छावा।
तव महीप हिय करि प्रभुध्याना, राम वान धरिधिनु संधाना।
पुनि मुमोचि यह वचन उचारा, वधहु कपीस न होइ उवारा।
इहि विधि वदत भूपवल धामा, तव लगि सुनु मुनीस संगामा।
वंधन विवश भए हनुमाना, मृशा न होइ राम कर वाना।

दो.:– तव वोले मारुत तनय, सुनहु महीप सुजान।
मम स्वामी सर धरा मुहि, नाहिन प्राकृत वान।।६।।

चौ.:– तज ते ज्यौन राम नाराचा, तव तुम्हार वल होतेउ साँचा।
अव मुहि निज पुर देहु पठाई, करहु सत्य पन नृप हरशाई।
करुना निधि उदार रघुराई, आइ आपु अपि हमहिं छुटाई।
अस कहि मरुत पुत्र अरगानै, लखि वंधन सवभट अकुलानै।
तव लगि भरत तनय रनधीरा, वंधे विलोकि मरुत सुत वीरा।
कोपि तानि को दंड कराला, धाए नृप ऊपर तिहि काला।
उहाँ सुरथ रन आवत देखी, हनै अश्ट सर निसित विसेशी।
पुस्कल तव अनेक सर छंडे, सव सायक भूपति के खंडे।

दो.:– पुनि सरोश है सुरथ नृप, इत पुस्कल वलवान।
कुडलीक कोदंडकरि, छाड़े सर न प्रमान।।७।।

चौ.:– ते सायक अति तीछनधारा, व्यापि गए सव विश्व मझारा।
जड़ जंगम महँ पूरित कैसै, अंतर जामी रघुपति जै सै।
सर समूह नभ कौतिक देखी, परम मोह वसभए विसेशी।
मनुजनि की तहँ केतिक वाता, सकलभए अति व्याकुल गाता।
महा मंत्र जुत सुनु मुनि राई, चलहि अस्त्र पर अस्त्र वनाई।
तुमल जुद्ध भा वरनि न जाई, हरशहि सुभट कुभट अकुलाई।पृ.१२८ म.
तव करि कोप सुरथ महि पाला, चाप तानि तजि इश विकराला।
भरत पुत्र सो खंडन कीन्हा, रन को विद सव विद्या चीन्हा।

दो.:– अवर वान जाज्वल्य इक, कोपि महीप कुमार।
खंडि सके नहि भरत सुन, लागा हृदय मझार।।८।।

चौ.:– गिरे अवनि तल मूर्छित भारी, परम सूर नृप अति वलधारी।
भरत तनय कहँ व्याकुल देखी, राम वंधु हिय कोप विसेशी।
चढ़ि विसाल रथ आतुर धाए, स्वेत छत्र सिर सोह सुहाए।
सन्मुख आइ वचन गंभीरा, वोले सुनहु सूत मति धीरा।
तुम नृप कीन्ह पराक्रमभारी, वाँधे पवन पुत्र बलधारी।
पुस्कल महावीर वलधामा, मूर्छित कीन्ह तिनहि संग्रामा।
अपर चमू मम कीन्ह सिघारा, रन मंडल करि रन भयकारा।
ठाढ़ होउ अब सजग वनाई, जाहु कहाँ रन भूमि विहाई।

दो.:– अति प्रचंड नाराच हति, डारहुँ अव संग्राम।
यह सुनि वोले सुरथ नृप, सुमिरि हृदय श्रीराम।।९।।

चौ:– हनुमतादि तुम भट समुदाई, हम जीते वल अधि काई।

पुनि तुम हू कहँ इति सरधोरा, डारहु अवहि धरनि वर जोरा।
आवहि गे जव रघुकुल नाथा तजि हौ तवहि सत्य मम गाथा।
नाहित सुनहु सत्रघन राजा, करि हौ वंधन सहित समाजा।
अस कहि वान सहस्त्रनि त्यागे, अति कराल जिमि अहि रिस पागे।
परम सघन सर पंजर कीन्हा, तव रिपुदहन अनल सर लीन्हा।
तानि कठिन धनु कीन्ह प्रहारा, भए सकल साइक जरि छारा।
वरुन वान तव सुरथ चलावा, खंडि अनल सर जल वरसावा।

दो.:– सुनु मुनीस तव सत्रघन, लीन्ह जोगिनी वान।
सो विलोकि हंसि सुरथ नृप, वोले वचन प्रमान।।१०।।

चौ.:– प्रकृति ग्रसित जे जन संसारा, तिनहि वान यह मोहनि हारा।
हम रघुनाथ जानु की दासा, यह साइक करि सकै न त्रासा।
जदपि सुरथ अस वचन सुनावा, तदपि सत्रघन सपदि चलावा।
विपुल खंड ह्वै सायक सोई, गिरा कछुक चलि लखि सब कोई।
रामानुज तिहि नशिफल देखी, अति अचिरज उर कीन्ह विसेशी।
पुनि जिहि सर लवनासुर मारा, कोपि ह्वदय सोधन विचधारा।
तासु तेज नहिं जाइ वखाना, महा प्रलय के अनल समाना।
सुरथ विलोकि ताहि तिहि काला, वोले गिरा गंभीर रसाला।

दो.:– असुर विनासन बानयह, सुनहु सत्य मम वैन।
रघुपति सन्मुख जीव जे, ते अवद्धि वल यैन।।११।।

चौ.:– इहि प्रकार नृप करत वखाना, तव लगि आनि लाग हिय वाना।
प्रगटी घोर विथा मुनिराई, परे तुरत रथ ते अकुलाई।
निमिश माहि तव उठे मुवाला, वोले कोपि वैन तिहि काला।
तजि संग्राम जाहु किहि ओरा, सहौ प्रहार एक अव मोरा।
अस कहि सर निशंग ते काढ़ी, ज्वालमाल छटहिं तहँ गाढ़ी।
कनक पक्ष पुनि मेश सुहाई, घोर धार कछु वरनि न जाई।

राम मंत्र पढ़ि धरि को दंडा, श्रवन प्रजंत तानि पुनि छंडा।
महा वेग जुत हिय विच लागा, निरखि सकल दल धीरज त्यागा।

दो.:– मूर्छित ह्वै रिपुदहन तव, तुरत परे रथ माहिं।
भाज्यौ घाइल कटक मुनि, त्राहि त्राहि ताहि।।१२।।क
रन मंडल महँ सुरज नृप, पाई विजय विसाल।
श्री रघुपति निज भक्ति वल, दर सावा तिहि काल।।३२।।ख

सोरठा.:–अंगदादि सव वीर, मधुसूदन संजुग विशै।
नृप सुत अति रनधीर, सव ही कौ जीततभए।।१२।।
इति श्री पदन पुराणे पाताल खंडे सेस वात्सायन संवादे मधुसूदन
दास कृते सुरथ विजयो **नाम द्वा पंचासतमोऽध्याय।।५२।।**

दो.:– सुनु मुनीस सुग्रीव तव, निरखि कटक संघारि।
पुनि निज प्रभु रिपुदहन कहँ, मूछविंत निहारि।।

चौ.:– सव्द कट कटा करि तिहि काला, धावत भए कोपि विकराला।
लोचन लाल रुप भयकारी, सन्मुख जाइ वचन उच्चारी।
करहु जुद्ध मोसन महिपाला, तुमहू कहावत सूर विसाला।
अस कहि साल वृक्ष इक मारी, वल समेत नृप सीस प्रहारी।पृ.१२८प्रा.
आवत देखि भूप वलवाना, हति सर खंडन कीन्ह निदाना।
तव सुग्रीव महा रिस धारी, लाघव सिखिर सैल द्रुमभारी।
अगिनित वारहि वार प्रहारै, पुनि नख दसननि गात विदारै।
सुरथ राम साइक तव छंडा, जग प्रसिद्ध अति घोर प्रचंडा।

दो.:– छिन महँ विगत प्रयास नृप, धरि लीन्है सुग्रीव।
जिमि अलान वस होइ गज, जदपि महा वल सीव।।१।।

चौ.:– सुरथ राम सेवक मुनि राई, परम विजय रन मंडल पाई।

सत्र घनादि भूप पुनि जेते, हनूमतादि कपि जूथ समेते।
सव कहँ घरि घरि रथनि मझारा, सुतनि समेति सुरथ तिहि वारा।
चले नगर कहँ हर्श समेता, सकल सेन जुत दुंदुमि देता।
पुनि निज सभा जाइ महिपाला, हनुमतादि सन कह तिहि काला।
सुमिरहु श्री रघुवीर दयाला, करुनाकर प्रनतन प्रति पाला।
वंधन तै छुटि हौ जिहि रीती, मन विचारि सोइ करहु सप्रीती।
नाहित संवत अयुत प्रजंता, जतहु न भूलि सुनहु हनुमंता।

छंदत्रिभंगी:– अस नृप मुख वानी भय रस सानी, श्रवन सुनी हनुमान जवै।
सुनि मुनि तिहि काला, भए विहाला वंधन विवस विलोकि सवै।।
पुनि आपदि देखा पर वस लेखा, ह्वदय सोक अधिकान तवै।
भरि लोचन वारी प्रभुहि सम्हारी वोले सो सुनि सूत सवै।।
हे रघुकुल भूशन दुश्ट विदूशन सीतापति भगवान हरे।।
नव पंक विलोचन भवभय मोचन अति अदार गुन दिव्य मरे।।
यह नृप वल भारी समर मझारी पनु करि वंधन कीन्ह प्रभो।
अव वेगि छुड़ावहु विरद वड़ावहु सव कौ दीन विलोकि विभो।।
हा नाथ कृपाला परम दयाला, हा सिय वर हा सर्व वरं।
हा आरत भंजन जन मन रंजन हा कृतग्य ब्रह्मादि परं।।
संतनि हि लागी अति अनुरागी सदा धरहु जगे रुप स्वयं।
मन्मथ छवि हारी,तन दुति कारी, मोचहु अव प्रभु सर्व भयं।।
प्रथमहि रघुराई सुर समुदाई दलि नि चर उद्धार किये।
पुनि ग्राह सिघारी गजहि उवारी द्रुपद सुता कहँ चीर दिये।।
प्रहलाद उवारे दुःख निवारे नरहरि ह्वै दलि पर्म खलं।
पुनि जठर मझारा पंड कुमारा प्रति पाल्यौ निज वाहु वलं।।

दो.:– मुनि वृंदारक वृंद महँ, यग्य करहु भगवान।
धर्म विचारि कृपाइतन, मोचहु आसु निदान।।२।।क
सुरथ भूप द्रढ़ पासि सन, सवनिधरा पनु ठानि।
प्रनत पाल प्रति पालियै, विरद ह्वदय रघुवंस पहिचानि।।२।।ख

सोरठा:– जो न करहु उद्धार, तो सुनियै रघुवंस मनि।
सकल जीव संसार, करि हैं तुव उपहास अति।।२।।ग

चौ:– प्रभु सखग्य सुनहु मुनि राई, सुनी अवधि कपि गिरा सुहाई।
प्रनत विमोचन हेत कृपाला, पुश्पक जान चढ़े तिहि काला।
लखन भरत दोउ ओर विराजै, व्यासादिक मुनि अंजुलि साजै।
चढ़े उताइल प्रेरि विमाना, अति उदार पुनि कृपा निदाना।
छिन महँ जाहि कपिहि प्रभु देखा, प्रथमहि जिमि गज रक्षि विसेशा।
तिहि अवसर उत पवन कुमारा, निरखे आवत राम उदारा।
छवि निदान तन स्याम सुहावा, कोटि मदन दुति निरखि लजावा।
तव मारुत सुत भूपति पाहीं, वोले वचन हरशि मन माहीं।

दो:– निरखहु नृप रघुवंस मनि, आए सहित समाज।
अति कृपाल रघुनायतन निज भक्तनि के काज।।३।।

चौ:– प्रथम अनेक हीन उद्धारे, विदित लोक वेदहु गुन भारे।
अव तुव पासि मंजि रघुराई, हमहि छुड़ावहि आतुर आई।
इहि विधि वदत जातहनुमाना, तव लगि पहुँच्यौ निकट विमाना।
निरखि सुरथ नृप पुलक सरीरा, कीन्ह प्रनाम स तिनि मुनिधीरा।
श्री रघुवर तव त्यागि विमाना, धरा चतुर्भुज रुप सुजाना।
पुनि भुज मै भुजधरि तिहिकाला, मिले सुरथ कहँ कौसिल पाला।
लोचन श्रवत प्रेम जल धारा, भूप सीस पर भव रुज हारा।
वोले राम वचन सुखदाई, भूप सुरथ तुम धन्य वनाई।

दो:–महत पराक्रम कीन्ह तुम, रन मंडल वर वीर।
धरि लीन्है मारुत तनय, अवर सुभट मति धीर।।४।।

चौ.:– अस कहि राम नृपहि सुख दीन्हा, भक्त वक्षल प्रभु अघहि न चीन्हा।
अति आतुर पुनि श्रीभगवाना, मोचे सवकर स्वजन हनुमाना।
पुनि निज अनुज भरत सुत वीरा, अपर सकल नृप अति रन धीरा।
निज कर रघुपति सवहि छुड़ावा, सुधा द्रश्टि पुनि कटक जिवावा।
ते सव उठि उठि उर हरशाई, राम चंद्र पद प्रनवहि आई।पृ.१३०प्रा.
दुर्लभ दरस पाइ तिहि काला, भए विगत संजुग श्रम जाला।
पूछहिं सकल राम सन पाहीं, परम कृतज्ञ मान कछु नाहीं।
सकल महीप महा हर्शानै, निरखि स्वामि छवि नैन जुड़ानै।

दो.:–सुरथ भूप तिहि समय मुनि, निरखि राम छवि खानि।
मोपर प्रभु कीन्ही कृपा, हेत रहित जिय जानि।।५।।

चौ.:– मानि कृतारथ सकल प्रकारा, पुनि मगाव सव राज भंडारा।
नाना मनि भूशन पट भूरी, ग्रह पुर अवर वस्तु सव रुरी।
पुत्र पौत्र तिय सव परिवारा, कीन्ह निवेदन हरशि अपारा।
बोले वहुरि जोरि दोउ हाथा, सरल सुभाय नाइ पद माथा।
नाथ सकल यह आपन जानो, केवल मोहि दास जिय मानौ।
सुनि वोले रघुकुल मनिरामा, धन्य धन्य नृप सद्गुनधामा।
सव विधि साधु कर्म तुम कीन्हा, भली भाँति निज धर्महिं चीन्हा।
छात्र धर्म श्रुति करहिं वखाना, स्वामि संग सेवक रन ठाना।

दो.:– कीन्ह जुद्ध रिपुदहन सन, यह अनुचित नहिं तात।
सुनि अस प्रभु के वचन वर, नृप मे पुलकित गात।।५।।क
है प्रसन्न श्री राम पुनि, राजु सुरथ कहँ दीन्ह।
राम प्रसादी जानि जिय, प्रीति सहित तिन लीन्ह।।५।।ख

चौ.:–तिहि पुर तीनि दिवस रघुराई, कीन्ह वासु लखि भक्ति सुहाई।

पुनि विमान चढ़ि सहित समाजा, चले अवधि कहँ कौसल राजा।
प्रभु परि तोश सवहि सुख दीन्हा, मश मंड्डप प्रवेश पुनि कीन्हा।
सकल समाज इहाँ मुनिराई, परम आचरज मान वनाई।
हरश हृदय तव सुरथ नृपाला, चंपक कहँ दै राज विसाला।
पुनि निज मन यह कीन्ह विचारा, चलहु सत्र घन संग इहि वारा।
राम अनुज लहि जग्य तुरंगा, हरशे कटक सहित सव अंगा।
कोटिनि संख वजे तिहि काला, प्रनव भेरि पुनि दुंदुमि जाला।

दो.:– सुनहु सूत तव सत्रघन, मश तुरंग तजि दीन्ह।
चढ़ि विसाल रथ सुरथ जुत, गमन हरशि मन कीन्ह।।६।।क
क्षीर सिन्धु तै अधिक अति, चली चमू चतुरंग।
मधु सूदन वहु देसपुर, अवगाहे हय संग।।६।।ख

सोरठा.:–श्री सुर सरि के तीर, पहुच्यौ जग्य तुरंग तव।
वालमीकि मुनिधीर, वसहि तहाँ मुनि गन सहित।।६।।

इति श्री पद्न पुराणे पाताल खंडे सेस वात्सायन संम्वादे मधुसूदन दास कृते रघुनाथ समागमो **नामत्रिपचासतमोऽध्याय।।५३।।**

दो.:– प्रात क्रिया लगि सुनहु मुनि, समिध लैन तिहि काल।
जनक सुता सुत नाम लव, आए विपन विसाल।।

चौ.:– संग मुनिनि के विपुल कुमारा, अति सुभ सील भक्ति आगारा।
लव स्वरुप किमि करहु वखाना, स्याम मृदुल रघुनाथ समाना
धरै चाप सर कटि तूनीरा, वल निधान लघु वय वर वीरा।
निरख्यौ तिन मश तुरग सुहावा,दिव्य गंध चर्चित मन भावा।
सुन्दर कनक पत्र सिर सो है, तिहि विच विसद वरन चित छो है।
वोले तव मुनि पुत्रनि पाही, हर्श समेत त्रास कछु नाहीं।
दैव जोग यह अ व सुहावा, मम हित इहि आश्रम चलि आवा।
सकल चलहु मो संग हरशाई, निरखहु हय उर संक विहाई।

दो.:– अस कहि लव मुनि सुत सहित, गए वेगि हयं पास।
धरै कंघ को दंड कर, सायक परम प्रकास।।१।।

चौ.:– वाजि निकट रघुवं ा कुमारा, सुनु मुनि सोभित भए अपारा।
सक्र तनय इव दुर्जय भारी, वल पयोधि संजुग भय कारी।
बांचन लगे पत्र तिहि काला, मुनि पुत्रनि जुत वरन रसाला।
दिनकर वंस विदित संसारा, महान नहिं तिहि अनुहारा।
भए प्रगट ता मै नृप जेते, सपनैउ पर वस भएउन तेते।
पुनि पर द्रव्य हरै नहिं तेई, सतंत संतइ सभा जिनि सेई।
तिहि कुल राजा दसरथ नामा, तिहि कुल प्रगट भए वलधामा।
दिन कर वंसध्वजाजग जाना, तिन समधनुधारी नहिं आना।

दो.:– पुनि धनु दीक्षा के विशै, गुरहू के गुर मान।
नवहि सुरा सुर सकल जिहि, निज मनि मौलि निदान।।२।।

चौ.:– तिनके तनय महा वल वाना, नाम राम यह सव जग जाना।
सकल समर विद्या के रासी, सूर सिरोमनि सुजस प्रकासी।
संतत अरि मद खंडन हारे, गो सुर संत विप्र सुख कारे।
पुनि कौसिल नृप सुता सुजाना, कौसिल्या तिहि नाम वखाना।
सोई राम चंद्र की माता, रत्न प्रसव तिहुँ पुर विख्याता।
वड़भागिनि तिहि सम नहिं आना, तिहि ते मा सुत रतन समाना।
वल निदान ते राम नृपाला, दसकंधर वघ मानि कराला।
कुंभज मुनि निदे ा धरिमाला, विरच्यौ मश हय मेघ विसाला।

दो.:– तत्यौ विजय के हेत यह, स्याम करन वर वाज।
रन को विद कोटिन सुभट, तिहि संग पालन काज।।३।।पृ.१३१ म.

चौ.:– वल निधि रिपुसूदन मम भ्राता, वध्यौ लवन जिनि जग विख्याता।

संग कटक चतुरंग अपारा, ते इहि हय के पालन हारा।
जे नृप आपुहि उत्तम मानौ, पुनि निज सम नहि आनहि जानौ।
सूर धनुर्धारी वल वाना, सव प्रकार आपुहि अनुमाना।
ते ह्वै सजग धरहु यह घोरा, वाँचि पत्र वल वैभव मोरा।
मम माता रिपुहन वलधामा, ताहि जीति हठ करि संग्रामा।
लै है अवसि तुरंग छुड़ाई,सव प्रकार निज वल अधिकाइ।
अवर एक मैं लिखहु वनाई, सुनहु सकल छत्री समुदाई।

दो.:– जे कुलीन छत्री सुभट, छत्रानी तन जात।
ते हठि पकरहु ताजि मम, करहु जुद्ध हरशात।।४।।

चौ.:– इहि तै जोपि होइ विपरीता, तोपि त्यागि अभिमान सभीता।
राज कोश परिवार लिवाइ, मिलहु सत्रु सूदन पद आई।
इहि विधि वाँचि पत्र वल वीरा, वोले कोपि वचन गंभीरा।
सुनहु सकल मुनि पुत्र सुजाना, देखहु छत्रिनि कर अभिमाना।
निज वल विक्रम वैभवमारी, लिखा भूरि हय छत्र मझारी।
कहाँ राम नृप कीट समाना, कहाँ सत्र घन दीन निदाना।
पुनि कहँ कहा अल्प कटकाई, सलम समान प्रवल अधिकाई।
रामहि उत्तम छत्रिनि माही, देखहु हम कुलीन कुल नाहीं।

दो.:– सुभट प्रसूतिनि कौसिला, केवल सव जग माहिं।
कुस माता श्री जानकी वीर प्रसूतिनि नाहिं।।५।।

चौ.:– रामहिरतन रुप संसारा, श्री कुस नाहिं रतन अनुहारा।
जस छत्री पन उन लिखि काढ़ा, तस कोउ सूर मिला नहिं गाढ़ा।
विक्रम आजु सकल तिन केरा, देखहु रन मंडल अहि वेरा।
धरा वाजि हम सकल प्रकारा, को छत्री जो करहि उवारा।
जो रिपुदहन जोरि कर आवै, कुस के चरन कमल सिरु नावे।
तो मश तुरंग दै हु इहि काला,नाहित दलि नाराज कराला।

सत्र समन कहु देहुं सुवाई, छिन महँ सहित सकल कटकाई।
अस कहि मश तुरंग तव वांधा, पुनि त्रन सम रिपु गुणि सरसाधा।

दो.:–जुद्ध हेत हेरहि कटक, ठाढ़े लव वलधाम।
तिन प्रति वोले मुनि तनय, सुमिरि हृदय श्री राम।।६।।

चौ.:–अवध पुरी प्रति राम नृपाला, अतुल वली जिनि हति दसभाला।
तिनि समान तिहु पुर काउ नाहीं, देव दनुज नर नागनि माहीं।
तासु तुरंग जिनि वाँधहु ताता, तुम वालक पुनि कोमल गाता।
हित पहिचानि वचन उर धरहू, भूलि हृदय साहस जिनि करहू।
वासव धरि न सकै यह घोरा, पुनि जग कवन वीर वर जोरा।
वोले लव इहि विधि सुनि काना, तुम छत्रिनि करवल नहिं जाना।
मुनि कुमार तुम असन प्रवीना, विगत जुद्ध विद्या वल हीना।
पुनि छत्री प्रसिद्धि संसारा, सूर वी रवल तेज आगारा।

दो.:–जाहु सकल आतुर भव, जननी कीन्ह रसोइ।
करहु असन मन मुदित ह्वै, नाहित गत रस होइ।।७।।

चौ.:–अस कहि वहुरि रहे अरगाई, गए दूरि मुनि तनय विहाई।
तव लगि हय अनुचर समुदाई, आइ गए सुनियै मुनि राई।
वंधौ विलोकि अ व छविखानी, वोले गिरा कोप रस सानी।
मोह विवस किहि धरा तुरंगा, कोप्यौ जम किहि पर सव अंगा।
रिपुसूदन कर वान प्रहारा, को उर सहि लहि विथा अपारा।
तव वोले लव कोप वड़ाई, मैं वांधा तुम्हार हय राई।
जो मोचहि तुरंग इहिकाला, ता पर कुस कर कोप विसाला।
कहाँ प्रेतपति रंक निदाना, ज्यौ रन चढ़े स्वयं भगवाना।पृ.१३२प्रा.

दो.:– तोअपि दलि साइक निकर, करहु प्रसन्न अघाई।
कहाँ अपर भट कीट सम, विक्रम विगत वनाइ।।८।।क

अस सुनि अनुचर वाल गुनि, छोरन लगे तुरंग।
लव विलोकि तकि घोर सर, तुरत कीन्ह कर भंग।।८।।ख

सोरठा:– भजे विकल ते वीर, गए जहाँ नृप सत्रहन।
वोले परम अधीर, लव नै खंडन कीन्ह कर।।८।।

इति श्री पद्न पुराणे पाताल खंडे सेस वात्सायन संम्वादे मधुसूदनदास
कृते वंधनो **नाम चतुः पंचासतमोऽध्याय।।५४।।**

दो:– सुनहु सूत लव की कथा, वल जुत परम रसाल।
वात्सायन सुनु सेस सन, वोले धरि पद माल।।

चौ:– नागराज मम स्वामि कृपाला, पूछहु छिमहु कहो इहि काला।
नाथ प्रथम तुम कीन्ह वखाना, रजक वचन सुनि राम सुजाना।
तजी अकेलि सिया वन माहीं, लोक कलंक समुझि अघ नांहीं।
कुस लव उभय तनय किमि भएऊ, पुनि असधनु विद्या किमि लहेऊ।
जिन वांधा रघुनायक वाजी, धारि को दंड वान रन गाजी।
अस सुनि नाग राज तिहि काला, वोले वचन प्रसंसि विसाला।
अति अद्भुत रघुनाइक लीला, सुनहु माह मुनि वर सुभ सीला।
वहुत काल लगि रघुकुल केतू, कीन्ह राजु सिय वंधु समेतू।

दो:– सकल भूमि तन धर्म जुत, सातदीप नव खंड।।
प्रजा पुत्र इव पालि प्रभु, नृपता कीन्ह अखंड।।१।।

चौ:– सीता रामतेज जवधारा, प्रगटयौ गर्म परम दुतिकारा।पृ.१३२ म.
पंच मास जव भए सुहाए, अतुल सोभ सव अंगनि छाए।
एक वार प्रभु भवन मझारी, निरखि अकेली जनक कुमारी।
परम सनेह सहित मृद वानी, वोले मनहु सुधा रस सानी।
प्रिया मागु वरदान सुहावा, जो तुम्हार मन अति प्रिय भावा।

मैं प्रसन्न अव सकल प्रकारा, वचन मृशा नहिं करहु उचारा।
सुनि सनेह जुत पति मुख वानी, तिहि अवसर सिय अति सकु चानी।
जोरि पानि कह वचन रसाला, सुनहु प्रानपति परम कृपाला।

दो.:– तुम्हारी कृपा कटाक्षप्रभु, सर्व भोग हम भोग।
कहो कवन सुख वि व महँ, तिहि सन भयौवियोग।।२।।

चौ.:– तुम वृंह्मादि देव आधीसा, सदा सुतंत्र सर्व जग दीसा।
अस तुम्हार बैभव भगवाना, गावहि संतत वेद पुराना।
ते तुम मम स्वामी अनुकूला, कामधेनु मनि सुर तरु मूला।
मोहि कहा दुर्लभ जग माहीं, सपनैउ देवांछा कछु नाहीं।
तदपि तुम्हार वचन धरिसीसा, माँगहु देहु कौसिलाधीसा।
प्रथमहिं जव मैं संग तुम्हारे, गई विपन जहँ खल गन मारे।
लोपा मुद्रादिक मुनि वामा, मिली हमहि तहँ अति तप धामा।
स्वागत तिन हमार वहु कीन्है, पुनि सुंदर पट भूशन दीन्है।

दो.:– तिनके आसिर वाद सन, कुसल छेप पुर आइ।
कीन्ही नृपता काल वहु, भोगे सुख समुदाई।।३।।

चौ.:– अव ज्यौ प्रभु मुहि आयसु देह, जाहि विपिन तो सहित सनेहु।
नाना मनि भूशन पटभूरी, भोजनादि गंधादिक रुरी।
इन करि तिन कर पूजन करहू, इह रक्षा तव तै उरधरहू।
जिमि उनि प्रथम मोहि सुख दीन्हा, तिमि प्रस्न्न मैं चाहौकीन्हा।
पूजहु जोन जाइ प्रभुताहीं, होइ कृतघ्न दोश सक नाहीं।
पूरन करहु मनोरथ एहू, सुनि बोले हरि सहित सनेहू।
धन्य प्रिया जानकी सुजाना, अवसि जाहु तुम होत विहाना।
स्कल प्रकार पूजिमुनि नारी, पुनि आवहु मम पास सुखारी।

दो.:– सुनि पति वचन सनेह जुत, हरशी जनक कुमारि।
परम लालसा कीन्ह उर, प्रात सुगमन विचारि।।४।।

चौ.:– अपर कथा अव सुनि मुनिराई, संसय सोक दलनि सुखदाई।
निज जस श्रवन हेत रघुराई, जानि दूत ाट चतुर वनाई।
पठवहि नित निसि नगर मझारी, सुनहि प्रात सव कथा सुखारी।
सुनहु कथा अव तिहि निसि केरी, जिहि दिन वर दीनौ ग्रह हेरी।
श्रवनहेत प्रभु जस समुदाई, चले चार ते हिय हरशाई।
एक धनाढय भवन ढ़िग जाई, ठाढ़ भयौ इक चर मुनिराई।
राम चरित्र सुधा धरि काना, सुनन लाग हिय हर्श निदाना।
सुभग चित्र सारिका मझारी, निरख्यौ वरतदीप दुति कारी।

दो.:– अति सुंदर परजंक पर, दीख तहाँ वर बाम।
सुत कह पान कराव पय, कहति वचन लै नाम।।५।।पृ.१३३प्रा

चौ.:– पियहु पुत्र मम पय मनभावा, पुनि दुर्लभ यह सकल वनावा।
इहि पुर के पति श्री रघुवीरा, नील कंज सम स्याम सरीरा।
जे जन इहि पुर प्रगटहि आई, खगमृग चर थिर जे समुदाई।
अंत परम पद पावहि तेई, जननी गर्भ वास नहिं सेई।
अस विचारि मम क्षीर सुहावा, करहु पान सुत निज मन भावा।
जे जन भजि नित राम उदारा, सर्व काम तजि गत मद मारा।
ते न धरहि जग आनि सरीरा, कहै वेद बुध मुनि मति धीरा।
इहि विधि जननि कहै सुत पाहीं, पय प्यावति तन अति पुलकान्ही।

दो.:– रघुपति सुजस सुधास रस, इहि विधि सुनि सो दूत।
गा वहोरि पुलकित भवन, सुकृतिनि मानि वहूत।।६।।

चौ.:– तव लगि दूसर दूत सुजाना, जाइ एक ग्रह निकट निदाना।
सुनन लगे प्रभु जस धरि काना, वात्सायन सुनु सुमति निधाना।

सुभग चित्र सारी तहँ देखी, रंग रंग मनि रचित विसेशी।
लसहि तहाँ मनि दीप सुहावा, अगर कपूर धूप ग्रह छावा।
मनि मय एक सुमग परि जंका, जग मगात तह खचित सुअंका।
तिहि पर पति समेति इक वाला, विद्यमान हिय मुदित विसाला।
रूप रासि कछु वरनिन जाई, धरै सुपट भूशन समुदाई।
कंकनादि रव होइ सुहाए, इति मन्मथ सम अति छवि छाए।

दो.:– पुगीफल सुलवंग पुनि, कर्पूरादि समेत।
ताम्वूल चर्वत उभय, अधर दसन छविदेत।।७।।

चौ.:– पति स्वरूप अति संदर देखी, वोली त्रिय द्रग चपल विसेशी।
तुव सरीर प्रभु सोभ निधाना, मोहि लाग श्री राम समाना।
नव सरोज सम नैन विसाला, हिय कपाट इव परम विसाला।
अंग दादि जुत वाहु अनूपा, सकल गात रघुपति अनुरुपा।पृ.१३३.म.
सुनि अस तिय के वचन रसाला, वोलौपति सुवेन तिहि काला।
मोहि कहा तुम राम समाना, यह तुम्हार निज धर्म निदाना।
अब सुनु प्रिया वचन धरिकाना, मैं लघु जीव राम भगवाना।
कहौ कहाँ मैं अति हतभागी, कहाँ राम भूपति वड़ भागी।

दो.:– कहाँ मंद मैं कीट सम, पर वस कलुश निधान।
कहाँ राम वृंह्मादि प्रभु, स्ववस स्वयं भगवान।।८।।पृ.१३३म.

चौ.:– मौं खद्योत सरिस संसारा, राम भानु सम परम उदारा।
मैं जड़ जीव सलभ अनुहारी, कहाँ रामु खग पति समभारी।
कहाँ मंद अघ उदधिं विलाई , कहाँ मृगेन्द्र सरिस रघुराई।
कहाँ देव सरि कलुश विनासी, कहाँ पाथ जल अति मल रासी।
कहाँ गुंज कहँ मेरुविसाला, कहाँ सिन्धु कहँ ढावर ताला।
कहँ वृह्मादि देव समुदाई, कहँ श्रीपति प्रनतन सुखदाई।
प्रिया जीव ईसहि असभेदा,गावहि मुनि पंडित कवि वेदा।

मोहि राम कहँ अंतर एता, कहौ सत्य सुनु प्रिया सचेता।

दो.:– जिनकी पद रज परसि करि, भइ पुनीत मुनि नारि।
उपल देह तजि परम पद, गई स्वर्ग तनधारि।।९।।

चौ.:– सुनि निजपति मुख वचन रसाला, पुनि पति पद वंदे तिहि काला।
राम दूत इहि विधि सुनि वैना, गा वहोरि ग्रहपरम सुखैना।
तव लगि तीसर चर मुनि नाथा, सुनत भयौ रघुनाइक गाथा।
निज पति हेत एक वर वाला, सुमन सेज तिहि रची रसाला।
चंद नादि जे गंध सुहाए, विच विच वर्शि दिये मनभाए।
अति सुंगध वस रहे लुभाई, भोग सेज सव सजी वनाई।
मदन हेत अस जो जस जाई, वोली गिरा परम सुखादाई।
भोगहु नाह भोग समुदाई, सुमन सेज मैं रची सुहाई।

दो.:– चंदनादि वर गंध सन, चर चहु गात अनूप।
सीता राम प्रसाद तुम, पावा परम स्वरुप।।१०।।

चौ.:– रघुपति चरन विमुख जे जीवा, ते छुइ सकइन भोग कि सीवा।
तिनकौ दुर्लभ उदर अहारा, मिलहिन वसन विदित संसारा।
मम सारिखी वाम तुम पाई, चंदन सरस महा सुख दाई।
सो केबल रघुवीर प्रभाऊ, तुम सन हौ ना हंसति वनाऊ।
तिहि तै करहु भोग हरशाई, प्रभु प्रसाद मन समुझि वनाई।
सुनि तिय गिरा नेह रससानी, वोला नाह हरशि मृदु वानी।
सव विधि सत्य प्रिया तुम गावा, प्रभु प्रसाद यह वैभव पावा।
राम सुजस सुनि इहि विधि काना, गयौ दूत ग्रह मुदित निदाना।

सोरठा.:– अपर दूत तिहि काल, जाइ एक ग्रह निकट मुनि।
प्रभु जस परम रसाल, सुनन लाग हिय हर्श जुत।।११।।

चौ.:– अति सुंदर सुसील इक नारी, रच्यौ सुभग परिजंक विचारी।
तासु तध्य पति कह वैठारी, आपु रुचिर वीना करधारी।
राम चंद्र गुन गावन लागी, तान तरंग सहित वड़ भागी।
पतिहि रिझाव कर्म मन वानी, गति अनन्य पुनि परम सयानी।
नाथ धन्य मैं सकल प्रकारा, पाव वास इहि नगर मझारा।
इहि के पति रघुवीर कृपाला, पुत्र समान प्रजा नित पाला।
जिनि वांधा जलनिधकर सेतू, भए पार पुनि कटक समेतू।
सेन सहित रावनहि संघारा, कीन्ह सकल लंका दलिक्षारा।

दो.:– दीन देखि पुनि जानुकिहि, लीनी वेगि वुलाइ।
दीन्हौ राज विभीशनहि, को असप्रभु सुख दाइ।।१२।।

चौ.:– सुनि अस मधुर गिरासु रसाला, वोला नाह हरशि तिहि काला।
भामिनि सुनहु वचनधरिकाना, तुम रघुपति प्रभाव नहिं जाना।
रावनादि वध जलधि वधावा, यह प्रभु लीला चरित सुहावा।
केवल मनुज न श्री रघुराई, अव सुनि प्रिया हरशि मनुलाई।
परं वृह्म श्री रघुकुल भूशन, वृह्मादिक सुरपति जन पूशन।
नेति नेति जिहि वेद वखाना, स्ववंस परेस अलख भगवाना।
जव वृह्मादि देव अकु लाई, आरत क्षीर सिंधु तट जाई।
कीन्ह प्रार्थना विविध प्रकारा, तव प्रभु लीन्ह मनुज अवतारा।

दो.:– अति पावन कीन्है चरित, निज लीला अनुसार।
प्रनतारत भंजन सुखद, अस श्री राम उदार।।१३।।

चौ.:– प्रिया धन्य अव मैं संसारा, नित रघुपति मुख कंज निहारा।
वृह्म सिवादिक कहँ जग माहीं, प्रभु दरसन दुर्लभ सक नाहीं।
प्रथमहि पुन्य पुंज हम कीन्हा तिहि प्रभाव अव दरसन लीन्हा।
इहि विधि राम चंद्र गुन ग्रामा, कहै परस्पर पति अरु वामा।
यह संवाद रुचिर सुनि काना, गयौ दूत ग्रह मुदित निदाना।

पंचम चार सुनहु मुनि राई, तव लगि एक ग्रेह ढिंग जाई।
परम विमल रघुपति गुन श्रेनी, सुनन लाग सो अति सुखदैनी।
स्वामि संग इक सुंदर वाला, रची तहाँ चौपरि तिहि काला।

सो.:– सरस सरल मृदु वैन, वोली पति सन वाल तक।
चश चलाइ जुत सैन, सुनहु नाह मम वचन वर।।१४।।

चौ.:– जीतहु जोपि तुमहि इहि वारा, तोपि लैहु तुव घन भंडारा।
पुनि जो तुम जीतहु मम साथा, निज मन भाव करहु सो नाथा।
इहि प्रकार सुनि तिय मुख वानी, वोल्यौ पति सुसील गुन ानी।
राम चन्द्र पद सेवहि जेई, सपनेउ अजय लहै नहि तेई।
प्रथम सुरनि जिमि नि चर भारे, हरि पद सुमिरि समर संघारे।
तोर मनोरथ निसिचर घोरा, जीतहु तिमि मैं अव वर जोरा।
अस कहि रुचिर सुपास चलावा, जिति दाउ तिहि अवसर आवा।
तवतिय सन कहि अति हरशाई, मैं न कहा तुहि प्रथम वुझाई।

दो.:– जे संततभजि राम सिय, ह्वै अनन्य तजि काम।
तिनकी होइ न पराज, सपनैउ सुनु वर वाम।।१५।।

चौ.:– अस कहि परम सनेह वढावै, श्री रघुपति की लीला गावै।पृ१३४अ
पांचौ दूत मुदित इहि भाँती, सुनि सुनि श्री रघुपति गुन पाती।
ह्रद सराहत विविध प्रकारा, पुनि निज निज ग्रह को पगुधारा।
ाश्टम दूत केर अव गाथा, वरनन करहु सुनहु मुनिनाथा।
श्री रघुपति जस श्रवननि हेतू, गयौ मुदित जह रजक निकेतू।
तहाँ रजक खल कोपित भारी, तिय सन कहै वचन दै गारी।
घिग घिग तोहि मंद हत भागी, पर ग्रह निसि गमनी गमनी किहिं लागी।
अस कहि खल तिहि ताड़न करई वृथा दोश तिय ऊपर धरई।

दो.:– परि हरु मम ग्रह मंद अव, वसु तिहि जार निकेत।

जिहि के अव दिन वास किय, निदरि मोहि करि हेत।।१६।।

चौ.:– सुनि अस वचन तासु महतारी, वोध करन हित गिरा उचारी।
सुत किमि त्यागहितिय वर जोरा, यह खल कर्म रहित सवओरा।
तव उर कलह विवस अकुलाई, रही दिवस भरि पर ग्रह जाई।
परिहरु क्रोध तजहि किमि वाला, विगत सकल अघ सुचि सव काला।
मुनि सुनु तव खल रजक रिसाई, कहा जननि सन मौंह चढाई।
मैं न राम नृप सुनु महतारी, पर ग्रह वसि लीन्ही जिन नारी।
जो कछु नीच ऊँच नृप करहीं, प्रजानाति गुन सो उरधरहीं।
कीन्हा इनि पर भवन निवासा, तिहि तै तजहु जोग यह त्रासा।
पुनि पुनि हस खल कहितिहि काला, मुहि जिनि जानु राम महिपाला।

दो.:– वसति दसाननभवन महँ, भूप विदेह कुमारि।
ता कह सहित सनेह, पुनि, ल्याए गेह मझारि।।१७।।

चौ.:– रजक गिरा सुनि इहि विधि काना, कोप्यौ रघुपति दूत निदाना।
सिर खंडन लगि काटि कृपाना, राम निदेस सुमिरि सकुचाना।
तदपि कोप नहि रोक्यौ जाई, भए अरुन चख अधर चवाई।
पुनि जह पंच चार मुनिराई, गयौ तहाँ हिय दुखित वनाई।
कहन लाग ते निज वाता, परम प्रेम जुत पुलकित गाता।
पुनि सवतिहि सन वूझतभएऊ, वड़े कश्ट करिता कहि दएऊ।
सुनि सुनि सवनि महा दुख पावा, फिरि तिहि काल ताहि समुझावा।
खल मुख वचन भूलि प्रभु पाहीं, कह न जोग मन वच क्रम नाहीं।

दो.:– इहि प्रकार मन मंत्र गुनि, पुनि निज निज ग्रह जाइ।
भए नींद वस सकल चर, सुमिरि ह्रदय रघुराइं।।१८।।
इति श्री पदन पुराणे पाताल खंडे सेस वात्सायन सम्वादे मधुसूदनदास
कृते ाट चरनि रोक्षनं नाम **पंच पंचासतोध्याय।।५५।।**

दो.:– वात्सायन मुनिवर सुनहु, प्रात काल उठि राम।
नित्य कर्म सव बेद विधि, कीन्ह सहित अभिराम।।

चौ.:– पुनि श्रुति निपुन विप्र समुदाई, हेमदान दिय निकट वुलाई।
भए मुदित ते सकल प्रकारा, राम सील गुन देखि उदारा।
वहुरि कृंपाल सभा मह आई, सिंहासन वैठे हरशाई।
पुरजंन सकंल सुसमय निहारी, गंए सभा हिय परम सुखारी।
रामहि निरखि अतुल छविधामा, सवनि दंड इव कीन्ह प्रनामा।
पुत्र समान तिनहि रघुवीरा, संतत प्रति पालहि मुनिधीरा।
भूप सिरोमनि सभा मझारा, राजत वरनहु कवन प्रकारा।
लखन छत्र माथे पर धारै, भरत सत्रघन चामर ढारै।

दो.:– पुनि वसिश्ठ कौ आदि दै, जे मुनि ग्यान निधान।
ते सव सेवहि मुदित मन, परम प्रभावहि जान।।१।।

चौ.:– सचिव सुमंत आइ तिहि काला, नीति निपुन वर वुद्धि विसाला।
निज निज काज करन सव लागे, राम रुप रस मन अनुरागे।
तिहि अवसर तेइ ाट चर आए, राम चरन पंकज सिरूनाए।
निसि चरित्र सव वरनन हेतू, सन्मुख ठाढ़ भए मुनि केतू।
तिनहिं विलोकि रामभगवाना, सिंहासन तजि उठे निदाना।
मनि विरचित निर्जन ग्रह माहीं, दूतनि सहित गए प्रभु ताहीं।
समय विलोकि इहाँ सव भ्राता, आए निज निज ग्रह हर्शाता।
उहाँ मानुकुल मनू उदारा, निज दूतनि प्रति वचन उचारा।

दो.:– कहौ जथारथ चरित सव, निसि कर तजिभय लाज।
प्रजा लोग हमस न सकल, कहै कहा मम राज।।२।।

चौ.:– पुनि हमारि तिय सन किमि कहई, सो सव वरनहु जिहि विधि अहई।
सचिव वंधु अरु राज समाजा, इन सन कहा कहै तजि लाजा।

सकल जथारथ करहु वरवाना, प्रमुदिज तजि सकोच भय नाना।
सुनि अस गिरा गंभीर उदारा, दूतनि प्रभु प्रति वचन उचारा।।
परम विमल प्रभु सुजस तुम्हारा, अखिल वि व कह पावन कारा।
नाथभवन प्रति नर अरु नारी, निसु दिन तुव कीरति विस्तारी।
हम निज श्रवन सुनैउ भगवाना, सो सव तुम सन करहि वखाना।
भानुवंस प्रगटे नृप जेते, भए विभूशित तुम करि तेते।

सोरठा:– सगर आदि मुव पाल, भए विपुल कीरति सदन।
प्रहा समेत दयाल, लही मुक्ति तुव सुजस वल।।३।।

चौ:– सकल प्रजा तुव कौसिल पाला, कीन्ह कितारथ दलि दुख जाला।
अल्प मृत्यु पुनि रोग अपारा, सपनै हैन सके संसारा।
जिमि सुर सरि ससि भूतल माहीं, तिमि तुम्हार कीरति सक नाहीं।
अज सिवादि सुनि चरित तुम्हारे, होइ न तृप्ति छुधित अतिभारे।
सकल वि व मह सुजस तुम्हारा, तिहूँ काल प्रभु पावन कारा।
हम सव दूत सुनहुभगवाना, भए धन्यतम सव जग जाना।
छिन छिन तुव कंज सुहावा, निरंखहिभरि चख निजमन भावा।
इहि विधि पंच चार मुख वानी, सुनत भए रघुपति गुन खानी।

दो:– सुनहु सूत पुनि राम प्रभु, श्टम दूतहि देखि।
मलिन वदंन उर दुखित अति, वोले वचन विसेशि।।४।।

चौ:– चर वर सत्य कहौ मो पाहीं, महा वुद्धि निधि तुम जग माहीं।
मम आगै जो अनृत वखाना, तो ह्रै है अघ घोर निदाना।
जिहि विधि श्रवन सुनी तुम वाता, वरनहु सकल ह्रदय हरशाता।
पूछहिं प्रभु इमि वारहि वारा, तदपि न तिहि कछु वचन उच्चारा।
पुनि निज सपथ दिवाइ कृपाला, वूझतभए ताहि तिहि काला।
सत्य जथारथ सकलप्रसंगा, वरनु सकोच त्यागि सव अंगा।
प्रभु आयसु अपेल जिय जानी, वोला सनै सनै चर वानी।

नाथ परम सुचि सुजस तुम्हारा, पूरि रहा तिहु लोक मझारा।

दो.:– सुनहु स्वामि इक रजक खल, अति कुसील अघखानि।
तिहि तुव तिय सन मोह वस, कछु कटु वचन वखानि।।५।।पृ.१३६प्रा.

चौ.:– जदपि वखान जोग ते नाहीं, तदपि नाथ वरनहु तुम पाहीं।
कलह विवस रजकी पर धामा, जाइ दिवस भरि किय विश्रामा।
निसि मह निज ग्रह कीन्ह प्रवेसा, तहाँ रजक अति ठानि कलेसा।
पुनि पुनि ता कह ताड़न करई, कहि कटु वचन दोश अतिधरई।
नाथ तासु जननी तिहि काला, वोली सुत सन वचन रसाला।
यह अघ कर्म रहित सव ओरा, ताड़न करहु तात किमि घोरा।
करहु ग्रहन नहिं त्यागन जोगू, पर घर रही कलह संजोगू।
सुनि अस रजक महा अघखानी, वोल जननि प्रतिरिउरआनी।

दो.:– सुनु री जननी वचन मम, राम भूप मैं नाहिं।
जिन सिय अंगीकार किय, जो वसि खलग्रह माहि।।६।।

चौ.:– भूप अकर्म सुकर्म समाना, अपरि पुन्य जग त्रन करि जाना।
पुनि पुनि खल अस करहि वखाना, मैं न राम महिपाल समाना।
प्रभु मैं इहि प्रकार सुनि काना, परम कोप वसभएऊ निदाना।
नग्न खग्ड. तव मैं कर लीन्हा, तासु सीस गंजन मनु कीन्हा।
पुनि तुव वचन सुमिरिमन माहीं, खल कर सीस गंजि मैं नाहीं।
तिहि अवसर मैं कीन्ह विचारा, कहाँ रजक कहँ राम उदारा।
अनृत वखानहि यह अति मंदा, संतत सियाराम स्वछंदा।
अव प्रभु आयसु दीजिय मोही, तुव समीप आनहु वधि ओही।

दो.:– यह प्रसंग जद्यपि अकथ, तद्यपि कीन्ह वखान।
वोलि सचिव अव उचित मत, कीजै नाथ निदान।।७।।

चौ.:– सुनि अस गिरा कुलिस अनुहारी, मूर्छितभएऊ कृपाल खरारी।
रामहि निपट विकल तव देखी, दूतनि उर दुख भएऊ विसेशी।
वसन विजन करि कीन्ह सुवाऊ, जगे दंड जुग में रघुराऊ।
पुनि दूतनि सन वचन उचारा, गह वर कंठ श्रवत जल धारा।
जाहु भरत ग्रह आतुर ताई, मम ढिग आनहु तिनहि वुलाई।
परम दुखित ते चर मुनिराई, गए भरत ग्रह आतुर ताई।
करि प्रनाम संदे ा सुनावा, उठे भरत सुनि संसय छावा।
चले सभा सत्वर तिहि काला, सुनि रहस्य ग्रह माहि कृपाला।

सोरठा:– समा माझ तव जाइ, जाइ, वुद्धि मंत मनि श्री भरत।
वोले वचन वुझाइ, प्रनतहार प्रति सुनहुमुनि।।८।।

चौ.:– कृपासिंधु मम वंधु उदारा, राम भद्रकिहि भवन मझारा।
अस सुनि तिहि ग्रह दीन्ह वताई, नाना रतन रचित छवि छाई।
तिहि विच परम उताइल गएऊ, रामहि व्याकुल देखतभएऊ।
भए दुखित तिहि अवसर भारी, लगे बिचारन ह्रदय मझारी।
किहि पर कोप कीन्ह रघुराई, कारन कवन सोक अधिकाई।
वार वार प्रभु लेत उसासा, तिम प्रति भरत सु वचन प्रकासा।
सुनहु स्वामि रघुनाथ कृपाला, परम मोद मय तुम सव काला।
मल मलीन मुख मलिन दिखावा, अश्रु ओघ जुत छविहि न पावा।

दो.:– मनहु राहु रजनीस ग्रसि, अस तव आनन देखि।
चरित जथारथ सकल यह, वरनहु मोहि विसेशि।।६।।

चौ.:– तजहु सोक किमि करहु गलानी, महाराज तुम सव सुख खानी।
गद गद कंठ भरत इमि वरना, सुनि वोले प्रभु भव भय हरना।
मम दुख हेत सुनहु अव भ्राता, भंजहु ता कह होत प्रभाता।
दिन कर वंस भए नृप जेते, मे न अजस करि या इल तेते।
मोर सुजस अघ जुत लसि कैसै, दिन कर सुता गंग मिलि जैसै।

जिहि कर सुजस स्वि महताता, जीवत सो जानहु विख्याता।
अपकीरति घायल जन जेई, भाव समान जानहु जग तेई।
तात जासु जग सुजस प्रकासा, मानहु तासु परम पद वासा।

दो.:– अजस उरग तिहि डसिउ जग, ताकर नर्क निवास।
वेद सुमति इतिहास सव, इहि विधि करहि प्रकास।।१०।।

चौ.:– मम कीरति सुर सरी समाना, विदित वि व सुनु तात सुजाना।
तिहि विच रजक जु कीन्ह वखाना, सो सव तुमहि सुनाव निदाना।
जनक सुता रिपु ग्रह कृत वासा, रजक वचन इमि कीन्ह प्रकासा।
अव मैं कहा करौ जग माहीं, वंधु विचारि कहौ मो पाहीं।
तजहु प्रान कि सिय परिहरहु, उभय काज मैं का अव करहू।
इहि विधि कहत श्रवत जलधारा, गह्वर सुर उर बिकल अपारा।
धर्म धुरंधर श्री रघुराई, मूर्क्षा वंत भए मुनिराई।
भरत वंधु कह मुरछित देखी, दारुन दुख उरभएऊ विसेशी।

दो.:– सनै सनै निज वसन करि, कीन्ह मरूत तिहि काल।
तजि मूर्क्षा उठि वैठि प्रभु, ह्रदय महा दुख साल।।११।।पृ.१३७पृ.

चौ.:– रामहि भरत विलोकि सचेतू, वोले सोक विनासन हेतू।
कहँ रजक मति मंद अपारा, जिहि सिय सन दुख वचन उचारा।
तिहि की जीह्व निपातहु आजू, अस सुनि पुनि वोले रघुराजू।
आदिहु ते सव रजक प्रसंगा, वर्णन कीन्ह रामभव भंगा।
सो सुनि वोले भरत सुजाना, सोक दलनहित वचन प्रमाना।
जग विख्यात सुनहु प्रभु सीता, भई अनल करिपरम पुनीता।
पुनि वृह्मादि देव रन आई, कही जानकी सुद्ध वनाई।
दसरथ आनि कहापुनि सोई, पावन सिया जान सव कोई।

दो.:– प्रभु तुम्हारि कीरति विमल, व्रहनादिक करि गान।

कहौ रजक के वचन करि, सो किमि होइ मलान ।।१२।।

चौ.:– तजहु सोक अस जानि कृपाला, जनक सुता पावन सव काला।
तिहि जुत राज करहु रघुराई, अंतर पत्नी जानि वनाई।
तुम किमि त्यागन करहु सरीरा, संतत निश्कलंक मतिधीरा।
तुम्हरे विकल होत भगवाना, ह्वै है हम सव मृतक समाना।
तुम विनु निमिश माहि रघुवीरा, अवसि जानकी तजहि सरीरा।
अस विचारि प्रभु सिया समेता, करहु राज सुख करि हिय समेता।
पति देवता सीस मनि सोई, सुनहु नाथ जानै सवु कोई।
भरत वैन इहि विधि सुनि काना, वोले रघुपति परम सुजाना।

दो.:– तात धर्म जूत वचन तुम , हम सन कीन्ह वखान।
मोर रजायसु करहु अव, तद्यपि मानि प्रमान।।१३।।क
अनल सुद्ध है जानकी, लोक पूज्य मैं जान।
तदपि लोक अपवादतै, त्यागहु भीत निदान।।१३।।ख
कै तजि आवहु सियहि वन, कै करधारि कृपान।
तात निपातहु सीस मम, इहि तै मंत्र न आन।।१३।।ग
सोरठा:–राम गिरा सुनि कान, भए विकल अति भरत तव।
कपित गात निदान, मूर्छित ह्वै भूतल परे।।१३।।घ.
इति श्री पदन पुराणे पाताल खण्डे सेस वात्सायन सम्वादे मधुसूदन
दास कृते भरत वाक्य **संवादो नाम ट पंचासतमोध्याय।।५६।।**

दो.:– सुनहु सूत यह चरित सुनि, वात्सायन तिहि काल।
वोले श्री अहि राज सन, जोरि पानिधरिभाल।।

चौ.:– सिय कीरति जग पावन कारी, तिनहि दोश किमि दीन्ह खरारी।
प्रथमहि कवन कलुशतिनकीन्हा, जिहि तै रजक वचन प्रभु चीन्हा।
प्रभु तुव मुख पंकज तै जाता, चरित सुधा सुनि श्रुतिन अघाता।
जिहि प्रकार मम मन सुख होई, करुनाकर अव कीजिय सोई।

भव भय भंजनि कथा रसाला, वरनन करहु अहीस कृपाला।
सुनि अस वचन अनंत उदारा, मुनि नाइक प्रति वचन उचारा।
परम रम्य मिथिलापुर ताता, जनक नाम तहँ नृप विख्याता।
धर्म सहित संतत महिपाला, पालहि सुत सम प्रजा रसाला।

दो.:– घोर अवर्श न वारइक, भयौ भूप के देस।
भई प्रजा अति दुखित तव, निरखि दुकाल प्रवेस।।१।।

चौ.:– निज कर हल तवभूप चलावा, प्रजा सोक उर चहै नसावा।
प्रगटी सीता विच तव कन्या, रूप सील निधि श्रभुवन धन्या।
तव महीप उर आनंद छावा, सकल समाज महा सुख पावा।
भई सीत तै सुता सुहाई, सीता नाम धरयौ मुनि राई।
सो कमला जग मोहन हारी, पुनि प्रगटति पालति प्रलय कारी।
सेवहि जाहि उमा व्रह्मानी, सची आदि तिय वेद वखानी।
सो सिय एक वार पितु वागा, खेलहि सहित सखिनि अनुरागा।
तह मुनि सुक अरु सुकी सहाए, चले जात मारग मुद छाए।
नभ तै वाग अनूपम देखी, उतरे करन विहार विसेशी।

दो.:– अति प्रसन्न ते जुगल खग, काम विवस मुनि राइ।
कहत परस्पर वचन वर, विहरत प्रेम सुभाइ।।२।।

चौ.:– लागे कहन परस्पर दोऊ, सुनि र व मोहि जाहि सव कोऊ।
ह्वै है राम भूप जग माहीं, अति सुसील गुन निधि सक नाहीं।
तिनकी नारि होइगी सीता, अति सुंदर जस परम पुनीता।
सिया समेत रामु जुत हर्शा, राज सहस एकादस वर्शा।
सकल महीपति भुतवल जीती, नृपता करहि सोधि श्रुति नीति।
धन्य राम पुनि धनि सोइ सीता, करि है विविधि भोग जुत प्रीता।
सुक अरु सुकी मुदित तिहि काला, इहि विधि वरनत वचन रसाला।

दो.:– तिहि पदप तर जानकी, सुनै वचनधरि कान।
विस्मय जुत तिन उभय कहँ, सुर वर हिय अनुमान।।३।।

चौ.:– वहुरि चितइ तरु ऊपर देखा, निरखे सुक अरु सुकी विसेशा।
करन लगी तव ह्दय विचारा, मोर कथा दोऊ करहि उचारा।
मम कर आवहि कवनिहु रीती, वूझि लैहु सव कथा सप्रीती।
अस विचारि इक सखिहि वुलाई, वोली वचन मृदुल सुखदाई।
ए दोउ खग सखि परम सुहाए, आनहु पकरि मोर मन भाए।
सुनि सोइ सखि जाइ तिहि काला, पकरि लीन्ह करि जतन रसाला।
सीतहि आनि निवेदन कीन्हा, वहु विधि सब्द करै ते दीना।
परि तोशन करि जनक कुमारी, तिन सन सुन्दर गिरा उचारी।

दो.:– परिहरि मय सव सुनहु खग, वरनहु मन हरशाइ।
कहौ नाम पुनि धाम निज, मम संसय जिमि जाइ।।४।।पृ.१३८.प्रा.

चौ.:– पुनि कहु कवन राम को सीता, जिनकी तुम वरनी अव गीता।
धरि है कवन देस अवतारा, कवन ग्याति किहि भवन मझारा।
यह सव कथा कहौ समुझाई, सुनि सुक सुकी कहै मुनिराइ।
वालमीक आश्रमम वासा, करहि तहाँ मुनिधर्म प्रकासा।
सुन्दरि सुनहु तहाँ ते आए, उतरे निमिव वाग मन भाए।
श्री मुनि वालमीक तप धामा, वरन भविश्य राम गुन ग्रामा।
निज सिश्यनि ते तहाँ पढ़ावहि, सुन्दरि सो हम तुम सन गावहि।
वार वार मुनि सिश्य सुजाना, करहि भविश्य राम गुन गाना।

दो.:– रामध्यान लव लीन ते, रहहि सकल सव काल।
तिनि के मुख तै सुनैऊ हम, चरित भविश्य रसाल।।५।।

चौ:– पुत्र जग्य श्रंगी रिशि करि है, तव हरि चारिरुप जग धरि है।
जगत जननि कमला गुन खानी, सो विदेह ग्रह प्रगटहि आनी।

सुंदरि राम महा वड़ भागी, सुरतिय गुन गावहि अनुरागी।
अनुज सहित कौसिक मुनि साथा, धरै हाथधनु सर कटि माथा।
आइ जनक पुर ते छविरासी, करहि सवनि कह मोद प्रकासी।
भुज वल भंजि संभु को दंडा, पुनि करि सकलभूप मद खंडा।
तव विवाह करि जनक कुमारी, ह्वै है पुरजन सकल सुखारी।
पुनितिहि सहित राम जग माहीं, विपुल राज करि है सक नाहीं।

दो.:– जिहि विधि सुंदरि सुनेउ हम, सो सव कीन्ह वखान।
अव हम कह परिहरहु तुम, विहरहि विपिन निदान।।६।।

चौ.:– यह सुनि जनक सुता मुनिराई, पकरे जुग खग पानि दिढ़ाई।
वोली गिरा वहोरि सुहाई, ह्वै है राम कवन घर जाई।
किहि के पुत्र कहौ समुझाई, मम संसय तुम वरहु बनाई।
पुनि तुम कहिहौ हम सन पाहीं, सो सव करिहहिं संसय नाही।
यह सुनि सुक अरू सुकी सुजाना, वोले मनमथ विवस निदाना।
रवि कुल ध्वज दसरथ महिपाला, अति वल निधि पुनि वुद्धि विसाला।
जिन दलि असुर देव प्रति पाले, रन मंडल तजि कवहुन चाले।
तिनि कै तीनि नारिजग जानी, सची सरिस सुंदर गुन खानी।

दो.:– कौसिला अरू के कई, वहुरि सुमित्रा नाम।
श्री पति चारि प्रकार ह्वै, प्रगटे तिनके धाम।।७।।

चौ.:– कौसिल्या सुत राम सुनामा, सवतै ज्येशठ वंन्धु छवि धामा।
तिनतै लघु श्री भरत सुजाना, केकइ सुत सव गुनी निदाना।
लखन सुमित्रा सुत अनुमानौ, परम सुसील तासु लघु जानौ।
तिनतै लघु रिपु नासन नामा, जग विख्यात महावलधामा।
तिन महँ छविनिधान श्री रामा, नाम अनंत विसद गुन ग्रामा।
मुख प्रफुल्ल पंकज अनुमाना, द्रग विसाल जल जात समाना।

उन्नत विसद नासिका सोहै, भृकुटी ललित श्रवन मन मो है।
चारू कपोल अधर दुति कारी, चिवुक परम छवि निधि मनुहारी।

दो.:– परम मधुर मुंजल वचन, वरनहु कवन प्रकार।
निरखि दसन दुति निमिश मह, नासहिं उर अंधि आर।।८।।

चौ.:– विसद कंवु सम कंठ सुहावा, रेख तीनि जुत अति छवि छावा।
भुज अज्जान ललिज वलधामा, अंगदादि जुत प्रद अभि रामा।
ललितपानि पुनि करज अनूपा, नरव दुतिहिम करसम अनुरूपा।
उर कपाठ सम सुभग विसाला, श्री समेत ध्वज चरन रसाला।
उदर मनोहर वरनिन जाई, त्रवली ललित महा छवि छाई।
नाभि कलिंद सुता अलि लाजै, पुनि कटि सिंह लंक इव राजै।
जंग जुगल निरखत मनु मोहा, पद पंकज वहु छवि जुत सोहा।
मृदुल पदज सुंदर सवभाँती , मनि गन सरिस सुभग नख पाती।

दो.:– विविधि विभूशन वसन वर धरै स्याम मृदुगात। पृ.१३८.अ.
धनु सर कर तूनीर कटि, वल विक्रम विख्यात।।६।।

चौ.:– सुन्दरि राम धरै अस वेशा, मैं किमि वरनन करौ विसेशा।
सुभगुन निधि अतुलित प्रभुताई, वरनन करि न सकै अहिराई।
धन्य वहुरि सोजनक कुमारी, अति छवि निधि न जासु अनुहारी।
मुदित राम संग वहुकाला, विविधिभाँति करि भोग रसाला।
सुदरि को तुम कहि निज नामा, सादर सुनहु राम गुन ग्रामा।
यह सुनि वोली जनक कुमारी, सुनहु पच्छि जुग गिरा हमारी।
तुम वरनी मिथिलेस कुमारी, सो मैं प्रगटी अवनि मझारी।
जव मिलि है दसरथ सुत मोही, संसपरहित तजहु तव तोही।

दो.:– तव लगि तुम कहँ निजभवन,कनक पिंजरनि माहि।

सव विधि प्रति पालन करहु, मुदित हृदय सक नाहिं।।१०।।

चौ.:– सुनि अस जनक सुता की वानी, मे समीत जुग खग दुख मानी।
वहुरि परस्पर अति अकु लाई, सीतासन वोले मुनि राई।
सुनि सुसील मिथिलेस कुमारी, हम पक्षी पुनि विपन विहारी।
जव लगिभ्रमत रहै चहु पासा, तव लगि हम कहँ मोद निवासा।
पिंजरादि पुनि पालै कोई, कवनेउ विधि प्रमोद नहिं होई।
अस विचारि परिहरहु सयानी, सत्य गिरा हम तुमहि वखानी।
गर्भवती यह सुकी निदाना, पुनि प्रसूति अवसर नियराना।
पुत्र प्रगट करि निज थल माहीं, आवहि वहुरि इहाँ सक नाहीं।

दौ.:– अस विचारि परिहरहु सिय, सुनि मम वचन प्रामन।
तदपि न त्यागेऊ सुनहु मुनि, पुनि सुक कीन्ह वखान।।११।।

चौ.:– तजहु सिया मम नारि निदाना, किहि लगि धरी न कारन जाना।
यह गर्भिनी न पुनि दुख जोगू, तजि विचारि वन भोगहिं भोगू।
तनय प्रगट करि पुनि तुव पासा, आवहि अवसि समेत हुलासा।
अस सुनि सिया सुकहि तजि दीन्हा, वोली गिरा वहोरि नवीना।
जाहु मुदित सुक परम सुजाना, तजहू न सुकी मोर मनु माना।
इहि कर प्रति पालन मैं करहू, मिलि है राम तवहि परि हरहू।
जोगी जन जो करहि वखाना, सो न मृशा वुध करहि प्रमाना।

दो.:– काहू सन कवहू कछू, भूलि न करहि वखान।
सत्य सत्य पुनि सत्य यह, कीजै मौन निदान।।१२।।

चौ.:– नाहित अवसि लहै दुख सोई, जहँ तहँ वदत रहै नर जोई।
हम तरू ऊपर वचन उचारा, वंधन परि दुख पाव अपारा।
करते जो न कथा विस्तारा, तो किमि होतेऊ वंधन भारा।
तिहि तै कीजे मोन वनाई, पुनि सिय सन वोला अकुलाई।

तिय विनु मैं न जियौ वैदेही, अस अनुमानि तजहु अवएही।
इहि प्रकार कहि वारहि वारा, तदपि न कीन्ह त्याग दुख भारा।
तव करि कोप सुकी तिहि काला, दीन्ह सिया कहश्राप कराला।
मम पति सन वियोग जिमि, तिमिस गर्भ तुहि प्रभु परिहरहू।

सोरठा:–अस कहि वारहि वार, पति वियोग तन परिहरेऊ।
सुनु मुनीस तिहि वार, सुमिरि ह्रदय रघुवंसमनि।।१३।।

चौ:–तव आवा अति सुभग विमाना, चढ़ि सो हरि पुर कीन्ह पयाना।
मृतक नारि लखि सुक अकुलाना, वहु विधि रोदन कीन्ह निदाना।
पुनि करि परम कोप मुनिराई, सुर सरि तट सुक पहुच्योजाई।।
तव निज मन तिहि कीन्ह विचारा, होहू अवधि पुर जन्म हमारा।
मोर वचन सुनि राम नृपाला, तजहि सियहि दुख होइ कराला।
अस विचारि सुर सरि अलि माहीं, परा विकल तन परि हरि ताहीं।
सुनु मुनि तजे कोह करि प्राना, पुनि सुक कीन्ह सिया अपमाना।
पुनि कु वासना कीन्ह वनाई, तिहि तै अवधि रजक तन पाई।

छंद:–तिहि तै अवधि पुर रजकतन तिहि पाव मुनि कारन यहै।
जे क्रोध कनि तजि गात सो जन अंत अंत्यज वपु लहै।।
यह वेद स्मृति वखानि संसय नाहि यह सांची सही।
तातै तजी रघुवंस मनि सिय मानि अंत्यज की की।।
दो:–तिहि विधि कीन्ही प्र न तुम, सो सव कीन्ह वखान।
प्रथम कथा अव सजग है, श्रवन करहु धरिकान।।१४।।
इति श्री पद्म पुराणे पाताल खंडे सेस वात्सायन सम्वादे मधुसूदनदास कृते रजक उपाख्याने **नाम सप्त पंचासतोऽध्याय।।५८।।**

दो:– सूत सुनहु प्रभु विकल अति, भरतहि मूर्छित देखि।
द्वार पाल प्रति कहेऊ तव, रिपुहन आनि विसेशि।। पृ.१३६ म.

चौ.:– यह सुनि प्रतीहार छिनमाहीं, गयौ विकल रिपुसूदन पाहीं।
कहेउ वेगि रघुनाथ वुलाए, सुनत सत्रघन आतुर धाए।
अनुज समेत विकल जहँ रामा, मुनि नाइक पहुचेतिहि धामा।
मूर्छित वंत भरत कहँ देखा, पुनि रघुनाथहि व्याकुल पेशा।
करि प्रनाम वोले अकुलाई, किहि कारन अति दुख अधिकाई।
तव अंत्यज मुख वदन मलीना, अनुज अग्र प्रभु वरनन कीन्हा।
पुनि गद गद सुर कंपित गाता, वोले अघोबदन करि वाता।
मम वानी सुनि सुनि सो भाई, करहु वेगि जिमि सोक नसाई।

दो.:– होइ विमल कीरति सु मम, सुर सरि सम संसार।
तुम सुजान सो करहु अव, सोधिय ह्रदय मझार।।१।।

चौ.:– सिय सन रजक कही जो वानी, तात समस्त वि व सो जानी।
ता तै तजन चहौ निज देही, नाहित आजु तज्यौ वैदेही।
यह सुनि रिपु सूदन तिही काला, गिरे धरनि कपि गात विसाला।
उभय दंड लगि रहें अचेता, उठे वहुरि जव भए सचेता।
वोले तव रघुपति सन वानी, विलखत वदन श्रवत द्रग पानी।
नाथ सियहि किमि दूशन देहू, पुनि खल वचन सत्य करि लेहू।
जे जन दुश्ट चित्त अघ खानी, वाम धर्मरत नर्क निसानी।
ते जन श्रुति कह दूशन दे ही, वुध जन सो प्रामन किमि लैही।

दो.:– जग पुनीत श्री सुर सरी, भंतनि पाप पहार।
परसहि अस तन संत तौ, नहिं मंज्जहि संसार।।२।।

चौ.:– दिनकर सकल लोक सुखदाई, एक उलूकहि दुख अधिकाई।
तौ कि रविहि कोऊ दूशन देही, जिमि अंत्यज दूशै वैदेही।
अस विचारि जिनि त्यागहु सीता, संतत सो सवभाँति पुनीता।

प्रभु करि कृपा मोहि यह देहू कीजै ग्रहन सियहि जुत नेहू।
अनुज गिरा इहि विधि सुनि काना, पुनि पुनि प्रभु यह वचन वखाना।
कै जानकी विपिन परिहरहू, कै मम सिर अव भंजन करहू।
यह सुनि सत्र समन महि परेऊ, मनहू महाद्रुम जर परि हरेऊ।
भई घोर मूर्छा तिहि काला, परे सोक पाथादि विहाला।

दो.:– भरत सहित रिपुसूदनहि, रघुपति मूर्छित देखि।
वोले तव प्रतिहार सन, लखनहि आन विसेशि।।२।।

चौ.:– सो आतुर लक्ष्मन ग्रह जाई, वोला पद पंकज सिरू नाई।
सुनहु स्वामि तुम कहँ रघुराई, कहेऊ वेगि सँग आन लिवाई।
गएउताइल वह सुनि तहँवा, भ्रातनिसहित राम प्रभु जहँवा।
भरत सत्रघन मुर्छित देखी, पुनि रघुपति कह व्याकुल पेशी।
परम विकल हुइ वचन उचारा, किहि कारन यह दुःख अपारा।
सुनहु सकल दुख कारन भाई, कही रजक जिमि वात दिढ़ाई।

दो.:– वसी सिया रावन भवन, यह दूशनतिन दीन्ह।
ता कारन मैं जानकिहि, चाहो त्यागन कीन्ह।।३।।

चौ.:– अनुज सोक मम सकेउ न टारी, तिहि तै मूर्छि परे महिभारी।
तात वेगि सोइ करहु उपाई, तिहि विधि घोर सोक मम जाई।
सीता त्याग वचन सुनि काना, लशन थकित है गए निदाना।
वार वार वहु लैहि उसासू लागे श्रवन विलोचन आसू।
थर थर कंपन लाग सरीरा, जिमि पीपर तर चलत समीरा।
मुख तै वचन कछु नहीं आवा, दारून सोक हृदय महँ छावाँ।
तव वोले रघुपति विल खाई, कहा करहु इहि अवसर भाई।
मैं कलंक करि संकित भारी, कोउन मो कहँ सकहि उवारी।

दो.:– तजहु गात निज अवसि अव, नाहिन आन उपाई।

दुसह सोक किमि सहो मैं, अवरन कछु वसाइ।।४।।

चौ.:– सदा अनुज मम आइसु कारी, ते ऊ मैं प्रति कूल निहारी।
सकल भाँति अव मोहि विसारा, अहह दैव का करौ विचारा। पृ.१४०म.
कहा करहु कित जाहु निदाना, सुनि सुनि मोहि हंसहि नृप नाना।
अजस अलंकृत मैं जगभएऊ, जिमि कोउ कुश्ट सुमग तन लएऊ।
मम कुल माहिं भए नृप जेते, एक तै एक सरिस अति तेते।
मो समान इहि वंस मझारा, कोउन प्रगट भयौ संसारा।
इहि विधि वदत रामु तिहि काला, गद गद कंठ श्रवत जल धारा।
तव वोले लक्ष्मण मतिधीरा, सुनहु वचन मम श्री रघुवीरा।

दो.:– रजकहिनिकट वुलाइ अव, वूझहि ताहि वनाइ।
सीतहि दूशन दीन्ह किमि, सो सव कहु सत माइ।।५।।

चौ.:– नाथ तजहु सव संसय सोगा, जनक सुता नहिं त्यागन जोगा।
तुम्हरे राज माहि रघुराई, करि न सकै कोउनिज वरि आई।
वुझि जथारथ ता कहँ वाता, सोई करब सत्य जन जाता।
पति देवता मौलि मनि सीता, तुव पद मन वच कर्म सुप्रीता।
एकहु अंग न त्यागन लाइक, दूशत दोश होइ रघुनाइक।
अव करि मोपर कृपाला, गहन करहु सिय सुचि सव काला।
सुनी लशन मुख गिरा सुहाई, वोले सोक ग्रसित रघुराई।
धर्म समेत प्रवोधित भएऊ, मन मैं सिया त्याग मत उएऊ।

दो.:– वार वार किमि कहौ यह, सिया न त्यागन योग।
संतत पावन विगत अघ, जानत है सव लोग।।६।।

चौ.:– ज्यौ सव सत्य मृशा नहिभाई, सीता सुचि मैं जान वनाई।
जानि लोक अपवाद कराला, त्यागन करहु अवसि इहि काला।
निज जसहेत तजहुनिज गाता, तुम समेत प्रिय तीनौ भ्राता।

पुनि ग्रह पुत्र मित्र वित भूरी और सकल परिजन अपि रूरी।
करहु अवसि त्यागन सुनुभाई, कहाँ एक सीता तुम गाई।
मो कहँ जस निज सुजस पियारा, तस प्रीतम ननि कछु संसारा।
अव रजकहि जिनि वूझहु वाता, अवसर पाइ देखिए ताता।
ज्यौ वूझै अव निकट वुलाई, तोपि न मानहि लोग लुगाई।

दो.:– होइ घोर रूज गाज जव, तव भैशज नहि जोइ।
कालभए पर मिलहि जो, वृथा जानियै सोइ।।७।।

चौ.:– अव सीतहि त्यागहु वन जाई, वूझहिगे पुनि रजक वुलाई।
यह न करहु तौ लेहु कृपाना, ममसिर खंडन करौ निदाना।
लखन राम मुख की सुनि वानी, तिहि छिन परम विथा उर आनी।
पुनि लागे मन करन विचारा, परमधीर अवसर अनुसारा।
परम राम पितु आइसु माना, दलौ मातु सिर त्रन अनुमाना। पृ.१४१ प्रा.
तिहि तै गुर नृप आइसुभरी, करिय वेगि उर विनहि विचारी।
अव मैं रघुनाइक हित लागी, तजि हौ विपिन सियहि छल त्यागी।
अस अनुमानि जोरि जुग पानी, वोले राम चन्द्र प्रति वानी।

सो.:– सुनहु नाथ मम वात, मोहिन यह करनीय अपि।
अव तुव आइसु तात, करिहौ जानि अपेल जिय।।८।।

चौ.:– अस सुनि राम कहा सुनुभाई, साधु साधु तुम साधु वनाई।
अव सुनु तात कहौ समझाई, जिहि विधि सीतहि त्यागहु जाई।
मुनि तिय पूजन हित वन माहीं, यह वरू सिय जाज्यौ निसि माहीं।
इहि मिस रथ चढ़ाइ वन घोरा, तजि आवहु यह आयसु मोरा।
सुनत कंठ सूखा तिहि काला, श्रवन लगे लोचन जल जाला।
भयौ मलिन मुख रोदन करहीं, कवनिहु विधि धीरज नहिंधरहीं।
पुनि निज सेवक धर्म सम्हारी, गए आप नै भवन मझारी।

दो.:– सचिव सुमंतहि वोलि तव, कहे वचन तिहि काल।
सजि ल्यावहु रथ वेगि मम, जोरि तुरंग रसाल।।६।।

चौ.:– सुनि सत्वर सजि स्यंदन आना, चढ़ि लक्ष्मन तव कीन्ह पयाना।
परम दःख संपन्न सरीरा, पुनि पुनि लेत उसास अधीरा।
वर वस रोकि विलोचन वारी, तजि रथ गे सिय भवन मझारी।
सीतहि निरखि दण्ड वत कीन्हा, छिन छिन लेत उसास मलीना।
सुनहु मातु जानकी सुजाना, पठवा मोहि राम भगवाना।
मुनि पतिनिन के पूजन हेतू, रथ पठाव वर वाजि समेतू।
लशनगिरा सुनि इमि मुनिराई, परम प्रीति तिहि अवसर छाई।
वोली वहुरि लशन सन वानी, सरल सुभाई न छल कछु जानी।

दो.:– अवसि जाइ अस विपन मझारा, पूजहु मुनि तिय मुदित अपारा।
करि करि तिनके पदनि प्रनामा, सव प्रकार लहि हौं अभिरामा।
पहिरावहु वर वसन निदाना, पुनि मनि जड़ित विभूशन नाना।
अस कहि सुभग दुकूल मगाए, अति अमोल सवभाँति सुहाए।
विविधि विभूशन मनि गन नाना, सुन्दर मुक्ताहल छविदाना।
चन्दनादि करपूर सुहाए, अपर पदारथ सकल मगाए।
दासिनिके कर तै लै सीता, आई लशन समीप सप्रीता।
लखन समेत द्वार जव आई, वोली वैन सुनहु मुनि राई।

दो.:– कहौ तात स्यंदन कहाँ, जो पठवा रघुवीर।
सुनी अस लखनसुमंत सन, वोले वचन अधीर।।११।।

चौ.:– आनहु स्यंदन निकट चलाई, रहै सोक वस पुनि अरगाई।
सचिव तुरंग तव हाँकन लागा, चलहि न पंथ करहि जल त्यागा।
गिरि गिरि परहिं धरनि अकुलाई, धरहिं नधीर सोक अधिकाई।
वार वार हींसहिं तिहि काला, कवनेउ विधि मारग नहि चाला।
सचिव कसा तव ताड़न कीन्हे, तदपि न चलै सोक ग्रसि लीन्हे।

कह सुमंत तव लक्ष्मन पाहीं, नाथ तुंरग चलहि मग नाहीं।
मैं हारौ करि विपुल उपाई, कारन मोहिन परहि लखाई।
गद गद कंठ कहा लक्ष्मण तव, ताड़न करि हय आनहु रथ अव।

दो.:– कीन्है ताड़न वाजि पुनि, चला न रथ तिहि काल।
कहा सचिव नाहिं चलहि हय, विस्मय नाथ विसाल।।१२।।

चौ.:– तहीं चढ़ी रथ सिय तव जाई, लक्ष्मण चले हाँकि वरि आई।
सिय कर दक्षिन द्रग अरू वाहू, फरकन लगे करन दुख दाहू।
सुभ खग वामभाग कहँ आवहि, मानहु दारून विपति जनावहि।
तिनहि विलोकि सिया अकुलाई, दे वर सन वोली मुनिराई।
मुनि तिय पूजनहित वन जाना, असगुन वहुत होइ किमि ताता।
श्री रघुपति सव अनुज समेता, रहहिं मुदित तजि असगुन हेता।
पुनि परिजन पुर जन समुदाई, रहहु कुसल सव विपति विहाई।
मारग लागहिं भयानक भारी, यह कारन नहिं परहिं निहारी।

दो.:– सुनि लक्ष्मन इमि सिय वचन, उत्तर कछू न दीन्ह।
सोक विवस लोचन श्रवहिं, गद गद कंठ मलीन्ह।।१३।।

चौ.:– वहुरि सिया मृग माल निहारी, आई वाम भाग भय कारी।
असगुन भए अपर मग भीमा, जिहि तै लहै मनुज दुख सीमा।
तव वोली अति सय अकुलाई, जगत जननि करूना उर छाई।
दाहिनि दिसि परिहरि इहि काला, आवै वाम ओर मृग माला।
मैं मुनितिय पूजन वनआई, रघुकुल मनि पद कंज विहाई।
तिहि तै होइ मोहि दुख जेते, चाहिय अवसि अजोग न तेते।
तिय कह परम धर्म पति सेवा, नहिं जप तप संजम वृत देवा
कीन्हा सो मैं पाप कराला, जो कछु होइ थोर इहि काला।

छंद:–इहि काल जो कछु होइ सो सव थोर यह साँची सही।
जस करहि तस फल गाव अरा श्रुति सुमति कवि को विद कही।।
इहिभाँति करति विचार व्याकुल असुभ वहु मग देखिके।
तव लागि निरखी सुरसरी अघ पुंज दहनि विसेशि के।।

दो:– सेवहि तट मुनि वृंद बहु, गो पय सरिस प्रवाह।
श्री हरि पुर सोपान सम, उठति तरंग उछाह।।१४।।क
जाकर जल कन परसि अपि, नसहि कलुश समुदाइ।
सूत सुनहु तिहिनिकट तव, स्यंदन पहुच्यौ आइ।।१४।।ख
कहा लखन धरिधीर तव, गह वरि कंठ वनाइ।
त्यागहु स्यंदन जननि अव, सुर सरि पहुँची आइ।।१४।।ग
इति श्री पदन पुराणे पाताल खण्डे सेस वात्सयन सम्वादे मधुसूदनदास
कृते श्री गंगा जी दर्शनो **नाम वसुपंचासतमोध्याय।।५८।।पृ.१४२म**

सोरठा:–सुनि अस सिय तिहि काल, लखन वाहु गहि तजेउ रथ।
कंटक एक कराल, लग्यौ चरन विच दुखद अति।।

दो:– सहित जानकी लखन तव, गए पार चढ़ि नाव।
कर गहि सियहिं उतारि तट, चले विपन दुख छाव।

चौ:– विकट पंथ मुनि वरनिनजाई, परे घोर कंटक समुदाई।
चलत सिया दुख दारून पावा, सूख वदन लोचन जल आवा।
लगहि घोर कंटक मग माहीं, पद पद गिरहिधरनि सिय तहीं।
व्याकुल लखन जाहि वन आगै, पाछै चित वत जल द्रग त्यागै।
तिहिवनघोर दाहह्वै गएऊ, ता तै कछुक भस्म द्रुमभएऊ।
विकट ववूर खैर तरू जूथा, अगिनित घौ चिंचिनी वरूथा।
अपर विविध कंटक द्रुमभारी, संतत सवनि महा दुख कारी।
तिनकी खोह मध्य मुनिराई, महा व्याल वोलहिभय दाई।

दो.:– सिंघ वाघ वृक विकट वहु, विचरहि तिहि वन घोर।
मत्त नाग सूकर महिश, करत सोर चहु ओर।।१।।

चो.:– वोलहि वहु उलूक भय कारी, पुनि श्रगाल रोदन करिभारी।
अपर जन्तु नर भच्छन हारे, पंथ जात सिय तिनहि निहारे।
भय वस जुर कराल है आवा, लगे चरन कंटक दुख पावा।
सुनहु तात लक्ष्मन मम वानी, कहौ कहाँ आश्रम सुख खानी।
वसहि जहाँ मुनि तियनि समेतू, परम तपोनिधि हरि पदहेतू।
जिनके हेत विपिन मैं आई, ते आश्रम नाहिं परै लखाई।
तात तुमहि पुनि निरखहु जाता, श्रवत विलोचन व्याकुलगाता।
असगुन अमित महाभय कारी, पद पद हे रहु पंथ मझारी।

दो.:– यह सव कारनतात मुहि , वेगि कहौ समुझाई।
कै मो कहँ लखि दुश्टउर, रघुपति दीन्ह विहाइ।।२।।

चौ.:– यह सुनि लखन उतरू नहिं दीन्हा, रूक्यौ कंठ चख द्रवहि मलीन्हा।
इहि विधि विकल विपन पथ जाहीं, डगमगात पद धरि सक नाहीं।
पुनि पुनि वूझहिं जनक कुमारी, लखि लखि लख नहि व्याकुल भारी।
तदपि कछू नहिं उत्तर देता, कोक विवर निसि कै दुख जेता।
कानन इहि विधि जात विहाला, मृदु पद कंटक लगत कराला।
पुनि अति अग्रह करि मुनि नाहा, वूझतिसिया लखन प्रतित ताहा।
गहवर कंठ महाविलखाता, कहा लखन सुनुसिया सुमाता।
रजकगिरा सुनिरघुकुलनाथा, त्यागौ तुमहि सत्य यह गाथा।

दो.:– कुलिस सरस यह वचन सुनि, परीधरनि अकुलाइ।
हरित वेलि दव विवसजिमि, तरू तजिगिरहि सुखाइ।।३।।

चौं:– भूमि न लीन्हि सियहिमुनिराई, जदपि प्रान प्रिय सुता सुहाई।

विगत पाप रघुपति परित्यागी, नहिं तजि है यह भय मन लागी।
सीतहि मूर्छित लशन निहारी, नव पल्लव करि लीन्ह वयारी।
तजि मूर्छा मिथिलेस किसोरी, वोली गद गद कंठ वहोरी।
हे मम देवर लशन सुजाना, तात हास्य यह तजहु निदाना।
मैं अघ रहित सकल जग जाना, तजहि मोहि किमि कृपानिधाना।
इहि विधि विलखति विविध प्रकारा, प्रभुवियोग दुख ह्रदय अपारा।
पुनि लछिमनहि निरखि विलखाता, जाना ह्रदय सत्य यह वाता।

दो.:– पुनि मुरक्षित हुइधरनितल, गिरी न गात सम्हार।
वीते इहि विधि दंड जुग, व्यापी विपति अपार।।४।।

चौ.:– उठी वहोरि सिया तिहिकाला, परील विशाद प्रवाह विहाला।
रघुपति पद पाथोज सम्हारी, श्रवतविलोचन गिरा उचारी।
परम वुद्धि निधि रघुकुल नाथा, धर्म धुरंधर सव जग गाथा।
तेकि मोहि परिहरहि निदाना, इहि कानन विच जग दुख नाना।
जिन मम हेत वाँधि वारीसा, तुम समेत संग लै कपि ईसा।
जाहि पार दस कंधर मारा, सदल सवंस जान संसारा।
ते प्रभु मोहि तजहिकिमि ताता, मानिप्रमान रजक मुख वाता।
देखी दैव प्रति कूल वनाई, तजहि तोपि सुन कहा वसाई।

दो.:– इहि विधि विविधि विलापकरि, परीधरनि मुरझाइ।
लक्ष्मण व्याकुल देखि तव, भए अधीर वनाइ।।५।।

चौ.:– उच्च्व कंठ करि रोदन भारी, श्रवहि अखंड विलोचन भारी।
तजि मुरक्षा मुनि जनक कुमारी, निरखि लखन कह व्याकुलभारी।
परम विकल वोली तव वानी, सुनहु तात तुम त्यागि गलानी।
जसनिधिधर्ममूर्ति रघुराई, तिनके निकट जाहु सचुपाई।
प्रमुदित मुनि मंडली मझारा, वैठहि जव रघुनाथ उदारा।
मम संदेस तव कहहु वुझाई, तुम सुजान सव भाँति वनाई।

विनु अपराध मोहि तजि दीन्हा, यह निजु वंस रीति कछु चीन्हा।
कै श्रुति सास्त्र पढ़े जुत नेहा, तिन तै लहयौ ग्यान वर एहा।

दो.:– मैं दासी तुव चरन की, संतत सकल प्रकार।
पुनि तुम्हार उच्छिशट विनु, करहु न आन अहार।।६।।

चो.:– तदपि हमहि तुम त्यागन कीन्हा, यह प्रारब्ध भोग हम चीन्हा।
संतत मंगल होहिं तुम्हारै, तुम विनु त्रन सम वि व हमारै।
जव जव मैं प्रगटहु जग माहीं, मिलहु तहाँ तुम पति सक नाहीं।
सुमिरि संभु तुव पद सुख दाई, भे पुनीत दलि अघ समुदाई।
ते तुव पद मैं सुमिरि कृपाला, वसिहौं सहित मृग जाला।
मोहि सगर्म भलै तजि दीन्हा, अव निर्मल जस जग मै लीन्हा।
सुनि सौमित्र तात मम वानी, रघुपति होउ सुमंगल खानी।
तजुती तात अवहि निजप्राना, रक्षहु प्रभु कर तेज निदाना।पृ.१४३म.

दो.:– तुम सेवक रघुनाथ पद, पराधीन सवकाल।
होउ सुमंगल तात तुव, तजहु विशाद कराल।।७।।

चौ.:– स्वामि समीप जाहु अवताता, होउ परम मंगल मग जाता।
कवहु कवहु मम सुमिरन करहू, आपनि कृपा सदा अनुसरहू।
अस कहि पुनि मुरछित है भारी, गिरी भूमि लखि लशन दुखारी।
निज पट सन तव कीन्ह वयारी, जगी वहुरि मिथिलेस कुमारी।
कहि वहु मधुर वचन तिहिकाला, सिय परितोश हेत मुनिपाला।
वालमीक आश्रम सुनु सीता, इहि वन तै अति निकट पुनीता।
तहाँ जाइ तुम करहु निवासा, मैं अव जांहु राम प्रभु पासा।
तुव सदे । मुनि मंडलि माहीं, अवसि कहौ रघुनाइक पाहीं।

दो.:– मुनि वर सुनु अस लखन कहि, परिकर्मा पुनि कीन्ह।
सोक विवस करि दंडवत, चले श्रवत जल दीन।।८।।

चौ.:– लखन विशाद जलधि मै परेऊ, कवनेउ विधिधीरज नहिधरेऊ।
लोचन श्रवहि अखंडित नीरा, डग मगात पद सिथल सरीरा।
करत सोक उर कोटि प्रकारा, चले जात इमि पंथ मझारा।
लशनहि जात सिया जव देखी, मन मह कीन्ह विचार विसेशी।
यह देवर मम परम सुजाना, करहिं हास्य नहि कारन आना।
मैं रघुपति उर प्रान पियारी, पाप रहिंत किमि दैहि विसारी।
निज मन इहि विधि करहि विचारा, इकटक लखनहि जातनिहारा।
चढ़ि जल जान पार जव भएऊ, नि चय त्याग हृदय गुनि लएऊ।

दो.:– गिरी भूमि व्याकुल अमित, घोर मूरछा आइ।
भयौ प्रान संदेह मुनि, सो दुख वरनि न जाइ।।९।।

चौ.:– तिहि अवसर वहु हंस सुहाए, निज पक्षन मह जलभरिल्याए।
जनक सुतहि सव सींचन लागे, मधुर मधुर वोलहिं वड़ भागे।
विपुल मयुर आइ पुनि ताहीं, कीन्ह सुखद पंखनि करि छाहीं।
वहु तक मंद मंद करि वाऊ, वहु तक ल्याइ सुमन सत भाऊ।
प्रगटहिं विपुल सुगंध सुहाए, निज निज जन्म सुफल करि पाए।
करि गन निज निज सुंड मझारी, भरि भरि सुखद सुसीतल वारी।
सिया समीप तवै चलि आए, सींचि नीर मंजन कर वाए।
नाना खग मृग परम मनोहर, आए अति समीप आनद कर।

दो.:– अति विस्मय जुत चकृतचित, सियहिनिरखि तिहि काल।
विनु वंसत कुसुमित भयौ, कानन सकल रसाल।।१०।।

चौ.:– तजि मुरछा दारून मुनि राई, उठि वैठी सिय अति विलखाई।
हा रघुकुल मनि राम कृपाला, दीन वन्धु हा नाथ दयाला।
करूनानिधि तुम परम उदारा, प्रनत पाल यह विरद तुम्हारा।
किहि अपराध मोहि तजि दीन्हा, मैं यह कारन कछू न चीन्हा।

इहि विधि कहिं कहिं करहि विलापा, व्यापौ हृदय घोर संतापा।
वार वार मुर्छित है जाई, किमि वरनहु मैं सुनि मुनि राई।
सूत सुनहु तिहि समय मझारा, वालमीक मुनि तप आगारा।
सिश्यनि सहित विपन मह आए, सहज सभाय महा मुद छाए।

दो.:–सुन्यौ दूरि तै रूदन तिन, उच्च कंठ अति दीन।
वोले तव सिश्यनि सन, मुनि वर परम प्रवीन।।११।।

चौ.:–यह वन घोर महाभय कारी, निरखु जाइ को रोदतिभारी।
सुनि गुरू गिरा नाइ पद भाला, सिया समीप गयौ तिहि काला।
निरखी रोदन करति अपारा, परम दीन वहि लोचन धारा।
राम राम पुनि राम पुकारै, एकहु अंगन धीरज धारै।
गयौ निरखि मुनिवर पहि सोई, कही वालइक रोदति जोई।
सुनिअस वालमीक मुनि राई, गए निकट अति आतुर ताई।
पति व्रता मिथिलेस कुमारी, तप निधि सन्मुख मुनिहि निहारी।
हे मुनि वेद मूर्ति तपधामा, अस कहि कीन्ह सिया परि नामा।

सोरठा.:–यह सुनि मुनि तप सीव, दीन्ह असीस प्रसन्न हुइ।
पति समेत चिरजीव, होहु, पुत्र दुइविदित जग।।१२।।

चौ.:–को तुम कवन हेत वन आई, कारन कौन महा विलखाई।
सकलहेत यह मोहि वुझाई, कहु धरिधीरज सोकु विहाई।
वोली सीता सुनि तिहि काला, अति करूना जुत दीन विसाला।
लेत उसास कंपि अति गाता, श्रवत नीर लोचन जल जाता।
सकल सोक कारन मुनिराई, तुम प्रति वरनन करौ वनाई।
भूप मौलि मनि रघुकुल राऊ, तिनकी मैं दासी सत भाऊ।
विगत पाप मौ कह तजि दीन्हा, मैं रंचक कारन नहि चीन्हा।
रघुपति मुख अनुसासन पाई, गए लखन मुहि विपन विहाई।

दो.:– अस कहि अति व्याकुल भई, श्रवन लगे द्रग नीर।
भई मलिन दुति वदन की, धरति नहीं उर धीर।।१३।।

चौ.:– तव वोले मुनि गिरा विनीता, वालमीक मुहि जानहु सीता।
ऐसे चरित देखि रघुवर के, होत कोप मम उर मन करके।
इहि प्रकार सुनि मुनि मुख वानी, निज उर कछुक सिया हरशानी।
वालमीक तव चले लिवाई, जिहि आश्रम वसि मुनि समुदाई।
सिश्यनि सहित सोह मुनि कैसे, उड़गन मध्यविमल विधु जैसै।

दो.:– मुनि पाछे श्री जानकी, चली जाति मग माहि।
सुमिरति प्रभु पद कंज उर, विकल श्रवत चख जाहि।।१४।।

चौ.:– इहि विधि निज आश्रम मुनि नाथा, पहुँचे सिश्य जानकी साथा।
मुनि समूह तहँ करहि निवासा, तप पाथोदि समेत हुलासा।
जनक सुतानिरखी मुनि वामा, भिन्न भिन्न तव कीन्ह प्रनामा।
मिली परस्पर ते हरशाई, पुनि पुनि पूछि सकल कुसलाई।
वालमीक तव सिश्य वुलाई, कहेऊ कुटी रचि देहु सुहाई।
तिन गुर आइसु सीस चढ़ाई, विरची परन साल सुखदाई।
तहाँ कीन्ह जानकी निवासा, राम राम जपि आर न आसा।
पति देवता कर्ममन वानी, अखिल लोक जननी गुन खानी।

दो.:– वालमीक मुनि नाथ कै, परि चर्या करि सोई।
असन कंद मूलादि फल, इहि विधि कालहि खोइ।।१५।।

चौ.:– समय पाइ दुइ पुत्र अनूपा, प्रगटे राम चन्द्र प्रति रूपा।
तिनकी छवि वरनी नहि जाई, परम मनोहर तन मुनिराई।
यह सुधि वालमीक मुनिपाई, भए मोद वस मगन वनाई।
सुख जुत वालमीक तिहिकाला, कुस.लव दूव मगाइ रसाला।
कीन्है पुत्रनि के सव कर्मा, देस काल जस कुल करधर्मा।पृ.१४५प्रा.

तिहि तै कुस अरू लव यह नामा, धरा सोधि मन मुनि तपधामा।
इहि विधि जात कर्म समुदाई, किये महा मुनि हर्शि वनाई।
निरखि निरखि सुत सुन्दर दोऊ, हरशहिं मुनि समेत सव कोऊ।

दो.:– तिहि दिन वात्सायन सुनहु, लवनासुरहि सघार।
कछुक सेन जुत सत्रघन, गे मुनिधाम मझार।।१६।।

चौ.:– वंदे मुनि पद पंकज जाई, हर्श सहित निज विनय सुनाई।
वोले वालमीक तिहि काला, सुनहु सत्रघन वचन रसाला।
सिय कै तनय भए द्वै आजू, अति अनुपम सव मंगल साजू।
रामहि तुम न सुनावहु जाई, मैं वरनहु कोउ अवसर पाई।
यह सुनि भए प्रफुल्लितगाता, गए अवध पुनि होत प्रभाता।
सिय के तनय सुनहु मुनि राई, कंद मूल फल भोजन पाई।
भए पुश्ट अति परम सुहाए, कोटि कोटि कंदर्प लजाए।
थोरेई काल भए वड़ कैसै, सुकल पक्ष मै हिम कर जैसे।

दो.:– निरखि चतुर सव भाँति तव, वेद विहित उपवीत।
कीन्है दौनो वंधु के, वालमीक जुत प्रीत।।१७।।

चौ.:– निजकृत राम चरित्र पढ़ावा, अति पवित्र सव भाँति सुहावा।
सहित गान विद्या सुख दाई, तिनके गुन किमि कहौ वुझाई।
धनु विद्या पुनि सकल पढ़ाई, दीन कनक धनु मह छवि दाई।
अति अभेद रिपुगन संहारनि, तिहि सम नहीं आन छवि धारनि।
दीन्है अक्षय उभय निशंगा, पुनि दारून कर वाल अभंगा।
चर्म अभेद्य दीन्ह मुनिराई, अपरहु अस्त्र सस्त्र समुदाई।
धरै चाप सर कर दोउभ्रता, विचरहि विपिन मनोहर गाता।
निरखि निरखि छवि जनक कुमारी, मुदित होइ दुख. दीन्ह विसारी।

दो.:– श्री कुस लव कर जन्म हम, तुमहि कहां समुझाइ।

प्रथम कथा अव सुनहु मुनि, जिमि भट पहुँचे जाइ।।

इति श्री पदन पुराणे पाताल खंडे सेस वात्सायन सम्वांदे मधुसूदन दास कृते कुस लव उत्पत्ति **नाम एकोन ाश्टितमोऽध्याय।।५६।।**

दो.:– भुज विहीन लखि सुभट तव, रामानुज तिहि काल।
अघर चापि रद मर्दि करि, वोले कोपि विसाल।।

चौ.:– को अस वीर महा वलवाना, तिहि तुम्हारभुज दली निदाना।
जोपि देव सव करहि सहाई, तदपि दलहु तिहि भुज वरि आई।
श्री रघुवीर पराक्रम भारी, नहि जानहि सो अति कु विचारी।
निज विक्रम अव ताहिदिखावौ, रन मंडल वहु ख्याल खिलावौ।
कहु किहि ठोर ठाढ़ भट सोई, पुनि मम जग्य वाजि कित गोई।
किहि अव डारून ब्याल जगावा, चाहै अवसि काल तिहि खावा।
यह सुनि घायल भट समुदाई, वोले विस्मित दुख अधिकाई।
वालक एक राम अनुहारी, तिहि पकरा हय समर प्रचारी।

दो.:– यह सुनि वोले सत्रघन, अरून नैन अति कोप।
देखहु सिसु मम हय धरा, अव चाहै भा लोप।।१।।

चौ.:– कालजीत सेनाधिप वीरा, सुनि मम आइसु परम गंभीरा।
साजहु वेगि सकल कटकाई, अगम व्यूह पुनि विरचि वनाई।
वाल निकट अव आतुर जाई, करू संग्राम सजग हरशाई।
तुव पाछे मैं आवहु तहवा, परम वीर वह वालक जहवा।
कै सुरेस धरि वाल सरीरा, आवा तुरग लैन सुनु वीरा।
अथवा संभु कोपि विकराला, सिसु तन धरि आए इहि काला।
अपर अ व हरि सकै न कोई, कैसेऊ प्रवल सूर नर होई।
महा जुद्ध ह्वै है इहि खेता, गिरिहहिं जय गज सुभट अचेता।

दो.:– देखहु सिसु स्वछंद यह, विचरहि विपिन मझार।

परम निडर पुनिधीर अति, देखिय समर जुझार।।२।।

चौ.:– सजग जुद्ध करू संजुग जाई, पुनि मैं आव सहित कटकाई।
कालजीत अस सुनितिहि काला, विरच्यौ दुर्गम व्यूह कराला।
निरखि सत्रघन आइसु दीन्हा कोपि कालजित गमनहि कीन्हा।
चली चमू चतुरंग अपारा, कंपीधरनि सिंधु खर भारा।
छिपे भानु वहुरज नभ छाई, गर्जहिं गज रथ भट समुदाई।
चमू नाथ पहुँचे रन जाई, हय समीप जहँ लव मुनि राई।
राम समान बालतव देखी, कहा कालजित वचन विसेशी।
अहो वाल तजु राम तुरंगा, जिन कीन्है वहु रिपु रन भंगा।

दो.:– चमूनाथ मैं राम कर, काल जीत मम नाम।
अतुल वली पुनि काल कह, जीत लीन्ह सग्रांम।।३।।पृ.१४६प्रा

चौ.:– राम समान रूप तुव देखी, होति दया मम हृदय विसेशी।
नाहित घोर रोश सुनु मोरा, होत उवार कवन विधि तोरा।
जनकसुता सुत सुनि असवानी, वोले विहसि कोपि उर आनी।
जाहु राम पह कहहु वुझाई, मैं पकरा तुव मश हय राई।
यह निज नीति राखु हिय गोई, कहहु जाइ जहँ कातर होई।
तुम समान कोटिन भट मानी, मैं आपन उर त्रन सम जानी।
मातु चरन प्रसाद छिन माहीं, जारहु समर तूल की नाहीं।
काल जीत यह नाम तुम्हारा, धरहु मातु करि हृदय दुलारा।

दो.:– पक्क विंव जव देखियै. परम मनोहर लाल।
काल जीत तुव नाम तिमि, विक्रम रहित रसाल।।४।।

चौ.:– जो वल संजुत नाम तुम्हारा, पवि समान यह वचन हमारा।
तव सैने ा कोप मन माहीं, वोले सुनु मुनीस लव पाहीं।
नाम ग्याति कुल सील तुम्हारा, नहिं जानो मैं सिसु सुकुम्रारा।

तुम पद चर हम रथ असवारा, करहु जुद्ध किमि दोश अपारा।
सुनि वोले लव कोपित भारी, सेनापति सुनु गिरा हमारी।
नाम ग्याति कह वूझहि मोही, रन में आवति लाज न तोही।

दो.:– नाम मोर लव परम लघु, तदपि सकल दल तोर।
तुम समेत गंजन करहु, छिन मह निजभुज जोर।।५।

चौ.:– तुमहिं करौ अव आपु समाना, स्यंदन भंजि मर्गर सर नाना।
अस कहि लव चढ़ाई को दंडा, पुनि कीन्है टंकार प्रचंडा।
रिपु समूह सुनि कंपन लागे, विजय आस सव मन तै त्यागे।
वालमीकि पद कंज सुहाए, प्रथमहि सुमिरि सीस लव नाए।
पुनि जननी कर सुमि रन कीन्हा, तव सर चंड तून तै लीन्हा।
संघ प्रान हर वान प्रहारे, काल जीत ते छुटत निहारे।
करि अति कोप सज्यौ कोदंडा, तजे वान अगनित अति चंडा।
लव के सव नाराच सघारे, चने वेग जुत जनु अहि मारे।

त्रभंगी छन्द:–उत लव रनधीरा आवततीरा निरखे समर मझारी।
उर कोपि प्रचंडा धरि कोदंडा तीक्षन तीक्षन वान प्रहारी।
करि सत खंडा रिपु सर चंडा अति जव भूतल डारे।
पुनि तजि वसु वाना, निसित निदाना रथ दलि समर पछारे।

दो.:– काल जीत उर कोपि तव, भयौ नाग असवार।
अति उन मत्त महावलि, श्रवत जात मद धार।।६।।

चौ.:– गजारूढ़ लव ता कह देखी, संध्यानो धनु कोपि विसेशी।
दस दस विसिख सवनि कै मारे, जिमि अहि अति सरोश भय कारे।
निरखि काल जित कोपि अपारा, विस्मित हुइ तवं गदा प्रहारा।
महा वेग जुत आवहि सोई, अश्ट धातु मय जाहि न जोई।
अयुत भार भरिभार प्रमाना, देखिय जम पति दंड समाना।

देखि ताहि लव तजि इस चंडा, कीन्ही तुरत गदा त्रै खंडा।
गदा भंग लखि करि द्रग लाला, तज्यौ परिघ इक परम कराला।
भंज्यौ तुरत कुसानुज सोऊ,विनु प्रयास देखे सव कोऊ।

छन्दः–देखै तहाँ सव कोई विनुश्रम परिघ लव खंडन कियौ।
पुनि गजारूढ़ विलोकि रिपु कहँ कोपि करि मरि गहिलियौ।।
कर वाल परम कराल धरि तव धाइ इम सुंडा दली।
धरि दंत पर निज चरन लाघव सीस पर पहुँचा वली।।

दोः– हति कर वाल तव, मुकुट कीन्ह सत खंड।
सहस खंड पुनि कवच के, कीन्है लव वलि वंड।।७।।

चौः– पकरि केस पुनि धरनि पछारा, कोप्यौ तव सैनेस अपारा।
मुश्टिक पवि समान उर मारा, पुनि लव कंपे समर मझारा।
करि निज धनु कुंडल आकारा, हते वान वहु हिय खर धारा।
अक्षै टोप कवचल व साजै, स्याम गात संजुग अतिभ्राजै।।
इत सेनापति अति रनधीरा, पूरि रहे सर सकल सरीरा।
करि विचार धरि खर्ग कराला, धावा वधनहेत तिहिकाला।
मर्दत दसन प्रचारतु भारी, लोचन लाल महा भय कारी।
अति लाघव तव लव रनधीरा, आवत लखि सेनापति वीरा।

दोः– अर्द्ध चंद्र सर चंड तव, तज्यौ तानि कोदंड।
छिन मै खंडन कीन्ह लव खर्ग सहितभुज दंड।।८।।

चौः– निरखि खंडभुज खर्ग समेता, चमूनाथ कोप्यौतिहि खेता।पृ.१४७फ.
वाम वाहु धरि गदा प्रचंडा, धावा महा वेग वल वंडा।
सोऊ भुजा काटि लव डारी, तदपि न मुरयौ महाभटभारी।
जिमि उनमत्त वितुंड सरीरा, हनहि माल कोउ सुनि मुनिधीरा।

करि सनमुख निजभाल कराला, पुनि सैनेस धाव तिहिकाला।
तव लव ताहि गहा भट जाना, मन महँ कीन्ह प्रसंस निदाना।
पुनि धरि हाथ नग्न कर वाला, मानहु प्रलय अनल की ज्वाला।
महा मुकुट जुत सीस निपाता, प्रान विहाइ परयौ महि गाता।

भुजंग प्रयात.:–परयौ भूमि माहीं महावीरू सोई, गयौ राम के लोक कौ गात खोई।
तवै सैन ताकौ विना प्रान देखी, भई भीर भारी पुकारै विसेशी।।
सुनो सूत कोप्यौ सिया पुत्र भारी, तजी वान माला महा त्रास कारी।
परे भूमि में वीर वाकें विराजै, श्रवे श्रोन टेसूनि के वाग लाजै।।
सवैभाँति सो सर्व सेना मझाई, धरी धीर काहू न ही त्रास पाई।।
मथ्यौ सिंधु जैसै प्रलै की मझारी, महा व्रह्म वाराह को गातधारी।।
भएभंग हार्थानि के जूत नाना, गिरे कुंभ तै भूरि मुक्ता निदाना।
परे जुद्ध माहीं लसै नाग कैसै, मनो सैल घेरी मही सर्व जैसै।
गिरे हेम के साज साजै तुरंगा, श्रवे श्रोन धारा भए अंग भंगा।
रथी हाथ धारै रहै चाप वाना, चढ़ीभौंह वाकी डसै ओठ नाना।
परे हेम के जान मै प्रान त्यागी, चले देव ज्यौ आपनै लोक लागी।
गिरे वीर संग्राम मै भूरि भारी, चली रक्त धारा कराहै पुकारी।

दो.:– अति विसाल श्रोनित सरित, प्रगटी समर मझार।
परहि भौंर अति घोर तहँ, देखिय दारून धार।।६।।

चौ.:– विपुल चर्म कच्छप अनुमाना, भट भुजदंड भुजंग समाना।
करि गन सुंड मीन इव राजै वहत मकर तहँ अति छवि लाजै।
सक पकांत कातर तहँ देखी, पुनि छंडे लव वान विसेशी।
वहुतनि के नासाश्रुत काटी, पुनि वहुतनि पद भुज नम पाटी।
वहुतनि के सिर गंजनि कीन्है, इहि विधि अंग भंग करि दीन्है।
सेनापति समेत सव वीरा, परे खेत तजि प्रान सरीरा।
कोउन वचा सुनहु मुनिराइ, परम विजय लव संजुग पाई।
ठाढ़े निडर जुद्ध के हेता, हय समीप आनन्द समेता।

दो.:– कोऊन भट निजभाग वल, वचि उवरे तिहि काल।
गए सत्रघन निकट ते, श्रोनित श्रवत विहाल।।१०।।

चौ.:– काल जीत जिमि कटक समेता, प्रान विहाइ परयौतिहि खेता।
कीन्ही सो सव कथा वखाना, कपित गात जद्यपि वल वाना।
रिपुसूदन सुनि विस्मय पावा, दारून सोक ह्रदय महँ आवा।
पुनि कछु हँसि रद मर्दन कीन्हा, सुमिरि वाल लव मख हय लीन्हा।
वोले तव अति गंभीरा, रे भट तुम किमि मत्त सरीरा।
कै छल विवस कै मति भ्रमभएऊ, के कोउ कुग्रह द ा हे गएऊ।
प्रगटी वा इन कहौ विचारी, को सकि काल जीत कह भारी।
कोटिनि रिपु कहँ जीतन हारा, ताहि वधै किमि सिसु सुकुमारा।

दो.:– जीति लीन जमराज कहँ, विनु प्रयास रन माहिं।
तासु मरन किमि वाल कर, मम उर नि चय नाहिं।।११।।

चौ.:– यह सुनि वोले सुमट विहाला, कहै सत्य हम सुनहु नृपाला।
नाथ न हम उनमत्त निदाना, नहि छल विवस न ग्रह वलवाना।
नहिं कछु वाय न मति भ्रम भारी, नाथ सत्य हम गिरा उचारी।
काल जीत कौ समर मझारा, लव नै सदल कीन्ह संघारा।
जो कछु अव मन करहु उपाई, सो प्रभु की ज्यौ सोधि वनाई।
केवल वाल न जानहु ता ही, महासूर वलनिधि सो आही।
साहस करहु न अस जिय जानी, सत्य सत्य पुनि सत्य वखानी।
लव कर विक्रम सुनि अस काना, अति अचिरज तव मन मह माना।

दो.:– सचिव मौलिक मनि सुमति सन, मधुसूदन तिहिकाल।
रन कारन संसय सहित, वोले वचन नृपाल।।१२।।
इति श्री पदनपुराणे पाताल खंडे सेस वात्सायन सम्वादे मधुसूदनदास कृते सत्रुघनस्य सेनानी काल जीत मरनं नाम **ाशिटमोऽध्याय।।६०।।**

दो.:– को यह वालक सचिव वर, जिहि हरि लीन्ह तुरंग।
प्रलय जलधि इव कटक मम, विनुश्रम कीन्हसिभंग।।

चौ.:– वोले सुनि सुमंततितिहिकाला, कहौ वुझाइ महा महिपाला।
यह मुनि वालमीक करधामा, वसहि सकलरिशि पूरन कामा।
छत्रिनि कर निवास कोउ नाहीं, मति उन मान कहौ तुम पाहीं
पृ.१४०प्रा. कै वासव मख हय हरि लीन्हा, कै पुनि संभु आनि छल कीन्हा।
धरनि सकै कोउ अपर तुरंगा, भुवन चारिदस मै सव अंगा।
काल जीत जिहि समर निपाता, अतुल वली धारै सिसु गाता।
पुस्कलादि सव भूप समेता, तिहि सन तुम मंडहु अव खेता।
जीवन ताहि समर धरि लेहू, श्री रामहि दिखाव जुत नेहू।

दो.:– निज मति के अनुसार हम, कहयौ मंत्र समुदाइ।
अव जो लागै नीक मत, सो कीजै सतभाइ।।१।।

चो.:– राम वंधु सुनि इहि विधि वेना, तुरत चलावत भए सव सेना।
सकल नृपनि सन कहा वुझाई, मैं तुव पाछै आवहु भाई।
तुम संग्राम करहु हरशाई, सकल चमू जुत सजग वनाई।
इहि विधि सुनि रिपुदहन निदेसू, चले कोपि उर सकल नरेसू।
निज निज चमू साजि चतुरंगा, अस्त्र सस्त्र परि पूरन अंगा।
विद्यमान जहँ लव रन माहीं, पहुँची सकल सेन मुनि ताहीं।
धरै हाथ साइक को दंडा, गर्जहि सकल सूर वल वंडा।
आवा कटक इहाँ लव देखा, तव उर कीन्हउ कोप विसेशा।

दो.:– रंचक संक न कीन्ह न, त्रन सम हिय अनुमानि।
गर्जि सिंघ इव वीर वर, पुनि निज धनु संधानि।।२।।

चौ.:– वान सहस्त्रन लाघव ताई, तजे सरोश सुनहु मुनिराई।
भए विहाल वीर समुदाई, खंड खंड तन श्रोनित जाई।
वालक अजय सवनि मन जाना, पुनि स क्रोध धनु तानि निदाना।
सहसनि भट मिलि सर वर खाई, चहु दिसि लव घेरे मुनि राई।
लव अति लाघव वान प्रहारे, छिन महँ सकल सूर संघारे।
पुनि सव सुभटनि कीन्ह विचारा, घरेहु सिसु कह एकहि वारा।
अस विचारि करि धरि धरि चापा, सायक जुत करि दारून दापा।
प्रथमहि सूर सहस्त्र प्रचंडा, घेरे चहु दिसि लव वल वंडा।

दो.:– दूसरि आवृति माहि मुनि, भट दस सहस कराल।
तीसरि मै ठाढ़े भए, उभय अयुत तिहि काल।।३।।

चौ.:– पंच अयुत जोधा वलवाना, चौथी परि कमै रन ठाना।
पचम माहि लक्ष वर वीरा, सा जै आयुध सरीरा।
अयुत अधिक इक लक्ष समाना, श्टमि मह जोधा वल वाना।
सातै आवृति मध्य प्रचंडा, उभय लक्ष सूरन रन मंडा।
चहु दिसि तै कुंडल आकारा, घेरे लव कह समर मझारा।
पांच लक्ष नव सहस विहीना, इहि विधि सब मिलि संजुग कीना।
तिनके मध्य सिया सुत भएऊ, सव कौ अनल रूप हुइ गएऊ।
दाह करन लागे चहु पासा, सपनैहु मन रंचक नहि त्रासा।

छन्द.:–सपनै नहीं मन त्रास रंचक, अनल इव विचरहि वली।
काहै हनै सर चंड का ह्वै परिघ असि दारून दली।।
मुदगर प्रचंड प्रहारि का ह्वै कुंत काहू कै हनै।
पुनि गदा सक्ति कराल अति जव दलहि लव छिन दिन घनै।।

दो.:– सत्या वरन सिघारि करि, इहि विधि विगत प्रयास।
रन मंडल के मध्य पुनि, ससि इव भयौ प्रकास।।४।।

चौ.:– कीन्ह चहु दिसि वीर संघारा, परीधरनि गज सुंड अपारा।
देखिय जहँ तहँ सिर समुदाई, पुनि रूंडनि सन मेदिनि छाई।
स्यंदन चूर चूर है गएऊ, अगिनित वाजि खंड वहु भएऊ।
लव सायक सव पीड़ित वीरा, काहूधरी न संजुग धीरा।
कातर भजे कठिन सर देखी, तजि तजि जीवन आस विसेशी।
पुस्कल लखि इमि कटक विहाला, आए समरमध्य तिहि काला।
चढ़े परम सुन्दर रथ माहीं, जुरे चारि हय मरूत लजाहीं।
दारून रोश विवस द्रग लाला, फरकत अधर कहा तिहि काला।

दो.:– तिश्ट तिश्ट संग्राम सिसु, विजय आस तजि देहु।
अव अनूप रथ दैहु मैं, सो प्रसन्न मन लेहु।।५।।

चौ.:– आरोहन ह्वै संजुग माहीं, मंडहु जुद्ध वाल हम पाहीं।
विगत जान तुम मैं अवसवारा, करहु समर तो दोश अपारा।
अस सुनि पुस्कल प्रति लव वीरा, वोले वचन सरोश गंभीरा।
जो तुम्हार रथ ह्वै असवारा, करहि जुद्ध संग्राम मझारा।
तो मम सुजस सकल नसि जाई, घोर पाप लागहि मुहि आई।
सुनु भट विप्र वीर हम नाहीं, लैहि पतिग्रह जे जग माहीं।
हम छत्री प्रसिद्ध संसारा, दान कर्म में निपुन अपारा।
अव हति वान करहु रथ भंगा, सहित सारथी वहुरि तुरंगा।

दो.:– निपटहि पदचर होहु जव, तव कीजौ संग्राम।
पुनि अरगानै सुनहि‍ु मुनि, लव अतुलित वलधाम।।६।।

चौ.:– परम धीर संजुग असवानी, सुनि पुस्कल अति विस्मय वानी।
हुइ सरोश तव चाप चढ़ावा, उहाँ देखि लव कोप वढ़ावा।
सर हति भंग कीन्ह को दंडा, तव कंपे पुस्कल अति चंडा।
जव लगि दूसंर चाप चढ़ावा, तव लगि रथ हति भूमि डहावा।पृ.१४६प्रा.
हंसे वहोरि विना रथ देखी, सिया पुत्र कौतिकी विसेशी।

इत पुस्कल संग्राम मझारा, निज धनु स्यंदन भंग निहारा।
अतुल वली ता कहँ जिय जाना, पुनि न चढ़े रथ स्यंदन आना।
इत पुस्कल उत लव वर वीरा, सजि को दंड तजे वहु तीरा।

छंद:– सजि चंड कर कोदंड सायक विपुल दोउ भट छंडही।
दिसिविदिस भूतल व्योम पटि अति कठिन रन मंडही।।
लाघव निकासतधरत खैंचत जात सर नहिं लखिपरै।
कुंडल सरस दोउ धनुश कर नभ झार अति विस्मय करै।।१।।
दोउ सुमट जुद्ध विरूद्ध क्रूध समर सम अतुलित वली।
तव धाइ अति विकराल पुनि श्रोनित श्रवहिं रन छवि भली।।
जय हेत परम सचेत करहिं प्रहार छिन छिन वीर ते।
सुनु सूत भंग भए निपट सर वान कवच समेत ते।।२।।

दो:– जिमि वासवसुतशट वदन, प्रथम महारन मंड।
वहुरि संभु अरू त्रपुर कर, भयौ समर अति चंड।।७।।

चौ:– तिमि पुस्कल अरू सिय सुतभारी, करहिं परसपर दारून रारी।
तव लव सन पुस्कल वर वीरा, वोले रन विच गिरा गंभीरा।
सूर सिरोमनि वाल सुजाना, सुनहु वचन ममधरि निज काना।
तुम समान हम सुभट न देखा, अव डारहु हति वान विसेशा।
रक्षहु रन निज प्रान वनाई, वाल भजहु जिनि समर विहाई।
अस कहि सर पंजर करि दएऊ, व्योम भूमि दिसि विदिसिन छएऊ।
मरूत प्रवेस न करि सक नाहीं, तिहि विच लव कह पुस्कल पाहीं।
तुम नै महत कर्म रन कीन्हा, सर पंजर मह मुहि ग्रसि लीन्हा।

दो:– अस कहि छिन मह सुनहु मुनि, तजि वहु वान कराल।
दलि सर पंजर प्रगट ह्वै, वोले लव तिहि काल।।८।।

चौ.:– अव तजि समर जाहु किहि ओरा, मम नाराच सहौ उर घोरा।
श्रवत रूधिर अवनीतल माहीं, तुमहिं निपातहु संसय नाहीं।
अस कहि समर चाप संधाना, कोपे लखि पुस्कल वलवाना।
लागे करन परसपर रारी, सम सरूप दोऊ भट भारी।
वैरि वृंद भंजन इक वाना, लीन्हा लव करि कोप निदाना।
छूटहि ज्वाल माल तिहि माहीं, निरखि जाहि लोचन मुदि जाहीं।
तानि कान लगि सो सर चंडा, पुस्कल हति सर कीन्है खंडा।
ताहि भंग लखि सुनु मुनि धीरा, कोपे अति संजुग लव वीरा।

दो.:– लीन्ह अपर सर घोर अति, तानि श्रवन लगि चाप।
तत्यौ चल्यौ सो वेग जुत, जनु भुजंग करि दाप।।६।।

चौ.:– पुस्कल के उर आनि समाना, गिरे भूमि है विकल निदाना।
मूर्छित निरखि समीर कुमारा, आए पुस्कल ढिंग तिहि वारा।
धरि निज अंक माहि कपिराई, पहुँचे रिपुसूदन ढिंग जाई।
मूर्छा वंत निरखि तिहि काला, भए सोक वस विकल नृपाला।
पुनि वोलो मारूत सुत पाहीं, वधहु जाहि लव कहँ रन माहीं।
चले कोपि तव पवन कुमारा, धरि विसाल द्रुम पानि मझारा।
निकट जाइ करि सव्द कराला, वृक्ष प्रहार कीन्ह तिहि काला।
आवत लखि रघुनाथ कुमारा, हति इश तिल सम करि महिडारा। पृ१४६म.

छन्द.:– लखि भंग वृक्ष कपीस, उर कीन्ह कोप मुनीस।
अति वेग पूँछ उठाइ, करि सव्द संजुग धाइ।।
द्रुम एक मूल समेत, छिति तै उपाटि सचेत।
लव सीस लक्ष विचारि, वहु वेग संजुग डारि।
लव चंड सायक मारि, छिन माहिं भूतल पारि।
पुनि कोपि श्री हनुमान धरि सैल सम पाशान।
सिर माझ कीन्ह प्रहारा, करि खंड लव सो डार।

दो.:– सिला श्रंग गिरि वृक्ष वहु, छिन छिन कीन्ह प्रहार।
विनु प्रयास लव वीर वर, रज तिल सम करि डार।।१०।।

चौ.:– तव अति प्रवल कोपि हनुमाना, पुनि वर वस करि गगन उड़ान।
लव आपुहि लखि पूँछ मझारा, सुमिरि सिया पद कंज उदारा।
पुनि इक मुश्टिक वज्र समाना, हनी कोपि उर पूँछ निदाना।
महा विकल मारूत सुत भएऊ आतुर लवहि त्यागि तव दएऊ।
हुइ सुतंत्र जानकी कुमारा, दलैवान अगनितहखरधारा।
जिमि नभ मास मेघ समुदाई, वारशहिं वारि महा झर लाई।
तिमि प्रचंड साइक जनु व्याला, दलहि कीस तन लव तिहिकाला।

दो.:– सिर अरू भुज पद पूँछ महँ, विधे वान सव गात।
सोह समर मै मरूत सुत, वहु श्रोनित तन जात।।११।।

चौ.:– भए विकल अति समर मझारा, लगे करन तव ह्रदय विचारा।
यह अजात वालक वर जोरा, अव न चले कछु विक्रम मोरा।
मैं सव भाँति भयौ वेहाला, किहि विधि उवरहु रन विकराला।
भाजि जाहु जो समर विहाई, तो प्रभु अग्र लाज अधि काई।
कहहिं सकल जन करि उपहासा, भजे मरूत सुत वालक त्रासा।
पुनि विधि मोहि दीन्ह वरदाना, मरनन तोर होइ हनुमाना।
अवसर दुसह सहो नहिं जाई, करहु कहा कछु नाहिं वसाई।
पुनि कपीस मन कीन्हविचारा, कपट मूर्छा विनु न उवारा।

दो.:– जव लगि जीतहि वाल कहि, राम अनुज वलधाम।
मैं तव लगि मुरछाधरहु, कपट सहित संग्राम।।१२।।क
इहि विधि कीन्ह विचार मन, तव लगि लव मुनिराइ।
तज्यौ वान कपि कटक जुत, गिरे धरनि मुरझाई।।१२।।ख

सोरठा.:–मूर्छित कपिहि निहारि, लव छाँड़ै सर चंड पुनि।

सव कौ समर संघारि, परम वली रघुनाथ सुत।।१३।।ग

इति श्री पदन पुराणे पाताल खंडे सेस वात्सायन सम्वादे मधुसूदनदास कृते हनुमत मूर्छा कृते **एक ाशिटमोऽध्याय।।६१।।**

दो.:– वात्सायन हनुमान कौ, मूछित सुनि रघुराइ।
सोक विव ा सोचन लगे, कीनै कवन उपाइ।।

चौ.:– यह बालक अतिसय बलवाना, इहि कीन्है मूर्छित हनुमाना।
मैं देखौ इहि समर मझारा, इहि प्रकार मन कीन्ह विचारा।
भए कनक रथ पुनि असवारा, वहु मनि रचित परम दुति कारा।
सजे संग पुनि रथी अपारा, सुरथ आदि नृप परम जुझारा।
सर्व चमू चतुरंग अकूता, धरै विविध हथियार वहूता।
इहि विधि रिपुभंजन मुनि राई, पहुचे सजि संजुग मै जाई।
धरै चाप सर लव कहँ देखा, मनहु राम प्रतिविम्व विसेशा।
निरखि सुभग तन की रूचिराई, भए विलोचन थकित वनाई।

दो.:– ह्रदय विचारै कवन यह , धारै राम स्वरूप।
नील कंज सम स्याम तन, वालक परम अनूप।।२।।

चौ.:– यह सिय सुत विनु अपर न कोई मेरे उर प्रतीति अस होई।
हमहिं जीति है यह रन माहीं, मृगपति इव कछु संसय नाहीं।
कवनिहु विधि नहि विजय हमारी, सत्य वात यह समर मझारी।
वि व जननि श्री जनक कुमारी, परम सक्ति जग मंगल कारी।
विनु अपराध राम तिहि त्यागा, ता कारन सव कर वल भागा।
सक्ति विहीन विजय किमि होई, कैसेउ रन कोविद भट कोई।
अस विचारि रामानुज वीरा, वोले लव सन सुनु मुनि धीरा।
कहहु वाल तुम सुभट हमारे, किहि कारन संजुग संघारे।

दो.:– भूप मौलि मनि राम कर, सुनेउ प्रताप न कान।
तजहु अ व अव वाल वर, हम अघ छमौ निदान।।३।।

चौ.:– कहु निज मात पिता कर नामा, जिन पाए तुम सुत छविधामा।
तिन सम वड़ भागी नहि कोई, अव तुहि देखि दया मुहि होई।
कहु निज नाम विदित संसारा, हम जानी तुम सूर जुझारा।
तुमहि लिवाइ चलहिं हम साथा, विद्यमान जहँ रघुकुल नाथा।
सादर तिन सन तुमहिं मिलाई, पावहु तहाँ वस्तु समुदाई।
इहि विधि सुनि लव सुभट सुजाना, वोले वचन समय अनुमाना।
मम पितु मातु नाम तुम वूझा, रन मंडल यह निपट अवूझा।
जोपि भए रन भीत वनाई, तो उपाय इक कहौ वुझाई।

दो.:– ज्येशठ वंधु मम वीर वर, श्री कुस परम उदार। पृ.१५० अ.
तिन के पद विच धरहु सिर, तव हय मिलहि तुम्हार।।४।।

चौ.:– जो तुम राम अनुज वलवाना, निज समान भट अपर न जाना।
जानहु सक्ति आपु उर माहीं, तो हय लेहु जीति हम पाहीं।
अस कहि तानि चाप तिहि काला, तजे विपुल नाराच कराला।
ते सर सिर भुज ह्रदय मझारा, लगे वेग जुत दारून धारा।
तव कोपे रिपुदहन नृपाला, सज्यौ हाथ को दंड कराला।
कीन्ह नाद घन इव अति भारी, लव के उर कहँ त्रास विचारी।
सायक विपुल तजे रन माहीं, लव लाघव खंडे सव ताहीं।
पुनि वहुसर तजि मेदिनि छाई, नभ दिसि विदिसि न परहि जनाई।

छन्द.:– दिसि विदिसि नभ धरनी न परहि जनाइ सर कोटनि छए।
तिहि काल रवि मंडल छिप्यौ अति सघन इश पंजर भए।।
नहि मरूत सकहि प्रवेसि तहँ मुनि नरनि की गिनती कहा।
निज प्रान संसय सकल भट सव कटक भय मानैउ महा।।

दो.:– व्यतीपात कर दानजिमि, अक्षै होइ वनाइ।
मधुसूदन लव वान तिमि, जहँ तहँ परे लखाइ।।५।।

चौ.:– देखिसत्रघन विस्मय पावा, घोर क्रोध पुनि उर मै छावा।
तव सर सतनि सहस्त्रनि छंडे, लव के सकल सिली मुख खंडे।
उहाँ कुसानुज लखि सर भंगा, भए अरून लोचन रन रंगा।
हति सर आसु कीन्ह धनुभंगा, नाना मनि विरचित वहु रंगा।
अवर चाप रामनुज लीन्हा , वहु सायक प्रहार तव कीन्हा।
तव लगि उत लव लाघव ताई, तजि सर दले वान समुदाई।
पुनि तुरंग सारथी समेता, खंड खंड किय स्यंदन खेता।
कर तै भंग कीन्ह कोदंडा, अस विक्रम किय लव वल वंडा।

सो.:– विक्रम अस विकराल, निरखि राम भ्राता समर।
कीन्ह प्रसंसि विसाल, चढ़े अवर रथ जाइ पुनि।।६।।

चौ.:– रथा रूढ़ लखि लव तिहि काला, कीन्ह कोपमन परम कराला।
वान अनेक दले खर धारा, वेधि सरीर भए ते पारा।
श्रोनित श्रवत लसै तन कैसै, परम प्रफुल्लित किंसुक जैसै।
पुनि लव कुंडलीक करि चापा, तजे वान तीक्षन जुत दापा।
कीन्है कवच चमुर के खंडा, लगे वान तन परम प्रचंडा।
रामानुजतव कोपि अपारा, तजे वान दस तीक्षन धारा।
उर विचारि लव प्रान सघारा, ते सर चले व्याल अनुहारा।
उत लव निरखि चंड सर छंडे, तिल समानंते सायक खंडे।

छंद.:–पुनि अश्ट वान प्रचंड, उर मै दले वल वंड।
प्रगटी विथा अति घोर, लव कौ गुनौ वर जोर।।
तव सत्र सूदन वीर, करि कोप छंडे तीर।
लव तानि निज कोदंड, सर मारि कीन्हैउ खंड।।
पुनि तून तै इश एक, कर लीन्ह ज्वाल अनेक।

धरि चाप तानि मझार, ससि अर्द्ध के अनुहार।
तव तानि कर प्रंजत, उर मध्य हन्यौ तुरंत।
प्रगटी विकलता भीम, रथ मै परे वल सीम।

दो.:– धरै सरासन हाथ मै, चापे अधर अनूप।
लखि मूर्छित रघुराज कहँ, कोपे रन सव भूप।।७।।

चौ.:– सुरथ सुवाहु विमल महिपाला, सुमुद वीर मनि जुत तिहि काला।
रिपुतापन उग्रास मुवाला, कोपि प्रताप अग्र विकराला।
अवर सकल नृप कोपि अपारा, अंग दादि कपि एकहि वारा।
लवहि घेरि चहुँ दिसि तै लीन्हा , सकल प्रचारि प्रहारनि कीन्हा।
कोऊक नृप सर घोर चलावै, कोऊक मुसल वृक्ष वर सावै।
कुंत परस कोऊ सांगि प्रहारा, तजहिं अवर आयुध खरधारा।
निरखि अधर्म जुद्ध वल वीरा, दारून कोप कीन्ह मुनिधीरा।
अति लाघव सर वृन्द प्रहारे, सव के अस्त्र सस्त्र दलि डारे।

दो.:– पुनि दस दस सर विकट अति सव कै दले वनाइ।
वहुरि वान वरशे विपुल , कोप सहित मुनि राइ।।८।।

चौ.:– कोऊक भजे भीत है भारी, कोउक मोहे समर मझारी।
काहुन धीर धरी रन माहीं, प्रवल मरूत जिमि घन उड़िजाहीं।
तव लगि तजि मूर्छा तिहि काला, उठे समर रिपुदहन नृपाला।
है सचैत धरि सर को दंडा, आए जहँ लव भट वल वंडा।
वोले धन्य धन्य तुम वालक, हम जानी तुम रिपु दल घालक।
तुम न वाल अपि सुर वर कोई, मोरे मन नि चय यह होई।
अस संहारन काहु न कीन्हा, पुनि मो कह मूर्छित करि दीन्हा।
वाल देखु अव विक्रम मोरा, तोहि निपातहु रन वर जोरा।

दो.:– वाल एक सहु वान मम जिनि रन देहु विहाइ।

अस कहि कर कोदंड तव, धारयौ सवल दिखाई।।६।।

चौ.:–पुनि सोइ साइक कर में लीन्हा, जिहि सन लवनासुर वध कीन्हा।
काल वदन सम सो विकराला, छुटहिं विकट पावक के ज्वाला।
धरि को दंड ताहि संधाना, श्री लव हिय करि लक्ष समाना।
कोटिनि वलविनु पावकरूपा, वल निधान लव परम अनूपा।
उहाँ सत्रघन सर सो वाना, निरख्यौ रन विचविकट निदाना।
दस दिसि तासु प्रकास विराजा, महा ज्वाल जुत जानि अकाजा।
तव मन लागे करन विचारा, देखिय यह सर कठिन अपारा।
इहि अवसर चाहिय ममभ्राता, श्री कुस रिपुगन करन निपाता।

दो.:– परम वली सिर मुकटमनि, जो होते कुस पास।
तो रिपुसूदन वान की, मोहि कहा रन त्रास।।१०।।क
इहि प्रकार संग्राम में, श्री लव करत विचार।
तव लगि साइक चंड सो, रिपुहन कीन्ह प्रहार।।१०।।

सोरठा.:–प्रगटी विथा प्रचंड, मूर्छित है भूतल परे।
जदपि महा वल वंड, श्री लव सूर सिरोमनी।।१०।।ग
इति श्री पदन पुराणे पाताल खंडे सेस वात्सायन संवादे मधुसूदन
दास कृते लव मूर्छनं **नाम द्वा ाशिटमोऽध्याय।।६२।।**

दो.:– परम वली लव वीर वर, रिपुगन विपन कृसान।
तिन कह मूर्छित निरखि रन, रामानुज वल वान।।

चौ.:– विजय पाइ उर हरशित भएऊ, वहुरि एक रथ लवधरि लएऊ।
सीस त्रान कवचादिक साजै, स्याम सुगात मदन छवि लाजै।
अवधि चलनहित तव महि पाला, कीन्ह विचार मुदित तिहि काला।
तव सव मुनि सुत सुनु मुनि राई, भए महादुख विवस वनाई।
प्रान सरिस लव मित्र पियारा, ताहि देखि रिपु पास मझारा।

आतुर जनक सुता पह गएऊ, लव कृत कर्म सुनावत भएऊ।
सुनहु मातु जानकी सुजाना, आवा एक भूप वलवाना।
लीन्है संग अमित कटकाई, चारि अंग जुत अति कटिनाई।

दो.:– तासु जग्य कर वाजिवर, पकरयौ लव जुत मान।
तव लगि हय रक्षक विपुल, आए अति वलवान।।१।।

चौ.:– तिन्ह सन कीन्ह जुद्ध लवभारी, हत्यौ सवनि सग्राम मझारी।
विजय पाइ लव संजुग ठाढ़े, रिपु समूह कछु गनैउ न गाढ़े।
तव लगि पुनि महीप सोइ आवा, लव करि वहु रन ताहि गिरावा।
विजय विसाल पाइ सुत तोरा, ठाढ़ भयौ धरि धनु सर घोरा।
तजि मूर्छा नृप दारून भारी, हते आनि लव समर मझारी।
वर वस धरि पुनि स्यंदन माहीं, गयौ मातु सुनु निज पुर पाहीं।
हम वरजे लव प्रथम निदाना, जिनि पकरहु हय नृप वलवाना।
हमरे वचन कीन्ह नहि काना, जननी लव उर अति अभिमाना।

दो.:– इहि प्रकार मुनि वालकनि, सुनि मुनि कीन्ह वखान।
गिरी धरनि व्याकुल सिया, रोदति वदति निदान।।२।।

चौ.:– कस वहखल नृप दया विहीना जिनि वालक सन संजुग कीन्हा।
अति अधर्म मय कुमति निदाना, मम सुत जिहि रन हत्यौ निदाना।
हे लव पुत्र वीर सुकुमारा, तुम किहि ठाँउ तात इहि वारा।
विस्मय होत मोर मन भारी, किमिपकरयौ नृप हय करि रारी। पृ.१५२म.
तुम वालक नृप वलवाना, अस्त्र सस्त्र पुनि निपुन निदाना।
रथी भूप सुत तुम विनुजाना, किमि जीतहु नहिं मन अनुमाना।
मैं कानन किमि राखहु प्राना, देहि कवन मुहि धीरज दाना।
राम त्याग दुख कछुक भुलाना, तात देखि तुहि हेत न आना।

दो.:– तात कवन विधि विपन विच, अव राखहु निज प्रान।
तुम विनु सुत चहु ओर तै, महा विपति अधि कान।।३।।

चौ.:– परिहरि अ व तात नृप कैरा, आवहु निकट होति है वैरा।
पाइ तुरंग भूप फिरि जैहै, तुमहि न तात वहुरि लै जै है।
तुम वालक मम दुखहिं न जाना, मै किहि सन अव करहु वखाना।
आवहु तात वेगि अस जानी, मोचहु निज कर मम द्रग पानी।
कुस होते इहि अवसर माहीं, तुमहि उवारि लेत सक नाहीं।
सकल सूर सिर मनि कुस सोई, निज समीप नाहीं अव जोई।
अव मैं करहु कहा इहि काला, देव दीन्ह मुहि विपति कराला।
इहि विधि विविधि विलाप कलापा, करहि सिया उर सुत परि तापा।

दो.:– महा सोक वस विकल सिय, सुनहु सूत तिहि काल।
पद अगुश्ट सन लिखति महि, नैन श्रवहि जल जाल।।४।।

चौ.:– पुनि वोली मुनि पुत्रनि पाही, गयौ कवन दिसि कहौ वुझाई।
वदति जाति इमि अति विकलाई, तव लगि कुस आए मुनि राई।
विसद पुरी उज्यैनि विसाला, जग विख्यात पुनीत रसाला।
तहाँ महा काली करधामा, पूजहि मनुज सहित अभिरामा।
माघ वृह्म चौ दिसि दिन माहीं, करि पूजन कुस देवी पाहीं।
अस्त्र सस्त्र विद्या विधि नाना, पढ़ी सकल लहि वहु वर दाना।
यह सुनि जिनि संसय को आनौ, दीन्हि वड़ाइ देविहि जानौ।

दो.:– तिहि अवसर निज मातु कुस, निरखी विकल अपार।
सोक विवस अति दीन तन, तजत नैन जलधार।।५।।

चौ.:– वोलन लगे वचन तिहिकाला, फरकी तव लगि वाहु विसाला।
रन सूचक भए सगुन सुहाए, जुद्ध उछाह हृदय महँ छाए।
मातु दुःख करि दुखितहिंभारी, तदपिधीर मन गिरा उचारी।

मातु विकल किहि कारनभारी, मैं, तुव पुत्र अग्र सचुकारी।
जीवत मोहि तजहु तुम आँसू, वोलहु वचन त्यागि सव त्रासू।
मम भ्राता लव परम पियारा, वीरधुरीन कहाँ इहि वारा।
मम आगम सुनि मन हरशाई, सदा मिलनहित धावत आई।
किहि कारन तिहि देखो नाहीं, क्रीड़ा करहिं कवन थल माहीं।

दो.:– कै मुनि वालक सहित लव, गएऊ विलोकन मोहि।
मातु सत्य कहु अनुज कित, संसय वूझहु तोहि।।६।। पृ.१५३ प्रा.

चौ.:– तुम कित रूदनु करौ मम पाई, यह कारन सवु कहु समझाई।
पुत्र वचन सुनि जनक कुमारी, महा सोक जुत वचन उचारी।
सुनु सुत जग्य हेत इक भूपा, तज्यौ तुरंगम् परम अनूपा।
सो हय लव पकरौ वन माहीं, आए वहु रक्षक तव ताहीं।
हते सकल लव समर मझारी, तव लगि आवा नृपभट भारी।
मम सुत अति कोमल पुनि एका, तात भूप संग कटक अनेका।
करि मूर्छित लव कह रन माहीं, पुनि धरि पासि गयौ पुर पाहीं।
मुनि वालकनि कहेउ मुहि आई, ता तै महा सोक अधि काई।

दो.:– तात जीति नृप कह समर, ल्यावहु अनुज छुटाइ।
होत गहर अव जाहु तुम, लव दुख विवस वनाइ।।७।।

चौ.:– सुनि अस मातु गिरा तिहि काला, भए रोश वस लोचन लाला।
दसन विमर्दि अधर डसि वीरा, वोले श्री कुस वचन गंभीरा।
नृप के पास भंजि सुनु मामा, ल्यावहु अवहि मोचि निजभ्राता।
हति प्रचंड सर नृप कटकाई, छिन मै करहु विहाल वनाई।
जौपि संभु सव सुर समुदाई, चढ़हि तासु दिसि हुइ सुनु भाई।
जीतहु तदपि नृपहि सक नाहीं, हतिप्रचंड सायक रन माहीं।
मातु अनुज कहँ लैउ उवारी, तुम किमि रोवहु व्याकुलभारी।
रन मै गिरै सुभट कह सोभा, जो पै भजि जानि जिय लोभा।

दो.:– होइ अजस तो सकल जग, पुनि लहि नर्क निवास।
लव मूर्छित सन्मुख भए, तुम किमि मानहु त्रास।।८।।

चौ.:– जननी दिव्य कवच मम देहू, सीस त्रान संजुत जुत नेहू।
गुन समेत कोदंड विसाला, पुनि सुन्दर कर वाल कराला।
अवही सकल सेन संहारा, करहु जाहि अपि समर मझारा।
मूर्छित भ्रातहि लैहु छुड़ाई, त्यागहु जननि सकल विकलाई।
जो न विमोचहु लव को जाई, तो पन सत्य सुनहु अव माई।
तुव पद विमुख होहु अहि काला, इहि तै अधिक न पाप कराला।
यह सुनि सिय हरशी मुनिराई, पुनि सव अस्त्र सस्त्र दिय आई।
कहिउ समर जीतहु सुत जाइ, आतुर भ्रातहि लेहु छुड़ाई।

दो.:– अस कहि कुस संग्राम हित, सज्यौ कवच सिर त्रान।
कुंडल सुन्दर सोभिजै, स्याम गात छवि दान ।।९।।

चौ.:– कठिन कृपान चर्म जुत धारा, लीन्ह चाप वर पानि मझारा।
दोउ दिसि अक्षै सजै निशंगा, अतुलित वलनिधिरन रस रंगा।
सादर मातु चरन धरि सीसा, चले सिंघ अव सुनहु मुनीसा।
सत्वर जाइ समर थल देखा, परे तहाँ भट मृतक विसेशां
कछुक दूरि रन निर खत भएऊ, अनुज कर्म गुनि प्रमुदितभएऊ।
उहाँ कुसहि आवत मुनिराई, निरखत भई राम कट काई।
मानहु कोपि कृतांत अपारा, आवा करन वि व संहारा।
पुनि लव महा वलीवर वीरा, निरखे कुस भ्राता रन धीरा।

सो.:– भए मुदित मन माहिं, कूदे रथ तै वेग जुत।
गलित दाम की ताहि, भंजन करि ढिग पास सव।।१०।।

चौ.:– जिमि पावक लहि मरूत प्रचंडा, होइ प्रज्वलित सिखा अखंडा।

लव तिहि भाँति सोह मुनिराई, व्याकुल भई निरखि कटकाइ।
पूरब दिसि तै कुस रन माहीं, लागे दहन अनल की नाहीं।
पि चम तै लव कोपि प्रचंडा, मर्दन लगे कटक वल वंडा।
श्री कुस लव के साइक घोरा, लागहि विपुल सैन चहु ओरा।
जिमि समुद्र मै उठइ तरंगा, तिमि अकुलान कटक सव अंगा।
कुस लव वान वृन्द झर लाए , करि व्याकुल वहु सुभट गिराए।
पुनि पुनि मथी सकल कटकाई, रन की आस सवनि विसराई।

दो.:– रथारूढ़ है समर विच, काहू कीन्ह न जुद्ध।
भए महा व्याकुल सकल, निरखि वालदोउ क्रुद्ध।।१०।।

चौ.:– रिपुगन दहन सत्रघन राजा, तिहि अवसर लखि विकल समाजा।
चामी कर मनिमयरथ माहीं, चढ़ि आए संजुग कुस पाहीं।
निरख्यौ लव अनुहारि स्वरूपा, धरै राम सम सोभ अनूपा।
विस्मय हरश रोस रस सानी, वोले राम अनुज तव वानी।
को तुम सम सरूप दोउ भ्राता, परम सुखद मृदु स्यामल गाता।
पुनि निजु मात पिता कर नामा, हमहिं वुझाइ कहौ वलधामा।
किहि कारन वन करहु निवासा, तुम उत्तम नर तेज प्रकासा।
करहु आजु यह संसय भंगा, तव हम मंडहिं रन तुम संगा। पृ.१५४प्रा.

दो.:– इहि प्रकार पुनि कुस समर, वोले गर्जि गंभीर।
वूझन जोगन तुमहि यह, तदपि सुनहु नृप वीर।।११।।

चौ.:– मातु हमारि जानकी नामा, पति देवता विसद गुन ग्रामा।
केवल तिहि विनु पितुहि न जाना, इहि आश्रम विच वसहि निदाना।
वालमीक पद कंज पुनीता, संतत सेवन करहिं सप्रीता।
पुनि निज मातु चरन सिवकाई, करहि निरन्तर काम विहाई।
सकल समर विद्या हम जाना, कुस लव नाम प्रसिद्ध निदाना।
निज विरतांत कहा समुदाई, कहु न आपनि कथा वुझाई।

तुम को किहि हित छाड़ेउ वाजी, कवन हेत सेना वहु साजी।
फिरहु समर उतसाह समेता, जहँ तहँ छत्रिनि जीतहु खेता।

दो.:– जो तुम सूर सुजान नृप, तो करू रन मम संग।
अव ही हति सर निसित तुहि, डारहु करि मद भंग।।१२।।

चौ.:– इहि विधि सुनि रिपुसूदन काना, जानै सिय के पुत्र निदाना।
विस्मय भूरि चित्त मै आनी, पुनि सकोप करि धनु संधानी।
कुस निरखा नृप धनुश चढ़ावा, रोश प्रचंड ह्रदय मह छावा।
दिढ़ गुनसहित कीन्ह कोदंडा, कीन्ह वहुरि टंकार प्रचंडा।
तव लगि रिपुसूदन सर जाला, तजे परम दारून जनु व्याला।
कुस लीला करि संजुग माहीं, खंडे सर सव तिल की नाहीं।
पुनि सर सतनिसहस्त्रनि लक्षा, तजहि उभय तिमि नाग सपक्षा।
व्यापि गए सव लोक मझारा, अति विस्मय मुनि भा संसारा।

छन्द:– संसार मै विस्मयभएऊ अति सुनहु मुनि सर देखि के।
इत निरखि कुस वर वीर नृप इश विपुल प्रवल विसेशि कै।।
तव अनल अस्त्र प्रचंड धरि को दंड विच छड़यौ तवै।
छिन माहिं कीन्ह भस्म विनुश्रम रिपुदहन साइक सवै।।

दो.:– वरून अस्त्र करि कोप तव, रामानुज रन छंड।
कीन्ह सांत सुनु सूत सव, पावक परम प्रचंड।।१३।।

चौ.:– श्री कुस मारूत अस्त्र चलावा, घन समूह छिन माह उड़ावा।
पुनि पर्वत सर चंड प्रहारा, वर्शेउ दल पर विपुल पहारा।
तव रिपुसूदन पवि सर छंडा, कीन्है रज सम सैल प्रचंडा।
परम मंत्रवित कुस तिहिकाला, नारायण सर तज्यौ कराला।
सो सर मुनि जाज्वल्लि अपारा, छिन मै भस्म करे संसारा।
रामानुज ऊपर सोइ वाना, करि न सक्यौ कछु त्रास निदाना।

यह विलोकि कुस विस्मय पावा, पुनि निज उर अति कोप वढ़ावा।
सुनहु भूप तुम अति वलवाना, महत पराक्रम निधि हम जाना।

दो.:– महा वीर तुम वि व महँ, वहु रन जीतन हार।
श्री पति अस्त्र अमंग अति, करि न सक्यौ संहार।।१४।।

चौ.:– अव नृप हति सर डारहु धरनी, तीनि वान सन करि निज करनी।
जो न निपातहु समर मझारी, सुनहु प्रतिज्ञा सत्य हमारी।
मनुज सरीर पाइ जग जोई, कोटि पुन्य करि दुर्लभ सोई।
है अनन्य तजि संसय जाला, जो न भजै हरि परम कृपाला।
भूतल तुमहि न दैहु सुवाई, सौ अघ मो कहँ लागहु आई।
सवधान नृप होहु वनाई, डारहु महि करि विकल वनाई।
अस कहि धनु विच साइकधारा, प्रलय काल पावक अनुहारी।
महा घोर कछु वरननि जाई, करि उर लक्ष तजौ मुनिराई।

छन्द.:– उर लक्ष करि मुनिराइ सो सर तजौ परम भयंकरा।
रिपुदहन आवत देखि ता कहँ जिमि विशम अहि रिसभरा।।
हिय सुमिरि राम स्वरूप धनु संघानि वान प्रहारेऊ।
कुस चंड साइक खंड करि अति वेग भूतल पारेऊ।।

दो.:– निज सर भंग विलोकि कुस, कोपे समर अपार।
अपर वानधरि धनुश विच, वध हित कीन्ह विचार।।१५।।

चौ.:– तव लगि लवनान्तक तजि वाना, कर तै खंडन कीन्ह निदाना।
वाड़व पावक सम सर सोई, श्री कुस तासु भंग रन जोई।
सुमिरि सिया पद कोपि प्रचंडा, तीसर साइक धरि कोदंडा।
सत्वर तानि श्रवन लगि त्यागा, चला महा जव मानहु नागा। पृ.१५५प्रा.
रिपुसूदन तिहि खंडन हेतू, धरे चाप विच सर मुनि केतू।
तव लगि लाग हृदय सो वाना, अति दारून कृतांत अनुमाना।

प्रगटी घोर विथा अतिभारी, गिरे आसु रन भूमि मझारी।
रामानुजहि धरनि तल देखी, त्राहि त्राहि सव करहि विसेशी।

दो.:– निजभुजवल कुस वीर वर, पाई विजय विसाल।
मधु सूदन संग्राम विच, भए सकल वेहाल।।१६।।
इति श्री पद्न पुराणे पाताल खंडे सेस वात्सायन सम्वादेमधु सूदनदास
कृते सत्रघन मूर्छनो नाम **त्रिशशिट मोऽध्याय।।६३।।**

दो.:– महाराज रिपुदहन कहँ, मूछविंत निहार।
सुनु मुनीस सुरथादि नृप, कंपे हृदय मझार।।

चौ.:– विसद हेम मनि मय रथ माहीं, चढ़ि चढ़ि चले सकल कुस पाहीं।
परम सूर पुस्कल तिहि वारा, निज मन मै अस कीन्ह विचारा।
मोहि प्रथम लव मूर्छित कीन्हा, अव तिनही संग संजुग लीन्हा।
इहि प्रकार मन ठीक दिढ़ाई, पहुचे तव लव सन्मुख जाई।
विविध भाँति मंडयौ संग्रामा, दोनो सुभट अतुल वलधामा।
इहाँ सुरथ नृप कहँ लखि आबा, श्री कुस निज मन कोप वढ़ावा।
अति तीक्षन दस वान प्रहारे, नृपहि विरथ करि भूतल डारे।
दिढ़ गुन सहित चाप किय खंडा, तव नृप सुरथ महारन रंगा।

दो.:– तजै अस्त्र पर अस्त्र पर वहु, अति प्रचंड संग्राम।
अति लाघव छिन छिन विशै, काटक कुस वलधाम।।१।।

चौ.:– सुभट सिरोमनि इत कुस वीरा, उतवल पुंज सुरथ रनधीरा।
परम तुमुल रन भा तिहि काला, सुभट रोम हर्शनि विकराला।
सुरथ भूप रन दुर्जय भारी, छिन छिन करै भयानक रारी।
तव कुस निज मन कीन्ह विचारा, कहा करौ मैं नृप वलभारा।
करिमन मन ठीक लीन्ह सर चडा, नृप हिय तज्यौ तानि को दंडा।
प्रलय अनल सम आवत देखी, खंडन हित मन कीन्ह विसेशी।

तव लगि आसु आनि उर लागा, मूर्छित भए तुरत रथ त्यागा।
निरखि सारथी स्यंदन खाली, रन विहाइ गा आतुर चाली।

दो.:– सुरथहि मूर्छित देखिकुस, कीन्ह कटक वेहाल।
सुनु मुनीस तव पवनसुत, आए कोपि कराल।।२।।

चौ.:– आवत प्रवल वली मुख देखा, हसि वोले कुस कोपि विसेशा।
रे कपि किमि मम सन्मुख आवा, भाजु वेगि जौ चहै वचावा।
नाहित सर सह सनिविकराला, हति जमपुर पठ वहु इहिकाला।
अस सुनि कपि लखि स्याम सरूपा, जाना रघुपति तनय अनूपा।
महा वली जानै सव ओरा, अजित अजोग्य जुद्ध वर जोरा।
पुनि निज सेवक धर्म विचारा, स्वामि काज कर तव इहि वारा।
मूल समेत साल द्रुम भारी, अति विसाल सो लीन्ह उरवारी।
तव साखा संजुग वहु घोरा, धाए धरि कपि कुस की ओरा।

दो.:– महा वेग जुत कोपि हिय, कीन्हसि वृक्ष प्रहार।
अर्ध चंद्र सर तीनि हति, कुस खंडन करि डार।।३।।

चौ.:– अपर साल द्रुम एक उरवारी, हन्यौ कोपि कपि हृदय मझारी।
दसन मर्दि यह विक्रम कीन्हा, कुस रंचक नहिंभए मलीना।
निरखि सुमट सव वल विपुलाई, कीन्ह प्रसंसा सुनु मुनिराई।
कुस संहार अस्त्र तव लीन्हा, तानि कान लगि पुनि तजि दीन्हा।
काल रूप सो अति विकराला, आवत लखि हनुमत तिहिकाला।
सुमिरे हृदय राम भगवाना, भक्ति विघन भंजन सुख दाना।
सो सर विकट अमंग वनाई, प्रेरित मंत्र लाग उर आई।
विथा प्रचंड भई तन माहीं, मूर्छित भए गात सुधि नाहीं।

छन्द.:– मूर्छित भए नहि गात सुधि हनुमंत संजुग मै परै।
अवलोकि कुस रनधीर साइक अमित छंडे रिस भरे।।

सव कटक कीन्ह विहाल वहुतक निरखि रन तन परि हरे।।
गज जूथ वाजि वरूथ वहु भट वान लागत चिक्करे।।

दो.:– सर प्रहार नहि सहि सकत, श्रोनित श्रवत सरीर।
भाज्यौ दल चतुरंग सव कुस सन धरत न धीर।।४।।

चौ.:– तव संजुग सुग्रीव हरीसा, कोपे उर अति सुनहु मुनीसा।
कुधर विसाल धारि करिधावा, कुस ऊपर वल सहित चलावा।
सैल विकट सोइ आवत देखा, हंसि लीला करि दल्यौ विसेशा।
पुनि द्रुम एक विसाल प्रहारा, कुस करि तिल समान महि डारा।
वहुरि वान अगिनित विकराला, दले कपीस गात तिहि काला।
विकट विथा वस व्याकुलभएऊ, तव करि कोप घोर गिरि लएऊ।
कुस मस्तक कह कीन्ह प्रहारा, वल सम्हारि सव समर मझारा।
आवत देखि आसु लवभ्राता, वहु साइक तजि कीन्ह निपाता।

छन्द त्रभंगी.:–तव कुस वल वंडा, करि गिरि खंडा, रूप प्रचंडा प्रकट कियौ।
विक्रम विकराला, लखि तिहि काला, मर्कट पाला हारि हियौ।।
विसरी जय आसा, उर अति त्रासा, जानि विनासा समर जवै।
लंगूर भ्रमाई आतुर धाई, कोप वढ़ाई ताड़ि तवै।।

दो.:– पुनि आतुर द्रुम कुधर वड़, वध लगि कीन्ह प्रहार।
किये खंड वहु वान हति, कुस संग्राम मझार।।५।।क

सोरठा.:–वहुरि वान विकराल, दले कीस पति गात महँ।
प्रगटी विथा विसाल, लीन्ह कोपि तव साल द्रुम।।५।।ख पृ.१५६प्रा.

चौ.:– कुस विलोकि कर साल विसाला, कीन कोप उर अति विकराला।
वरू अस्त्र धरि चाप मझारा, खेंचि श्रवण लगि सत्वर मारा।

प्रवल पास वस भएउ कपीसा, गिरे धरनि तल सुनहु मुनीसा।
सोभित कीन्ह समर थल भारी, भजी निरखि सव सेन दुखारी।
महा वीर सिर मनि कुस वीरा, पाई विजय सुनहु मुनिधीरा।
तव लगि उत संग्राम मझारी, महा वीर वर लव वल भारी।
जीते पुस्कलादि वर वीरा, अंगदादि कपि जूथप धीरा।
नृपति प्रताप अग्र जुत जेते, प्रवल वीर मनि आदिक तेते।

दो.:– निज भुजवल जीते सकल, दल जुत विगत प्रयास।
दौनो भ्रातन कटक सव, इहि विधि कीन्ह विनास।।६।।

चौ.:– एक सुमंत सचिव वचि गएऊ, विप्र जानि जिहि वधत नभएऊ।
यह संजुग संक्षेप वखाना, भए मृतक सव हय गज नाना।
इहि विधि जीति सकल कटकाई, मिले वहोरि आइ दोउ भाई।
परमानन्द परसपर भएऊ, कुस के चरन सीस लव नएऊ।
पुनि लव वोले वचन विनीता, जोरि पानि जुग सुखद सप्रीता।
तुव प्रसाद कुस वंधु उदारा, मै जीत्यौ यह रन भय कारा।
अव चलि सोधहु सव कटकाई, देखिय जहँ तहँ धन अधिकाई।
जो कछु नीक लाग मन भाई, सो सव लेहु ह्वदय हरशाई।

दो.:– अस विचारि दोउ वंधु वर, अति निसंक मुनिराइ।
जात भए हि हर्शि जहँ, मुतक भूप समूदाइ।।७।।

चौ.:– रिपुसूदन सिर क्रीट सुहावा, अति विचित्र मनि हेम वनावा। पृ१५६म.
सो उतारि कुस निज सिर धारा, जानि अनूपम अति दुति कारा।
पुनि पुस्कल कर मुकट रसाला, सो लै लव धारेउ निजभाला।
अंगदादि भूशन वहु तेरे, सत्रघनादि महीपनि केरे।
प्रमुदित सजत भए दोउ भाई, सुनु मुनि अति अनूप छवि छाई।
लघु वय स्याम गात छविधामा, निरखि वारियै कोटिनि कामा।
पास विवस व्याकुल कपि ईसा, परे समर मंडलहि मुनीसा।

श्री कुस तिनिकी पूँछ विसाला, धरि लीन्ही निज कर तिहि काला।

दो.:– पुनि लव मारूत तनय की, पूँछ हाथ धरि लीन्ह।
जदपि महावलवान कपि, तदपि कछू नहिं कीन्ह।।८।।

चौ.:– वोले वचन हरशि कुस पाहीं, चलहु लिवाई कपिनि ग्रह माहीं।
जननी मन रंजन हितभाई, पुनि खेलहिं मुनि सुत समुदाई।
मग कौतिक लगि वंधु उदारा, अवसि लिवाइ चलहु आगारा।
यह सुनि कुस वोले हरशाई, तुम मम मुदित लेहु संग जाई।
अस कहि वाजि सहित दोउ कीसा, धरि आश्रम कह चले मुनीसा।
पवन तनय अरू मर्कट पाला, आश्रम जात निरखि तिहि काला।
निज निज पूंछें दीन्ह वड़ाई, कंप मान तन भएउ वनाई।

दो.:– भए महा भय भीत तव, कहै परस दीन।
वात्सायन कपिराजन, कह हनुमन्त मलीन।।६।।

चौ.:– ए श्री राम तनय वलवाना, लियै जाहि निज भवन निदाना।
प्रथम जाहि हम लंक मझारी, सिय देखत किय विक्रम भारी।
विपन उजारि भस्मपुर कीन्हा, दले तमीचर निपट मलीन्हा।
तव हम सिय सन्मुख कपि राई, तिहि कारन जहँ तहँ जय पाई।
विमुख भए कर यह फल देखा, लियै जाइ सिसु वाँधि विसेशा।
सोसिय हसि है हमहि निहारी, तव ह्वै है पीड़ा उर भारी।
तजि है अवसि गात तहँ प्राना, यह दुख नहिं सहि जाइ निदाना।
अब देखिय श्री राम उदारा, कहा करहि इहि समय मझारा।

सोरठा.:– कह कपीस तिहिकाला, तुम तै हम पर वस अधिक।
भए निपट वेहाल, प्रान त्याग मैं सक नहीं।।१०।।

चौ.:– इहि प्रकार भयभीत वनाई, कहत परसपर सुनु मुनिराई।
तव लगि कुस लव हर्श समेता, गए कपिनि जुत मातु निकेता।
सिया तनय दोउ आवत देखे, विसद विभूशन सजै विसेशे।
परम मनोहर रूप निहारी, भई मुदित मन सोक विसारी।
परम छोह जुत आतुरधाई, कंठ लगाइ लिये दोउ भाई।
पूँछ विसाल करनि विच देखी, वहुरि विलोके कीस विसेशी।
परम वीर मारूत सुत जानै, निरखिचिन्ह कपि पति पहिचानै।
पास वद्ध सुत विवस निहारी, हसि वोली मिथिलेस कुमारी।

दो.:– तात तजहु दोउ कपिनि कह, अति आतुर इहिकाल।
जोपि मोहि अवलोकि है, तजहि प्रान तत काल।।११।।

चौ.:– यह हनुमंत वीर वलवान, जिन दस मुख पुर दहयौ निदाना।
पुनि सुग्रीव नाम यह भ्राजा, पद्म अठारह जूथप राजा।
कवन हेत इन कहधरि लीन्हा, तुव अपराध कहा इन्ह कीन्हा।
पुनि किहि गऊँ इनहि तुम पाए, वेगि कहौ उर संसय छाए।
इहि विधि मातु वचन सुनिकाना, वोले लव करि विनय निदाना।
मातु एक नृप दसरथ नामा, अवधि पुरी पति तिहि सुत रामा।
आपुहि जानि परम वलवाना, अ व मेघ मश तिन पुनि ठाना।
तजा कनक पर सजि तिन वाजी, चमू तासु संग अगिनित साजी।

दो.:– तिहि हयकेपट विच लिखा, राम सहित अभिमान।
वीर प्रसूतिनि मातु मम, ता सम वि व न आन।।१२।।

चौ.:– जे छत्री मानी संसारा, छत्रानी तन प्रगट जुझारा।
ते मम वाजि धरहु हरशाई, ह्वै सचेत रन करहु लराई।
होइ जोपि विपरीत वनाई, तो पूजहु भ्राता पद आई।
तव मैं वाँचि हृदय अनुमाना, देखि राम नृप कर अभिमाना।
हम छत्री कह नहिं विख्याता, वीर जननि कहँ नहिं मम माता।

 जय सियाराम जय सियाराम

मैं हय धरा मातु अस जानी, तव लगि आए कुल वलखानी।
भजी सकल तासु कट काई, समर निपाते नृप समुदाई।
रिपु सूदन महीप कर माई, कुस किरीट सिर सजै वनाई।

दो.:– दूसर पुस्कल नाम मट, तासु कुकुट मम भाल।
रंग रंग मनि हेम मय, राजत मुक्ता जाल।।१३।।

चौ.:– श्री कुस चढ़नहेत सुनु माई, ल्यायै यह अनूप हय राई।
ए दोउ कीस महा वलवाना, इन्ह कीन्हा संग्राम निदाना।
कौतिक हेत इनहि धिरि लीन्हा, तुम समीप सव वरनन कीन्हा।
अस वधि समर सकल कटकाई, जग्य तुरग ल्याए हरशाई।
पुनि दोउ कपिनि वाँधि ग्रह आने, असन कर्म कोऊ करहिं अजाने।
तुव पितु अ व सोइआना, मंद कर्म यह कीन्ह निदाना।

दो.:–हय समेत दोउ कपिन अव, तजहु तजहु तत काल।
तुव पितु भ्राता सत्रघन, तिन पद नावहु भाल।।१४।।

चौ.:– यह अपराध तात तिन पाहीं, छिमा करावहु चलि रन माहीं।
मातु वचन अस सुनदोउ भई, वोले गिरा सरल सिर नाई।
छात्र धर्म अनुकूल वनाई, हम भूपहिं जीत्यौ सुनुमाई।
कवन हेतदूशन मुहि देहू, छात्र धर्म उचित सुएहू।
प्रथमहि वालमीक मुनिनाथा, हमस न कही पठत यह गाथा।
पूर्व भुवाल भरत इक भएऊ, सुत दुःश्यंत जुद्ध अति ठएऊ।
स्वामी सन सेवक रन करहीं, रन मंडल विच मंडहि रारी।

दो.:– करहि वंधु सन वंधुरन, पुनि मीतनि सन मीत।
मात हमहि नहि दोस कछु, यह छत्रिनि की नीति।।१५।।

चौ.:– जो इहि आश्रम नहि हय आवत, तो किमि हम उन कहँ रन वाधत।
अव तुव आइसु मानहि माई, तजहि उभय कपि जुत हय राई।
अस कहि मारूत तनय कपीसा, तजे तुरज तिहि समय मुनीसा।
त्यागा वहुरि जग्य कर घोरा, मानि मातु आइस वरजोरा।
पुनि जानुकि दोउ सुतनि समेता, गई तहाँ रिपुहन तिहि खेता।
रामहि सुमिरि भानु दे साखी, सरल सुभाइ गिरा तव भाशी।
जो मै मन वच कर्म वनाई, भजे निरन्तर श्री रघुराई।
संतत सव छल छिद्र विहीना, पुनि सपनेउ मन अनत न कीन्हा।

दो.:– तो जीवहु नृप सत्रघन, पुस्कल जुत ततकाल।
पुनि जीवहु सव कटक कर, निपट जे समर विहाल।।१६।।क
वदति जाति हमि जानकी, मधुसूदन सत भाइ।
तव लगि निज निज प्रान लहि, उठे सकल कटकाइ।।१६।।ख

सोरठा:– सुनु मुनि सुतनि समेत, प्रमुदित, ह्वै तव जानकी।
तुरतहि गईं निकेत, मर्म न काहू जान कछु।।१६।।ग
इत श्री पदन पुराणे पाताल खंडे सेस वात्सायन सम्वादे मधुसूदनदास
कृते सौन्य संजीवनो नाम **चतुशश्टिमोऽध्याय।।६४।।** पृ१५८प्रा.

दो.:– वात्सायन मुनि वर सुनहु, छिन महँ नुप लवनारि।
तजि मूर्छा जागत भए, दल जुत समर मझारि।।

चौ.:– सनमुख अ व मेघ हय देखा, सीस त्रान विनु आपुहि लेखा।
जीवत हेरि समल कटकाई, अति विस्मय हिय मानि वनाई।
वुद्धि वंत वर नीति निधाना, वोले सचिव सुमंत सुजाना।
मश पूरन लगि दोनो भाई, दीन्ह तुरग करि कृपा वनाई।
पुनि निज आश्रम गे हरशाई, सहज सुभाई सील समुदाई।
अव कौसल पुर चलहु कृपाला, हय मग हेरहि राम कृपाला।
अव कौसल पुर चलहु कृपाला, हय मग हेरहि राम कृपाला।

अस सुनि सत्र समन मुनिराई, चढे हेम रथ विसद मगाई।
कटक समेत चले तिहि काला, हनै न काहू दुंदभि जाला।

दो.:– भेरी संख मृदंग पुनि, गोमुखादि ततकाल।
कोउ न सकै वजाइ तहँ, कुस लव भय विकराल।।१।।

चौ.:– इहि विधि गे आश्रम तै दूरी, पाछै चली चमू अति भूरी।
चारहि अंग समान अपारा, को कविता की करहि सम्हारा।
छिन छिन लचक अहि पतिभाला, सुनहु सूत मा भार विसालां
इहि विधि श्री सुर सरि तट आए, निरखित रंग जाल सुख पाए।
सत्वर उतरि भए सव पारा, सहित चमू चतुरंग अपारा।
पुस्कल सुरथ आदि नृप जेते, चढ़े सत्रघन संग रथ तेते।
घरै सरासन परम प्रचंडा, आगै मख हय कीन्ह ललामा।
रतन माल भूशित छविधामा, आगै मख हय कीन्ह ललामा।

दो.:– स्वेत छत्र हय सीस पर, सोभित पर्म विसाल।
पुनि दुहु दिसि चामर विजन, अनुचर करहि रसाल।।२।।

चौ.:– पाछै कोटिनि रथी जुझारा, चले साजि है रथ असवारा।
पुनि उनमत्त बितुंड अपारा, सजि सजि चले श्रवत मदधारा।
मारूत वेग लजवान हारे, चले तुरंग अमित दुति कारे।
चतुर सूर तिन पर असवारा, तृत्य करावत पंथ मझारा।
पद चर सजे सकल हथियारा, जात असंख्य न परहि सम्हारा।
सव पाछै रिपुसूदन राजा, चले संग सव भूप समाजा।
नाना मनि कंचन रथ माहीं, सुनु मुनि चढ़े भूप जहँ ताहीं।
चारि चारि हय जुते सुहाए, सव प्रकार भूशित छवि छाए।

दो.:– कपि पति संग मुनीस सुनु मर्कट कटक अपार।
विविध रंग के कीस सव, सोहत पंथ मझार।।३।।

चौ.:– कोटिन धुज पताक दल माहीं, अति उतंग देखिए जहँ ताहीं।
मेरि दुंदुभी गोमुख नाना, बजे अपर वाजनै निदाना।
गर्जत वीर महारन कारी, पुनि हय गय स्यंदनरव भारी।
छिये दिवाकर रज नभ छाई, दिसि अरू विदिस न परहि लखाई।
पुनि पुनि सूत नागपति भाला, लचकि लचकि डोलिहिं तिहिकाला।
इहि प्रकार क्रम सौ मुनि राई, निरखी अवध पुरी सुखदाई।
अति उतंग मंदिर समुदाई, दिव्य हेम मनि रचे वनाई।
वहु विसाल जनु मिलहि अकासा, जगमगात चहु पास प्रकासा।

दो.:– भवन भवन प्रति सुनहु मुनि, ध्वज पताक अति भ्राज।
मनि मुक्ताहल हेम मय, वंदय वार विराज।।४।।

चौ.:– रवि वंसिनि कर भूशित भारी, चहु दिसि महा दुर्ग दुति करी।
सूत सुनहु उत राम कृपाला, सुनैउ जग्य हय आव रसला।
संग अनुज पुंस्कल वलवीरा, कटक अपार साथ रनधीरा।
राम कृतज्ञ कृपा आगारा, भए हर्श वस सकल प्रकारा।
अनुज लैन हित श्री रघुवीरा, पठए लखन महामतिधीरा।
लक्ष्मण कटक साजि हरशाई, चले मिलन हित निज लघु भाई।
उहाँ सत्रघन भ्रातहि देखा, पुनि लक्ष्मण इत अनुजहि पेशा।
परि हरि रथ आतुर दोउभ्राता, मिले परस पर पुलकित गाता।

दो.:– कुसल परस पर बूझि पुनि, मुदित वारता कीन्ह।
पुस्कलादि नृप सवनि सन, वहुरि भैटि सुख दीन्ह।।५।।

चौ.:– भए लखन पुनि रथ असवारा, सहित सत्रघन हरशि अपारा।
निरखि एक रथ महँ दोउभाई, प्रमुदित भए भूप समुदाई।
अवधि माह तव कीन्ह प्रवेसा, संग कटक जुत सकल नरेसा।

कछुक दूरि चलि सरजु देखी, अति पुनीत जल सुखद विसेशी।
तिहू लोक कौ पावन कारी, तोय सरद हिम कर अनुहारी।
रघुपति पद पंकज रज पाई, भई परम पावन श्रुति गाई।
विहरत विपुल हंस समुदाई, पुनि वहु चक्र वाक मुनिराई।
कीर कपोत कोकिला वृंदा, वोलहि वृक्षनि पर अनंदां

दो.:– वहु मंडप समुदाइ तहँ, रचवाए रघुवीर।
भिन्न भिन्न श्रुति पाठ तहँ, करहि महा मुनिधीर।।६।। पृ.१५६प्रा.

चौ.:– वहु छत्री तिनि पर रख वारे, धरै चाप साइक वल भारे।
करहिं तहाँ निज धनु टंकारा, सो र व व्यापेउ सव संसारा।
तहाँ सूप कारिन मुनि राई, मुनिन हेत किय पाक वनाई।
कीन्ही पाइस विमल अनपा, हिमकर केर क्रांति अनुरूपां
घृत कपूर वहु किये सुहाए, नव मधु पुनि एला अधिकाई।
मल पूप वहु किये सुहाए, कर्पूरादि सुगन्ध मिलाए।
की नहौ वहुरि पूप सुखदाई, मानहु चंद्र विंव समुदाई।
रूचिसौ विसद अदरसै कीन्है, हरहि संकुली मन कह चीन्हें।

छंद.:– मन हरशि कीन्है संकुली अति विमल हिम कर दुति धरै।
लुचई अनूपम कीन्ह रूचिसौ निरखि मुनि जन चित हरै।।
पुनि विसद गौरि कचौरि दाइक स्वाद विधि संजुत करी।
सुचि फेनका सुखदैनि कंचन थार थारिनि मै भरी।।

दो.:– मधुर पदारथ सकल तहाँ, कीन्है विसद विचारो।
निरखत वाढै रूचि महा, सुधा लजावनि हारि।।७।।

चौ.:– परम विमल ओदन तह कीन्हा, दधि मिश्रत सरकरा नवीना।
कीन्है विविध झोर सुखदाई, दुध लपसीसु स्वाद अधिकाई।
पुनि माड़े किय परम सुहाए, वरा विसद दधि माह भिजाए।

रूचि समेत कीन्ही वहु धोई, जथा जोग वर गंध सजोई।
स्वादक चतुर वतावत जाही, सूप कार वहु विरचत ताही।
सकल साक कीन्है सुखकारी, कंद मूल फल वहु तरकारी।
विविध अथानै धरै सजोई, इहि प्रकार रचि कीन्ह रसोई।
विंजन संकल किए मनुलाई, नाना भाँति स्वाद अधिकाई।

दो.:– भक्ष भोज्य पुनि चोश्य वर, लेझप असन रसाल।
मुनिनिहेत कीनै सकल, रूचि समेत तिहि काल।।८।।

चौ.:– वनवासी सहसनि मुनि वृंदा, वेठे जैमन सहित अनंदा। पृ.१५९ म.
मनिनि जड़ित कंचन के थारा, धरे आनितह सवनि अगारा।
श्री सरयू जल पावन कारी, भरि भरि दीन्ह मुनिनि कह झारी।
प्रथमहि पायस परम सुहावा, सवके पारस आसु करावा।
पुनि क्रम करि सव सौज सुहाई, परसि गए सव कै अधिकाई।
वात्सायन अव सुनु मुनि राई, मुनि जन वार्ता करहि सुहाई।
पायस निज निज थार मझारा, निरखि परसपर वचन उचारा।
यह कह अग्र देखियै भाई, मन विच विस्मय होत वनाई।

दो.:– अंधकार डर चंद्र अपि, परेऊ थार विच आइ।
कै यह अमृत देखियै, मृत्यु दहन सुखदाइ।।९।।

चौ.:– अस सुनि अपर विप्र तिहि काला, वोले रोश विवस द्रग लाला।
यह ससि विव सुधा नहिं होई, मै अव कहौ अहै यह सोई।
हिम कर एक विदित संसारा, सो किमि विविध रूप विस्तारा।
अयतनि कर एक विदित संसारा, सो दिखिए यह प्रति थार मझारा।
यह कपूर मुहि परै लखाई, कंज सुमन के परसेऊ आई।
चन्द्र विंव ये नि चय नाहीं, अस प्रतीति मोरे मन माहीं।
यह सुनि दोऊ कर धुनिभाला, अपर विप्र वोले तिहि काला।

मीजि उभय कर रोश वड़ाई, देखहु यह दुज मूढ़ वनाई।

दो.:– स्वाद विचक्षन यह नहीं, हम सव भाँति प्रवीन।
इक्ष दंड रस मै पगे, सरसिज सुमन नवीन।।१०।।

चौ.:– पात्र पात्र विच देखिए सोई, परम मधुर पुनि आनन होई।
इहि विधि निज निज तर्क सुहाए, करहि सकल मुनि विस्मय छाए।
कन्द मूल फल असन सुजाना, जानहि कहा भोग ते नाना।
लागे असन करन मुनि वृंदा, ग्रास ग्रास प्रति परम अनंदा।
तिहि समाज इक द्विज हरशाई, वोलानिज हिय विपुल सिहाई।
सुफल जन्म छत्रिनि कर भाई, करहि भोग अस सदा अघाई।
कीन्है प्रथम सुकृत इन्ह नाना, तातै अव सुख करहि निदाना।
अस सुनि पुनि कोऊक मुनि कहहीं, प्रथम दए कर यहफल अहहीं।

दो.:– जे न भजहिं श्रीपति चरन, नर तन धरि जग माहिं।
पुनि सुन्दर नैवेद्य फल, अन्त समर्पहि नाहिं।।११।।

चौ.:– तिनकौ ए सुख सपनैउ नाहीं, संतत दुखित रहै जग माहीं।
जिन प्रथमहि वहु विप्र जिवाए, नाना रस सव भाँति सुहाए।
तिन पाछे पुनि आपुनु पावा, ते जन अस सुख करहि सुहावा।
इहि विधि मधुर अन्न मुनि वृंदा, भोजन करइ समेत अनंदा।
पुनि श्रुति पठन लगे तिहि काला, मंडप मध्य प्रसन्न विसाला।
कोउ गावहि कोउ हसहि निदाना, कोउ मुनि नृत्य करहि विधि नाना।
कोउक निरखि महोत्सव भारी, भए थकित नहिं सकहि सम्हारी।
पुनि कोउ मुनि कर ताल वजावै, कोउक वेद पठत सुख पावै।

दो.:– तव लगि तह नृप सत्रघन, आए सहित समाज।
भए महा आनंद वस, लखि मुनि वृंद विराज।।१२।। पृ.१६०प्रा.

चौ.:– उहाँ राम रिपुसूदन देखे, आवत पुस्कल सहित विसेशे।
परमानंद विवसभभारी, उठिन सकेउ वहि लोचन वारी।
जव लगि आतुर उठहिं कृपाला, तव लगि रिपुहन हरशि विसाला
परे तुरत पद पंकज माहीं, सो सनेह मै कहि सक नाहीं।
परम विनय जुत चरन मझारी, निज भ्रातहि रघुनाथ निहारी।
सोभित घाइ सरीर सुहावा, वर वस भुज गहि कंठ लगावा।
रघुपति परम नेह जल जाला, वरशहि अनुज सीस तिहि काला।
महा प्रेम वस मे दोउ भाई, प्रीत पुनीत कही नहीं जाई।

दो.:– परम प्रेम विहवल महा, तव लगि भरत कुमार।
परे आनि आतुर विपुल, रघुपति चरन मझार।।१३।।

चौ.:– राम निरखि भुज मै मुज डारी, आतुर लाए हृदय सुखारी।
तव लगि मारूत सुत वलखानी, पुनि सुकंठ अंगद भट मानी।
अपर नील लन जूथप जेते, परे आनि आतुर पद तेते।
पुनि लक्ष्मी निधि नृप रिपुतापन, भूप प्रताप अग्र करि दापन।
सुमद सुवाहु विमल महि पाला, नील रतन उग्रास भुवाला।
पुनि नृप सत्यवान मति धीरा, सुरथ वीर मनि अति वर वीरा।
अवर अनेक भूप समुदाई, परे हर्शि रघुपति पद आई।
सादर रामु मिले सव पाहीं, भए सकल प्रमुदित मन माहीं।

दो.:– भक्त वछल रघुनाथ पुनि, सचिव सुमति कह देखि।
सादर वर वस मेलिभुत मैटे प्रीति विसेशि।।१४।।

चौ.:– प्रभु सनमुखहिं सुमति तिहि काला, ठाढ़े भए उदार विसाला।
रघुपति निरखि प्रीति समुदाई, वोले वचन सुनहु मुनिराई।
हे अमात्य वर नीति निधाना, मर उर संसय हरहु निदाना।
ए सव भूप प्रथम कहु केते, वरनहु भिन्न नाम पुनि तेते।
भएउ समागम कवन प्रकारा, कहँ कहँ सवके पुर आगारा।

पुनि मम जग्य तुरंग सुहावा, कवन कवन नृप देस मझावा।
किहि किहि भूप धरा मम वाजी, भिरे कवनविधि संजुग साजी।
अनुज हमार महा वल साली, तिनि किमि लीन्ह तुरग रिपु घाली।

दो.:– वात्सायन रघुपति वचन, अति गंभीर रसाल।
सुनि सुमंत वोले तवै, नाइ कंज पद भाल।।१५।।

चौ.:– तुम सरवग्य नाथ सव काला, वसहु सकल उर दीन दयाला।
विहमु सिवादि ईस तुम स्वामी, जीव चराचर तुव अनुगामी।
मैं किमि वरनि सकहु भगवाना, जीव अलप अग्यान निदाना।
लोक रीति जो वूझहु नाथा, तो तुव आइस धरि निज माथा।
वरनन करहु सुनहु रघुराई, छमहु मोर अपराध वनाई।
सकल भूमि तल वाजि तुम्हारा, सोभित हेम पत्र दुति कारा।
भ्रम्यौ सुशेन सुतेज निदाना, धरि न सक्यौ कोउ नृप वलवाना।
निज निज राज समर्पेउ आई, भए संग सजि सजि कट काईं

दो.:– महावली दस कंध भट, सकल निसाचर नाथ।
ताहि वध्यौ संग्राम तुम, यह सुनि सुनि तुव गात।।१६।।

चौ.:– काहू हय न धरा रघुराई, मिले आइ सव समर विहाई।
क्रम सौ सकल कथा भगवाना, तुम प्रति अव मैं करहु कखाना।
प्रथमहि अहि छत्रा पुर माहीं, गयौ तुरंग सँग दल मिति नाहीं।
तहाँ सुमद नृप करहि निवासा, तिहि तुव वाजि सुनैउ पुर वासा।
सकल राज पुर कोश समेता, साजि कटक पुनि आपन जेता।
तुव भ्राता पद भैटेउ आई, सर्वस अर्पेउ मान विहाई।
कामद हेत प्रथम तप कीन्हा, तिहि तुव मिलन राज वर दीन्हा।

दो.:– सो नृप सुमद कृपाइतन, अव यह करहि प्रनाम।
तुव दरसन की लालसा, विपुल महा वल धाम।।१७।।

चौ.:– वहुरि गएऊ हय चिमन निकेता, मिले तहाँ मुनिगन करिहेता।
आगे मिलेउ विमल महिपाला, अर्पेउ हय गज राज विसाला।
सो यह तुव पद विनवहि स्वामी, कीजे कृपा निरखि अनुगामी।पृ.१६१प्रा.
पुनि पुरूशोत्तम क्षेत्र निहारा, तुम जस श्री जुत करहु विहारा।
वहुरि सुवाहु नगर हय गएऊ, दमन तासु सुत आवत भएऊ।
वाचि पत्र तिहि धारा तुरंगा, तहाँ भएउ दारून रन भंगा।
पुस्कल तव तिहि मूर्छित कीन्हा, विजय पाइ मन आनद लीन्हा।
यह सुनि कोपि सुमुद नृप आए, निरखि तवै मारूत सुतधाए।

दो.:– कोपि महीपति के हियै, हनी घोर इक लात।
मूर्छित है भूतल परे, रही न कछु सुधि गात।।१८।।

चौ.:– तव मुनि श्राप नास है गएऊ, तुव स्वरूप हिय प्रगटत भएऊ।
तजि मूर्छा पुनि भैटेऊ आई, सर्व समर्पन कीन्ह वनाई।
चले संग पालन हित वाजी, सुतहि राजु दै सव दल साजी।
सो नृप सुभुज सुनहु रघुवीरा, वंदहि तुव पद पुलकि सरीरा।
कृपा द्रश्टि निरखहु जन त्राता, तुव सेवक यह मन वच गाता।
पुनि मख तुरंग तेजपुर गएऊ, सत्य वान तहँ भैटत भएऊ।
करहि प्रनाम नाथ यह सोई, धेनु प्रसाद भक्त तव होई।
पुनि आगे चलि सुनहु कृपाला, भएऊ पंथ विच तम विकराला।

दो.:– विघुन्नमाली असुर तहँ, भयौ प्रगट अति घोर।
वध्यौ तुम्हारे अनुजतिहि, कटक सहित वर जोर।।१६।।

चौ.:– पुनि मुनीस आरन्यक नामा, गयौ जाग्य हय तिनके धामा।
तिन्ह तुम्हार जस वरनन कीन्हा, गमनै अवधि प्रेम लव लीन्हा।
वहुरि अग्र चलि अ व तुम्हारा, प्रविसौ रेवा सरित मझारा।
तिहि के मध्य सत्रघन जाई, जोगिन अस्त्र पाव रघुराई।

पुनि तुव अ व देवपुर माहीं, जात भयौ वसि संकर ताहीं।
नाथ वीर मनि कर सोइधामा, तिहि सन भयौ घोर संग्रामा।
तहाँ आपु तव गएऊ कृपाला, जानहु सकल प्रसंग विसाला।
आगै चला तुरंग वहोरी, संग चमू चतुरंग न थोरी।

दो.:– भयौ थकित तुव वाजि तहँ, आकस्मात वनाई।
सौनक मुनि की कृपातै, उवरतु भा रघुराई।।२०।।

चौ.:– कुडल पुर पुनि गएऊ तुरंगा, तहाँ सुरथ कीन्हैऊ रन रंगा।
सो चरित्र तुम सकल निहारा, सहित समाज आपु पग धारा।
सो यह सुरथ वीरमनि भूपा, वंदहि तुव पद कंज अनूपा।
पुनि कुंडल पुर वाजि विहाई, भ्रमत भयौ सर वत्र वनाई।
कोउ हय धरिन सक्यौ रघुनाथा, तुव प्रभाव पुनि लखि दल साथा।
वालमीक आश्रम सुखदाइक, गयौ वहौरि वाजि रघुनाइक।
तहाँ एक सिसु तुमहि समाना, रूप सील गुन वुद्धि निधाना।
विहरतफिरहि विपन विच सोई, ोडस वर्श केरि वय जोई।

दो.:– वाँचि पत्र के अंक तिहि, वाँधा जग्य तुरंग।
तव सेना पति कालजित, मंडेउरन सिसु संग।।२१।। पृ.१६१अ.

चौ.:– वाल कराल खर्ग तव लीन्हा, हतिगज सुंड तंत पग दीन्हा।
सिर पर जाइ कालजित सीसा, कीन्हसि पात कौसिलाधीसा।
पुनि अनेक भट कीन्ह सिंघारा, ता के वल की नाहिं सम्हारा।
पुस्कल सत्रघनादि नृपाला, मूर्छित सकल किये तिहि काला।
तजि मूर्छा संजुग तुवभ्राता, हृदय विचार कीन्ह जग त्राता।
पुनि वालक कह मूर्छित करेऊ, तिहि समेत निज पुरपग धरेऊ।
तव लगि अवर वाल इक आवा, ताही सिसु सम परम सुहावां
विगत जीव तिहि किय कटकाई, रिपुहन मूर्छित भए वनाई।

छन्द:– मुरछित भए रिपुहन तवै पुस्कल सहित भूपति जिते।
पुनि परे सकल अचेत संजुग तुव कटक जोधा तिते।।
तव हर्शि हिय दोउ वाल दल अव गाहि सव भूशन सजे।
रघुनाथ तिनिकी छवि विलोकि अनेक रति नाइक लजे।।१।।
पुनि मरूत सुत सुग्रीव अति वलधाम वर वस धरि लिये।
मश वाजि सहित अंसक मन हिय हर्शि निज आश्रम गये।।
करि कृपा तजि दोउ कीस मश हय दीन्ह पुनि रन आइकै।
निज धाम गऐउ वहोरि रघुपति सकल सैन जिवइकै।।२।।

दो:– हय समेत तव सत्रघन, आए प्रभु तुव पास।
नाथ निदे ा चढ़ाइ सिर, मैं सव कीन्ह प्रकास।।२२।।
इति श्री पदन पुराणे पाताल खण्डे सेस वात्सायन मधुसूदन दास कृते सुमति निवेदन नाम **पंच ाश्टिमोऽध्याय**।।६५।।पृ.१६२प्रा.

दो:–वात्सायन मुनिवर सुनहु, रघुनाइक तिहि वार।
सुमति वदन तै श्रवन सुनि, आश्रम उभय कुमार।।

चौ:– निज सुत जानैउ ह्रदय मझारा, वालमीक प्रति वचन उचारा।
वालमीक मुहि कहौ वुझाई, तुम सरवज्ञ सकल मुनिराई।
वालक उभय परम वलवाना, धनु विद्या मह निपुन निदाना।
मम सम धरे स्वरूप सुहाए, को वसि तुम आश्रम छवि छाए।
सुनि अमात्य मुख तिनकी वाता, विस्मय पर्म मोर उर जाता।
जिन रिपुसूदन मूर्छित कीन्है, करि लीला, हनुमत धरि लीन्है।
संसै भंग करहु , मुनि मोरा, तुम त्रकाल दरसी सव ओरा।
तुव आश्रम किमि करहि निवासा, परम प्रीति मम ह्रदय प्रकासा।

दो:– भूप मौलि मनि राम प्रभु, अति कृतग्य गुन ग्राम।
तिनि मुख वचन विनीत सुनि, वोले मुनि तपधाम।।१।।

चौ.:– परम पुश्टि वर वरन सुहाए, लागे कहन सुखद मन भाए।
तुम अंतर जामी रघुनाथा, नहि जानहु उर कस यह गाथा।
तदपि तुम्हारे आनद हेतू, वरनहु सुनहु भानकुल केतू।
वाल उभय मम आश्रम वासी, तुम सम सुभग विसद गुनरासी।
तिनकी सकल कथा सुखदाई, वरनन करहु सुनहु रघुराई।
संतत सुद्ध विगत अघ सीता, गर्भ वती गुन चरित पुनीता।
जव तुम ता कह त्यागन कीन्हा, घोर विपन महँ दुख लव लीन्हा।

दो.:– वारहि वार विलाप करि , कुरच सरिस रघुराई।
तव लगि मैं सिश्यनि सहित, पहुँचेउतिही वन आइ।।२।।

चौ.:– जानि प्रिया तव जनक कुमारी, निज आश्रम लै गएऊ खरारी।
मुनि पुत्रनि कर कुटी सुहाई, रचि दीन्दी सिय कह रघुराई।
प्रगट करे तहँ उभय कमारा, भए प्रकासित दिसा अपारा।
कुस लव नाम धरे तिहि केरे, परम मनोहर सोर्य घनेरे।
दिन दिन प्रति सुत वाढ़हि कैसे, भुक्ल पक्ष मह हिमकर जैसे।
कीन्है समय समय सव कर्मा, वंस उचित सिखए सव धर्मा।
सकल अंग जुत वेद पढ़ाए, सर्व रहस्य समेत सुहाए।
धनु विद्या पुनि सकल पढ़ाई, सर्व भास्त्र विधि दीन्ह वताई।

दो.:– आयुध विद्या सकल प्रभु, मैं तिन दई पढ़ाइ।
पुनि विद्या जालंधरी, विधि वत सर्व सिखाई।।३।।

चौ.:– वहुरि गान विद्या रघुराई, पढ़ी सकल विधि वत मनु लाई।
नाथ कहाँ लगि करहु वखाना, सर्व कला मै निपुन निदाना।
करहि गान सुर सरि के तीरा, लता कुंज वन वन रघुवीरा।
चंचल चपल चित्त छवि धामा, निरखि गान दुति वारिय कामा।

तिनके चरित देखि भगवाना, मम उर भा सताप निदाना।
तव मैं निज हिय अति हरशाई, सिर पर सेउ निज पानि वनाई।
दीन्है सर्व सस्त्र पुनि नाथा, सोभित परम धरै धनु माथा।
गान कला मह कुसल वनाई, सुनि सुनि मोहै जन समुदाई।
सर्व राग रागिनी विसाला, ताल भेद सुर भेद रसाला।
परम निपुन भए तनय तुम्हारे, सुनि गंधर्व विमोहै भारे।
मैं तुव चरित भविश्य वनावा, परम सुखद सव भाँति सुहावा।
संतत करहि गान दोउ ताही, परम मनोहर वरनिन जाही।

दो:– वीन मृदग वंसी प्रनव, सकल वाद्य समुदाइ।
अति प्रवीन सव के विशै, तुव सुत दोनो भाइ।।४।।

दो:– विपिन विपन विच चरित तुम्हारा, करहि गान रघुनाथ उदारा।
अति अद्‌भुत मधुर सुहावा, अति रसाल कछु वरनिन आवा।
खग मृग थकित होइ सुनि गाना, मुनि गन दसा न जाइ वखाना।
श्रि सुर सरी प्रवाह विसाला, चलि न सकै सुनि गान रसाला।
रवि ससि हौइ विमोहित भारी, सुनि जड़ सरस हौहि सुर झारी।
अपर नरनि की केतिक वाता, चलइ न मरूत वेलि तरू पाता।
करहि गान इमि तनय तुम्हारे, सवविधि रूप सील गुन भारे।
रघुपति वरून नारि इक वारा, सुनैउ गान सोइ करन मझारा।

दो:– परम विमोहित वरून तिय, भई सुनत कल गान।
कुस लव निकट कृपाइतन, आई मुदित निदान।।५।।

चौ:– तव निज़पुरी विभावरि नामा, गई लिवाइ निरखि गुनधामा।
तहाँ वरून सव कुटम समेतू, सहित मित्र रिशि रघुकुलकेतू।
परम मधुर अतिरम्य पुनीता, तुव चरित्रनित सुनहि सप्रीता।
सुनि सुनि परम मनोहर गाना, वरून त्रप्ति नहिं होइ लुभाना। पृ.१६३ प्रा.
तुव चरित्र मह कृपा निधाना, सरस अभिय तै स्वादु निदाना।

विसद गान आनन्द मझारा, भए विमोहित वरून अपारा।
जव आवनहित सुत मनुकरही, पुनि जननी मम सुधि अनुसरही।
महा भोग तव विविध प्रकारा, वरून तिनहिं कर वाव अपारा।

दो.:– भोग विवस प्रभु तनय तव, मोहित भए वनाइ।।
मम सुधि पुनि निज मातु की, दीन्हसि तहाँ विहाइ।।६।।

चौ.:– तव मैं वरून लोक चलि गएऊ, तव सुत उभय विलोकत भएऊ।
वरून मोहि निज भवन निहारी, प्रेम मगन पूजा अनुसारी।
जन्म कर्म दोउ पुत्रनि केरे, वूझेऊ मोसन उरभ्रम प्रेरे।
जव सिय तनय सुनैऊ हम पाहीं, प्रगटेऊ परम मोद मन माहीं।
विविध विभूशन अंवर नाना, दिये वरून तव करि सन माना।
दैवी वस्तु हृदय पहिचानी, पुनि मम आयसु गौरव जानी।
तिहि तै वसन विभूशन लीन्है, तुरत द्वार पालन कह दीन्है।
पुनि मैं तिनहि ल्याइ निज साथा, आश्रम माहि सुनहु रघुनाथा।

दो.:– गान कला मह निपुन अति, रूप सील गुन खानि।
वरून देखि अस तनय तुव, धन्य जन्म निज मानि।।७।।

चौ.:– पति देवताधुरंधर सीता, त्याग जोग नहि परम पुनीता।
रूप सील वय सव गुन खानी, सदा पवित्र चरित जग जानी।
जाके वीर पुत्र अस दोऊ, महाभाग जानहि सव कोऊ।
महत हानि सिय त्याग मझारा, सत्य वचन हम करहि उचारा।
सुनहु राम सव सिद्धिनि माहीं, परम सिद्ध सिय संसय नाहीं।
पुनि अनुपायनि भक्ति तुम्हारी, सत्य सत्य यह गिरा हमारी।
पुन्य श्रवन कीर्तन वैदही, कवन हेत त्यागी तुम तेही।
हम साक्षी रघुवीर कृपाला, परम पवित्र सिया सव काला।

दो.:– पामर कुमति कुसील खल, सियहि विदूशहि सोइ।
तुम सर वग्य सुजान अति, तजी कवन अस सोइ।।८।।

चौ.:– सिय पद चिंतक जे जग माहीं, सर्व सिद्धि पावहि सक नाहीं।
सदा सिया की भृकुटि विलासा, वि व प्रगट प्रति पाल विनासा।
जग मै होहि विविधि विवहारा, ऐस्वर्यादि भूरि व्यौपारा।
मृत्यु विना सनि आनद खानी, निज सेवकनि परम पद दानी।
वर्शहि वासव तपहि दिनेसा, पुनि पोशहि ससि रजनि प्रवेसा।
सो केवल सिय आइसु पाई, इहि विधि वेद सुमृत गुन गाई।
स्वर्ग मोक्ष तप संजम दाना, जोग जग्य विद्या विधि नाना।

दो.:– संतत सिय आयसु अनुसारा, निज निज काज करहिविस्तारा।
तुम सरवग्य स्वयं भगवाना, जानहु सीतहि सुद्ध निदाना।
प्रान प्रिया पुनि आइस कारी, कवन हेत परि हरी खरारी।
सव प्रकार पावन श्री सीता, मैं जानहु पुनीत जग गीता।
निकट वुलावहु कृपानिधाना, तजि उर मृशा सकोच निदाना।
जोपि कहहु सुक साप प्रमाना, सो सव भाँति कीन्ह भगवाना।

दो.:– पुनि समर्थ तुम सर्व पर, हरि सुतंत्र जगदीस।
साप वाध सपनैउ नहीं, सुनहु कौसिलाधीस।।१०।।

चौ.:– वहुरि मनोहर तनय तुम्हारे, परम सील गुन निधि भट आरे।
करहि विसद रामाय न गाना, सुनि सुनि मो है सुन गन नाना।
किन्नर नाग असुर मनुजादिक, थकित होइ सव विहग मृगादिक।
नाथ सर्व गंधर्व समाजा, सुनत गान कल पावहि लाजा।
तुव सुत ऊपर सुनहु कृपाला, सकल प्रसन्न प्रसंसि विसाला।
निरखि रूप वय गुन समुदाई, तिहू लोक मोहे रघुराई।
लोक पाल पुनि सकल प्रकारा, तव सुत कीन्है अंगीकारा।
वहुरि सर्व मुनि वंद सुजाना, अंगीकृत करि करहि वखाना।

दो.:– एक राम सवविस्व महँ, प्रथम सुनैउ अनुदेखि।
तीनि राम छविधाम अव, प्रगटे जगत विसेशि।।११।।

चौ.:– कोउ कोउ मुनि अस करहि उचारा, मन्मथ एक सुना संसारा।
चारि मदन प्रगटे अव आई, विस्व विमोहन छवि अधिकाई।
कुस लव सहित सुजसु प्रभुतोरा, इहि विधि पूरि रहा चहु ओरा।
ग्यान वंत तुम सकल प्रकारा, सियहि वुलावहु राम उदारा। पृ.१६४ प्रा.
दिसि विदिसिनि मै सुजस तुम्हारा, पूरि गएऊ तिहु लोक मझारा।
एक सिया के त्यागन कीन्है सुजस सरिस जग अपजस लीन्है।
धर्म धुरंधर नीति निधाना, करहु ग्रहस्थ धर्म भगवाना।
अंगी कार करहु सुत अपने, प्रभु तै त्याग जोग नहीं सपनै।

दो.:– रूप सील विद्या विनय, सुंदर गुन आगार।
वंस विवर्धन सुखद अति, प्रभु सुत जुगल कुमार।।१२।।

चौ.:– मातु विहाय न आवै तेही, आवै अवसि सहित वैदही।
जव कुस लव संग्राम मझारा, कीन्हेउ सकल कटक संघारा।
तव तिहि समर आपु सिय आई, रवि साछी करि सैन जिवाई।
सो किमि त्याग जोग रघुराई, जिहि की अस कीरति जग छाई।
तुम अरू मैं पुनि सुर समुदाई, जानहि सव सिय सुद्ध वनाई।
सीतहि नश्ट कहै प्रभु जोई, सकल प्रकार नश्ट अपि सोई।
वात्सायन मुनि सुनु धरि काना, जदपि राम सर वग्य सुजाना।
तद्यपि वालमीक मुनिराई, उपदेसे वहु भाँति वनाई।

दो.:– सुनि रघुपति वंदे चरन, अस्तुति किय कर जोरि।
सकुचि हरशि हिय लशन सन, वोले वचन वहोरि।।१३।।

चौ.:– जाहु तात आतुर सिय पाहीं, मैं पुनि तजा नहीं मन माहीं।
पुत्रनि सहित सुरथ वैठाई, वेगि जानकिहि लावहु भाई।
मम सदेस सव जाइ सुनावौ, वचन मुनीस केरि समुझावौ।
लक्ष्मण कहा सुनहु भगवाना, तुव आइसु धरि सीस निदाना।
अवसि जाहुँ सिय ल्यावनहेतू, जिहि वन माहि मुनीस निकेतू।
जौ आवै मिथिलेस कुमारी, तौ प्रभु जात्रा सुफल हमारी।
जौ न आव मम दोश विचारी, प्रथम घोर वन ताहि विसारी।
तौइ मम अघ छमियो रघुराई, अस कहि रहे वहुरि अरगाई।

दो.:– वहुरि वंदि पद कंज जुग, प्रभु आइसु धरि सीस।
चढ़ि स्यंदन मुनि सिश्य जुत, लक्ष्मन चले मुनीस।।१४।।

चौ.:– मन मै करत ह्रदय अनुमाना, सिय प्रसाद किमि करहि निदाना।
सती सिरोमनि भावति सीता, विस्व मातु सव भाँति पुनीता।
पूर्व दोश जो देखहि मोरा, तो निस्तारन कवनिहु ओरा।
जो पि राम आधीन विचारा, तो मम दोशन नैन निहारा।
इहि प्रकार मग करत विचारा, विवस हर्श संकोच अपारा।
श्रम नासन आश्रम सुखदाई, तव लगि लखन लखा मुनिराई।
तुरतहि रथ परिहरेउ निदाना, प्रेम प्रवाह न जाहि वखाना।
रूकेउ कंठ मुख आव न वानी, थकेउ गात पुनि धीरज आनी।

दो.:– कुटी मध्य श्री जानकी, लखन विलोकी जाइ।
अंवु पूज्य हे भगवती, इहि विधि वचन सुनाइ।।१५।।

चौ.:– परे दंड इव पुनि पद माहीं, सकल अंग जुत नैन वहाही।
निरखि जानकी दीन्ह असीसा, वहुरि उठाए सुनहु मुनीसा।
प्रेम मगन लखि वचन उचारा, कवन हेत आश्रम पगुधारां
घोर विपन जह मुनि जन जोगू करहि इहाँ खग मृग गन भोगू।
तत लखन मुहि कहहु वुझाई, कौसिल्या सुत कुसल वनाई।

अजहू हम पर करहि कि कापा, जिन मुहि तजि निज कीरति ओपा।
पाएउ जस मम त्यागन माहीं, सो कीरति जग प्रगटि कि नाहीं।
श्री रघुपति गुन सागर भारी, केवल कीरति जिनहि पियारी।

दो.:– सुजस हेत तुव साथ जिन, मोहि तज्यौ वन घोर।
तिनकी कीरति विमल अव, प्रगट लहै चहुँ ओर।।१६।।

चौ.:– पति कीरति संग कीरति मोरी, तात त्याग के गुनहु न खोरी।
मम मन वसहि सदा प्रभु पासा, ता तै निकटहि मोर निवासा।
वड़हि दूरि तै प्रीति अपारा, होइ निकट वसि वड़ अपचारा।
देवर जो उन मोहि विसारा, मम मन वसि पति चरन मझारा।
पुनि मम त्याग करै जग माहीं, कीरति फल पावा सक नाहीं।
तौ इहि तै अपि कवन भलाई, पति कीरति जिहि तै अधिकाई।
अव तुम लक्ष्मन कहौ वुझाई, सदा कोसिला कृपा कराई।
जासु पुत्र तिहु पुर कर राजा, तासु भवन विच कुसल समाजा।

दो.:– भरत सत्रघन आदि पुनि, कुसल कहौ समुझाइ।
वहुरि सुमित्रा कुसल कहु, महा भाग तुव पाइ।।१७।।

चौ.:– मैं तिनकौ प्रिय प्रान समाना, संततही करि कृपा निदाना।
पुनि सव भाँति कुसल रघुनाथा, जिनहि सदा प्रिय निज जस गाथा।
सुजस सील जे भूप उदारा, तिय कह तजि न सकै संसारा।
कहाँ वंधु कह सुत परिवारा, कहाँ राज कह धन आगारा।
पुनि प्रिय जिनहि न आपन प्राना, तिनि कै कह लघु नारि निदाना।
तात वुझाइ कहौ इहि वारा, कुसल सकल ग्रह नगर मझारा।
इहि विधि वूझि सिया तिहि काला, वोले लखन नाइ पदभाला।
जो तुम मातु वूझि कुसलाई, तो अव कुसल देव रघुराई।

दो.:– वूझी रघुपति कुसल पुनि, सकल प्रकार तुम्हारि।

पूछहि क्षेम वहोरि तव, कौसिल्या महतारि।।१८।।

चौ.:– वहुरि सुमित्रा केकई माता, सकल प्रकार वूझि कुसलाता।
अवर अनेक नृपति के वाला, तिन वूझी तुव छेम वनाई।
भरत सत्रघन पुनि दोउभाई, वंदे तुव पद कंज वनाई।
वूझी कुसल पु न सुनुमाता, प्रीति सहित कछु वरनि न जाता।
श्री गुरू वूझी छेम तुम्हारी, दीन असीस सहित निज नारी।
तियनि सहित पुनि सव मुनि वृंदा, आसिस दीन तुमहि सानंदा।
परिजन पुरजन सवनि वहोरी, वूझी छेम प्रीति नहि थोरी।

दो.:– रघुपति तुमहि वुलाव अव, सुनहु मातु मम वैन।
केवल तन जानहु उहाँ, प्रान तुम्हारे यैन।।१६।।

चौ.:– तुम विनु कितहु न मनु अनुरागा, तजि सर्वसु इहि थल चित लागा।
निरखि सकल दिसि तुमहिं विहीना, करहि रूदन नित दुख लव लीन्हा।
सुमिरहि तुव आश्रम नित रामा, गुनहि न आपन तुम विनुधामा।
सदा कहै इहि विधि तुव नाथा, कहौ वुझाइ सुनहु सोइ गाथा।
बालमीक मुनि आश्रम माहीं, जिहि थल वसहि जानकी जाहीं।
वचन मोर निज सीस चढ़ाई, निसि अरू दिन मै ताहि निहारी।
तुम प्रभु कहेउ अवर कछु वाता, मैं अव कहहु छमहु अघ माता।

चौ.:– मोहि सकल जग ई वर कहई, व्रह्म सिवादि नाथ कहि अहई।
सो सव सत्य मृशा कछुनाहीं, कारन एक अहि तिहि माहीं।
तुव पातिव्रृत धर्म विसाला, तिहि वल तै मैं तिहु पुर पाला।
केवल तुम सुतंत्र तिहि कारन, अव यह उचित कलेस निवारन।
जो सुतंत्र मैं हौ तव नाईं, तौ किमि हर्श सोक अधिकाई।
हम भंजेउ संकर को दंडा, वहुरि भई केकई मति खंडा।
तिहि तै भएउ पिता कर मरना, पुनि वन गमन तहाँ तुव हरना।
उतरेउ वहुरि समुद्र गमीरा, संग रीछ पति अरू कपि वीरा।

दो.:– वध्यौ तहाँ दस कंध रिपु, सहित सकल कट काइ।
सती सिरोमनि भएउ, तुम्हारे धर्म सहाइ।।२१।।

चौ.:– पुनि भैटेऊ प्रिय परिजन आई, नृपता सकल वि व की पाई।
यह सव तोर प्रसाद वनाई, पुनि वियोग कारन न लखाई।
क्रहु कृपा अव निज पुर आवहु, प्रिया प्रचंड कलेस नसावहु।
सत्य गिरा यह वेद वखानी, संतत सुद्ध सिया गुन खानी।
लोक कलंक जानि मैं भारी, सो सव वानी दीन्ह विसारी।
हम तुम जदपि गुननि तै न्यारै, भक्तनि हित जग मै वपु धारे।
तो अपि चलिय लोक अनुरीति, जग उपदे ा हेत यह नीती।
पुनि पठई कानन जिहि हेता, भोगि चुकी सो सवुफल जेता।

दो.:– दुख सुख परे जु आनि कछु, दैव जोग संसार।
महत पुरूश करि भोग सव, निज तन सहित विचार।।२२।।पृ.१६५अ.

चौ.:– तुम कह उचित प्रिया अव एहा, जिहि तै करहि पुनीत सनेहा।
देखत मात्र सकल संसारा, हमनै तुम कह विपन विसारा।
कवहुन त्याग हमार तुम्हारा, जिमि दिन कर आतप नहिं न्यारा।
इहि विधि कहि प्रभु तुमहि वुलावा, मातु चलन कर करहु वनावा।
पुनि यह कहेऊ वुझाई वनाई, जो सुप्रीति विच दोश लखाई।
तो कछुक काल रहिय विलगाई, विमल प्रीति हित यही उपाई।
तुम वन मन विच सुद्ध निदाना, हम नि चय यह निज उर आना।
पवन प्रीति करन हित लागी, कानन मध्य तुमहि हम त्यागी।

दो.:– हेत न जानहु अपर कछु, प्रिया सुद्ध सव काल।
अव आवहु खल निंदाही, तुम्हरे चरित रसाल।।२३

चौ.:– पावन सुजस हमारा तुम्हारा, राग नीत जानहिं संसारा।

निर्मल चरित जान सव कोऊ, उज्वल वंस विदित पुनि दोऊ।
चरित हमार तुम्हार पुनीता, गाइ गाइ नर सकल सप्रीता।
है है पावन सकल प्रकारा, विनु श्रम तरिहै भवनिधि भारा।
इहि विधि तुव गुन राम वखानै, सुनि जानुकी महा सुख मानै।
पुनि कह लखन सुनहु वैदेही, दीन्है रम्य वसन प्रभु एही।
वर भूशन वहु दिए सुहाए, नाना अंग वाग मन भाए।
चंदनादि वहु गंध पठाए, तुम हित लगि सव भाँति सुहाए।

दो.:– रथ पाठव पुनि विसद यह चामर उभय अनूप।
छत्र विचित्र विसाल जुत, तुवहि कौसिला भूप।।२४।।पृ.१६६प्रा.

चौ.:– पुनि गज तुरग विचित्र पठाए, उभय कुमार हेत मन भाए।
तुव गुन गान हेत सुनुमाई, एठए द्विज सत्तम समुदाई।
मागध सूत वंदि जन भूरी, गान करहि तुव कीरति रूरी।
पुनि पठई पुर तिय समुदाई, तुम्हरी करन हेत सिवकाई।
चहु दिसि सूर करत रखवारी, वरशत सुमन देव जुत नारी।
वहु विधि देति द्विजन कर दाना, गजारूढ़ करि तनय निदाना।
इहि प्रकार निज पुर कह आवहु, होहु प्राप्त मुहि विपति विहावहु।
इहाँ परम उत्सव पुर माहीं, तुम विनु सोभ पाव कछु नाहीं।

दो.:– सकल महीपति केरि तिय, पुनि सव मुनि जन नारि।
जुरी अवर भामिनि सवै, इहि थल जग्य मझारि।।२५।।

चौ.:– कौसिल्यादिक मिलि सव माता, कीन्ह परम मंगल मुद दाता।
तुम्हरे विनु आगम वैदेही, सुख दायक उत्सव नहिं एही।
भामिनि अस उर करि अनुमाना, अव आवहु निज नगर निदाना।
यह संदेस कहेऊ रघुनाथा, जननी मैं वरनी सोइ गाथा।
अस प्रार्थना सिया सुनि काना, लक्ष्मन प्रति तव करहि वखाना।
मैं नहि रघुपति कीरति कारी, नहिं चाहौ निज जस विस्तारी।

अर्थ धर्म सुभ गुन समुदाई, तिन सव तै मैं रहित वनाई।
तुम जु कहौ रघुवीर वुलावै, किहि प्रकार जग कीरति पावै।

दो.:– तात निकुंस भूपजन, को हिय करि वि वास।
पुनि पर तंत्र वनाइ तुम, मैं किमि चल उनपास।।२६।।

चौ.:– पति के गुन अरू अवगुन जेते, राखिय गोप्य ह्रदय मह तेते।
ता तै तात न करहु वखाना, प्रभु तो मंगल रूप निदाना।
पानि ग्रहन अवसर मह ताता, निरख्यौ जो स्वरूप मृदुगाता।
वह सरूप मम हिय करि वासा, विसरहि निमिश न सदा प्रकासा।
लक्ष्मन जे मम उभय कुमारा, रघुपति तेज अंस अवतारा।
वंस विवर्द्धन सूर सुजाना, पुनि धनु विद्या केर निदाना।
पितु समीप तुम जाहु लिवाई, सव विधि लाड़न करहु वनाई।

दौ.:– मैं तप करि प्रभु पद कमल, भजहु इहाँ सव काल।
तुम हमारि पद वंदना, करहु जाइ धरि भाल।।२७।।

चौ.:– कुसल सवन सन कहहु वुझाई, जिन हम प्रति वूझी कुसलाई।
वात्सायन इमि जनक कुमारी, कही लखन प्रति गिरा उचारी।
पुनि दोउ सुत कह आइसु दीन्हा, तदपि गमन लगि मन नहिं कीन्हा।
जननी वहुरि तिनहि समुझावा, वालमीक मुनि तुमहि वुलावा।
अस सुनि मातु चरन उठि वंदे, दरस हेत मन परम अंनदे।
तव लक्ष्मन उठि पद सिरु नाई, वहु प्रकार निज विनय सुनाई।
भए वहोरि सुरथ असवारा, कुस लव सहित हरशि तिहि वारा।
अवधि ओर हाँकेउ पुनि वाजी, चले महा जव मारूत लाजी।

दो.:– उतरि सुर सरी वेग जुत, आए सरजू तीर।
मश मंडप लखि त्यागिरथ, निरखे मुनिगनधीर।।२८।।

चौ.:– वंदन करत गएउ पुनि तहँवा, राजहि वालमीक मुनि जहँवा।
कुस लव परे चरन हरशाई, वंदेउ वहुरि लखन पद आई।
भैंटे वालमीक तिहिकाला, तीनौ जन कह हरशि विसाला।
समा मध्य पुनि रामहि जानी, चले लिवाइ महा मुनि ग्यानी।
तनय मिलाप करावन हेतू, अति उत्साह सहित द्विज केतू।
प्रथम लखन अति आतुरताई, परे चरन निज विनय सुनाई।
सिय प्रसंग सव कहेउ वहोरी, हर्श सोक वस मति नहि थोरी।
सिया संदेस सुनत रघुराई, भूतल परेउ तुरत मुरझाई।

दो.:– तजि मूर्छा रघुवंस मनि, सुनहु सूत तिहि काल।
नीति निपुन श्री लखन प्रति, वोले वचन रसाल।।२६।।

चौ.:– तात सोधि हिय जतन विसाला, सिय पह जाहु आसु इहिकाला।
आवहु वेगि समीप वुलाई, होहु परम मंगल तुव भाई।
मम संदेस यह कहौ वुझाई, कानन किमि तप करहु वनाई।
हमहि विहाइ कवन गति जानो, तिय की गति केवल पति मानौ।
तुम तिय धर्म सुनेउ अरू देखा, कारन कवन न आव विसेशा।
पुनि तुम प्रिया पाइनिज इक्षा, गई विपन कछु मोरि न सिक्षा।
सकल प्रकार तहाँ मुनि वाला, पूजि चुकी जुत प्रीति विसाला।
पुनि निरखे मुनि गन तपधामा, पूरन भए सकल मन कामा। पृ.१६७प्रा.

छंद.:– पूरन भए सव काम मम अव आव नहि कारन कहा।
भामिनी न मैं तुव दोश निरखहु मुदित जानहु उर महा।।
तिय करहि जो कछु काज सो पति हेत सव जग जानही।
पुनि कहूँ कितहुकि जाइ केवल नाह गति हिय मानही।।१।।
निर्गुन मलीन कुसील क्रोधी जठर जड़ मति हीनही।
अति वधिर लोचन विगत अवुध अधर्म रत अति दीन ही।।
गुन उदधि वहुरि कि होइ केवल नारि गति पति एक ही।।
यह धर्म तुव सव भाँति जानहु विदित श्रुति वानी सही।।२।।

दो.:– कुल तिय जो कछु काज करि , सो पति तोशन हेत।
तुम मुनि तिय पूजी विपन, मम हित प्रीति समेत।।३०।।

चौ.:– प्रथमहु हम प्रसन्न तुमपाहीं, अति अनुकूल अजहु सक नाहीं।
जग्य जाप तप दान सुहाए, पुनि वहु वृत तीरथ श्रुति गाए।
संजम दया आदि सुभधमी, जहँ लगि कहे मुनिन सुचिकर्मा।
मोर प्रसन्न हेत सव जानौ, सो मैं अति अनुकूल प्रमानौं।
किहि कारन तप कानन करहू, अव प्रसन्न है पुर पगुधरहू।
सुनु मुनि इहि प्रकार रघुराई, सिय प्रति कहेउ सदेस वुझाई।
लक्ष्मन सुनि अस प्रभु मुख वानी, वोले वंदि जोरि जुग पानी।
जो तुम कहेउ सिया सन नाथा, मैं अव जाइ कहौं सोइ गाथा।

दो.:– कहि हौं विनय समेत प्रभु, अस वदि धरि पदभाल।
सत्वर संजुत सुरथ सुरथ चढ़ि, चले विपन तिहि काल।।३१।।

चौ.:– वालमीक इत सभा मझारा, प्रभुहि दिखाइउ उभय कुमारा।
वेठे वहुरि मुदित मन माही, कह मुनीस तव पुत्रनि पाहीं।
मन प्रसन्न हुइ तुम दोउ भ्राता, गावहु राम चरित मुद दाता।
अति अद्भुत कल गान रसाला, वीन द्वार करि लली विसाला।
इहि प्रकार सुनि गुरू मुख वानी, हरशे उभय वंधु गुन खानी।
राम चरित पुनि गावन लागे, ललित वरन आनद रस पागे।
महाभाग कुस लव दोउ भाई, करहि गान कछु वरनिन जाई।
ताल वीन जुत राग अलापा, सो समस्त मंडल मह व्यापा।

दो.:– पद पद करत विचित्र अति, गान कला अनुसार।
परम पुश्ट मृदु मंजु वर, उचरत वरन उदार।।३२।।पृ१६७म.

चौ.:– जो कछु चरित मध्य किय गाना, सो तव मैं मुनि करहु वखाना।
विसद धर्म विधि तासु मझारी, पुनि पतिवृत विधि मुद कारी।
नाह सनेह विधान विसाला, वहुरि वसिद गुरू भक्ति रसाला।
स्वामी सेवक रहनि विधाना, मूरति वंत सुनीति वखाना।
जे अधर्म कारी नर नारी, तिनहि दंड कह चरित मझारी।
पुनि मुनि आदि मध्य अवसाना, प्रति पालक रघुपति भगवाना।
विसद ताल सुरवीन समेता, गान करत अस चरित सचेता।
पुरि रहा जग सो कल गाना, थकित भए नभ सुनि सुर नाना।

दो.:– किन्नर सुनि गान कल, मूर्छित भए निदान।
लोक पाल दिग पाल जुत, सवनि विसारेउ ग्यान।।३३।।

चौ.:– विसद वीन सुर ताल रसाला, गावत एक भए तिहि काला।
सुनि सुनि सकल सभा मुनिराई, भई विमाहित सुधि विसराई।
जहँ तहँ थकित भए सव कैसै, चित्र लिखी पुतरी वहु जैसै।
मृगी सुनत जिमि सावर गाना, तिमि चकोर लखि चंद निदाना।
रघुपति हर्श विवस तिहि काला, मोहित श्रवत नयन जल जाला।
सभा मध्य मुनि भूपति जेते, परम विमोहित जल तजि तेते।
मुनि गन निज काज विसारे, मनहु चित्र विच लिखे सम्हारे।
अपर सकल नर नारि समेते, पुनि खग मृग जड़ जंगम जेते।

दो.:– मोहित भए समस्त सुनि, मैं किमि करहु वखान।
किय पंचम आलाप तिन, मूरत वंत निदान।।३४।।

चौ.:– श्री रघुपति तव समा मझारा, गान करत लखि जुगल कुमारा।
वालमीक मुनि सत्तम पाहीं, वोले परम मुदित मन माहीं
कुटिल भृकटि जुग कछुक चलाई, आनन मंद मंद मुसिक्याई।
मुनि वर महत गान इन कीन्हा, सवही कर मन वस करि लीन्हा।
दैन चहै हम कंचन भूरी, विद्या निरखि सकल विधि रूरी।

राम गिरा अस सुनि दोउ भाई, वोले तिहि अवसर दोउभाई।
लेत पतिग्रह द्विज जग माहीं, उचित इतर लोगन कह नाहीं।
लोभ विवस छत्री लहि दाना, परहि नर्क अपि वेद वखाना।

सोरठा:–हे गुरू परम सुजान, यह नृप करहि अनीति कछु।
हम किमि करहि वखान, हेम दान कहे दैन अव।।३५।।

चौ:–हमहीं इनहि महीपति कीन्हा, जीति समर पुनि मश हय दीन्हा।
ते अव देत किमि दाना, पुनि आपान चाहत कल्याना।
जो हम कृपा कीन्ह इन पाहीं, सो कछु सुरति करत उर नाहीं।
वालमीक अस सुनि तिहि काला, कहे कृपा करि वचन रसाला।
ए रघुकुल मनि जनक तुम्हारे, जानहु मन महँ सव विधि भारे।
तुम अनुचित जिनि करहु वखाना, नहि अनीतिलाइक जगजाना।
सुनि अस उठेउ सकुचि दोउ भाई, परे जनक पद उर हरशाई।
पुनि आपनि वहु विनय सुनाई, मातु भक्ति करि विमल वनाई।

दो:– श्री रघुपति हरशाइ तव, भेटै ह्रदय लगाइ।
सो छवि पुनि उपमा विसद, मोपर वरनि न जाइ।।३६।।

चौ:–जनु समस्त मुनि धर्म अनूपा, मिलहि राम कह धारि स्वरूपा।
सभा लोग लखि उभय कुमारा, मुदित परसपर वचन उचारा।
श्री जानकि पतिभक्ति सुहाई, धरि स्वरूप भैटहि रघुराई।
जुगल पुत्र जुत राम उदारा, सुनु मुनीस छवि लही अपारा।
सभा समस्त निरखि तिहि काला, भए थकित नहि लोचन चाला।
सुनहु वचन मम सूत सुजाना, सेसगिरा अस सुनि मुनि काना।
राम चरित्र श्रवन हित लागी, वोले वचन परम अनुरागी।
सुनहु कृपाल अनंत उदारा, मम संदेह हरहु इहि वारा।

दो:– सर्व धर्म संजुत सुखद, रामायन तुव गाव।
वालमीकि मुनि कहहु प्रभु, सोकिमि समय वानाव।।३७।।

चौ.:– कवन हेत पुनि विरचेउ नाथा, तिहि विच कवन कवन वर गाथा।
भोहि वुझाई कहौ इहि काला, अहहु स्वामि तुम परम कृपाला।
वेले सुनि अहिपित हरशाई, धन्य मुनीस सुनहु मनु लाई।
वलमीक मुनिवर इक वारा, परम विसाल विपन पगु धारा।
तहाँ तमाल ताल वहु साला, पुश्पित किंसुक वृक्ष विसाला।
दाड़िम अंव कदंव सुहाए, चंपक वकुल विपुल छवि विसाला।
सुमन समेत केत की भ्राजै, विसद जुही मालती विराजै।
को विदार पुनि कुसै सुहावा, चहु दिसि देव दार छवि छावा।

दो.:– अवर अनेक सु वृक्ष गन, कुस्मित भए वनाइ।
सौरभ सुन्दर सुखद अति, रही सक लवन छाइ।।३८।।

चौ.:– वोलत कीर कोकिला वृंदा, गुंजत अलिगन सहित अनंदा।
सव वन परम रम्य चहुँ ओरा, प्रमुदित नृत्य करत कल मोरा।
तहाँ क्रोंच जुग एक सुहावा, विहरत काम विवस मुद छावा।
वधिक एक खल दयाविहीना, आवा तिहि थल वुद्धि मलीना।
क्रौंची पति कर कीन्ह निपाता, मांस स्वाद लोलुप दुख दाता।
निज पति मृतक निरखि तिहि काला, भइ निपट क्रौंची वेहाला।
रोदन कीन्ह विविधि विधि भारी, तजहिं मोह वस लोचन वारी।
वालमीक मुनि परम दयाला, वध विलोकि ताकर तिहि काला।

दो.:– परम कोप करि वधिकपर, दैन लगे तव भाप।
करि सुरसरि जल आचमन, निरखि घोर खलपाप।।३६।।क

भलोक.:– मानि ाट् प्रतिशटास्त्वं मागमः भास्वती सम।
यं क्रौंच पक्षिरगो रेक मवधी काम मोहितं।।३६।।ख

दो.:– भयौ प्रगट अ लोक मुनि, भाप देत तिहि काल।

चारू चारि पद ललित अति, वरन सपुश्ट रसाल।।३६।।ग

चौ.:–यह प्रवंध सुन्दर सुनि काना, वोले हरशि महीसुर आना।
साधु साधु तुम साधु सुजाना, मुनि सप्तम विग्यान निधाना।
साप देत तुम्हरे मुख माहीं, आई भारति संसय नाहीं।
सोइ अ लोक प्रवन्ध वनाई, करि प्रसाद निज लोक सिंधाई।
यह प्रवन्ध मा परम अनूपा, हम किमि कहै सुग्नहु मुनि भूपा।
अस सुनि वालमीक तिहि काला, मुदित भए निज ह्रदय विसाला।
चतुरानन तिहि अवसर माहीं, निज पुत्रनि जुत आएऊ ताही।
वालमीक प्रति मुदित वनाई, वोले सुखद गिरा मुनि राई।

दो.:–धन्य मुनीस उदार मति, तव मुख भारति आइ।
विरचि प्रथम अ लोक वर, कीन्ही कृपा वनाइ।।४०।। पृ.१६६प्रा.

चौ.:–तातै अव प्रमुदित ह्वै ताता, विरचहु रामायण सुख दाता।
परम रम्य पद करहु विचारी, वरन मधुर अति आनंद कारी।
इहि तै निर्मल कीरति तोरी, कलप अन्त लगि होइन थोरी।
धन्य तासु वानी संसारा, जो श्री रघुपति नाम उचारा।
काम कथा जे करहिं वखाना, तिनतै अधिक अधम नहिं आना।
होइ दोश जो सूतक माहीं, सो अघ तिनहि लाग सक नाहीं।
तातै राम चरित्र पुनीता, वरनन करहु मुनीस सप्रीता।
जो पद पद प्रति छिन छिन माहीं, दलहिं महा अघ संसय नाहीं।

दो.:–अस कहि अज तव सुतन जुत, पुनि भए अंतरध्यान।
वालमीक तव सुनहु मुनि, सोचन लगे निदान।।४१।।

चौ.:–मो सन विधि यह कहेऊ वुझाई, विरचहु रामायण हरशाई।
वरनहु कवन भाँति मैं सोई, प्रभम न सुनी अजहु नहि जोई।
असकहि मुनि सुरसरि के तीरा, ध्यान करन लागे भतिधीरा।

तव मुनिवर के चित्त मझारा, भए प्रकट श्री राम उदारा।
नील कंज सम स्याम सुगाता, द्रग राजीव सरिस सुखदाता।
आनन ललित किरीट सुहावा, पीत वसन पहिरै छवि छावा।
सुंदर उर वन माल विराजै, वहु भूशन कौस्तुभ मनि भ्राजै।
कटि निशंग कर चाप सुवाना, सो स्वरूप नहिं जाइ वखाना।

दो.:– रघुपति दरस प्रभाव मुनि, वालमीक तिहि काल।
भूप भव्य भव चरित सव, निरखे दया रसाल।।४२।।

चौ.:– तव उर परम मोद अधि काना, जानि राम की कृपा निदाना।
राम चरित पुनि वरनन लागे, पंद ललित मोद रस पागे।
तिहि विच कथा अनेक प्रकारा, विसद कांद ाट परम उदारा।
प्रथमहि वाल कांड मुनि जानौ, पुनि दूसर आरिन्य प्रमानौ।
तीसर किस्किंधा अस नामा, चोथे संदुर अति सुखधामा।
पंचम जुद्ध कांड मुनि गावा, पुनि उत्तर सव भाँति सुहावा।
वाल कांड कर चरित रसाला, कृम करि प्रथम कहौ इहिकाला।
दसरथ तनय हेत हरशाई, श्रंगी रिशिहि समीप वुलाई।

दो.:– कीन्ह यज्ञ पावन परम, निजपुर सहित विधान।
तिहि तै भूपति पाव सुत, राम स्वयं भगवान।।४३।।

चौ.:– ते कौसिक मुनि यज्ञ मझारा, सानुज जात भए इक वारा।
तह मारीच केर मद खंदा, वध्यौ सकटक सुवाहु प्रचंडा।
मुनि तिय तारि जनक पुर गएऊ, तहँ वहु नृप मद खंदनभएऊ।
वहुरि विवाहि सियहि रघुराई, आए निज पुर हिय हरशाई।
नृप तव दैन लगे जुवराजू, यह सुनि हरशेउ सकल समाजू।
मातु वचन पुनि सीस चढ़ाई सिय जुत वन गमनै दोउभाई।
उतरि सुर सरी धरि मुनि वेसा, चित्र कूट गिरि कीन्ह प्रवेसा।
इहाँ भरत कौसिल पुर आए, तजि मातुल ग्रह विस्मय छाए।

दो.:– राम गमन सुनि विपन विच, सानुज सिया समेत।
चित्रकूट लघु वंधु जुत, गए लिवावन हेत।।४४।।

चौ.:– तव रघुपति भरतहि उपदेसा, गमन हेत पुनि कीन्ह निदे ा।
सुन्दर चरन पादुका पाई, नन्दी ग्राम वसेउ फिरि आई।
वाल चरित्र अनूपम एहा, अव आरिण्य सुनहु जुत नेहा।
अत्रि आदि जे मुनि के धामा, जहँ तहँ वसे जाइ सिय रामा।
जानहु यह तिहि माह प्रसंगा, सूपन खाँ के नासा भंगा।
खरदूशन त्रसरा खल भारी, इनहि वधा प्रभु समर मझारी।
वहुरि कपट मारीच निपाता, पुनि दसकंध हरी सिय माता।
तव रघुनाथ मनुज अनुहारा, कीन्ह महा दुख विपन मझारा।

दो.:– वहुरि कवंधहि निरखि प्रभु, गीध कीन्ह उद्धार।
सवरी भवन प्रवेस करि, पंपा सरहि निहार।।४५।।

चौ.:– आगै वहुरि चले दोउ भाई, मिले तहाँ मारूत सुत आई।
यह वन कांड मुनीस वनावा, किश्किंधा अव सुनहु सुहावा।
प्रथम सुकंठ मिलाप रसाला, सप्तताल पुनि दले विसाला।
विनु श्रम वहुरि वालि वध कीन्हा, राज तिलक सुग्रीवहि दीन्हा।
वरशा विसद निरखि रघुराई, सानुज सैल वसै रघुराई।
लशन जाइ पुनिभय दरसाई, आए तव कपि पतिहिलिवाई।
मर्कट भाल रीछ कटकाई, सिया हेत चहु ओर पठाई।
जलधि तीर संपातिहि देखी, भए सकल भय भीत विसेशी।

दो.:– निज वल सुनि तव मरूतसुत, नाधि जलधि भए पार।
यह किर्शिकंधा कांड मुनि, वरन्यौ सुखद सुचार।।४६।।

चौ.:– अव सुंदर वरनहु तुम पाहीं, अदभुत राम कथा जिहि माहीं।

ग्रह ग्रह प्रति कपि रजनि मझारा, सोधि फिरे नहि सियहि निहारा।
पुनि अ ोक वनभीतर जाई, निरखी सीता दुखित वनाई।
कहि प्रभु कथा मुद्रका दीन्ही, करि वि वास मुदित ह्वै लीन्ही।
कीन्ह विपन पुनि भंग निदाना, वंधन विवस भए वलवाना।
वहुरि सकल लंका कपि जारी, सियहि प्रवोध कीन्ह पुनिभारी।
नाघि पयोधि आव कपि पारा, मिले सकल हिय हर्शि अपारा।
पुनि रघुपति समीप सव आई, कही सिया की खवरि वुझाई।

दो.:– सानुज राम पयान करि, आए जलनिधि तीर।
मिले विभीशन आइ तहँ, प्रमुदित पुलकि सरीर।।४६।।

चौ.:– वाँधि सेतु उतरे प्रभुपारा, संग भालु कपि रीछ अपारा।
सुक सारन सव सेन दिखाई, यह सुंदर हम कहेऊ वुझाई।
जुद्ध कांड मै दस सिर मारा, कटक समेट प्रवल वल भारा।
आई जनक सुता प्रभु पाहीं, हरशी निरखि चमू जह ताहीं।
उत्तर मह प्रभु निजपुर आए, सवनि कीन्ह सव भाँति वधाए।
कुंभज मुनि कर आयसु पाई, वाज मेघ तहँ किय मुनिराई।
विधिवत सो सव चरित सुहावा, वात्सायन हम तुमहि सुनावा।
ए ाट कांड सकल जग जाने, वालमीक मुनि प्रथम वखाने।

दो.:– संख्या चौविस सहस सव, मैं संक्षेप वखानि।
श्रवन करत इक वरनपद, करहि महा अघ हानि।।४७।।क

सोरठा.:–कुस लव कौ रघुराइ, हरशे निज सुत जानि जिय।
लीन्है ह्रदय लगाइ, पुनि सीतहि सुमिरत भए।।४७।।ख

इति श्री पदन पुराणे पाताल खंडे सेस वात्सायन सम्वादे मधुसूदनदास कृते रामयण **गानं नाम ाशिठमोऽध्याय।।६६।।** पृ.१७०म.

दो.:– वात्सायन सौमित्र इत, पहुँचे आश्रम आइ।

पुलकि राम संदेस तव, कहेऊ चरन सिरूनाइ।।

चौ.:– निज सन्मुख श्री जनक कुमारी, विनय सहित लक्षिमनहि निहारी।
पुनि सुनि पति मुख वचन रसाला, तजि सकोच वोली तिहिकाला।
तुम तो लशन कहौ हम पाहीं, चलहु मुदित हुइ निर पुर माहीं।
मोहि निपट वन घोर मझारी, हठ करि कौसिल नाथ विसारी।
चलहु कवन विधि अव मैं ताता, ता तै सुनहु अपर मम वाता।
इहि आश्रम विच सकल प्रकारा, भजिहौ प्रभु पद कंज उदारा।
सुनि लछिमन अस सिय मुख वानी, वोले गिरा महा नय सानी।
सुनहु मातु जानकी सुजाना, तुम पातिवृत धर्म निधाना।

दो.:– तुमहि सदा करनीय ध्रुव, पति निदेस सिरधारि।
पति कृत दोश पति वृता, मन वच कृम न निहारि।।१।।

चौ.:– अस विचारि जननी प्रभु पासा, रथ चढ़ि चलहु समेत हुलासा।
वार वार मुहि कर रघुनाथा, ल्यावहु सियहि आसु निज साथा।
लखन कहेऊ इहि विधि वहु वाता, सो सव श्रवन कीन्ह सिय माता।
निज मन रोश सकल तजि दीन्हा, पतिवृता वर परम प्रवीना।
तव सव भाँति हृदय हरशाई, मिली सकल मुनि तियनि वनाई।
पुनि मुनि वृंदनि कह सिरूनाई, अति विनीत हुइ विनय सुनाई।
वहुरि मुदित है सकल प्रकारा, राम सुमिरि भइ रथ असवारा।
तव हिय हर्शि लशन तिहिकाला, चढ़ि रथ हाँकेउ तुरग रसाला।

दो.:– परमानन्द समेत मग, चले जात मुनिराइ।
कृम सौ उतरे देव सरि, पहुँचे निज पुर आइ।।२।।

चौ.:– पुर रम्यता लखी चहुँ पासा, विविधि रंग मनि करति प्रकासा।
वहु तोरन पुनिध्वजा पताका, मोहै निरखि न अस मन काका।

मश मंडप सरजू के तीरा, विद्यमान जहँ श्री रघुवीरा।
पहुँची तहाँ विदेह किसोरी, सुमिरति प्रभु पद प्रीति न थोरी।
लशन सहित तव आतुरताई, तुरतहि रथ सिय दीन्ह विहाई।
प्रभु पद कंज परी हरशाई, प्रीत पुनीत वरनि नहिं जाई।
रघुपति तव निज चरन मझारी, प्रेम मगन जानकी निहारी।
कहेऊ प्रिया तुम जुत इहिकाला, करि हौ पूरन जग्य रसाला।

दो.:– वालमीक मुनिवर सिय, पुनि उठि कीन्ह प्रनाम।
वंदे वहुरि मुनीस सव, सादर वहु तप धाम।।३।।

पृ.१७१प्रा.

चौ.:– राम मातु पुनि जिहि थल माहीं, गई जानकी प्रमुदित ताहीं।
परी चरन निज विनय सुनाई, दीन्ह असीस अधिक सुख पाई।
भएऊ प्रमोद अनेक प्रकारा, हृदय लगाइ लीन्ह तिहि वारा।
के कै चरन गहे पुनि जाई, विनय समेत सुनहु मुनिराई।
पुत्र वधू लखि परम पियारी, प्रमुदित भैटि असीस उचारी।
चिरजीवहु पति पुत्र समेतू, संतत करहु रमा अति हेतू।
परी सुमित्रा चरन वहोरी, भैटी ललकि देह भइ भोरी।

दो.:– पुत्र वधू लखि परम प्रिय, प्रमुदित दीन्ह असीस।
पौत्र वती अव होहु तुम, इहि विधि कहेउ मुनीस।।४।।

चौ.:– पुनि भरतादिक तिय तिहि वारा, वधुनि सहित हिय हर्श अपारा।
परी जानकी पद विचआई, मिली सवनि सिय हृदय लगाई।
जथा जोग पुनि दीन्ह असीसा, सुनि सुनि सकल नाइ पद सीसा।
परमा नन्द प्रगट तिहि काला, मिटा वियोग जनित दुख जाला।
रघुपति निकट वहुरि सिय आई, विद्यमान जहँ मुनि समुदाई।
तव कुंभज मुनि सीतहि देखी, परम हर्श वस भए विसेशी।
पुनि उठाई कंचन सिय सोई, राखी अनत भिन्न थल जोई।

रघुपति वाम अंग श्री सीता, विद्यमान किय परम पुनीता।

दो.:– जग्य मध्य रघुवं ा मनि, सोभित सिया समेत।
मधुसूदन जिमि चंद्रमा, तारा जुत छविदेत।।५।।

चौ.:– सियहि प्राप्त है श्री रघुराई, भए मुदित सव भाँति वनाई।
लागे करन जग्य के काजू, हरश्यौ छवि लखि सकल समाजू।पृ१७१.म
मुनि जन निरखि चकित चित भएऊ, परम मोद छिन छिन प्रति लहेऊ।
विसदि वुद्धि निधि राम कृपाला, निज गुरू सन वोले तिहि काला।
कहहु स्वामि इहि अवसर माहीं, कवन काज करतव हम पाहीं।
अस सुनि श्री वसिश्ठ मतिधीरा, समय जोग कह वचन गंभीरा।
पूजहु विप्रनि कौ रघुराई, परि तोशहु सव विधि हरशाई।
मश के अंत उचित अपि एहा, तुम सज्जन पुनि सदगुन गेहा।

दो.:– प्रथमहि कीन्ही मरूत नृप, अ व मेघमश एह।
वित्त आदि दै विप्र तिन, परितोशे जुत नेह।।६।।

चौ.:– राम कहाँ लगि करहु वखाना, दीन द्विजनि कह अतुलित दाना।
लैन सक्यौ तव भूसुर कोई, महाभार कंचन कर जोई।
हिम गिरि निकट सकल सोइडारी, पुनि निज निजग्रह गएऊ सुखारी।
तुम महीप मनि परम सुजाना, परं वृह्म श्रीपति भगवाना।
तिहि तै भूरि दान अव देहू, परितोशहु भूसुर जुत नेहू।
रघुपति इहि प्रकार सुनि काना, हर्श वंत हिय भए निदाना।
श्री वसिश्ठ जुत कुंभज केरी, प्रथमहि पूजा कीन्ह घनेरी।
अगनित रतन भार तिहिकाला, दीन्है परम अमोल रसाला।

दो.:– पुनि कंचन के भार वहु, दीन्है सादर राम।
विविधि वस्त्र भाजन विपुल, दै विसाल वहु ग्राम।।७।।

चौ.:–तिन विच वसहि नारि नर भूरी, पुनि चहु ओर कृ ी अतिरूरी।
इहि विधि तियनि सहित रघुवीरा, पूजे गुरू कुंभज मतिधरा।
मुदित वहोरि राम तिहि वारा, सत्यवती सुत व्यास उदारा।
याही विधि करि पूजन कीन्हा, देस रतन कंचन वहु दीन्हा।
ग्राम सहित पुनि चिमन मुनीसा, वहु विधि पूजि कौसिला धीसा।
रित्वज वालमीक तप खानी, पूजे वहुरि तिनहि सनमानी।
को कवि करहि दान कर लेखा, जो वरनहिं सो मूढ़ विसेशा।
अपर जग्य विच मुनि गन जेते, पूजे सव प्राकर प्रभु तेते।

दो.:– वहु भाजन भूशन वसन, कनक रतन के भार।
देत अमित रघुवं ा मनि, हर्श सहित तिहिवार।।८।।

चौ.:–भूरि दक्षिना विप्रनि पाही, दीन्ह भश मंडप माहीं।
अवर अपार विप्र समुदाई, आएऊ देसनि तै सुधि पाई।
लक्ष लक्ष कंचन मुनिधीरा, एक एक प्रति दिय रघुवीरा।
पुनि जिहि की जैसी रूचि देखी, ता कौ तिमि सन मानि विसेशी।
दीन अंध कृपानादिक जेते, जथा प्रीति तोशे प्रभु तेत।
दान अनेक दीन्ह वहु भाँती, पुनिधन रतन सुमनि गन जाती।
वसन विचित्र सुभाजनभूरी, असन वारि विधिशट् रस रूरी।
अमरन अमित विचित्र सुहाए, देस ग्राम ग्रह संपति छाए।

दो.:– हय वितुंड सिविका सुभग, स्यंदनधेनु अपार।
अपर पदारथ सकलप्रभु, दिये अमित तिहि वार।।६।। पृ.१७२प्रा.

चौ.:–मश विच प्रभु सवकी रूचि राखी, निरखि न परहि कतहुँ अभिलाशी।
रूशिट पुश्टि जन सकल प्रकारा, मश मै भए सहित परिवारा।
कुंभज मुनि तव रामहि देखा, सव कर किय परितोश विसेशा।
वोले वचन प्रमोद वढ़ाई, सुनहु उदार देव रघुराई।
तुम समेत चौसठ महिपाला, तिय जुत कर गहि कलस रसाला।

आनहु श्री सरजू जल पावन, भज्जन हेत तुरंग सुहावन।
वात्सायन अस सुनि रघुराई, प्रथमहि आपु उठे हरशाई।
सकल विभूशन भूशित सीता, तिहि समेत तव चले सप्रीता।

दो.:– परम मनोहर हेम कर, कलस विराजत पानि।
छवि निधान वपुस्याम मृदु, को कवि सकहि वखानि।।१०।।

चौ.:– चले लखन उर्मिला समेता, भरत मांडवी जुत जल हेता।
तिन पीछै रिपुहन मुनिराई, श्रुति कीरति समेत हरशाई।
पुनि पुस्कल धरि कलस रसाला, चले कांति मति जुततिहिकाला।
सत्यवती समेत तिन पाछै, चले सुवहु मुदित मन आछै।
सत्यवान पुनि भूप उदारा, सहित वीर भूशा पगुधारा।
समुद वहोरि चले मुनिराई, सत कीरति संजुत हरशाई।
राज्ञी नाम सुनारि समेतू, विमल नरेस चले हेतू।
भूप वीर मनि पुनि पगु धारा, सहित सूत वति तिय तिहि वारा।

दो.:– कोमल्या जुत हरशि हिय, चले जनक सुतभूप।
सहित अंग सेना सुतिय, नृप रिपु ताप अनूप।।११।।

चौ.:– महा मूर्त्ति अस नाम सुनारी, सहित विभीशन चले सुखारी।
वहुरि प्रताप अग्र तिहि काला, संग प्रती तीवा मर साला।
पुनि गमनै उग्रास नृपाला, काम गमा जुत हर्श विसाला।
नील रतन गमनै तिन पाछै, अधि रम्या तिय संजुत आछै।
चले वहोरि सुरथ वलधामा, संग सुमनोहारि तिय नामा।
पुनि गमनै सुग्रीव कपीसा, मोहनपा जुत हर्शि मुनीसा।
इहि विधि जानहु अपर नृपाला, तियनि समेत चले तिहिकाला।
सकल समाज अग्र मग माहीं, जात वसिशठ आदि मुनि ताहीं।

छन्द:– मुनि परम प्रवीन सुनौ सुअवै, सरजू महँ जाइ वसिशठ तवै।
श्रुति सोधि सुमंत्र उचार करौ, सव तीरथ स्वागत तंत्र धरौ।।
पुनि परम पुनीत सुवैन कहै, तुव अंवु सदा सुचि दुःख दहै।
यह जाग तुरंगम सुद्ध करौ, रघुनायक को गुनि दोश हरौ।।१।।
इमि कीन्ह वखान वसिशठ मुनी, परस्यो पुनि नीर पवित्र गुनी।
हरशे सुनि वैन नृपाल सवै, रघुवीर भरयो निज कुंभ तवै।
सिय संजुत सोभ अपार लही, अज संभु संरे सके न कही।
गन नाथ गिरा छवि देखि ठनी, रति मन्मथ संजुत तुच्छ गनी।।२।।
मृदु मंजुल सुंदर स्याम तनं, चपला जुत ज्यौ नभ मद्धि घनं।
द्रग पंकजमाल विसाल वरं, पदना जुत पुंड अनूप धरं।
भृकुटी अति वंक विराजति है, रति नायक कोधरि लाजति है।
श्रुत सुंदर घ्रान अनूप महा, सुक तुंड लगै लघु सेस कहा।।३।।
छविधाम सुआनन सोहत है, दसनावलि ओठ विमोहति है।
कल कंठ सुकंवू समान लसै, उर सुंदरता जुत श्री विलसै।।
भुजदंड विसाल रसाल करं, जल संजुत कुंभ विचित्र धरं।
त्रवली हिय के तर भ्राजि रही अति सुंदर नाभि न जाति कही।।४।।

दो.:– जंघ परम लावन्य निधि, चरन महा छवि धाम।
मधुसूदन सिय सहितप्रभु, मम हिय करि विश्राम।।१२।। क

सोरठा.:–सकल भूप छवि पेखि, भए मगन संव भाँति हिय।
भरि भरि कलस विसेशि, प्रभु पाछे निकसे हरशि ।।१२।।ख

चौ.:– पुनि आए मश मंडप माहीं, मुनिवर विपुल प्रसं सत ताहीं।
तव कुंमज श्रुति मंत्र उचारी, दीन राम कर निर्मल वारी।
पुनि अस्वहि अस्नान करावा, प्रमुदित जिहि प्राकर श्रुति गावां
वोले रघुवर वचन वहोरी, वाजि राज प्रति दोउ कर जोरी।
महाभाग हे अ व उदारा, द्विज वध ते अव करहु अनंदा।
पुनि तुव आमिश ते सुर वृंदा, होहू तृप्त उर लहहु अनंदा।

सिया सहित इगि वचन उचारा, पुनि परस्यो हय तन तिहि वारा।
मुनि समाज सव अस सुनिकाना, अति विस्मय निजनिज हिय माना।

दो.:– वचन परसपर कहहि सव, प्रभु कस कीन्ह वखानि।
तासु नाम सुमिरन करत, महा पाप करि हानि।।१३।।

चौ.:– ते रघुपति अस किहि विधि कहहीं, इहि विधि कहि सव अचिरज लहहीं।
तव अगस्त कर लीन्ह कृपाना, वेद मंत्र पढ़ि हर्शि निदाना।
दीन्ह वहुरि रघुपति कर सोई, अवसर सुखद सकल विधि जोई।
अ व पीठि पर श्री रघुराई, कीन्ह सुपर्सु सुनहु मुनिराई।
तिहि छन तुरत पसुत्व विहावा, भ सेदेह वपु दिव्य सुहावा।
चारि वाहु चक्रादि समेता, सीस मुकुट अति सै छवि देता।
वैजती माला उर सो है, निरखत पीत वसन मन मो है।
तुरत विमान निकट चलि आवा, अति विचित्र रचना छवि छावा। पृ.१५३प्रा.

दो.:–भयौ तुरत आरूढ़ सोइ, सहित अपक्षरा वृंद।
होन लगे चामर विजन, तिहि उर परम अनंद।१३।।

चौ.:–हय तै दिव्य रूप है गएऊ, निरखि सकल जल विस्मय भएउ।
जदपि रमाम सव कारन जाना, तदपि अस्व प्रति करहिं वखाना।
सवहि जनावन हेत वनाई, निज महिमा प्रभाव अधिकाई।
हे सुर विसद दिव्य वपुधारी, तुम जग पर्म धर्म संचारी।
को तुम दिव्य गात किमि पावा, सेवहि सुरतिय जान सुहावा।
पुनि किहि हेत पाव यह गाता, यह सव कहहु मोहिं हरशाता।
अस सुनि सुर रघुपति मुख वानी, हंसि वोला गमीर मुनि ज्ञानी।
तुम सवग्य देव रघुराई, जानहू कारन सकल वनाई।

दो.:–सर्व काल सव देस मह, सिय समेत रघुनाथ।
वाहितर भीतर वसहु तुम, विदित वेद विच गाथ।।१४।।

चौ.:–वूझहु तदपि मोहि भगवाना, वरनहु अव अघ छिमहु निदाना।
प्रथमहि मैं भूसुर तन पावा, परम धर्म रत कपट न भावा।
नाथ पूर्व प्रालब्ध प्रभाऊ, श्रुति प्रति कूल दीन मग पाऊ।
ताते अस्व देह हम पाई, सो प्रसंग अव कहौं वुझाई
एक वार मैं प्रथम कृपाला, गा सरजू तट मुदित विसाला।
विविधि वृक्ष गन सो है ताहीं, वहु फल सुमन पत्र तिन माहीं।
मज्जन कीन्ह तहाँ मैं जाई, विधिवत तर्पन किय हरशाई।
दीन्ह दान पुनि जथा विधाना, कीन्ह सप्रीति वहुरि तवध्याना।

दो.:–देस देस के विपुल जन, जुरे पर्व वड़ पाइ।
तिनके वंचनहैत मैं, कीन्ह दंम रघुराइ।।१५।।

चौ.:–मश की सोज अनेक मगाई, विविधि रंग पंकज समुदाई।
वसननि के मंडप वहु छाए, पुनि कुस समद समूह मगाए।
अगिनि होत्र तहँ अगिनित कीन्हे, आहुति पर आहुति वहु दीन्है।
प्रगटौ तिनतै धुम अपारा, व्यापि गयौ सव व्योम मझारा।
श्री जुत मैं वहु पुंडल गाए, तन तन प्रति जे नहिं श्रुति गाए।
चित्र कार जिमि चित्रनि माहीं, रचना प्रकट करहि सक नाहीं।
पहिरा दर्म मुद्रिका भूरी, समद अनेक लीन्ह कर रूरी।
निज स्वरूप किमि करहु वखाना मनहु दंभ तन धरै निदाना।

दो.:– निज इक्षा सन सुनहु प्रभु, दुर्वासा तिहि काल।
आएउ सरि तट विदित जग, जिन कर क्रोध कराल।।१६।।

चौ.:–मोहि दंभ संजुत तिन देखा, धरै मौन अभिमान विसेशा।
पुनि मैं अर्ध पाद्य नहि दीन्हा, उठि करि कछू न स्वागत कीन्हा।
सुनहु नाथ मैं दंभ भुलाना, मुनि तप तेज न मन अनुमाना।
दुर्वासा तव हृदय मझारा, निरखि मोहि इमि कोप अपारा।

पाइ पर्व जिमि जल निधि नीरा, वाढ़हि विपुल सुनहु रघुवीरा।
दीना तीव्र भााम मुहि पाहीं, दंभी गुनि सव विधि मन माहीं।
जो सरजू तट वैठि वनाई, कीन्हा दंभ कुमति अधिकाई।
धरा मोन पुनि मो कह देखी, तिहि तै पसु तन होहु विसेशु।

दो.:– रे तापस लघु पोच मति, श्रुति मति करहि प्रहार।
ता तै नि चय होहु खल, पसु सरीर संसार।।१७।।

चौ.:– प्रभु मैं सुनि यह भााप कराला, भयौ परम दुख्यित तिहि काला।
परौ तुरत मुनि चरण मझारी, त्यागि मोन तव गिरा उचारी।
हे मुनि वर तुम परम कृपाल, करहु कृपा अव निरखि विहाला।
तव वोले मुनीस तजि क्रोधा, लागे करन कृपा जुत वोधा।
राज राज श्री राम उदारा, ते करि है मश अवधि मझारा।
जग्य वाजि है हो तिन केरे, भ्रमि हौ देस ग्राम वहुतेरे।
पुनि पाछै रघुवीर उदारा, निज कर परसहि गात तुम्हारा।
तव हुइ हौ तुम मुक्त निदाना, लहि हो परम विसद अस्थाना।

दो.:–अति दुर्लभ जो सवन कह, फिरहि न जीव वहोरि।
दिव्य गात धरि जाव तुम, सत्य वचन यह मोरि।।१८।।

चौ.:–मुनि के भााप विवस रघुराई, तुव मश तुरगभए हम आंई।
अव तुम्हार कर परस प्रभाऊ, सुनहु कृपानिधि कौसिल राऊ।
गावहि परम धाम श्रुति जोई, आइसु देहु लहो मैं सोई।
तहाँ न सोक मोह भ्रम नाना, जरा न मृत्यु न काल निदाना।
पुनि वहु जन्म निकरि प्रभु सोई, अमर नाग नर सकहि न जोई।
तुम्हरी कृपा जाव मैं तहँवा, परमा नन्द अखंडित जहँवा।
अस कहि सो सुर हिय हरशाई, कीन्ही परिकर्मा मुनिराई।
पुनि वंदे पद कंज सुहाए, विनय सहित वर वचन सुनाए।

दो.:– विविधि रतन विरचित सुभग, चढ़ि विमान हरशाइ।
अच्युतधाम गयौ पुनि, ह्रदय धारि रघुराइ।।१६।।

चौ.:– सुनत तासु मुख वचन रसाला, विस्मित भए सकल तिहि काला।
पुनि लिखि परम मुक्त हय केरी, प्रभु महिमा मन गुनी घनेरी।
सुनहु मुनीस महामतिधामा, दंभ सहित सुमिरे तिहि रामा।
ता पर परम मुक्त सो भएऊ, महा विशम भव रूज नसि गएऊ।
जे सप्रेम भजि कपट विहाई, तिनकी गति किमि कहौ वूझाई।
कैसैउ भजहि राम पद कोई, सुर दुर्लभ पद पावहि सोई।
यह चरित्र लखि मुनि समुदाई, मानैउ आपुहि मुक्त वनाई।
कहै परस्पर निरखहु भाई, परसि राम कर मश हय राई।

दो.:– ह्वै सदेह सुर जान चढ़ि, प्रभु पद पंकज देखि।
नित्य धाम आनंद जुत, कीन्हा गमन विसेशि।।२०।।

चौ. हम हूँ भए धन्यतम भाई, निज नेननि देखहि रघुराई।
वात्सायन रघुपति तिहि काला, लखि सदेह हय मुक्ति रसाला।
वोले निज गुर सन वर वानी, अति सुंदर सुनीति रस सानी।
मै कस करहु मुनीस उदारा, अस्व सदेह गएऊ इहिवारा।
सकल देव अव कवन प्रकारा, होहिं तृप्त मम जग्य मझारा।
पुनि मश पूरन जिहि विधि होई, श्रुति सम्मत लै वरनहु सोई।
सुनि अस मुनि सत्तम मति धीरा, वोले सोधि वचन गंभीरा।
सुनहु राम तुम परम सुजाना, वरनन करहु विचारि प्रमाना।

छन्द.:– वरनहु विचारि प्रमान श्रुति मत साधि तुमहि वुझाइ के।
कर्पूर भूरि सुपात्र भरिलेहु ह्वै मुदित मन मगाइकै।।
मम वचन करि सुर सकल हव्य समेत ता कह पाइके।
हुइ है प्रसन्न वनाइ सकल प्रकार ह्रदय अघाइके।।

दो.:– अस सुनि प्रभु कर्पूर वहु, सुरहित लीन मगाइ।
तव वसिश्ठ कीन्हउ तहाँ, आवाहन हरशाइ।।२१।।क

सोरठा.:– सकल देव तिहि काल, आए निज निज लोकते।
प्रमुदित ह्रदय विसाल, लिये संग परिवार सव।।२१।।ख
इति श्री पदन पुराणे पाताल खण्डे सेस वात्सायन सम्वादे मधुसूदन दास कृते जग्य समाप्त प्रारंभो नाम **सम्तशशिट तमोध्याय।।६७।।**

दो.:– नारायण श्री सहित मुनि, प्रथमहि जग्य मझार।
पाइ हव्य वर मिश्ट अति, तोशे सकल प्रकार।। पृ.१७४अ.

चौ.:– पुनि चतुरानन सिव सुर पाला, वरून कुवेर आदि तिहिकाला।
अपर सकल सुर तियनि समेतू, वाढ़े मुदित भाग के हेतू।
तव निज कर वसिश्ठ मुनिराई, दीन्हा सवहि हव्य हरशाई।
परम तिश्ठ निज हाथ वनावा, मंत्र सहित सव भाँति सुहावा।
प्रभु के निरखत जग्य मझारा, पावा सवनि क्षुधित अनुहारा।
भए तृप्त ते सकल प्रकरा, ह्रदय मध्य लालसा अपारा।
विसद हव्य दै श्री रघुराई, परितोशे सव सुर समुदाई।
मुनि दै दान अनेक प्रकारा, तोशे सकल विप्र तिहि वारा।
दो.:– सुर समूह तव मुदित मन, गमनै निज निज निज धाम।
गुरू प्रेरित मश काज तव, पुनि कीन्हे श्रीराम।।१।।

चौ.:– वहुरि उदार राम तिहि काला, चहु दिसि करि निज राज रसाला।
होतादिक मुनि नाइक जेते, दीन्ह वाँटि प्रभु प्रीति समेते।
ह्वै प्रसन्न तव सकल मुनीसा, कहै जयति कौसिल आधीसा।
तव वसिश्ठ अति सय हरशाई, पूर्णा हुति कीन्ही मुनिराई।
पुनि वोले निशि अवलनि पाहीं, प्रमुदित ह्वै इहि अवसर माहीं।
करौ महोत्सव सकल प्रकारा, तुमहि जोग्य मश अंत मझारा।
अस सुनि तिय समूह हरशाई, कीन्है मंगल चार वनाई।

किमि वरनहु तिनकी छवि रूरी, रति समूह लघु लागहि भूरी।

दो.:– अंग राग वहु भाँति करि, कीन्हे रघुपति केरि।
अपर नेग पुनि कीन्ह सव, मगन महा छवि हेरि।।२।।

चौ.:– मार अनेक राम छवि देखी, सव प्रकार लगु लगहि विसेशी।
जग्य अंत मंज्जन के हेतू, वोले श्री वसिश्ठ मुनि केतू।
सुनहु राम इहि अवसर माहीं, चलहु मुदित मन सरजू पाहीं।
जग्य अंत अस्नान अनूपा, करहु सहित सिय कौसिलभूपा।
प्रभु अस सुनि जानकी समेता, चले मुदित सरि मजन हेता।
कोटिन भूप चले चहु ओरा, जात रहित हिय हर्श न थोरा।
कछुक अग्र चलि श्री रघुराई, सरित सिरोमनि लखी सुहाई।
गुंजत वहु विहंग तिहि तीरा, भ्राजत विविधि वृक्ष मुनिधीरा।

छन्द.:– भ्राजत विविधि विधि वृक्ष सुनु मुनि धीर वरनत नहिं वनै।
विश्राति परम विसाल सोहै रची हाटक मनि धनै।
छवि धाम राम उदार पंथ मझार अति सोभित भए।
श्री सहित नृप गन मध्य सुंदर स्याम तन आनद छए।।१।।
उपमा न दुसरी कोइ सव जग जोइ नि चयभाशहू।
पुनि कहों कछु संकोच संजुत हृदय अति अभिलाशहू।।
जिमि चंद आनद चंद तारा सहित उड्गन के विशै।
सो है सरद निसि मध्य तिमि कवि सकुचि उर ग्रंथनि लिखैं।।२।।

दो.:– तिहि अवसर सुर नाग नर, अपर सकल मुनिराइ।
रघुपति मंज्जन श्रवनसुनि, आए आतुर धाइ।।३।।

चौ.:– सीता पति मुख पंकज देखी, भए अचंचल पलक विसेशी।
निरखहि छवि प्रमुदित सव प्रानी, थकित भए नहिं जाइ वखानी।
सवके निज निज हृदय मझारा, राम दरस लालसा अपारा।

 जय सियाराम जय सियाराम

महाराज जानकी समेतू, जात पंथ सरि मंज्जन हेतू।
आगै नृत्य करत नट भूरी, प्रकट करत विद्या निज रूरी।
पुनि गावत गंधर्व प्रवीना, परम विमल वर सुजस नवीना।
पुर नटिनी छवि खानि विसेशा, करहि नृत्य सव विसद सुवेशा।
प्रभु मन क्षोभ करहि तिहि काला, करत गान कल कंठ रसाला।

दो.:– सहस धार पट पानि धरि, तिय समूह हरशाइ।
प्रभू सिर सींचहि पंच विच, तिहि अवसर मुनिराइ।।४।।

चौ.:– विसद हर्द कुंकुम समुदाई, केसरादि सवभाँति सुहाई।
निज निज कर भरि भरि ते वाला, लेपहि रघुपति गात विसाला।
करहिं मनोहर मंगल गाना, हृदय परम आनद अधिकाना।
सजे विभूशन सकल सरीरा, नित नूतन अमोल वर चीरा।
निज उरोज करि रघुपति गाता, परसहि मिस करि हिय हरशाता।
हेम रचित कुंडल छविरासी, प्रभु के श्रवननि मध्य प्रकासी।
परसत तिनहि वाम तिहि काला, भईं थकित लखि रूप रसाला।
जुरे तहाँ नर नारि अपारा, थकेउ पंथ नहिं परहि सम्हारा।

त्र.भं. छन्द.:–इहि भाँति कृपाला कौसिल पाला, आए सरजू तीरा।
पावन जल देखा सुखद विसेशा जाहि भजिहिं मुनिधीरा।।
परसत इक वारा कलुश अपारा, भाजहि निमिश मझारी।
तव सिया समेतू रघुकुल केतू प्रविसे परम सुखारी।।
कुल गुरू हरशाई, मुनि समुदाई सहित प्रथम जल जाई।
श्रुति मंत्र सुहाए सव मुद छाए पठत विसद धुनि छाई।।
पुनि नृप गन वृंदा सहित अनंदा कीन्हा सरित प्रवेसा।
नव पंकज लोचन जनभय मोचन मज्जत श्री अवधे ा।।
प्रभु दरस जु पाई सुनु मुनि राई जलभा परम पुनीता।
तव सकल भुवाला मुदित विसाला भरि जल जंत्र सप्रीता।।
रघुपति सिर ढारै रूप निहारै श्रवत विलोचन वारी।

आनद अधिकानै परम लुभानै निज निज सुरति विसारी।।

दो.:– पावन सरित प्रवाह विच, सिया सहित रघुराइ।
क्रीड़ा करि वहुकाल लगि, पुनि निकसे हरशाइ।।५।।क

सोरठा.:–धर्म सहित रघुराज, मज्जन करि ठाढ़े भए।
निरखत सकल समाज, छवि निदान तन भयाम मृदु।।५।।ख

चौ.:– दिव्य दुकूल सजे तिहि काला, सिय समेत श्री कौसिल पाला।
सीस किरीट अनूप अपारा, झलमलात सोभा आगारा।
कुंडल श्रवन मध्य अति सो है, मुख उपमा कवि कितहु न जोहै।
अति अनूप केयूर विराजै उर भूशन कर कंकन भ्राजै।
अवर सकल भूशन मुनिराइ, अंग अंग प्रति सजे वनाई।
महा महीप मुकुट मनि रामा, सोहत तिहि अवसर जुत वामा।
कोटि कोटि मन्मथ छवि हारी, धरी कृपानिधि गात मझारी।
कर जो रै सव भूपति वृंदा, अस्तुत करत सहित आनंदा।

दो.:– अखिल लोक की सुभगता, धारन कीन्ह सरीर।
तिहि अवसर निरखत वनै, किमि वरनहु मुनिधौर।।६।।

चौ.:– श्री वसिश्ठ आइसु अनुसारा, प्रमुदित मन रघुपति तिहि वारा।
जग्य थंम सरजू सरि तीरा, गाड़ेऊ जीति कुटिल नृप वीरा।
इहि प्रकार जानकी समेतू, कीन्ह तीन मश रघुकुल केतू।
तिहु पुर कीन्ह सुजस विस्तारा, परम विमल अति सुखद अपारा।
पुनि जानकी सहित रघुराई, गे निज भवन संग सवभाई।
सिंहासन पर मुदित विराजै, छवि विलोकि मन्मथरति लाजै।
भरत लशन रिपुहन कपि राई, अंगद हनुमतादि हरशाई।
चामर छत्र विजन धनु वाना, चर्म भाक्ति असि आयुंध नाना।
धरै सकल निज निज अधिकारू, भरि लोचन निखहिं छवि चारू।

भूप वृंद सन्मुख कर जोरे, पद पाथोज सप्रेम निहोरे।
गुनि पंडित वंदीजन भूरी, गान करत नव कीरति रूरी।
जननिनि धन्य जन्म कर माना, पुरजन सुख नहिं जाइ वखाना।

दो.:– यही ध्यान सिय रमन कौ, सिय जुत राखै जोइ।
सुनु मुनीस ता के हियै, राम भक्ति दिढ़ होइ।।७।।

चौ.:– श्री रघुवीर चरित सुखदाई, मैं वरनौ तुम सन हरशाई।
जे नर सुनै गुनै अरूगावै, श्री रघुवीर धाम ते पावै।
श्रवन विधान तात तुम पहीं, वरनन करौ धरौ मन माहीं।
कातिक माघ चैत्र वर मासा, प्रथम नवमि तै सहित हुलासा।
वाजि मेघ की कथा सुहाई, जे जन श्रवन करहि मुनिराई।
ते अपि सकल सिद्धि जग पावै, पुनि निज कलुश समूह न सावै।
यह श्री रघुपति कथा अनूपा, करि विस्तार सुमति अनुरूपा।

दो.:– तुम सन वरनी सकल हम, सुनहु महा मुनि धीर।
श्रवन करत सादर अवसि, नहि व्यापहि भवभीर।।८।।

चौ.:– कवन चरित पुनि वूझहु मोही, कहौं वुझाइ तात अव तोही।
जो यह श्रवन करै हरशाई, सो पावहि हरिभक्त सुहाई।
रघुपति सन्मुख होइ वनाई, नासहिं कोटि पाप समुदाई।
जे अपुत्र संसार मझारा, सुनहि कथा प्रमुदित इक वारा।
ते सुन्दर सुत पावै ताता, सीलवंत संतत सुखदाता।
पुनि निर्धनी होइ धनवाना, रोग वंत तजि रोग निदाना।
वहुरि होइ वंधन वस जोइ, श्रवन करत अपि छूटहि सोई।

दो.:– जिनके मन सुत कामना, ते जन धरि वि वास।
तिय संजुत नव दिन विशै, सुनहि समेत हुलास।।६।।

चौ.:– ते सुत पावहि राम प्रभाऊ, परम श्रेश्ठ वरनहु सतभाऊ।
जिनकी कथा सुनत जग माहीं, सुपच लहै परगति सक नाहीं।
पुनि जे श्रवन करहि मुनिराई, विप्र वै य छत्री समुदाई।
राम भक्ति वि वासु वढ़ाई, तिनकी गति को कहै वुझाई।
लौकिक काज सिद्धितिनि केरे, कवन आचरज वि वघनेरे।
रामहि सुमिरि महा अघरासी, भए तुरत परधाम निवासी।
केवट भील किरात समूहा, गिद्ध रिक्ष पुनि मर्कट जूहा।
खग मृग निसिचर नाग तुरंगा, अपर जीव वहु थावर जंगा।

दो.:– धन्य जीव ते जगत मह, जे सुमिरै रघुवीर।
ते पावहि पर धाम अपि, त्यागि विशम भवभीर।।६।।

चौ.:– वृह्म वधादि सकल अघ जेते, जानहु सघन विपन वन तेते।
प्रभु मश वरन वरन मुनि राई, दावानल अव गुनहु वनाई।
जो यह कथा सुनावहि ताता, गुरू समतिहि पूजिय हरशाता।
दुग्ध धेनु पुनि दीजिय ताही, ममता मान मोह उर दाही।
असन विभूशन वसन सुहाए, देइ ताहि तिय जुत मन भाए।
पुनि प्रतिमा द्वे रचै अनूपा, जनक सुता अरू कौसिलभूपा।
केवल कंचन मय मुनिराई, दीजहि वक्तहि हिय हरशाई।
इहि प्रकार पूजा विस्तरही, जथा सक्ति पुनि तोशन करही।

दो.:– देव पितर तिहि के सदा, करि वैकुंठ निवास।
रामधाम वसि अंत अपि, सोऊ सहित हुलास।।१०।।

चौ.:– राम कथा वूझी मुनि मोही, सो समस्त वरनी हम तोही।
वूझहु कवन चरित तुम ताता, वरनहु तुव आगै मुददाता।
श्रवन करत यह कथा रसाला, नासहि वृह्म वधादिक जाला।
सकल देव दुर्लभ पद जोई, असिस अंत नर पावहि सोई।
गो घाती कृत घातक जेई, सुरापान रत संतत तेई।

गुरू सज्जा गामी मति मंदा, अपर अनेक महा अघ कंदा।
श्रवन करत यह रघुपति गाथा, होइ परम पावन मुनिनाथा।
सुनि अस श्री अनंत मुखवानी, हरशे वात्सायन मुनिज्ञानी।

दो.:– जोरि उभय कर मुदित मन, पुनि निज सीस नवाइ।
मानि धन्य तम आपु कौ, कीन्ह विनय सतभाइ।।११।।

चौ.:– तुव प्रसाद मैं अहिकुल केतू, सुनी कथा विस्तार समेतू।
करहु विनय प्रभु कवन प्रकारा, सकल भाँति मैं दास तुम्हारा।
दुर्लभ राम चरित मुहि दीन्हा, सकल प्रकार कितारथ क्रीन्हा।
इहि विधि करि वहु विनय मुनीसा, परम प्रीति जुत नाएऊ सीसा।
सुनहु सूत यह चरित अनूपा, तुमहि कहा मैं मति अनुरूपा।
श्री अनंत मुनिवर संवादा, अति पावन पुनि समन विशादा।
अव तुम कह वूझहु हरशाई, तात कहौं सोइ सकल वुझाई।
यह सुनि सूत चरन सिरूनावा, परम अनंद हृदय मह छावा।

छंन्द:–उर छाव परम अनंद कर जोरि वहु विनती करी।
प्रभु की कृपा अपार मोपर राम कीरति विस्तरी।।
अव प्रनत पाल उदार करूना सिन्धु मुहि जन जानियै।
मैं भयौ धन्य वनाइ सकल प्रकार मनु अनुमानियै।।

दो.:– पुलकि गात इहि भाँति वदि, कीन्हौ चरन प्रनाम।
हरशे व्यास उदार तव, परम कृपा के धाम।।१२।।क
मैं जड़ मनुज मलाइ तन, संतत कुमति निधान।
वरन्यौ राम प्रसाद यह, ग्रंथ सुमति अनुमान।।१२।।ख

सोरठा:– छमहु संत समुदाय, कीन्ह ढिठाई विपुल मैं।
कीज्यौ कृपा वनाइ, अवुध जानि निज दिस निरखि।।१२।।ग

इति श्री पदन पुराणे पाताल खण्डे सेस वात्सायन सम्वादे मधुसूदन दास कृते श्री रामाऽस्व मध कथनं **नाम अश्टाशश्टिमोऽध्याय।।६८।।**

माधव मासे कृ ण पक्षे दुतीयायां भूमी जा दिवसे फूफि ग्रामे लिखिंत मन सुख दास व्राह्मण सगणित ज्योतिर्विद् श्रोता–

– वक्ता मोक्ष माप्रीयातू।

श्रीराम श्रीराम श्रीराम श्रीराम श्रीराम श्रीराम श्रीराम

पुनर्लेखन कार्य श्री मधुसूदन दास जी के वं ाज रामाजी भार्मा से.नि. प्राचार्य द्धारा, दस माह के परिश्रम के प चात आशाढ़–कृ ण द्वादसी चन्द्र वार वि.सम्वत् २०६१, दिनांक १४/६/२००४ को कौसिलाधीस श्री रघुनाथ जी व माते श्री जानकी जी के प्रसाद से सम्प्रन्न हुआ।

श्रीराम श्रीराम श्रीराम श्रीराम श्रीराम श्रीराम श्रीराम